Andreas Eichmüller
Die SS in der Bundesrepublik

Schriftenreihe
der Vierteljahrshefte
für Zeitgeschichte

―

Im Auftrag des
Instituts für Zeitgeschichte München – Berlin
herausgegeben von
Helmut Altrichter, Horst Möller
Margit Szöllösi-Janze und Andreas Wirsching

Redaktion:
Johannes Hürter und Thomas Raithel

Band 117

Andreas Eichmüller

Die SS in der Bundesrepublik

Debatten und Diskurse über
ehemalige SS-Angehörige 1949–1985

DE GRUYTER
OLDENBOURG

ISBN 978-3-11-057012-0
e-ISBN (PDF) 978-3-11-057284-1
e-ISBN (EPUB) 978-3-11-057023-6
ISSN 0506-9408

Library of Congress Control Number: 2018030913

Bibliografische Information der Deutschen Nationalbibliothek
Die Deutsche Nationalbibliothek verzeichnet diese Publikation in der
Deutschen Nationalbibliografie; detaillierte bibliografische Daten
sind im Internet über http://dnb.dnb.de abrufbar.

© 2018 Walter de Gruyter GmbH, Berlin/Boston
Umschlagabbildung: Proteste gegen SS-Treffen 1979 in Arolsen; picture alliance/dpa/Klaus Rose
Satz: bsix information exchange GmbH, Braunschweig
Druck und Bindung: CPI books GmbH, Leck

www.degruyter.com

Inhalt

Einleitung —— 1

Prolog: Das Erbe der SS —— 15
    1   Die SS im Dritten Reich —— 15
    2   Nürnberger Urteil und Entnazifizierung —— 19
    3   Die Reorganisation ehemaliger SS-Angehöriger zu Beginn der 1950er Jahre —— 23

I Gesetzliche Integrationsreglungen und die öffentlichen Reaktionen darauf —— 39
    1   Bundeswehr und ehemalige Waffen-SS —— 39
    2   Die Behandlung von ehemaligen SS-Angehörigen in der Sozialgesetzgebung —— 89

II Öffentliche Treffen und Veranstaltungen von Organisationen ehemaliger SS-Angehöriger —— 131
    1   Die SS-Veteranenverbände im Aufwind (1953–1960) —— 131
    2   Die HIAG in der Defensive (1961–1970) —— 157
    3   Bedeutungsverlust (1971–1980) —— 168

III Skandalisierung von individuellen SS-Vergangenheiten —— 193
    1   Der Umgang mit ehemaligen SS-Leuten in der Politik in der ersten Hälfte der 1950er Jahre —— 195
    2   Die CSU im Visier – Der Fall des KZ-Wächters Peter Prücklmayer 1958 —— 200
    3   „Urlaub auf Sylt" – Ein ehemaliger Höherer SS- und Polizeiführer als Bürgermeister und Landtagsabgeordneter —— 206
    4   Die SS in den bundesdeutschen Sicherheitsbehörden —— 220
    5   Die Skandalisierung von SS-Vergangenheiten einzelner Personen in den 1960er Jahren —— 253
    6   SS-Vergangenheiten in den 1970er Jahren —— 271

Zusammenfassung und Schluss —— 281

Dank —— 291

Abkürzungen —— 293
Quellen und Literatur —— 297
Personenregister —— 315

Einleitung

„Wir sind nicht schuld – das hat die SS getan", keinen Satz habe man nach dem Ende der Kriegshandlungen bei der Vernehmung von NSDAP-Funktionären und von Personen, die der Beteiligung an NS-Verbrechen verdächtig waren, häufiger hören können. Das schrieb Wilhelm Emanuel Süskind in seiner Reportage über die Verhandlungen beim Nürnberger Hauptkriegsverbrecherprozess 1946 in der *Süddeutschen Zeitung* (SZ). Insofern, meinte er, könne man es den Anklägern im Prozess kaum verdenken, dass sie zu einer „Generalanklage" der nationalsozialistischen Schutzstaffel (SS) gegriffen hätten. Süskind zeigte jedoch auch ein gewisses Verständnis für diese „im einzelnen wenig würdige [...] Ausrede", da allein schon das „Vorhandensein und Anschwellen erst der braunen, dann der schwarzen, schließlich der grauen Parteiarmee"[1] bei vielen Menschen tatsächlich das Gefühl einer ständigen Bedrohung hervorgerufen und zusammen mit deren tatsächlichen terroristischen Handlungen die Ansicht genährt habe, der SS sei alles zuzutrauen.

Das Abwälzen aller Schuld auf die SS ließ sich besonders auch an einigen Aussagen der Wehrmachtsspitzen ablesen: „Diese dreckigen SS-Schweine waren es!", erklärte der Chef des Oberkommandos der Wehrmacht Wilhelm Keitel, nachdem den Angeklagten ein Film über die NS-Gräueltaten vorgeführt worden war. Und Marinechef Großadmiral Karl Dönitz, den Adolf Hitler vor seinem Selbstmord noch als Nachfolger im Amt des Reichspräsidenten und Oberkommandierenden der Streitkräfte bestimmt hatte, sagte: „Die SS war ein Staat im Staate [...]. Es ging nur um die Frage, wer sich zum Schluß als mächtiger erweisen würde, Hitler oder Himmler."[2]

Das von Dönitz gebrauchte Bild von der SS als „Staat im Staate" verwendete nahezu zeitgleich auch der NS-Gegner Eugen Kogon in seinem zuerst 1946 und dann in mehreren Auflagen publizierten Buch „Der SS-Staat", in dem er zum einen seine Erfahrungen als Häftling im KZ Buchenwald beschrieb, zum anderen eine Geschichte der Konzentrationslager und der SS versuchte.[3] In diesem Werk, das maß-

---

1 SZ vom 13.8.1946 („Teufelspakt hinterm Treueschwur"). Süskind selbst wird man für die NS-Zeit zumindest eine anbiedernde Haltung zum Regime bescheinigen müssen. Von 1933 bis 1943 war er Herausgeber der Zeitschrift *Die Literatur*, ab Mai 1943 leitete er das Literaturblatt der *Frankfurter Zeitung* bis zu deren Verbot im August desselben Jahres und anschließend bis Kriegsende das Literaturblatt der *Krakauer Zeitung*; daneben schrieb er für die nationalsozialistische Wochenzeitung *Das Reich*. Vgl. zu Süskinds Biographie und zu seiner Berichterstattung vom Nürnberger Prozess André, Im Stillen, S. 30 ff.
2 Beide Zitate nach Gilbert, Nürnberger Tagebuch, S. 54 und 354.
3 Vgl. Herrmann, Historische Quelle, S. 134. Kogons Buch erreichte in diesen Jahren eine hohe Auflage von etwa 200 000 Stück. Es erschien zuerst 1946 in jeweils einem Verlag in den drei westlichen Besatzungszonen, 1947 dann auch in Berlin und 1948 in einer erweiterten Neuauflage im Verlag der *Frankfurter Hefte*, einer einflussreichen linkskatholisch orientierten Zeitschrift für Kultur und Politik, die Kogon zusammen mit Walter Dirks herausgab. In den frühen 1950er Jahren erlahmte das Interesse an dem Buch zusehends und es dauerte bis 1958, ehe es wieder zu einer Neuauflage

geblichen Einfluss auf das Bild der SS in den nachfolgenden Jahren nahm, schildert Kogon die SS als die Kerntruppe des Nationalsozialismus, der es darum gegangen sei, die Herrschaft einer „Führerschicht" aufzurichten und den übrigen Teil der Bevölkerung durch ein „Angst vor Terror-System", als dessen wirksamste Ausprägung die Konzentrationslager geschaffen worden seien, zu einem sklavenartigen Arbeiterdasein herabzudrücken. In ihrer Organisation habe die SS aus aufeinander abgestimmten, in ihrer Ausprägung aber mannigfaltigen und teilweise voneinander unabhängigen Teilen bestanden, deren Fäden aber bei Himmler zusammengelaufen seien. Dieser und die anderen SS-Führer hätten daran gearbeitet, ihr Gefüge eines eigenen SS-Staates zunächst in der Partei, dann in Deutschland und schließlich in Europa durchzusetzen und damit dem Reich ihr eigenes Gepräge zu geben.

Das Personal der SS beschreibt Kogon dabei grosso modo als eine Ansammlung sozial Deklassierter und potentieller Krimineller. Bei den ersten Mitgliedern habe es sich überwiegend um arbeitslose „fanatische Schläger und Raufbolde" gehandelt, psychologisch einfach gestrickte „Barbaren, ohne jedes Element von Kultur". Dies habe präformierend gewirkt und die Organisation im Laufe der Zeit immer mehr Menschen angezogen, die es nicht geschafft hätten, „im normalen Gesellschaftsleben zufriedenstellend zu bestehen". Bei SS-Angehörigen habe es sich deshalb in aller Regel „um Tiefunzufriedene, Nichterfolgreiche, durch irgendwelche Umstände Zurückgesetzte, um Minderbegabte aller Art und häufig genug um sozial gescheiterte Existenzen" gehandelt.[4]

Das galt nach Kogon auch für die Intellektuellen unter ihnen, bei denen es sich um Volksschullehrer und Männer gehandelt habe, die es aus verschiedenen Gründen nicht geschafft hätten, ihr Studium abzuschließen. In aller Regel sei „die geistige Entwicklung der SS-Angehörigen bis zu vielen ihrer höchsten Führer hinauf [...] weit unternormal" gewesen, habe „ihr positives Wissen selten über dem eines mittleren, eher schlechten Volksschülers" gelegen.[5]

Für die große Masse der deutschen Bevölkerung hatte Kogons Darstellung der SS durchaus auch eine entlastende Funktion. Ihr gestand er nämlich zu, im Dritten Reich terrorisiert worden zu sein und von den Zuständen in den Konzentrationsla-

---

kam. Als prononcierter NS-Gegner wurde Kogon nach dem Anschluss Österreichs verhaftet und nach einem längeren Gefängnisaufenthalt 1939 ins KZ Buchenwald gebracht, wo er bis Kriegsende verbleiben musste und zuletzt als Schreiber des Lagerarztes fungierte. Nach seiner Befreiung fertigte er für die amerikanische Besatzungsmacht eine Aufzeichnung zu den Konzentrationslagern, aus der dann sein Buch „Der SS-Staat" hervorging.

4 Kogon, SS-Staat, S. 363 und 365. Andere Erinnerungsberichte von ehemaligen KZ-Häftlingen aus dieser Zeit vermittelten ein ähnliches Bild: „Faul und dumm, roh und feig, disziplinlos und korrupt – das sind die Haupteigenschaften, aus denen die SS-Führung den durchschnittlichen SS-Mann zu fabrizieren hatte", schrieb etwa der Sozialist und ehemalige Buchenwald- und Auschwitz-Häftling Benedikt Kautsky 1948, zitiert nach Kämper, Schulddiskurs, S. 215.

5 Kogon, SS-Staat, S. 371 ff.

gern nur wenig gewusst zu haben. Dafür stand wieder das Bild von der quasi allmächtigen SS als Staat im Staate, der man sich kaum habe widersetzen können. Außerdem rückte Kogon die SS als Ansammlung von Gescheiterten und Kriminellen an den äußersten Rand der Gesellschaft. Damit geriet die gesellschaftliche Basis der SS, ihre Verzahnung mit vielfältigen anderen Gruppen ebenso aus dem Blick wie überhaupt die auf vielen Feldern vorhandenen weltanschaulichen Übereinstimmungen zwischen Regime und Volk.[6] Und letztlich fügte sich dieses Bild der SS auch in die bald gefundene offizielle Deutung des Nationalsozialismus als der Diktatur einer verbrecherischen Minderheit, die die Masse des Volkes zum Mitmachen verführt oder gezwungen hatte.

Dieses Bild wurde in den 1950er Jahren auch in populäre Darstellungen wie Romanen oder Filmen transportiert. Im Erfolgs-Film „Des Teufels General" von Helmut Käutner aus dem Jahr 1955 etwa wurde aus dem fanatischen NSDAP-Funktionär der Drama-Vorlage von Carl Zuckmayer ein SS-Gruppenführer zum Gegenspieler der Hauptfigur des Wehrmachts-Generals Harras.[7] Und auch der Regisseur Paul May machte in seinem 1955 gedrehten Streifen „08-15 in der Heimat" aus den marodierenden Wehrmachtssoldaten der Romanvorlage von Hans Hellmut Kirst Waffen-SS-Männer. Kritikern hielt May entgegen: „Wenn sich Offiziere abwegig benommen haben, so besteht größte Wahrscheinlichkeit, daß sie der SS angehörten. Was geschehen ist, wissen wir heute. Auf das Typische kommt es an."[8] Der Film arbeitete damit am Mythos der „sauberen Wehrmacht" mit.

Als „Alibi einer Nation" bezeichnete 1956 der britische Historiker Gerald Reitlinger die SS in seiner Geschichte der nationalsozialistischen Schutzstaffel, dem ersten umfassenderen Versuch einer historischen Darstellung und Bewertung. Die SS sei nach Ende des Zweiten Weltkriegs zu einem „bequemen Sündenbock"[9], einer Art Kollektivschuldigem für alle Verbrechen des NS-Regimes gestempelt worden, meinte Reitlinger, ein Verdikt, das, wenn man ein solches überhaupt fällen sollte, die deutsche Nation insgesamt hätte treffen müssen und das die Mitwirkung der zivilen Behörden, insbesondere der Ministerien an den Taten verschleiert habe. Tatsächlich hatte sich die SS, wie im Folgenden zu zeigen sein wird, im öffentlichen Bewusstsein der Bundesrepublik zu dieser Zeit als der Hort allen nationalsozialistischen Übels etabliert, während weite Teile der bundesdeutschen Gesellschaft von ihrer eigenen Unterstützung des Nationalsozialismus oder gar Beteiligung am Unrechtsre-

---

6 Vgl. Knigge, Hölle, S. 27; Schulte, Geschichte, S. XIII.
7 Vgl. Weckel, Geheimnisse, S. 134 f.
8 *Wiking-Ruf* (WR) vom März 1956, S. 3 f. (für beide Zitate); vgl. auch Eichmüller, Auf das Typische kommt es an, S. 31 f.; Reichel, Erfundene Erinnerung, S. 106.
9 Reitlinger, SS – Alibi of a Nation, S. 452 (im Original „convenient scapegoat"). Die aktive Rolle der Zivilverwaltung bei der Umsetzung der NS-Massenverbrechen hatte Reitlinger bereits in seinem zuerst 1954 auf Englisch, dann 1956 auch in Deutschland erschienenen Buch über die Ermordung der europäischen Juden darzulegen versucht, vgl. Reitlinger, Endlösung.

gime nichts mehr wissen wollten. Die Probleme im Umgang mit dem Erbe der Schutzstaffel kamen nicht zuletzt auch in der ein Jahr später auf den Markt gekommenen deutschen Übersetzung von Reitlingers Buch zum Ausdruck, in deren Titel die SS zur „Tragödie einer deutschen Epoche" mutierte und in deren Text die eben zitierten entscheidenden Sätze fehlten.[10]

Diese Diskrepanz zwischen den Buchtiteln und -texten vermittelt einen Eindruck von den Empfindlichkeiten in der Bundesrepublik beim Umgang mit der NS-Vergangenheit in dieser Zeit. Sie verweist zudem auf die Widersprüche und Verwerfungen, von denen der Prozess der Aufarbeitung begleitet war. Hinsichtlich der SS schien sich in den 1950er Jahren tatsächlich ein eklatanter Widerspruch zwischen ihrer Dämonisierung und der damit verbundenen Externalisierung aus der deutschen Gesellschaft auf der einen Seite und der lautlosen und vielfach unproblematischen Integration der meisten früheren SS-Angehörigen bis in hohe Ränge auf der anderen Seite zu offenbaren. Wie diese Vorgänge freilich im Einzelnen abliefen, welche gesellschaftlichen Debatten sie begleiteten und beeinflussten, welche Grenzen bei der Integration gezogen wurden und wie sich diese über die Jahre veränderten, das ist bislang nur in Ansätzen bekannt.

Ziel der vorliegenden Studie ist es daher, den Umgang mit der SS und den ehemaligen SS-Angehörigen in der westdeutschen Nachkriegsgesellschaft zu analysieren, ihn in das manchmal etwas diffuse Bild der „Vergangenheitsbewältigung" einzuordnen und dieses Bild damit gleichzeitig zu präzisieren und zu differenzieren. Im Mittelpunkt stehen dabei die öffentliche Thematisierung der SS in verschiedenen Zusammenhängen und die dabei vorherrschenden Geschichtsbilder. Nur ein Seitenblick wird daneben auf die konkrete Integration beziehungsweise strafrechtliche Verfolgung einzelner SS-Angehöriger fallen. Der Zeitrahmen der Untersuchung umfasst die Geschichte der Bundesrepublik von ihrer Gründung im Jahr 1949 bis zum Ende der 1970er Jahre, also nach dem Auslaufen der Bestrafung von SS-Mitgliedschaft in der Entnazifizierung und vor dem großen Wandel der bundesdeutschen Erinnerungskultur um 1980, der in einer verstärkten Hinwendung zu den NS-Opfern und einer Erweiterung der Diskussion über die NS-Verbrechen in der Öffentlichkeit zum Ausdruck kam.

Die bisherige Forschung teilt den gesellschaftlichen Umgang mit der NS-Vergangenheit in mehrere Phasen ein. Ziemlich einheitlich werden die 1950er Jahre als eine Zeit der Integration und Amnestierung der ehemaligen Nationalsozialisten und NS-Täter betrachtet, in der zwar die Kriegszeit durchaus intensiv thematisiert, die NS-Verbrechen jedoch weitgehend verdrängt worden seien. Das Ende dieser von Norbert Frei als die Zeit der „Vergangenheitspolitik" bezeichneten Phase wird entweder 1958 mit der Aufnahme einer systematischen Strafverfolgung von NS-Ver-

---

[10] Vgl. Reitlinger, SS – Tragödie einer Epoche, S. 439, wo die Passagen mit der Sündenbockfunktion und der Schuld der deutschen Gesellschaft ganz fehlten; vgl. auch Schulte, The SS.

brechen durch Gründung der Zentralen Stelle der Landesjustizverwaltungen in Ludwigsburg, der öffentlichen Empörung über die Hakenkreuzschmierereien an der Kölner Synagoge zur Jahreswende 1959/60 oder dem Medienereignis „Eichmann-Prozess" 1961 angesetzt.[11] Auch mediengeschichtlich werden diese Jahre als Zäsur gesehen, da in dieser Zeit der Wandel vom bis dahin vorherrschenden „Konsensjournalismus" zum kritischen Journalismus begonnen habe, was nicht zuletzt in einer Zunahme von medienwirksamen Skandalen zum Ausdruck gekommen sei.[12]

Über die weitere Phaseneinteilung besteht weniger Konsens. Norbert Frei schließt eine „Phase der Vergangenheitsbewältigung" bis 1979 und eine bis heute andauernde „Phase der Vergangenheitsbewahrung" an. Die „Phase der Vergangenheitsbewältigung" war seiner Ansicht nach vor allem durch zwei Entwicklungen gekennzeichnet: einen sich schärfenden Blick auf die NS-Vergangenheiten vieler bundesdeutscher Funktionsträger, die in eine lange Reihe von Skandalen und Enthüllungen mündeten, und eine forcierte strafrechtliche Verfolgung von NS-Tätern.[13] Helmut König lässt diese Phase der Herausbildung einer „Erinnerungskultur", die seiner Ansicht nach durch einen negativen Bezug zum Nationalsozialismus und die Heraushebung des Holocaust als zentrales Deutungsmuster der politischen Kultur gekennzeichnet gewesen sei, bis 1990 andauern.[14] Andere Autoren schlagen eine stärkere Unterteilung der Phase von 1958/61 bis 1979 vor. Sie sehen weitere Zäsuren etwa im Jahr 1965, dem Jahr des Urteils im ersten Auschwitz-Prozess, mit dem eine Periode der langsamen Pluralisierung des Diskurses über die NS-Vergangenheit in eine Zeit der Etablierung einer „Schuldkultur" übergegangen sei.[15] Auch das symbolische Jahr 1968 wird in diesem Zusammenhang als Zäsur genannt, da es für das Aufbegehren der jungen Generation gegen das innerfamiliäre Schweigen stehe.[16] Übersehen wird dabei allerdings häufig, dass nach 1968 zunächst ein Abflauen der

---

11 Vgl. Frei, Deutsche Lernprozesse, S. 16; König, Zukunft, S. 17.
12 Vgl. Bösch, Mediengeschichte, S. 208 f.; Hodenberg, Konsens, S. 193 ff.; sehr pauschal und ohne wirkliche empirische Basis formulierte Pöttker, Politik, S. 650 f., die These, dass die Journalisten in den 1950er Jahren bei der Behandlung der NS-Thematik weitgehend in Übereinstimmung mit der Politik am Beschönigen und Verdrängen mitgewirkt hätten.
13 Vgl. Frei, Deutsche Lernprozesse, S. 35 ff.; Freis Phaseneinteilung folgen auch Reichel/Schmid/Steinbach, Die „zweite Geschichte", S. 18 f., sowie die neueren Überblicksdarstellungen zur Geschichte der Bundesrepublik von Conze, Suche, S. 218, und Wolfrum, Die geglückte Demokratie, S. 179.
14 Vgl. König, Zukunft, S. 30 ff. König sieht das Ende dieser Phase verursacht durch eine Verschiebung des Fokus auf die Aufarbeitung der DDR-Vergangenheit nach der Wiedervereinigung 1989, die Ersetzung des psychoanalytischen Verdrängungsnarrativs durch eine funktionale Gedächtnistheorie und den Verlust des negativen Sich-Beziehens auf die NS-Vergangenheit an der politischen Orientierungskraft. Aleida Assmann, Unbehagen, S. 190, setzt das Ende dieser Phase bereits etwas früher um das Jahr 1985 an.
15 Vgl. Wöll, Vergangenheitsbewältigung, S. 38 f.; Vatter, Gedächtnismedium, S. 51 f.
16 Vgl. ebenda, S. 53; Fischer/Lorenz, Lexikon, S. 178 ff.

deutschlandweiten Thematisierung der NS-Geschichte erkennbar ist, ehe es dann seit der ersten Hälfte der 1970er Jahre zunächst vor allem auf lokaler und regionaler Ebene, vorangetrieben durch historische Laien, sogenannte Graswurzel-Historiker, und die Gründung von „Geschichtswerkstätten" zu einem erneuten Aufleben des Interesses an der NS-Vergangenheit kam.

Die historische Forschung zur Schutzstaffel der NSDAP setzte Mitte der 1950er Jahre ein und beeinflusste vor allem in der ersten Hälfte des Untersuchungszeitraums sowohl die Debatten über die SS in den Medien als auch politische Entscheidungen. Sie soll deshalb hier überblicksartig nachgezeichnet werden. Eugen Kogons Darstellung der SS als einem Sammelbecken von Gescheiterten und Kriminellen wurde bereits in den 1950er Jahren hinterfragt. So kam Karl O. Paetel schon 1954 zu dem Ergebnis, dass die SS-Mitglieder eine recht heterogene Masse gewesen seien und es dort neben notorischen Verbrechern auch Idealisten und Intellektuelle gegeben habe. Ermenhild Neusüß-Hunkel betonte in ihrer eher organisationssoziologischen Arbeit die innere Heterogenität der Schutzstaffel.[17] Vor allem gegen die apologetischen Reden und Publikationen ehemaliger Waffen-SS-Führer[18] gerichtet waren die Publikationen von Hans Buchheim und Hans-Günther Seraphim. Letzterer betonte den Unterschied zwischen Wehrmacht und Waffen-SS, die nicht wie gerne behauptet der „vierte Wehrmachtsteil" gewesen sei. Buchheim verwies ebenfalls auf die rechtliche „Sonderstellung" der Waffen-SS und machte zudem auf deren enge Verbindung zu den Totenkopfverbänden ebenso aufmerksam wie auf die Verzahnung von SS und Polizei. Auch für Buchheim war die SS sowohl strukturell wie auch von der Mitgliedschaft keine homogene Einheit.[19]

Gerald Reitlinger hob in seinem bereits angesprochenen, auf Deutsch 1957 erschienenen Buch unter anderem die Einbindung der SS in den NS-Herrschaftsapparat und ihre gesellschaftliche Verankerung hervor.[20] Obwohl die in der Originalfassung des Buches enthaltene These, die Deutschen benutzten die SS als Alibi, um von der Beteiligung eines großen Teils der Bevölkerung an Unrechtsmaßnahmen und NS-Verbrechen abzulenken, in der deutschen Ausgabe stark abgeschwächt wurde, stieß Reitlingers Buch überwiegend auf Ablehnung. Das lag zum einen an der kollektiven Schuldzuweisung des Werkes und seiner Geringschätzung des deutschen Widerstands. Zum anderen enthielt es tatsächlich eine größere Zahl sachlicher Fehler, die es den Rezensenten leicht machten, Kritik anzubringen. Walther

---

17 Vgl. Paetel, SS; Neusüß-Hunkel, SS.
18 Vgl. etwa Hausser, Waffen-SS; Krätzschmer, Ritterkreuzträger.
19 Vgl. Seraphim, SS-Verfügungstruppe, und Buchheim, Die SS in der Verfassung des Dritten Reiches, Zitat S. 149.
20 Vgl. Reitlinger, Tragödie. Die Ende der 1950er/Anfang der 1960er Jahre erschienenen, in eine ähnliche Richtung wie Reitlinger gehenden Arbeiten des amerikanischen Historikers Robert Koehl fanden keine Übersetzung und wurden damals in der Bundesrepublik kaum rezipiert; vgl. Koehl, Toward an SS Typology; ders., Character.

Kleffel etwa bezeichnete es in der *Zeit* als „Fiasko der Zeitgeschichtsschreibung". Reitlingers These, die SS sei nicht allein für die NS-Verbrechen verantwortlich zu machen, vermochte der aus dem konservativen Widerstand kommende Kleffel dabei noch am meisten abzugewinnen. Seine abschließende Bemerkung, es werde „kein anständiger Mensch in Deutschland sich auf billige Art und Weise vor der Verantwortung drücken und die SS zum alleinigen Sündenbock des Dritten Reiches stempeln wollen", erscheint dabei allerdings sehr gewagt.[21]

Die beiden ebenfalls im Jahr 1957 publizierten Werke der Journalisten Kurt Hirsch und Reimund Schnabel zur SS waren eine direkte Reaktion auf die Debatten um die Aufnahme von ehemaligen SS-Offizieren in die Bundeswehr im Jahr zuvor. Sie betonten vor allem die Beteiligung aller SS-Teile an schweren Verbrechen, wobei Schnabels Buch besonders dadurch heraussticht, dass es mit einer großen Zahl an Fotos und im Faksimile abgedruckten Dokumenten arbeitet.[22]

In den beginnenden 1960er Jahren wurden zunächst in den Debatten um den Eichmann-Prozess und der von Hannah Arendt postulierten „Banalität des Bösen" die alten dämonisierenden Täterbilder in Frage gestellt.[23] Die historische Forschung zur SS bewegte sich allerdings nun etwas weg von der tagespolitischen Diskussion, ohne ihre Bedeutung etwa für politische und juristische Entscheidungen einzubüßen. Im Gegenteil, die 1963/64 als historische Gutachten für den Frankfurter Auschwitz-Prozess angefertigten und dann publizierten Arbeiten von Hans Buchheim stellten bis dahin den wissenschaftlich fundiertesten Ansatz zur Erforschung der Schutzstaffel dar. Allerdings interessierte sich Buchheim nicht so sehr für die gesellschaftliche Basis der SS, sondern für deren innere Organisation und ihre Funktion im nationalsozialistischen Staat, die er im Begriff der „Führerexekutive" bündelte.[24]

Sehr starkes Gewicht auf die innere Heterogenität der SS, deren wechselnde Zielsetzungen und ihre Verwicklung in Kompetenzkonflikte legte dann 1966/67 Heinz Höhne in seiner zunächst als Serie im *Spiegel* veröffentlichten populärwissenschaftlichen „Geschichte der SS" mit dem Titel „Der Orden unter dem Totenkopf". Nachfolgend auch als Buch mit wissenschaftlichem Apparat in zahlreichen Auflagen, Nachdrucken und Übersetzungen publiziert, fand diese bis dahin umfassendste Darstellung der SS weite Verbreitung.[25] Höhne kritisierte die älteren Arbeiten, die

---

21 Vgl. *Die Zeit* vom 19.9.1957; kritische Rezensionen kamen auch von den Historikern Buchheim, Geschichte, Sp. 192 ff., und Paetel, Der Schwarze Orden, Sp. 268 f.
22 Vgl. Hirsch, SS; Schnabel, Macht.
23 Vgl. Arendt, Eichmann; Wucher, Eichmanns gab es viele; zur Entwicklung der Täterbilder Mallmann, Dr. Jekyll; Paul, Psychopathen.
24 Buchheim, SS – Das Herrschaftsinstrument, S. 29 f.; ders., SS und Polizei, S. 25; die Texte des 1965 im Sammelband „Anatomie des SS-Staates" und 1964 als Einzelwerk publizierten Gutachtens unterscheiden sich leicht; vgl. außerdem ders., Befehl und Gehorsam.
25 Höhne, Orden; die Serie erschien vom 10.10.1966 bis 6.3.1967 im *Spiegel*; das um Anmerkungen und Literaturhinweise ergänzte Buch, in das die letzte Folge „Von der SS zur Hiag" nicht aufge-

die SS als „eine monolithische, von einem dämonischen Willen angetriebene Organisation fanatischer Ideologen und gewissensfreier Herrschaftsfunktionäre" und das „Trugbild eines SS-Staates" präsentiert hätten.[26] Wenn er die SS aber als „Geheimsekte", „unheimliche Organisation" und als „Männerorden[..], wie er phantastischer nicht gedacht werden" könne[27], bezeichnete, mystifizierte er sie auch ein Stück weit und bediente die Sensationsgier, wie sie sich zeitgenössisch etwa auch in Berichten über versunkene SS-Schätze manifestierte[28]. Einige Kritik erregte die weitgehende Trennung der Waffen-SS von den Verbrechen in den Konzentrationslagern in einer der Serie vorangestellten „Hausmitteilung" des Nachrichtenmagazins. Sie wurde dann in einer der nachfolgenden Nummern des Nachrichtenmagazins etwas relativiert.[29] Höhnes Separierung der Waffen-SS und seine relativ stark vom ideologischen Überbau abstrahierenden Vorstellungen des SS-Personals wurden dann erst seit den 1980er Jahren nachhaltig in Frage gestellt.[30]

Forschungen zum Thema der vorliegenden Arbeit, der Nachkriegswahrnehmung der SS, liegen bislang nur für Teilbereiche vor.[31] Der öffentliche Diskurs über die SS wurde dabei noch kaum in den Blick genommen. Zwar verfügen wir inzwi-

---

nommen wurde, erschien zunächst 1967 in einer Auflage von 6000 Stück, 1968 folgte eine Auflage im Bertelsmann Lesering und 1969 eine Taschenbuchausgabe. In diesen drei Jahren wurden außerdem Übersetzungen in Frankreich, Großbritannien, Italien, den Niederlanden, Schweden und Spanien aufgelegt; zu Höhnes Buch vgl. auch Schulte, Namen, S. 43 ff.
26 Höhne, Orden, S. 10 und 14. Ursprünglich war der jüdische Historiker Joseph Wulf als Autor der Serie vorgesehen. Jedoch lehnte *Der Spiegel* das von Wulf eingereichte Manuskript als unzureichend ab. Höhne, der für Zeitgeschichte zuständige Redakteur des Nachrichtenmagazins, kritisierte, Wulf gehe auf die Heterogenität der SS gar nicht ein. Wulf hielt jedoch an der von ihm vertretenen These fest, die SS sei ein „Monolith" gewesen, und eine weltanschauliche Differenzierung habe es in ihr nicht gegeben. Auch die Differenz zwischen Allgemeiner und Waffen-SS veranschlagte er sehr viel geringer als Höhne, vgl. Kempter, Joseph Wulf, S. 213 ff. Nachdem *Der Spiegel* (Nr. 42 vom 10.10.1966, S. 3) Wulf für seine Unterstützung gedankt hatte, distanzierte sich dieser in einem Leserbrief (Nr. 44 vom 24.10.1966, S. 5) ausdrücklich von Höhnes Text.
27 Höhne, Orden, S. 7 und 18.
28 Vgl. etwa *Abendzeitung* (München) vom 23.6.1953 („SS-Schatz am Hohen Brett"); *Bild* vom 15.8.1956 („Von SS-Leuten ausgegraben"); *Der Mittag* vom 22.5.1959 („Das Märchen vom SS-Schatz"); *Der Spiegel* Nr. 48 vom 27.11.1963, S. 69 ff.; *Neue Ruhr-Zeitung* vom 8.5.1965 („Suche nach SS-Schatz").
29 Vgl. *Der Spiegel* Nr. 42 vom 10.10.1966, S. 3 („Hausmitteilung"), Nr. 44 vom 24.10.1966, S. 5 f. („Leserbriefe") und Nr. 47 vom 14.11.1966, S. 10 f. („Anmerkung der Redaktion").
30 Bezüglich der Waffen-SS hatte Höhne in der 1974 zusammen mit dem *Stern*-Journalisten und Waffen-SS-Veteranen Wolfgang Venohr produzierten und in vielen Dritten Programmen ausgestrahlten Fernsehdokumentation „Männer unter dem Totenkopf" die Scheidung zwischen SS und Waffen-SS noch einmal hervorgehoben, vgl. *Der Spiegel* Nr. 52 vom 23.12.1974, S. 104; kritisch dazu etwa Eugen Kogon in *Frankfurter Hefte*, H. 2, 1975, S. 11 ff. Erst in den 1980er Jahren wurde Höhne unter dem Eindruck der Arbeiten von Sydnor, Soldiers, und Wegner, Hitlers politische Soldaten, in seiner Beurteilung zurückhaltender, vgl. *Der Spiegel* Nr. 18 vom 29.4.1985, S. 29 f.
31 Vgl. etwa Schulte, Namen.

schen über eine Fülle von Publikationen zur sogenannten Vergangenheitsbewältigung, zur strafrechtlichen Verfolgung von NS-Verbrechen, zu öffentlichen Diskussionen über den Nationalsozialismus und zu seiner Thematisierung in der Kultur[32], die zentrale Rolle der SS in diesem Kontext ist jedoch noch nicht systematisch herausgearbeitet worden. Lediglich politiknahe Themen wie die Veteranenpolitik der Waffen-SS haben Aufmerksamkeit auf sich gezogen. Sie wurde im Rahmen der Erforschung des Rechtsradikalismus seit den 1950er Jahren thematisiert und zuletzt ausführlich von Karsten Wilke untersucht.[33] Doch selbst zur personellen Integration von SS-Mitgliedern in den öffentlichen Dienst der Bundesrepublik fehlen bislang umfassende Untersuchungen. Allerdings liegen inzwischen für einzelne Segmente der Verwaltung, besonders für die Polizei und den Staatsschutz neuere Arbeiten zur Nachkriegsgeschichte vor, die sich mit den personellen Kontinuitäten beschäftigen.[34] Darüber hinaus sind in den letzten Jahren einige Studien zu den Nachkriegskarrieren kleinerer Gruppen ehemaliger Angehöriger der SS und der Geheimen Staatspolizei (Gestapo) erschienen, zuletzt etwa die Arbeit von Christina Ullrich über Einsatzgruppentäter.[35] Einem markanten Einzelfall, dem des SS-Gruppenführers Heinz Reinefarth, der in den 1950er Jahren als Bürgermeister und Landtagsabgeordneter reüssierte, widmet sich eine Studie von Philipp Marti. Marti behandelt dabei sowohl die Mechanismen der Integration ehemaliger NS-Täter als auch den öffentlichen und strafrechtlichen Umgang mit der nach und nach ans Licht kommenden NS-Vergangenheit Reinefarths.[36]

Das Hauptthema der vorliegenden Studie sind öffentliche Thematisierungen, Diskurse und Debatten zur SS. Öffentlichkeit ist an sich ein sehr weiter Begriff. Im vorliegenden Fall wird sich die Untersuchung im Wesentlichen auf die Medienöffentlichkeit konzentrieren, aber auch die politische Öffentlichkeit (Parlamente) miteinbeziehen.[37] Hauptsächlich handelt es sich also um einen Elitendiskurs. Daneben auch die öffentliche Meinung, also die Ansicht der breiten Bevölkerung festzustellen, ist schwierig. Demoskopische Umfragen zum Thema SS/Waffen-SS, die geeignet sein könnten, hier Hinweise zu geben, waren für den Untersuchungszeitraum nicht aufzufinden, wenn man davon absieht, dass der Reichsführer SS (RFSS) Heinrich

---

32 An neueren Arbeiten sind hier zum Beispiel zu nennen Eichmüller, Keine Generalamnestie; Frei, Nach der Tat; Reichel, Erfundene Erinnerung; ders./Schmid/Steinbach, Die „zweite Geschichte".
33 Vgl. K. Wilke, Hilfsgemeinschaft; außerdem Manig, Politik; G. Meyer, Soldaten.
34 Vgl. zur Polizei: Baumann u. a., Schatten; Paul/Mallmann, Gestapo; Noethen, Alte Kameraden; P. Wagner, Hitlers Kriminalisten; Weinhauer, Schutzpolizei; zum Bundesnachrichtendienst: Rass, Sozialprofil, und Nowack, Sicherheitsrisiko; zum Verfassungsschutz: Goschler/Wala, Keine neue Gestapo; P. Wagner, SS-Männer; zum Forschungsstand: Mentel/Weise, Die zentralen deutschen Behörden.
35 Vgl. Ullrich, Ich fühl mich nicht als Mörder, und auch Mallmann/Angrick, Gestapo.
36 Vgl. Marti, Fall Reinefarth, und ders., Karrieren.
37 Zum Öffentlichkeitsbegriff aus historischer Sicht vgl. etwa Requate, Öffentlichkeit, S. 9 ff.; Führer u. a., Öffentlichkeit; zur Bundesrepublik besonders auch Weisbrod, Öffentlichkeit.

Himmler bei der Beurteilung von NS-Größen durch die Bundesbürger regelmäßig die negativsten Werte erhielt.[38] Mit in die Auswertung einbezogen wurden Leserbriefe, bei deren Bewertung natürlich eine gewisse Vorsicht geboten ist, die aber doch gewisse Rückschlüsse auf das öffentliche Meinungsbild erlauben.

Die wichtigsten Quellen der Studie bilden zeitgenössische Presseveröffentlichungen. Dabei war einerseits eine möglichst breite Quellenbasis anzustreben, andererseits angesichts der Breite und Diversität der bundesdeutschen Presselandschaft sowie der Länge des Untersuchungszeitraums eine Eingrenzung der auszuwertenden Quellen unumgänglich.[39] Drei Wege wurden beschritten, um zunächst die grundsätzliche Frage zu klären, welche Debatten es zur SS in der Bundesrepublik in den drei Jahrzehnten von 1949 bis 1979 gab, und dann ein möglichst breites Meinungsspektrum zu diesen Debatten zu erfassen: Erstens wurden große, thematisch erschlossene oder personenbezogene Pressesammlungen konsultiert. Solche lagen im Institut für Zeitgeschichte, im Bundespresseamt, im Bundestag, bei der Konrad-Adenauer-Stiftung und im Nachlass Vopersal im Bundesarchiv, Abteilung Militärarchiv in Freiburg im Breisgau[40] vor. Zweitens erfolgte eine systematische Auswertung der Presse von Verbänden, von denen anzunehmen war, dass sie besonders sensibel auf das Thema „SS" reagierten. Das waren die Blätter der organisierten Veteranen der Waffen-SS *Wiking-Ruf* und *Der Freiwillige*[41] sowie die Zeitschriften der NS-Verfolgtenorganisationen Vereinigung der Verfolgten des Naziregimes (VVN) *Die Tat*[42] und Bund der Verfolgten des Naziregimes (BVN)/Zentralverband der demokratischen Widerstandskämpfer und Verfolgtenorganisationen (ZDWV) *Die Mahnung*[43] sowie *Freiheit und Recht*[44], weiterhin auch die vom Zentral-

---

38 In einer Umfrage des Instituts für Demoskopie in Allensbach vom Juni 1952 hatten 78 % der Befragten von Himmler eine negative Meinung und nur 3 % eine gute; die korrespondierenden Werte für Hitler lagen bei 47 % bzw. 27 % und für Goebbels bei 61 % und 15 %; vgl. Noelle/Neumann, Jahrbuch 1947–55, S. 135.

39 1956 gab es in der Bundesrepublik einschließlich West-Berlins allein 32 Tageszeitungen mit einer Auflage von mehr als 100 000 Exemplaren, vgl. Die deutsche Presse 1956, S. 1 ff.

40 Bundesarchiv, Abt. Militärarchiv, Freiburg i. Br. (BArch-MA), N 756, Wolfgang Vopersal leitete lange Jahre das Referat „Kriegsgeschichte" des HIAG-Bundesverbands und sammelte in dieser Funktion alle Arten von Unterlagen zur SS, vor allem auch Presseberichte.

41 *Der Freiwillige* erschien ab 1956 als Organ der Bundesverbindungsstelle der regional organisierten Hilfsgemeinschaften auf Gegenseitigkeit der Soldaten der ehemaligen Waffen-SS (HIAG). Die 1953 gegründete Zeitschrift *Wiking-Ruf*, die sich an dieselbe Zielgruppe richtete, aber für ein anderes Organisationskonzept stand, verschmolz 1957 mit *Der Freiwillige* und stellte Ende desselben Jahres das Erscheinen ein. Gerade die Durchsicht dieser beiden Zeitschriften erwies sich als recht ergiebig, da sie in der Regel sehr genau die Berichterstattung in der übrigen Presse zur SS beobachteten und kommentierten.

42 Die Zeitung erschien seit Februar 1950 wöchentlich im VVN-eigenen Röderberg-Verlag in Frankfurt a. M.

43 Die Zeitung erschien seit September 1953 als Organ des BVN Berlin, zunächst monatlich, ab 1.12.1953 dann zweimal pro Monat; ab 1.3.1958 auch als Organ des Verbands für Freiheit und Men-

rat der Juden herausgegebene *Allgemeine Wochenzeitung der Juden in Deutschland*. Schließlich wurden die zwei meinungsführenden Wochenzeitungen *Der Spiegel* und *Die Zeit* sowie zwei große Tageszeitungen, die überregional ausgerichtete *Frankfurter Allgemeine Zeitung* (FAZ) und das vor allem regional gelesene *Hamburger Abendblatt*[45], für den gesamten Untersuchungszeitraum systematisch nach bestimmten Begriffen und Personen durchsucht.[46]

Ergänzend wurden zu zeitlich eingrenzbaren Debatten gezielte Recherchen in meinungsführenden Blättern[47], den Illustrierten *Revue* und *Stern*[48] sowie in weite-

---

schenwürde, Frankfurt a. M.; ab 1.6.1959 dann unter dem Titel *Die Mahnung im Kampf für Freiheit und Recht* und dem Untertitel *Zentralorgan demokratischer Widerstandskämpfer und Verfolgtenorganisationen der Bundesrepublik Deutschland*.

44 Die Zeitung erschien seit 1955 mit dem Untertitel *Mitteilungsblatt für Verfolgte und Geschädigte des Nationalsozialismus* in der Regel monatlich. Sie wurde zunächst vom BVN in Düsseldorf herausgegeben, ab 1972 dann vom Zentralverband Demokratischer Widerstandskämpfer- und Verfolgtenorganisationen in Bonn.

45 Die Auflage des *Spiegels* betrug 1955 230 000, 1977 860 000, die der *Zeit* 1950 103 000, 1977 421 000, die der FAZ 1955 166 000, 1977 356 000, die des *Hamburger Abendblatts* 1956 305 000, 1977 277 000. Das *Hamburger Abendblatt* war damit 1956 nach der *Westdeutschen Allgemeinen Zeitung* (WAZ) die auflagenstärkste Regionalzeitung (Auflagezahlen hier und im Folgenden nach: Die deutsche Presse 1956 und 1961 sowie Stamm. Presse- und Medien-Handbuch 1978; zur Bedeutung dieser Blätter vgl. J. Wilke, Leitmedien, S. 311 f. und 315 ff.

46 Diese Vollauswertung war in einem überschaubaren Zeitraum nur zu leisten, weil alle vier genannten Blätter in digitalisierter Form vorlagen und mit einer Volltextsuche recherchiert werden konnten; vgl. www.spiegel.de; www.zeit.de; www.abendblatt.de; die digitale FAZ ist nur in bestimmten Bibliotheken nutzbar (FAZ Biblio 49–92). Mit in diese systematische Auswertung digitalisierter Zeitungen einbezogen wurden außerdem das SED-Parteiorgan *Neues Deutschland*, das in digitalisierter Form über die Staatsbibliothek Berlin (ZEFYS Zeitungsinformationssystem) zugänglich ist, sowie die *Passauer Neue Presse* (PNP) und die *Mittelbayerische Zeitung* (MZ). Die beiden letztgenannten Regionalzeitungen, die über das Zeitungsportal der Bayerischen Staatsbibliothek (digiPress) zugänglich waren, liegen allerdings bislang nur für Teilperioden (bis 1965 bzw. 1950) des Untersuchungszeitraums digitalisiert vor. Die PNP (Auflage 1955 101 000 Stück) stand unter ihrem Herausgeber und Chefredakteur Hans Kapfinger für einen katholisch-konservativen, strikt antikommunistischen Kurs, während die MZ zumindest in ihren ersten Jahren eher der linken Mitte zuzurechnen war.

47 Dies waren vor allem die SZ (Auflage 1956 205 000, 1977 344 000), die *Frankfurter Rundschau* (Auflage 1955 120 000, 1977 193 000) und *Die Welt* (Auflage 1956 198 000, 1977 281 000); zusammen mit der FAZ werden diese drei Blätter als „Leitmedien" des bundesdeutschen Tageszeitungssektors bezeichnet, vgl. J. Wilke, Leitmedien, S. 310 ff.

48 *Stern* und *Revue* gehörten im Untersuchungszeitraum zu den auflagen- und reichweitenstärksten Illustrierten, vgl. R. Schulz, Nutzung, S. 419; der *Stern* hatte 1955 eine Auflage von 844 000, 1960 dann von 1,3 Millionen Stück; 1968 erreichte er mit 1,8 Millionen Stück sein Auflagenhoch. Etwas bescheidener war die Auflagenzahl der *Revue*, die 1955 592 000 und 1960 1,15 Millionen Stück betrug. Beide Illustrierte verstanden sich in zunehmendem Maße nicht mehr nur unterhaltend, sondern auch politisch und verstärkten deshalb ab dem Ende der 1950er Jahre ihre politische Berichterstattung; vgl. bezüglich des *Stern* Borch-Nitzling, Das Dritte Reich, S. 63.

ren Verbandspublikationen[49] vorgenommen. Rundfunk und Fernsehen sind miteinbezogen, soweit sich deren Positionen in der Presse und den konsultierten Sammlungen spiegelte. Eine umfassendere Auswertung dieser häufig nur schlecht erschlossenen und teils schwer zugänglichen Medien war im Rahmen dieser Studie nicht zu leisten. Zu den politischen Hintergründen wurden neben den gedruckten Parlamentsprotokollen hauptsächlich einschlägige Behördenbestände und Nachlässe in den Bundesarchiven in Koblenz und Freiburg ausgewertet.

Die weitgehende Beschränkung auf die Printmedien birgt eine gewisse Problematik, da Zeitungen und Zeitschriften ihre einstmalige Funktion als Leitmedien zunächst an den Rundfunk und im Laufe der 1960er Jahre an das Fernsehen verloren. Zudem ging im Untersuchungszeitraum die durchschnittliche täglich zur Zeitungslektüre verwendete Zeit zurück.[50] Auf der anderen Seite stiegen jedoch Gesamtauflage und Reichweite der bundesdeutschen Tagespresse nahezu kontinuierlich an, ehe sie seit den 1980er Jahren eine rückläufige Tendenz zeigten. Dieselben Entwicklungen lassen sich für die großen Wochenzeitungen und Illustrierten feststellen. Auch das Interesse an der politischen Berichterstattung in den Zeitungen wuchs.[51] Gerade für die politische Debattenkultur der Bundesrepublik besaßen die Printmedien angesichts ihrer Heterogenität und vielfach überregionalen Reichweite nach wie vor eine herausragende Bedeutung.

Die Volltextauswertung ergab erste Hinweise auf zeitliche Schwerpunkte bei der Thematisierung der SS in den bundesdeutschen Medien. Die Zahl der jährlich in den beiden wöchentlich erscheinenden Zeitungen *Die Zeit* und *Der Spiegel* publizierten Artikel, in denen die SS Erwähnung fand, zeigte in ihrem zeitlichen Verlauf in der Untersuchungsperiode mit einigen kleineren Abweichungen deutliche Schwerpunkte und Parallelen. Mitte der 1950er Jahre bewegte sich, wie aus Abbildung 1 zu ersehen ist, die Zahl bei beiden Periodika auf einem Wert zwischen 20 und 30 Artikel pro Jahr[52], stieg dann aber ab 1958 bis Mitte der 1960er Jahre nahezu kontinuierlich an. Die Höchstwerte wurden 1965/66 mit 78 beziehungsweise 92 Artikeln erreicht. Anschließend erfolgte ein fast stetiger Rückgang der Zahl der Artikel, bis Anfang der 1970er Jahre ähnlich niedrige Werte wie Mitte der 1950er Jahre erreicht waren. Anschließend schwankten die Zahlen etwas, ehe sie ab 1977 wieder rasch anstiegen und 1979 ähnlich hohe Werte erreichten wie 1965/66. In den ebenfalls aus der Abbildung 1 zu ersehenden Zahlen für die Überschriften der *Frankfurter Allge-*

---

49 Vor allem ist hier die Gewerkschaftspresse zu nennen, etwa die Wochenzeitung *Welt der Arbeit* (Auflage 1956: 109 000), das DGB-Funktionärsorgan *Die Quelle*, die Organe der Industriegewerkschaft Metall *metall* und der Gewerkschaft Nahrung, Genuss und Gaststätten *Einigkeit*.
50 Vgl. Meyen, Hauptsache Unterhaltung, S. 147 f.
51 Vgl. R. Schulz, Nutzung, S. 406 und 409.
52 *Der Spiegel* startete allerdings 1950/51 mit sehr hohen Werten, die aus einer insgesamt sehr starken Präsenz der NS-Zeit und ihrer Protagonisten im Nachrichtenmagazin in diesen Jahren resultierten; vgl. dazu Hachmeister, Nachrichtenmagazin.

meinen Zeitung sind diese Trends nur teilweise und abgeschwächt zu erkennen, etwa der leichte Anstieg Ende der 1950er Jahre und der Höhepunkt 1965. Als Tageszeitung schlugen bei ihr Aufsehen erregende und länger andauernde ebenso wie lokale Ereignisse stärker zu Buche, woraus sich die Spitzenwerte 1961 im Jahr des Eichmann-Prozesses und 1964, als das ganze Jahr über in Frankfurt am Main im Auschwitz-Prozess verhandelt wurde, erklären.

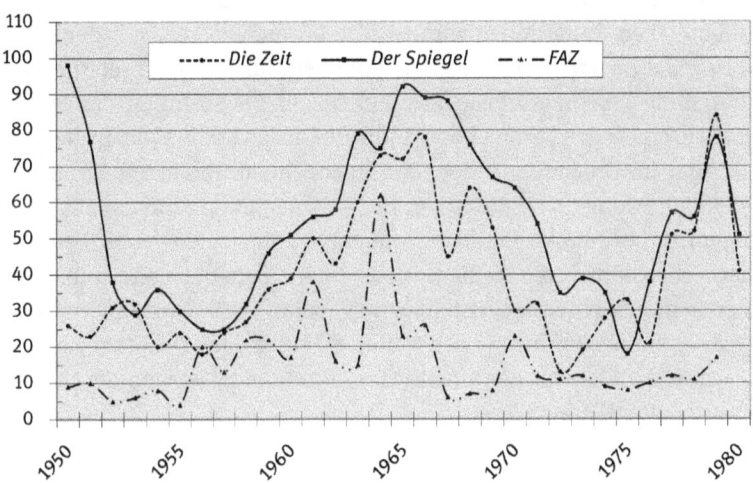

Abb. 1: Zahl der Artikel in *Zeit* und *Spiegel* sowie der Überschriften der FAZ, in denen die „SS" vorkommt

Die SS war aber in den Medien im Untersuchungszeitraum immer, jedoch nicht immer in derselben Intensität präsent war. Durch Recherchen in Presseausschnittssammlungen und den ausgewählten weiteren Periodika ließ sich dieser Befund konkretisieren. Die SS wurde in der Medienöffentlichkeit nicht durchgehend thematisiert, viele Erwähnungen erfolgten eher beiläufig, ohne dass sich daran explizite Aussagen oder Wertungen knüpften. Intensivere Diskussionen entzündeten sich in der Regel an bestimmten Ereignissen oder Personen und ebbten oft recht schnell wieder ab. Insgesamt lassen sich mehrere Debattenschwerpunkte erkennen, aus denen drei Untersuchungsfelder gebildet wurden, die auch die Arbeit gliedern:

Nach einem einführenden Prolog zur SS im Dritten Reich, ihrer Beurteilung im Nürnberger Hauptkriegsverbrecherprozess und der Entnazifizierung sowie zur Entstehung von Verbänden ehemaliger SS-Angehöriger in den frühen 1950er Jahren behandelt der erste Abschnitt die gesetzlichen Regelungen zur beruflichen Wiedereingliederung beziehungsweise Versorgung der Ehemaligen und die darüber geführten Kontroversen. Vor allem geht es dabei um die Debatte über die Eingliederung ehemaliger SS-Angehöriger in die Bundeswehr 1956 und die meist auf politischer Ebene erfolgte Aushandlung von Versorgungsleistungen für die SS-Veteranen, die im Wesentlichen in die Jahre 1957 bis 1961 datiert. Der zweite Teil der Arbeit beschäftigt sich dann mit den Reaktionen auf die öffentliche Präsenz von Vergemeinschaftungen ehemaliger SS-Angehöriger. Seit Mitte der 1950er Jahre fanden sich Mitglieder der vielerorts gegründeten und sich überregional zusammenschließenden Hilfsgemeinschaften auf Gegenseitigkeit der Waffen-SS (HIAG) und der Veteranenverbände verschiedener Waffen-SS-Einheiten in der Regel mehrmals im Jahr zu größeren Treffen zusammen, die meist über Umzüge, Gedenkveranstaltungen und Ähnliches stark in den öffentlichen Raum hineinwirkten. Die Regelmäßigkeit, mit der solche Veranstaltungen bis zum Ende des Untersuchungszeitraums jährlich stattfanden, machen die durch sie hervorgerufenen Reaktionen der Bevölkerung, der Medien und der Politik zu einem hervorragenden Indikator für Wandlungen in der Einstellung zur SS und im Umgang mit der NS-Vergangenheit überhaupt. Im dritten Abschnitt schließlich widmet sich die Arbeit der Offenlegung und Skandalisierung der SS-Vergangenheit bestimmter Politiker, Amtsträger, Staatsdiener oder Personen des öffentlichen Lebens durch die Medien. Dieses Phänomen, das nahezu über den gesamten Untersuchungszeitraum feststellbar war, stellt – auch weil es ein Stück weit von den häufig um die Bewertung der Waffen-SS kreisenden Debatten wegführt – ein ganz wesentliches Element der öffentlichen Auseinandersetzung der bundesdeutschen Gesellschaft mit der SS dar.

Prolog: Das Erbe der SS

1 Die SS im Dritten Reich

Die neuere Forschung ist sich im Wesentlichen darin einig, dass die Schutzstaffel (SS) der NSDAP das „zentrale Personalreservoir" für die Verbrechen des Dritten Reichs stellte[1], jedoch keineswegs allein für die Untaten des NS-Regimes verantwortlich zeichnet.

Die SS entstand 1925 als Teil der NSDAP vorwiegend zum Zweck des Schutzes von führenden Nationalsozialisten und von Parteiversammlungen und wurde zunächst der erheblich größeren Sturmabteilung (SA) unterstellt. Als Heinrich Himmler Anfang 1929 von Hitler zum Reichsführer SS (RFSS) ernannt wurde, zählte seine Truppe nur wenige hundert Mann. Himmler trieb den personellen Ausbau der SS voran, deren Mitgliederzahl bis zur Machtübernahme Anfang 1933 auf mehr als 50 000 anstieg, und er bemühte sich, aus ihr eine nach den von ihm besonders propagierten rassistisch-völkischen Grundsätzen gestaltete Eliteformation des Nationalsozialismus, einen „soldatischen Orden", eine „blutmäßige Auslese" zu machen. Die SS wurde zu diesem Zweck besonders streng auf die NS-Ideologie ausgerichtet und ihre Mitglieder in ein ausschließliches Gehorsams- und Treueverhältnis zur Person Hitlers gestellt. „Unsere Ehre heißt Treue" wurde ihr Leitspruch und bedingungsloser „Gehorsam bis in den Tod" ihre Maxime. Für die Aufnahme in die SS galten besonders strenge Kriterien hinsichtlich der „arischen" Abstammung und des Körperbaus. Da die Ehepartner denselben „rassischen" und biologischen Grundsätzen genügen sollten, mussten Eheschließungen zur Genehmigung vorgelegt werden. Gleichzeitig galten die Familiengründung und eine hohe Zahl an Kindern als Pflicht. Ziel war die Schaffung einer neuen sozialen Oberschicht und die Herrschaft der „nordischen Rasse" in Europa.

Nach der Machtübernahme der Nationalsozialisten waren SS-Angehörige an nahezu allen größeren Verbrechen des Regimes maßgeblich beteiligt. Dies begann beim Terror gegen Kommunisten, Sozialdemokraten und andere NS-Gegner in den ersten Monaten des Jahres 1933, setzte sich mit Misshandlungen und Tötungen von Häftlingen in dem im April des Jahres von der SS übernommenen KZ Dachau fort und erreichte mit der Ermordung von fast 200 Personen (SA-Führer, Oppositionelle und Juden) unter dem Vorwand der Niederschlagung des sogenannten Röhm-Putsches im Juni 1934 einen ersten Höhepunkt. Die Folge war eine Stärkung der SS, die von der SA unabhängig und zu einer eigenständigen Gliederung der NSDAP wurde. Neben Dachau übernahm sie nun alle von der SA unterhaltenen Konzentrations-

---

[1] Pohl, Verfolgung, S. 24. Zur Geschichte der SS vgl. zuletzt Hein, Elite; ders., Orden; ders., SS; Hoser, Schutzstaffel; Longerich, Heinrich Himmler; einen Überblick über die Entwicklung der Historiographie zur SS bietet Schulte, Geschichte.

lager und erhielt mit der Verfügungstruppe (VT) auch offiziell einen militärisch ausgebildeten Arm, nachdem sie sich bereits 1933 mit der von Sepp Dietrich geführten „Leibstandarte SS Adolf Hitler" eine erste stehende bewaffnete Formation geschaffen hatte. Nach Zusammenfassung der KZ-Wachmannschaften zu den Totenkopfverbänden gesellte sich zu diesen noch eine weitere ständig bewaffnete Gliederung. Rein zahlenmäßig blieb bis Kriegsbeginn aber die Allgemeine SS dominant, deren Mitgliederzahl schon Ende 1933 auf fast 200 000 angewachsen war. Überwogen unter den SS-Mitgliedern in den ersten Jahren Personen aus den unteren Gesellschaftsschichten, so strömten ihr nach der Machtergreifung vermehrt Angehörige der oberen Schichten und insbesondere auch aus akademisch gebildeten Kreisen zu. Der propagierte Elitegedanke und die Karrierechancen, die die aufstrebende Parteigliederung versprach, scheinen dabei eine wichtige Rolle gespielt zu haben. Insgesamt blieb die SS jedoch sehr viel stärker ein Abbild der deutschen Gesellschaft und war in dieser wesentlich tiefer verankert, als es das von ihr nach Kriegsende verbreitete Bild suggerierte.

Die Machtposition der SS im Dritten Reich gründete zu einem Gutteil in ihrer von Himmler vorangetriebenen Verschränkung mit der Polizei. Der RFSS hatte schon seit April 1933 die Leitung der Politischen Polizei, zunächst in Bayern und dann auch in anderen Ländern an sich gerissen. Im Juni 1936 übernahm er dann die Führung der gesamten deutschen Polizei. Anschließend trieb er die Verschmelzung von SS und Polizei voran mit dem Ziel der Schaffung eines weitgehend aus SS-Angehörigen bestehenden „Staatsschutzkorps". Polizeibeamte wurden angehalten, in die SS einzutreten, und erhielten in einem solchen Fall in der Regel einen ihrem Dienstrang entsprechenden SS-Angleichungsdienstgrad.

Die Politische Polizei der Länder wurde Ende 1934 zentralisiert und in Geheime Staatspolizei (Gestapo) umbenannt. Die Führung der Gestapo übernahm zunächst der Leiter des Sicherheitsdienstes der SS (SD) Reinhard Heydrich, ab 1937 dann Heinrich Müller. Der SD war 1931 als Nachrichtendienst der SS gebildet worden, seit 1932 stand er unter der Leitung von Heydrich. 1934 wurde er zum einzigen Nachrichtendienst der NSDAP. Seine Hauptaufgabe bestand in der Ausforschung von NS-Gegnern. Im SD sammelte sich eine Reihe von jungen, radikal völkisch-nationalen Akademikern, die an Konzepten für eine effektive Bekämpfung der Feinde des Nationalsozialismus und an einer „rassischen Neuordnung" arbeiteten. Kurz nach Beginn des Zweiten Weltkriegs wurden SD, Gestapo und Kriminalpolizei im Reichssicherheitshauptamt (RSHA) unter der Leitung Heydrichs zusammengefasst.[2] Im Krieg wurde das RSHA zur Terrorzentrale des NS-Regimes. Es verfügte in der Bekämpfung der tatsächlichen oder vermeintlichen Feinde des Nationalsozialismus über nahezu unbegrenzte Machtbefugnisse. Das RSHA organisierte die Massendeportationen von Juden in Vernichtungslager in Osteuropa und es stellte die für Mas-

---

2 Vgl. zur Gestapo Dams/Stolle, Gestapo; Paul/Mallmann, Gestapo; zum RSHA Wildt, Generation.

senerschießungen verantwortlichen Einsatzgruppen auf. Über die Befehlshaber und Kommandeure der Sicherheitspolizei und des SD (BdS und KdS) nahm es direkten Einfluss auf die Verfolgungsmaßnahmen in den besetzten Gebieten. An solchen beteiligte sich auch die SS direkt über die dort eingesetzten (Höheren) SS- und Polizeiführer, die Vernichtungslager einrichteten oder SS-Spezialtruppen zu Massenerschießungen befahlen.

Die Allgemeine SS verlor im Krieg stark an Bedeutung, ihre Mitglieder wurden größtenteils zu den Waffen gerufen. Die meisten SS-Angehörigen kamen zur Wehrmacht, ein im Kriegsverlauf wachsender Teil zu den militärischen SS-Verbänden, die ab 1940 zur Waffen-SS zusammengefasst wurden. Personell erfuhr diese bis zum Ende des Zweiten Weltkriegs eine starke Ausweitung – seit 1944 auch durch Zwangsrekrutierungen – und stellte bald den allergrößten Teil des SS-Personals. Sie war zwar in erster Linie eine militärische Kampftruppe, stellte jedoch auch einen erheblichen Teil des Personals der Einsatzgruppen. Zudem herrschte zwischen den kämpfenden Verbänden der Waffen-SS und den in den KZ eingesetzten Totenkopfverbänden ein reger Personalaustausch. Zumindest in der zum größten Teil aus der Allgemeinen SS kommenden Führung folgte die Waffen-SS weitgehend deren rassistischem Elitebewusstsein. Einige ihrer Einheiten verübten schwere Kriegsverbrechen, zum Beispiel im Rahmen der Mordaktionen an polnischen und sowjetischen Juden, der Partisanen- und Widerstandsbekämpfung in den besetzten Gebieten und während der Endkämpfe im Reich.[3]

Das Statistisch-Wissenschaftliche Institut des RFSS bezifferte die Mitgliederzahl der Schutzstaffel der NSDAP zum 30. Juni 1944 auf 594 443 Personen in der Waffen-SS und 200 498 in der Allgemeinen SS; Letzteres ohne die damals in der Waffen-SS dienenden Mitglieder. Insgesamt brachte es die Allgemeine SS zu diesem Datum auf 264 379 Mitglieder. Der Waffen-SS zugehörig wurden zu diesem Zeitpunkt auch die 39 415 Angehörigen der SS-Hauptämter geführt, darunter 24 091 beim SS-Wirtschafts- und Verwaltungshauptamt, dem die KZ unterstanden. Die nicht bei der Waffen-SS eingesetzten Mitglieder der Allgemeinen SS befanden sich zu diesem Zeitpunkt mehrheitlich (115 908) bei der Wehrmacht, 722 waren zum Reichsarbeitsdienst einberufen, 19 254 zu einem „sonstigen Einsatz". Dabei dürfte es sich weit überwiegend um die Angehörigen der Sicherheitspolizei und des SD im Ausland gehandelt haben. 64 614 Mitglieder der Allgemeinen SS waren nicht zum Wehrdienst einberufen, wahrscheinlich waren sie hauptsächlich als Mitarbeiter der Sicherheits- und Ordnungspolizei im Inland sowie als uk-gestellte Angestellte und Arbeiter in der Wirtschaft oder in Behörden tätig.[4]

---

3 Vgl. zur Waffen-SS Wegner, Hitlers politische Soldaten, und Leleu, Waffen-SS, zum Personalaustausch zwischen Waffen-SS und KZ-SS Hördler, KZ-System.
4 Vgl. Staatsarchiv Nürnberg, Nürnberger Dokumente, 878-D (auszugsweise wiedergegeben in Prozeß, Bd. 35, S. 626 ff.); Neusüß-Hunkel, SS, S. 104 f.; IfZ-Archiv, Nürnberger Dokumente, NO-4812,

Der Hauptabteilungsleiter im Ergänzungsamt der Waffen-SS Robert Brill gab im Nürnberger Hauptkriegsverbrecherprozess die Zahl der Waffen-SS-Angehörigen für Oktober 1944 mit 910 000 an. Diese hätten sich aus 400 000 Reichsdeutschen, 310 000 Volksdeutschen, 150 000 „Fremdvölkischen" und 50 000 „germanischen Freiwilligen" zusammengesetzt.[5] Von dieser Zahl geht in seinem 1967 erschienenen Werk zur Geschichte der Waffen-SS deren früherer General Paul Hausser aus, der dazu anmerkt, bis zum Kriegsende sei die Gesamtzahl noch auf fast eine Million angestiegen, wobei diese Zahlen aber nicht die tatsächliche Stärke der Truppe spiegeln würden, da jeweils die Gefallenen in Abzug zu bringen seien.[6]

Wie viele der ehemaligen SS-Angehörigen den Krieg überlebten und wie viele von diesen sich dann wiederum in der Bundesrepublik aufhielten, lässt sich mangels entsprechender Unterlagen nur schätzen. Die auf einer sehr breiten Quellenbasis fußende Studie von Rüdiger Overmans gibt die Kriegsverluste der Waffen-SS mit 314 000 an, wobei Overmans anmerkt, die Zahl könnte aufgrund der äußerst mangelhaften Daten zu den nichtdeutschen SS-Angehörigen auch höher gelegen haben.[7] Brill gab 1946 die Zahl der Verluste bis Oktober 1944 mit 320 000 (einschließlich der aufgrund schwerer Verletzungen nicht mehr verwendungsfähigen Personen) und die Stärke der Waffen-SS zu Kriegsende mit 550 000 Mann an. Nimmt man diese Zahlen als Ausgangspunkt, so könnten etwa 600 000–650 000 Soldaten der Waffen-SS den Krieg überlebt haben.

Bezüglich der Angehörigen der Allgemeinen SS sind Angaben noch schwieriger zu treffen. Ihre Mitgliederzahl dürfte sich seit Mitte 1944 kaum mehr signifikant erhöht haben, allerdings ist anzunehmen, dass der Anteil derjenigen, die in den Kriegs- und Auslandseinsatz kamen, etwa durch Einziehung zur Waffen-SS, anwuchs. Geht man von der von Overmans ermittelten durchschnittlichen Verlustquote für deutsche Soldaten im Zweiten Weltkrieg von etwa 30 Prozent aus und berücksichtigt seine Feststellung, dass etwas mehr als die Hälfte der Verluste nach Juni 1944 zu beklagen waren[8], so könnten etwa 120 000 Mitglieder der Allgemeinen SS, die sich außerhalb der Waffen-SS im Kriegseinsatz befunden hatten, das Kriegsende überlebt haben. Ebenso dürfte der Großteil der Mitglieder der Allgemeinen SS über-

---

Statistisch-Wissenschaftliches Institut des Reichsführers SS an den Reichsführer SS, 19.9.1944, in diesem Schreiben werden auch Zweifel geäußert, ob die von den einzelnen Dienststellen der Allgemeinen SS eingehenden Zahlen immer stimmen würden.
5 Vgl. Prozeß, Bd. 20, S. 377.
6 Vgl. Hausser, Soldaten, S. 75; Overmans, Deutsche militärische Verluste, S. 257, nimmt für seine Berechnung eine Zahl von 900 000 als Basis, merkt aber an, dass dies sehr vorsichtig geschätzt sei und es auch eine Million gewesen sein könnten.
7 Vgl. ebenda, S. 255 f., zur Datenbasis dieser Studie S. 43 ff., bezüglich der Nichtdeutschen S. 161 ff.
8 Vgl. ebenda, S. 238 f. und 257; die Verlustquote bei der Polizei wurde dabei dem Durchschnitt der Soldaten gleichgesetzt; Overmans macht zu ihr keine Angaben, er gibt die zahlenmäßigen Verluste der Polizei mit rund 63 000 Mann an.

lebt haben, die bis Kriegsende nicht eingezogen worden waren, vielleicht etwa 40 000.

Bei einer Schätzung für das Gebiet der Bundesrepublik ist außerdem zu berücksichtigen, dass Angehörige der SS aufgrund der Gefahr einer Verhaftung und Verbringung nach Osteuropa ihren Aufenthalt wohl bevorzugt im Westen Deutschlands nahmen und die überlebenden volksdeutschen Angehörigen der Waffen-SS zum allergrößten, die ausländischen Waffen-SS-Angehörigen hingegen nur zu einem geringen Teil nach Westdeutschland gekommen sein dürften. Unter Abzug der Österreicher (nach den Bevölkerungsanteilen knapp zehn Prozent) kommt man dann auf etwa 400 000, vielleicht auch 500 000 Veteranen der Waffen-SS[9] und rund 150 000 ehemalige Angehörige der Allgemeinen SS in der Bundesrepublik.

2 Nürnberger Urteil und Entnazifizierung

Der Internationale Militärgerichtshof in Nürnberg erklärte in seinem Urteil vom 1. Oktober 1946 die SS zur „verbrecherischen Organisation". Die rechtliche Grundlage dieses Spruchs bildete das am 8. November 1945 von den USA, der Sowjetunion, Großbritannien und Frankreich in London in einem Viermächteabkommen unterzeichnete Statut des Gerichts. Dieses ermöglichte nicht nur die Aburteilung von Einzelpersonen, sondern auch von Organisationen und Gruppen wegen Verbrechen gegen den Frieden, Kriegsverbrechen und Verbrechen gegen die Menschlichkeit (Artikel 6). Die SS wurde aller drei Tatbestände für schuldig erachtet. „SS-Einheiten waren tätige Teilnehmer an den Schritten, die zum Angriffskrieg führten", hieß es im Urteil.[10] Ganz allgemein sei die SS zu verbrecherischen Zwecken verwendet worden, nämlich „Ausrottung der Juden, Brutalitäten und Tötungen in den Konzentrationslagern, Übergriffen bei der Verwaltung besetzter Gebiete, der Durchführung des Zwangsarbeiterprogramms und der Mißhandlung und Ermordung von Kriegsgefangenen". Es sei „unmöglich, auch nur einen Teil der SS auszunehmen, der nicht an diesen verbrecherischen Handlungen teilnahm". Das Urteil schloss dann alle Personen ein, die offiziell in die SS aufgenommen worden waren, sowohl die Mitglieder der Allgemeinen SS, als auch der Totenkopfverbände und der Waffen-SS; als Gliederung ausgenommen blieb allein die Reiter-SS.[11] Separat erklärte das Nürnber-

---

[9] Die erste Zahl nennt auch Heinz Höhne im *Spiegel*, Nr. 11 vom 6.3.1967, S. 65.
[10] Urteil, S. 158; die folgenden Zitate ebenda, S. 159 ff.; vgl. auch Boberach, Nürnberger Urteil, S. 44 f.
[11] Diese Herausnahme geschah auf Drängen der Briten, da mehrere Verwandte des britischen Königshauses Mitglied der Reiter-SS gewesen waren; vgl. Wember, Umerziehung, S. 152. Tatsache war, dass nach der Machtübernahme zahlreiche Reit- und Rennvereine in die SS eingegliedert worden waren. Jedoch waren mehrere SS-Reiter-Einheiten an Massenmorden beteiligt, etwa die SS-Kavallerie-Brigade.

ger Urteil außerdem den SD für verbrecherisch, der aufgrund seiner engen organisatorischen und personellen Verbindung zur Gestapo mit dieser gemeinsam abgeurteilt wurde, wobei anzumerken ist, dass die Bediensteten der Gestapo zum allergrößten Teil ebenfalls der SS angehört hatten. Allerdings schränkte das Gericht den betroffenen Personenkreis auf diejenigen Angehörigen der SS ein, „die Mitglieder der Organisationen wurden oder blieben und Kenntnis davon hatten, daß sie für die Begehung von Handlungen verwendet wurden, die laut Artikel 6 des Statuts als verbrecherisch erklärt sind oder die als Mitglieder der Organisation in die Begehung solcher Verbrechen verwickelt waren". Ausgenommen blieben weiterhin Mitglieder der SS, „die vom Staate auf solche Art in ihre Reihen gezogen wurden, daß ihnen keine andere Wahl blieb, und die keine solchen Verbrechen begingen" oder solche, die vor dem 1. September 1939, also dem Beginn des Zweiten Weltkriegs, die SS bereits wieder dauerhaft verlassen hatten.

In der Presseberichterstattung über den Prozess fand das Urteil gegen die Organisationen weit geringere Beachtung als dasjenige gegen die Einzelpersonen. Die meisten Blätter beschränkten sich auf eine kurze Wiedergabe des Prozessverlaufs und des Urteilstextes, wobei anzumerken ist, dass Kommentierungen angesichts der alliierten Kontrolle der Presse zumindest heikel waren. Wilhelm Emanuel Süskind allerdings, Korrespondent der *Süddeutschen Zeitung* in Nürnberg, widmete der Anklage gegen die NS-Organisationen mehrere Artikel. Süskind stellte fest, dass dieser Teil des Prozesses bei der Bevölkerung auf sehr viel geringeres Interesse stoße als die Anklage gegen die führenden Vertreter des NS-Regimes. Dies stehe in paradoxem Verhältnis zur Tatsache, dass diese Organisationen für eine recht große Zahl von Menschen stünden. Er führte diesen Umstand darauf zurück, dass in diesem Prozessabschnitt vieles unkonkret und „schwerverständlich" bleibe. Verbrechen, die einer anonymen Macht angelastet würden, könnten nur schwer so scharf eingegrenzt werden, dass sich eine schuldige Personengruppe herausfiltern ließe und das Rechtsgefühl keinen Schaden leide. Solch kollektive Anlagen hätten ihren Ursprung freilich auch in den kollektiven Schuldabweisungen, meinte Süskind, denn keine Ausrede habe es nach Kriegsende so häufig gegeben wie „Wir sind nicht schuld – das hat die SS. getan".

Den Verteidigern in Prozess und deren Zeugen warf Süskind in diesem Zusammenhang vor, sie hätten wenig dazu beigetragen, die Wahrheit aufzuhellen und die Schuldigen an den Verbrechen ausfindig zu machen. Alle Verantwortung habe man hinter einem Schleier von Zuständigkeits- und Ressortfinessen verschwinden lassen und eine eigene Handlungsautonomie geleugnet. Alles, was der SS zur Last gelegt wurde, sei auf die Einsatzgruppen des SD und eine kleine Gruppe von Verantwortlichen für das KZ-System um Oswald Pohl geschoben worden.[12] In der Tat hatte die Verteidigung versucht, die SS, aber auch den SD aufzuspalten. Da viele der schweren, von SS-Angehörigen begangenen Verbrechen nur zu offenbar waren, sollten die Untaten allein den Einsatzgruppen, der Gestapo und den KZ-Mannschaften angelastet und insbesondere die Waffen-SS entlastet werden. Die dabei konstruierten Entlastungs- und Entschuldungsnarrative entfalteten zwar in den folgenden Jahren eine erhebliche Wirkung, im Prozess selbst jedoch scheiterte diese Strategie weitgehend.

In seinem Bericht über das Nürnberger Urteil betonte Süskind erneut, dass das Verfahren gegen die Organisationen mindestens ebenso viel Aufmerksamkeit verdient gehabt hätte, wie das gegen die Einzelangeklagten. Er meinte, die Urteilsbegründung zu den Organisationen sei als der „eigentliche Wendepunkt im Prozeß" im Hinblick auf die „Frage der Kollektivschuld" anzusehen. Denn zum einem habe man nur diejenigen Personen für betroffen erklärt, die von den verbrecherischen Absichten und Handlungen Kenntnis gehabt hätten. Zum anderen habe das Gericht erklärt, es wünsche am individuellen Charakter des strafrechtlichen Delikts festzuhalten und das Odium von Massenurteilen zu vermeiden.[13]

Dass die SS in der gesamten Berichterstattung zum Hauptkriegsverbrecherprozess keine herausragende Rolle spielte, hatte sicherlich auch mit der Zusammensetzung der Anklagebank zu tun, auf der sie nicht durch eine prominente Person vertreten war. Nur einer der 22 Angeklagten war wirklich ihr zuzurechnen, der SS-Obergruppenführer Ernst Kaltenbrunner, der letzte Chef des Reichssicherheitshauptamts. Aber auch Kaltenbrunner stand zuvorderst für die Gestapo und den SD; er wurde zum Tod verurteilt und am 16. Oktober 1946 hingerichtet.

Die Aburteilung einzelner Mitglieder der verbrecherischen Organisationen sollte im Rahmen weiterer Gerichtsverfahren nach dem Kontrollratsgesetz Nr. 10 erfolgen. In drei der von den Amerikanern allein durchgeführten Nachfolgeprozesse mussten sich Vertreter des SS-Wirtschafts- und Verwaltungshauptamts, darunter dessen Leiter Oswald Pohl, des SS-Rasse- und Siedlungshauptamts sowie der Einsatzgruppen der Sicherheitspolizei und des SD verantworten. Von den 54 in diesen drei Prozessen abgeurteilten Personen wurden 18 zum Tod verurteilt, sechs zu lebenslanger Haft und 26 zu zeitlich begrenzten Freiheitsstrafen. Bei vier Angeklagten erkannten die Gerichte auf Freispruch. Von den Todesstrafen wurden fünf vollstreckt, diejenigen gegen Pohl und die Einsatzgruppen- und Sonderkommandoführer Otto Ohlendorf, Erich Naumann, Paul Blobel und Werner Braune. Die meisten Verurteilungen stützten sich auf spezifische Verbrechen, alle Angeklagten waren zwar auch der Mit-

---

12 SZ vom 13.8.1946 („Teufelspakt hinterm Teufelsschwur. Der Prozeß gegen die Organisationen und seine Hintergründe"); vgl. außerdem SZ vom 27.8.1946 („Verfahren gegen Millionen. Grundsätzliches zum Organisationen-Prozeß vor dem Nürnberger Gericht").
13 SZ vom 4.10.1946 („Ein Urteil, das uns und die Welt verpflichtet").

gliedschaft in einer verbrecherischen Organisation angeklagt, in nur wenigen Fällen war dieser Punkt jedoch der für die Verurteilung maßgebliche, so etwa beim Leiter des SS-Vereins „Lebensborn" Gregor Ebner, der deswegen zu zwei Jahren und acht Monaten Haft verurteilt wurde.[14]

Jedoch erlangten diese Prozesse wie auch viele weitere Militärgerichtsprozesse der vier Besatzungsmächte gegen SS-Angehörige, vor allem gegen Personal von Konzentrations- und Vernichtungslagern sowie von Polizeidienststellen, nicht die große Publizität des Hauptkriegsverbrecherprozesses.[15] Auch in den letztgenannten Prozessen ergingen zahlreiche Todesurteile, von denen nicht wenige vollstreckt wurden. Detaillierte zahlenmäßige Aufstellungen dazu gibt es bislang aber nicht.[16]

Angehörige der SS gehörten zu demjenigen Personenkreis, der gemäß den alliierten Direktiven nach der Besetzung sofort zu inhaftieren war. Offiziere von SS und Waffen-SS waren automatisch in Arrest zu bringen und aus öffentlichen Ämtern und verantwortlichen Stellen zu entfernen. Letzteres galt bei der Waffen-SS auch für Unteroffiziere, bei allen übrigen SS-Gliederungen für alle Mitglieder.[17] Zahlreiche Angehörige der SS saßen infolgedessen einige Monate bis mehrere Jahre in Internierungshaft, in der Anfangszeit existierten für sie sogar spezielle Internierungslager etwa in Auerbach in der Oberpfalz. Nach der im Lauf des Jahres 1946 erfolgten Entlassung zahlreicher SS-Angehöriger, die nur niedere Ränge innegehabt hatten oder erst ab 1944 zur SS gekommen waren, befanden sich Ende Februar 1947 in der US-Zone noch 25 984 ehemalige Mitglieder der SS und 667 des SD in Internierungshaft.[18]

Die Mitgliedschaft in verbrecherischen Organisationen wurde in der amerikanischen und französischen Zone im Rahmen der den Spruchkammern übertragenen

---

14 Vgl. zu den Nürnberger Nachfolgeprozessen Priemel/Stiller, NMT, und darin insbesondere die Beiträge von Isabel Heinemann zum Rasse- und Siedlungshauptamt, Hilary Earl zu den Einsatzgruppen und Jan Erik Schulte zum Wirtschafts- und Verwaltungshauptamt.
15 Vgl. Urban, Kollektivschuld, S. 693 ff. Auf Lokalberichterstattung ausgelegte Blätter wie die MZ oder die PNP berichteten etwa 1948 zum Einsatzgruppenprozess lediglich kurz über die Urteilsverkündung, ohne auf die Person der Angeklagten und die verhandelten Verbrechen näher einzugehen; vgl. MZ vom 13.4.1948 („Urteilsverkündung in Nürnberg"); PNP vom 13.4.1948 („Sühne für eine Million Morde der SS").
16 Einen nicht ganz vollständigen und nicht immer exakten Überblick über die Verurteilungszahlen in den von den Alliierten und im Ausland durchgeführten NS-Prozessen gibt: Frei, Nach der Tat, S. 31 f. Untersuchungen, wie hoch der Anteil der SS-Angehörigen an den Verurteilten war, gibt es bislang nicht, er dürfte jedoch hoch zu veranschlagen sein.
17 Vgl. „Automatischer Arrest", Aufstellung der britisch-amerikanischen Oberkommandos (SHAEF) vom Oktober 1944 und Kontrollratsdirektive Nr. 24, beide abgedruckt in Vollnhals, Entnazifizierung, S. 107 ff. und 238 ff.
18 Vgl. ebenda, S. 251. Vergleichbare Zahlen für die anderen Besatzungszonen liegen nicht vor. In den Internierungslagern der französischen Zone befanden sich zum 21.10.1946 1115 ehemalige Angehörige der Allgemeinen SS, 865 der Waffen-SS und 432 des SD, vgl. Möhler, Entnazifizierung, S. 363, Tab. 41.

Entnazifizierung sanktioniert, in der britischen Zone wurden auf Anordnung der Besatzungsmacht zu diesem Zweck spezielle Spruchgerichte eingesetzt, die einen Zwitterstatus zwischen Spruchkammern und ordentlichen Gerichten besaßen und sowohl mit Berufsrichtern wie auch mit Schöffen besetzt waren. 58 Prozent der 24 154 Personen, gegen die bis Ende 1949 ein eigenes Spruchgerichtsverfahren zur Durchführung kam, wurde eine Mitgliedschaft in der SS angelastet. Von diesen wurden wiederum 6098 zu Geld- und 2833 zu Gefängnisstrafen verurteilt.[19] In den übrigen Fällen erfolgte Freispruch oder Verfahrenseinstellung, nachdem zum 1. Juni 1948 eine Amnestie für Angehörige der Waffen-SS bis zum Unterscharführer und der Allgemeinen SS bis zum Rottenführer ergangen war. Der allergrößte Teil der ausgesprochenen Haftstrafen bewegte sich in einer Höhe bis zu zwei Jahren und galt durch die bis dahin erlittene Internierungshaft schon als verbüßt.

Die Spruchkammern der US-Zone stuften bis Ende 1948 27 656 ehemalige SS-Angehörige nach ihrer Belastung ein. Von diesen kamen 111 in die Kategorie I (Hauptschuldige), 2592 in die Kategorie II (Belastete) und 9906 in die Kategorie III (Minderbelastete). 9406 wurden als Mitläufer beurteilt und 313 als entlastet. 5328 kamen in den Genuss einer Amnestie, hauptsächlich wegen ihres geringen Alters.[20] Diese Sprüche wurden aber in den folgenden Jahren häufig noch abgemildert oder die aus ihnen folgenden Sanktionen ganz oder teilweise erlassen, nicht selten waren sie durch die bis dahin verbüßte Internierungshaft abgegolten.

3 Die Reorganisation ehemaliger SS-Angehöriger zu Beginn der 1950er Jahre

Die schon einleitend angerissene Tendenz von Wehrmachtsangehörigen, einseitig die SS für die in der Kriegszeit begangenen Gräueltaten verantwortlich zu machen, war verbreitet und auch in den amerikanischen und britischen Kriegsgefangenenlagern deutlich greifbar.[21] Nicht zuletzt deshalb schlossen manche der sich zu Beginn der 1950er Jahre im Zuge der Ankündigung der Wiederbewaffnung formierenden Soldatenverbände Waffen-SS-Angehörige von der Mitgliedschaft aus. Andere hingegen bemühten sich intensiv um die SS-Kriegsveteranen.[22] Diese sammelten sich

---

19 Vgl. Boberach, Nürnberger Urteil, S. 48 f.; Wember, Umerziehung, S. 318 ff.; die Tätigkeit der Spruchgerichte war zum 31.10.1949 bis auf 95 noch anhängige Fälle abgeschlossen. 70 % der von den Spruchgerichten wegen SS-Zugehörigkeit abgeurteilten Personen waren einfache SS-Männer oder Unterführer (bis zum Rang eines Hauptscharführers).
20 Vgl. Vollnhals, Entnazifizierung, S. 252. Für die französische und sowjetische Besatzungszone sind entsprechende Zahlen nicht veröffentlicht.
21 Vgl. Neitzel, Abgehört, S. 265 f.; Neitzel/Welzer, Soldaten, S. 153 ff. und 197; Römer, Kameraden, S. 460; Seidl, Zwanzig Deutsche, S. 20.
22 Vgl. Manig, Politik, S. 323 f.

schon 1949 zu Kameradschaftstreffen. In den Jahren 1950/51 entstanden dann in der gesamten Bundesrepublik zahlreiche örtliche Vereinigungen, die sich den Namen „Hilfsgemeinschaft auf Gegenseitigkeit" (HIAG) gaben und damit den sozialen Charakter der Gruppen heraushoben.[23] Ende 1950 nahm der Schutz-Bund ehemaliger Deutscher Soldaten (BDS) den früheren SS-Obergruppenführer und General der Waffen-SS Felix Steiner in seine Führung auf.

Der BDS, der vor allem auf die militärische Tradition setzte und zum Widerstand des 20. Juli auf Distanz ging, gab auch bei der im September 1951 nicht zuletzt aufgrund des Drängens der Bundesregierung nach einer einheitlichen Soldatenvereinigung erfolgten Gründung des Verbands Deutscher Soldaten (VDS) den Ton an. In das Präsidium des neuen Verbands wurden die bei dessen Gründungsversammlung anwesenden früheren Waffen-SS-Generäle Herbert Gille und Paul Hausser aufgenommen. Diese traten für einen korporativen Beitritt der HIAGs zum VDS ein und versprachen sich davon eine Anerkennung der Waffen-SS als einer der Wehrmacht gleichwertigen Kampftruppe sowie eine starke Interessenvertretung ihrer Belange.[24] Hausser befürchtete, ein Zusammenschluss der HIAGs zu einem eigenständigen Verband könne in Öffentlichkeit und Politik als Nachfolgeorganisation der SS empfunden werden und deshalb Ablehnung oder gar ein amtliches Verbot provozieren.[25] Dass diese Bedenken keineswegs unberechtigt waren, bewiesen die recht erschreckten Reaktionen, die das öffentliche Auftreten von ehemals hochrangigen SS-Führern in Versammlungen oder bei rechtsextremen Organisationen in Teilen von Politik und Presse hervorriefen.

Neben den schon genannten früheren Generälen der Waffen-SS tat sich in Hamburg zunächst besonders der ehemalige SS-Brigadeführer und letzte Kommandeur der „Leibstandarte" Otto Kumm als „Trommler" für die Belange der Ehemaligen hervor.[26] Ebenfalls in der Hansestadt waren Vereinigungen wie die „Bruderschaft" und das „Freikorps Deutschland" angesiedelt. Der vom früheren SS-Obersturm-

---

[23] Vgl. K. Wilke, Veteranen, S. 155 ff. Nach WR, Nov. 1951, S. 13, bestanden zu diesem Zeitpunkt schon 376 derartige Gruppierungen im Bundesgebiet.

[24] Vgl. K. Wilke, Hilfsgemeinschaft, S. 41 ff. Diese enge Beziehung zum VdS überdauerte auch die Krise des Verbands Ende 1952, die mit der von der Bundesregierung forcierten Ablösung des extrem nationalistische Töne anschlagenden kommissarischen Präsidenten Johannes Frießner durch den gemäßigteren früheren Admiral Gottfried Hansen endete.

[25] Vgl. auch IfZ-Archiv, ED 91/28, Ruoff an General [kein Name angegeben, evtl. Manteuffel], 12.1.1952.

[26] Kumm gehörte der NSDAP und SS seit 1931 an und trat 1934 in die Verfügungstruppe ein. Im Zweiten Weltkrieg kommandierte er verschiedene Waffen-SS-Einheiten, zuletzt ab März 1945 die „Leibstandarte SS". Von Kumm gingen wohl die ersten Initiativen zur Gründung der HIAGs aus, er vollzog allerdings im Oktober 1952 eine Wende, legte alle Ämter bei der HIAG Hamburg nieder und trat als hauptamtlicher Mitarbeiter der regierungsnahen Arbeitsgemeinschaft Demokratischer Kreise bei, die den Zweck verfolgte, Wiederbewaffnung und Westintegration zu propagieren; vgl. Manig, Politik, S. 504.

3 Die Reorganisation ehemaliger SS-Angehöriger zu Beginn der 1950er Jahre — 25

bannführer Alfred Franke-Gricksch und vom ehemaligen Wehrmachtsmajor Helmut Beck-Broichsitter angeführten „Bruderschaft" wurde nachgesagt, sie bestehe zu 60 Prozent aus SS-Mitgliedern und strebe an, einen SS-ähnlichen Ordensstaat mit einer Militärclique an der Spitze zu errichten.[27] Im selben Fahrwasser agierten das „Freikorps Deutschland" unter Führung des ehemaligen Scharführers der SS-Totenkopf-Division Hermann Lamp und der „Bund für Wahrheit und Recht", in dem eine zuvor gebildete „Notgemeinschaft der SS" aufgegangen war. Beide Vereinigungen wurden 1952/53 wegen verfassungsgefährdender rechtsradikaler Umtriebe verboten.[28] Den genannten Organisationen nahe standen der frühere Gauleiter von Wien Alfred Frauenfeld und der ehemalige SS-Obergruppenführer, Reichsstudentenführer und Gauleiter von Salzburg Gustav Adolf Scheel[29], die dann auch 1953 in der Naumann-Affäre an prominenter Stelle auftauchen sollten. Frauenfeld rief auf einer von etwa 1300 Personen besuchten Versammlung der HIAG in Hamburg im Oktober 1951 zum Zusammenschluss aller ehemaligen Angehörigen der SS in Europa auf. Gille kündig-

---

27 Vgl. PNP vom 11.11.1950 („Bruderschaft kritisiert Adenauer-Rede") und vom 9.1.1951 („Erste Legion ruft gegen Bruderschaft auf"); *Hamburger Abendblatt* vom 13.2.1951 („Krieg in der Bruderschaft"); Tauber, Eagle, Bd. I, S. 122 f. und 162 ff.; Breitman/Goda, Hitler's Shadow, S. 53 ff. Die beiden Protagonisten zerstritten sich Ende 1950, und im Februar 1951 spaltete sich die „Bruderschaft". Franke-Gricksch war in der Weimarer Zeit ein Gefolgsmann von Otto Straßer und ging mit diesem nach Hitlers Machtübernahme in die Tschechoslowakei, kehrte jedoch schon 1934 nach Deutschland zurück, trat der SS bei, wurde Mitglied der Verfügungstruppe und des SD, ab 1943 war er im SS-Personalhauptamt tätig. Er verfolgte in der „Bruderschaft" ein gesamtdeutsches Konzept und pflegte Kontakte mit Ost-Berlin. Bei einem Aufenthalt dort im September 1951 wurde er von den Sowjets verhaftet und im Mai 1952 von einem Militärtribunal in Moskau wegen Verbrechen gegen die Menschlichkeit und Kriegsverbrechen zum Tod verurteilt und hingerichtet.
28 Im Bund wurde das Freikorps 1953 verboten, vgl. Kabinettsprotokolle 1953, S. 156 (Sitzung vom 10.2.1953); Tauber, Eagle, Bd. II, S. 1116 f.; Riggert, Neonazismus, S. 129 f.; in Bayern erfolgte diese Maßnahme schon 1952, vgl. PNP vom 10.5.1952 („,Freikorps Deutschland' verboten"); Lamp wurde 1954 wegen Förderung verfassungsfeindlicher Organisationen zu vier Monaten Gefängnis verurteilt, vgl. PNP vom 23.9.1954 („Gefängnis für ‚Freikorps-Führer'"); zum „Bund für Wahrheit und Recht" vgl. *Hamburger Abendblatt* vom 4.8.1951 („Neue Partei").
29 Scheel hatte der NSDAP seit 1930 und der SS seit 1934 angehört. 1935 wurde er Führer des SD-Oberabschnitts Südwest, 1936 Reichsstudentenführer, 1940 BdS im Elsass und 1941 zunächst HSSPF Alpenland, dann Gauleiter in Salzburg. 1945 bis 1948 befand er sich in amerikanischer Internierungshaft; die Spruchkammer Heidelberg stufte ihn als „Hauptschuldigen" ein, im Berufungsverfahren wurde dieser Spruch in „Belasteter" abgemildert. Seit 1949 war Scheel in Hamburg als Arzt tätig. Anfang 1953 wurde er zusammen mit anderen ehemaligen Nationalsozialisten, die sich um den früheren Staatssekretär im Reichspropagandaministerium Werner Naumann, der wie Scheel den Rang eines SS-Brigadeführers getragen hatte, von den Briten festgenommen und befand sich anschließend sechs Monate in Untersuchungshaft. Im Dezember 1954 lehnte der BGH die Eröffnung des Hauptverfahrens gegen ihn ab. Anschließend lebte er zurückgezogen in Hamburg, wo er 1979 verstarb; vgl. Arnold, Deutscher Student.

te bei dieser Gelegenheit für 1952 ein großes Treffen früherer SS-Leute an, zu dem auch Ehemalige aus anderen europäischen Ländern kommen würden.[30]

Einer öffentlichen Herausstellung der SS oder einem Gedenken an SS-Angehörige wurde zu Beginn der 1950er Jahre häufig noch recht empfindlich begegnet. So schritt etwa an mehreren Orten, an denen HIAG-Angehörige anlässlich von Totengedenkfeiern Kränze mit Aufschriften wie „Den gefallenen Kameraden der Waffen-SS" niedergelegt hatten, die Polizei aufgrund von Protesten ein, um die betreffenden Spruchbänder zu entfernen.[31] Die Gründung von SS-Verbänden, die Ankündigung von großen Treffen und die Aktivität der SS-Führer in den nicht selten weit nach rechts driftenden Soldatenverbänden wurde in dieser Situation im In- und Ausland[32] mit Besorgnis registriert. Obwohl es im Grunde genommen hauptsächlich um die Waffen-SS ging, nahmen die allermeisten Schlagzeilen und Berichte zumindest begrifflich keine klare Unterscheidung zur Allgemeinen SS vor, sondern verwendeten einfach und plakativ die Abkürzung „SS" („SS-Verbände", „SS-Angehörige").

In dieser Situation erregte ein Treffen des SPD-Parteivorsitzenden Kurt Schumacher mit Otto Kumm und anderen HIAG-Vertretern am 4. Oktober 1951 besondere Aufmerksamkeit, hatte Schumacher doch in der NS-Zeit fast zehn Jahre im KZ gesessen und durch diese Haft bleibende körperliche und gesundheitliche Schäden erlitten. Nach der Zusammenkunft erklärte der SPD-Vorsitzende gegenüber der Presse, er habe keine Vorbehalte gegenüber den Zusammenschlüssen ehemaliger SS-Angehöriger und lehne gerade auch in Bezug auf die SS jede „Kollektivschuld" ab.[33] Gegenüber dem ob dieser Äußerungen besorgten Funktionär des der Sozialisti-

---

30 Vgl. *Frankfurter Rundschau* vom 5./6.11.1951 („Ehemalige SS-Generale werden aktiv"); *Südost-Kurier* vom 6.11.1951 („‚Großtreffen' ehem. SS-Angehöriger").
31 Vgl. *Hamburger Abendblatt* vom 9.9.1950 („Rätselhafter Zwischenfall am Ehrenmal") und WR vom Januar 1952, S. 11.
32 Vgl. *Die Zeit* vom 11.10.1951 („Petrus, Paulus und die Deutschen", von Marion Dönhoff); IfZ-Archiv, ZA „SS", *Südkurier*, undatiert 1951 („‚SS marschiert'?"); zu Reaktionen im Ausland etwa FAZ vom 27.9.1950 („An die SS", Übersetzung eines Artikels von Jean Schlumberger im *Figaro*); *Tribune de Genève* („D'ancien membres des S.S. tentent de se regrouper"); *Aufbau* vom 16.11.1951 („Unglaublich aber wahr").
33 Vgl. *Schaumburger Zeitung* vom 11.10.1951; FAZ vom 16.10.1951 („Schumacher über die SS"); Manig, Politik, S. 520 ff.; K. Meyer, SPD, S. 155 ff.; an dem Treffen nahm seitens der SPD auch der damalige Hamburger Bundestagsabgeordnete Herbert Wehner teil, der nach dem Schreiben Schumachers an L. Hersch, vom 30.10.1951, vgl. Albrecht, Kurt Schumacher, S. 895, das Treffen vermittelt hatte. Schumacher hatte bereits in der Sitzung des Parteivorstands vom 7./8.9.1951 anlässlich einer Debatte über die Soldatenverbände dafür plädiert, dass der „Waffen-SS-Komplex (700 000 Mann)" nicht mit „Feindschaft angegangen" werden dürfe; Stamm, SPD, S. 268. Kumm erinnerte sich später, Schumacher habe Wehner in seinem Beisein ein Rundschreiben an alle in Frage kommenden Stellen der SPD diktiert, in dem er dafür eingetreten sei, „die Beschäftigung ehemaliger Angehöriger der Waffen-SS bei Behörden und in Betrieben nicht länger abzulehnen". Dieses Gespräch, so Kumm, sei für die HIAG „von erheblicher Bedeutung" gewesen. Vgl. IfZ-Archiv, Dn 907, Die Waffen-SS als Teil der deutschen Streitkräfte, hrsg. vom Bundesverband der Soldaten der ehem. Waffen-SS, S. 15.

schen Internationale angehörenden Jüdischen Sozialistischen Arbeiterbunds, dem Genfer Professor für Statistik Liebmann Hersch, verteidigte Schumacher in einem Brief vom 30. Oktober seine Position. Er brachte darin seine Absicht zum Ausdruck, die vielfach aus einfachen Verhältnissen stammenden ehemaligen Angehörigen der Waffen-SS für die Demokratie und seine eigene Partei zu gewinnen. In seiner Argumentation folgte er dabei allerdings weitgehend den apologetischen und hinsichtlich der zahlenmäßigen Dimension weit übertriebenen Angaben von Kumm und dessen Mitstreitern. Zunächst stellte Schumacher fest, dass es keineswegs in seiner Absicht liege, individuelle Verbrechen zu entschuldigen, und er mit seiner Forderung nach Bestrafung krimineller Delikte auch die Zustimmung seiner Gäste gefunden habe. Jedoch sei die Waffen-SS nicht mit der Allgemeinen SS gleichzusetzen, schrieb der SPD-Vorsitzende, sie sei vielfach als vierter Wehrmachtsteil angesehen und „für Kriegszwecke geschaffen" worden; viele ihrer Angehörigen seien zwangsrekrutiert worden. Nach dem Krieg habe man sie kollektiv für die Verbrechen des SD haftbar gemacht und dadurch in eine „ausgesprochene Pariarolle" gedrängt. Es liege im Wesen totalitärer Systeme, eine Mitschuld aller zu erzeugen und ihm scheine „es eine menschliche und staatsbürgerliche Notwendigkeit zu sein, diesen Ring zu sprengen und der großen Masse der früheren Angehörigen der Waffen-SS den Weg zu Lebensaussicht u. Staatsbürgertum freizumachen". Schumacher ging offenbar von stark überhöhten Zahlen aus, denn er schrieb, insgesamt seien an die 900 000 Ehemalige aus dem Krieg zurückgekehrt. Deren „Isolierung und Aussichtslosigkeit" hätten es mit sich gebracht, dass heute schon mehr als ein Drittel davon sich in vorerst lockerer Form zusammengeschlossen haben. Das seien erheblich mehr als die beiden bestehenden großen Soldatenverbände Mitglieder zählten. Mehrheitlich wünschten die früheren Waffen-SS-Angehörigen, denen es nun „ausserordentlich schlecht" gehe, keine Fortsetzung des Nationalsozialismus, sondern die Aufhebung ihrer Isolation, schrieb der SPD-Vorsitzende. Von vielen Seiten würden sie „auf das schamloseste umschmeichelt", deshalb müsse eingegriffen werden, um sie nicht dem Rechtsradikalismus oder dem Kommunismus in die Hände zu treiben. Ihnen helfe es nur wenig, wenn ehemalige Nationalsozialisten Pardon anböten, nur Verfolgte jener Jahre könnten „der moralischen und politischen Seite dieser Sache allein gerecht werden", meinte Schumacher. Noch seien die Kräfteverhältnisse in Deutschland ungeklärt und es könne sich „manches zum Bösen, aber vieles auch zum Guten wenden". Nur ein Vorwurf sei für ihn gerechtfertigt, der, „passiv und ungerecht zu sein".[34]

---

34 Albrecht, Kurt Schumacher, S. 895 ff.; eine hektographierte Abschrift befindet sich auch im BArch-MA, N 756/709a; dieses Schreiben wurde in den nachfolgenden Jahren mehrfach von der HIAG zu Rechtfertigungszwecken verwandt und in Auszügen auch publiziert, vgl. K. Wilke, Hilfsgemeinschaft, S. 299 f. Auch von anderen Schwesterparteien der SPD im Ausland kam Kritik an den Kontakten mit der HIAG, vgl. K. Meyer, SPD, S. 160.

Nachdem auf der Tagung der Sozialistischen Internationale in Brüssel im Dezember 1951 erneut Vorwürfe gegen Schumacher wegen des Treffens laut geworden waren, stellte sich SPD-Vize Erich Ollenhauer in einer Erklärung hinter ihn und versuchte, den Delegierten die Unterschiede zwischen der Waffen-SS und der Allgemeinen SS darzulegen. Viele ehemalige Führer der Waffen-SS seien niemals Nazis gewesen, behauptete er, und betonte abschließend, dass das Treffen keinerlei Konzession im Verhältnis seiner Partei zu den ehemaligen Nationalsozialisten bedeute.[35]

Auf sehr viel mehr Vorbehalte stießen die früheren Waffen-SS-Generäle und die HIAGs zunächst bei der CDU. So wies diese einen Vorstoß der SPD zur Einbeziehung der Waffen-SS in die 131er-Gesetzgebung zurück.[36] Ihr Fraktionsvorsitzender im Bundestag Heinrich von Brentano forderte Anfang November 1951 darüber hinaus ein Gesetz, welches das Wiederaufleben früherer nationalsozialistischer Organisationen verhindern und die Handhabe bieten sollte, Organisationen wie die SS-Verbände zu verbieten. Zugleich kündigte er eine Interpellation seiner Fraktion im Bundestag an, in der die Bundesregierung um Auskunft gebeten werden sollte, welche Maßnahmen sie gegen Verbände mit ausgesprochen nationalsozialistischer Tendenz zu ergreifen gedenke. Treffen früherer SS-Organisationen, meinte Brentano, könnten ohne weiteres verboten werden. Das Treffen Schumachers mit SS-Generalen bezeichnete er bei dieser Gelegenheit als „verworren und bedauerlich".[37]

Brentanos Vorstoß provozierte auf Seiten der politischen Rechten umgehend Gegenstimmen. Der Pressedienst der Bundestagsfraktion des CDU-Koalitionspartners Deutsche Partei (DP) forderte dazu auf, den in den Kameradschaftsorganisationen zusammengeschlossenen ehemaligen Mitgliedern der Waffen-SS eine Chance zu geben. Diese SS-Männer hätten sich, wie die anderen Soldaten, im Krieg tapfer und anständig geschlagen und nichts weiter getan, als ihrem Vaterland zu dienen. Dass diese Organisationen staatsfeindlich eingestellt seien, dafür gebe es keine Beweise.[38]

Der Pressedienst der CDU konterte, man lehne Kollektivurteile sowohl nach der einen wie auch nach der anderen Seite ab. Ebenso wenig wie die Angehörigen der Waffen-SS pauschal zu verdammen seien, könne man ihnen allgemein Anständigkeit attestieren. Man werde nicht an der Feststellung vorbeikommen können, hieß es, „daß die SS, auch die Waffen-SS, die Avantgarde des Nationalsozialismus war", dass all jene, die sich freiwillig zum Dienst meldeten, überzeugte National-

---

35 Vgl. *Münchner Merkur* vom 17.12.1951 („Ollenhauer: Wir sind nicht neutral").
36 Vgl. K. Meyer, SPD, S. 158.
37 Vgl. FAZ vom 8.11.1951 („Gegen SS-Verbände"). Brentano kündigte außerdem eine Interpellation zu den besorgniserregenden politischen Bestrebungen der Soldatenverbände an, die dann am 8.11.1951 eingereicht wurde, vgl. Verhandlungen des Deutschen Bundestags (VDB), 1. Wp., Drs. 2784.
38 Vgl. FAZ vom 13.11.1951 („Der SS eine Chance").

sozialisten sein mussten und es in ihrer großen Mehrheit auch gewesen seien. Tatsache sei weiter, dass die Waffen-SS in erster Linie nicht eine militärische, sondern eine politische Elitetruppe gebildet habe, deren bloßes Auftauchen schon in den ersten Kriegsjahren jenseits der deutschen Grenzen Furcht und Schrecken weckte. Nicht wenige deutsche Soldaten hätten sich mancher Methoden der SS-Leute buchstäblich geschämt und man erinnere sich auch noch an den Terror, den Schergen der Waffen-SS in den letzten Kriegstagen verbreiteten. Man hätte kaum mehr an den Sachen gerührt, meinte der Autor des Artikels abschließend, wenn man sich nicht in Kreisen der ehemaligen Waffen-SS neuerdings eines Tones befleißigte, der jeden aufrechten Demokraten mit Sorge erfüllen müsse. Wenn diese Kreise es für angebracht hielten, „gleichsam als Kollektiv zur bewußten Förderung der ns. Wahnidee gegen die Demokratie tätig zu werden", dann dürften sie sich nicht wundern, „wenn aufrichtige Demokraten mit ihnen Fraktur" redeten. Jene Zeitgenossen aber, die „aus taktischen Gründen pauschal weiße Westen austeilten", sollten sich über mögliche Auswirkungen ihrer Argumentation klar werden. Es könnten damit „jene Geister gerufen werden, die loszuwerden später ungeheure Schwierigkeiten machen, wenn nicht gar unmöglich sein dürfte".[39]

Brentano sah sich ob der Kritik, in die auch der FDP-Landesvorsitzende von Nordrhein-Westfalen Friedrich Middelhauve einstimmte[40], zu einer Klarstellung veranlasst. Man brauche die SS nicht vor ihm in Schutz zu nehmen, sagte er vor Journalisten in Bonn. Er habe weder die Anständigen angegriffen, die oft in diese Formation hineingepresst worden seien, noch habe er eine Kollektivschuld der SS behauptet. Jedoch müsse die Regierung gegen SS-Führer einschreiten, die politische Reden hielten. Erneut forderte er namens seiner Fraktion gesetzliche Maßnahmen gegen neonazistische Organisationen.[41] Am 15. November brachte die CDU dann die dazu angekündigte Interpellation im Bundestag ein. In ihrem Text wurde bereits ein wesentliches Argument aller nachfolgenden Debatten um die Waffen-SS und deren Nachkriegszusammenschlüsse ausgeführt: Es stehe zwar fest, hieß es, dass viele Deutsche unter Zwang in die Waffen-SS eingezogen worden seien und mit dem Einsatz der Allgemeinen SS unmittelbar nichts zu tun gehabt hätten. Dagegen sei aber „die Allgemeine SS in besonderer Weise Trägerin des Rassenhasses" gewesen. „Mit dem Namen SS schlechthin" seien „Verbrechen verbunden, die Schande über unser Volk und Unglück über uns und viele Völker gebracht" hätten. Das dürften auch diejenigen nicht vergessen, die auf irgendeine Weise der SS angehört hätten, ohne

---

39 Dokumentation des Deutschen Bundestags, Nr. 075–05, *Deutschland Union-Dienst* vom 14.11.1951.
40 Vgl. *Neue Zeitung* vom 16.11.1951 („Middelhauve tritt für Waffen-SS ein"); zu Middelhauves rechts-nationalem Programm der „Nationalen Sammlung" und seiner Nähe zu ehemaligen Nationalsozialisten und SS-Angehörigen vgl. Buchna, Nationale Sammlung, S. 119 f.
41 Vgl. FAZ vom 16.11.1951 („Keine Kollektivschuld der SS"); *Neue Zeitung* vom 16.11.1951 („Brentano fordert eindeutige Haltung der Bundesregierung zu Neonazismus").

sich an diesen Verbrechen zu beteiligen. Wer es heute unternehme, „Zusammenschlüsse irgendwelcher Art unter der Bezeichnung SS zu bilden", der rufe „den Ungeist einer unheilvollen Vergangenheit wieder wach". Darin sehe man eine „Herausforderung des deutschen Volkes und aller Völker, mit denen wir in Frieden zusammen leben wollen".[42] Auf einer Tagung der hessischen CDU in Frankfurt am Main wandte sich Brentano erneut gegen die SS-Verbände und beklagte, dass die übrigen Parteien die Union in ihrem Kampf gegen sie allein ließen.[43]

In der Presse wurde Brentanos Vorstoß nur vereinzelt kommentiert. So schrieb die *Schwäbische Landeszeitung*, der Zusammenschluss von ehemaligen Einheiten der Waffen-SS zu Traditionsverbänden sei „strikt" abzulehnen. Das habe nichts mit „Ehre und Tapferkeit zu tun, sondern nur mit der Tatsache, daß jede Organisation, die so eng mit dem Namen Hitlers verknüpft ist wie die ‚Schutz-Staffeln' in unserer Demokratie keinen Platz mehr haben". Anderes gelte für deren „anständige" Angehörige, die nicht verstoßen werden dürften, sondern für die Demokratie gewonnen werden müssten. Sehr viel deutlicher forderte in der *Frankfurter Rundschau* (FR) der Journalist und „alte Landser" Peter Miska die SS-Führer auf, „die Schnauze" zu halten und einen Strich unter das Gerede von der „Elite-Truppe" zu ziehen, denn es sei die Waffen-SS gewesen, die immer dort zur Stelle gewesen sei, wo „der schmutzigste Krieg am dreckigsten war".[44]

Die ehemaligen Waffen-SS-Führer sahen sich angesichts der öffentlichen Angriffe zu einem deutlichen Bekenntnis zum neuen demokratischen Staat veranlasst. In einem Brief an alle Bundestagsfraktionen schrieb Hausser, die neuen Zusammenschlüsse der ehemaligen Angehörigen der Waffen-SS seien „rein kameradschaftliche, soziale und rechtssuchende Maßnahmen" zur Unterstützung der Suchdienste, die sich um die Aufklärung des Verbleibs vermisster Soldaten bemühten. Eine gemeinsame Spitze gebe es nicht, so Hausser. Jeden Radikalismus von links wie von rechts lehne man ab. Man verwahre sich dagegen, als „Neofaschisten" bezeichnet zu werden und erwarte die Anerkennung als „ordentliche Staatsbürger ohne Einschränkung" und „Gerechtigkeit".[45] In der Presse wurden diese Worte vielfach zustimmend und befriedigt zur Kenntnis genommen. Marion Dönhoff sah in der *Zeit* ein nicht selbstverständliches und „mutiges Bekenntnis" und leitete daraus ein „Recht auf Gleichberechtigung im Staat wie jeder andere Bürger, dem keine individuelle Schuld nachgewiesen wurde", ab.[46] Etwas vorsichtiger kommentierte

---

42 Vgl. VDB, 1. Wp., Drs. 2829 „betr. Zusammenschluß früherer SS-Angehöriger".
43 Vgl. SZ vom 3.12.1951 („Brentano erneut gegen SS-Verbände").
44 FR vom 10.11.1951 („Rede an die SS"), auch abgedruckt im *Südost-Kurier* vom 13.11.1951; vgl. darüber hinaus die Leserbriefe in der FR vom 10.11.1951 („Nicht mit Verbrechern zusammen") und vom 16.11.1951 („Freie Aussprache").
45 FAZ vom 7.12.1951 („Eine Erklärung Haußers"); WR vom Dezember 1951, S. 1.
46 *Die Zeit* vom 13.12.1951 („Appell der Waffen-SS"); positiv berichtete auch das *Hamburger Abendblatt* vom 7.12.1951 („Waffen-SS und Bonn").

die *Frankfurter Allgemeine Zeitung*, man müsse sich zwar vor „Lippenbekenntnissen" hüten, jedoch solle man den Soldaten der Waffen-SS Gelegenheit geben, „ihre guten Absichten und ihr Wollen durch ihr Verhalten zu beweisen". Denn dieses würde helfen, den „immer noch bestehenden Riß in der Gemeinschaft der Anständigen zu heilen".[47]

In dieser Richtung versuchten sich die Kirchen schon einige Zeit. Die evangelische Wochenzeitung *Christ und Welt* veröffentlichte im August 1950 unter dem Titel „Ende einer Illusion" in vier Teilen Auszüge aus dem Tagebuch eines Absolventen der SS-Junkerschule Bad Tölz aus den Jahren 1945 bis 1948 in der Absicht, gegen jede „Selbstgerechtigkeit" zu zeigen, „daß nicht jeder SS-Mann bedeutend schlechter ist, als jemand, der nicht dazugehörte", auch weil es dringend notwendig sei, „in dem ideologischen Gegner den Menschen" zu sehen.[48] Mitte Dezember 1951 trafen sich nach einem Bericht des *Münchner Merkur* in der bayerischen Landeshauptstadt auf Initiative des Evangelischen Männerwerks etwa 250 Personen – Kirchenvertreter, Politiker, Journalisten, ehemalige Wehrmachts- und Waffen-SS-Offiziere – zu einer Aussprache zum Thema „SS, Schuld und Tragik". Die Kirche wolle nicht anklagen, sagte bei dieser Gelegenheit ein Pfarrer, sondern den Betroffenen Hilfe geben. Als praktischer Grund für solche Gespräche wurde außerdem genannt, dass die innere Einstellung der Betroffenen zum Staat aufgrund von deren hoher Zahl von erheblicher Bedeutung sei. Der Hauptredner des Abends, der Journalist Werner Runge, sagte, die Demokratie müsse an solche Probleme herangehen, auch wenn es sich um „heiße Eisen" handle, bevor sie durch „extreme Elemente" dazu gezwungen werde. In seinem Vortrag führte er auch die mit der SS verbundenen Verbrechen an. Ein Vertreter der Ehemaligen, der frühere Standartenführer der Waffen-SS Joachim Ruoff, einer der führenden Köpfe der HIAG in München und ein Vertrauter Haussers, versuchte diese wenigstens teilweise zu relativieren. Nicht alle Diskussionsteilnehmer wollten dem freilich folgen. Ein nicht namentlich genannter Politiker lehnte jede Arbeit mit „Zusammenkünften der Waffen-SS" ab, und der letzte Generalstabschef der deutschen Luftwaffe im Krieg, Karl Koller, nunmehr Vorsitzender des größten Soldatenverbands in Bayern, der „Notgemeinschaft ehemaliger Wehrmachtsangehöriger", meinte, wenn es jemals wieder deutsche Soldaten geben sollte, dann müssten diese vom „Einfluss der politisch-privilegierten Kreise der SS freigehalten" werden. Die Reportage der Zeitung schloss mit dem positiven Fazit, dass nun, anders als in der NS-Zeit, wieder offene Diskussionen möglich seien und dass man auch so weit sei, „in der Schuld die Tragik zu sehen, die Tragik auch sol-

---

47 FAZ vom 7.12.1951 („Briefe und Bekenntnisse").
48 *Christ und Welt* vom 10.8.1950 („Ende einer Illusion: Von der SS-Junkerschule zur Front"); die weiteren Teile erschienen am 17., 24. und 31.8.1950.

cher, vor denen die ganze Welt noch voll Abscheu steht und denen doch Recht werden wird".[49]

Die Interpellation der CDU verpuffte weitgehend folgenlos, nicht zuletzt weil es ihr an Unterstützung mangelte. Weder im Kanzleramt noch im Bundesinnenministerium sah man eine rechtliche Handhabe für Verbotsgesetze. Solche würden dem Recht auf Versammlungsfreiheit widersprechen, hieß es, solange nicht die im Sinne des Staatsschutzes relevanten strafgesetzlichen Bestimmungen (§§ 90a, 129, 129a) verletzt würden.[50] Auch die Alliierten sahen zu dieser Zeit aufgrund des ihrer Ansicht nach vorwiegend sozialen Charakters der HIAGs, keine Veranlassung gegen diese Zusammenschlüsse einzuschreiten.[51]

Verbote mit speziellem Hinweis auf die SS blieben in der Folge rar. Am 20. Januar 1953 sprach der bayerische Ministerrat ein solches für einen lockeren Zusammenschluss aus, der sich „Diskussionskreis ehemaliger SS- und Waffen-SS-Angehöriger" nannte und sich in München gebildet hatte.[52] Der Kreis war erstmals elf Tage zuvor mit einer Versammlung hervorgetreten, auf der Karl Meißner, der Vorsitzende des rechtsextremen Deutschen Blocks, die Hauptansprache hielt. Willi Weiß-Ruedi, der Initiator und Sprecher des Kreises, begründete dessen Bildung damit, dass die HIAGs politisch vollkommen neutral bleiben wollten, die ehemaligen SS-Angehörigen sich aber politisch einmischen müssten. Die umgehende und harte Reaktion der bayerischen Politik in diesem Fall dürfte auch damit zu tun gehabt haben, dass es sich bei Weiß-Ruedi um den vormaligen Landesgeschäftsführer der im Oktober 1952 verbotenen Sozialistischen Reichs-Partei (SRP) handelte und ein großer Teil der Teilnehmer an der ersten öffentlichen Versammlung des Kreises ebenfalls der SRP angehört hatten. Eine nach dem Verbot von Weiß-Ruedi für Anfang Februar 1953 angekündigte Pressekonferenz wurde von der Polizei verhindert.[53]

Bezüglich der für das Jahr 1952 avisierten großen Treffen ehemaliger SS-Angehöriger mit internationaler Beteiligung wies das Auswärtige Amt seine diplomatischen und konsularischen Vertretungen im Ausland an, Einreiseanträge von Personen, die als Teilnehmer dieser Veranstaltungen in Betracht kämen, abschlägig zu bescheiden, und ließ diese Anweisung über das Bundespresseamt auch öffentlich verbreiten.[54]

---

49 *Münchner Merkur* vom 14.12.1951 („Es fiel das Wort: ich schäme mich"). Koller hatte sich bereits vorher in einem in der SZ vom 4.10.1951 („Scharfe Absage an politisierende Offiziere") abgedruckten Interview gegen die „politisch stark profilierten SS-Führer" und die VDS-Spitze unter Frießner gewandt. Er verstarb wenig später; vgl. PNP vom 24.12.1951 („General a. D. Koller gestorben"); zu den Konflikten mit Frießner vgl. Diehl, Thanks of the Fatherland, S. 208 f. und 212 f.
50 Vgl. Bundesarchiv Koblenz (BArchK), B 106/15575, Vermerk vom 5.12.1951.
51 Vgl. Brochhagen, Nach Nürnberg, S. 232.
52 Vgl. IfZ-Archiv, ED 120/375, Protokoll der Sitzung des bayerischen Ministerrats vom 20.1.1953; *Münchner Merkur* vom 28.1.1953 („SS-Diskussionskreis verboten").
53 Vgl. Stadtarchiv München, Polizeidirektion 786, V-Bericht vom 10.1.1953; Meldung vom 3.2.1953.
54 Vgl. BArchK, B 106/15575, Schreiben des Auswärtigen Amts vom 13.12.1951; mit diesem wurde auch ein Memo der Botschaft in Den Haag vom 28.11.1951 übermittelt, in dem festgestellt wurde,

Solche Maßnahmen konnten jedoch die im Zuge der Planungen für eine Wiederbewaffnung sich forcierenden Organisationsbemühungen der ehemaligen Waffen-SS-Angehörigen nicht nachhaltig behindern, zumal sich die öffentliche Aufregung schnell wieder beruhigte.[55] Auch innerhalb der CDU gab es nun eine Gruppe von Parlamentariern um den Bundesgeschäftsführer Bruno Heck, die sich um Annäherung an die Sprecher der HIAG bemühte und so etwas wie einen „Versöhnungsakt" der Waffen-SS mit dem Widerstand des 20. Juli herbeiführen wollte, der allerdings mangels Interesse auf Seiten der ehemaligen „Verschwörer" nicht zustande kam.[56]

Die Zahl der örtlichen HIAGs wuchs weiter, im März 1952 wurde in Arolsen beschlossen, über das gesamte Bundesgebiet verstreut 13 Verbindungsstellen zu schaffen, um die Zusammenarbeit zu verbessern.[57] Im darauffolgenden Juli trafen sich in Hannover etwa 100 Vertreter örtlicher Vereinigungen – auch aus Belgien, Dänemark und den Niederlanden – zu Koordinierungsgesprächen.[58] Im Oktober desselben Jahres versammelten sich an die 5000 Ehemalige in Verden an der Aller zu einem großen Suchdienst- und Wiedersehenstreffen, ohne dass dies im Vorfeld für Aufsehen oder zu größeren Protesten geführt hätte, von einigen Sprüchen wie „SS raus" oder „Wir wollen keine SS-Banditen" auf Anschlagsäulen und Brücken, die schnell wieder übermalt wurden, einmal abgesehen. Die Bekenntnisse der früheren SS-Generäle zum bundesdeutschen Staat taten offenbar ihre Wirkung und wurden in Verden von Gille und Steiner demonstrativ erneuert. Der niedersächsische SPD-Innenminister Richard Borowski, der längere Zeit in einem KZ inhaftiert gewesen war, hatte gegenüber Gille in einem Begrüßungsschreiben die Hoffnung ausgedrückt, dass dessen „freimütiges Bekenntnis zur Heimat und zur Demokratie am Anfang eines Weges steht, der alle Menschen, die guten Willens sind, gemeinsam aus den Wirren der vergangenen Jahre in eine bessere Zukunft führt".[59] Der Verkehrsverein von Verden hatte die Unterbringung der zahlreichen Teilnehmer organisiert und die Stadt in der Gegend des Rathauses mit einfarbigen Tüchern an Flaggenmasten schmücken lassen.

---

dass die bevorstehenden Treffen in den interessierten Kreisen in den Niederlanden stark propagiert würden, und es bereits drei Treffen mit internationaler Beteiligung gegeben habe, darunter kürzlich eines der „Leibstandarte" in Berlin.
55 Lediglich einzelne Stimmen warnten weiter, etwa die gewerkschaftliche Wochenzeitung *Echo der Zeit*, vgl. die Artikel in den Ausgaben vom 16.2.1952 („Die Europa-Armee des Herrn Himmler"), vom 8.3.1952 („Die SS drängelt zur Kasse"), vom 15.3.1952 („Die sehr europäischen Straßenräuber"), vom 22.3.1952 („Geier um Hitlers ‚Adlerhorst'") und vom 3.5.1952 („Spekulation auf das Mitleid").
56 Vgl. Manig, Politik, S. 524 ff.
57 Vgl. BArchK, B 106/15575, Bericht des BfV vom 11.3.1952.
58 Vgl. IfZ-Archiv, ZA „SS", Meldung der dpa vom 28.7.1952; K. Wilke, Hilfsgemeinschaft, S. 47.
59 *Der Spiegel* Nr. 42 vom 5.11.1952, S. 8; vgl. zum Verdener Treffen allgemein auch Manig, Politik, S. 546 ff., K. Wilke, Hilfsgemeinschaft, S. 265 f.

Dass dieses Treffen in der Öffentlichkeit negativ wahrgenommen wurde und für die Rehabilitierungsbemühungen der ehemaligen SS-Angehörigen zunächst einen Rückschlag bedeutete, lag nicht an deren Führern, sondern an dem als Gastredner geladenen früheren Fallschirmjägergeneral Hermann-Bernhard Ramcke. Dieser war nach dem Krieg von den Franzosen zu fünf Jahren Haft wegen Kriegsverbrechen verurteilt worden und nutzte nun seine Rede zu einer Abrechnung mit den Alliierten. Die Angehörigen der Waffen-SS könnten stolz darauf sein, nach dem Krieg auf „Schwarzen Listen" gestanden zu haben, rief er. Es sei nicht ausgeschlossen, dass diese „Schwarzen Listen" wieder Ehrenlisten würden. Die Alliierten hätten kein Recht, sich in interne deutsche Angelegenheiten einzumischen. Die wahren Kriegsverbrecher seien diejenigen, die ohne taktische Gründe ganze Städte zerstört und Atombomben benutzt hätten. Steiner missbilligte zwar anschließend bei einem Pressetermin ausdrücklich Ramckes Aussagen, für Aufregung insbesondere im Ausland war jedoch reichlich gesorgt, so dass sich Bundeskanzler Konrad Adenauer veranlasst sah, sich öffentlich zu distanzieren.[60]

Die Pressereaktionen im Inland waren gespalten. Während die eher links stehenden Blätter die Ansprache Ramckes herausstellten, erschien diese in der konservativen Presse als Einzelmeinung, betont wurde hier vielmehr das Bekenntnis von Gille und Steiner zur Demokratie und deren Absage an jeden Radikalismus.[61] Der große Beifall, den die beiden für ihre Worte aus den Reihen der Besucher bekommen hätten, das sei „doch das Neue, das Erstaunliche und [...] das Sensationelle", schrieb *Die Zeit*, die weiter berichtete, Gille habe nach dem Treffen erklärt, von den „Verbohrten", die nichts von Rechtsstaat und Demokratie hielten, müsse man sich trennen.[62] Auch Ernst Riggert stellte in seiner Anfang 1953 in den *Gewerkschaftlichen Monatsheften* veröffentlichten Betrachtung der Soldatenbünde die Distanzierung der HIAG von Ramcke heraus. Der ansonsten für *Die Welt* und auch als Berater der SPD-Parteiführung tätige Journalist sah bei den ehemaligen Waffen-SS-Angehörigen ein starkes Drängen auf Assimilation und bei den HIAG-Gruppen „keine akute, aber auch keine bestimmte potentielle Gefahr" für die Demokratie.[63]

Für die Bemühungen der Vertreter der ehemaligen Waffen-SS um politische Anerkennung ihrer Anliegen bedeutete der Vorfall mit Ramcke lediglich eine kurze

---

[60] Vgl. Bulletin Nr. 166 vom 29.10.1952 („Zum Fall Ramcke"); FAZ vom 28.10.1952 („Bonn weist Erklärung Ramckes zurück"); zu den internationalen Reaktionen Brochhagen, Nach Nürnberg, S. 99 f.; SZ vom 28.10.1952 („Entrüstung über Ramcke"); einige ausländische Zeitungen bezeichneten Ramcke dabei fälschlich als ehemaligen SS-General, vgl. etwa *L'Express* (Neuchâtel) vom 27.10.1952 („Ramke [sic] (Ex-général S.S.): les criminels de guerre sont les alliés et non les allemands").
[61] Vgl. etwa PNP vom 30.10.1952 („Waffen-SS bekennt sich zur Demokratie").
[62] *Die Zeit* vom 30.10.1952 („Die Waffen-SS marschiert in Verden"); der Artikel stammte aus der Feder des späteren Chefredakteurs Josef Müller-Marein (Pseudonym: Jan Molitor).
[63] Riggert, Lage, S. 42; zu Riggert vgl. Manig, Politik, S. 532 f.

Irritation. Im Vorfeld der 1953 anstehenden Bundestagswahl waren fast alle Parteien um Entgegenkommen bemüht. Am 13. November 1952 kam es zu einem Treffen mit Mitgliedern der Bundesgeschäftsführung der CDU[64], und auf Anregung der Arbeitsgemeinschaft Demokratischer Kreise (ADK) schrieb Kanzler Adenauer am 17. Dezember 1952 an Hausser, seine am 3. Dezember im Bundestag gegebene Ehrenerklärung für die früheren deutschen Wehrmachtssoldaten umfasse auch diejenigen Angehörigen der Waffen-SS, die „ausschließlich als Soldaten ehrenvoll für Deutschland gekämpft" hätten.[65] Im Juni 1953 besuchte Adenauer das britische Kriegsverbrechergefängnis in Werl und führte dort unter anderem ein von einigen Zeitungen herausgestelltes kurzes Gespräch mit dem inhaftierten ehemaligen Kommandeur des SS-Panzer-Grenadierregiments 25 und späteren HIAG-Bundessprecher Kurt Meyer („Panzer-Meyer").[66] Einige Wochen später setzte er auf Bitten der Soldaten- und Ehemaligenverbände anlässlich eines Wahlkampfauftritts in Hannover am 30. August zu einer öffentlichen Rehabilitierung der Waffen-SS an. Diese müsse von der SS, deren Gräueltaten „ein Schandfleck [...] für das deutsche Volk" gewesen seien, unterschieden werden. Mit der SS habe die Waffen-SS „nur den Namen gemeinsam", im Übrigen seien deren Angehörige aber „Soldaten wie jeder andere auch" gewesen.[67] Allerdings blieben diese Äußerungen des Kanzlers in der überregionalen Presse ohne große Resonanz.

Ebenfalls im August hatte die HIAG Hamburg Parteienvertreter zu einem Gespräch eingeladen. Sowohl CDU und SPD als auch FDP, DP und der Gesamtdeutsche Block/Bund der Heimatvertriebenen und Entrechteten (GB/BHE) schickten ihre Bundestagskandidaten, die nahezu unisono ihre Offenheit für die Anliegen der

---

64 Vgl. BArch-MA, BW 9/759, Rothemund an Blank, 17.7.1953. Siegfried Rothemund, ehemals Adjutant des Personalchefs der Waffen-SS, bemühte sich seit etwa 1950, die Belange seiner Kameraden den Unionsparteien und Vertretern des Amts Blank nahezubringen. Er war einer der Initiatoren des schon erwähnten Planes einer Aussöhnung zwischen der Waffen-SS und den Widerstandskämpfern des 20. Juli 1944. Nach seinen eigenen Angaben in einem Brief an den ehemaligen Panzergeneral Leo Geyr von Schweppenburg vom 5.1.1952 hatte er auch Hausser zu dessen Demokratiebekenntnis Ende 1951 angeregt; vgl. IfZ-Archiv, ED 91/28.
65 Eine Kopie des Schreibens befindet sich im BArch-MA, N 756/309a; vgl. auch Brochhagen, Nach Nürnberg, S. 229; Manig, Politik, S. 540 f.
66 Vgl. Brochhagen, Nach Nürnberg, S. 110; Frei, Vergangenheitspolitik, S. 293. Von den großen Tageszeitungen wurde der Besuch nur kurz (etwa FAZ vom 30.6.1953 und *Die Welt* vom 29.6.1953) oder gar nicht (etwa SZ) registriert. Die Gewerkschaften kritisierten das Treffen mit Kurt Meyer, vgl. *Welt der Arbeit* vom 3.7.1953, da dieser kein geeignetes Objekt für Beistandsbekundungen sei. Meyer, SS-Mitglied seit 1931 und Angehöriger der „Leibstandarte" seit 1934, war am 10.12.1945 von einem kanadischen Militärgericht in Aurich wegen eines Befehls zur Erschießung von Kriegsgefangenen zum Tode verurteilt, anschließend jedoch zu lebenslanger Haft begnadigt worden. Im September 1954 wurde er aus der Haft in Werl entlassen.
67 WR vom Oktober 1953, S. 4; PNP vom 1.9.1953 („Adenauer: Waffen-SS keine SS"); vgl. auch Manig, Politik, S. 566, und Large, Reckoning, S. 89, der die Rede jedoch irrtümlich in den Bundestag verlegt.

HIAG demonstrierten. Für die CDU sagte der frühere Oberst Hartmann bei dieser Gelegenheit, die Angehörigen der Waffen-SS seien nach Organisation und Einsatz „echte Soldaten" gewesen, deren „Diffamierung" ein Ende finden müsse. Der für die SPD anwesende Helmut Schmidt meinte, er sei zwar persönlich nie mit der Waffen-SS in Kontakt gekommen, müsse aber aus seiner Fronterfahrung heraus zugeben, dass er immer ein besonderes Gefühl der Zuversicht gehabt habe, wenn Divisionen der Waffen-SS neben seiner eigenen Einheit lagen. Vielfach würde die Waffen-SS mit Polizei und Allgemeiner SS verwechselt. Nur solche Personen sollten nicht mehr Soldat werden dürfen, die nach deutschem Recht verurteilt worden seien.[68]

Zu dem am 18./19. Juli 1953 in Hannover stattfindenden, vom VDS veranstalteten und bisher größten Soldatentreffen in der Bundesrepublik mit über zehntausend Teilnehmern waren auch Vertreter der Waffen-SS geladen. Gille bekannte sich in seiner Ansprache dort erneut zur demokratischen Staatsform und verlangte eine Gleichberechtigung seiner Kameraden. Der VDS-Vorsitzende Hansen forderte abschließend ganz in diesem Sinne die vollen Rechte für alle Soldaten und erwähnte dabei ausdrücklich auch die Waffen-SS. Vor der Presse reichte dann der für die Bundesregierung anwesende Vizekanzler Franz Blücher (FDP) demonstrativ Gille die Hand.[69]

Der von vielen erwartete Zusammenschluss aller ehemaligen Soldaten unter einem Dach blieb in Hannover jedoch aus. Das Verhältnis der HIAGs zum VDS blieb trotz des dortigen Schulterschlusses schwierig. Enttäuschung rief auf Seiten der Waffen-SS eine Regierungsverlautbarung hervor, wonach ihre ehemaligen Soldaten nicht für eine im Rahmen der Europäischen Verteidigungsgemeinschaft (EVG) geplante deutsche Truppe in Frage kämen.[70] Im Hintergrund standen besorgte Reaktionen des Auslands, insbesondere Frankreichs, nach dem Auftritt Gilles beim Soldatentreffen in Hannover.

In den HIAGs gewannen nun jene Kräfte die Oberhand, die enttäuscht von der ausbleibenden Gleichstellung mit der Wehrmacht im 131er-Gesetz dem VDS zu geringen Einsatz für die eigenen Belange vorwarfen und zwecks Verbesserung der Interessendurchsetzung auf eine Stärkung der eigenen Organisation setzten. Nachdem schon in der ersten Hälfte des Jahres 1953 in Schleswig-Holstein und Niedersachsen/Bremen zwei HIAG-Landesverbände gebildet worden waren, beschloss eine Konferenz der Landessprecher Anfang August dieses Jahres die Gründung einer Bundesverbindungsstelle. Dabei setzten sich jüngere Kräfte in den HIAGs über

---

[68] Vgl. WR vom September 1953, S. 6 ff.; Manig, Politik, S. 567 ff.
[69] Vgl. WR vom August 1953, S. 1; *Die Zeit* vom 23.7.1953 („Soldat und Volk"); Manig, Politik, S. 554 ff.; K. Wilke, Hilfsgemeinschaft, S. 43 ff.
[70] Vgl. *Die Welt* vom 28.5.1953 („SS-Offiziere ausgeschlossen").

die Bedenken Gilles und Haussers hinweg.[71] Die Geschäftsführung übernahm der Berliner Landessprecher Hans-Joachim Richard. Während sich Gille und Steiner in der Folge enttäuscht aus der Verbandsarbeit zurückzogen, blieb Hausser als ranghöchster ehemaligen Offizier der Waffen-SS auch ohne Amt in der repräsentativen Rolle des „Seniors" („Papa Hausser") für die HIAG aktiv.

Verlässliche Angaben über die Zahl der Mitglieder der HIAG in den 1950er Jahren fehlen. Die in einem internen Vermerk des Bundesinnenministeriums auftauchende Zahl von 70 000 dürfte weitaus zu hoch gegriffen und als Ausdruck der in dieser Zeit verbreiteten Überschätzung des Organisationsgrades anzusehen sein. Der frühere SS-General Steiner gab in einem Brief an Adenauer 1954 eine Zahl von 45 000 an. Die HIAG-Bundesverbindungstelle sprach in einem Schreiben an das Amt Blank im Oktober 1954 von ungefähr 42 000, wobei man die genaue Zahl wegen der lockeren Organisation nicht ermitteln könne. Seriöse Publikationen jedoch gingen Ende der 1950er/Anfang der 1960er Jahre von maximal 20 000 aus.[72]

Die HIAG blieb die einzige organisierte Interessenvertretung ehemaliger SS-Angehöriger, die sich in der Bundesrepublik auf dem öffentlichen Parkett einigermaßen etablieren konnte. Da insbesondere die Konzentrationslager-SS[73] (Totenkopfverbände), aber auch die Allgemeine SS nahezu automatisch mit den schweren Verbrechen des NS-Staates identifiziert wurden, sah sich die HIAG, um die Chancen der Durchsetzung ihrer Forderungen zu verbessern, in der zweiten Hälfte der 1950er Jahre immer mehr dazu veranlasst, sich als Vertretung allein der ehemaligen Angehörigen der Waffen-SS darzustellen und auf Distanz zu den inkriminierten Teilen der SS zu gehen. Dieser Prozess war begleitet von inneren Auseinandersetzungen im Verband, dessen Mitglieder zumindest anfangs zu einem nicht unerheblichen Teil auch den Totenkopfverbänden entstammten. Bis zum Ende der 1950er Jahre tra-

---

71 Vgl. K. Wilke, Hilfsgemeinschaft, S. 47 ff. Siegfried Rothemund, einer der Vertrauten Haussers, schrieb am 7.9.1953 an das Amt Blank, BArch-MA, BW 9/759, die Gründung sei zu einem Zeitpunkt erfolgt, als Hausser sich im Urlaub befunden und Ruoff nicht gekonnt habe. Er selbst sei nicht eingeladen worden. Zu seiner Freude habe sich Hausser aber der an ihn herangetragenen Einladung zur Ehrenpräsidentschaft verschlossen. Er und Ruoff hätten kürzlich eingehend mit ihm gesprochen. Man sei sich einig gewesen, den von ihnen eingeschlagenen Weg beizubehalten. Innen- und außenpolitisch sei durch den Beschluss viel Porzellan zu zerschlagen und man sei sich klar, dass jeder Politiker sich scheuen werde, mit einer „offiziellen Bundesstelle der SS" zu sprechen.
72 Vgl. BArchK, B 106/15575, Vermerk des Referats VI A vom 23.10.1953 (siehe auch B 136/6840, Vermerk vom 13.7.1956), in einem Bericht des BMI an den Bundestagsausschuss zum Schutz der Verfassung über links- und rechtsradikale Bestrebungen, vgl. Archiv des Deutschen Bundestags, 5. Ausschuss, 2. Wp., 10. Sitzung vom 1.11.1954, war allerdings nur von 20 000 Mitgliedern und einer größeren Zahl von Sympathisanten die Rede; BArchK, B 136/5147, Steiner an Adenauer, 3.3.1954; BArch-MA, BW 9/759, Thöle an Claer, 26.10.1954; Jenke, Verschwörung, S. 311; Wewer, HIAG, S. 456. Auch K. Wilke, Hilfsgemeinschaft, S. 13, rekurriert auf diese Zahl von 20 000.
73 Hier etwas umfassender verstanden als bei Orth, Konzentrationslager-SS, als diejenigen SS-Angehörigen, die in Konzentrationslagern eingesetzt waren.

ten nicht wenige Kritiker dieses Kurses, da sie sich intern nicht durchsetzen konnten, aus dem Verband aus.[74]

---

[74] Vgl. K. Wilke, Hilfsgemeinschaft, S. 64 ff.; ders., Renten, S. 67 ff.

I Gesetzliche Integrationsreglungen und die öffentlichen Reaktionen darauf

1 Bundeswehr und ehemalige Waffen-SS

„SS-Offiziere für die Bundeswehr", so oder so ähnlich titelten am 7. September 1956 Artikel in zahlreichen bundesdeutschen Tageszeitungen[1], die eine erste große Mediendebatte über den Umgang mit ehemaligen SS-Angehörigen in der Bundesrepublik einleiteten. Den Hintergrund bildete eine Meldung der Deutschen Presse-Agentur (dpa) über eine Veröffentlichung im Ministerialblatt des Bundesministeriums für Verteidigung. Darin wurde die Angleichung der Dienstgrade von ehemaligen Angehörigen der Waffen-SS bei einer Einstellung in die Bundeswehr geregelt und gleichzeitig das letzte Hindernis für eine Wiederverwendung von ehemaligen SS-Soldaten beseitigt. Diese Entscheidung hatte allerdings schon eine längere Vorgeschichte.

Bereits der erste sicherheitspolitische Berater von Bundeskanzler Konrad Adenauer, Gerhard Graf von Schwerin, sprach im Herbst 1950 mit alliierten Stellen über die Einstellung von ehemaligen Waffen-SS-Angehörigen in eine neue bundesdeutsche Armee. Nach einer Aktennotiz bestanden keine Bedenken gegen die Übernahmen von Unteroffizieren und einfachen Soldaten bis zu einer Mannschaftsstärke von 20 Prozent, während Offiziere zunächst eine Probedienstzeit in einem Unteroffiziersrang absolvieren sollten.[2] Auch nach Gründung der „Dienststelle Blank" wurden die Überlegungen zur Einbeziehung der früheren Waffen-SS in die neuen Streitkräfte fortgesetzt. Bei manchen früheren Militärs bestand dabei kein Zweifel, dass eine so große Truppe wie die Waffen-SS beim Neuaufbau einer Armee nicht unberücksichtigt bleiben könne. Und so knüpfte 1952 der Leiter der Unterabteilung „Militärische Planung", der ehemalige Oberst im Generalstab Bogislaw von Bonin, Kontakte zu früheren Waffen-SS-Führern und schlug die Aufnahme eines prominenten Vertreters dieser Kreise in eine bei seiner Dienststelle projektierten Personalkommission vor.[3] Ernst Wirmer, der als Leiter der Zentralabteilung des Amts auch für Personalfragen zuständig war, lehnte dies aber entschieden ab und mahnte in zweifacher Hinsicht zur Vorsicht. Außen- wie innenpolitisch sei bei einer Hinzuziehung

---
[1] *Trostberger Tagblatt* vom 7.9.1956; „SS-Offiziere können in die Bundeswehr", so lautete die entsprechende Überschrift am selben Tag in der SZ, „SS in die Bundeswehr" in der FAZ, „Auch frühere SS-Soldaten" im *Hamburger Abendblatt*, „Weg für SS-Offiziere frei" im *Münchner Merkur*, „SS-Offiziere können eingestellt werden" im *Oberbayerischen Volksblatt*; für weitere ähnliche Beispiele vgl. die Presseausschnitte in BArch-MA, BW 27/57.
[2] BArch-MA, BW 9/1356, Aktennotiz vom 23.10.1950.
[3] Vgl. G. Meyer, Soldaten, S. 550 f.; ähnlich BArch-MA, BW 9/3623, Vermerk des Referats II/1 vom 23.11.1953.

der ehemaligen SS-Angehörigen wahrscheinlich ein „Sturm" zu befürchten, meinte er. Auch wenn auf manche Angehörige dieser Formationen vielleicht nicht verzichtet werden könne, müsse deren Auswahl „besonders vorsichtig gehandhabt" werden, denn auch diejenigen, die nicht freiwillig der Waffen-SS beigetreten seien, hätten teils „jahrelang einer Schulung unterstanden, die nicht erfreulich" gewesen und deren Wirkung kaum allgemein verschwunden sei.[4]

An die Öffentlichkeit gelangten derartige Überlegungen zunächst nur in Ausnahmefällen. So übte etwa *Die Zeit* im November 1952 Kritik an von Bonins Annäherung an die Waffen-SS und seiner unpolitischen, ganz auf das Soldatische fixierten Einstellung.[5] Der vom Bundeskanzler mit der Vorbereitung des Verteidigungsbeitrags beauftragte Theodor Blank äußerte Ende 1953 in einem Interview mit der *Soldatenzeitung*, man werde „keine Unterschiede bei den Bewerbungen" machen und „jeden Bewerber individuell und nach seinem fachlichen Können beurteilen"; damit werde auch „die Frage der Wiederverwendung der Waffen-SS gelöst".[6]

Erst nachdem mit der Unterzeichnung der Pariser Verträge im Oktober 1954 die Aufstellung einer eigenen bundesdeutschen Truppe im Rahmen eines atlantischen Verteidigungsbündnisses immer konkretere Formen annahm, erregte die Frage einer Einbeziehung von ehemaligen SS-Angehörigen größere öffentliche Aufmerksamkeit. So berichtete *Der Spiegel* Anfang Januar 1955, CDU-Politiker hätten erwogen, innerhalb ihrer Bundestagsfraktion einen Personalausschuss einzusetzen, der zu prüfen habe, ob und unter welchen Umständen ehemalige Waffen-SS-Führer in kommenden westdeutschen Truppenkontingenten wiederverwendet werden sollten. Eine Klärung dieser Frage sei mehrmals in französischen Regierungskreisen gefordert worden.[7] Auch die der SPD nahestehende *Neue Rhein-Zeitung* aus Köln berichtete dies und kommentierte, sarkastisch auf die abgebrochene Entnazifizierung anspielend, warum ein solcher Ausschuss gebildet werde, sei nicht ganz klar. Diskutiere man etwa doch darüber, wie braun oder schwarzbraun die Vergangenheit von Staatsdienern sein dürfe? Einmal habe man das getan, aber das sei schon so lange her, dass es schon gar nicht mehr wahr sei.[8]

---

4 Zitiert nach G. Meyer, Soldaten, S. 551. Der katholische Westfale und Verwaltungsjurist Wirmer war vor seinem Wechsel in die Dienststelle Blank Mitglied des Parlamentarischen Rats und persönlicher Referent Adenauers gewesen. Im Herbst 1944 war er in der Folge des Attentats vom 20. Juli inhaftiert worden. Sein Bruder Josef, der nach einem Erfolg des Umsturzes als Minister vorgesehen war, wurde am 8.9.1944 vom Volksgerichtshof zum Tod verurteilt und anschließend hingerichtet. Vgl. zu Wirmers Wirken im Amt: Krüger, Amt Blank, passim, zu seiner Biographie: ebenda, S. 198.
5 Vgl. *Die Zeit* vom 6.11.1952 („Soldaten sind Soldaten").
6 *Tagesspiegel* vom 31.12.1953.
7 Vgl. *Der Spiegel* Nr. 2 vom 5.1.1955, S. 7; ein solcher fraktionsinterner Ausschuss ist nicht nachweisbar, es dürfte sich wahrscheinlich um Vorgespräche über den später gebildeten Personalgutachterausschuss für die Streitkräfte gehandelt haben.
8 Vgl. *Neue Rhein-Zeitung* vom 8.1.1955 (Kommentar unter dem Pseudonym Balthasar).

Anlässlich der Einrichtung der ersten Musterungsbüros für die Annahme von Freiwilligen Mitte des Jahres 1955 berichtete der *Münchner Merkur*, von zuständiger Seite sei mitgeteilt worden, bezüglich der Einstellung von ehemaligen Waffen-SS-Angehörigen bestehe noch keine Klarheit. Der SPD-nahe *Politisch-Parlamentarische Pressedienst* hingegen wollte aus dem Amt Blank erfahren haben, dass es aufgrund der unbefriedigenden Freiwilligenmeldungen kaum zu umgehen sein werde, auch ehemalige Offiziere, Unteroffiziere und Mannschaften der Waffen-SS in die Bundeswehr aufzunehmen, nicht zuletzt auch deswegen, weil der Kampfwert dieser Einheiten von keiner Seite angezweifelt werde und nicht hoch genug eingeschätzt werden könne.[9] Die den Kommunisten nahestehende *Deutsche Woche* meldete wenig später sogar, auf einer HIAG-Tagung im Juni in Osnabrück sei angekündigt worden, im Rahmen der neuen Bundeswehr solle ein SS-Traditionsregiment aufgestellt werden und die HIAG sei vom Amt Blank aufgefordert worden, zwei Persönlichkeiten aus ihren Reihen zu benennen, die bei der Auswahl der Soldaten helfen sollten. Die Zeitung konkretisierte diese Meldung vier Wochen darauf dahingehend, dass die entsprechenden Gespräche zwischen Carl-Gideon Claer, dem für Soldatenverbände zuständigen Referenten im Amt Blank, und dem damaligen HIAG-Bundessprecher Helmut Thöle geführt worden seien, die Ankündigung eines Traditionsregiments anscheinend aber allein auf Thöles Wunschvorstellungen basiere. Hingegen hätte sich die Hinzuziehung von Vertretern der HIAG zur Auswahl des Personals bestätigt.[10]

Als der Bundestag am 15. Juli das Freiwilligengesetz und das Gesetz über den Personalgutachterausschuss für die Streitkräfte (PGA) verabschiedete[11], war noch keine definitive Entscheidung hinsichtlich dieser heiklen Personalfrage gefallen. Bei den Beratungen hatten sich jedoch sowohl der Wehrexperte der CDU, der ehemalige Vizeadmiral Hellmuth Heye, als auch der stellvertretende Fraktionsvorsitzende der FDP Erich Mende (ehemals Major der Infanterie) und der DP-Abgeordnete Herbert Schneider (ehemals Hauptmann der Luftwaffe) namens der Regierungsparteien für eine Ende der „Kollektivbeurteilung", wie sie noch für die Waffen-SS gelte, ausgesprochen.[12] Hingegen erinnerte für die SPD der Abgeordnete Wilhelm Mellies, nachdem einige Redner vor ihm eine Berücksichtigung der „menschlichen Aspekte" bei den Soldaten gefordert hatten, an die „entsetzliche Bewußtseinsspaltung", die während des Dritten Reichs bei den Menschen vorhanden gewesen sei, die sich

---

9 Vgl. *Münchner Merkur* vom 2.6.1955 („Musterungsbüros werden eingerichtet"); *Politisch-Parlamentarischer Pressedienst* vom 3.6.1955 („Das Allerletzte").
10 Vgl. *Deutsche Woche* vom 27.7.1955 („SS-Traditionsregiment in Nürnberg") und vom 24.8.1955 („Minister Blank und die Waffen-SS").
11 Vgl. zur Genese dieser Gesetze Ehlert, Auseinandersetzungen, S. 441 ff.
12 VDB, 2. Wp., 93. Sitzung vom 28.6.1955, S. 5271 (Heye); zu den Äußerungen Mendes, der sich für eine Entlassung der letzten Waffen-SS-Offiziere aus alliierter Haft stark machte, vgl. ebenda, S. 5275; zu Schneider VDB, 2. Wp., 100. Sitzung vom 16.7.1955, S. 5595.

etwa darin ausgedrückt habe, dass „die SS-Leute, die in den Konzentrationslagern die Menschen quälten und zu Tode brachten, nachher zu Hause die rührendsten Familienväter" gewesen seien.[13]

Der nicht weisungsgebundene PGA setzte sich aus knapp 40 von der Bundesregierung vorgeschlagenen, vom Bundestag bestätigten und vom Bundespräsidenten ernannten, für unbelastet und integer erachteten Persönlichkeiten zusammen. Ihm gehörten etwa der ehemalige Privatsekretär Gustav Stresemanns und nunmehrige Chefredakteur der *Stuttgarter Nachrichten* Henry Bernhard, der Zeithistoriker Hans Buchheim, der ehemalige Widerständler des 20. Juli Philipp Freiherr von Boeselager, der frühere Panzer-General Adolf-Friedrich Kuntzen, der Stuttgarter Generalstaatsanwalt Erich Nellmann oder der baden-württembergische SPD-Innenminister Viktor Renner an. Die Leitung des Ausschusses, der sich Ende August 1955 konstituierte, übernahm der promovierte Jurist Wilhelm Rombach, der 1933 von den Nationalsozialisten als Oberbürgermeister von Aachen abgesetzt worden war, dieses Amt dann 1945 wieder übernommen hatte und anschließend von 1948 bis zu seiner Pensionierung 1954 Ministerialdirektor und Staatssekretär im nordrhein-westfälischen Innenministerium gewesen war.[14] Der Ausschuss sollte die Eignung der Offiziersbewerber ab dem Rang des Obersten prüfen. Bezüglich der Waffen-SS nahm er in seinen am 13. Oktober 1955 beschlossenen und tags darauf der Öffentlichkeit präsentierten Auswahlrichtlinien nur höhere Offiziere grundsätzlich aus. „Bewerber im Generals- oder Oberstenrang der früheren Waffen-SS dürfen nicht eingestellt werden", hieß es darin. „Untere Ränge können nur nach besonderer Prüfung verwendet werden, wobei ein überzeugendes Abrücken von den Vorstellungen des Nationalsozialismus und der Waffen-SS erwiesen sein muß. Allerdings sollen bei Versetzungen aus der Wehrmacht und der Polizei in die Waffen-SS die besonderen Umstände solcher Fälle geprüft werden. Alle Bewerber, die nachweislich gezwungen in die Waffen-SS übernommen wurden, werden nicht dieser Prüfung unterliegen." Die Einstellung früherer Angehöriger der Allgemeinen SS und des SD sollte „nur nach persönlicher Entscheidung des Bundesministers für Verteidigung" möglich sein.[15]

Die Presse berichtete recht ausführlich über die Richtlinien, die darin enthaltenen Bestimmungen zur SS blieben allerdings meist unkommentiert[16], wurden jedoch in einigen Blättern als Überschrift oder Zwischentitel positiv herausgestellt. So titelte etwa die *Allgemeine Wochenzeitung der Juden* „Kein Platz für SS-Offiziere", eine Unterschlagzeile der *Süddeutschen Zeitung* lautete „Ehemalige höhere Offiziere der Waffen-SS von der Wiedereinstellung ausgeschlossen" und die *Frankfurter*

---

13 Ebenda, S. 5586.
14 Vgl. Bulletin Nr. 135 vom 23.7.1955; VDB, 3. Wp., Drs. 109, Tätigkeitsbericht des Personalgutachterausschusses für die Streitkräfte vom 6.12.1957, S. 6 f.; G. Meyer, Entwicklung, S. 1060 ff.
15 VDB, 3. Wp., Drs. 109, S. 25 f.
16 Vgl. etwa FAZ vom 15.10.1955 („Vor allem Bekenntnis zur Demokratie"); *Die Welt* vom 15.10.1955 („Richtlinien für Annahme der Freiwilligen").

Rundschau überschrieb den entsprechenden Absatz ihres Berichts mit „Hohe SS-Offiziere ausgeschlossen".[17] In den Kreisen der Betroffenen freilich sorgte die Entscheidung für erhebliche Missstimmung. Eine „unglaubliche Beleidigung" sei dieser Beschluss, schrieb die von Waffen-SS-Veteranen herausgegebene Zeitschrift *Wiking-Ruf*, man werde „doch wieder diffamiert".[18]

Die Richtlinien des PGA wurden noch vor Jahresende vom Bundesverteidigungsministerium an die Annahmestellen weitergeleitet. Eine definitive Entscheidung über die Behandlung der Masse der Bewerber aus der SS stand damit aber immer noch aus, da der PGA vorerst nur für die Prüfung der höheren Offiziere zuständig war. Zudem sollten die Einstellungen erst beginnen, wenn auch eine Entscheidung über die Anrechnung von Vordienstzeiten in der Waffen-SS gefallen war.

Die zuständigen Abteilungen des Ministeriums hatten sich darauf verständigt, aus militärischen Gründen eine möglichst umfangreiche Verwendung von ehemaligen Waffen-SS-Angehörigen zu verfechten. Da die Hälfte der ehemaligen Panzertruppen von der Waffen-SS gestellt worden seien und die aufzustellende Armee zu einem großen Teil aus Panzerverbänden bestehen solle, hieß es in einem Vermerk vom November 1955, „ist vom militärischen Standpunkt aus festzustellen, dass auf die Heranziehung der jüngeren Kriegsteilnehmer der ehemaligen Waffen-SS nicht verzichtet werden kann".[19] Man sah zwar die Möglichkeit, dass deren Einstellung im In- und Ausland scharfe Kritik auslösen könnte, glaubte dies aber aufgrund der militärischen Notwendigkeit und auch der innenpolitischen Lage in Kauf nehmen zu müssen. Seit Kriegsende seien elf Jahre vergangen, hieß es, so dass sich inzwischen die große Masse der Jüngeren von der ehemaligen Weltanschauung abgewendet haben dürfte. In der HIAG hätten sich diejenigen Kräfte durchgesetzt, die die freiheitliche Demokratie bejahen. Wie darüber hinaus zahlreiche Zuschriften beweisen würden, hieß es weiter, bestehe besonders seit der Veröffentlichung der Richtlinien des PGA die Gefahr, die ehemaligen Waffen-SS-Männer und ihre Angehörigen, einen Volksteil von etwa 2,5 Mio. Menschen, „en bloc zu verprellen". Bei Abwägung aller Gesichtspunkte sei daher auch aus politischen Gründen eine „weitgehende Gleichstellung erstrebenswert". Gesetzlich sei eine Ergänzung des Soldatengesetzes dahingehend erforderlich, dass Bewerber, die fachliche Kenntnisse au-

---

17 AWJ vom 21.10.1955 („Kein Platz für SS-Generale"); SZ vom 15/16.10.1955 („Richtlinien für Offizierauswahl") und FR vom 15./16.10.1955 („Personalgutachterausschuß entschied").
18 WR vom November 1955, S. 2 und 5; vgl. auch BArch-MA, BW 2/20026, Schreiben der früheren SS-Generäle Felix Steiner, Herbert Gille und Karl Wolff an Blank, 15.11.1955, in dem von „tiefer Bestürzung" und „schwerer persönlicher Kränkung" die Rede ist. Auch beim Vorsitzenden des PGA Wilhelm Rombach gingen Beschwerdeschreiben ehemaliger Waffen-SS-Offiziere ein, vgl. BArch-MA, BW 27/34.
19 BArch-MA, BW 1/5443, gemeinsame Notiz der Unterabteilungen III B und IV C 6 vom 21.11.1955; ähnlich auch BArch-MA, BW 1/15796a, Vermerk über eine Besprechung zur Frage Waffen-SS und Wehrdienst vom 10.11.1955.

ßerhalb der Wehrmacht erworben hätten, eingestellt werden könnten, ebenso eine Ergänzung des Wehrpflichtgesetzes dahingehend, dass ehemalige Waffen-SS-Angehörige mit Offiziersrang über ein Alter von 45 Jahren hinaus wehrpflichtig blieben, und schließlich eine Änderung der Besoldungsverordnung, die es ermögliche, Dienstzeiten bei der Waffen-SS zu berücksichtigen.

Zwecks weiterer Klärung der Fragen lud das Verteidigungsministerium für den 24. November 1955 die zuständigen Abteilungsleiter des Kanzleramts, des Auswärtigen Amts sowie der Ressorts für Finanzen und Inneres zu einer Besprechung. Diese begegneten jedoch den Plänen mit erheblicher Skepsis. Legationsrat Werner Brückmann wies namens des Auswärtigen Amts darauf hin, dass eine Aufnahme der Waffen-SS in das Wehrpflichtgesetz eine schwere außenpolitische Hypothek bedeute und heftige Reaktionen insbesondere seitens der fremden Presse zu erwarten stünden. Der Vertreter des Kanzleramts, Ministerialrat Günter Bachmann, äußerte schwerwiegende Bedenken gegen eine Übernahme ehemaliger Waffen-SS-Offiziere, und auch die Vertreter des Finanz- und des Innenministeriums meldeten Vorbehalte an.[20] Zwar entschied man sich dafür, das Problem wenigstens im gerade in Beratung befindlichen Wehrpflichtgesetz außen vor zu lassen und diesbezüglich die Entscheidung dem Bundestag zu überlassen, jedoch fochten diese Einwände die militärischen Planer bei ihrem weiteren Vorgehen nur wenig an. Als sich Mitte Dezember Vertreter des Verteidigungs- und des Innenministeriums zur ersten Sitzung der Personalkommission trafen, bestand „einmütige Auffassung darüber, daß beim Aufbau der Streitkräfte auch auf ehemalige Waffen-SS-Angehörige zurückgegriffen" und eine „Gleichstellung dieses Personenkreises mit den übrigen Soldaten. [...] im Rahmen der Gesetzgebungsmaßnahmen angestrebt werden" müsse.[21]

Die Öffentlichkeit erreichten diese Überlegungen zunächst nicht. Mitte Januar 1956 berichtete jedoch dann die Frankfurter Boulevardzeitung *Abendpost* unter der Schlagzeile „Die ⚡⚡ soll die Lücke füllen", die Wiederverwendung von ehemaligen Waffen-SS-Angehörigen werde das aktuelle Thema der Remilitarisierung werden, weil man die SS-Soldaten aufgrund der bisher nicht zahlreich genug eingehenden Bewerbungen für die Bundeswehr benötige. Bislang hätten solche Freiwillige nur äußerst bedingt Aufnahme gefunden. Das werde sich aber, wenn es nach dem Willen des Verteidigungsministeriums gehe, ändern. Das letzte Wort liege jetzt beim Sicherheitsausschuss des Bundestags, aber von diesem werde kaum Widerspruch erwartet. In Bonn sei man sich klar, schrieb die Zeitung, dass dies „mancherlei Anstoß erregen" werde, schließlich sei diese Truppe ja durch einen besonderen Treueeid mit dem „Führer" verbunden gewesen und ihr Offizierskorps habe sich stolz als

---

[20] Vgl. ebenda, Vermerk über die Abteilungsleiterbesprechung vom 24.11.1955 (auch BArchK, B 136/4864, Vermerk vom 25.11.1955).
[21] BArch-MA, BW 1/15796, Niederschrift über die erste Sitzung der Personalkommission vom 15.12.1955.

„Elite des Dritten Reiches" verstanden. Deshalb werde man wohl gewisse Schranken setzen, um „das Eindringen demokratie-feindlicher Elemente in die künftigen deutschen Streitkräfte" zu verhindern. Am ehesten könnten wohl jene jungen Jahrgänge mit Wiederverwendung rechnen, die in den letzten Kriegsjahren seit 1942 eingezogen worden seien. Auf sie lege man den größten Wert, weil sie meist nicht freiwillig zur SS gegangen seien.[22] Anfang Februar 1956 meldeten die *Stuttgarter Nachrichten* unter der Überschrift „SS-Vorstoß im Bundestag" die ehemaligen SS-Generäle Felix Steiner und Karl Wolff hätten sich namens der HIAG bei verschiedenen Bundestagsfraktionen nach der Wiederverwendung ehemaliger SS-Offiziere und nach Ruhegehältern für diese erkundigt. Aus Parlamentskreisen sei ihnen daraufhin mitgeteilt worden, dass die geltenden Richtlinien eine Einstellung von SS-Offizieren ab dem Oberst aufwärts verböten.[23]

In der ersten Hälfte des Jahres 1956 wurden in den Ausschussberatungen der Wehrgesetze und auf dem Verwaltungsweg diejenigen Hindernisse beseitigt, die eine Einstellung von ehemaligen Waffen-SS-Angehörigen behinderten. So erhielt das Soldatengesetz einen Zusatz, der nicht nur Angehörigen der früheren Wehrmacht die Eignung für eine Wiederverwendung als Offizier in der Bundeswehr zubilligte, sondern auch anderen Bewerbern, die sich „die für einen höheren Dienstgrad erforderliche militärische Eignung durch Lebens- und Berufserfahrung außerhalb der Wehrmacht" erworben hätten.[24] Nach Inkrafttreten des Gesetzes stimme Minister Blank einer Überprüfung von Bewerbern aus den Reihen der Waffen-SS nach den vom PGA vorgeschlagenen Richtlinien zu. Gemäß den daraufhin ergangenen „Anweisungen zur Auswahl der Berufssoldaten und Soldaten auf Zeit" vom 24. Mai 1956 sollten bei ehemaligen Angehörigen der Waffen-SS drei Punkte besonders überprüft werden, zum Ersten die politische Tätigkeit vor dem Eintritt in die Waffen-SS und die Gründe ihres Eintritts, zum Zweiten die Laufbahn in der Waffen-SS und zum Dritten der Werdegang und die politische Tätigkeit seit 1945. Die amtlichen Karteien ermöglichen in der Regel zuverlässige Angaben zu den Punkten 1. und 2., hieß es weiter. Bewerber, die jemals einer Einheit angehört hätten, die an der Bewachung oder Verwaltung eines KZ oder an verbrecherischen Aktionen beteiligt war, seien von der Einstellung ausgeschlossen. Diejenigen Einheiten der

---

22 *Abendpost*, Frankfurt, vom 16.1.1956 (Runenschrift im Original); bezugnehmend auf diesen Artikel berichteten dann auch das in Düsseldorf erscheinende KPD-Organ *Freies Volk* vom 18.1.1956 („SS-Schleifer für Blank") und in Ost-Berlin *Neues Deutschland* vom 18.1.1956 („Blank will Waffen-SS übernehmen") kritisch über die Bonner Pläne.
23 *Stuttgarter Nachrichten* vom 8.2.1956; vgl. auch FNP vom 9.2.1956 („Ehemalige SS-Generale werden vorstellig") und BArch-MA, BW 2/20026, Hausser an Adenauer, 1.2.1956.
24 Vgl. Rittau, Soldatengesetz, S. 245 f. (zu § 60).

Waffen-SS, die an verbrecherischen Aktionen beteiligt waren, seien bekannt, behauptete das Ministerium.[25]

Im Juni des Jahres gestattete das Bundesfinanzministerium per Erlass die besoldungsrechtliche Anrechnung von Kriegs-Dienstzeiten bei der Waffen-SS und beseitigte damit ein weiteres Hindernis für eine Einstellung.[26] Tatsächlich begann anschließend die Überprüfung der ersten Bewerber. Einstellungen erfolgten aber abgesehen von der Übernahme einiger ehemaliger Waffen-SS-Angehöriger aus dem Bundesgrenzschutz noch keine, weil noch Unklarheit darüber bestand, wie frühere Dienstgrade bei einer Übernahme Berücksichtigung finden konnten. Die Frage wurde dann durch einen Beschluss des Bundespersonalausschusses vom 2. August 1956 geregelt, der es ermöglicht, ehemalige Waffen-SS-Angehörige entsprechend ihres früheren Dienstgrads einzustellen. Dieser Beschluss wurde am 1. September im Rahmen des Erlasses einer allgemeinen Ausnahmegenehmigung für das Überspringen von Dienstgraden durch Soldaten in der ersten Nummer des Ministerialblatts des Bundesministeriums für Verteidigung abgedruckt.[27]

Angesichts der anhaltenden öffentlichen Diskussion über die Wehrfrage wurde das Ministerialblatt von einigen Pressevertretern genau studiert und in Agenturmeldungen gerade die Möglichkeit der Einstellung von SS-Offizieren hervorgehoben. Entsprechende Berichte, die am 7. September in den Tageszeitungen erschienen, lösten dann eine heftige und breite Debatte aus, in der nicht nur die grundsätzliche Frage einer Übernahme von ehemaligen Angehörigen der Waffen-SS in die Bundeswehr, sondern auch über das Verhältnis von Waffen-SS und Allgemeiner SS diskutiert wurde. Das Thema beschäftigte etwa zwei Monate lang intensiv die Medienöffentlichkeit. Bis Ende Oktober 1956 verging kaum ein Tag, an dem in den großen überregionalen Tageszeitungen wie der *Frankfurter Allgemeinen* und der *Süddeutschen Zeitung* nicht ein Artikel dazu erschien, aber auch die kleineren und regionalen Blätter berichteten regelmäßig, ebenso Wochenzeitungen und politische Zeitschriften.[28] Im November 1956 ließ die Berichterstattung dann nach, jedoch gab es auch in den folgenden Monaten immer wieder einmal Wortmeldungen oder Artikel zum Thema. An der Debatte beteiligten sich nicht nur Journalisten aus Presse und Rundfunk, sondern auch Publizisten, Politiker und Verbandsvertreter sowie in nicht geringem Ausmaß Leserbriefschreiber. Die Heftigkeit der Diskussion war insofern

---

25 Vgl. BArchK, B 122/628, „Aufzeichnungen über die Einstellung ehemaliger Angehöriger der Bundeswehr in die Waffen-SS", übersandt vom Bundesverteidigungsministerium am 9.11.1956.
26 Vgl. BArch-MA, BW 1/4724, Vermerke vom 28.5.1956 und 14.7.1956 (zum Erlass des Bundesfinanzministeriums vom 25.6.1956); G. Meyer, Soldaten, S. 565.
27 Vgl. Ministerialblatt des Bundesministers für Verteidigung, Nr. 1 vom 1.9.1956, S. 8.
28 Es gab allerdings prominente Ausnahmen: *Der Spiegel* und *Die Zeit*; im *Spiegel* findet sich kein einziger Artikel zum Thema und in der *Zeit* wird es nur einmal etwas abseitig in einer Besprechung des Buches „Das Dritte Reich und die Juden" von L. Poliakow/J. Wulf durch Bruno Seidel angeschnitten; vgl. *Die Zeit* vom 11.10.1956 („Im Brennpunkt des Gesprächs: Die Ausrottung der Juden").

bemerkenswert, als der Sachverhalt ja eigentlich schon seit dem Herbst 1955 bekannt war und damals weitgehend unkommentiert zur Kenntnis genommen worden war. Inzwischen hatte sich aber offenbar die Sensibilität für das Thema erheblich erhöht. Hieß es 1955 in den Schlagzeilen, die höheren SS-Offiziere seien ausgeschlossen, so wurde nun die andere Seite betont: die Tatsache, dass alle übrigen SS-Offiziere aufgenommen werden konnten.

Die Ursachen für diese veränderte Rezeption sind auf mehreren Ebenen zu suchen. Zum einen hatte sich mit der Beratung der Wehrgesetze im Bundestag der Konflikt um die Wiederbewaffnung noch einmal zugespitzt. Wenngleich nach der Verabschiedung von Soldaten- und Wehrpflichtgesetz die von großen Teilen der Gewerkschaften und der Sozialdemokratie getragene breite Protestbewegung gegen eine Remilitarisierung endgültig gescheitert war, erreichte in der Bevölkerung die Skepsis gegenüber dem Wehrbeitrag im Frühherbst 1956 noch einmal einen Höhepunkt. Nach einer Umfrage des Instituts für Demoskopie in Allensbach im Auftrag des Presse- und Informationsamts der Bundesregierung lehnten im Oktober 1956 47 Prozent der Befragten die Wehrpflicht ab (gegenüber 42 Prozent Befürwortern), für eine Abschaffung der Bundeswehr sprachen sich 43 Prozent aus, dagegen 38 Prozent.[29] In dieser Situation bot die Ankündigung der Aufnahme der Waffen-SS-Angehörigen in die Bundeswehr vor allem den Remilitarisierungsgegnern die Gelegenheit, noch einmal ihre Kritik an der Bundesregierung vorzutragen. Darüber hinaus fiel die Debatte in eine Zeit der zunehmenden medialen Aufmerksamkeit für Themen, die mit einer mangelhaften bisherigen Aufarbeitung der NS-Vergangenheit assoziiert wurden, wie etwa der strafrechtlichen Verfolgung von heimgekehrten NS-Verbrechern, der Kritik an Pensions- und Entschädigungsforderungen von ehemaligen Funktionären des Dritten Reichs oder der steigenden Zahl von rechtsextremen Publikationen, die nicht selten aus der Feder früherer NS-Größen stammten.[30]

Die ersten Reaktionen auf die Presseberichte vom 7. September ließen nicht lange auf sich warten. Der Berliner *Tagesspiegel* kommentierte tags darauf: „Der Gedanke, in absehbarer Zeit Chargen der Waffen-SS in Offiziersuniformen der jungen Bundeswehr kommandieren zu sehen, ist bedrückend. Das Schuldkonto, das mit der SS-Rune verknüpft ist, bleibt zu groß, als daß es leicht fallen könnte, den einzelnen aus seiner Verflechtung mit dem unheilvollen Kollektiv zu entlassen." Vertrauen und Achtung bei der ohnehin skeptischen Jugend in Deutschland und bei den westlichen Verbündeten werde sich eine Bundeswehr mit SS-Offizieren kaum erwerben können. Wer die neuen Streitkräfte „schon an ihren Wurzeln sauber halten" wolle, schloss der Kommentar, der solle „die Männer der SS dort lassen, wo sie

---

29 Vgl. BArchK, B 145 I/4227, Die Stimmung im Bundesgebiet, Oktober 1956.
30 Vgl. Eichmüller, Keine Generalamnestie, S. 159 ff.

sich nach ihrer Kollektivsühne in der ersten Nachkriegszeit als Persönlichkeit behaupten und bewähren können – im zivilen Existenzkampf".[31]

Verfolgtenverbände und jüdische Organisationen im In- und Ausland protestierten heftig. Der bayerische „Landesrat für Freiheit und Recht" verabschiedete am 9. September eine Entschließung, in der es als unzumutbar für die Jugend bezeichnet wurde, sich von „ehemaligen Gefolgsleuten Hitlers führen und erneut verführen zu lassen".[32] Der Berliner BVN richtete Anfang Oktober ein offenes Protestschreiben an den Bundeskanzler, den Bundespräsidenten, den Bundestagspräsidenten, die Fraktionsvorstände im Bundestag, die Parteivorstände und den Deutschen Gewerkschaftsbund (DGB).[33] Der Generalsekretär des Zentralrats der Juden in Deutschland Hendrik George van Dam schrieb einen Tag darauf an Kanzler Adenauer, die Entscheidung habe „in den Kreisen der jüdischen Gemeinschaft große Besorgnis hervorgerufen". Man vertrete die Meinung, dass es ehemaligen Verfolgten nicht zugemutet werden könne, unter solchen Offizieren Dienst zu tun und weise auf die aktive Rolle hin, „die verschiedene Truppenteile der SS bei den Aktionen gespielt haben, die dem Namen des deutschen Volkes in der Geschichte zur Unehre gereichen".[34] Scharfen Protest erhob auch die VVN.[35]

Diese ersten Proteste wurden in der Folgezeit durch weitere kritische Kommentare in Presse und Rundfunk verstärkt. Sie sahen die SS insgesamt durch schwere Verbrechen belastet, die meist mit den Schlagwörtern Oradour, Lidice[36] und KZ be-

---

31 *Tagesspiegel* vom 8.9.1956 („SS in der Bundeswehr"); der Artikel wurde nachfolgend in anderen Zeitungen teilabgedruckt, vgl. etwa SZ vom 12.9.1956. Ein ebenfalls am 8.9.1956 unter dem Titel „SS voran" in der in den bayerischen Städten Nürnberg, München und Fürth erscheinenden Boulevardzeitung *8-Uhr-Blatt* veröffentlichter Kommentar bezeichnet die Entscheidung, SS-Offiziere in die Bundeswehr aufzunehmen, als „unverständlich".
32 SZ vom 10.9.1956 („Protest gegen Einstellung von ehemaligen SS-Offizieren in die Bundeswehr"); vgl. auch *Abendzeitung* (München) vom 10.9.1956 („Protest gegen Offiziere der Waffen-SS"); AWJ vom 14.9.1956 („Proteste im In- und Ausland"); *Westdeutsches Tageblatt* vom 18.9.1956 („Neue Proteste gegen die Übernahme der SS in die Bundeswehr").
33 Vgl. *Die Mahnung* vom 15.10.1956, S. 2; bereits in der vorherigen Ausgabe des Verbandsorgans vom 1.10.1956 waren zwei kritische Kommentare veröffentlicht worden („Das trojanische Pferd" von A. Grie und „Unser Kommentar"). Weitere Protestbriefe finden sich in den Akten des Bundespräsidialamts, des Bundeskanzleramts und des Bundesverteidigungsministeriums, vgl. BArchK, B 122/628 und B 136/6840 (etwa des „Arbeitskreises 20. Juli" vom 18.9.1956 oder des Verbands für Freiheit und Menschenwürde vom 26.9.1956), BArch-MA, BW 2/20024 (u. a. Landesrat für Freiheit und Recht; VVN-Landesverband Bayern).
34 BArchK, B 136/6840, van Dam an Adenauer, 10.9.1956; vgl. auch FAZ vom 13.9.1956 („Der Zentralrat der Juden gegen SS-Offiziere"); AWJ vom 14.9.1956 („Besorgnis des Zentralrats").
35 Vgl. *Die Tat* vom 15.9.1956 („Soll der deutsche Name noch einmal geschändet werden").
36 Diese beiden Orte standen insbesondere in den 1950er Jahren symbolhaft für deutsche Kriegs- und Besatzungsverbrechen. Während die Täterschaft der Waffen-SS im Falle Oradour eindeutig ist, ging das Verbrechen von Lidice hauptsächlich auf das Konto von Schutz- und Sicherheitspolizei, wie auch neuere Forschungen (vgl. Klemp, Rücksichtslos ausgemerzt) bestätigen. Die HIAG wies

nannt wurden, und beklagten gegenüber den NS-Opfern und dem Ausland einen „Mangel an politischem Fingerspitzengefühl"[37]. „Wenn ich nur etwas von der ‚SS' höre", schrieb ein Journalist im Westberliner Boulevardblatt B.Z., „dann sehe ich nicht schwarz – wie die ersten Uniformen dieser Kerle waren, die Hitler zur Macht verhalfen –, dann sehe ich rot. Dann kommen mir Erinnerungen an die Greueltaten der SS-Männer in Oradour und Lidice. Dann sehe ich, wie SS-Posten Hunderttausende von Menschen in die Gaskammern treiben, dann denke ich an Wachtürme und elektrisch geladenen Stacheldraht. [...] Ich weiß, daß es Tausenden von Menschen ebenso geht wie mir." Deshalb müsse er fordern: „Laßt die SS-Männer raus aus der Bundeswehr".[38] Wenn diese Leute wieder Offiziersuniformen trügen, sei zu befürchten, dass sie den jungen Soldaten von ihren „Heldentaten" vorschwärmten und sie mit NS-Propaganda indoktrinierten.

Die Sorge, mit ehemaligen SS-Offizieren, die sich in der Regel ja freiwillig zur SS gemeldet hatten, könne aufgrund von deren Schulung und Überzeugungen so etwas wie ein „SS-Geist" oder zumindest nationalsozialistisches Gedankengut in die Bundeswehr einziehen, wurde in anderen Kommentaren geteilt. Die *Süddeutsche Zeitung* schrieb, auch die Waffen-SS „wollte wenigstens an der Spitze nie sein wie die anderen, und sie war es auch nicht". Offenbar kenne die Bundesregierung das Schrifttum nicht, mit dem die Waffen-SS geschult worden sei. „‚Für ein Großgermanien', ‚SS-Mann und Blutsfrage', ‚Sieg der Waffen – Sieg des Kindes' und ‚Der Untermensch'", lauteten einige Titel. Glaube man, den Staat mit Menschen verteidigen zu können, „die die christlichen Grundlagen des Abendlandes nicht nur geleugnet, sondern sogar bekämpft" hätten?[39] „Die SS einschließlich der Waffen-SS war eine Elite-Exekutive Hitlers", konnte man in der Münchner *Abendzeitung* lesen. „Wer es

---

denn auch die Verantwortung der Waffen-SS dafür immer wieder zurück. 1961 holte sie sich vom Münchner Institut für Zeitgeschichte eine Bestätigung ihrer Position, vgl. *Der Freiwillige* (DF) vom September 1961, S. 26 (Faksimile eines Schreibens von Hans Mommsen vom 14.8.1961). Durchschlagenden Erfolg hatte sie in den öffentlichen Debatten, insbesondere was die Argumentation der NS-Verfolgten betraf, allerdings nicht.

37 *Trierischer Volksfreund* vom 13.9.1956 („SS-Offiziere für die Bundeswehr"); ein Kommentar im *RIAS Berlin* sprach von „beklagenswerter Instinktlosigkeit", vgl. *Telegraf* vom 13.9.1956 („Ein warnendes Fanal"); ähnlich auch *Deutsche Zeitung und Wirtschaftszeitung* vom 15.9.1956 („Bundeswehr und SS"); *Weser-Kurier* vom 15.9.1956 („Lückenbüßer?").

38 B.Z. vom 12.9.1956 („Schon schwer genug"), der Kommentar erschien unter dem Pseudonym „Inspektor". Dahinter verbarg sich der 1922 geborene Journalist Werner Sikorski, der seine Laufbahn 1949 bei einer Ostberliner Nachrichtenagentur begonnen hatte, jedoch bald ins antikommunistische Lager wechselte, sich dem Untersuchungsausschuss freiheitlicher Juristen anschloss und für die *Neue Zeitung* publizierte, ehe er zur B.Z. ging, wo er später zum stellvertretenden Chefredakteur aufstieg; vgl. Staadt/Voigt/Wolle, Feind-Bild Springer, S. 83 f. Mit täglich etwa 240 000 Stück war die B.Z. damals die auflagenstärkste Berliner Tageszeitung, vgl. Die deutsche Presse 1956, S. 10 ff.

39 SZ vom 11.9.1956 („SS-Offiziere und Bundeswehr"); der Kommentar ist mit dem Kürzel „ek" gekennzeichnet, hinter dem man Erich Kuby vermuten darf. Im „Streiflicht" der SZ vom 14.9.1956 hieß es, „noch einmal wollen wir hier sagen, daß uns hohe Offiziere, die einmal der SS angehört haben,

in der Waffen-SS bis zum Obersturmbannführer gebracht hat, ist ein Nazi gewesen. Und was für einer!"[40], hieß es in Anspielung an den obersten, für eine Einstellung in Frage kommenden SS-Dienstgrad weiter.

Marcel Schulte, der Chefredakteur der *Frankfurter Neuen Presse* (FNP), sagte in Radio Frankfurt, es gelte auf jeden Fall, die Bundeswehr von „Unwürdigen" freizuhalten. Die Waffen-SS sei als „Quelle" belastet, „als Reservoir eben ungenießbar". In der Privatwirtschaft könnten die Ehemaligen der Waffen-SS machen, was sie wollten, dort sei niemand verpflichtet, mit ihnen Kontakt zu haben. In der Bundeswehr aber seien die Rekruten zum Gehorsam gegenüber ihren Vorgesetzten verpflichtet. Das bedeute, dass eventuelle Kinder von KZ-Überlebenden ehemaligen SS-Offizieren gehorchen müssten. Dies sei nicht akzeptabel, die ganze Verordnung ein „psychologischer Fehler", der dem deutschen Ansehen im Ausland „unendlichen moralischen Schaden" zufüge.[41] In der FNP selbst konnte man wenige Tage später lesen, wenn „etwas noch in dem Erinnerungsvermögen vieler Deutscher nicht ganz dem Vergessen oder der Verharmlosung anheimgefallen" sei, dann die Erinnerung an das „Terrorregime" der SS und des SD, „an jene Funktionäre eines Gewaltregimes, die vor nichts zurückschreckten und selbst Urteile der Justiz höhnisch mißachteten". Auch wenn die Allgemeine SS und die Waffen-SS „nicht ohne weiteres gleichgesetzt" werden dürften, sei festzuhalten, dass die Waffen-SS „in der Regel

---

in der neuen Bundeswehr unannehmbar erscheinen. Glaubt man im Ernst, ein hochkarätiger Hitler-Trabant sei in einem demokratischen Staat weniger Staatsfeind als ein Kommunist?"
40 *Abendzeitung* (München) vom 15./16.9.1956 („Der Minister und die SS"); hinter dem Pseudonym „Voluntas" des Autors verbarg sich Jochen Willke. Dieser war nach Kriegsende zunächst für das amerikanisch kontrollierte „Radio München" tätig, engagierte sich dann als Vertrauter Josef Müllers für den Aufbau der CSU und war Mitarbeiter des *Münchner Merkurs*. Seit 1950 veröffentlichte er Kommentare für die *Abendzeitung*, 1956–1959 war er zudem Chefredakteur der *Münchner Illustrierten*, seit Anfang der 1960er Jahre dann bei der *REVUE*. Aufgrund seiner kritischen Artikel zur Regierungspolitik und zum Umgang mit der NS-Vergangenheit in der Bundesrepublik zog sich Willke den Unwillen der CSU und rechter Kreise, u. a. auch den der HIAG zu, die genüsslich darauf hinwiesen, dass Willke im Dritten Reich pro-nationalsozialistische „Durchhalteartikel" verfasst hatte, vgl. etwa *Deutsche Soldatenzeitung* vom Februar 1957, S. 2; DF vom März 1957, S. 4. Willke, der nach dem Beginn seiner journalistischen Laufbahn als Volontär bei der *Vossischen Zeitung* ab 1931, von 1933 bis 1944 für verschiedene gleichgeschaltete Zeitungen gearbeitet hatte, konnte allerdings belegen, dass er wegen seiner damaligen Artikel vielfach in Konflikt mit seinen Vorgesetzten und mit Parteidienststellen geraten war. Die Artikel und die Auseinandersetzungen sind in seinem Nachlass dokumentiert, vgl. IfZ-Archiv, ED 134/1 und ED 134/4.
41 Kommentar vom 10.9.1956, zitiert nach WR vom Dezember 1956, S. 20; Marcel Schulte (1910–1965) entstammte der Jugend der Zentrumspartei, 1936 erhielt er wegen eines kritischen Artikels zu den Priesterprozessen Berufsverbot. Anschließend war er in der Wirtschaft tätig, im Krieg beim Reichskommissariat für Preisbildung. Seit 1949 war der Mitbegründer der Frankfurter CDU Chefredakteur der FNP und regelmäßig als Rundfunkkommentator tätig. Selbst bezeichnete er sich als „linksbürgerlich", er war Mitglied des Deutschen Presserates und seit 1956 Leiter der deutschen Gruppe beim Internationalen Presse-Institut.

von Nationalsozialisten befehligt" worden sei, „mehr ein Instrument der Parteiführung als der militärischen Führung" gewesen sei und ihr Name „mit bösen und schlechten Taten" wie Lidice und Oradour verknüpft sei.[42]

Etwas zurückhaltender argumentierte die *Frankfurter Rundschau*, die darauf hinwies, dass viele Soldaten ohne eigenes Zutun zur Waffen-SS gekommen seien. Deshalb sei es „nur recht und billig, daß heute nicht mehr die Tätowierung allein als Kennzeichen demokratischer Unzuverlässigkeit gelten" könne. Auf ehemalige Freiwillige der Waffen-SS hätte man aber „besser verzichtet", schrieb sie weiter.[43] Einige Zeitungen bewerteten hingegen mit Hinweis auf die Unzulässigkeit von Kollektivurteilen, die Entscheidung der Bundesregierung, auch ehemalige Waffen-SS-Angehörige in die Bundeswehr aufzunehmen, dezidiert positiv, so etwa einige konservative, der CDU zuneigende Blätter wie die *Ruhr-Nachrichten* aus Dortmund oder die *Kieler Nachrichten*, aber auch die der SPD nahestehende Koblenzer *Rhein-Zeitung*. Endlich werde nun „das kollektive Verdammungsurteil über die Waffen-SS aufgehoben", schrieb sie. Das diene der „inneren Befriedung" und eröffne den Betroffenen die Aussicht auf eine „gerechte Versorgung" der Hinterbliebenen, Dienstunfähigen und Kriegsversehrten.[44]

Ohne redaktionellen Kommentar blieb die Entscheidung zur Aufnahme von ehemaligen SS-Offizieren in die Bundeswehr in der *Frankfurter Allgemeinen Zeitung*. Allerdings veröffentlichte die Zeitung kurz nach Bekanntwerden mehrere kritische Leserbriefe dazu. Der in der NS-Zeit als Kommunist und Jude verfolgte Siegfried Lonnerstädter stellte dabei in der Ausgabe vom 10. September 1956 die Frage, ob man es einem Menschen zumuten könne, in einer Bundeswehr Dienst zu tun, in die auch Offiziere Eingang finden könnten, die Angehörige der entsprechenden Dienstpflichtigen erschossen hätten – selbst wenn dies nur auf Befehl hin und nicht freiwillig geschehen sei. Er kam zu der Schlussfolgerung, dass angesichts dieser neuen Regelung als Konsequenz nur eine Befreiung aller jüdischen Deutschen vom Militärdienst bliebe.[45] Egon Müller-Franken vertrat tags darauf eine ähnliche Ansicht.

---

42 FNP vom 12.9.1956 („So nicht" von eb); die FNP, die 1946 als konservatives Gegenstück zur FR gegründet worden war, stand politisch der CDU nahe, verfocht aber bezüglich des Umgangs mit der NS-Vergangenheit eine recht offene und kritische Linie.
43 FR vom 12.9.1956 („Waffen-SS").
44 *Rhein-Zeitung* vom 10.9.1956 („Die Waffen-SS"); vgl. auch *Ruhr-Nachrichten* vom 14.9.1956 („Waffen-SS"), *Kieler Nachrichten* vom 17.9.1956 („Bundeswehr und Waffen-SS") und auch *Stuttgarter Nachrichten* vom 14.9.1956 („Streit um die Waffen-SS").
45 Vgl. FAZ vom 10.9.1956. In Reaktion auf den Brief Lonnerstädters äußerten sich anschließend weitere Leser zur Frage des Wehrdienstes für jüdische Bürger. Einer meinte (vgl. FAZ vom 13.9.1956), die Konsequenz eines Wehrdienstverweigerungsrechtes für Juden schiene ihm wenig überlegt, da damit die Situation des Dritten Reichs wiederhergestellt werde, in dem Juden als wehrunwürdig galten. Auch er halte es für Juden unzumutbar, unter ehemaligen SS-Offizieren zu dienen, allerdings solle auf dem Weg wehrministerieller Anordnungen verhindert werden, dass es zu solchen Zusammentreffen komme. Ein anderer Verfasser schrieb (vgl. FAZ vom 14.9.1956), zwar habe die SS

Zwar seien viele junge Menschen tatsächlich in die Waffen-SS gezwungen worden, kaum aber die Offiziere. Da sich nicht sicher nachprüfen lasse, ob jemand vom Nationalsozialismus abgerückt sei, ergebe sich eine große Möglichkeit zur Infiltration der Bundeswehr. Die SS sei als Organisation durch die Massaker von Oradour und Lidice, durch Auschwitz und Theresienstadt belastet, man brauche heute in der Unterhaltung mit Holländern und Belgiern ihren Namen nur erwähnen, um vernarbt geglaubte Wunden sofort wieder aufbrechen zu lassen.[46]

Letztlich wurden in den Leserbriefen in etwa dieselben Meinungen vertreten wie in den Pressekommentaren. Die Gegner der Entscheidung argumentierten, die SS insgesamt und auch die Waffen-SS seien durch schwere Verbrechen belastet. In der SS habe sich der (Un-)Geist des Nationalsozialismus in besonderem Maße manifestiert und ihre Offiziere seien entsprechend geschult worden. Ehemalige SS-Offiziere in die Bundeswehr aufzunehmen sei daher untragbar. Da sich das Gewissen des Einzelnen nicht sicher prüfen lasse, sei eine nationalsozialistische Indoktrinierung nicht auszuschließen. Nicht zuletzt schade man dem Ansehen der jungen Demokratie und der Bundeswehr im Ausland, wo die SS ein Symbol für die nationalsozialistischen Verbrechen darstelle. „Wer höherer Offizier der Waffen-SS war", schrieb ein Leser an die *Süddeutsche Zeitung*, der „mußte schon als zuverlässiger Kämpe für ‚rassebewußtes deutsches Wesen' gelten. Das Offizierskorps der Waffen-SS hat sich bis zum Zusammenbruch für die Elite des Führers gehalten und hat auch dementsprechend gehandelt". Selbst in der Wehrmacht habe es ein Teil der Offiziere strikt abgelehnt, mit den Offizieren der Waffen-SS persönliche Kontakte zu pflegen, „weil diese Leute für gefährliche und bedenkenlose Vollzieher Hitler'scher und Himmler'scher Gedanken" gegolten hätten. Auch wenn einige inzwischen wohl eingesehen hätten, „daß der SS-Geist die Verherrlichung des Unrechts schlechthin bedeute", so sei das noch kein Grund, ehemalige SS-Offiziere in die Bundeswehr aufzunehmen.[47]

Die Verteidiger der Waffen-SS argumentierten hingegen, es dürfe keine Kollektivverurteilung geben, man müsse auch vergeben können, die in den Regelungen vorgesehenen Überprüfungen seien ausreichend, um das Eindringen „Unwürdiger" in die Bundeswehr zu verhindern. Schließlich meldeten sich auch einige der betroffenen ehemaligen Waffen-SS-Angehörigen zu Wort, die für sich in Anspruch nah-

---

große Schuld auf sich geladen, aber nicht alle SS-Leute seien Unmenschen gewesen. Man solle das Vertrauen in die zuständigen Kommissionen haben, dass diese ungeeignete Bewerber ausschlössen. Vgl. weiterhin ähnliche Leserbriefe in der FAZ vom 17.9.1956.
46 Vgl. FAZ vom 11.9.1956. Egon Müller-Franken war Schauspieler und Regisseur, 1941 war er einer der Hauptdarsteller im Kriegsfilm „Stukas", ehe er zur Wehrmacht eingezogen wurde, wo er zuletzt als Oberleutnant fungierte. Seit 1950 führte er Regie an der Studiobühne der Universität Freiburg.
47 SZ vom 15./16.9.1956, Leserbrief von R. v. Sivers; in dieser Ausgabe der SZ finden sich noch zwei, in der vom 22./23.9.1956 drei weitere kritische Leserbriefe. Kritische Zuschriften veröffentlichten auch die FR vom 21.9.1956 und die *Neue Ruhr-Zeitung* vom 15.9.1956.

men, keinesfalls an Verbrechen beteiligt gewesen zu sein, sondern nur an der Front gekämpft zu haben. Von einer besonderen nationalsozialistischen Schulung, behaupteten sie, hätten sie nur wenig bemerkt, und die Möglichkeit, sie könnten die Jugend mit NS-Gedankengut infiltrieren, wiesen sie als beleidigende Unterstellung zurück.[48]

Auf einem vom *Wiking-Ruf* am 12. September 1956 in Hannover veranstalteten Diskussionsabend, an dem auch Vertreter der Parteien CDU, DP, FDP und der rechtsextremen Deutschen Reichspartei (DRP) teilnahmen, wurde allerdings deutlich, dass die Betroffenen selbst in ihrer Haltung zur Bundeswehr gespalten waren. Eine große Gruppe um die früheren Waffen-SS-Generale Herbert Gille und Felix Steiner beklagte zwar den Ausschluss der höheren Offiziere und nach ihrer Ansicht völlig ungerechtfertigte „Diffamierungen", befürwortete einen Wehrbeitrag aufgrund der Bedrohung aus dem Osten jedoch grundsätzlich. CDU-Wehrexperte Heye bat bezüglich der vollen Gleichberechtigung der Waffen-SS um Geduld, derzeit stünden einer solchen noch viele Ressentiments entgegen, auf lange Sicht jedoch werde sie kommen. Einige Teilnehmer allerdings lehnten es strikt ab, für einen provisorischen westdeutschen Teilstaat erneut in den Krieg zu ziehen, solange die nationale Einheit nicht wiederhergestellt sei.[49]

Der frühere Waffen-SS-General Kurt Meyer nahm auf dem darauffolgenden, mit ungefähr 10 000 Teilnehmern bislang größten Treffen ehemaliger Waffen-SS-Angehöriger in Minden eine zwischen diesen beiden Polen stehende Haltung ein. Einerseits betonte er, die HIAG stehe zur Bundesrepublik und lehne jeden Radikalismus ab, zum anderen jedoch verlangte er vor einer uneingeschränkten Zustimmung zum Wehrbeitrag die Entlassung aller „Kriegsverurteilten", die Anerkennung der 131er-Rechte, eine Versorgung der Witwen und Waisen und die volle Gleichberechtigung der Waffen-SS mit der Wehrmacht. Auch Meyer sprach von „Diffamierung"; solange diese nicht beendet werde und man nicht wisse, wohin die Reise gehe, stünden die Ehemaligen den Dingen „sehr sehr abwartend" gegenüber.[50]

Zu einem Wortführer der Gegner des Wehrbeitrags in Reihen der Ehemaligen machte sich der rechtsradikale Publizist und Herausgeber des *Militärpolitischen Forums* Joachim Nehring. Angehöriger der Allgemeinen SS seit 1933, war er im Drit-

---

48 Vgl. etwa FAZ vom 17.9.1956 und 18.9.1956; ferner zwei Leserbriefe in der *Neuen Ruhr-Zeitung* vom 22.9.1956.
49 Vor dem Hintergrund der gerade entbrannten Diskussion fand das Treffen in Hannover eine große Presseresonanz, zahlreiche Zeitungen entsandten eigene Korrespondenten, vgl. FAZ vom 13.9.1956 („Plädoyer für die Waffen-SS"); SZ vom 13.9.1956 („Krach unter ehemaligen SS-Soldaten"); *Der Mittag* vom 13.9.1956 („General a. D. Steiner will die SS gleichschalten"); WAZ vom 13.9.1956 („SS-Generale verlieren die Gefolgschaft"); *Stuttgarter Zeitung* vom 13.9.1956 („Waffen-SS diskutiert Wehrpflicht"); *Die Welt* vom 14.9.1956 („Was wird aus der Waffen-SS").
50 FAZ vom 17.9.1956 („Die Mehrheit der Waffen-SS wartet ab"); *Westdeutsches Tageblatt* vom 17.9.1956 („Waffen-SS stellt bereits wieder Bedingungen").

ten Reich zunächst für das Deutsche Nachrichtenbüro in Danzig und Königsberg tätig, ab 1940 dann bei der Pressestelle der Regierung des Generalgouvernements, ehe er zunächst stellvertretender und später hauptamtlicher Kreishauptmann im galizischen Kamionka-Strumilowa wurde. Kurz vor Kriegsende kam er schließlich zur 14. Waffen-SS-Grenadier-Division. 1949 fiel er als Herausgeber der neonazistischen Zeitschrift *Scheinwerfer* auf, was ihm einige Zeit Schreibverbot eintrug. Anschließend stieß er zum national-neutralistischen Lager, wirkte an der Organisation deutsch-deutscher Offizierstreffen mit und wurde 1955 Geschäftsführer der vom ehemaligen SS-Gruppenführer George Ebrecht geleiteten Vereinigung „Bund deutsche Einheit".[51] Auch die in Karlsruhe erscheinende Zeitschrift *Nationale Rundschau*, für die Nehring ebenfalls tätig war, war dieser Richtung zuzuordnen. Sie kommentierte im September 1956, es habe mit Recht nichts zu tun, wenn die höheren SS-Offiziere ausgeschlossen blieben und alle übrigen abschwören müssten. Tatsächliche gehe es dabei nur um die Absicherung der Wiederbewaffnung. Und wenn man dann noch die Proteste im In- und Ausland bedenke, könne man sich fragen, ob die Waffen-SS nicht lieber dankend verzichten solle.[52] Nehring und seine Mitstreiter gerieten aber bald zwischen die Stühle. In rechts-nationalen Kreisen stießen ihre Kontakte nach Ostdeutschland auf strikte Ablehnung; bei der Versammlung in Hanno-

---

51 Vgl. zur Biographie Nehrings Pohl, Nationalsozialistische Judenverfolgung, S. 418; IfZ-Archiv, NSG-Datenbank, Stade 9 Js 544/64; seit 1964 wurde gegen Nehring wegen des Verdachts der Beteiligung an der Ermordung von Juden in seiner Eigenschaft als Kreishauptmann ermittelt, das Landgericht Stade sprach ihn aber im August 1981 mangels Beweises frei; vgl. Justiz und NS-Verbrechen (JuNSV), Bd. XLV, S. 137 ff. (Nr. 874). Der 1895 in Hamburg geborene Ebrecht trat 1931 der NSDAP und der SA bei, 1935 der SS; dort engagierte er sich zunächst in der Rassenpolitik, wurde erster Vorsitzender des Lebensborns und 1937 Stabsführer im Rasse- und Siedlungshauptamt; 1939 übernahm er die Führung des SS-Abschnitts XVIII Halle/Saale, nach Beginn des Zweiten Weltkriegs wurde er Führer des Volksdeutschen Selbstschutzes in Westpreußen und anschließend des SS-Abschnitts XXVI Danzig. 1942 bis 1944 war er kommissarischer HSSPF Nordost in Königsberg und führte den dortigen SS-Oberabschnitt. Seit 1962 lief gegen ihn ein Ermittlungsverfahren wegen führender Beteiligung an der Ermordung von etwa 1400 Insassen der Heil- und Pflegeanstalten in Pommern und Westpreußen durch Angehörige des SS-Wachsturmbanns Eimann. Ebrecht kam kurzfristig in Untersuchungshaft, 1966 klagte ihn dann die Staatsanwaltschaft Hannover wegen Mordes an, ein Jahr darauf wurde das Verfahren jedoch wegen Verhandlungsunfähigkeit eingestellt; Ebrecht verstarb 1977; vgl. IfZ-Archiv, NSG-Datenbank, Hannover 2 Js 614/62.
52 *Nationale Rundschau* vom 15.9.1956 („Recht für die Waffen-SS"); die Zeitschrift wurde von Paul Stadtler und Werner Schäfer herausgegeben; der erste Name war ein Pseudonym von Paul Schall, ehemals NSDAP-Kreisleiter von Monsheim und Straßburg, der 1947 in Frankreich in Abwesenheit zum Tod verurteilt worden war. Beim zweiten handelt es sich um den früheren SA-Oberführer und Kommandeur der Strafgefangenenlager des Reichsjustizministeriums im Emsland. Er war 1953 vom Landgericht Osnabrück wegen Körperverletzung im Amt zu zweieinhalb Jahren Gefängnis verurteilt worden, die jedoch durch Anrechnung der Internierungs- und Untersuchungshaft als verbüßt galten; vgl. Tauber, Eagle, S. 177 f. und 298 ff.

ver wurde er, nachdem er Steiner scharf angegriffen hatte, des Saals verwiesen.⁵³ Und auch im Osten ging man bald auf Distanz zu den ehemaligen SS-Führern.

Die DDR-Führung nutzte die Entscheidung zur Aufnahme von SS-Angehörigen in die Bundeswehr umgehend dazu, gegen die bundesdeutsche Wiederbewaffnung zu polemisieren und eine weitere auf Delegitimierung der Adenauer-Regierung zielende Kampagne zu starten. „Bundeswehr mit Totenkopf", „SS-Henker in Bonns NATO-Armee", „Kriegsminister Blank tritt die Nachfolge Himmlers an" oder „Himmlers Garde erhält NATO-Uniformen" waren Schlagzeilen, die man im September 1956 im Organ der Sozialistischen Einheitspartei Deutschlands (SED) *Neues Deutschland* (ND) lesen konnte.⁵⁴ Ende des Monats wandte sich der stellvertretende Ministerratsvorsitzende und Vorsitzende des Ausschusses für deutsche Einheit Hans Loch öffentlichkeitswirksam mit einem Protestschreiben an den Generalsekretär der Vereinten Nationen Dag Hammarskjöld. Darin prangerte Loch einen Verstoß gegen das Potsdamer Abkommen an und forderte die Vereinten Nationen mit Hinweis auf deren Charta zum Einschreiten auf. Denn, so führte Loch – den Sachverhalt doch stark übertreibend – aus, durch „die Überführung des Kommandostabes der faschistischen Waffen-SS in die Reihen des höheren Kommandobestands der Bundeswehr und durch das Wiedererstehen geschlossener Organisationen der SS-Truppe auf dem Boden der Bundesrepublik" sei eine Bedrohung der Sicherheit und des Friedens der Völker der Welt gegeben.⁵⁵ Loch spielte hier auf die zahlreichen inzwischen entstandenen Traditionsverbände der Waffen- SS an.

Kaum weniger drastisch als in den DDR-Zeitungen fielen die Schlagzeilen im Organ der kommunistisch dominierten VVN aus. „Blank-Beschluß bedeutet SS-Staat" oder „SS – Symbol einer unmenschlichen Gesellschaft" lauteten Überschriften in der Wochenzeitung *Die Tat*.⁵⁶ Andere Blätter auf der extremen Linken in der Bundesrepublik argumentierten differenzierter, wenngleich in dieselbe Richtung. In der *Anderen Zeitung*, einem von Linksabweichlern aus der SPD und den Gewerkschaften gegründeten Blatt, meinte Arthur Seehof, die Waffen-SS sei wie die eigentliche SS, aus der ihre Offiziere gestammt hätten, „das tragende Element des nazistischen Reiches" gewesen. Mit dem Namen der Waffen-SS würden schwerste Verbrechen wie Lidice, Oradour, Marzabotto oder die Tragödien des Ghettos in Warschau und der Konzentrationslager „auf immer [...] verbunden" bleiben. Die Alliierten hätten sehr wohl gewusst, was sie taten, als sie die gesamte SS für verbrecherisch erklärten. Vor allem die Offiziere müssten als ein „Korps von Landsknech-

---

53 Vgl. WR vom Oktober 1956, S. 7.
54 *Neues Deutschland* vom 9., 11., 12. und 19.9.1956; fast täglich brachte das Blatt in dieser Zeit Meldungen oder Kommentare zum Thema.
55 *Neues Deutschland* vom 29.9.1956 („DDR wendet sich an Vereinte Nationen"); vgl. auch FAZ vom 29.9.1956 („Ost-Berlin beschwert sich bei Hammarskjöld"); *Bonner Rundschau* vom 29.9.1956 („Ost-Attacke gegen Waffen-SS"). Über Reaktionen der Vereinten Nationen wurde nichts bekannt.
56 *Die Tat* vom 15.9. und 22.9.1956.

ten" angesehen werden, das auf Hitler vereidigt diesem bis zum Ende gedient habe. „Ihre Ehre und ihr Gewissen hieß Nationalsozialismus, knechtischer Gehorsam gegenüber dem ‚Führer', dem Himmler und ihren Mordbefehlen. Für den SSler hatte der ‚Führer' immer recht", schloss Seehof.[57]

In der *Deutschen Woche* meinte Chefredakteur Carl-August Weber, wenn von Regierungsseite herausgestellt werde, dass alle diejenigen SS-Angehörigen, die an Verbrechen beteiligt gewesen seien, grundsätzlich nicht in die Bundeswehr aufgenommen würden, so müsse man dem mit Skepsis begegnen. Sicher werde niemand auf die Idee kommen, die namentlich bekannten Oradour-Täter zu nehmen, aber jene SS-Leute, die in den letzten Tagen des Zusammenbruchs noch völlig demoralisierte Jugendliche wegen Feigheit an Bäume geknüpft, die Gefangene erschossen oder im besetzten Ausland sich an der Zivilbevölkerung vergangen haben, wer kenne schon ihre Namen und welches Gericht habe sich je mit ihnen beschäftigt. Weber ging aber noch weiter. Es genüge keinesfalls, schrieb er, keine Verbrecher und Mörder in die Bundeswehr aufzunehmen, vielmehr gehe es darum, „den Geist fernzuhalten, dem sich diese Leute einmal verschrieben haben". Seiner Ansicht nach waren es gerade die „Unentwegten, deren Welt zwischen Herrenrasse und verbrannter Erde" liege, die jetzt wieder in die Armee drängten. Deshalb müsse man besonders auf der Hut sein, damit nicht einmal „später aus unserer bundesrepublikanischen Demokratie ein neuer SS-Staat" werde.[58]

Nicht nur die extrem linke Publizistik beschäftigte sich intensiv mit dem Thema, insgesamt reichte die Debatte über eine Aufnahme von ehemaligen SS-Angehörigen in die Bundeswehr weit über die Tagespresse hinaus. Sie wurde auch in führenden kulturpolitischen Zeitschriften und in den Organen von Parteien und gesellschaftlichen Gruppierungen geführt. In den *Frankfurter Heften* meinte Walter Dirks Mitte September: „Die SS war der verbrecherische Kern des Nationalsozialismus. [...] Alles was die beiden verruchten Buchstaben trägt, ist gekennzeichnet; es erregt den Schauder der Opfer, der Mitschuldigen, der Zeugen. Das gilt auch von der Waffen-SS. Wer freiwillig in ihr diente hat zur SS ja gesagt, er kann sich nicht auf den Unterschied berufen." Vor allem müsse dies für den allergrößten Teil der Offiziere gelten.

---

57 *Die andere Zeitung* vom 27.9.1956 („SS-Offiziere – wer ist verantwortlich?"); vgl. zu dieser Zeitung Kritidis, Linkssozialistische Opposition, S. 284 ff. Seehof publizierte in der Weimarer Republik in linken Zeitschriften, darunter der *Weltbühne* und der *Arbeiter Illustrierte Zeitung*, 1933 emigrierte er und schrieb u. a. für die *Sozialistische Warte*, die Exilzeitschrift des „Internationalen Sozialistischen Kampfbundes".
58 *Deutsche Woche* vom 26.9.1956 („Hitlers ‚politische Soldaten' in der Bundeswehr"); zu Weber und der *Deutschen Woche* vgl. allgemein Kroll, Linksnationale Intellektuelle, besonders S. 442 ff. 1963 wurde Weber vom BGH wegen Spionage für die DDR zu zweieinhalb Jahren Gefängnis verurteilt. In dem Prozess wurde auch offenbar, dass seine Zeitung 1953 mit Unterstützung der KPD gegründet und im Laufe der Jahre aus der DDR mit mehreren Millionen Mark subventioniert worden war; vgl. PNP vom 29. und 31.5.1963 („Weber zu Gefängnis verurteilt").

Wer in die Waffen-SS gezwungen worden sei, stehe „in der Tragik dessen, der ohne persönliche Schuld in ein Verbrechen verstrickt" wurde. Er solle daran keinen Schaden haben, aber sich auch nicht auf seinen Dienst in der SS berufen können und „glücklich sein, wenn diese Zeit als ausgelöscht" gälte. Wenn er damit eine Berufschance in der Bundeswehr verliere, habe er Pech gehabt, es gebe andere Berufe. Viele Millionen, die es mit der SS zu tun bekamen, hätten „ein ganz anderes Malheur gehabt".[59] Diese Auffassung bekräftigte Dirks auch in einem Kommentar im *Südwestfunk* am 29. September und fügte hinzu, die öffentliche Diskussion darüber habe sich bislang zu sehr an die Frage gehalten, ob der betreffende Bewerber sich persönlich an Verbrechen beteiligt habe. Aber die weiße Weste des Einzelnen genüge hier keineswegs. Es sei auch „an den besonderen Wehrgeist zu denken, der in der SS geherrscht hat, auch in der Waffen-SS, jene besondere Auffassung von Härte, Disziplin, verschworener Gemeinschaft". Wer „mit den Bürgern in Uniform ernst" machen wolle, werde „den Typ des SS-Offiziers von der Bundeswehr fernhalten wollen".[60]

Zu ganz ähnlichen Ergebnissen kam ein ungenannter Kommentator in der Zeitschrift *Die Gegenwart:* „Mit den beiden Buchstaben ‚SS' sind die schlimmsten Erinnerungen verbunden, die es für unser Volk geben kann", schrieb er. Auch wer sich von den früheren SS-Offizieren in den vergangenen Jahren gewandelt habe, könne „nicht verlangen, daß ihm jetzt ein Wächteramt in der Demokratie übergeben" werde. Der „oft berufene Irrtum" sei keinesfalls ein „Befähigungsnachweis für ein politisches Amt oder eine politische Aufgabe".[61] Auch in einer der nachfolgenden Nummern sprach sich die Zeitschrift noch einmal entschieden gegen jegliche Aufnahme von ehemaligen SS-Angehörigen in die Bundeswehr aus und bezeichnete die entsprechende Regierungsentscheidung als „kapitale Instinktlosigkeit". „Das Zeichen der SS bleibt vor der Geschichte in schrecklicher Unverwechselbarkeit bestehen", hieß es dort. „In diesem Zeichen sind unnennbare Scheußlichkeiten begangen und jener fluchwürdigen Epoche ein Makel aufgepreßt worden. [...] Dieses Zeichen kann – in welchem Zusammenhang auch immer – nicht mehr im Leben unserer Nation nur genannt werden, geschweige daß einer, auf es pochend, ein Privileg fordern soll. [...] Jeder einzelne, den man jetzt aus den Verbänden der SS übernimmt, erscheint nicht als einzelner in den neuen Kasernen, sondern trägt den Schatten mit, unter dem er einst gestanden oder in den er geraten war."[62]

---

[59] *Frankfurter Hefte* 11 (1956), S. 681 (Ausgabe vom 14.9.1956, Titel: „Rehabilitierungsversuch" in der Rubrik „Beobachtungen und Bewertungen").
[60] BArch-MA, BW 27/34, „Aus einem politischen Kommentar, gehalten von Herrn Walter Dierks [sic!] am 29.9.1956, 19.00 Uhr, im Südwestfunk".
[61] *Die Gegenwart* vom 22.9.1956, S. 587 („Untauglich ..."), auch abgedruckt im *Vorwärts* vom 28.9.1956.
[62] *Die Gegenwart* vom 20.10.1956, S. 653 f. („Nein!").

„Wer einmal SS-Offizier war, hat in irgendeiner führenden Stellung der Bundeswehr nichts mehr zu suchen", meinte auch die katholische *Allgemeine Sonntagszeitung* in ihrer Ausgabe vom 16. September. Zur Begründung verwies sie darauf, dass es wohl „kaum einen Offizier der Waffen-SS gegeben hat, der nicht von den Greueltaten gewußt hat, die gerade die SS verübt hat". Es sei „untragbar [...], die Männer, die sich gestern als Offiziere einer verbrecherischen Organisation verwenden ließen – heute zu Offizieren der Bundeswehr zu küren". Zahlreiche „verantwortungsbewußte Juden und Christen, keineswegs Wehrdienstverweigerer an sich", würden es ablehnen, „unter ehemaligen SS-Chargen zu dienen".[63] Während sich die Kirchen in der Frage allgemein zurückhielten, war diese deutliche Position wohl hauptsächlich dem Wirken des neuen Chefredakteurs der Zeitung Oskar Neisinger, der aus dem Widerstand der katholischen Jugend kam, geschuldet. In einem umfangreichen Artikel legte Neisinger zwei Wochen später noch einmal nach. Er zeigte sich verwundert, dass die Entscheidung bislang nicht mehr Protest hervorgerufen habe und sah darin ein Symptom für „das schnelle und ungute Vergessen von Tatsachen, die gerade in Deutschland nicht vergessen werden dürfen". Tatsache sei nämlich, dass der größte Teil der reichsdeutschen Waffen-SS-Angehörigen Freiwillige gewesen seien. Und wer freiwillig gegangen sei, der habe doch genau gewusst, wofür er sich entschied. Bis ins letzte Dorf sei „der böse Ruf" dieses Verbands gedrungen. Es müsse deshalb mit Entschiedenheit gefordert werden, dass jeder Offizier aus der SS „sehr genau unter die Lupe genommen wird". Eine Gleichstellung mit der Wehrmacht könne es nicht geben. „Unerhört" seien die Behauptungen, die heute schon wieder in aller Öffentlichkeit erhoben würden, „der Verband der Waffen-SS als solcher habe ‚sein Schild rein gehalten'" und sei im Grunde nichts anderes als ein Teil der Wehrmacht gewesen. Wenn die Ehemaligen einen „Schlußstrich unter die Diffamierung" forderten, frage man sich, ob sie die „furchtbaren Verbrechen vergessen" hätten, „die durch Einheiten und einzelne Angehörige der Waffen-SS begangen" worden seien. Neisinger verwies, ohne Nennung von Autorennamen, auf geschichtswissenschaftliche Veröffentlichungen zum Thema, die eine Entstehung der Waffen-SS aus der SS heraus und „ihre enge Verflechtung zum furchtbaren Ganzen des SS-Staates" belegten. Man sei der dauernden Unschuldsbeteuerungen leid und erwarte endlich ein öffentliches Bekenntnis und deutliches Abrücken von den „Verbrechen, mit denen nun einmal die SS-Runen befleckt sind". Man lasse sich nicht länger die Lügen zumuten, die in krassem Widerspruch zu den Untersuchungen bekannter Persönlichkeiten und Einrichtungen stünden. Man dürfe es nicht länger hinnehmen, dass Verteidiger der Waffen-SS länger so täten, als habe es keine Vernichtung von Millionen Unschuldiger in den Gaskammern und KZ gegeben, oder diese Tatsachen verschwiegen beziehungsweise klein redeten. Wer so verfahre,

---

63 *Allgemeine Sonntagszeitung* vom 16.9.1956 („SS in der Bundeswehr?").

beweise, dass er innerlich keineswegs abgerückt sei.[64] Um die Wirkung des Textes zu verstärken, war darunter ein Foto abgebildet, auf dem Hitler und Himmler zu sehen waren, wie sie eine Front von Angehörigen der „Leibstandarte" mit Stahlhelmen und aufgepflanzten Bajonetten abschritten.

Im katholischen Lager waren es vor allem die Jugendorganisationen, die offenen Protest artikulierten. Von einem „üblen Fehlgriff" und einer Zumutung sprach etwa im Oktober 1956 das in Düsseldorf erscheinende Organ der Katholischen Landjugend *Der Sämann*.[65] Und der Bund der Deutschen Katholischen Jugend (BDKJ) verabschiedete auf seiner Jahreshauptversammlung im darauf folgenden Jahr eine Entschließung, in der ehemalige SS-Angehörige für die neue Bundeswehr als „nicht tragbar" bezeichnet wurden. Lediglich Bewerber, die nachweislich in die SS gezwungen worden seien, dürften verwendet werden.[66]

Sehr viel leiser fielen die Reaktionen der evangelischen Kirche aus. Allerdings gab es auch dort besorgte Stimmen. So bat etwa der Landesbischof von Württemberg Martin Haug den Vorsitzenden des PGA Rombach um eine Stellungnahme.[67] An die Öffentlichkeit drang davon aber nichts. Vom *Evangelischen Pressedienst* verbreitet wurde hingegen ein Brief der „Evangelischen Hilfsstelle für Rasseverfolgte" an den Bundespräsidenten. Die aus dem Hilfsbüro, das Heinrich Grüber 1939/40 in Berlin für jüdische Verfolgte unterhalten hatte, hervorgegangene Organisation äußerte darin ihre „große Besorgnis" über die Öffnung der Bundeswehr für Waffen-SS-Angehörige, denn mit diesen verbänden sich für die NS-Opfer die „Vorstellung des systematischen Mordes an wehrlosen Menschen".[68]

---

64 *Allgemeine Sonntagszeitung* vom 30.9.1956 („Das Gesicht der Waffen-SS. Man darf Tatsachen nicht vergessen"); Neisinger war in der NS-Zeit eine Leitfigur des Widerstands der katholischen Jugend in Würzburg, dann von 1945–1952 Diözesanjugendführer in Würzburg und anschließend bis 1957 stellvertretender Bundesjugendführer; daneben arbeitete er als Journalist und Publizist, 1950–1960 als Chefredakteur des „Jungführers", einer Zeitschrift für die Katholische Jugend, 1956–1961 als Chefredakteur der *Allgemeinen Sonntagszeitung*. Vgl. zur kirchlichen Presse Schmolke, Kirchlich-konfessionelle Presse, S. 354 ff. Bei seinem Hinweis auf geschichtswissenschaftliche Publikationen bezog sich Neisinger wahrscheinlich auf Buchheim, Die SS in der Verfassung des Dritten Reiches.
65 *Der Sämann. Zeitung des Jungen Landvolks*, Nr. 10/1956, S. 2 („Blank putzt alles blank"); der Chefredakteur der Zeitschrift Leo Waltermann übersandte den Artikel dem Verteidigungsministerium und bat um Stellungnahme, vgl. BArch-MA, BW 2/20024.
66 Vgl. FAZ vom 26.11.1956 („Waffen-SS untragbar"); in den konservativen *Ruhr-Nachrichten* vom 27.11.1956 („Entschließung") wurde diese Entschließung als „nachträgliche ungerechtfertigte Klassifizierung" der ehemaligen Waffen-SS-Angehörigen kritisiert. Die Einstellungsrichtlinien des PGA reichten völlig aus, so war dort zu lesen, um eine unerwünschte Infiltration zu verhindern. Man müsse „nicht nur richten, sondern auch vergessen können".
67 Vgl. BArch-MA, BW 27/34; Haug an Rombach, 3.10.1956, und Antwortschreiben Rombachs vom 11.10.1956, in dem dieser die vom PGA aufgestellten Einstellungsrichtlinien erläutert.
68 BArchK, B 122/628, Schreiben vom 11.10.1956; vgl. *Stuttgarter Zeitung* vom 18.10.1956 („Evangelischer Protest gegen Aufnahme von Waffen-SS-Angehörigen in die Bundeswehr").

Der *Bayerische Rundfunk* sendete am 25. September ein halbstündiges, vom Leiter der Zeitfunk-Abteilung Helmut Hammerschmidt und von Michael Mansfeld gestaltetes Feature zum Thema, das überregional Aufmerksamkeit fand. Die beiden Autoren hatten sich bereits zuvor mehrmals kritisch im Rundfunk mit der Aufarbeitung der NS-Vergangenheit in der Bundesrepublik auseinandergesetzt[69], die aktuelle Debatte sahen sie als symptomatisch für „eine viel zu lange verschleppte, sehr wichtige und komplizierte Diskussion" der Thematik, die jedoch mangels Aufklärung der Öffentlichkeit auf ein unvorbereitetes Publikum treffe. Zehn Jahre, meinten sie, habe man schon Zeit gehabt, „sich über das Phänomen SS klar zu werden" und zu überprüfen, ob und wie scharf man „zwischen notorischen Verbrechern und wahren Helden [...], zwischen gutgläubigen Idealisten und bösartigen Fanatikern, unreifen Verführten und kalten Verführern" trennen könne.[70] Nichts aber sei geschehen. Infolgedessen sei die SS einerseits „kollektiv verfemt" geblieben, während auf der anderen Seite die in der HIAG zusammengeschlossenen Ehemaligen nichts anderes im Sinn hätten, als sie „kollektiv reinzuwaschen". Hammerschmidt und Mansfeld wollten durch eine historisch fundierte Betrachtung Aufklärungsarbeit leisten. Sie schilderten dabei die Geschichte der SS, deren Heterogenität wie auch ihre inneren Zusammenhänge recht zutreffend, wenn auch nur in groben Zügen, die Entstehung der Allgemeinen SS, ihre Auffächerung in „Leibstandarte", Sicherheitsdienst, Totenkopfverbände und Verfügungstruppe in den 1930er Jahren und die Bildung der Waffen-SS aus der Verfügungstruppe, Teilen der Totenkopfverbände und einer Polizeiverstärkung im Krieg. Diese Genese, betonten die beiden Autoren, widerlege allein schon die Behauptung, die Waffen-SS sei von den übrigen Bestandteilen der SS zu trennen, sie sei im Gegenteil „aus diesem Mechanismus hervorgegangen". Zahlreiche führende Repräsentanten der Waffen-SS wie etwa die Verbrecher Theodor Eicke, „Herr über Leben und Tod in den Konzentrationslagern", und der wegen der Ermordung Ernst Röhms angeklagte Sepp Dietrich hätten bereits lange vor dem Krieg der SS angehört. Dokumentiert seien auch die Verbrechen der

---

[69] Vgl. Hammerschmidt/Mansfeld, Kurs; Hammerschmidt (geb. 1920) hatte Chemie und Medizin studiert, wechselte aber nach dem Krieg in den Journalismus, er trat der CSU bei und leitete 1947/48 deren Parteiverlag, 1949 wechselte er zum *Bayerischen Rundfunk* und übernahm dort 1953 die Leitung des Zeitfunks; 1957 ging er als stellvertretender Chefredakteur zum *Bayerischen Fernsehen*, 1960 dann zum *Süddeutschen Rundfunk*, wo er als Fernsehchefredakteur das politische Magazin *Anno* entwickelte und leitete, 1965–1977 war er dann Intendant des *Südwestfunks*. Mansfeld (geb. 1922), der eigentlich Eckart Heinze-Mansfeld hieß, wandte sich erst 1949 dem Journalismus zu und wurde einer der „Enthüllungsjournalisten" der frühen Bundesrepublik, gerade auch was die NS-Vergangenheit anging. Seinen Ruf begründete eine Serie in der FR über ehemalige Nationalsozialisten im Auswärtigen Amt 1952. Mansfeld schrieb neben journalistischen Texten auch Romane und Theaterstücke sowie zahlreiche Drehbücher für Filme und Fernsehspiele.
[70] Dieses und die folgenden Zitate nach der in der *Europäischen Zeitung* vom 20.11.1956 („Deutsche Bundeswehr und Waffen-SS") abgedruckten Fassung; zur Sendung unmittelbar vgl. SZ vom 26.9.1956 („Bundeswehr und Waffen-SS. Aus einer Sondersendung des Bayerischen Rundfunks").

Polizeiverstärkung 1939/40 hinter der Front. Auf der Basis einer Analyse der Entwicklung und der Heterogenität der SS mahnten sie zu einer differenzierten Betrachtung des Problems. Eine solche sei allerdings aufgrund der Entstehung der Waffen-SS aus der Verfügungstruppe und den Totenkopfverbänden schwierig. Darüber hinaus seien von den Fronttruppen Personal für die Mordkommandos der Einsatzgruppen abgestellt worden, und zumindest in verwaltungstechnischer und finanzieller Hinsicht habe es enge Beziehungen zu den Konzentrations- und Vernichtungslagern gegeben. Hinzu komme die Erziehung und Schulung der Freiwilligen und insbesondere der Offiziere im Geist einer biologistischen und rassistischen Ideologie. Freilich seien auch im Kriegsverlauf zahlreiche Soldaten unfreiwillig zur Waffen-SS gekommen oder hätten sich als Jugendliche zu ihr gemeldet, ohne eine wirkliche Ahnung von ihr zu haben.

Dies alles lasse nur den Schluss zu, meinten Hammerschmidt und Mansfeld, dass man versuchen müsse, „die Schuldigen von den Unschuldigen zu trennen". Das ließe sich aber nicht, wie dies vorgesehen sei, mit Empfehlungsschreiben und einer Gewissensüberprüfung bewerkstelligen. Eine mögliche Lösung könne die Nichtanerkennung der SS-Dienstgrade sein, was zwar eine Diskriminierung bedeute, ohne die es aber einfach nicht gehe. Die Dokumente würden nämlich eindeutig belegen, dass jeder Waffen-SS-Angehörige persönliche Schuld tragen könne. Auch die Zwangsrekrutierten seien nicht automatisch frei davon. Trotzdem solle man die einfachen SS-Männer und Gefreiten von einem besonderen Prüfverfahren ausnehmen. Hier verwiesen die Autoren darauf, dass sich manche Wehrmachtsoffiziere auf dieselben Befehle beriefen und viele von diesen ebenso wenig den Mut gehabt hätten, sich zu widersetzen. Um der Gerechtigkeit willen dürfe man bei den einfachen SS-Männern keine strengeren Maßstäbe ansetzen. Alle Bewerber vom Unteroffizier aufwärts müssten jedoch einem besonderen Prüfverfahren durch ein spezielles Gremium unterzogen werden. Diesem Gremium seien alle SS-Personalakten, auch solche, die sich noch nicht in deutschem Besitz befänden, und die Akten des RSHA zugänglich zu machen. Der unabhängige Ausschuss, welchem auch Historiker und Militärfachleute angehören sollten, müsse ferner die militärische Qualifikation prüfen, da Dienstränge auch durch persönliche Beziehungen oder politische Gefolgschaft erworben sein könnten. Geschehe nichts in dieser Richtung, so schloss der Beitrag, gehe man „einem Dauerskandal" entgegen, der „die gesamte Bundeswehr in Mißkredit bringen" könne.

Helmut Hammerschmidt gehörte dem „Grünwalder Kreis" an, dem in der Debatte eine herausgehobene Rolle zukam. Der Kreis, eine Vereinigung von Schriftstellern, Publizisten, Journalisten, Hochschullehrern und Juristen, hatte sich im Februar 1956 auf Initiative von Hans Werner Richter zusammengefunden. Ausgangspunkt waren Befürchtungen, neonazistische und militaristische Tendenzen könnten in der Bundesrepublik wieder die Oberhand gewinnen. Als Anzeichen dafür wurden die wachsende Zahl rechtsextremer und den Nationalsozialismus verharmlosender Schriften, die immer offener zu Tage tretenden personellen Kontinuitäten zum Dritten Reich und die Wiederbewaffnung angesehen. Im Hintergrund stand die Enttäuschung der eher links orientierten Intellektuellen über die Wiederkehr des Alten nach dem Zusammenbruch und das Ausbleiben einer grundlegenden Demokratisierung von Politik und Volk. Der Kreis war nur sehr locker in lokalen Zirkeln organisiert. Eine größere Zahl von Mitgliedern fand sich jeweils zu den zwei- oder dreimal pro Jahr veranstalteten Tagungen zusammen. Im Rahmen des Kreises bildeten sich einige nach Berufen geschiedene „Republikanische Clubs", so etwa im Mai 1956 der „Club Republikanischer Publizisten" (CRP) unter Vorsitz von Jesco von Puttkamer, Erich Kuby und Klaus Stephan.[71]

Nachdem der Beschluss, auch SS-Offiziere in die Bundeswehr aufzunehmen, bekannt geworden war, forderte der CRP Mitte September in einem offenen Brief die politischen Parteien, die Bundestagsfraktionen und den DGB auf, sich dafür einzusetzen, dass die Entscheidung, nach der auch Majore und Oberstleutnante der SS in die Bundeswehr übernommen werden könnten, rückgängig gemacht werde. Dieser Personenkreis könne „nicht für sich geltend machen, er sei zum Eintritt in die SS gezwungen worden". Es handele sich vielmehr um Offiziere, „die freiwillig zur SS gegangen sind, durch ihren Fanatismus Karriere gemacht, und in einem Alter, in dem der Mann weiß, was er tut, die radikalen Maßnahmen des 3. Reiches gegen Recht, Menschenwürde und Religion unterstützt und zum Teil mitausgeführt haben". Für die Offiziere auch der Waffen-SS gelte „in allen Fällen, daß sie durch eine besondere weltanschaulich-politische Erziehung gegangen sind, die in klarem Widerspruch zu den abendländischen Idealen stand, die heute von der Bundeswehr letzten Endes verteidigt werden sollen. Für Menschen, die freiwillig in die SS gegangen und darin aufgestiegen sind, muß gelten, daß sie für die Gewalt-Ideologie Hitlers eine natürliche Neigung empfanden". Es sei gegen alle Grunderfahrungen, wenn man annehme, man könne „solche Gesinnung wechseln wie ein Hemd". Durch die Entscheidung werde „die Unterscheidung zwischen anständigen Soldaten und militanten Funktionären der nationalsozialistischen Gewaltherrschaft praktisch unmöglich gemacht". Weder jüdischen Deutschen noch ernsthaften Christen könne zugemutet werden, in einer Armee zu dienen, die von solchen Leuten durchsetzt sei. Es sei zu erwarten, dass diese zu einem Zeitpunkt, indem die Ausbildungspraxis

---

71 Vgl. dazu Heesch, Grünwalder Kreis; Geppert, Alternativen; und Kittel, Legende, S. 270 ff. Die Aktivitäten des Grünwalder Kreises schliefen allerdings bereits Ende 1957 wieder ein, viele seiner Angehörigen engagierten sich anschließend in der Kampagne „Kampf dem Atomtod". Der CRP bestand bis 1964, seine Aktivitäten waren jedoch abgesehen von der Herausgabe eines „Informationsdienstes" nur von geringem Ausmaß. Von Puttkamer stammte aus einer Offiziersfamilie und war im Krieg Oberleutnant, nach seiner Gefangennahme bei Stalingrad 1943 trat er dem oppositionellen Bund der Offiziere bei; 1947 wurde er aus der Kriegsgefangenschaft entlassen und arbeitete als Journalist; 1957 trat er der SPD bei und wurde ein Jahr später Chefredakteur des *Vorwärts*. Klaus Stephan war in den 1950er Jahren als Redakteur beim *Bayerischen Rundfunk*, später beim Fernsehen tätig, daneben verfasste er Romane und Sachbücher. Kuby war Redakteur der SZ.

noch nicht nach demokratischen Grundüberzeugungen gefestigt sei, erheblichen erzieherischen Einfluss auf die Truppe nähmen.[72]

Die im Münchner Desch-Verlag erscheinende Zeitschrift *Die Kultur*, für die Erich Kuby 1956 als Leitartikler tätig war und Hans Werner Richter eine Doppelseite redaktionell betreute[73], veröffentlichte am 15. September einen Kommentar mit dem Titel „SS-Offiziere", in dem ebenfalls gewarnt wurde, mit den SS-Offizieren könne der „Geist des Nationalsozialismus" in die Bundeswehr einziehen. Dies wurde für umso schlimmer angesehen, da eine Atomrüstung nicht auszuschließen sei.[74] Die nachfolgende Nummer der Zeitschrift druckte dann den Offenen Brief des CRP ab und brachte einen Kommentar von Klaus Stephan dazu, in dem dieser die Vorbehalte gegenüber Offizieren aus der SS bekräftigte. Es stimme zwar, meinte er, dass viele ehemalige Waffen-SS-Angehörige unfreiwillig zur Truppe gekommen seien und eine große Zahl von ihnen im Krieg im guten Glauben ihr Leben gelassen habe. Unendlich viel höher aber sei, auch im Hinblick auf die Todesopfer, die Zahl derjenigen, die vor 1945 unterdrückt worden seien. Die SS als „Symbol", „als furchtbarstes Zeichen schrecklichen Terrors zu vergessen, möge man von vielen erwarten, nicht aber von denen, die von seinen Trägern geschunden wurden, gebrandschatzt, geschändet, ins Schicksal der Ausgestoßenen getrieben wurden, in das der Waisen und Witwen, in das Schicksal von Vätern, deren Kinder vor ihren Augen zu Tode gepeinigt wurden." Von diesen könne man nicht erwarten, schrieb Stephan, in einer Armee mit ehemaligen SS-Offizieren zu dienen, selbst, wenn man beweisen könne, dass die Betreffenden im Einzelfall keine Schuld trügen.[75] Garniert war dieser Artikel mit zwei markigen Zitaten Heinrich Himmlers und einem Auszug aus der gerade erschienenen Studie der Marburger Politikwissenschaftlerin Ermenhild Neusüß-Hunkel zur SS, aus denen die Genese der Waffen-SS aus der Allgemeinen SS abzulesen war.[76]

Auf seiner nachfolgenden Tagung am 13./14. Oktober in Köln beschäftigte sich der Grünwalder Kreis intensiv mit dem Thema, wobei sich die Teilnehmer in ihrer Ablehnung einer Aufnahme von ehemaligen SS-Angehörigen in die Bundeswehr relativ einig waren. Es ging mehr um die Frage, inwieweit und auf welche Art man dieses Anliegen würde zur Geltung bringen können. Richter schlug die Abfassung

---

72 Das Schreiben ist abgedruckt in *Die Kultur* Nr. 69 vom 1.10.1956, S. 2; vgl. auch SZ vom 15./16.9.1956 („Gegen Übernahme von SS-Offizieren"); FR 15./16.9.1956 („Proteste gegen Übernahme der Waffen-SS mehren sich").
73 Vgl. Richter, Briefe, S. 220 (Anm. zu Brief 56/9) und 232 f. (Brief 56/19). Im Laufe des Jahres 1957 schieden beide wegen zunehmender Konflikte mit dem Herausgeber wieder aus, vgl. ebenda, S. 237 (Anm. zu Brief 56/22).
74 Vgl. *Die Kultur* Nr. 68 vom 15.9.1956, S. 2.
75 *Die Kultur* Nr. 69 vom 1.10.1956, S. 2 („Blick ins Niemandsland").
76 Vgl. ebenda („Das hat uns hart gemacht" und „Die Geschichte der Waffen-SS"); Neusüß-Hunkel, SS.

einer gemäßigten Resolution vor, in der vom Bundestag verlangt werden sollte, ehemalige SS-Angehörige ab der Position eines Majors nicht in die Bundeswehr aufzunehmen. Andere Tagungsteilnehmer wie der Berliner Journalist Roland H. Wiegenstein forderten jedoch, SS-Angehörige grundsätzlich aus der Bundeswehr auszuschließen. „Es ist ihr Pech, daß sie in der SS waren; andere Leute haben schlimmeres Pech gehabt", sagte Wiegenstein. Wieder andere wie der Stuttgarter Journalist und Sozialwissenschaftler Harry Pross hielten ein solches Maximalziel angesichts des Wehrpflichtgesetzes und des Kampfes der Parteien um die Wählerstimmen der Ehemaligen für nicht realistisch, wollten jedoch wenigstens eine Anerkennung der SS-Ränge bei der Bundeswehr verhindert wissen. Letztlich setzte sich eine im Wortlaut eher zahme, in ihrer Forderung aber am Maximum orientierte Formulierung durch. Der Grünwalder Kreis, hieß es darin, „ist der Ansicht, daß ehemalige Angehörige der Waffen-SS nicht in die Bundeswehr hätten aufgenommen werden dürfen, weil die SS die sichtbarste Verkörperung des nationalsozialistischen Unrechtsstaates darstellt". Eine Delegation des Kreises werde deshalb bei Bundestag und Bundesregierung „seine Bestürzung über die bisherige Entwicklung zum Ausdruck bringen und deren Revision fordern".[77]

Weiter gehende Vorschläge, die etwa von Pross, Thilo Koch oder Axel Eggebrecht unterstützt wurden und auf die Veranstaltung einer Demonstration zielten, konnten sich nicht durchsetzen. Dagegen wurde eingewandt, die Unterstützung für das Anliegen dürfe nicht überschätzt werden, zumal CDU und SPD sich so kurz vor der Wahl nicht offen gegen die Waffen-SS stellen würden. Eine nur schwach besuchte Demonstration schade aber eher, als dass sie nütze.[78]

---

[77] *Die Kultur* Nr. 71 vom 1.11.1956, S. 2; dort ist sowohl der Verlauf der Tagung als auch die Resolution dokumentiert. In einem ebenda unter dem Titel „Arme Säcke" abgedruckten Kommentar führte Richter aus, in Köln seien viele gegen Kollektivurteile gewesen (u. a. Helmut Hammerschmidt und Erich Kuby), letztlich habe sich aber eine vor allem aus CDU-Angehörigen bestehende Mehrheit durchgesetzt, die gegen jede Aufnahme von ehemaligen SS-Angehörigen in die Bundeswehr gewesen sei. Am 10.3.1957 schrieb Richter an Ernst Nolte, der ebenfalls dem Kreis angehörte, auch ihm wäre eine Resolution lieber gewesen, die stärkere Unterscheidungen getroffen hätte, denn ihm scheine „jeder Kollektivschuldgedanke untragbar, ganz gleich, nach welcher Seite hin man ihn anwendet". Er glaube zwar nicht, dass der Kreis in seiner indirekten Wirksamkeit durch die Resolution verloren habe. Er hätte nur sehr viel mehr gewinnen können, wenn sich die Teilnehmer klar gewesen wären, dass sie „so etwas wie das Gewissen des deutschen Volkes werden" könnten; Richter, Briefe, S. 245 (Brief 57/2). Nolte hatte in einem Brief vom 19.2.1957 an Richter die Resolution als undifferenziert kritisiert. Er schrieb, eher hätte man sagen sollen, es könne niemand verwehrt werden, in die Bundeswehr aufgenommen zu werden, jedoch würden die ehemaligen SS-Ränge nicht anerkannt, da diese einen Schritt zur Selbstidentifizierung der Bundesrepublik mit dem Dritten Reich darstellten, vgl. ebenda, S. 246 (Anm. zu 57/2).

[78] Vgl. *Die Kultur* Nr. 71 vom 1.11.1956, S. 2; gegen eine Demonstration sprachen sich etwa der Frankfurter Rechtsanwalt und Journalist Alexander Besser, der 1950 aus der Emigration in Israel nach Deutschland zurückgekehrt war, und der Journalist und vormalige baden-württembergische SPD-Landtagsabgeordnete Klaus Peter Schulz aus.

Über die Tagung und die Resolution wurde in zahlreichen Zeitungen berichtet. Besondere Aufmerksamkeit erregte der Umstand, dass auch Bundestagspräsident Eugen Gerstenmaier daran teilgenommen hatte.[79] Gerstenmaier, der die Sorgen des Grünwalder Kreises bezüglich der Zunahme neonazistischer Propaganda bis zu einem gewissen Maß teilte[80], hatte auf der Tagung die Haltung Hans Werner Richters unterstützt und sich gegen einen kategorischen Ausschluss ehemaliger SS-Angehöriger aus der Bundeswehr ausgesprochen. Er verlangte Differenzierungen und eine Betrachtung des Einzelfalls, um diejenigen herauszufinden, die sich ehrlich von ihrer Vergangenheit getrennt hätten. Allerdings vertrat er die Ansicht, diejenigen, gegen die nichts einzuwenden sei, sollten aufgrund des Eindrucks, den Ehemalige der SS in der Bundeswehr auf das Ausland machten, auf einen Eintritt in die Bundeswehr freiwillig verzichten.[81]

Während manche Zeitungen die Äußerungen Gerstenmaiers auf der Tagung als Distanzierung von der Haltung des Grünwalder Kreises und als Warnung vor Kollektivurteilen werteten[82], sahen andere durchaus Übereinstimmungen. Mit seiner in Köln geäußerten Ansicht, ehemalige SS-Angehörige hätten in der Bundeswehr nichts zu suchen, meinte Ernst Müller-Meiningen jr. in der *Süddeutschen Zeitung*, habe der Bundestagspräsident „völlig recht". Denn in der Tat sei die SS ein „auf Blut, Boden, Rasse, Herrenmenschentum aufgebauter verschworener Orden" gewesen und im Krieg zum „Schauder für die zivilisierte Menschheit" geworden. Wenn heute wie selbstverständlich behauptet werde, für die Verbrechen seien nur die Angehörigen der Allgemeinen SS oder die Totenkopfverbände in den KZ-Lagern verantwortlich, oder die SS-Obersten und -Generäle seien ohnehin ausgeschlossen, so halte er das für eine bedenkliche Vereinfachung. Bei der Einstellung der Ehemaligen sei man bisher offenbar sehr großzügig vorgegangen, die vom PGA erlassenen

---

79 Vgl. etwa SZ vom 15.10.1956 („Gerstenmaier: SS-Offiziere unerwünscht"); FAZ vom 15.10.1956 („Waffen-SS nicht in die Bundeswehr"); *Die Welt* vom 15.10.1956 („Gerstenmaier für Verzicht"); *Bonner Rundschau* vom 15.10.1956 („SS nicht in die Bundeswehr"). Basierten die ersten Artikel nach der Tagung vor allem auf Meldungen der Nachrichtenagenturen, so legte die FAZ am 16.10.1956 („Gerstenmaier zur Frage der SS"), ebenso die SZ vom 16.10.1956 („Gerstenmaier diskutiert mit Grünwalder Kreis") eigene Berichte nach.
80 Vgl. Eichmüller, Keine Generalamnestie, S. 161 ff.
81 DF vom Nov. 1956, S. 7 f., berichtete, nach der Äußerung Gerstenmaiers hätten einige ehemalige Offiziere der Waffen-SS ihre Bewerbungen zur Bundeswehr zurückgenommen und an den Bundestagspräsidenten geschrieben. Dieser habe geantwortet, er sei gegen eine Kollektivverurteilung der Waffen-SS. Leute, die noch immer an der Ideologie der Waffen-SS hingen, sehe er jedoch als Staatsfeinde an und wolle sie unter keinen Umständen in der Bundeswehr. Geläuterten hingegen müsse man die gleiche Chance geben wie allen anderen auch, aber die Geläuterten sollten mit Rücksicht auf die schwierige Situation auf eine Wiederverwendung in der Bundeswehr freiwillig verzichten.
82 Vgl. *Norddeutsche Zeitung* vom 17.10.1956 („Zweierlei Soldaten").

Richtlinien für eine Überprüfung dieser Personen habe man nur unvollständig umgesetzt.[83]

Die Bundesregierung sah zunächst keinen Anlass, den Kritikern in dieser Sache entgegenzukommen und etwas an der Einstellungspraxis zu ändern. Ein Sprecher des Verteidigungsministeriums erklärte am 17. September 1956 lapidar, die Proteste im In- und Ausland gegen die Einstellung von ehemaligen Angehörigen der Waffen-SS müssten angesichts der geltenden gesetzlichen Regelungen unberücksichtigt bleiben.[84] Ähnliches hatte bereits wenige Tage zuvor der Vorsitzende des Bundestagsverteidigungsausschusses Fritz Erler (SPD) nach einer Sitzung dieses Gremiums verlauten lassen. Er versuchte dabei klarzustellen, dass die im Ministerialblatt des Verteidigungsministeriums veröffentlichten Regelungen keinen Einfluss auf die seit 1955 geltenden Bestimmungen für die Prüfung von Offiziersbewerbern durch den Personalgutachterausschuss hätten. Diese Beschwichtigungen konnten jedoch nicht verhindern, dass sich auch innerhalb der großen Parteien besorgte Stimmen zu Wort meldeten.

Die SPD-Bundestagsfraktion diskutierte bereits in ihrer Sitzung vom 10./11. September 1956 über die Sache.[85] Wenig später erschien in München im Sprachrohr der SPD-geführten Landesregierung, der *Bayerischen Staatszeitung*, ein Artikel, in dem es als „absurd" und als gefährlich für die Demokratie bezeichnet wurde, dass man es in Bonn für nötig halte, „ausgerechnet die einst konsequentesten und zynischsten Feinde der Demokratie, Stützen und Träger des Nationalsozialismus" mit Führungsaufgaben in der neuen Bundeswehr zu betrauen.[86] Am 18. September sah sich der Parteivorstand der Sozialdemokraten dann veranlasst, eine insgesamt recht zurückhaltende Entschließung herauszugeben. Darin wurde die Bundestagsfraktion der SPD beauftragt, geeignete Schritte zu unternehmen, um sicherzustellen, dass eine Aufnahme derjenigen ehemaligen SS-Angehörigen in die Bundeswehr ausgeschlossen sei, „deren persönliches Verhalten sie für Dienst in der Armee eines de-

---

83 SZ vom 16.10.1956 („Gegen die SS-Offiziere").
84 Vgl. etwa *Stuttgarter Zeitung* vom 18.9.1956 („SS-Richtlinien werden nicht widerrufen"); *Nürnberger Zeitung* vom 18.9.1956 („SS-Einstellung geht weiter"); *Isar-Post* vom 18.9.1956 („Proteste gegen Waffen-SS haben keinen Einfluß"). Zu den kritischen Reaktionen im Ausland vgl. etwa *The Observer* vom 9.9.1956 („The Effect of Reinstating S.S. Officers" von Sebastian Haffner); die Zitate aus der *Times* und dem *News Chronicle* in der *Welt* vom 8.9.1956 und 11.9.1956, oder aus französischen und dänischen Zeitungen im *Neuen Deutschland* vom 13.9.1956 („Erregung in Frankreich") und 26.9.1956 („Europa hat die Himmler-Henker nicht vergessen").
85 Vgl. Weber, SPD-Fraktion 1949–1957, Bd. II, S. 360; Teilnehmer, Standpunkte und die Ergebnisse der Debatte gehen aus dem überlieferten Kurzprotokoll der Sitzung nicht hervor.
86 *Bayerische Staatszeitung* vom 15.9.1956 („Böcke zu Gärtnern. So kommt die Demokratie in Verruf"); in einigen Tageszeitungen wurde dieser Artikel, nachdem die dpa seinen Inhalt verbreitet hatte, zustimmend zitiert, vgl. *Stuttgarter Zeitung* vom 18.9.1956 („Erfreuliches aus München"); *Westdeutsches Tageblatt* vom 15.9.1956 („Bayerns Staatszeitung warnt vor der Übernahme von früheren SS-Offizieren").

mokratischen Staates ungeeignet gemacht hat und deren Verwendung in der Bundeswehr das Vertrauen in die Demokratie gefährden würde". Man sei sich bewusst, hieß es darin, „dass Hunderttausende von Männern – noch dazu oft gegen ihren Willen – in der Waffen-SS gekämpft haben wie andere Soldaten auch". Der Waffen-SS hätten aber „leider auch jene Verbände" angehört, „die als Wachmannschaften der Konzentrationslager und bei der Vernichtung von Millionen von Menschen unerhörte Verbrechen begangen und die das Ansehen unseres Volkes aufs Schwerste geschädigt haben".[87] Erler hatte davor in der Sitzung eine kollektive Verurteilung der Waffen-SS abgelehnt und vor Aktionen der SPD gegen die Einstellung von Bewerbern der Waffen-SS gewarnt.[88]

Der konservative *Münchner Merkur* nahm die zurückhaltende Verlautbarung der SPD befriedigt zur Kenntnis. Die Partei habe eine einfache Formel gefunden; nur Offiziere mit einwandfreiem politischen Verhalten dürften eingestellt werden, schrieb die Zeitung. Dem sei nichts hinzuzufügen und niemand habe je etwas anderes gewollt. Damit sei der Wirbel um die ganze Sache, der von Anfang an nur ein „Sturm im Wasserglas" mit durchsichtigem Hintergrund gewesen sei, wohl wieder „im Abklingen". Den Protestierern warf das Blatt einen verfehlten Blick auf die Vergangenheit und die Waffen-SS vor. Es habe sich gezeigt, hieß es, „wie tief manche Organisationen der Bundesrepublik noch in Ressentiments verstrickt" seien und wie sehr sie „weiterhin in der überwunden geglaubten Ära der Kollektivurteile" lebten. Aufgrund der veröffentlichten Kommentare habe man glauben können, „die Divisionen der Waffen-SS, die sich an allen Fronten mit Bravour geschlagen haben, seien Haufen verbrecherischer Landsknechte gewesen, auf Morden, Brennen und Schänden bedacht". Als beinahe beschämend bezeichnete es die Zeitung, dass man dieser „verallgemeinernden Schlagwortpropaganda des Jahres 1945" noch heute entgegenhalten müsse, dass viele Wehrpflichtige in den letzten Kriegsjahren zur Waffen-SS eingezogen worden und viele Offiziere der Wehrmacht zu ihr überstellt worden seien. Müsse man daran erinnern, dass „die allermeisten Angehörigen dieser Truppe als Soldaten und nur als Soldaten gekämpft" hätten. Deshalb könne man sie heute nicht zu „Soldaten und Staatsbürgern zweiter Klasse" machen.[89]

Die in Kommentaren wie diesem anklingende Ansicht, die Debatte könne nun rasch beendet sein, sollte sich jedoch als irrig erweisen. Am selben Tag, an dem dieser Artikel erschien, äußerte auf einer Sitzung des CDU-Bundesvorstands die Bundestagsabgeordnete Luise Rehling Kritik. Sie wurde allerdings mit dem Hinweis beschwichtigt, dass es einen Unterschied zwischen SS und Waffen-SS gebe und die

---

87 *Sozialdemokratischer Pressedienst* vom 18.9.1956, Anhang; vgl. auch FAZ vom 19.9.1956 („Die Offiziere der Waffen-SS"); *Schwäbische Landeszeitung* vom 19.9.1956 („SPD: SS-Offiziere sieben").
88 Vgl. Weber, SPD-Fraktion 1949–1957, Bd. II, S. 367, Anm. 12.
89 *Münchner Merkur* vom 20.9.1956 („Formel für die Waffen-SS" von o. m.).

Öffentlichkeit darüber noch besser aufgeklärt werden müsse.[90] Und innerhalb der SPD war mit der Stellungnahme des Vorstands die innerparteiliche Debatte zum Thema noch keineswegs abgeschlossen. Viele Parteilinke, Gewerkschafter und NS-Verfolgte vermochten der von Erler und Ollenhauer vorgegebenen Linie nur schwer zu folgen. Das DGB-Organ *Welt der Arbeit* sprach bezüglich der Einstellung von SS-Offizieren in die Bundeswehr in seiner Ausgabe vom 14. September von einem „Fehltritt" des Verteidigungsministers und einer „Provokation" der Öffentlichkeit und verlangte eine Rücknahme der Entscheidung. Darüber hinaus forderte es die genaue Prüfung jedes einzelnen SS-Offiziers und wies konkret auf den Fall eines früheren Obersturmbannführers hin, der inzwischen ungeprüft als Oberstleutnant übernommen worden sei. Da die SS „für die ganze Welt zum Symbol einer unmenschlichen Diktatur" geworden sei, schrieb die Gewerkschaftszeitung, habe man dem Misstrauen im Westen und der Hetze aus dem Osten keine bessere Vorlage geben können. In erster Linie gehe es dabei aber auch, schloss der Artikel, „um die zwingende Notwendigkeit einer bewußten Abkehr von einer unrühmlichen Vergangenheit aus grundsätzlichen moralischen Erwägungen".[91] Aus diesem und einigen weiteren kritischen Kommentaren zitierte zustimmend die SPD-Parteizeitung *Vorwärts* am 21. September.[92] Am selben Tag wandte sich der Rechtsexperte der Partei Adolf Arndt öffentlich mit der Frage an den Verteidigungsminister, wie er „unter allen Umständen und mit wirklicher Sicherheit" verhindern wolle, dass Personen, die bis heute ihre SS-Gesinnung nicht abgelegt hätten, Eingang in die Bundeswehr fänden. Als Anlass verwies Arndt auf eine Zuschrift, die Egon Müller-Franken auf sei-

---

90 Vgl. Buchstab, Protokolle 1953–1957, S. 1083 und 1088 f. Der Vorsitzende der CDU-Stadtratsfraktion in Weil am Rhein, Lothar Obrist, protestierte in einem offenen Brief an Minister Blank gegen die Entscheidung, vgl. *Abendzeitung* (München) vom 25.9.1956 („CDU-Vorsitzender gegen SS in der Bundeswehr").

91 *Welt der Arbeit* vom 15.9.1956 („Blanks Fehltritt"). Das Funktionärsorgan des DGB *Die Quelle* bezeichnete in seiner Oktober-Ausgabe (Jahrgang 7, S. 438) den Beschluss als „Herausforderung für alle demokratischen Kräfte", der rückgängig gemacht werden müsse. Für Gewerkschafter sei es „unerträglich", ehemalige SS-Offiziere an der Spitze von Bundeswehrbataillonen und in einigen Jahren vielleicht auch noch größeren Einheiten zu wissen. Zweifellos seien nicht alle Waffen-SS-Mitglieder überzeugte Anhänger des Nationalsozialismus gewesen und vor allem in den letzten Kriegsjahren viele zum Beitritt gezwungen worden. Wer aber wolle leugnen, dass „die SS-Offiziere der NS-Diktatur fanatisch ergeben [...] und insofern in besonderem Maße mitschuldig an den Verbrechen des Regimes" gewesen seien. Der Artikel wurde von einer Karikatur begleitet, auf der Minister Blank aus der Tür eines Hauses mit der Aufschrift „Demokratische Wach- und Schließgesellschaft" blickte. Einem Vorbeigehenden, der aufgrund seiner heruntergekommenen Kleidung, einer schwarzen Augenbinde und eines Bunds mit Dietrichen an der Hose unschwer als Ganove zu erkennen war, auf dessen Schulter die Siegrunen prangten und auf dessen Unterarm ein Totenkopf eintätowiert war, rief er zu: „Hallo! Wir stellen noch höhere Dienstgrade ein!". Auch in anderen Gewerkschaftsblättern gab es heftige Kritik, etwa in der *Holzarbeiter-Zeitung* vom 1.10.1956 („Unmögliche Provokation") oder der *Einigkeit* vom 1.10.1956 („SS marschiert").

92 Vgl. *Vorwärts* vom 21.9.1956 („SS-Auferstehung durch Blank").

nen oben erwähnten kritischen Leserbrief in der *Frankfurter Allgemeinen Zeitung* erhalten hatte. In dieser mit „Walter Stein, SS-Obersturmbannführer d. D." gezeichneten, zugleich zynischen wie beleidigenden und teils antisemitischen Zuschrift war Müller und dem Rundfunkkommentator Marcel Schulte eine „Abrechnung" angedroht worden. Die Widerständler des 20. Juli 1944 hatte der Schreiber als „feige Gesellen" bezeichnet und sich weiterhin zur SS bekannt.[93]

Offener Protest kam von einigen der SPD nahestehenden linken Jugendorganisationen, etwa vom Sozialistischen Deutschen Studentenbund (SDS) oder der Sozialistischen Jugend Deutschlands (SJD) „Die Falken". Deren Verbandsorgan *Junge Gemeinschaft* schrieb von einem „Verbrechen an der Jugend".[94] Der Unterbezirk Frankfurt/Main der SJD trat mit einer Erklärung an die Öffentlichkeit, in der von einem „Freibrief für die gesamte Organisation der SS, die als nazistisches Machtinstrument während des Krieges ungezählte Kriegsverbrechen beging", die Rede war. Die „Blutschuld der Waffen-SS" sei nicht durch Bagatellisierung und Hinweise auf Läuterung zu verwischen.[95] Die Berliner „Falken" beteiligten sich an einer Protestkundgebung, die von örtlichen Künstlern im Charlottenburger Filmtheater „Kurbel" veranstaltet wurde.[96] Auch in manchen Jugendverbänden der CDU und der FDP stießen die

---

[93] *Sozialdemokratischer Pressedienst* vom 21.9.1956 („Eine Frage an Blank"); vgl. auch *Stuttgarter Zeitung* vom 22.9.1956 („Arndt mahnt zur Vorsicht gegenüber SS-Bewerbern"); der Leserbrief von Egon Müller-Franken war in der FAZ vom 11.9.1956 erschienen. Müller und Schulte stellten einen Strafantrag gegen Walter Stein. Dieser konnte jedoch nicht ermittelt werden, wahrscheinlich war die Namensangabe im Brief falsch. Im *Sozialdemokratischen Pressedienst* vom 23.10.1956 teilte Arndt dies mit und zitierte aus einem Schreiben der HIAG Wiesbaden vom 16.10.1956. Ein Mann dieses Namens, hieß es dort, sei niemals Mitglied gewesen, von den in Wiesbaden lebenden sechs Männern dieses Namens sei keiner bei der Waffen-SS gewesen und auch in den Dienstalters- und Dienstranglisten der Waffen-SS sei kein Sturmbannführer „Walter Stein" geführt. Die HIAG bedauere zutiefst diesen Vorfall und distanziere sich vom Inhalt des Briefes. Ihre loyale Haltung und positive Einstellung zur Demokratie biete Gewähr dafür, dass man derartige Vorkommnisse weder dulde noch unterstütze.
[94] Zitiert in *Die Tat* vom 20.10.1956 („Das, ihr Herren in Bonn, darf nicht geschehen").
[95] Die Erklärung wurde in der Jugendzeitschrift *aufruf – jugendkommentare* veröffentlicht, vgl. *Die andere Zeitung* vom 4.10.1956 („SS-Schergen in die Bundeswehr") und *Die Tat* vom 13.10.1956 („Jugendproteste gegen SS-Bewaffnung"). Die Zeitschrift wurde unter dem Pseudonym Ferdinand Travers von Hans Dilßner herausgegeben, der in der entsprechenden Nummer selbst einen kritischen Kommentar publizierte. Dilßner war Gründungsmitglied des CRP, 1957 ging er in die DDR, wo er weiter als Journalist und Publizist in den Bereichen Kultur und Jugend tätig war. Zum Protest des SDS vgl. auch *Vorwärts* vom 28.9.1956 („untauglich").
[96] Vgl. *Die Tat* vom 3.11.1956 („SS-Wiederbewaffnung unvereinbar mit BEG-Präambel"); nach diesem Bericht sprachen auf der Kundgebung der Falken-Vorstand Harry Ristock, der jüdische Professor Rudolf Schottländer sowie der IG Metall-Vorsitzende Franz Warnke; Letzterer habe eine Anklage der Bundesregierung gefordert. Tatsächlich dürfte es sich bei ihm um den Ost-Berliner FDGB-Vorsitzenden Herbert Warnke gehandelt haben.

Pläne der Bundesregierung auf Skepsis, jedoch wurde dort meist zurückhaltender argumentiert als etwa bei den „Falken".[97]

Bei den Sozialdemokraten vertrat der „Arbeitskreis Inneres" der Partei eine erheblich schärfere Position als der Parteivorstand. In seiner Sitzung vom 25. September hielt er fest, dass „grundsätzlich keine Angehörigen der ehemaligen Waffen-SS als Berufssoldaten in der Bundeswehr Verwendung finden sollten". Nur für den Fall, dass sich diese Auffassung nicht durchsetzen ließe, sollte für Personen, die „nachweislich unter Zwang in die SS gekommen" seien, eine Ausnahme möglich sein.[98] Am Tag zuvor hatte bereits der Landesausschuss der Berliner SPD in einem Beschluss die Aufnahme von Waffen-SS-Angehörigen in die Bundeswehr als „untragbar" bezeichnet und an die Bundesregierung appelliert, diese Entscheidung zurückzunehmen. Es müsse alles verhindert werden, was geeignet sei, den deutschen Namen im Ausland erneut zu schädigen.[99]

Die Parteispitze bemühte sich derweil hinter den Kulissen um Entschärfung. Erler und Ollenhauer besprachen sich deshalb am 26. September mit dem Chef der Abteilung Gesamtstreitkräfte im Bundesverteidigungsministerium, dem Generalleutnant Hans Speidel, und dieser sagte zu, sich beim Minister dafür einzusetzen, dass die vom Bundespersonalausschuss beschlossene allgemeine Regelung zurückgenommen werde. Stattdessen sollten Offiziersränge für ehemalige SS-Angehörige nur nach eingehender persönlicher Überprüfung der Bewerber je nach Eignung vergeben und diese Prüfung möglichst bei einer einzigen Annahmestelle konzentriert werden.[100]

Dieser Vorschlag war nicht weit von dem Weg entfernt, den der PGA in einer Presseerklärung am 21. September skizziert hatte. Die Personalgutachter sahen sich zu diesem Schritt in die Öffentlichkeit möglicherweise durch einen am Tag zuvor in der *Stuttgarter Zeitung* erschienenen Artikel veranlasst, in dem der frühere Generalleutnant der Wehrmacht Paul Mahlmann, der nunmehr publizistisch tätig war, sie

---

97 Eine ziemlich scharfe Stellungnahme kam allerdings von der Jungen Union in Köln, vgl. *Kölnische Rundschau* vom 8.10.1956 („Gegen SS-Offiziere"). Wolf Erich Kellner schrieb namens des Landesverbands Hessen des Liberalen Studentenbunds an Bundespräsident Theodor Heuss: „Wer in der SS war, ist der Allgemeinheit zunächst einen Beweis seiner Integrität schuldig. Schließlich ist die SS die Organisation, die die Handlanger zu den Scheußlichkeiten des ‚Dritten Reiches' gestellt hat, und die noch stolz darauf war, sie zu stellen. Unter ihrem Zeichen ist in Deutschland ein Meer von Blut und Tränen geflossen: als ein Schandfleck brennt dieses Zeichen auf der deutschen Geschichte". Die einzige Haltung, die den Ehemaligen deshalb anstehe, sei „sorgfältig gewahrte Zurückhaltung"; BArchK, B 122/628, Schreiben vom 14.10.1956.
98 Weber, SPD-Fraktion 1949–1957, Bd. II, S. 367, Anm. 12.
99 *Die Mahnung* vom 1.12.1956, S. 3; vgl. ebenda außerdem die gleichgerichtete Stellungnahme des Berliner Regierenden Bürgermeisters Otto Suhr (SPD) und die sehr viel zurückhaltendere Antwort der SPD-Bundestagsfraktion auf einen offenen Protestbrief des BVN-Landesverbands Berlin (abgedruckt in *Die Mahnung* vom 15.10.1956, S. 2).
100 Vgl. G. Meyer, Soldaten, S. 566 f.

ganz konkret für die Entscheidung, SS-Offiziere bis zu einem gewissen Rang grundsätzlich zur Bundeswehr zuzulassen, heftig kritisiert hatte. Mahlmann gab zu bedenken, dass der Ausschuss einen Volksauftrag erfülle. „Welches Bild hat das Volk von der SS?", fragte er sodann, und wie könne der Ausschuss dementsprechend zu einem treffenden Urteil kommen.[101] Er verwies auf Ergebnisse, die auf dem gerade zu Ende gegangenen deutschen Historikertag in Ulm präsentiert worden seien.[102] Dort habe man als Wesen und Ziele der SS „Rassenwahn, Imperialismus und vollkommene moralische Indifferenz" benannt. Nach Mahlmanns Ansicht hatte diesen Prinzipien auch die Art der Kriegführung der SS entsprochen, wie sie sich „nicht nur im weltbekannten Geschehen von Oradour und Lidice, sondern ebensosehr in zahlreichen anderen unbedenklich vorgenommenen Erschießungen ohne Gerichtsurteil" offenbart habe.[103] Für die Tätigkeit der Waffen-SS seien ihre Führer, ihr Offizierskorps, verantwortlich, dem „in erster Linie" Personen angehört hätten, „die der SS-Ideologie verhaftet waren", daneben auch „Gepreßte" und ehemalige Wehrmachtsoffiziere. Zu Letzteren meinte Mahlmann wenig schmeichelhaft, bei ihnen handle es sich entweder um in der Wehrmacht Gescheiterte, um Ehrgeizige, deren Fähigkeiten für ein Weiterkommen in der Wehrmacht nicht ausgereicht hätten, oder um Kommandierte. Jedoch habe man, wenn man zu erkennen gab, dass einem ein derartiges Kommando nicht passte, relativ schnell wieder davon entbunden werden können. Ein Kommandierter, der von dieser Möglichkeit keinen Gebrauch gemacht habe, sei deshalb mindestens „charakterlich belastet". Daraus ergab sich für ihn, dass nur unter den „Gepreßten" sich für die Bundeswehr geeignetes Personal befinden könne. Eine Unterscheidung zwischen ihnen und den Freiwilligen hielt er aber für schwierig, die vom PGA getroffene generelle Formel deshalb für verfehlt. Zumindest müsse im Parlament geprüft werden, ob sie dem Willen des Volkes entspreche.

---

101 *Stuttgarter Zeitung* vom 20.9.1956 („Der Personalgutachterausschuß und die Waffen-SS"), auszugsweise auch abgedruckt in VDB, 3. Wp., Drs. 109, S. 33. Die HIAG kolportierte später, Mahlmann habe 1945 zu Waffen-SS-General Hausser gesagt, am liebsten sähe er es, wenn an jedem Baum ein SS-Mann hinge, vgl. DF vom August 1960. Mahlmann hatte sich die Feindschaft der Ehemaligen schon durch eine sehr kritische Besprechung von Haussers Buch „Waffen-SS im Einsatz" in der *Stuttgarter Zeitung* vom 29.10.1952 zugezogen. Erneut geriet er Ende der 1950er Jahre mit der HIAG aneinander, als er als Gutachter der Anklage im Prozess gegen den früheren Waffen-SS-General Max Simon in Ansbach auftrat; vgl. Merkl, General Simon, S. 515 f.
102 Auf dem Historikertag in Ulm hatte Hans Buchheim in der Sektion Zeitgeschichte einen Vortrag mit dem Titel „Die Rolle der SS in der Entwicklung der nationalsozialistischen Herrschaft" gehalten, vgl. Bericht über die 23. Versammlung deutscher Historiker, S. 74; Buchheim, Die SS in der Verfassung des Dritten Reiches.
103 Hier verwies Mahlmann auf die im Archiv des IfZ liegenden „Tagesmeldungen" und auf das 1953 erschienene Buch „The War in France and Flanders 1939–1940" des Majors Lionel F. Ellis aus der offiziösen britischen Reihe „History of the Second World War", das er aber fälschlicherweise dem Marinehistoriker Stephen W. Roskill zuschrieb.

Tue sie dies nicht, dann hätten die Mitglieder des Ausschusses die Konsequenzen zu ziehen und zurückzutreten.

In einer Presserklärung stellte der PGA nun klar, dass er keineswegs eine generelle Aufnahme von Waffen-SS-Angehörigen beschlossen habe, sondern die erlassenen Richtlinien auch eine „<u>besondere</u> Prüfung" für Bewerber unterer Ränge vorsehen würden. Man halte es für selbstverständlich, dass im Rahmen dieser Prüfung festgestellt werde, ob ein Bewerber „jemals bei der KZ-Bewachung oder bei Liquidationsaktionen eingesetzt" gewesen und ob er inzwischen „von den Vorstellungen des Nationalsozialismus und der Waffen-SS abgerückt" sei. Mit einem Seitenhieb auf das Verteidigungsministerium wurde abschließend festgestellt, dass der PGA vorgeschlagen habe, dass in den Annahmeausschüssen neben Militärs auch zwei Bürger sitzen sollten, dem jedoch bislang nicht entsprochen worden sei.[104] Der PGA zeigte sich damit den in der Öffentlichkeit geäußerten Bedenken ein Stück weit zugänglich, er präzisierte und bekräftigte anschließend seinen Vorschlag gegenüber dem Verteidigungsministerium und in der Presse. Der Vorsitzende Rombach schrieb am 6. Oktober 1956 an Blank, die Richtlinien des Ausschusses zeigten, dass dieser grundsätzlich gegen eine Einstellung von ehemaligen Angehörigen der Allgemeinen SS sei und eine Einstellung von früheren Mitgliedern der Waffen-SS nur in Ausnahmefällen wolle. Bezüglich Letzteren sei die Überlegung maßgebend gewesen, dass Versetzungen und Einberufungen ohne Zutun und gegen den Willen der Betroffenen vorgekommen seien. Die Aufgabe, diese Sonderfälle zu prüfen, sei so bedeutsam, dass es dem PGA nunmehr notwendig erscheine, eine ausdrücklich für diesen Zweck zuständige Kommission zu schaffen. In dieser sollten „neben besonders ausgesuchten Offizieren unabhängige und angesehene Bürger mitwirken, bevorzugt solche, die unter dem nationalsozialistischen Terror gelitten haben". Die Beweislast solle den Bewerbern obliegen. Nur dergestalt scheine es dem PGA möglich, die Garantie für eine dem Sinn und Zweck seiner Richtlinie entsprechende Prüfung zu geben. Wie ernst der Ausschuss die Frage nahm, lässt sich aus der abschließenden, kaum verklausulierten Drohung ersehen, das Gremium erwäge, falls diesen Vorschlägen nicht entsprochen werde, ehemaligen Angehörigen der Allgemeinen SS und der Waffen-SS ausnahmslos den Eintritt in die Bundeswehr zu verwehren.[105]

---

104 BArch-MA, BW 27/34, Pressemitteilung vom 21.9.1956 „Zur Frage der Übernahme ehemaliger Angehöriger der SS in die Bundeswehr" (Hervorhebung im Original); vgl. auch WAZ vom 22.9.1956 („Personal-Gutachter-Ausschuss für strenge Prüfung ehemaliger SS-Soldaten"); *Weser-Kurier* vom 22.9.1956 („Gutachter-Vorschlag für Blank"); SZ vom 24.9.1956 („Personalausschuss kritisiert Blank").
105 BArch-MA, BW 27/34, Rombach an Blank, 6.10.1956; der Text des Schreibens war vorher in einer Ausschusssitzung in Anwesenheit des Leiters der Personalabteilung des Verteidigungsministeriums Gumbel und zwei Vertretern des Bundestagsverteidigungsausschusses besprochen worden; vgl. auch G. Meyer, Soldaten, S. 568 f.

In einem längeren Artikel in der *Rheinischen Post* vom 9. Oktober erläuterte das Mitglied des PGA Walter Hensel Ablauf und Hintergründe des vom Ausschuss vorgeschlagenen Verfahrens, das in der Absicht entworfen worden sei, sowohl den inneren Differenzierungen der SS wie auch den individuellen Fällen Rechnung zu tragen. Man sei sich bewusst gewesen, schrieb Hensel, dass die Prüfung eine „intensive Kenntnis der jüngeren deutschen Geschichte und eine besonders geschärfte politische Verantwortung erfordert". Nicht ohne Irrtümer versuchte er den Lesern die historische Genese der SS und die daraus sich ergebenden Unterschiede vor allem zwischen der Allgemeinen SS und der Waffen-SS darzulegen. Die aus der Allgemeinen SS gewachsenen „Gebilde" SD, Verfügungstruppe und Totenkopfverbände hätten „dem Aufbau und später der Erhaltung der nationalsozialistischen Diktatur" gedient, führte Hensel aus. Sie seien „Instrumente des Terrors" gewesen, „bestimmt für den innenpolitischen Kampf mit den rücksichtslosesten und brutalsten Mitteln". Die Mitglieder der ‚Allgemeinen SS' seien „durchweg überzeugte und fanatische Nationalsozialisten" gewesen und hätten „sich mit Recht als den innersten Kern des nationalsozialistischen Regimes" betrachtet. Jedoch müsse auch bei der Allgemeinen SS berücksichtigt werden, dass in sie nach 1933 manchmal in völliger Unkenntnis des Wesens der SS und unter mehr oder minder sanftem Druck ländliche Reitervereine als „Reiter SS" eingegliedert worden seien, deren Mitglieder sich in vielen Fällen auch in der Folge von Geist und Treiben der SS hätten fernhalten können. Darüber hinaus seien vor allem im Krieg Kriminalbeamte zum SD versetzt worden. Viele Verfolgte wüssten, dass sich darunter gute Leute befunden hätten, die ihnen Hilfe leisteten. Die Bestimmungen des PGA bezüglich der Mitglieder der Allgemeinen SS und des SD ergäben, dass diese nur in ganz besonders gelagerten Einzelfällen übernommen werden könnten. Über die Waffen-SS schrieb Hensel, diese habe sich aus einigen schon vor Kriegsausbruch meist von der Polizei übergeleiteten Verbänden zu – wie Kogon sie richtig bezeichnet habe – „Himmlers Spezialkampftruppe zur Eroberung Europas" entwickelt. Im Laufe des Kriegs seien ihre Reihen aber in zunehmendem Maße durch Zwangsversetzungen, Kommandierungen und Einberufungen gefüllt worden. Zudem hätten einige bei ihrer Einberufung „politisch schimmerlos" die Waffen-SS gewählt, weil diese im Ruf gestanden habe, besser mit Verpflegung und Ausrüstung versorgt zu sein. In allen Fällen ziele die Überprüfung in erster Linie darauf ab, ob der Bewerber an Verbrechen oder Verstößen gegen die Menschlichkeit beteiligt war. Es werde also kein früherer Angehöriger der Waffen-SS, der jemals etwa „nach vorübergehender Kommandierung zu einer Verfügungstruppe, an der KZ-Bewachung teilgenommen hat" oder an Liquidationskommandos oder Ähnlichem beteiligt war, Zugang zur Bundeswehr finden. Ebenso werde von den Bewerbern der überzeugende Beweis verlangt, dass sie von den Vorstellungen des Nationalsozialismus und der Waffen-SS, denen sie ausgesetzt waren, abgerückt sind.[106]

Das Bundesverteidigungsministerium versuchte in dieser Phase die Debatte zu entschärfen. Insbesondere war es bestrebt, dem Eindruck entgegenzutreten, Bewerber aus den Reihen der SS würden ungeprüft übernommen. Es gab bekannt, dass bislang von den 1310 ehemaligen Offizieren der Waffen-SS, die sich zur Bundeswehr beworben hätten, lediglich 33 akzeptiert worden seien, wovon sich wiederum erst 15 bereits im Dienst befänden. Darüber hinaus habe man 270 Unteroffiziere und 195 Mannschaftssoldaten der früheren Waffen-SS angenommen.[107] Dem sicherheitspolitischen Berater des SPD-Bundesvorstands Friedrich Beermann teilte der Leiter der Personalabteilung des Verteidigungsministeriums Karl Gumbel mit, auch das bisher angewandte Prüfverfahren biete die Gewährleistung, dass niemand aufgenommen werde, der in einem KZ tätig war oder an verbrecherischen Aktionen teilnahm. Für jeden Bewerber würden über den Militärischen Abschirm-Dienst die im Berlin Document Center (BDC) vorhandenen Unterlagen beschafft, die in der Regel eine gründliche Feststellung der Tatsachen erlaubten. Dem Bewerber gebe man dieses Wissen zunächst nicht preis, um seine Wahrhaftigkeit zu testen. Die Überprüfung des Werdegangs nach Kriegsende stütze sich auf Auskünfte des Verfassungsschutzes, der westlichen Nachrichtendienste sowie auf zwei vom Bewerber benannte Bürgen und den Eindrücken aus dessen persönlicher Befragung.[108]

Das Ausmaß, das die Debatte vor allem im Ausland angenommen hatte, veranlasste Bundeskanzler Adenauer, die Sache in der Kabinettssitzung vom 5. Oktober anzusprechen. Er bezeichnete die Veröffentlichungen des Beschlusses des Bundespersonalamts als eine „grobe Ungeschicklichkeit" und übte deswegen heftige Kritik am Verteidigungsministerium.[109] Vor Pressevertretern in West-Berlin auf die Sache

---

106 *Rheinische Post* vom 9.10.1956 („Frühere SS-Offiziere für die Bundeswehr?" von Walter Hensel). Die Ausführungen Hensels wurden nachfolgend von einigen Presseagenturen zusammengefasst und fanden auf diese Weise ihren Weg in zahlreiche Zeitungen; vgl. etwa *Heilbronner Stimme*, *Badische Neueste Nachrichten*, *Darmstädter Echo*, *Rhein-Neckar-Zeitung* oder *Stuttgarter Zeitung* vom 10.10.1956, jeweils mit der gleichlautenden Überschrift „Zentrale Prüfung der SS-Offiziere gefordert".
107 Vgl. SZ vom 11.10.1956 („Um SS-Offiziere in der Bundeswehr"); die Fakten konnte man freilich auch anders bewerten, vgl. FR vom 11.10.1956 („Bereits 15 SS-Offiziere in der Bundeswehr").
108 Vgl. Archiv der sozialen Demokratie (AdsD), Nachlass Erler 140, zitiert bei G. Meyer, Soldaten, S. 567 f.
109 Vgl. BArchK, B 122/628, Vermerk Einsiedlers vom 11.10.1956, der sich dabei auf Aussagen von Staatssekretär Klaiber über die Sitzung berief (in dem veröffentlichten Protokoll der 155. Kabinettssitzung, Kabinettsprotokolle 1956, S. 619, ist lediglich vermerkt, dass Adenauer die Veröffentlichung im Rahmen einer Kritik an mehreren Ministern wegen Alleingängen ansprach). Einsiedler, der in diesem Vermerk den Sachstand der Debatte kurz zusammenfasste, hielt angesichts des Ausmaßes der Diskussionen eine Stellungnahme der Bundesregierung für dringend notwendig. Falls man sich nicht entschließen könne, auf die Einstellung von früheren Angehörigen der Waffen-SS überhaupt

angesprochen kündigte Adenauer kurz darauf an, das Bundeskabinett werde sich damit demnächst befassen und die Entscheidung des Verteidigungsministeriums überprüfen. Wenn er diese früher gekannt hätte, meinte der Kanzler, wäre dies längst passiert und auch die Veröffentlichung im Mitteilungsblatt des Ministeriums unterblieben. Dadurch sei im Ausland, wo kein Unterschied zwischen SS und Waffen-SS gemacht werde, sehr viel böses Blut entstanden. Er selbst wisse zwar über den Unterschied, jedoch, so versicherte er, sei es nicht beabsichtigt, Leute in die Bundeswehr aufzunehmen, die der SS aus innerlicher Überzeugung angehört hätten, sondern es werde dafür gesorgt, dass dieser Geist nicht in die Bundeswehr getragen werde.[110]

Nachdem das Verteidigungsministerium von der Ankündigung Adenauers erfahren hatte, schickte es umgehend Material ins Kanzleramt, um zu belegen, dass die entsprechenden Bestimmungen nicht vom Ministerium erlassen worden waren. Beigefügt waren außerdem Zahlen über die bisherige Einstellung von Waffen-SS-Angehörigen. Neben den bereits veröffentlichten Ziffern ließ sich daraus entnehmen, dass der höchste Rang, den die 33 bis dahin Einberufenen erhalten hatten, der eines Majors war. Fünf Ehemalige hatten diesen Rang zugesprochen bekommen, jeweils 13 den eines Hauptmanns und eines Leutnants, zwei waren als Oberleutnant eingestuft worden. Nicht erwähnt wurde in dem Schreiben, dass es sich bei vier der Angenommenen, einem Major, zwei Hauptmännern und einem Leutnant, um ehemalige Angehörige der Allgemeinen SS handelte. Insgesamt, so rechnete man vor, waren das nur 0,5 Prozent aller bisher eingestellten Offiziere. Hinzu kamen jedoch noch 28 aus dem Bundesgrenzschutz übernommene ehemalige Waffen-SS-Offiziere, darunter zwei Sturmbannführer. Letztere seien 1943/44 als Panzerfachleute von der Wehrmacht in die Waffen-SS überführt worden. Verbrechen wie Oradour und vorliegende historische Arbeiten ignorierend hieß es weiter, die Waffen-SS sei, „soweit bekannt nur zur Erfüllung von Kampfaufgaben an der Front verwendet" worden. Im Hinblick auf die Gesamtstärke der Waffen-SS und die Zahl der zwangsweise Eingezogenen, so das Resümee der Ausführungen, sei die Zahl der Bewerber aus den Reihen der Waffen-SS „außerordentlich gering".[111]

---

zu verzichten, meinte er, dann solle in einer solchen Stellungnahme wenigstens die Zusicherung enthalten sein, dass sich die Übernahme von früheren Angehörigen der Waffen-SS auf Ausnahmen beschränken werde. Gleichzeitig solle auf das besondere Prüfungsverfahren hingewiesen werden.
110 Vgl. etwa FAZ vom 13.10.1956 („Erschwerte Aufnahme von SS-Offizieren"); *Rhein-Neckar-Zeitung* vom 13.10.1956 („Adenauer bringt Frage der Waffen-SS vor Kabinett").
111 BArchK, B 136/6840, Gumbel an Globke, 15.10.1956; vgl. auch BArch-MA, BW 1/4895, undatierter Entwurf eines Sachstandsberichts des Referats III B 1 des Ministeriums mit den Angaben zu den Mitgliedern der Allgemeinen SS, darin bezeichnet der Verfasser die lebhafte politische Diskussion in der Öffentlichkeit als „einigermaßen überraschend", nachdem die grundsätzliche Entscheidung vom PGA bereits im Oktober 1955 gefällt worden sei. Bezüglich der BGS-Angehörigen errechnete der SPD-Wehrexperte Beermann auf Basis des Etats von 1955 einen Gesamtanteil von 5 % Offizieren aus der Waffen-SS; er wies zugleich auf eine möglicherweise hohe Dunkelziffer bei der Polizei hin,

Das Auswärtige Amt drängte aufgrund der im Ausland entstandenen Unruhe auf eine rasche Behandlung und Regelung der Frage im Kabinett.[112] Deshalb setzte das Kanzleramt das Thema auf die Tagesordnung der nächsten anstehenden Kabinettssitzung am 17. Oktober. Am Vortag dieser Sitzung verlor der vielkritisierte Theodor Blank im Rahmen einer seit dem Ausscheiden der FDP aus der Regierungskoalition Anfang des Jahres anstehenden Kabinettsumbildung sein Amt und wurde durch den bisherigen Atomminister, den stellvertretenden CSU-Fraktionsvorsitzenden Franz Josef Strauß ersetzt. Beim Ministerwechsel ging es kaum um die anhaltende Debatte um die Waffen-SS, sondern hauptsächlich um das allgemeine Scheitern der Planungen beim Aufbau der Streitkräfte und die damit verbundene Nichteinhaltung von Zusagen gegenüber den westlichen Verbündeten.[113] Strauß, der schon länger ein Auge auf dieses Amt geworfen hatte, reiste am folgenden Tag noch in seiner alten Funktion nach London, um an der Einweihung des ersten britischen Atomkraftwerks teilzunehmen. Seine Abwesenheit machte eine Lösung des Problems mit den früheren SS-Angehörigen bereits im Rahmen der Kabinettssitzung des 17. Oktober wenig wahrscheinlich. Trotzdem versuchte der Leiter der Politischen Abteilung des Auswärtigen Amts Wilhelm Grewe die Kabinettsmitglieder von der Dringlichkeit eines klärenden Regierungsbeschlusses in dieser Angelegenheit zu überzeugen. Um die im Ausland entstandene Unruhe zu beseitigen, hielt er weitreichende Einschränkungen der bisher geltenden Richtlinien für notwendig. Er schlug vor, die Einstellung von Mitgliedern der Allgemeinen SS und des SD in die Bundeswehr grundsätzlich auszuschließen, ebenso von Angehörigen der Waffen-SS, die dieser freiwillig beigetreten waren. Die Übernahme der übrigen Waffen-SS-Angehörigen solle nur mit persönlicher Zustimmung des Verteidigungsministers möglich sein. Bei den anwesenden Ministern – es fehlten neben Strauß unter anderem Brentano und Erhard, und auch der Kanzler hatte die Sitzung bei der Behandlung dieses letzten Tagesordnungspunkts wahrscheinlich schon verlassen – stieß Grewe mit diesem Vorschlag aber auf Ablehnung. Verteidigungsstaatssekretär Josef Rust, der seinen Kollegen die geltenden Regelungen und die bisherige Diskussion darlegte, äußerte die Befürchtung, ein derart von den bisherigen Richtlinien abweichender Beschluss könne den PGA verärgern. Wohnungsbauminister Victor-Emanuel Preusker gab zu bedenken, dass eine solche Änderung auch als Eingeständnis gewertet werden könne, dass man bislang dieser Frage zu wenig Aufmerksamkeit geschenkt habe. Im Ergebnis der Sitzung wurde das Auswärtige Amt beauftragt, unter Ver-

---

deren Offiziere damals bei Übernahme in die SS Angleichungsdienstgrade erhalten hätten und nun längst wieder als Polizeioffiziere bei Bund und Ländern Dienst täten; vgl. G. Meyer, Soldaten, S. 578 f. (Briefe Beermanns an Erler vom 6. und 20.10.1956).
112 Vgl. BArchK, B 136/6840, Grewe an Globke, 15.10.1956, und BArch-MA, BW 1/4895, Junges an Blank, 12.10.1956.
113 Zu den Hintergründen des Ministerwechsel vgl. Schwarz, Adenauer, Bd. 2, S. 270 ff.; Strauß, Erinnerungen, S. 268 ff.

wendung der vom Verteidigungsministerium vorgelegten Unterlagen für die erforderliche publizistische und diplomatische Aufklärungsarbeit zu sorgen. Im Übrigen solle die Frage noch einmal mit dem Vorsitzenden des PGA und dem neuen Minister Strauß erörtert werden.[114]

Letzterer hatte, als er am selben Tag bei seinem Besuch in London von der Presse auf das Thema angesprochen wurde, bereits eine Lösung parat, die stark dem Vorschlag des PGA ähnelte. Er kündigte eine Überprüfung aller Bewerber aus den Reihen der ehemaligen SS durch ein besonderes Gremium aus demokratisch zuverlässigen und mit den Verhältnissen im Dritten Reich vertrauten Personen an. Eine generelle Übernahme von Offizieren der Waffen-SS in die Bundeswehr komme nicht in Frage, sagte er, für die höheren Ränge sei eine Einstellung überhaupt ausgeschlossen.[115]

Nachdem in der Folge der PGA und auch der SPD-Parteivorstand ihre Position einer Einzelfallprüfung durch ein Sondergremium noch einmal gegenüber der Öffentlichkeit bekräftigt hatten[116], ließ das Verteidigungsministerium wenig später, am 22. Oktober, über das Presse- und Informationsamt der Bundesregierung eine Bekanntmachung zur Wiederverwendung ehemaliger Waffen-SS-Offiziere verbreiten, um „die aufgetretenen Irrtümer und Zweifel zu beheben", wie es einleitend hieß. Darin wurde in vier Punkten die von Strauß bereits angekündigte Verfahrensweise dargelegt, der grundsätzliche Ausschluss von ehemaligen Obersten und Generalen der Waffen-SS, die besondere Prüfung der Übrigen nach den vom PGA erlassenen Richtlinien, die Tatsache, dass viele Soldaten ohne eigenes Zutun oder gar gezwungen zur Waffen-SS kamen und, als der eigentlich neue Punkt, die Einrichtung einer zentralen Prüfgruppe für alle Bewerber, die früher der SS angehört hatten. Diese werde aus „demokratisch in jeder Hinsicht besonders bewährten und einwandfreien Offizieren" und zwei zivilen Beisitzern, die der PGA aus seinen Reihen benennen solle, gebildet werden.[117] Den meisten Tageszeitungen war diese Ankündigung eine Meldung wert, wobei die Schlagzeilen doch Unterschiede aufwiesen.

---

114 Vgl. Kabinettsprotokolle 1956, S. 652 ff.; Preusker war ehemaliges SS-Mitglied, siehe dazu Kapitel III. 1.
115 Vgl. FAZ vom 18.10.1956 („Strauß: Wehrpläne nicht unantastbar"). Selbiges hatte Strauß bereits vor seiner Abreise nach London den Mitgliedern der CSU-Landesgruppe im Bundestag mitgeteilt, vgl. Zellhuber/Peters, CSU-Landesgruppe, CD-Supplement, Dokument 199.
116 Der PGA brachte seinen dementsprechenden Brief an den Bundesverteidigungsminister zur Kenntnis, vgl. SZ vom 19.10.1956 („Gutachterausschuß über SS-Angehörige"); *Braunschweiger Zeitung* vom 19.10.1956 („Sonderkommission für SS").
117 Presse- und Informationsamts der Bundesregierung, Archiv, 903, Pressemitteilung Nr. 1220/56; auch BArchK, B 122/628; die Meldung wurde anschließend am 24.10.1956 mit demselben Text im Bulletin der Bundesregierung veröffentlicht und vom Kanzleramt auch an Verbände versandt, die vorher brieflich gegen die Aufnahme von SS-Angehörigen in die Bundeswehr protestiert hatten, vgl. BArchK, B 136/6840.

Größtenteils stand die Schaffung der „Prüfkommission für SS-Offiziere"[118] im Vordergrund, einige Blätter stellten hingegen erneut heraus, dass SS-Generale nicht zugelassen würden[119]. Manche bayerische Zeitungen wiederum hoben die Person des neuen Ministers hervor.[120] „Ein frischer Wind" wehe seit dem Einzug Strauß' im Verteidigungsministerium, meinte der *Münchner Merkur*. Das Blatt verband damit die Hoffnung, dass durch das tatkräftige Handeln des Ministers in der Frage der Waffen-SS „die Eiferer aus dem In- und Ausland zum Verstummen gebracht" würden, die bisher „die Gefahr einer Infizierung der Bundeswehr mit politischen und rassischen Auffassungen der Waffen-SS übergroß an die Wand" gemalt hätten.[121] Mit etwas anderer Gewichtung zeigte sich auch die *Bayerische Staatszeitung* zufrieden mit der Entscheidung Strauß'. Diese könne sich der Sympathien aller Besonnenen sicher sein, hieß es dort. Wenn „Freunde der Waffen-SS" und „Superdemokraten" in dieser Frage immer wieder „Gleichberechtigung" gefordert hätten, so gingen sie damit am eigentlichen Problem vorbei, denn es gehe „um die Sicherung der Demokratie", schrieb das offizielle Organ der Bayerischen Staatsregierung. „Die Leute, die zur Elite und zur Führungsgruppe eines Regimes gehörten, das ein so katastrophales Unheil über unser Volk brachte wie den Nationalsozialismus, sind für Führungsaufgaben in einem grundlegend anderen politischen System nicht geeignet", hieß es dort weiter. Wie es bei Ärzten oder Lehrern Berufsbeschränkungen gebe, so müsse auch hier Vorsorge getroffen werden, dass Leute, die sich gegenüber der Gemeinschaft schuldig gemacht hätten, nicht erneut dazu Gelegenheit bekämen.[122]

Tatsächlich trat in der Folge dieser Ankündigung eine merkliche Beruhigung der Diskussion ein, zumal seit Ende Oktober 1956 die Suezkrise und der Aufstand in Ungarn die Spalten der Tageszeitungen beherrschten. Einige im politischen Spektrum links einzuordnende Zeitungen legten jedoch noch einmal nach und veröffentlichten längere, historisch angelegte Dokumentationen, in denen die Verbindungslinien zwischen der Waffen-SS und der Allgemeinen SS herausgestellt wurden. Mehrere Blätter druckten nun ganz oder in Auszügen das Radiofeature von Hammer-

---

118 So die Schlagzeile der FAZ vom 23.10.1956; ähnlich auch *Stuttgarter Zeitung* vom 23.10.1956 („Zentrale Prüfgruppe für Waffen-SS-Offiziere"), FNP vom 23.10.1956 („Prüfgruppe für Waffen-SS-Offiziere") und zahlreiche weitere Zeitungen.
119 Vgl. etwa *Hamburger Abendblatt* vom 23.10.1956 („Ohne SS-Generale") oder *Badische Neueste Nachrichten* vom 23.10.1956 („Höhere SS-Offiziere werden nicht eingestellt").
120 Vgl. *Abendzeitung* (München) vom 23.10.1956 („Strauß regiert") oder *Reichenhaller Tagblatt* vom 23.10.1956 („Franz Josef Strauß an der Arbeit").
121 *Münchner Merkur* vom 25.10.1956 („Ein frischer Wind" von o.m.). Tatsächlich glätteten sich die Wogen bei den westlichen Verbündeten wieder. Die im Dachverband FIR zusammengeschlossenen NS-Verfolgten hingegen veranstaltete im Rahmen ihres Kongresses in Rom Ende Oktober eine Protestkundgebung gegen die Aufnahme von SS-Angehörigen in die Bundeswehr, vgl. *Die Tat* vom 10.11.1956 („Das FIR-Büro tagte in Rom").
122 *Bayerische Staatszeitung* vom 27.10.1956 („Klare Verhältnisse").

schmidt und Mansfeld, so die *Neue Rhein-/Neue Ruhr-Zeitung* in einer vierteiligen Reihe, das *Westdeutsche Tageblatt* und die *Europäische Zeitung*.[123] Das SPD-Parteiorgan *Vorwärts* brachte am 26. Oktober einen Artikel des Publizisten Kurt Hirsch mit dem Titel „NS-Eliteformationen oder vierter Wehrmachtsteil. Untersuchungen zur Waffen-SS". Hirsch lieferte darin ebenfalls eine kleine Geschichte der SS und kam zu dem Ergebnis, dass die Behauptung, die Waffen-SS sei Teil der Wehrmacht gewesen, „militärisch, politisch und auch sachlich falsch" sei. Vielmehr habe es sich bei ihr um eine „nationalsozialistische Eliteformation" gehandelt, die zumindest in ihrem Offizierskorps überwiegend aus Freiwilligen bestanden habe. Hirsch wies auf die Verbindungen zwischen Waffen-SS und Totenkopfverbänden beziehungsweise Einsatzgruppen hin. Hirschs Beitrag neigte hierbei allerdings zu argen, den historischen Tatsachen nicht gerecht werdenden Pauschalisierungen. Auch die SS-Sondereinheiten, schrieb er, hätten sich aus Angehörigen der Waffen-SS zusammengesetzt und die Offiziere dieser Massenmordkommandos seien „in allen Fällen" Angehörige der Waffen-SS gewesen.[124] Damit machte er die Waffen-SS zur Hauptverantwortlichen für die Massenmorde des NS-Regimes.

Bei der weiteren politischen Behandlung der Frage bestand im Grunde seit Mitte Oktober zwischen Verteidigungsministerium und PGA weitgehende Einigkeit, eine spezielle Kommission zur Überprüfung der SS-Bewerber ins Leben zu rufen. Bis zu einer gültigen Regelung in dieser Sache sollte allerdings aufgrund einiger Detailprobleme noch geraume Zeit vergehen. Für Verunsicherung sorgte vor allem der von der SPD Anfang November in den Bundestag eingebrachte Gesetzentwurf zur Ergänzung des Personalgutachterausschuss-Gesetzes. Dieser zielte darauf ab, alle Bewerber, die der SS angehört hatten, durch den PGA prüfen zu lassen und diesem auch die Entscheidung darüber zu übertragen, mit welchem Dienstgrad die Be-

---

123 Vgl. *Neue Rhein-* und *Neue Ruhr-Zeitung* vom 23. bis 26.10.1956 („Die Wahrheit über die SS"); *Europäische Zeitung* vom 20.11.1956 („Deutsche Bundeswehr und Waffen-SS"); Auszüge brachte *Die Kultur* vom 15.10.1956. Das Manuskript der Sendung kursierte anscheinend im Oktober in interessierten Kreisen, am 17. des Monats etwa übersandte es der SPD-Bundestagsabgeordnete Werner Jacobi an das PGA-Mitglied Walter Hensel und dieser leitete es an den PGA-Vorsitzenden Rombach weiter, vgl. BArch-MA, BW 27/34.
124 *Vorwärts* vom 26.10.1956. Hirsch hatte bereits vorher in der AWJ vom 5.10.1956 („Soll sich Israel der SS-Gnade erfreuen") einen kritischen Artikel veröffentlicht, außerdem dürfte ihm aufgrund der starken textlichen Übereinstimmungen auch der nicht namentlich gekennzeichnete Artikel in der *Holzarbeiter-Zeitung* vom 1.10.1956 („Unmögliche Provokation") zuzuschreiben sein. Hirsch entstammte einer jüdischen Familie aus Wien, war dort in der kommunistischen Jugend tätig und gründete eine trotzkistische Zeitschrift. 1938 wurde er verhaftet und verbrachte die Folgezeit bis Kriegsende in verschiedenen KZ. Nach kurzer Tätigkeit für die sowjetische Nachrichtenagentur in Wien ging er zunächst in die Schweiz und dann in die Bundesrepublik, wo er der SPD und der Gewerkschaft beitrat. Publizistisch engagierte er sich vor allem gegen den Rechtsextremismus. Seit Herbst 1960 durfte Hirsch aber aufgrund seiner massiven Kritik am außenpolitischen Kurs der SPD in Gewerkschaftszeitungen nicht mehr schreiben, vgl. *Der Spiegel* vom 20.9.1960, S. 42.

werber gegebenenfalls eingestellt wurden. Für bereits eingestellte ehemalige SS-Angehörige sollte dieser Überprüfungsvorgang nachgeholt werden.[125] Innerhalb der Partei waren die Meinungen über das richtige Vorgehen in dieser Sache nicht einhellig gewesen. Wehrexperte Beermann etwa hatte sich für die Schaffung einer Spezialkommission im Sinne des PGA-Vorschlags ausgesprochen und vorgeschlagen, in diese Kommission auch einen Mitarbeiter des Münchner Instituts für Zeitgeschichte zu berufen, der sich mit der SS-Mythologie auskenne. Waffen-SS, SD, Allgemeine SS und SS-Polizei-Divisionen, alles sei so sehr miteinander verquickt, meinte Beermann, dass der Grad der Belastung nicht allein aufgrund der Zugehörigkeit gemessen werden könne. Jeder Bewerber solle zudem einen Aufsatz zum Thema „Die SS und das Schicksal der Juden" verfassen und dieser zum Gegenstand der Prüfung gemacht werden.[126]

Der PGA selbst zeigte sich nicht besonders glücklich über die neue Aufgabe, die ihm nach dem Antrag der SPD zukommen sollte. Im Rahmen einer Besprechung mit Minister Strauß erklärte sein Vorsitzender Rombach, eine Überprüfung der ehemaligen SS-Angehörigen durch den PGA sei ohne Änderung des entsprechenden Gesetzes nicht möglich. Jedoch stehe einer Mitarbeit von Mitgliedern des PGA in der vom Ministerium vorgeschlagenen zentralen Annahmestelle außer dem knappen Zeitbudget grundsätzlich nichts entgegen, auch könne er geeignete Personen für die neue Stelle vorschlagen. Rombach betonte allerdings, dass dem PGA keinesfalls daran gelegen sei, eine Einstellung ehemaliger SS-Angehöriger zu forcieren, im Gegenteil, je weniger eingestellt würden, desto besser.[127]

Intern gab es im PGA seitens einiger konservativer Mitglieder Befürchtungen, man werde durch eine derartige Ausweitung der Aufgaben etwas von seiner Reputation einbüßen und vor allem als „politischer Reinigungsausschuß" wahrgenommen werden. Freilich wollte man sich auch nicht offen gegen den Gesetzentwurf der SPD stellen, da dieser letztlich auch als Vertrauensbeweis zu werten war. Letztlich stand die Ausschussmehrheit aber einer Mitarbeit von Personalgutachtern in zentralen Annahmestellen ablehnend gegenüber, da sie eine Arbeitsüberlastung befürchtete.[128] Der PGA dürfte deshalb kaum unglücklich gewesen sein, als der Verteidigungsausschuss den Gesetzentwurf der SPD im Januar 1957 erst einmal zurückstellte. Der Staatssekretär Rust bezweifelte in der diesbezüglichen Sitzung die Notwendigkeit der Gesetzesänderung, da im Bereich des Heeres für 1957 nur noch mit wenigen Einstellungen zu rechnen und nicht beabsichtigt sei, dabei überhaupt auf SS-Leute zurückzugreifen. Der in der Sitzung anwesende Rombach wies auf die Be-

---

125 Vgl. VDB, 2. Wp., Drs. 2835 vom 7.11.1956.
126 Vgl. Schreiben Beermanns an Erler vom 20.10.1956 (AdsD, Nachlass Erler 140), zitiert nach G. Meyer, Soldaten, S. 569, Anm. 52.
127 Vgl. BArchK, B 122/628, Niederschrift über eine Besprechung vom 25.10.1956.
128 Vgl. BArch-MA, BW 27/34, Vermerk über einen Brief von Günter Olzog an Rombach vom 17.12.1956; G. Meyer, Soldaten, S. 570.

denken des PGA gegen die von der SPD vorgeschlagene Gesetzesänderung hin, die er unter anderem damit begründete, dass eine nachträgliche Überprüfung allein schon am Beamtenrecht scheitere und dem PGA für eine Festlegung des Dienstgrades die Fachkompetenz fehle.[129]

Es dauerte dann bis März 1957, ehe man sich im Wesentlichen auf das Vorgehen einigte, das bereits im Herbst des Vorjahres vom Bundesverteidigungsministerium angekündigt worden war, die Einrichtung einer beim Ministerium angesiedelten zentralen „SS-Prüfgruppe". Der PGA hatte sich in dieser Sache wohl nicht zuletzt deshalb etwas geziert, weil er verstimmt darüber war, dass sein bereits 1956 formuliertes Begehren, alle Annahmestellen für Bewerber zur Bundeswehr auch mit Zivilisten zu besetzen, vom Ministerium nicht umgesetzt worden war. Obwohl der PGA die Spitzen von CDU und SPD im Verteidigungsausschuss mehrmals über den Stand unterrichtete, drang von den Verhandlungen wenig an die Öffentlichkeit. Mitunter herrschte deshalb einige Verwirrung über die Sachlage. Während die Einstellung von ehemaligen SS-Angehörigen in die Bundeswehr tatsächlich seit Oktober 1956 ruhte, meldete etwa die *Hamburger Morgenpost* im Februar 1957: „SS-Leute schlüpften durch!". Das Blatt bezog sich dabei auf die Zahl von 43 Ehemaligen, die in Wirklichkeit bereits vor Beginn der Debatte zur Truppe gekommen waren, und machte die Weigerung des Verteidigungsministeriums, Zivilisten in die Annahmestellen zu berufen, ebenso dafür verantwortlich wie die dilatorische Behandlung des SPD-Antrags im Verteidigungsausschuss.[130]

Der PGA passte am 8. März 1957 seine Einstellungsrichtlinien dahingehend an, dass ehemalige SS-Offiziere unterhalb der ganz ausgeschlossenen Ränge General und Oberst nur nach einer besonderen Prüfung verwendet werden dürften. Die neue SS-Prüfgruppe sollte mit fünf Personen besetzt werden, darunter zwei Zivilisten. Dafür seien nur „angesehene Personen" in Frage gekommen, hieß es im Ministerium später, „die nachweislich dem Nationalsozialismus Widerstand geleistet hatten, verschiedener politischer Richtungen angehörten und möglichst Fachkenntnisse über die Zeit des Nationalsozialismus nachweisen konnten".[131] Rombach gewann den ehemaligen Wehrmachtsleutnant und Mitverschwörer des 20. Juli Ewald Heinrich von Kleist, der nunmehr als Verleger tätig war, als Spiritus Rector für die Prüfgruppe. Auch die anderen zivilen Mitglieder der Prüfgruppe stammten überwiegend aus dem Kreis oder Umfeld der Widerständler und Verfolgten des Nationalsozialismus, so der frühere Hauptmann und nunmehrige Regierungsrat Hans Fritsche, der Landtagsabgeordnete des Zentrums, Oberpostdirektionspräsident a. D.

---

129 Vgl. BArch-MA, BW 27/34, Niederschrift über die Sitzung des Verteidigungsausschusses vom 9.1.1957.
130 *Hamburger Morgenpost* vom 15.2.1957 („SS-Leute schlüpften durch!").
131 BArch-MA, BW 1/5522, Veil an Lindemann, 21.9.1961; vgl. auch BArch-MA, BW 1/4724, Vermerk von Einem vom 23.4.1957.

und Lizenzinhaber der *Kölnischen Rundschau* Josef Baumhoff, der SPD-Vorstand und Vorsitzende der Arbeitsgemeinschaft verfolgter Sozialdemokraten (AvS) Max Kukil oder die Lehrerin und Leiterin einer Hilfsorganisation für griechische Kriegswaisen Edelgard Schramm von Thadden. Als besonderer Fachmann wurde häufig der Historiker Hans Buchheim vom Münchner Institut für Zeitgeschichte hinzugezogen.[132]

Während der Mediendiskussion um die Aufnahme von SS-Angehörigen in die Bundeswehr war es zu einer relativ breiten Rezeption der bis dahin vorliegenden historischen Untersuchungen zur SS gekommen, da nicht wenige Debattenteilnehmer sich bemühten, ihre Position mit historischen Argumenten zu untermauern. Manche Journalisten versuchten darüber hinaus, selbst anhand von Zitaten aus veröffentlichten Dokumenten ein Bild von der geschichtlichen Entwicklung und vom Charakter der SS zu vermitteln.

Oskar Neisinger wies in seinem oben angeführten Artikel in der *Allgemeinen Sonntagszeitung* auf Eugen Kogons „SS-Staat", die Aufsätze von Buchheim und Karl O. Paetel sowie die in den *Vierteljahrsheften für Zeitgeschichte* publizierte Himmler-Rede auf der Gauleitertagung in Posen 1944 hin. Die Zeitschrift *Die Kultur* druckte ebenfalls Himmler-Zitate ab und einen Auszug aus dem Werk von Neusüß-Hunkel. Mahlmann bezog sich auf den Vortrag Buchheims auf dem Historikertag in Ulm.[133]

Einige Journalisten und Publizisten beließen es nicht bei kurzen Artikeln, sondern versuchten sich an längeren historischen Abhandlungen und Dokumentationen zur SS auf der Basis von Quellen und der vorhandenen Literatur. Zu nennen ist hier etwa das bereits oben angeführte, auch in der Presse veröffentlichte Rundfunkfeature von Hammerschmidt/Mansfeld oder Kurt Hirsch, der eine stark erweiterte und um Quellenangaben und Dokumentenzitate ergänzte Version seines im *Vorwärts* erschienenen Aufsatzes dann 1957 als Buch mit dem Titel „SS gestern und heute..." in dem im Besitz der SJD und der SPD befindlichen „Verlag der Schaffenden Jugend" veröffentlichte. Hirsch betonte darin erneut die Präsenz der Waffen-SS in den Einsatzkommandos, äußerte die (irrige) Vermutung, dass auch die in diesen Kommandos vertretenen Mitglieder von SD, Kripo und Gestapo der Waffen-SS angehört hätten, schrieb den Kommandoführern Paul Blobel, Erich Naumann, Otto Ohlendorf und Franz Six hohe Waffen-SS-Ränge zu, so dass insgesamt die Einsatzkom-

---

132 Vgl. G. Meyer, Soldaten, S. 562 f., Anm. 38. Nachdem sich die Arbeit der Sonderprüfgruppe zeitlich zog, die Belastung des PGA jedoch abnahm, beteiligten sich seit 1959 entgegen der anfänglichen Praxis auch Mitglieder des PGA, etwa dessen Leiter Rombach oder der Stuttgarter Generalstaatsanwalt Nellmann, an den Prüfungen.
133 Vgl. *Allgemeine Sonntagszeitung* vom 30.9.1956 („Das Gesicht der Waffen-SS. Man darf Tatsachen nicht vergessen" von Oskar Neisinger); *Die Kultur* Nr. 69 vom 1.10.1956, S. 2; *Stuttgarter Zeitung* vom 20.9.1956 („Der Personalgutachterausschuß und die Waffen-SS" von Paul Mahlmann); Buchheim, SS und Polizei; Paetel, SS; Eschenburg, Rede; Neusüß-Hunkel, SS.

mandos als Organe der Waffen-SS erschienen.[134] Es treffe zwar zu, meinte Hirsch abschließend, dass die Zahl der SS-Leute, die bisher in die Bundeswehr eingestellt worden seien, keine Gefahr für die Demokratie bedeute. Die Tatsache aber, dass SS-Leute überhaupt die Uniform der bundesdeutschen Streitkräfte tragen dürften, sei als Symbol für eine sich anbahnende Entwicklung zu werten, „die nur schwer mit dem Gedanken des ‚Staatsbürgers in Uniform' auf einen Nenner zu bringen ist".[135] Zum Zeitpunkt seiner Veröffentlichung Ende 1957 zielte das Buch Hirschs, wie das Vorwort des SPD-Bundestagsabgeordneten und DGB-Vorstandsmitglieds Werner Hansen deutlich machte, schon nicht mehr auf die Debatte um die Aufnahme von SS-Angehörigen in die Bundeswehr, sondern in erster Linie auf die Forderungen der Ehemaligen nach versorgungsrechtlicher Gleichstellung mit der Wehrmacht, die im nächsten Abschnitt der Arbeit näher behandelt wird.

Explizit auf die Debatte über die Bundeswehr bezog sich Reimund Schnabel im Vorwort seines ebenfalls 1957 in dem im Besitz der VVN befindlichen Röderberg-Verlag erschienenen Buches „Macht ohne Moral". Da die Diskussionen gezeigt hätten, „wie falsch in weiten Kreisen das Wissen über Wesen und Wirkung dieser Organisation" seien, schrieb Schnabel, habe er sich entschlossen, mit dieser „Dokumentation über die SS" – so der Untertitel des Buches – einen „sachlichen Beitrag" zu leisten. Der Titel des Buches und einige Bemerkungen Schnabels wiesen allerdings deutlich die Richtung. „Die SS gehorchte blind jedem Befehl ihres Führers und verwirklichte ihn rücksichtslos. Auch den Befehl zu tausendfachem Mord", schrieb er. SS und Polizei verkörperten für ihn am deutlichsten die Einheit von Partei und Staat im Nationalsozialismus. Die Behauptung, die Waffen-SS habe mit der Allgemeinen SS nichts zu tun gehabt, sah er als widerlegt an, die Waffen-SS sei eindeutig ein Teil der SS gewesen und die Mehrheit ihrer Angehörigen hätte „zumindest von den Greueltaten gewußt".[136] Die Vorbemerkungen des Autors beschränkten sich aber auf wenige Seiten von Schnabels Buch, das ganz auf die Präsentation von Dokumenten (teils in Faksimile), Fotos und Zitaten setzte. Insbesondere mit der ausgiebigen Verwendung von Bildern zur Darstellung der NS-Verbrechen betrat Schnabel Neuland, waren derartige Fotos doch in der bundesdeutschen Öffentlichkeit der 1950er Jahre bislang kaum zu sehen gewesen.[137] Neben NS-Tätern und Leichen waren unter anderem Opfer von KZ-Versuchen, Hinrichtungen und Verhaftungen abgebildet.

---

134 Vgl. Hirsch, SS (1957), S. 51 ff., Hirsch nahm Bezug auf Neusüß-Hunkel, SS, S. 99, die basierend auf einem als Dokument L-180 des Nürnberger Hauptkriegsverbrecherprozesses veröffentlichten Bericht des Führers der Einsatzgruppe A Walter Stahlecker den Anteil der Waffen-SS-Angehörigen am Personal mit 34 % angegeben hatte.
135 Hirsch, SS (1957), S. 104.
136 Schnabel, Macht, S. 5 und 12 f. Eine zweite, leicht erweiterte Auflage erschien 1958.
137 Vgl. Knoch, Tat, S. 544 ff. Die 153 meist ganzseitigen Fotos machten mehr als ein Viertel des Umfangs von Schnabels Buch aus.

Schnabels Werk wurde zwar zu einem Fundus für Ausstellungen und Publikationen in den nachfolgenden Jahren, jedoch blieb seine zeitgenössische Wirkung begrenzt. Dies hatte einmal damit zu tun, dass die Quellen der Bilder nicht angegeben waren, was sie angreifbar für Fälschungsvorwürfe machte. Zum anderen kam die Veröffentlichung aus einem kommunistischen Verlag. Reimund Schnabel selbst war bis 1956 als Journalist beim *Bayerischen Rundfunk* tätig gewesen und hatte dort sogar zeitweise die aktuelle Redaktion geführt. Zum Jahreswechsel 1956/57 jedoch ging er in die DDR und arbeitete anschließend für den dortigen Rundfunk.[138] Das Vorwort des Buches ist auf Dezember 1956 datiert, tatsächlich erschien es jedoch erst in der zweiten Hälfte des Jahres 1957 etwa zeitgleich mit einer vom Komitee der Antifaschistischen Widerstandskämpfer in der DDR herausgegebenen „Dokumentation über die Verbrechen der SS" mit dem Titel „SS im Einsatz". Beide Bücher weisen zwar in Aufbau und Inhalt einige Unterschiede, aber auch zahlreiche Überschneidungen auf, so dass der Verdacht einer Zusammenarbeit oder zumindest der Verwendung von denselben Quellenbeständen nicht von der Hand zu weisen ist. Auch die DDR-Publikation nahm in ihrem vom Volkskammerabgeordneten Heinrich Toeplitz verfassten und ebenfalls auf den Dezember 1956 datierten Vorwort Bezug auf die Entscheidung, SS-Angehörige in die Bundeswehr aufzunehmen und stellte sie in die Folge einer „planmäßige[n] Rehabilitierung der SS" in der Bundesrepublik. Die SS bezeichnete Toeplitz dabei als „stets willfährige Verbrechergarde der Hitlerfaschisten", die in erster Linie dort, wo „mit besonderer Barbarei gegen unschuldige Menschen" vorgegangen wurde, zum Einsatz gekommen sei. In all ihren Gliederungen bis zur Waffen-SS sei sie „zum Inbegriff von Terror und Mord" geworden.[139]

Noch bevor die SS-Prüfgruppe ihre Arbeit begann, wurde das Thema im Mai 1957 noch einmal von der Presse aufgegriffen. Der Grund dafür war eine Anfrage der DP im Bundestag, in der unter anderem eine Gleichberechtigung von Bewerbern der ehemaligen Waffen-SS, die sich zum demokratischen Staat bekannten, mit denen der ehemaligen Wehrmacht verlangt wurde.[140] Die Reaktionen darauf zeigten je-

---

138 Vgl. ebenda, S. 547 f.; PNP vom 5.4.1957 („Der ‚völlig unpolitische' Fall Schnabel").
139 SS im Einsatz, S. 12. Das Buch erschien in der Folge in zahlreichen weiteren Auflagen; zum Inhalt vgl. Knoch, Tat, S. 541 ff. Toeplitz promovierte 1937 in Jura, konnte aber wegen jüdischer Vorfahren seinen Beruf nicht ausüben. 1944 wurde er zur Organisation Todt zwangsverpflichtet. Nach dem Krieg holte er sein Referendariat und das zweite Staatsexamen nach und wurde juristischer Hauptreferent beim Berliner Magistrat. 1949 trat er der (Ost-)CDU bei, war von 1950–1960 Staatssekretär im Justizministerium der DDR und anschließend Präsident des Obersten Gerichts der DDR, als solcher leitete er u. a. den Schauprozess gegen Kanzleramtschef Hans Globke. Darüber hinaus gehörte er dem Präsidium der Zentralleitung des Komitees der Antifaschistischen Widerstandskämpfer der DDR und dem Zentralrat der FIR an.
140 Vgl. VDB, 2. Wp., Drs. 3431 vom 30.4.1957 betr. Gleichstellung der Angehörigen der ehemaligen Waffen-SS mit den Angehörigen der ehemaligen Wehrmacht; FAZ vom 8.5.1957 („Deutsche Partei fordert Einstellung von Waffen-SS-Bewerbern"); *Deutsche Zeitung und Wirtschaftszeitung* vom

doch, dass die Debatte seit dem vergangenen Jahr erheblich an Brisanz verloren hatte. Das Gewerkschaftsorgan *Welt der Arbeit* wies das Ansinnen der DP zwar zurück, von einer grundsätzlichen Ablehnung ehemaliger Waffen-SS-Angehöriger war jedoch nur noch wenig zu spüren, wenn es hieß, mit einem solchen Schritt würde weder den „sauber gebliebenen" Waffen-SS-Männern noch den übrigen Soldaten ein Dienst geleistet. Vielmehr müsse stets – auch im Sinne der europäischen Einigung – überprüft werden, ob ehemalige SS-Angehörige an Kriegsverbrechen beteiligt waren, bevor sie in einer Armee, die für Freiheit und Menschlichkeit kämpfen solle, dienen könnten.[141] Die *Schwäbische Landeszeitung* aus Augsburg meinte, mit gewissem Recht könne man in den Beschränkungen eine „Diskriminierung" sehen, denn „in ihrer großen Masse" habe die Waffen-SS „ebenso anständig gekämpft wie die Wehrmacht und an Verbrechen anderer SS-Formationen nicht teilgehabt". Jedoch dürfe nicht verkannt werden, dass es den überlebenden NS-Opfern schwerfalle, „unter dem Begriff SS etwas anderes als ein Symbol des Terrors zu sehen und nicht jeden, der das SS-Zeichen am Uniformrock getragen hat, als einen Knecht der braunen Tyrannei zu betrachten". Die Sonderprüfungen seien daher unter „politisch-psychologischen" Gründen gerechtfertigt. Die von der Zeitung geäußerte Befürchtung, die „heftige und recht unerfreuliche Diskussion" des Vorjahres könne sich aufgrund des Vorstoßes der DP neu entzünden, sollte sich allerdings nicht bestätigen.[142]

Am 8. Juli begannen die zivilen Prüfer mit ihrer Arbeit. Bezüglich der Entscheidungen der Prüfgruppe war vereinbart worden, dass diese nur bei voller Besetzung und mit mindestens einer Zweidrittelmehrheit gefällt werden konnten. Das bedeutete, dass zumindest eines der beiden zivilen Mitglieder zustimmen musste. Bei Bewerbern aus der Allgemeinen SS und dem SD lag die letzte Entscheidung nach wie vor beim Minister. Dieser ließ sich außerdem alle Entscheidungen vorlegen, bei denen nur eines der zivilen Mitglieder für eine Annahme votiert hatte.[143] Neben den neuen wurden auch solche Bewerber diesem Verfahren unterworfen, die zwar bereits einmal überprüft, jedoch bislang noch nicht einberufen worden waren.[144] Den eigentlichen Prüfungen gingen eine vorbereitende Besprechung und eine kurze Schulung der zivilen Prüfer voraus. Trotzdem fühlten sich diese in den ersten Sitzungen bei der Beurteilung der Persönlichkeit der Bewerber etwas überfordert. In einem Fall etwa, meinte die Prüferin Schramm von Thadden zu ihrem Kollegen Kleist, habe der Bewerber keinen schlechten Eindruck gemacht, jedoch sei er seit

---

15.5.1957 („Waffen-SS auf der Tagesordnung"); in der Hauptsache zielte die Anfrage auf eine Gleichstellung von Waffen-SS und Wehrmacht im 131er-Gesetz, siehe dazu Kapitel I.2 dieser Arbeit.
141 *Welt der Arbeit* vom 10.5.1957 („SS-Anfrage").
142 *Schwäbische Landeszeitung* vom 22.5.1957 („Waffen-SS und Bundeswehr").
143 Vgl. G. Meyer, Soldaten, S. 584, Anm. 77.
144 Vgl. BArch-MA, BW 1/4724, Vermerk von Einem vom 23.4.1957 zur Annahmeprüfung für ehemalige SS-Angehörige.

1934 bei der Verfügungstruppe gewesen. Könne man aber wirklich guten Gewissens jemand einstellen, „der 11 Jahre lang in der Luft der SS gelebt" habe, fragte sie. Wie lange dürfe jemand dabei gewesen sein und bei welchen Truppen?[145] Bei den ersten vier überprüften Kandidaten handelte es sich um Personen, die bereits angenommen, aber noch nicht einberufen worden waren. Zwei von ihnen wurden nun abgelehnt. Eine wichtige Rolle dabei spielten die Unterlagen des BDC, aufgrund derer es gelang, einen der dann Abgelehnten der Lüge zu überführen.

Die zivilen Mitglieder der Prüfgruppe schlossen daraus, dass die vom Ministerium vorher durchgeführten Überprüfungen unzureichend gewesen sein mussten. Sie forderten deshalb, dass ihnen auch alle schon eingestellten ehemaligen SS-Angehörigen zur Begutachtung vorgestellt würden. Dies führte zu einer Auseinandersetzung mit dem Ministerium, während der die Einstellungen zeitweise erneut zum Erliegen kamen. Das Ministerium sicherte dann zwar zu, selbst noch einmal die Akten auf eventuelle Täuschungen zu prüfen, lehnte eine grundsätzliche Neuprüfung mit Hinweis auf das Beamtenrecht aber strikt ab.[146] Dass diese Nachprüfungen durch das Ministerium dann entweder ganz unterblieben oder doch zumindest nicht mit besonderer Sorgfalt vorgenommen wurden, zeigt der Fall des noch Anfang Oktober 1956 einberufenen Majors Ulrich Besch, bei dem sich erst 1959 herausstellte, dass er bei seiner Einstellung seine Zugehörigkeit zu einem Totenkopfverband und seine zeitweilige Tätigkeit als Wachmann im KZ Buchenwald verschwiegen hatte.[147] An die Öffentlichkeit gelangte die Sache dann erst 1961, weil Besch gegen seine umgehende Entlassung letztlich erfolglos geklagt hatte.[148]

Die Meinungen der zivilen und der militärischen Mitglieder der Prüfgruppe gingen offenbar nicht selten auseinander. Edelgard Schramm von Thadden jedenfalls glaubte bei den Militärs Neigungen zu bemerken, mehrere Jahre anständigen Verhaltens in sowjetischer Gefangenschaft und einen dabei verfestigten Antikommunismus als Ersatz für ein nachweisbares Abrücken vom Nationalsozialismus und

---

145 Schramm von Thadden an Kleist, 15.7.1957, zitiert bei G. Meyer, Soldaten, S. 576.
146 Vgl. ebenda, S. 579 ff., und BArch-MA, BW 27/34, Strauß an Rombach, 26.11.1957, worin der Minister auch darauf hinwies, dass der Eindruck, SS-Bewerber seien vor Errichtung der Prüfgruppe nicht eingehend begutachtet worden, falsch sei, und den Anteil der Abgelehnten mit 76 % bezifferte.
147 Vgl. BArch-MA, BW 1/4724, Vermerk Regers vom 3.3.1959; Molt, Wehrmacht, S. 377. Ebenfalls schon 1956 zur Bundeswehr gekommen war Wolfgang Abel, SS-Mitglied seit 1931 und 1941 als Sturmbannführer Chef der Nachrichtenabteilung II des SS-Polizei-Regiments Süd. Er wurde 1965 als Oberstleutnant pensioniert. 1976 stand er dann in Kaiserslautern wegen Beteiligung an der Massenerschießung von Juden in der Ukraine vor Gericht. Die Richter stellten das Verfahren wegen Verjährung ein, vgl. IfZ-Archiv, NSG-Datenbank, Kaiserslautern 18 Js 7/73 Ks; Justiz und NS-Verbrechen, Bd. XLII, Nr. 838.
148 Vgl. AWJ vom 24.3.1961 („Eine arglistige Täuschung"); *Hamburger Echo* vom 6.6.1961 („Ein Bundeswehrmajor täuschte den Minister").

eine demokratische Grundhaltung eines Bewerbers zu akzeptieren.[149] Auf Vorschlag der Prüfgruppe ergänzte und verschärfte der PGA am 21. November 1957 seine Einstellungsrichtlinien dahingehend, dass Bewerber, die den SS-Totenkopfverbänden, der SS-Verfügungstruppe und SS-Polizeieinheiten angehört hatten, grundsätzlich abgelehnt würden, „wenn sich nicht besondere Umstände ergeben, die eine Einstellung rechtfertigen". Unter „besonderen Umständen" verstehe man, dass der Bewerber ein Verhalten nachweise, „das eine Einstellung in die Bundeswehr empfehlen" lasse. Bei „SS-Führern und ranghöheren SS-Unterführern von SS-Oberscharführern aufwärts" seien die Richtlinien des Ausschusses „besonders streng anzuwenden".[150] Bis zum Ende des Jahres 1957 lagen der Prüfgruppe die Unterlagen von 292 Bewerbern vor, persönlich geprüft worden waren bis dahin 47, wovon 21, also 45 Prozent, als geeignet eingestuft wurden. In 51 weiteren Fällen hatte man nach einer Vorprüfung der Akten eine persönliche Begutachtung nicht für notwendig erachtet, da die Bewerber nur kurzfristig der SS angehört hatten, etwa bei der Einziehung von Jugendlichen oder Versetzungen von der Wehrmacht ab Ende des Jahres 1944.[151] Die Annahmequote blieb in den Folgejahren zunächst auf dieser Höhe und stieg zu Beginn der 1960er Jahre dann bei einer rasant abnehmenden Zahl der Bewerber etwas an. Ende 1963 war die Arbeit der Prüfgruppe dann im Wesentlichen abgeschlossen, bis dahin hatte sie von 602 Bewerbern, die ehemals der SS angehört hatten, 299 akzeptiert.[152]

Starken Einschränkungen unterlagen auch die Einberufungen ehemaliger Waffen-SS-Angehöriger zu Wehrübungen, bis 1959 unterblieben sie ganz. Zum einen bestand personell keine Notwendigkeit, zum anderen rechnete man damit, dass Presse und Öffentlichkeit kritisch beobachten würden, aus welchen Kreisen die ersten Teilnehmer rekrutiert würden. Im Oktober 1959 entschied sich Minister Strauß dann für einen Weg, der dem bei der Einstellung der Berufssoldaten entsprach. Der Kreis der Teilnehmer aus der Waffen-SS sollte klein gehalten, die Kandidaten anhand der Akten überprüft und keiner mit einem höheren Dienstgrad als Obersturmbannführer akzeptiert werden.[153]

Insgesamt blieb der Anteil der ehemaligen SS-Angehörigen an den Bundeswehroffizieren nicht zuletzt aufgrund der geschilderten Beschränkungen gering. 1959 verbreiteten der Ostberliner Ausschuss für Deutsche Einheit und verschiedene

---

149 Vgl. G. Meyer, Soldaten, S. 585.
150 BArch-MA, BW 1/5522, der Beschluss ist als Anlage enthalten im Schreiben Veils an Lindemann vom 21.9.1961; vgl. auch G. Meyer, Soldaten, S. 582 f.
151 Vgl. BArch-MA, BW 1/4895, Stellungnahme des Referats P III 1 vom 12.2.1958 zum Tätigkeitsbericht des Personalgutachterausschusses.
152 Vgl. BArch-MA, BW 27/10, Aufstellung über die geprüften SS-Bewerber vom 13.12.1963, vgl. auch FAZ vom 29.6.1967 („Personalgutachterausschuß aufgelöst"), wo geringfügig abweichende Zahlen genannt sind.
153 Vgl. BArch-MA, BW 1/4920, Denkschrift vom 29.8.1959; G. Meyer, Soldaten, S. 586 ff.

kommunistische Zeitungen Vorwürfe, in der westdeutschen Armee gebe es mehr als 2000 Offiziere und Unteroffiziere, die ehemals der SS angehört hätten. Nachdem dies im Ausland erneut zu besorgten Nachfragen Anlass gegeben hatte, erläuterten das Mitglied der Sonderprüfgruppe Hans Fritsche und Personalgutachter Hensel auf der Tagung der „Union der Widerstandskämpfer für ein vereinigtes Europa" das Prüfverfahren und gaben an, in der Bundeswehr befänden sich höchstens vier- bis fünfhundert ehemalige SS-Leute, nur wenige davon seien Offiziere.[154] Eine interne Prüfung des Verteidigungsministeriums kam 1960 zu dem Ergebnis, dass sich insgesamt 699 ehemalige SS-Angehörige im Dienst der Bundeswehr befanden. Im Jahr darauf errechnete man bei den Offizieren und Unteroffizieren einen Anteil von 0,5 Prozent ehemaliger Waffen-SS-Angehöriger.[155] Einige dieser Ehemaligen gelangten im Laufe der Jahre durchaus in herausgehobene Stellungen. Den Rang eines Brigadegenerals erreichte etwa Alfred Kendziora, der bei Kriegsende als 20-Jähriger SS-Untersturmführer in der Panzer-Division „Das Reich" gewesen war und nach der Absolvierung eines Bergbaustudiums 1960 – also nach einer Begutachtung durch die Prüfgruppe – zur Bundeswehr kam. Ebenfalls der Division „Das Reich" hatte als Untersturmführer Gerhard Deckert angehört, der über den Bundesgrenzschutz zur Bundeswehr kam und dort 1983 als Generalmajor und Chef des Stabes im Führungsstab des Heeres in den Ruhestand ging.[156]

Staatsanwaltschaftliche Ermittlungen aus den 1960er Jahren zeigen deutlich Blindstellen der Arbeit der Sonderprüfgruppe auf. So galt etwa die SS-Reiterei auch aufgrund des Nürnberger Urteils lange Zeit als völlig unbescholten, ehe die Untersuchungen der Zentralen Stelle in Ludwigsburg die massive Beteiligung der SS-Reiter-Abteilungen und -Kavalleriebrigaden an der Ermordung der Juden in Osteuropa ans Licht brachten. Mehrere Angehörige der SS-Kavallerie wurden ohne Probleme als Offiziere in die Bundeswehr übernommen. In den Reihen der Beschuldigten aus der ersten SS-Kavallerie-Brigade, gegen die seit 1962 ermittelt wurde, fanden sich allein zwei Majore und ein Oberstleutnant der Bundeswehr, unter anderem der frühere Ordonnanzoffizier beim Stab des 1. SS-Kavallerie-Regiments und SS-Obersturmführer Rudolf Maeker.[157]

---

154 Vgl. FAZ vom 25.11.1959 („Keine SS in Kommandostellen"; *Rheinische Post* vom 24.11.1959 („Beherrscht die SS die Bundeswehr"); zu den DDR-Vorwürfen vgl. etwa *Neues Deutschland* vom 16.1.1959 („Hitlers Generale führen Bonner Armee").
155 Vgl. G. Meyer, Soldaten, S. 594, Anm. 98.
156 Vgl. Molt, Wehrmacht, S. 381. Westemeier, Himmlers Krieger, S. 465, weist darauf hin, dass auch zwei im amerikanischen Malmedy-Prozess zunächst zum Tod verurteilte SS-Männer der SS-Totenkopf-Division, der ehemalige Obersturmführer Werner Sternebeck und der frühere Rottenführer Max Rieder eingestellt wurden. Sternebeck kam wie Deckert ohne Überprüfung vom Bundesgrenzschutz und erreichte in der Bundeswehr zuletzt den Rang Oberstleutnant.
157 Vgl. Staatsarchiv München, Staatsanwaltschaften 21894; einige weitere ehemalige Angehörige der Brigade, die nun Offiziere der Bundeswehr waren, wurden nur vernommen, aber nicht beschuldigt, vgl. Cüppers, Wegbereiter, S. 318; Westemeier, Himmlers Krieger, S. 582; das Münchner Ermitt-

2 Die Behandlung von ehemaligen SS-Angehörigen in der Sozialgesetzgebung

Dass ein Staat für seine Kriegsbeschädigten und die Hinterbliebenen der im Krieg Gefallenen sorgen müsse, sei eine Auffassung, die sich nicht erst heute oder gestern durchgesetzt habe, sondern die man bis in älteste Zeiten zurückverfolgen könne, hieß es im maßgeblichen Rechtskommentar zum Bundesversorgungsgesetz (BVG) von 1950.[158] Nach dem Ersten Weltkrieg hatte diese Maxime in Deutschland im Reichsversorgungsgesetz von 1920 ihren Ausdruck gefunden, das jedoch von den alliierten Besatzungsmächten 1945/46 weitgehend außer Kraft gesetzt wurde. Bei der Neuordnung der Kriegsopferversorgung in der Bundesrepublik ging es dann angesichts der „totalen" Mobilisierung der nationalsozialistischen Gesellschaft im Zweiten Weltkrieg nicht zuletzt auch darum, welche Abgrenzungen man bei den Anspruchsberechtigten vornehmen wollte. Erste noch in der Besatzungszeit zur Überwindung akuter Notsituationen getroffene Regelungen wie das Körperbeschädigten-Leistungsgesetz der US-Zone und die Sozialversicherungsdirektiven Nr. 11 und 27 der britischen Zone sahen einen Anspruch bei militärischem oder militärähnlichem Dienst vor, nahmen allerdings Dienste aus, die in Gliederungen der NSDAP geleistet worden waren. Angehörige der Waffen-SS waren nur anspruchsberechtigt, wenn sie ohne eigenes Zutun zu dieser Truppe versetzt oder eingezogen worden waren. Keine Leistungen wurden außerdem Personen gewährt, die nach den Entnazifizierungsgesetzen als „Hauptschuldige" oder „Belastete" eingestuft worden waren. In der US-Zone wurde dann in der zweiten Hälfte des Jahres 1948 der Anspruch auch auf Freiwillige der Waffen-SS ausgedehnt, wenn die Beschädigung oder der Tod im Rahmen von Einsätzen erfolgt war, in denen der betreffende Verband der Waffen-SS dem Befehl der Wehrmacht unterstanden hatte.[159]

Bei den Vorbereitungen und Beratungen zum BVG herrschte offenbar Einigkeit, die Angehörigen der Waffen-SS ohne Einschränkung einzubeziehen.[160] Allerdings wurde eine im ursprünglichen Gesetzentwurf enthaltene explizite Erwähnung der Waffen-SS wieder gestrichen. Dieser Schritt ging auf eine Empfehlung des Rechtsausschusses des Bundesrats zurück, der es nicht für gut hielt, „die Erinnerung an diese NS-Organisation in einem Gesetz zu verewigen", zumal der angesprochene Personenkreis auch über die sonstigen Bestimmungen des Gesetzes Berücksichtigung finden könne.[161] Aufgrund einer missverständlichen Darstellung in der Bun-

---
lungsverfahren wurde gegen alle Beschuldigten 1970 wegen Verjährung bzw. mangels Beweises eingestellt.
158 Vgl. Schieckel/Aichberger, Bundesversorgungsgesetz, S. 1; zum Folgenden ebenda, S. 51 f.
159 Vgl. Hausser, Soldaten, S. 140.
160 Vgl. Rüfner, Ausgleich, S. 695 f.
161 Verhandlungen des Deutschen Bundesrats, 1. Sitzungsperiode, 33. Sitzung vom 18.8.1950, S. 544.

despressekonferenz vom 12. September 1950, in der unter anderem die Zustimmung des Kabinetts zu einigen Änderungsvorschlägen des Bundesrats bekannt gegeben worden war, meldeten mehrere Zeitungen anschließend unter Überschriften wie „Nicht SS und NSDAP", die Angehörigen der Waffen-SS und der Parteigliederungen würden aus der Versorgung ausgeschlossen.[162] Beim Kanzler löste dieser Fauxpas erheblichen Unmut aus. Das Bundespresseamt veröffentlichte umgehend ein Dementi und stellte klar, dass das BVG auf Soldaten der Waffen-SS genauso Anwendung finde wie auf Wehrmachtssoldaten.[163] Im Bundestag stellte Arbeitsminister Anton Storch die Pressemeldungen richtig.[164]

Der Rechtsausschuss des Bundestags folgte im Anschluss dem Änderungsvorschlag des Bundesrats und strich die entsprechenden Passagen im Gesetz. Die Betroffenen würden trotzdem erfasst, so der Berichterstatter des Ausschusses, der SPD-Abgeordnete Kurt Pohle, im Plenum, es komme „nur darauf an, diesen Verbänden nicht noch ein namentliches Erinnerungsdenkmal im Gesetz zu setzen".[165] Für die Angehörigen der Waffen-SS maßgeblich wurden die Bestimmungen des BVG, die einen Versorgungsanspruch aufgrund einer Schädigung in jedem nach deutschem Wehrrecht geleisteten militärischen Dienst als Soldat festlegten. Dass darin neben den früheren Wehrmachtssoldaten auch die Angehörigen der Waffen-SS inbegriffen sein sollten, hatte schon die dem ursprünglichen Gesetzentwurf beigefügte Begründung der Bundesregierung festgestellt.[166] Ausgeschlossen blieben allerdings Schädigungen, die in die Zeit vor der offiziellen Schaffung der Waffen-SS während des Dienstes in deren Vorgängerorganisationen, der SS-Verfügungstruppe, der „Leibstandarte" oder den Totenkopfstandarten, entstanden waren. Diese Beschränkung wurde von den Interessenorganisationen der Betroffenen, vor allem der HIAG, immer wieder beklagt, von den Sozialgerichten aber mehrfach bestätigt.[167]

---

162 Vgl. etwa *Hamburger Abendblatt* vom 12.9.1950 („Nicht SS und NSDAP"); FAZ vom 13.9.1950 („„Waffen-SS ausgeschlossen"); PNP vom 14.9.1950 („SS von der Versorgung ausgenommen").
163 Vgl. IfZ-Archiv, Mitteilung des Bundespresseamts Nr. 806/50 vom 13.9.1950; Kabinettsprotokolle 1950, S. 696 f., Kabinettssitzung vom 15.9.1950.
164 VDB, 1. Wp., 84. Sitzung vom 13.9.1950, S. 3166, in der anschließenden Debatte nahmen der Abgeordnete der Bayernpartei und ehemalige Oberleutnant der Gebirgsjäger Ludwig Volkholz (S. 3176) sowie der FDP-Fraktionsgeschäftsführer Mende (S. 3177) auf die Meldungen Bezug, beide betonten, dass es keine Unterschiede zwischen Soldaten der Wehrmacht und der Waffen-SS geben dürfe; vgl. auch FAZ vom 14.9.1950 („Auch die Waffen-SS").
165 VDB, 1. Wp., 93. Sitzung vom 19.10.1950, S. 3442; ebenfalls gestrichen wurde deshalb der Begriff „Gliederungen der NSDAP" in einem anderen Paragraphen des Entwurfs (Drs. 1333). Auch in den Verwaltungsvorschriften zum Gesetz wurde die Erwähnung der Waffen-SS auf Initiative des Bundesrats gestrichen, vgl. Verhandlungen des Deutschen Bundesrats, 1. Sitzungsperiode, 49. Sitzung vom 9.2.1951, S. 98; Kabinettsprotokolle 1951, 131. Sitzung vom 23.2.1951, S. 174; Schieckel-Aichberger, Bundesversorgungsgesetz, Ergänzungsband, S. 4.
166 Vgl. VDB, 1. Wp., Drs. 1333, S. 47; Schieckel-Aichberger, Bundesversorgungsgesetz, S. 262.
167 Vgl. Hausser, Soldaten, S. 141 ff.

Teils parallel zum BVG beriet der Bundestag auch das im April 1951 verabschiedete Gesetz zum Artikel 131 des Grundgesetzes, das die Wiederverwendung oder Versorgung von Beschäftigten des öffentlichen Dienstes regelte, die durch den Untergang des Dritten Reichs ihre Stellung verloren hatten; das waren vor allem die Flüchtlinge und Vertriebenen sowie diejenigen, die aufgrund ihrer NS-Belastung entlassen worden waren, und die ehemaligen Berufssoldaten. Die NSDAP und ihre Gliederungen wurden dabei nicht dem öffentlichen Dienst zugerechnet. Anders als das BVG begünstigte das Gesetz im militärischen Bereich außerdem allein die „Berufssoldaten der ehemaligen Wehrmacht" (§ 1) und unter diesen wiederum nur diejenigen, die vor dem 8. Mai 1935 erstmals in den Wehrdienst eingetreten oder in ein Beamtenverhältnis berufen worden waren (§ 53). „Wehrmacht" wurde dabei noch näher umrissen als die „Wehrmacht im Sinne des Wehrgesetzes vom 21. Mai 1935", die davor bestehende „alte Wehrmacht" und die „Reichswehr".[168] Damit blieben die Angehörigen der offiziell ja erst 1940 geschaffenen Waffen-SS, ohne dass sie in den entsprechenden Passagen des Gesetzes überhaupt Erwähnung gefunden hätten, gleich aufgrund von zwei Bestimmungen von der Wiederverwendung beziehungsweise von Pensionsansprüchen ausgeschlossen, es sei denn sie waren als nach dem Gesetz versorgungsberechtigte Soldaten oder Beamte von Amts wegen dorthin versetzt worden und dort bis Kriegsende verblieben oder in Ruhestand getreten (§ 67). Explizit ausgenommen wurden Beamte der Gestapo (mit derselben Regelung bei Versetzung) sowie Personen, die ihre Ansprüche aufgrund von rechtskräftigen Entnazifizierungsentscheidungen verloren hatten (§ 3). Diese Beschränkungen gaben in den folgenden Jahren zu zahlreichen Initiativen seitens der sich in der ersten Hälfte der 1950er Jahre formierenden Soldaten- und Veteranenverbände, aber auch von Parteienvertretern Anlass, die früheren Waffen-SS-Angehörigen im Rahmen von Gesetzesnovellen doch noch einzubeziehen.

Bereits die erste Novelle zum Gesetz, das zahlreiche Begehren der ehemaligen Staatsbediensteten unbefriedigt gelassen hatte, brachte hier zum Ende der ersten Legislaturperiode des Bundestags 1953 den SS-Veteranen einen Erfolg. Sie stellte klar, dass auch die Angehörigen der Waffen-SS, anders als die hauptberuflichen Mitarbeiter der NSDAP, unter den Artikel 131 GG fallen sollten, also dem öffentlichen Dienst zugerechnet wurden. Zwar blieben sie aufgrund der Beschränkungen in § 1 und § 53 weiterhin von den direkten Ansprüchen ausgeschlossen, jedoch wurden sie nun in § 72 unter den Personen erwähnt, die für ihre gesamte Dienstzeit in der gesetzlichen Rentenversicherung nachversichert wurden. Zudem senkte man die in § 67 vorhandenen Hürden für eine Anrechnung der Dienstzeiten bei Versetzung zur

---

[168] Vgl. dazu und zum Folgenden Anders, Gesetz; Werder/Ortmann/Otto, Bundesgesetz (jeweils unter den entsprechenden Paragraphen); zur Vorgeschichte und Genese des Gesetzes Wengst, Beamtentum, S. 152 ff.; Garner, Public Service.

Waffen-SS (und zur Gestapo).¹⁶⁹ Die Ehemaligen der Waffen-SS stellte diese Regelung freilich nicht zufrieden. Zum einen blieben die Zeiten vor 1940 in den Vorgängerorganisationen der Waffen-SS unversichert, zum anderen strebte man eine völlige Gleichstellung mit den Angehörigen der Wehrmacht an. In diesem Punkt sah die sich formierende HIAG ihr Hauptziel.

Im Vorfeld der 1955 anstehenden Beratungen zu einer zweiten Novelle des Gesetzes verstärkten deshalb die HIAG und ihr nahestehende Organisationen wie der Verband der Heimkehrer (VdH) und der VDS ihre Bemühungen, weitere Verbesserungen für die Waffen-SS-Veteranen zu erreichen. Anfang 1954 gingen etwa im Kanzleramt mehrere Schreiben und Petitionen ein, die eine Gleichstellung von Waffen-SS und Wehrmacht forderten, darunter ein Brief des früheren SS-Generals Felix Steiner.¹⁷⁰ In der Innenverwaltung des Bundes bestand wenig Neigung, diesem Ansinnen nachzugeben. Der für das Beamtenrecht zuständige Abteilungsleiter im Bundesinnenministerium Georg Anders fasste eine vom Kanzleramt erbetene Stellungnahme zu dieser Frage dahingehend zusammen, die Waffen-SS sei weder Teil der staatlichen Behördenorganisation noch Teil der Wehrmacht geworden, sondern sie habe gewissermaßen eine Privatarmee Hitlers dargestellt und als solche zwischen Staat, Wehrmacht und Partei gestanden. Da sie weder Staatsbedienstete noch Soldaten der Wehrmacht gewesen seien, hätten die berufsmäßigen Angehörigen der Waffen-SS als solche keine Rechte nach dem Gesetz zu Artikel 131. Diese Nichtberücksichtigung sei unter anderem „durch die Erwägung gerechtfertigt, daß die Bundesrepublik nicht alle Verpflichtungen, die die ns. Führung eingegangen ist, erfüllen kann", zumal in der fraglichen Zeit der öffentliche Dienst in unnötiger und unerträglicher Weise ausgeweitet worden sei. Die Ansicht Steiners, hierin liege kränkende Zurückstellung, sei „verfehlt", denn viele berufsmäßige Angehörige der Wehrmacht, die erst nach dem 8. Mai 1935 in diese eingetreten seien, würden genauso behandelt. Ob man zukünftig an eine Gleichstellung denken solle, sei eine Frage des gesetzgeberischen Ermessens. Damit würde man auf jeden Fall aber mit dem Grundsatz brechen, dass Organisationen, die nach 1933 ohne einen Zusammenschluss mit vorher bestehenden Institutionen entstanden seien, nicht erfasst werden sollten. Darüber hinaus wies Anders darauf hin, dass eine Gleichstellung schon insofern keine großen Auswirkungen haben werde, da meist der Stichtag nicht erfüllt sei, außer man wolle auch die Stabswache und „Leibstandarte" einbeziehen.¹⁷¹

---

169 Vgl. VDB, 1. Wp., Drs. Nr. 4591; die FDP war mit ihrem ursprünglichen Antrag, in das Gesetz einen Passus einzufügen, nach dem die Waffen-SS zur Wehrmacht gehört habe (Drs. Nr. 3407 vom 27.5.1952), gescheitert. Eine Debatte in den Medien zu dieser Frage ist nicht greifbar.
170 Vgl. BArchK, B 136/5147, Steiner an Adenauer, 3.3.1954 und Steiner an Globke, 5.3.1954; zur Unterstützung des VdH *Der Heimkehrer* vom 10.1.1957 („VdH und Waffen-SS").
171 BArchK, B 136/5147, Anders an das Kanzleramt, 13.5.1954. Garner, Public Service, S. 73 f., weist darauf hin, dass der Jurist Anders, der in der NS-Zeit Ministerialrat im Reichsjustizministerium gewesen war, im Mai 1933 Mitglied der NSDAP geworden war und selbst unter das 131er-Gesetz ge-

Gestützt wurde diese Position durch eine dem Ministerium vorliegende Ausarbeitung des Historikers Hans Buchheim über die „organisatorische Entwicklung der bewaffneten SS-Verbände zwischen 1933 und 1945", die zu der Gesamtbeurteilung kam, für die Kriegsjahre fänden sich manche Gesichtspunkte, die die Waffen-SS als vierten Wehrmachtsteil erscheinen ließen. Rechtlich betrachtet sei sie dies jedoch nie gewesen, sondern eine neue Feldarmee, die nach den Intentionen des Regimes nicht Teil der Wehrmacht habe sein sollen. Im Gegenteil habe das Regime mit der Waffen-SS das Ziel verfolgt, sich von der Wehrmacht unabhängig zu machen. Zwar ließen sich bei der Waffen-SS deutlich einzelne Einheiten unterscheiden, die zum Kampf oder zur KZ-Bewachung eingesetzt wurden. Insgesamt aber sei sie im Krieg bei sinkender Bedeutung der Allgemeinen SS zur einigenden Klammer der gesamten SS geworden.[172]

Anfang 1955 verstärkte die HIAG ihre Lobbytätigkeit. Paul Hausser übersandte dem Kanzleramt, den Bundesministerien und allen Bundestagsabgeordneten eine 15-seitige Denkschrift, in der er die Forderung nach einer Gleichstellung von Waffen-SS und Wehrmacht im 131er-Gesetz mit vielfältigen Argumenten zu stützen suchte.[173] Unterstützt vom VDS schienen diese Bemühungen Früchte zu tragen. Im September des Jahres meldete das HIAG-Blatt *Wiking-Ruf*, Vertreter von Regierung und Opposition hätten dem Verband versichert, dass nach einer Gesetzesnovelle auch die ehemaligen Waffen-SS-Angehörigen unter den Artikel 131 fallen sollten.[174] Selbiges berichtete auch die in Karlsruhe erscheinende Wochenzeitung *7 Tage*, in einem großen Artikel, der offenbar auf Informationen der HIAG beruhte und sich ganz deren Position zu eigen machte. In den Nürnberger Prozessen sei die Waffen-SS gemeinsam mit der Allgemeinen SS zur verbrecherischen Organisation abgestempelt worden, hieß es. Dabei sei die Waffen-SS ein Teil des Heeres gewesen und habe mit „schwarzer SS" und SD nichts gemein gehabt. In ihr hätten Männer aus ganz Europa unter großen Opfern gegen den Bolschewismus gekämpft. Nach zehn Jahren solle nun endlich „der Makel von einer Truppe genommen werden, die es wahrlich nicht verdient hatte, diffamiert zu werden". Es sei an der Zeit, sie wenigstens in der Versorgungsfrage mit den Wehrmachtsangehörigen gleichzustellen. Das Blatt berichtete, neben dem FDP-Fraktionsvize Erich Mende hätten sich auch die verteidigungspolitischen Sprecher der Bundestagsfraktionen von CDU und FDP, der

---

fallen sei. Letzteres ist allerdings nicht ganz zutreffend, da Anders, dessen Vorfahren teils jüdischen Glaubens gewesen waren, als Mitarbeiter des Personalamts des Vereinigten Wirtschaftsgebietes bereits vor Gründung der Bundesrepublik wieder im Staatsdienst stand.
172 Vgl. BArchK, B 136/5147, Hans Buchheim, „Die organisatorische Entwicklung der bewaffneten SS-Verbände zwischen 1933 und 1945 und deren Verhältnis zur Wehrmacht, München, 31.3.54".
173 Vgl. ebenda, „Das Gesetz gem. Artikel 131 des Grundgesetzes und die Waffen-SS". Globke bestätigte in einem Schreiben an Hausser vom 7.4.1955 den Empfang, legte die Rechtslage dar und verwies darauf, dass Verbesserungen allein dem Bundestag oblägen.
174 Vgl. WR vom September 1955, S. 8 („Die zweite Novelle").

frühere Vizeadmiral Hellmuth von Heye und der ehemalige Panzergeneral Hasso von Manteuffel dafür eingesetzt. Manteuffel habe die ehemaligen Waffen-SS-Männer als „prächtige Kameraden" bezeichnet, mit denen er „Schulter an Schulter im härtesten Einsatz" gekämpft habe. Überall habe die Forderung nach Gleichstellung Gehör gefunden, konnte man lesen. Zwar habe es auch „einige kritische Stimmen" gegeben, jedoch seien die Empfehlungen der Wehrfachleute der Parteien so positiv gewesen, dass ein Erfolg des Begehrens kaum noch in Frage stehe.[175] Einen ganz ähnlichen Tenor hatte ein Artikel, der etwa um dieselbe Zeit in der im nordbayerischen Hof erscheinenden Tageszeitung *Frankenpost* erschien.[176]

Insgesamt blieb das Presseecho auf das Begehren der SS-Veteranen aber gering. Sehr viel stärkere Reaktionen provozierte die Forderung, den Ausschluss der früheren Gestapobeamten im 131er-Gesetz zu beseitigen. Selbst ein katholisch-konservatives Blatt wie die *Passauer Neue Presse* konnte dafür keinerlei Verständnis aufbringen: „Jedermann weiß, daß die Gestapo zu jener Zeit der Alptraum unseres Erdteils, der Schrecken aller Aufrechten und der Tod von Millionen war", hieß es dort in einem Leitartikel. „Die Gestapo war die Mordmaschine Hitlers", las man weiter, „deren bloße Erwähnung das Blut der Gequälten in den Adern erstarren ließ". Diese Mordmaschine habe aus Menschen bestanden, von denen einige gerichtet worden seien, andere jedoch die letzten Jahre „so glänzend" überstanden hätten, dass sie nun „schon wieder übermütig" würden und sich beklagten, weil sie nicht in den Genuss von Pensionen nach dem 131er-Gesetz kämen. Wenn sie dabei an das „Rechtsgefühl der Deutschen" appellierten, so mute das bei Personen, die selbst einmal jegliches Rechtsgefühl hätten missen lassen, sehr bedenklich an.[177]

Der Kommentar nahm Bezug auf einen Artikel im Presseorgan des recht einflussreichen Verbands der verdrängten Beamten, Behördenangestellten und Arbeiter (Verbaost). Dort hatte der ehemalige Generalmajor der Polizei Fritz Sendel die Ausnahme der Gestapo als unverständlich und ungerecht bezeichnet. In einer sich über mehrere Ausgaben der Zeitschrift erstreckenden Artikelserie voller Unwahrheiten und Beschönigungen versuchte er eine Rehabilitierung. „Die Aufgaben der Ge-

---

175 *7 Tage* vom 10.9.1955 („Waffen-SS gleichberechtigt. Bundestag will einen untragbaren Zustand aufheben" von Günter Fraschka). Mit einer Auflage von rund 200 000 Stück zählte diese mit dem Untertitel „Das große Adelsmagazin" erscheinende und sich vor allem an ein weibliches Publikum wendende Zeitschrift 1955 zu den auflagenstärkeren Illustrierten der Bundesrepublik. Der Autor Günter Fraschka veröffentlichte 1955 im Rastatter Pabel-Verlag ein später noch mehrfach aufgelegtes, stark apologetisches und anekdotisches Buch unter dem Titel „Mit Schwertern und Brillanten. Die Träger der höchsten deutschen Tapferkeitsauszeichnung", wenige Jahre später trat er im selben Verlag als Autor einiger der dort produzierten „Landser"-Hefte sowie einer Heftreihe über die deutschen Ritterkreuzträger hervor; vgl. *Der Spiegel* vom 21.10.1959, S. 76.
176 *Frankenpost* vom 6.9.1955 („Wird die Waffen-SS rehabilitiert?"); sowohl dieser wie der in der vorausgehenden Anmerkung zitierte Artikel in *7 Tage* sind in der Ausgabe des WR vom Oktober 1955, S. 3 ff., abgedruckt.
177 PNP vom 24.11.1955 („Gestapowünsche" von F. R.).

stapo im ‚Dritten Reich'", hieß es dort, „unterschieden sich durch nichts von den Aufgaben der politischen Polizeien anderer Länder: auch dort wurden und werden Straftaten mit politischen Motiven und Zwecken sowie hochverräterische Umtriebe durch besondere Polizeibehörden verfolgt, auch dort Sabotage, Spionage und Landesverrat durch diese Spezialbehörden bekämpft". Es liege klar auf der Hand, schrieb Sendel, dass der Ausnahmeparagraph durch das Nürnberger Urteil motiviert sei. Dieses Urteil sei jedoch beeinflusst gewesen von den im Ausland verbreiteten „tendenziösen Emigrantenberichten", die den Hass auf Gestapo und SS geschürt hätten. Ohnehin dürften nur die der Abteilung IV der Sicherheitspolizeidienststellen zugehörigen Beamten der Gestapo zugerechnet werden. Und auch bei diesen sei zu berücksichtigen, dass sie auf Befehl gehandelt hätten und ihnen nicht alle schweren Verbrechen anzulasten seien. An den Vorgängen der sogenannten Reichskristallnacht sei die Gestapo gar nicht beteiligt gewesen, behauptete Sendel, an den Deportationen hätten sich nur die Angehörigen der „Judenreferate" beteiligt, und zwar aufgrund einer Anordnung. Die weitere „Endlösung" schließlich sei getarnt worden, für den einzelnen Beamten nicht erkennbar und einer kleinen Gruppe unter Eichmann anvertraut gewesen, die unabhängig vom RSHA agiert habe. Auch die Vernichtungslager hätten in keinem Zusammenhang mit der Gestapo gestanden, ebenso wenig habe diese Einfluss auf die Vorgänge in den KZ gehabt und die Einsatzgruppen hätten aus Männern der verschiedensten Sparten bestanden, von denen nur etwa zehn Prozent von der Gestapo gekommen seien. Die derzeitige gesetzliche Regelung brandmarkte Sendel als „bewußte kollektive Entrechtung", nur durch Berücksichtigung des Einzelfalls sei Gerechtigkeit möglich.[178] Es war schon beeindruckend, mit welcher Verve sich der Verbaost, den man eigentlich als Interessenorganisation der Vertriebenen ansah, für die früheren Gestapobeamten einsetzte. „Weg mit dem Diffamierungsparagraphen", lautete die Schlagzeile auf der Titelseite der Novembernummer seiner Zeitschrift, in dem die diesbezüglichen Forderungen noch einmal bekräftigt wurden, die dann auch Aufnahme in den gemeinsamen Forderungskatalog der Interessenverbände der vom 131er-Gesetz betroffenen Personengruppen fanden.[179]

Mitte der 1950er Jahre standen die Chancen für ehemalige Berufssoldaten, Forderungen nach einer verbesserten Versorgung durchzusetzen, recht gut, weil die Bundesregierung im Zeichen der weit verbreiteten Skepsis gegenüber der von ihr vorangetriebenen Wiederbewaffnung die Veteranen nicht verprellen wollte. Für die ehemaligen Angehörigen der Waffen-SS wurde die Situation aus mehreren Gründen

---

[178] Fritz Sendel, Die Gestapo in der Gesetzgebung zu Art. 131 des Grundgesetzes, *Der Verbaost*, Jg. 1955, S. 135–136, 145–149 und 167–170, Zitate S. 135 f. und 167. Sendel, Polizeibeamter seit 1919, war im Zweiten Weltkrieg Stabschef bei den Befehlshabern der Ordnungspolizei in Prag und Krakau.
[179] *Der Verbaost*, Jg. 1955, S. 175 f. und 179.

jedoch schwieriger. Da das Ausland die Aufstellung der Bundeswehr mit Argusaugen verfolgte, konnten sie kaum mehr mit einer offenen Unterstützung seitens der Bundesregierung rechnen. Auch innenpolitisch regte sich zunehmend Widerstand gegen das öffentliche Auftreten der ehemaligen SS-Veteranen und die Aufnahme von SS-Offizieren in die Bundeswehr. Hinzu trat eine zunehmend kritische Thematisierung der Pensionszahlungen an ehemalige Nationalsozialisten, die in eine Initiative mündete, diese durch eine Verschärfung des 131er-Gesetzes zu begrenzen.[180]

Zu Beginn des Jahres 1956 arbeiteten die Regierungsfraktionen intensiv an einem Entwurf für eine zweite Novelle des 131er-Gesetzes. Anfang März des Jahres legten die früheren SS-Generäle Steiner und Gille in einem mehrstündigen Gespräch in Bonn Parteienvertretern noch einmal die Forderungen ihrer Veteranen dar. Der *Wiking-Ruf* berichtete, dabei sei ein Klima geschaffen worden, das auf eine baldige Gleichberechtigung schließen lasse.[181] Die CDU/CSU-Bundestagsfraktion debattierte Mitte März in zwei Sitzungen die Frage einer Einbeziehung der Waffen-SS, dabei waren die Meinungen keineswegs einhellig. Während einige Abgeordnete die Pensionszahlungen an ehemalige Nationalsozialisten grundsätzlich kritisierten, sprachen sich andere gegen eine Bevorzugung der 131er aus, ehe man nicht mehr für die Wiedergutmachung und die Altersversorgung der breiten Bevölkerung tue, wieder andere hingegen meinten, elf Jahre nach Kriegsende sei es an der Zeit, gegenüber der Waffen-SS einen wohlwollenderen Standpunkt einzunehmen.[182] Der Vorsitzende des zuständigen Beamtenrechtsausschusses, der CSU-Abgeordnete Josef Kleindinst, warnte vor einer geschlossenen Aufnahme der Waffen-SS in das Gesetz, da bei einem solchen Schritt außenpolitisch einige Probleme zu befürchten stünden. Er wisse sich hier im Einvernehmen mit dem Auswärtigen Amt, meinte er und kündigte an, man werde im Ausschuss einen Weg suchen, der Gerechtigkeit in dieser Frage ermögliche, ohne eine generelle Gleichstellung herbeizuführen.

Der von den Regierungsfraktionen am 23. März in den Bundestag eingebrachte Entwurf einer zweiten Novelle zum 131er-Gesetz enthielt dann zwar erhebliche Verbesserungen für Wehrmachtsangehörige, insbesondere auch solche, die die Stichtagsvoraussetzungen des 8. Mai 1935 nicht erfüllten, jedoch keinerlei Neuregelungen für die ehemaligen Waffen-SS-Angehörigen.[183] Hinter den Kulissen hatte man sich offenbar darauf verständigt, um größere öffentliche Debatten zu vermeiden, diesbezüglich erst in den Ausschuss- oder Plenarberatungen der Novelle Änderungen einzufügen. Die Frage der Waffen-SS sei zwar nicht in die Novelle aufgenommen, sagte Kleindinst vor der CSU-Landesgruppe im Bundestag Anfang Mai. Es

---

180 Vgl. dazu Eichmüller, Keine Generalamnestie, S. 159 ff.
181 Vgl. WR vom Mai 1956, S. 15.
182 Vgl. Heidemeyer, Die CDU/CSU-Fraktion 1953–1957, S. 1007 f., Sitzung vom 14.3.1956; zum Folgenden ebenda, S. 1008; bereits in der vorausgehenden Sitzung vom 12.3. war das Thema besprochen worden, jedoch liegt darüber kein Protokoll vor.
183 Vgl. VDB, 2. Wp., Drs. 2255 vom 23.3.1956.

2 Die Behandlung von ehemaligen SS-Angehörigen in der Sozialgesetzgebung — 97

werde aber geprüft werden, den Begriff Waffen-SS durch die Bezeichnung SS-Verfügungstruppe zu ersetzen und nur diese von den Vergünstigungen des Gesetzes zu Artikel 131 auszuschließen. Auch für die ehemaligen Gestapobeamten kündigte er Verbesserungen an. Alle diejenigen, die der Gestapo nur dem Namen nach angehört hätten, ohne ihre frühere Arbeit zu ändern, sollten in das Gesetz aufgenommen werden.[184]

Der Bundestag hatte den Gesetzentwurf im Mai dem Beamtenrechtsausschuss überwiesen. Dort zogen sich die Beratungen der insgesamt mehr als 40 Änderungsvorschläge hin. Bei der HIAG wuchs derweil die Ungeduld. Anfang des Jahres 1957 erfuhren HIAG-Angehörige, die sich in Augsburg mit Kleindinst und der FDP-Bundestagsabgeordneten Herta Ilk trafen, dass die Novelle im Frühjahr vom Bundestag behandelt und das Problem der Waffen-SS aufgrund ihres militärischen Charakters gelöst werde. Die HIAG-Spitze übersandte anschließend noch einmal ihre Forderungen nach „Gleichstellung mit den Soldaten der anderen Wehrmachtsteile, Anrechnung der Dienstzeit in der SS-Verfügungstruppe und Beendigung der Diffamierung", an alle ihr maßgeblich scheinenden Politiker.[185] Der FDP-Abgeordnete Hasso von Manteuffel versprach in einem Antwortbrief, seine Fraktion werde sich für die Aufnahme der Waffen-SS in die Novelle aussprechen. Der Parlamentarische Geschäftsführer der CDU/CSU-Fraktion Will Rasner schrieb, die Haltung seiner Partei sei aus den Gesprächen, die er zusammen mit Fraktionschef Heinrich Krone mit HIAG-Vertretern geführt habe, sicher bekannt.[186] Krone hatte offenbar bereits im März 1956 Felix Steiner eine Berücksichtigung der Forderungen der ehemaligen Waffen-SS-Angehörigen in der zweiten Novelle des Gesetzes zugesichert.[187] Anlässlich einer von der HIAG Bremen initiierten Gesprächsrunde mit Parteienvertretern erläuterte der CDU-Abgeordnete Hans Kortmann, dass psychologische und diplomatische Hemmnisse bislang eine rasche Gesetzesänderung behindert hätten. Für die DP forderte deren Abgeordneter Herbert Schneider, die „Diffamierung" der Waffen-SS mit der zweiten Novelle nun endlich zu beseitigen. Auch der örtliche SPD-Abgeordnete, der Arzt Siegfried Bärsch, unterstützte die Forderungen der HIAG. Er meinte, die Waffen-SS müsse in der Diskussion streng von der übrigen SS getrennt werden. Sie sei eine Truppe wie alle anderen Wehrmachtsteile gewesen, ein kollektives Urteil sei nicht mehr vertretbar.[188]

---

184 Zellhuber/Peters, CSU-Landesgruppe, CD-Supplement, Dokument 186, Sitzung vom 7.5.1956.
185 Vgl. WR vom Februar 1957, S. 13, und vom April 1957, S. 5 f.
186 Vgl. ebenda, S. 7.
187 Vgl. DF vom Juli 1961, S. 7, wo Krone auf der Basis eines Schreibens Felix Steiners von 1956 mit den Worten zitiert wird: „Ich bin zwar kein Parteidiktator. Aber das nehme ich auf meinen Kopf. Die Frage der Waffen-SS wird in der 2. Novelle positiv geregelt. Zehn Jahre sind – weiß Gott – genug". In Krones publizierten Tagebüchern (Krone, Tagebücher) finden sich keine Hinweise auf seine die HIAG betreffenden Aktivitäten.
188 Vgl. DF vom April 1957, S. 13.

Die Parteiführung der Sozialdemokraten hielt sich allerdings mit offiziellen Stellungnahmen in dieser Frage zurück, wohl auch weil die Meinungen gespalten waren. Während ein Teil der SPD-Politiker, ähnlich wie Bärsch, dem verstorbenen Parteivorsitzenden Schumacher folgte und für eine Gleichstellung plädierte, hatten andere dagegen ganz massive Vorbehalte. Dies hatte zuletzt die Debatte um die Bundeswehr 1956 deutlich gezeigt. Im Frühjahr 1957 forderte die HIAG von der Bundestagsfraktion der SPD eine Stellungnahme, ob die Partei bereit sei, mit einem Antrag die Freigabe aller noch in westlichem Gewahrsam befindlichen „Kriegsverurteilten" und die Beseitigung aller Ausnahmebestimmungen für die Angehörigen der ehemaligen Waffen-SS zu fordern. Die Sozialdemokraten lehnten dieses Ansinnen aber ab. Begründet wurde die Weigerung mit dem Argument, diese Anträge könnten ohnehin nicht mehr in der laufenden Legislaturperiode verhandelt werden. Im Vorfeld der im Herbst anstehenden Wahlen wollte man freilich auch keine potentiellen Wähler aus diesen Reihen verprellen, deshalb betonte man gleichzeitig, dass sich die SPD stets gegen eine „Kollektivverurteilung" der Waffen-SS gewandt habe.[189]

Von der Presse blieb die neue Offensive der SS-Veteranen nahezu unbeachtet. Eine Reaktion ist lediglich seitens des Grünwalder Kreises zu greifen. Klaus Stephan schrieb in der Zeitschrift *Die Kultur*, mit den Forderungen nach „berechtigten Versorgungsansprüchen" seien aus sozialen politische Ansprüche geworden, denn niemand könne behaupten, das Bestreben, einem ehemaligen SS-General eine Pension zu verschaffen, sei nicht politisch. Was dabei vielfach übersehen werde, meinte Stephan, sei, dass es der HIAG nicht mehr nur um Pensionen, sondern auch um Positionen gehe. Müsse der Chefredakteur der *Soldatenzeitung* ein SS-Offizier sein, fragte er, müsse eine Organisation wie die HIAG von Männern geführt werden, die öffentlich ihren Stolz über ihre SS-Mitgliedschaft äußern. Stephan beklagte die Selbstverständlichkeit, mit der ein Verein ehemaliger SS-Männer schon wieder als Verhandlungspartner von Staat und Parteien akzeptiert werde, ein Verein, dessen Pressechef den 20. Juli beschimpfe, der Bundesrepublik drohe und auf dessen Veranstaltungen zum Kampf gegen das Weltjudentum aufgefordert werde.[190]

Im Bundestag machte sich nun die DP zum besonderen Fürsprecher der SS-Veteranen. Der Abgeordnete Herbert Schneider und seine Fraktion brachten am 30. April 1957 eine Große Anfrage betreffs „Gleichstellung der Angehörigen der ehemaligen Waffen-SS mit den Angehörigen der ehemaligen Wehrmacht" ein, die sowohl auf die 131er-Gesetzgebung als auch auf die Sonderregelungen bei der Aufnahme zur Bundeswehr zielten. Die DP fragte unter anderem, ob die Bundesregierung der Ansicht sei, dass „die kollektive Verurteilung der Angehörigen der ehemaligen Waffen-SS und deren Familien rechtsstaatlichen Grundsätzen entspricht und weiter aufrechterhalten bleiben soll" und ob die Bundesregierung sich „für die Beseitigung

---

189 Vgl. Weber, SPD-Fraktion 1949–1957, Bd. II, S. 420, Anm. 13 (Sitzung vom 21.5.1957).
190 *Die Kultur* Nr. 78 vom 15.2.1957, S. 2 („Die Ohnmacht der Gewohnheit").

2 Die Behandlung von ehemaligen SS-Angehörigen in der Sozialgesetzgebung — 99

der noch in Gesetzen und Verordnungen bestehenden Ausnahmebestimmungen für die Angehörigen der ehemaligen Waffen-SS und deren Hinterbliebenen einsetzen" werde.[191]

Der CDU-Führung kam diese Anfrage ihres Koalitionspartners recht ungelegen, versprach die mit einer Beantwortung verbundene offizielle Stellungnahme zur Frage der Waffen-SS im Plenum des Bundestags doch innen- wie außenpolitisch erneut einigen Staub aufzuwirbeln, nachdem sich die Debatte des vergangenen Jahres über die Aufnahme von SS-Angehörigen in die Bundeswehr gerade erst wieder beruhigt hatte. Die zuständigen Ressorts, das Innen- und das Verteidigungsministerium, legten zwar bis Mitte Juni Antwortentwürfe vor, in der Kabinettssitzung am 19. Juni äußerte Bundesaußenminister Brentano jedoch starke Bedenken gegen eine Beantwortung der Anfrage, da diese erhebliche außenpolitische Unruhe verursachen würde. Auf seinen Vorschlag hin einigte man sich darauf, dass versucht werden sollte, die DP zu einem Verzicht auf die Beantwortung zu bewegen.[192] Der Regierung kam in dieser Situation zu Hilfe, dass die Legislaturperiode zu Ende ging und die Anfrage sich damit, wenn sie nicht in einer der noch verbleibenden wenigen Plenarsitzungen behandelt würde, automatisch erledigte. Vizekanzler Blücher, dessen Freie Volkspartei (FVP) mit der DP eine Fraktionsgemeinschaft gebildet hatte, ließ das Anliegen auf der nächsten Fraktionssitzung besprechen. Die DP erklärte sich zwar nicht zu einem Verzicht auf die Anfrage bereit, jedoch dazu, nicht auf einer Behandlung in den letzten beiden Anfang Juli anstehenden Plenarsitzungen, in denen auch die Novelle zum 131er-Gesetz verabschiedet werden sollte, zu beharren. Parallel dazu hatte der Ministerialdirektor im Verteidigungsministerium Gumbel mit dem Vertreter der DP im Ältestenrat des Bundestags Heinz Matthes verhandelt und von diesem die Zusage erhalten, er werde dort nicht auf eine Aufnahme der Anfrage in die Tagesordnung der nächsten Sitzungen bestehen, wenn ihn seine Parteifreunde nicht dazu drängten.[193] In der Kabinettssitzung am 2. Juli konnte Blücher verkünden, die Koalitionsfraktionen seien übereingekommen, formlos von einer Beantwortung der Anfrage abzusehen. Die anwesenden Kabinettsmitglieder stimmten dieser Vorgehensweise zu.[194]

Der Beamtenrechtsausschuss hatte am 24. Juni als Ergebnis seiner Beratungen zahlreiche Änderungen des Gesetzentwurfs vorgelegt, bei denen die Wünsche der ehemaligen Waffen-SS-Angehörigen jedoch wiederum unberücksichtigt geblieben waren. Zwar hatten die Vertreter der Regierungsparteien im Ausschuss versucht zu

---

191 VDB, 2. Wp., Drs. 3431; zur Pressereaktion vgl. etwa *Hamburger Abendblatt* vom 27.5.1957 („SS-Frage im Bundestag").
192 Vgl. Kabinettsprotokolle 1957, 186. Sitzung vom 19.6.1957, S. 301 f.; zu den Entwürfen BArchK, B 136/133, Schreiben des Bundesministeriums für Verteidigung vom 14. 6.1957 und Vermerk Krieles vom 18.6.1957.
193 Vgl. ebenda, Vermerk Krieles vom 1.7.1957.
194 Vgl. Kabinettsprotokolle 1957, 187. Sitzung vom 2.7.1957, S. 314.

erreichen, dass diejenigen Berufssoldaten der Waffen-SS, die erst nach deren offizieller Gründung 1940 beigetreten waren, den Berufssoldaten der Wehrmacht gleichgestellt würden. Da sich aber die SPD widersetzte, verzichtete der Ausschuss darauf, eine entsprechende Änderung zu beschließen. Die Lösung der Frage sollte dem Plenum überlassen werden.[195] Vor der zweiten Lesung des Gesetzes im Bundestag am 4. Juli wurde deshalb ein von allen Fraktionen außer der SPD getragener zweiteiliger Änderungsantrag eingebracht. Danach sollte zum einen die Gruppe der Berechtigten im § 67 des Gesetzes um diejenigen Personen erweitert werden, „die sich ohne vorherige Zugehörigkeit zu Vorgängerorganisationen der früheren Waffen-SS nach dem 1. Januar 1940 zum berufsmäßigen Dienst in dieser verpflichtet hatten und in ausschließlichem militärischen Kriegseinsatz verwendet worden sind". Zum anderen wollte man denjenigen Polizeibeamten, die aufgrund einer Versetzung zur Gestapo gekommen waren, ihre dort erlangten Beförderungen anerkennen, soweit sie diese bei einer normalen Laufbahn in ihrer vorherigen Dienststelle ebenfalls erlangt hätten.[196] Die Frage einer SS-Zugehörigkeit spielte dabei keinerlei Rolle.

Die SPD brachte jedoch den Teil des Änderungsantrages, der die Waffen-SS betraf, in der Debatte mit haushaltstechnischen Argumenten zu Fall. Zunächst warnte ihr Vertreter im Haushaltsausschuss, Oskar Matzner, vor den Mehrausgaben aufgrund der Erweiterung des Personenkreises der Berechtigten. Ohnehin ergäben sich bereits aus der Novelle in ihrer ursprünglichen Fassung erhöhte finanzielle Dauerbelastungen, die sein Ausschuss noch etwas zu reduzieren versucht habe. Dort sei man übereingekommen, die Frage der Waffen-SS jetzt nicht anzurühren, sondern in der nächsten Legislaturperiode noch einmal zu prüfen. Kleindinst verteidigte daraufhin den Änderungsantrag mit dem Argument, hier gehe es in erster Linie darum, junge Leute zu „rehabilitieren, die unter Zwang der seinerzeitigen Verhältnisse in jene Organisation gekommen" seien und damit auch deren Eltern zu beruhigen. Es würden außerdem sehr strenge Trennungsstriche gezogen, die jegliche Bedenken einer „politischen Absicht" zerstreuen müssten. Kleindinst leugnete eine größere finanzielle Bedeutung dieser Neuregelung mit dem Hinweis, in der fraglichen Zeit von 1940 bis 1945 hätten nach dem Soldatenrecht Anwartschaften nicht erworben werden können, weshalb nur die wenigen, die noch als Spätheimkehrer zurückkämen, von ihr betroffen sein würden. Da es sich nur um ganz junge Leute handle, sei außerdem kaum anzunehmen, dass Hinterbliebene versorgt werden müssten. Der im Dritten Reich verfolgte und deswegen emigrierte SPD-Abgeordnete Heinrich

---

195 Vgl. *Union in Deutschland* vom 22.8.1957, S. 7.
196 VDB, 223. Sitzung vom 4.7.1957, S. 13297 (Umdruck 1288). Die allgemeine Einbeziehung der Gestapo in das 131er-Gesetz war allerdings kein Thema, obwohl sie von deren Interessenvertretern nach wie vor gefordert wurde. Ein ehemaliger Gestapobeamter hatte deswegen sogar Verfassungsklage erhoben, die jedoch im Februar 1957 abgewiesen worden war; vgl. Juristenzeitung vom 25.4.1957 (BVerfG 1 BvR 357/52 vom 19.2.1957).

Ritzel bezweifelte allerdings diese Angaben. Materiell waren nach seiner Ansicht „erhebliche Auswirkungen" zu erwarten. Der Antrag stelle deshalb eine Finanzvorlage dar, die nach der neuen Geschäftsordnung des Bundestags auf jeden Fall vom Haushaltsausschuss geprüft werden müsse.[197]

Die CDU/CSU-Fraktion erbat ob dieser neuen Situation eine halbstündige Unterbrechung der Sitzung. In der Pause beriet die Fraktion ihr weiteres Vorgehen. Während Krone und Kleindinst weiter für die Änderung warben, warnte Finanzminister Fritz Schäffer vor den Kosten. Seine Beamten würden diese auf mindestens 20 Millionen DM beziffern, es könnten aber genauso gut auch 50 Millionen sein, meinte er. Kleindinst und Krone warben nun dafür, durch Verschiebung des Datums des Inkrafttretens in das Jahr 1958 eine Auswirkung auf den laufenden Haushalt zu vermeiden. Der Haushaltsexperte des Parteivorstands Rudolf Vogel stimmte diesbezüglich zwar der Meinung zu, dass die Änderung dann keine Finanzvorlage darstelle, bat jedoch den bislang noch nie beschrittenen Weg, Finanzbeschlüsse zu fassen, ohne die Haushaltslage zu kennen, nicht einzuschlagen. Mehrheitlich setzte sich schließlich die Ansicht durch, dass die Fraktion ihre Unterstützung des Antrags zurückziehen solle, auch weil andernfalls zu befürchten sei, dass die Verabschiedung der ganzen Novelle noch in der laufenden Legislaturperiode scheitern werde. Daran änderte auch die Warnung des ebenfalls anwesenden Hasso von Manteuffel von der DP/FVP nichts, dass es in diesem Fall zu einer Debatte kommen müsse.[198]

Tatsächlich verkündete Rasner nach Wiederöffnung der Bundestagssitzung, dass seine Fraktion zur Überzeugung gekommen sei, dass der Änderungsantrag in Teilen eine Finanzvorlage darstelle und sie deshalb ihre Unterstützung für diesen Teil zurückziehe. Man bedauere es, dass diese Frage nun von diesem Bundestag nicht mehr geregelt werden könne, wisse aber auch, fügte Rasner Verständnis heischend und zugleich etwas kryptisch hinzu, dass „die Betroffenen", die nun weiter auf eine Regelung warten müssten, nicht wollten, dass wegen ihres Anliegens die gesamte Novelle und damit Verbesserungen für weite Kreise scheiterten. Manteuffel sowie Sprecher der FDP und des GB/BHE betonten daraufhin, auf jeden Fall bei ihrem Antrag bleiben zu wollen. Dieser wurde allerdings nachfolgend in der zweiten Lesung in dem die Waffen-SS betreffenden Teil mit großer Mehrheit abgelehnt. Der Teil, der die Gestapobeamten betraf – das Wort „Gestapo" fiel allerdings in der ge-

---

197 VDB, 223. Sitzung vom 4.7.1957, S. 13268 ff. Der 1893 geborene, aus Hessen stammende Ritzel war bis 1933 Reichstagsabgeordneter der SPD gewesen, im April 1933 wurde er festgenommen und inhaftiert, im Juni 1933 floh er ins Saargebiet und emigrierte 1935 von dort in die Schweiz. Nach 1945 kehrte er nach Deutschland zurück und war von 1949 bis 1965 Abgeordneter der SPD im Bundestag. Dort saß er dem Ausschuss für Wahlprüfung, Geschäftsordnung und Immunität vor und war einer der Finanzexperten der Partei im Haushaltsausschuss.
198 Vgl. Heidemeyer, CDU/CSU-Fraktion, 1953–1957, S. 1521 f. (Sitzung vom 4.7.1957).

samten Sitzung nicht – fand aufgrund seiner fortbestehenden Unterstützung seitens der CDU/CSU ohne Diskussion Annahme.[199]

In der direkt anschließenden dritten Lesung des Gesetzentwurfs entspann sich dann in der Tat eine kleine Debatte um die Frage der Waffen-SS. Der DP-Abgeordnete Schneider erklärte, er wolle es noch einmal deutlich aussprechen, worum es in dem Änderungsantrag gehe, nämlich „um die Einbeziehung der Angehörigen der ehemaligen Waffen-SS", und zwar „selbstverständlich nur jene [...], die sich keine ehrenrührigen Handlungen haben zuschulden kommen lassen". Diese hätten ein Anrecht darauf, da sie „ihre Pflicht an der Front getreu ihrem Eid genauso getan haben, wie alle anderen Soldaten". Im Hinblick darauf sei der Schritt der CDU sehr bedauerlich. Rasner erwiderte, dass sich die CDU/CSU „in der Fürsorge für diejenigen Soldaten, die ohne persönliches Verschulden ehrenhaft in der Waffen-SS gestanden haben, genau wie jeder andere Soldat an der Front, von keiner Fraktion [...] übertreffen" lasse. Man habe lediglich die Verabschiedung des gesamten Gesetzes nicht gefährden wollen. Wenn die Verbesserungen ohnehin erst 1958 in Kraft treten sollten, könne diese auch der kommende neue Bundestag noch beschließen.[200] Die gesamte Gesetzesnovelle wurde schließlich mit nur einer Gegenstimme verabschiedet.

Während das Scheitern der Einbeziehung der früheren Angehörigen der Waffen-SS in das Gesetz in den großen überregionalen und auch vielen anderen Zeitungen unkommentiert blieb, zeigten sich die Organe der HIAG und auch anderer Veteranenverbände enttäuscht. Dies sei eine „unglaubliche Entscheidung", schrieb *Der Freiwillige*, die Soldaten der Waffen-SS würden weiterhin als „Staatsbürger 2. Klasse" behandelt.[201] Auch die in Rendsburg, der Stadt der seit 1954 jährlich stattfindenden Nordmarktreffen der HIAG, erscheinende *Schleswig-Holsteinische Tagespost* stimmte in diesen Tenor ein: Die Entscheidung des Bundestags sei „ungerecht", hieß es dort, damit werde „abermals die Schande offenbart, daß wir unsere Soldaten des zweiten Weltkrieges nach zweierlei Rechtsmaß bewerten und damit nach zweierlei moralischem Maß". Noch immer würde die Waffen-SS „diffamiert" und das Parlament habe „eine gute Gelegenheit [...], den alten Zopf aus der Zeit der Sieger und Besiegten gründlich abzuschneiden", versäumt.[202]

Dass die SS-Veteranen im nördlichsten Bundesland einige Unterstützung genossen, zeigte sich auch auf dem Landesparteitag der DP in Kiel Anfang 1958. Dort wurde eine Resolution verabschiedet, in der die Bundestagsfraktion der Partei aufgefor-

---

199 Vgl. VDB, 223. Sitzung vom 4.7.1957, S. 13273 ff. Schätzungen gehen davon aus, dass insgesamt rund die Hälfte der ehemaligen Gestapobeamten von den Regelungen des 131er-Gesetzes profitierten, Vgl. Frei, Vergangenheitspolitik, S. 19 f. und 80 f.; Dams/Stolle, Gestapo, S. 192.
200 VDB, 223. Sitzung vom 4.7.1957, S. 13275 f.
201 DF vom Juli 1957, S. 3; ähnlich auch WR vom August 1957, S. 3 („Zwölf Jahre sind genug"); *Der Heimkehrer* und *Der Fallschirmjäger*, die letzten beiden zitiert nach DF vom August 1957, S. 21.
202 Zitiert nach WR vom August 1957, S. 18 („Und die Waffen-SS").

dert wurde, sich für eine rasche Einbeziehung der Waffen-SS in das 131er-Gesetz einzusetzen.[203] Tatsächlich tat sich in dieser Sache in Bonn aber zunächst wenig, die vollmundige Ankündigung Rasners, noch 1958 eine Lösung herbeizuführen, blieb ohne Resultat. Angesichts der einsetzenden Debatten um die Strafverfolgung von NS-Verbrechen, um den aufkeimenden Antisemitismus und einer Intensivierung der Aufarbeitung der NS-Vergangenheit überhaupt schien eine solche Wohltat für ehemalige Angehörige der SS zu diesem Zeitpunkt schwer durchsetzbar.

Hauptopponent einer einvernehmlichen Lösung war 1957 die SPD gewesen. Die HIAG bemühte sich zwecks Verbesserung der Durchsetzungschancen ihrer Forderungen schon länger um einen besseren Zugang zur Sozialdemokratie, jedoch war die Partei in ihrem Verhältnis zu den SS-Veteranen gespalten. Während große Teile der Basis und des Gewerkschaftsflügels in den früheren Waffen-SS-Angehörigen hauptsächlich Exponenten des NS-Regimes und „Ewiggestrige" sahen, die ihre Ideologie in den neuen Staat hineinzutragen versuchten, gab es in der Parteispitze einige Persönlichkeiten, denen es in der Nachfolge Kurt Schumachers vor allem darum ging, demokratische Überzeugungsarbeit zu leisten und die ehemaligen SS-Soldaten nicht zu verprellen.[204] So trat etwa der Hamburger Bundestagsabgeordnete und Militärexperte Helmut Schmidt in den Jahren 1954 bis 1957 mehrfach bei örtlichen Versammlungen der HIAG als Referent auf, und SPD-Wehrexperte Fritz Erler stand bereits seit Anfang der 1950er Jahre in Kontakt mit Waffen-SS-Veteranen, die dann ab 1959 in mehrere Gespräche mit Vertretern des HIAG-Bundesverbands mündeten.[205] An die Öffentlichkeit drang davon zunächst wenig.

Deshalb wurde es in manchen Medien und wohl auch bei vielen SS-Veteranen als „verblüffende, fast sensationelle Wochenendattraktion" empfunden, als der SPD-Bundestagsabgeordnete Ulrich Lohmar im Juli 1958 ein „Suchdiensttreffen" der HIAG in Lemgo besuchte, eine sehr wohlwollende Ansprache hielt und dem Bundessprecher der HIAG Kurt Meyer die Hand drückte.[206] Vor etwa 2000 Zuhörern sagte Lohmar in seiner Rede, vielleicht könne man einen gemeinsamen Weg in die Zukunft finden, wenn man bereit sei, in Toleranz eine Brücke zueinander zu schla-

---

203 Vgl. AWJ vom 21.2.1958 („Für die Waffen-SS"). Die *Lübecker Nachrichten* vom 24.6.1958 sahen die DP aufgrund dieser Forderung auf einem „gefahrvollen Alleingang".
204 Vgl. Manig, Politik, S. 576 ff.
205 Vgl. K. Wilke, Hilfsgemeinschaft, S. 329 ff.; im Nachlass Erlers sind vier Gespräche dokumentiert, zwei 1959 und jeweils eines 1960 und 1961. Erler hatte 1950 vom damaligen Parteivorsitzenden Schumacher die Aufgabe übertragen bekommen, sich für den Parteivorstand um das Thema Wiederbewaffnung zu kümmern und zu diesem Zweck Kontakte mit ehemaligen Offizieren zu knüpfen; vgl. Soell, Fritz Erler, S. 143; K. Meyer, SPD, S. 159 f.
206 *Neue Ruhr-Zeitung* vom 15.7.1958 („Die Wochenendattraktion von Lemgo"). Lohmar, seit 1954 Chefredakteur der SPD-Zeitschrift *Die neue Gesellschaft*, saß seit 1957 für die SPD im Bundestag und war dort bei seiner Wahl mit 29 Jahren einer der Jüngsten. Im Krieg war er seit 1944 Flakhelfer gewesen. In den 1960er Jahren promovierte er und wurde dann Professor für Politikwissenschaften in Paderborn.

gen und gemeinsam den Kommunismus zu bekämpfen.[207] Im Nachgang zu dieser Veranstaltung empfahl Lohmar Erler eine Fortsetzung der Kontakte unter betonter Herausstellung der Standpunkte seiner Partei. Jedoch sei ein solcher Weg nur sinnvoll, wenn er innerparteilich „bruchlos" vollzogen werde und man bereit sei, die Forderungen der HIAG bezüglich einer Gleichstellung im 131er-Gesetz zu unterstützen. Die Abgrenzungstendenzen in seinem eigenen Unterbezirk würden ihn deshalb „mit Sorge" erfüllen.[208]

Von der HIAG wurde die Veranstaltung als großer publizistischer Erfolg gewertet, von einem „Durchbruch in der Öffentlichkeit" und einem Stoß durch die „Schweigemauer" sprach *Der Freiwillige*.[209] Tatsächlich gab es in einigen großen Tageszeitungen ein sehr positives Echo. Besonders wurde dabei auf die prononcierte Distanzierung Meyers von KZ-Verbrechen und dem KZ-Arzt Hans Eisele verwiesen, dessen Flucht ins Ausland vor einer Strafverfolgung gerade für einiges Aufsehen in den Medien gesorgt hatte. Der HIAG-Bundessprecher hatte dazu angemerkt: „Wir haben an der Front gekämpft und haben mit den Konzentrationslagern und deren Bewachung nichts zu tun gehabt. Wir helfen allen anständigen Kameraden, wo aber das Verbrechen beginnt, hört die Kameradschaft auf."[210] Auch der *Sozialdemokratische Pressedienst* lobte diese Distanzierung als einen „Akt der Selbstreinigung". Und er erläuterte das Handeln der Partei in dieser Sache ganz auf der Linie Erlers, wobei einerseits auf die Initiative Schumachers hingewiesen, andererseits die Argumentation der HIAG weitgehend übernommen wurde. Von 600 000 Ehemaligen war die Rede, auf denen das „Stigma der Kollektivschuld" gehaftet sei, weil man sie allgemein für „die Verbrechen des SD und der Menschenvernichtungsaktionen" verantwortbar gemacht habe. Dabei habe die Waffen-SS damit kaum nähere Berührung gehabt als mancher Wehrmachtsteil. Für die junge Bundesrepublik sei es wichtig gewesen, diese große Gruppe von Menschen für die Demokratie zu gewinnen und ihr das „Kainszeichen des Parias" zu nehmen. Zu einem großen Teil sei das bereits gelungen. Man könne es sich einfach nicht leisten, hieß es weiter, eine große Gruppe von der politischen Mitwirkung auszuschließen. Die Sozialdemokratie habe sich deshalb von Anfang an bemüht, den Kreis der Isolierung zu sprengen, in den Hunderttausende nach dem Krieg nur deshalb geraten seien, weil sie die Uniform eines verhassten und sie missbrauchenden Regimes getragen hätten. Einige Unbe-

---

[207] Vgl. FAZ vom 14.7.1958 („SS-Leute sprechen von Sippenhaft"); DF vom August 1958, S. 15 ff.
[208] Lohmar an Erler, 26.8.1958 (AdsD, Nachlass Erler 149), zitiert bei K. Wilke, Hilfsgemeinschaft, S. 331, und Manig, Politik, S. 580.
[209] DF vom August 1958, S. 15 ff.
[210] Zitiert nach *Hamburger Abendblatt* vom 14.7.1958 („Wo das Verbrechen beginnt ..."), vgl. auch FAZ vom 14.7.1958 („Ehemalige Waffen-SS distanziert sich"); zum Fall Eisele vgl. Eichmüller, Keine Generalamnestie, S. 182 ff.; Miquel, Ahnden oder amnestieren, S. 147 ff.

lehrbare würden sicher immer bleiben, auch bei der HIAG, es gehe aber darum, dass sie keinen Einfluss auf die Verbandsführung ausüben könnten.[211]

Auf der extremen politischen Rechten begegnete man der Annäherung an die SPD mit einiger Skepsis. *Der Reichsruf,* das Organ der DRP, schrieb etwa, Teile der Ausführungen Meyers auf dem Treffen muteten „ziemlich opportunistisch" an und hätten besonders unter den jüngeren Ehemaligen Kritik gefunden. Mit den „naiven Wunschbildern" einer Rehabilitierung durch die SPD sei „die Grenze des an ,Taktik' Erträglichen" erheblich überschritten worden. Befriedigt merkte man jedoch an, dass Meyer auch Ausführungen gemacht habe, die mit dem Geist und Charakter der Männer vereinbar seien, die unter dem Gesetz „Ehre heißt Treue" angetreten seien.[212] Tatsächlich besaß die DRP bei den ehemaligen Waffen-SS-Angehörigen einige Anhänger, die sich auch innerhalb der HIAG als Opposition zum Kurs der Verbandsspitze bemerkbar machten.[213]

Im sozialdemokratischen und linken Lager löste der Händedruck von Lemgo ebenfalls keineswegs überall Begeisterung aus. Heftige Kritik äußerte etwa die vom DGB-Landesbezirk Niedersachsen herausgegebene Monatsschrift *Feinde der Demokratie*. Wenn Lohmar schon unbedingt habe teilnehmen wollen, hieß es dort, dann hätte er zumindest Distanz wahren und der HIAG klarmachen sollen, dass die Ehemaligen „glaubwürdiger wären, wenn sie endlich ihren Verein auflösten". Mit Hinweis auf Kurt Meyers 1956 erschienenes apologetisches Memoirenwerk „Grenadiere" wurden dessen Äußerungen skeptisch aufgenommen. Dort würde die Waffen-SS als reine Frontkampftruppe dargestellt. Hingegen gebe es genügend Quellen, die deren Teilnahme an Verbrechen belegten, konkret wurden etwa der „Stroop-Bericht" über die Niederschlagung des Warschauer Ghetto-Aufstands 1943 und die Ereignismeldungen der Einsatzgruppen, in denen diese ihre Erschießungszahlen meldeten, genannt. Die beste Quelle für die historische Wahrheit stelle immer noch Eugen Kogons „SS-Staat" dar.[214]

In ein ähnliches Horn stieß auch die *Gesamtdeutsche Rundschau,* das Organ der kleinen, antimilitaristischen Gesamtdeutschen Volkspartei, die 1957 im Vorfeld der

---

211 *Sozialdemokratischer Pressedienst* vom 14.7.1958, S. 7; vgl. den positiven Artikel im sozialdemokratischen *Hamburger Echo* vom 14.7.1958 („Panzer-Meyer verurteilt Sommer").
212 *Der Reichsruf* vom 30.8.1958 („Panzer-Meyer in Lemgo").
213 Vgl. K. Wilke, Hilfsgemeinschaft, S. 83 f. Mit Waldemar Schütz, dem Leiter des Wiking-Ruf-Verlags und des Plesse-Verlags, der 1955 ein Landtagsmandat für die DRP in Niedersachsen errang, hatte die Partei auch einen relativ prominenten Vertreter der SS-Veteranen in ihren Reihen. Schütz, der schon 1928 der Hitlerjugend beigetreten war und im Krieg zuletzt als Hauptsturmführer eine Panzerkompanie der „Leibstandarte" geführt hatte, war einer der führenden rechtsextremen Verleger und Publizisten der Bundesrepublik. Er zeichnete auch für das DRP-Organ *Der Reichsruf* verantwortlich, gab die *Deutsche Wochen-Zeitung* heraus und wurde Mitte der 1960er Jahre Leiter der Presseabteilung der NPD, für die er dann von 1967 bis 1970 ein Landtagsmandat in Niedersachsen innehatte; vgl. zu Entstehung und Entwicklung der DRP Dudek/Jaschke, Entstehung, S. 181 ff.
214 *Feinde der Demokratie* VII/9 vom Juli/August 1958, S. 16 ff.

Bundestagswahlen weitgehend in der SPD aufgegangen war. Meyer habe sich einiges einfallen lassen, schrieb sie, und die Ehemaligen vor einer in Schwarz-Rot-Gold drapierten Bühne als „zu den staatsbejahenden Elementen unseres Volkes" gehörig bezeichnet. Dem sei entgegenzuhalten, dass sich die Waffen-SS als „Elite der Nation" empfunden habe. Er selbst, merkte der Verfasser an, habe 1942 die menschenverachtende und antijüdische Ausbildung in einem ihrer Wehrertüchtigungslager erlebt. Dass es keinen Schlussstrich gebe, dafür sorgten die Ehemaligen schon selbst. Denn solange es SS-Traditionsversammlungen gebe, auf denen sich die Teilnehmer hinter Schildern wie „30. Januar" „Horst Wessel", „Hitlerjugend" oder „Leibstandarte Adolf Hitler" versammelten, solange müsse es „schon aus Gründen der politischen Hygiene eine Abrechnung mit dem SS-Verbrechertum geben". Wenn die HIAG Wert auf einen Schlussstrich lege, fuhr der Autor fort, dann solle sie sich auflösen. Sie aber wolle kollektive Rehabilitierung. „Solche Rehabilitierung muß verweigert werden, um der geschichtlichen Wahrheit und der Zukunft unserer Demokratie willen". Niemand brauche sich zum Richter und Verurteiler aufschwingen. Jedoch gebe es eine „Notwendigkeit des Widerspruchs gegen geschichtsverfälschende Thesen der SS-Traditionalisten". Der sozialdemokratische Abgeordnete Lohmar habe diesen Widerspruch vermissen lassen, und das sei „bedauerlich".[215]

Auch innerhalb der SPD gab es Kritik. Ein SPD-Unterbezirk protestierte entschieden und wies darauf hin, dass ein Buhlen um Wahlstimmen bei den Waffen-SS-Angehörigen zu Verlusten bei den NS-Gegnern führen müsse. Max Kukil, Vorsitzender der AvS und Mitglied des Parteivorstands der Sozialdemokraten, missbilligte die Annäherung scharf. In einem langen Schreiben legte er Erler, Ollenhauer und anderen Mitgliedern des SPD-Vorstands mit Zitaten aus dem HIAG-Organ *Der Freiwillige* die seiner Meinung nach völlig unzureichende Abkehr des Verbands vom Staat Hitlers dar und kam zu dem Schluss, bei der HIAG handle es sich um „ein Sammelbecken der Unbelehrbaren unter dem Mantel der politischen Tarnung".[216]

Erler ließ sich durch diese Kritik freilich nicht von seinen Bemühungen abbringen, die HIAG in ein „demokratisches" Fahrwasser zu bringen. Kurt Meyer, der Ende der 1950er Jahre immer mehr zum starken Mann der HIAG avancierte und 1959 nach der Schaffung des Bundesverbands der Soldaten der ehemaligen Waffen-SS als Bundessprecher dessen Führung übernahm, schien in seiner pragmatischen Art Erler offenbar der richtige Mann für sein Vorhaben zu sein. Bei seinen Gesprächen mit Meyer biederte sich Erler dem Verband weder an noch sparte er mit Kritik dort, wo ihm diese notwendig erschien.[217] Der HIAG-Bundessprecher jedenfalls gab sich

---

215 *Gesamtdeutsche Rundschau* vom 1.8.1958.
216 AdsD, Parteivorstand, Ollenhauer, Mappe 368, auch Nachlass Erler, Bd. 149, Kukil an Erler, Ollenhauer und Wehner, zitiert bei K. Meyer, Sozialdemokratische NS-Verfolgte, S. 65, und K. Wilke, Hilfsgemeinschaft, S. 332 f.; zu weiteren Protesten in der SPD vgl. ebenda, S. 333 und *Die Tat* vom 6.9.1958, S. 2.
217 Vgl. K. Wilke, Hilfsgemeinschaft, S. 334 ff.; zum Aufstieg Kurt Meyers ebenda, S. 73 ff.

in der Öffentlichkeit meist betont staatsloyal. Er hob hervor, sein Verband verfolge keine politischen, sondern nur soziale Zielsetzungen und stehe der demokratischen Grundordnung der Bundesrepublik nicht ablehnend gegenüber. Gleichzeitig distanzierte er sich von den der SS angelasteten Verbrechen, insbesondere denjenigen in den Konzentrationslagern. Das Hauptziel blieb die Rehabilitierung der Waffen-SS und deren Gleichstellung mit der Wehrmacht. Einiges deutet trotzdem darauf hin, dass Meyers Handeln hauptsächlich von opportunistischen Erwägungen bestimmt war und er sich selbst nie ganz von der alten Ideologie lösen konnte. Dies galt auch für viele der „einfachen" Verbandsmitglieder, die sich an die Vergangenheit klammerten, in der SS aufgenommene Rituale und Praktiken ebenso weiter pflegten wie antisemitische Ressentiments.[218]

Obwohl es von nahezu allen politischen Parteien positive Signale hinsichtlich einer Besserstellung der ehemaligen Waffen-SS-Angehörigen im 131er-Gesetz gab, verzögerte sich die angekündigte dritte Novelle aufgrund der komplizierten Materie und der zahlreich an die Politik herangetragenen Wünsche auf Verbesserungen. Im April 1959 versandte die HIAG zur Unterstützung ihres Anliegens noch einmal eine erweiterte Fassung von Haussers Denkschrift an die Bundestagsabgeordneten.[219] Bundessprecher Kurt Meyer traf sich mehrmals mit Rasner und dem CDU-Fraktionschef Krone zu Gesprächen über dieses Thema. Rasner versuchte, Bundesinnenminister Schröder für eine gemeinsame Unterredung mit Meyer zu gewinnen. Letzterer habe, schrieb Rasner dem Minister, „einen wirklich sehr guten Eindruck gemacht und eine ungewöhnliche politische Einsicht gezeigt", die sich auch in einer allen Mitgliedern zugestellten Erklärung Haussers niedergeschlagen habe, in der festgestellt werde, dass eine „Betätigung in radikalen Gruppen mit der Mitgliedschaft in der HIAG nicht mehr zu vereinbaren ist". Bekanntermaßen stehe seine Fraktion gegenüber der HIAG im Wort, Meyer habe aber eingesehen, dass eine vorgezogene Lösung außerhalb der Novelle nicht zuletzt aus außenpolitischen Gründen nicht verantwortbar sei. Krone und er hätten Meyer ein neues Gespräch in Krones Dienstzimmer zugesagt und er bitte den Minister um Teilnahme.[220]

Schröder verhielt sich gegenüber diesem Gesprächswunsch ausweichend. Im Ministerium bestand offenbar keine große Neigung, den Wünschen der HIAG entgegenzukommen. Im zuständigen Ministeriumsreferat wurde auf der Basis der gesetzlichen Regelung und der dazu ergangenen Sozial- und Verwaltungsgerichtsurteile sowie der vorliegenden wissenschaftlichen Literatur ein Sachbericht zur Waffen-SS

---

218 Vgl. ebenda, S. 218 ff.
219 Vgl. „Die Waffen-SS und das Gesetz gemäß Artikel 131 GG", abgedruckt in DF vom April 1959, S. 5 ff.; zu den internen Diskussionen der HIAG über die Ausrichtung der weiteren Versorgungsziele, die dieser Denkschrift vorausgingen, K. Wilke, Renten, S. 68 ff.
220 BArchK, B 106/31951, Rasner an Schröder, 27.5.1959; Meyer selbst hatte bereits am 13.4.1959 anlässlich der Übersendung der HIAG-Denkschrift von dem Gesprächswunsch berichtet. Die Erklärung Haussers wurde der Denkschrift als Vorwort angefügt.

und ihrer möglichen Einbeziehung in das 131er-Gesetz erstellt. Darin stellte man fest, der Dienst bei der SS-Verfügungstruppe sei rechtlich „kein Dienst im Sinne des G 131" und auch nicht „militärischer oder militärähnlicher Dienst im Sinne des Bundesversorgungsgesetzes". Die Zahl der noch lebenden Anspruchsberechtigten, die von einer Änderung profitieren könnten, wurde auf etwa 34 500 ehemalige Führer und Unterführer plus die Hinterbliebenen von vielleicht 23 500 Gefallenen geschätzt.[221] Abteilungsleiter Botho Bauch empfahl, diese Expertise auch Rasner und Krone zur Verfügung zu stellen. Das sollte nicht ohne Wirkung bleiben. Nach weiteren Gesprächen mit Meyer schrieb Rasner im November 1959 an Schröder, in den Verhandlungen mit der HIAG hätten er und Krone „unmißverständlich zum Ausdruck gebracht, daß keine Novelle denkbar ist, die auch nur irgendeinem Angehörigen der Waffen-SS, der jemals direkt oder auch indirekt (in Stäben) in den KZs etc. zu tun gehabt hat, den Bezug von 131er Gebühren ermöglicht". Man habe Meyer durch die Vorlage einer Reihe von Dokumenten überzeugt, dass „eine säuberliche Trennung nach äußeren Kriterien nicht möglich" sei. Nach längerem Zögern habe der HIAG-Bundessprecher dann selbst einen seiner [Rasners] Meinung nach guten Formulierungsvorschlag erarbeitet, der diese Kategorie von ehemaligen Angehörigen der Waffen-SS absolut ausschließe. Dieser Vorschlag bestand in einer Änderung des § 53 (Absatz 6) des Gesetzes dahingehend, dass die berufsmäßigen Angehörigen der Waffen-SS darin als zur Wehrmacht gehörig bezeichnet wurden. Gleichzeitig sollten durch einen Zusatz SS-Angehörige, die in KZ und anderen SS-Lagern Dienst geleistet hatten, ebenso grundsätzlich von der Versorgung ausgeschlossen werden wie Angehörige von Einsatzgruppen.[222]

Die HIAG-Bundesspitze zeigte sich in einem Rundschreiben vom Oktober 1959 zuversichtlich, dass die ehemaligen Angehörigen der Waffen-SS im Rahmen einer neuen Novelle zum 131er-Gesetz berücksichtigt würden. Kurt Meyer berichtete darin über seine Gespräche mit den Parteienvertretern und einem Referenten des Verteidigungsministeriums. Dabei seien ihm seitens der CDU Verbesserungen zugesichert worden. Für die SPD habe Erler in Konsultationen eine Unterstützung eines entsprechenden Antrags der Regierung bezüglich der Waffen-SS in der Novelle verspro-

---

221 Vgl. ebenda, „G 131 und ehemalige berufsmäßige Angehörige der Waffen-SS" vom 9.6.1959, Verfasser war Ministerialrat Kurt-Heinz Kuhbier, als Anlage waren dem Bericht beigefügt Buchheim, Organisatorische Entwicklung; Seraphim, SS-Verfügungstruppe; Reitlinger, Die SS, sowie einige Dokumente der Nürnberger Prozesse. Buchheim sprach am 1.9.1959 im Ministerium vor und informierte, dass er sich selbst intensiv mit der Abgrenzungsfrage beschäftige; am 9.10.1959 übersandte er Kuhbier Dokumentenmaterial dazu und bemerkte, eine solche Abgrenzung sei äußerst schwierig, es ließe sich aber belegen, dass 1943 Versetzungen zwischen den KZ über das Kommando der Waffen-SS gelaufen seien. Dem Schreiben beigelegt waren ein Gutachten für das Innenministerium Nordrhein-Westfalen zum Thema „Grenzpolizei und Geheime Staatspolizei" sowie eine Aufstellung für das Bundesverteidigungsministerium über Versetzungen zur Waffen-SS.
222 Ebenda, Rasner an Schröder, 11.11.1959; Bauch an Schröder, 18.6.1959.

chen. „Das Problem der Rehabilitierung unserer Truppe wird gelöst werden", führte der HIAG-Bundessprecher aus und schrieb dies seiner geschickten Politik zu, wenn er fortfuhr: „Natürlich nicht in der Form lauthalser Deklamationen, sondern in Ruhe und Sachlichkeit, um unseren Gegnern keine Munition zum Querschießen zu liefern".[223]

Allerdings schätzte Meyer die Lage hier doch etwas zu optimistisch ein, wie sich bald zeigen sollte. Zumindest seitens der Bundesregierung konnte er mit keiner Unterstützung rechnen. Ende November 1959 entschied Innenminister Schröder endgültig, dass in seinem Haus keine Unterredung mit HIAG-Vertretern stattfinden solle und die ehemaligen Waffen-SS-Angehörigen nicht in den Regierungsentwurf aufgenommen würden. In den noch anstehenden Besprechungen mit den anderen Ressorts und Verbänden solle ausweichend geantwortet werden. Bei Bedarf könne die Angelegenheit durch einen interfraktionellen Antrag der Parteien im Rahmen der Beratungen des Gesetzes im Bundestag gelöst werden.[224] Auf der Konferenz der Innenminister am 5. Februar 1960 herrschte weitgehende Übereinstimmung, die Forderungen der HIAG in der Novelle nicht zu berücksichtigen.

Offene Kritik gegen das Begehren der ehemaligen Waffen-SS-Angehörigen äußerten die Gewerkschaften. Das Organ der IG Metall schrieb anlässlich der Übersendung der HIAG-Denkschrift an die Bundestagsabgeordneten 1959 unter der Überschrift „HIAG-Pensionäre", wenn schon hohe NS-Juristen wie Franz Schlegelberger und Ernst Lautz wieder Pensionen bekämen, denke sich die HIAG wohl, warum sollten dann „die ehemaligen SS-Führer sich nicht auch ihre damalige Gegnerschaft gegen alles Demokratische von den Demokraten honorieren lassen". Die Denkschrift wende sich gegen den Vorwurf, die Waffen-SS sei in besonderem Maße an den nationalsozialistischen Untaten beteiligt gewesen. Demgegenüber sei festzuhalten, dass zwar „unzweifelhaft [...] während des Krieges zahlreiche SS-Leute zusammen mit der Wehrmacht an der Front gekämpft" hätten. „Ebenso unzweifelhaft" aber sei auch, dass die Bewachungsmannschaften der Konzentrationslager, Leute wie Martin Sommer oder Wilhelm Schubert, SS-Leute waren. Man könne also „auf keinen Fall", wie das die HIAG in ihrer Denkschrift tue, „die gesamte Waffen-SS von aller Schuld an den Hitlerschen Untaten freizusprechen versuchen". Die Argumentation des Gewerkschaftsblatts zielte darauf, die einfachen ehemaligen Waffen-SS-Angehörigen von ihrer Führung und der HIAG zu scheiden. Es sei bezeichnend, hieß es, dass die Denkschrift keine „Lanze für den einzelnen SS-Mann" breche, sondern einzig und allein auf das ehemalige Führerkorps ziele. Das, so meinte der Au-

---

[223] Ebenda, Rundschreiben des Bundesverbands der Soldaten der ehemaligen Waffen-SS vom 24.10.1959 (auch BArchK, B 106/15576).
[224] Vgl. BArchK, B 106/31951, Vermerk des Referats II B 6 vom 23.11.1959 und Notiz vom 4.12.1959 über einen Anruf von Staatssekretär Anders. Ob diese Entscheidung im Kabinett abgesprochen war, ließ sich nicht feststellen; in den Kabinettsprotokollen ist dazu nichts enthalten.

tor, sollte auch dem einfachen SS-Mann zu denken geben, der vielleicht immer noch glaube, der falsch verstandenen Tradition der HIAG die Treue halten zu müssen.[225]

Die bei den Gewerkschaften verbreitete Ansicht, die HIAG trage den alten SS-Geist weiter und gebe sich aus rein opportunistischen Gründen einen demokratischen Anstrich, um die staatliche Versorgung der Ehemaligen zu erreichen, kam auch in einer Karikatur im Funktionärsorgan des DGB *Die Quelle* zum Ausdruck. Zu sehen war die Demokratie als dicke Kuh mit schläfrigem Blick. Ihr Rücken war mit SS-Dolchen gespickt, vor ihr stand ein Mann mit Hitler-Bart, in der Uniform eines SS-Offiziers samt Armbinde mit der Aufschrift „HIAG", der ihr sanft einen Kuss auf das Maul gab, das er gleichzeitig streichelte. Der Mann hatte einen Melkschemel umgegürtet, zu seinen Füßen standen Eimer und Milchkannen mit den Aufschriften „131" und „Pension". Unter der Zeichnung konnte man lesen: „Gib Milch, Alte – und ich bin Dein Freund! Und jeden, der Dir was tut – beim Führer! – den Schlag ich in die Fresse!". In dem dazugehörigen Artikel der *Quelle* hieß es, die Feinde der Demokratie hätten sich „schon immer gern auf demokratische Rechte berufen und trotzdem die Demokratie unterwandert". In der HIAG würden sich nicht die zwangsweise zur Waffen-SS Versetzten organisieren, sondern die Freiwilligen. Sie wollten einen Kollektiv-Freispruch für sich erwirken. In Anknüpfung an die vielbeschworenen Ideale der SS und an die Verachtung der Nationalsozialisten für die Demokratie schloss der Artikel: „Ob sie sich nicht schämen, diese ‚stahlharten, opferbereiten Kämpfer' von den verachteten ‚knieweichen' Demokraten Unterhaltsgelder zu fordern?"[226]

---

[225] *Metall* vom 17.6.1959, S. 7 („HIAG-Pensionäre"). Zur zeitgenössischen Kritik an den Pensionszahlungen an den ehemaligen Oberreichsanwalt Ernst Lautz und den früheren Staatssekretär im Reichsjustizministerium Franz Schlegelberger vgl. Eichmüller, Keine Generalamnestie, S. 160.

[226] *Die Quelle* 1959, S. 393 (Heft 9, „Waffen-SS will Pensionen"); ähnlich und in der Kennzeichnung der Ehemaligen teilweise mit derselben Wortwahl auch das Organ der Gewerkschaft NGG *Einigkeit* 1959, S. 291 (Nr. 20 vom 15.10.1959, „Waffen-SS – HIAG"). Im Heft 12, S. 567 f., druckte *Die Quelle* einen kritischen Leserbrief eines ehemaligen Waffen-SS-Angehörigen und nunmehrigen Gewerkschaftsmitglieds zu diesem Artikel ab, in dem dieser die HIAG und ihre Forderungen verteidigte. In einer Vorbemerkung zu dem Brief hieß es dazu, der Artikel in der September-Ausgabe habe bei denjenigen Gewerkschaftsmitgliedern, die der Waffen-SS angehört hätten, „größte Beunruhigung" ausgelöst. In einer Nachbemerkung verteidigte die Zeitschrift aber ihre Position, dem aufmerksamen Leser könne kaum entgangen sein, schrieb sie, dass man keineswegs alle ehemaligen Waffen-SS-Angehörigen im Auge habe. Jedoch empfänden „es sehr viele gute Demokraten als Herausforderung, daß ehemalige Waffen-SS-Angehörige ihren eigenen Verband – eben die Hiag – gegründet haben und sich politisch immer lauter und anmaßender gebärden". Man sei gegen Kollektivschuld, aber auch gegen Kollektivfreispruch und schon gar gegen eine „Art Kollektivbelohnung" für rund 1500 Waffen-SS-Führer. Denn darum gehe es bei der Pensionsforderung. „Das machen wir nicht mit", bekräftigte das Blatt abschließend.

Auch die von den Gewerkschaften herausgegebene periodische Schrift *Feinde der Demokratie* vertrat die Auffassung, dass die Hinwendung der HIAG zur Demokratie lediglich „taktisch" begründet sei, um Pensionen für frühere Waffen-SS Mitglieder zu sichern.[227] Der übergroße Teil der ehemaligen Waffen-SS-Angehörigen, stellte man fest, habe seit langem keine innerliche und äußerliche Bindung mehr an diese auch für sie so unerfreuliche Episode des Kriegs. Umso bedenklicher sei es aber, dass anscheinend nicht ohne Erfolg eine kleine Gruppe ehemaliger SS-Führer zur Verbreitung einer Legende über die Waffen-SS im Land beigetragen habe. Neben materiellen Interessen verfolge diese Gruppe die Absicht, als Sprecher der Ehemaligen anerkannt zu werden. Die aufgeschlossene Haltung des übergroßen Teils der Ehemaligen gegenüber der Demokratie dürfe durch diese Ziele und Absichten jedoch nicht gefährdet werden. Denn diese erschwerten eine positive Auseinandersetzung der jüngeren Generation mit dem Geschehen der Vergangenheit und der Gegenwart. Das nahm man als Veranlassung, in einer mehr als zehnseitigen Dokumentation anhand von Quellen und auf der Basis der wissenschaftlichen Arbeiten von Neusüß-Hunkel und Reitlinger über die Waffen-SS deren Beteiligung an NS-Verbrechen darzustellen, was nicht vertuscht, verschwiegen und verfälscht werden könne und dürfe.[228]

Ebenfalls mit Argwohn und Ablehnung begegneten fast naturgemäß die Organisationen der NS-Verfolgten den Rehabilitierungsbemühungen der HIAG. Besonders die VVN wandte sich 1959 vehement gegen eine verbesserte staatliche Versorgung von ehemaligen SS-Angehörigen.[229] *Die Mahnung*, das Organ des Berliner BVN, bezeichnete die HIAG als das „trojanische Pferd der Bundesrepublik".[230]

Im Bundestag versuchte sich weiterhin die DP als besondere Sachwalterin der Interessen der ehemaligen Soldaten zu profilieren. Schon im Juni 1958 hatte sie den Antrag eingebracht, die Bundesregierung aufzufordern, bis zum 1. April 1959 den Entwurf einer weiteren Novelle zum 131er-Gesetz vorzulegen. Der Innenausschuss des Parlaments stimmte diesem Begehren grundsätzlich zu, verlegte das Datum aber auf das Ende des Jahres 1959.[231] Nachdem jedoch auch zu diesem Termin noch kein Gesetz in den Bundestag eingebracht worden war, fragte die DP im Januar 1960 die Bundesregierung, warum dies bisher trotz entsprechender Aufforderung nicht geschehen sei und wann damit zu rechnen sei. Das Bundesinnenministerium antwortete daraufhin, die vorbereitenden Arbeiten für den Entwurf seien abgeschlossen, er müsse noch mit den beteiligten Bundes- und Landesressorts abge-

---

227 *Feinde der Demokratie*, Jg. VIII, Nr. 1–2 (Januar 1959), S. 3 ff., und Nr. 9–10 (September 1959), S. 33 ff.
228 Ebenda, Jg. VIII, Nr. 10 A (November 1959), S. 10 ff.
229 Vgl. etwa *Die Tat* vom 25.7.1959 („HIAG fordert Rehabilitierung der Waffen-SS").
230 *Die Mahnung* vom 15.10.1959, S. 1 f.
231 Vgl. VDB, 3. Wp., Drs. 432 (Antrag der DP vom 11.6.1958) und Drs. 906 (Beschluss des Innenausschusses vom 25.2.1959).

stimmt werden. Danach sollten die einschlägigen Verbände und interessierten Kreise gehört werden, für den kommenden Februar sei dann die Vorlage im Kabinett geplant.[232]

Die Tagespresse beteiligte sich an den Debatten um die Verbesserungen für die ehemaligen Waffen-SS-Angehörigen im 131er-Gesetz kaum. In manchen Zeitungen fanden die Ehemaligen aber doch Fürsprecher. In der klerikal-konservativen *Passauer Neuen Presse* etwa forderte der spätere Chefredakteur Erwin Janik im August 1960 die Bundesregierung auf, ihr Versprechen einer Besserstellung der Berufssoldaten und einer Einbeziehung der SS-Veteranen endlich einzulösen. Es sei dabei keineswegs so, dass man die von der SS begangenen Verbrechen leugne, so Janik, aber im Rechtsstaat genügten zur Aburteilung dieser Verbrechen die Gerichte. Eine „Pauschalverurteilung", wie sie durch die Ausnahmeregelung des 131er-Gesetzes erfolge, sei „ungerecht". Man dürfe nicht alle ehemaligen Waffen-SS-Männer „über einen Kamm [...] scheren". Es sei allgemein bekannt, dass viele nicht freiwillig dorthin gegangen seien. 15 Jahre nach Kriegsende müsse der Blick „scharf genug sein, um zwischen einfachen SS-Angehörigen und SS-Verbrechern unterscheiden zu können". Letzteren würde nie eine Versorgung nach dem Gesetz zustehen. Wie lange aber wolle man „unbelasteten Waffen-SS-Männern die Anerkennung als ehemalige Soldaten verweigern".[233]

Am 22. August 1960 wurde der Entwurf des dritten Gesetzes zur Novellierung des 131er-Gesetzes schließlich dem Bundestag vorgelegt. Die Konsultationen mit den Länderressorts und den betroffenen Verbänden hatten an der Haltung der Bundesregierung bezüglich einer Einbeziehung der Waffen-SS-Soldaten nichts geändert. Verbesserungen für sie waren nicht vorgesehen. Die Chancen, solche durchzusetzen, hatten sich in mehrfacher Hinsicht inzwischen sogar noch verschlechtert. Zum einen hatte nämlich das Bundesverwaltungsgericht im April 1960 in einer höchstinstanzlichen Revisionsentscheidung festgestellt, dass die SS-Verfügungstruppe nicht Teil der Wehrmacht gewesen sei und der Dienst in ihr kein Wehrdienst im Sinn des Bundesbeamtengesetzes.[234] Zum anderen hatte das Thema der Aufarbeitung des Nationalsozialismus in der Bundesrepublik nach den Hakenkreuz-

---

232 Vgl. ebenda, Drs. 1517 (Kleine Anfrage der DP vom 4.1.1960) und Drs. 1543 (Antwort des BMI vom 12.1.1960).
233 PNP vom 17.8.1960 („Löst das Versprechen endlich ein"); insgesamt forderte der Artikel die Einbeziehung auch der Berufssoldaten, die erst nach dem Stichtag 1.1.1935 in die Wehrverbände eingetreten waren.
234 Vgl. das Urteil VI C 53.60 vom 5.4.1960, in Abschrift enthalten in BArchK, B 106/31951; die Leitsätze sind abgedruckt in *Neue Deutsche Beamten-Zeitung* 10 (1960), S. 245. Geklagt hatte ein ehemaliger Hauptmann der Schutzpolizei, der 1939 von der Verfügungstruppe in den Polizeidienst übergetreten war, dem jedoch das Land Nordrhein-Westfalen die 131er-Rechte aufgrund zu geringer Dienstzeit verweigert hatte. Das Bundesverwaltungsgericht bestätigte in der Revision eine Klageabweisung durch das Oberverwaltungsgericht des Landes vom 13.12.1957.

schmiereieien in Köln an Weihnachten 1959 und der Ergreifung Adolf Eichmanns im Mai 1960 erheblich an innen- wie auch außenpolitischer Brisanz gewonnen. Es war daher zu erwarten, dass die Gewährung von Pensionen an ehemalige SS-Angehörige heftige negative Reaktionen im In- und Ausland nach sich ziehen würde.

Die HIAG hatte freilich die Hoffnung nicht aufgegeben, noch eine Änderung des Gesetzentwurfs zu ihren Gunsten zu erreichen. Die Gespräche mit Parteienvertretern wurden fortgesetzt und es gab offenbar positive Signale. Auf dem Nordmarktreffen der Ehemaligen am 24. Oktober 1960 zeigte sich Bundessprecher Meyer jedenfalls weiterhin zuversichtlich, dass der über die Waffen-SS verhängte „Bann" aufgehoben werde. Darin, so sagte er, erblicke man keinen „Gnadenerweis", sondern die „Wiederherstellung des Rechts". Die Ausführungen Meyers wurden durch eine Rede des parlamentarischen Geschäftsführers der CDU Rasner auf der Veranstaltung unterstrichen. Rasner, der sich offenbar durch sein 1957 gegebenes Wort bei der HIAG in der Pflicht fühlte, stellte den anwesenden Veteranen eine Gleichstellung mit der Wehrmacht in Aussicht. Die ebenfalls anwesenden Abgeordneten Otto Eisenmann von der FDP und Herbert Schneider von der DP unterstützten die Forderungen der HIAG in ihren Ansprachen vorbehaltlos. Geradezu euphorisch kommentierte das HIAG-Organ daraufhin das Treffen: „Ein fünfzehn Jahre währender Bann ist endgültig gebrochen. Die ehemalige Waffen-SS ist aus der Zone der Diffamierung herausgetreten."[235]

Diese Sichtweise ging allerdings eindeutig an der Realität vorbei. Der Auftritt Rasners hatte in der Presse durchaus einige Kritik und negative Stellungnahmen bezüglich einer Besserstellung der Waffen-SS hervorgerufen.[236] Und das Bundesinnenministerium war entschlossen, im Innenausschuss des Parlaments, wohin der Gesetzentwurf zur Beratung verwiesen worden war, weiterhin eine ablehnende Haltung einzunehmen. Ende Oktober 1960 legte der zuständige Referent eine auf der Basis weiterer historischer Dokumente und der wissenschaftlichen Literatur überarbeitete Fassung seines Berichts zum Thema „Waffen-SS und 131er-Gesetz" vor. Darin kam er zu dem Schluss: „Die sogenannte ‚Waffen-SS', die ein Bestandteil der SS war, war […] weder ein Teil der Wehrmacht noch der Polizei." Daran ändere auch nichts, dass sie im Krieg zu militärischen Zwecken eingesetzt wurde. Sie sei der Wehrmacht lediglich taktisch unterstellt worden, im Übrigen aber bei der Personalbesetzung, der Versorgung und der Ergänzung selbständig geblieben. Die Waffen-SS sei „keine ‚rein militärische' Truppe" gewesen, „vielmehr eine Einrichtung besonderer Art, die nach ihrer Zweckbestimmung als ‚Staatstruppenpolizei' auch die KZ und das dazu benötigte Bewachungspersonal in sich" vereint habe. Bei dieser Sachlage erscheine die bisherige gesetzliche Regelung als Maximum des Möglichen.

---

235 DF vom November 1960, S. 7.
236 Vgl. *Die Welt* vom 12.11.1960 (Leserbrief „Aufs falsche Pferd gesetzt"); FR vom 4. und 25.11.1960 (Leserbriefe „Versorgung der Waffen-SS"); FNP vom 23.11.1960 („131er Gesetz" von Ernst Berting).

Eine Änderung würde die erste Anerkennung von Dienstzeiten in nationalsozialistischen Organisationen bedeuten und könne Forderungen von anderen Gruppierungen nach sich ziehen. „Keinesfalls möglich" sei eine Anrechnung von Dienstzeiten in der Verfügungstruppe und in den Totenkopfverbänden.[237]

Diese Ausarbeitung des Ministeriums wurde auch den Abgeordneten des Innenausschusses zur Kenntnis gegeben. Die HIAG bekam sie ebenfalls in die Hände und verfasste rasch eine Gegenstellungnahme, die auch dem Bundestagsausschuss zugeleitet wurde. Im Anschreiben dazu hieß es, die vom Ministerium vorgetragenen Argumente seien „rechtlich unvertretbar", „unverständlich", teils auch „irreführend", so etwa wenn behauptet werde, Eichmann sei Angehöriger der Waffen-SS gewesen.[238] Den Vorwurf der Irreführung ließ das Ministerium nicht auf sich sitzen und legte den mit der Materie befassten Abgeordneten der CDU und des Innenausschusses die Ablichtung eines Dokuments aus dem BDC vor, aus dem die Beförderung Eichmanns zum Waffen-SS-Untersturmführer der Reserve hervorging.[239]

Wenig später sah sich die HIAG veranlasst, dem immer wieder vorgebrachten und mit Dokumenten gestützten Argument[240] entgegenzutreten, das KZ-Personal sei Teil der Waffen-SS gewesen. In einer „Erklärung" des Bundesvorstands „zum Kollektiv-Begriff ‚SS'" versuchten Meyer und seine Stellvertreter erneut die Verfügungstruppe und die Waffen-SS strikt von der übrigen SS abzugrenzen. Eine Einheit der SS habe es im Dritten Reich nicht gegeben, hieß es darin. „Niemals", habe irgendein Truppenteil der VT oder der Waffen-SS ein KZ bewacht. Im Krieg habe sich die Waffen-SS „ständig von der ‚SS' im eigentliche Sinne entfernt" und „mit dieser nichts mehr zu tun" gehabt. Lediglich pro forma habe Himmler in seiner Machtfülle im Krieg das KZ-Personal der Waffen-SS zugeschlagen, um es auf diese Weise dem Wehrdienst zu entziehen. Unter Missbrauch seiner militärischen Dienststellung habe er darüber hinaus gegen jede Ordnung das Kriegsgefangenenwesen den HSSPF unterstellt und diese aus Gründen der internationalen Optik zu Generalen der Waffen-SS gemacht, ohne dass diese jemals ein militärisches Kommando wahrgenommen hätten. Bezüglich der Waffen-SS schloss die Erklärung der HIAG, sei die

---

237 BArchK, B 106/31951, Schreiben Kuhbiers (Referat II B 6) vom 31.10.1960; in der am 15.12.1960 an Minister Schröder übersandten Version hatte die Ausarbeitung Kuhbiers 21 Seiten, beigefügt waren Dokumente und Auszüge aus wissenschaftlichen Arbeiten zur SS.
238 Ebenda, Schreiben der HIAG vom 22.4.1961 mit beigefügter zwölfseitiger Stellungnahme; Letztere ist auch abgedruckt in DF vom Mai 1961, S. 4 ff. Trotz aller Bedenken, schrieb das HIAG-Organ dazu, glaube man nicht, dass der SA-Anwärter Innenminister Schröder hier das letzte Wort haben werde. Man habe die Zusicherung einer Reihe anständiger Männer aus allen Fraktionen. Und auch in der CDU seien die Schröders nicht alleinentscheidend.
239 Vgl. BArchK, B 106/31591, Bauch (Abteilungsleiter II) an Schröder, 5.6.1961.
240 Vgl. etwa bereits *Bonner Rundschau* vom 12.12.1959 („NS-Konzentrationslager unterstanden Waffen-SS").

„Kollektivierung des Begriffes ‚SS' [...] eine geschichtliche Unwahrheit, gegen die mit aller Deutlichkeit Einspruch erhoben werden" müsse.[241]

Trotz solcher Abwehrgefechte verdichteten sich nun die Anzeichen, dass die ablehnende Haltung des Bundesinnenministeriums obsiegen würde. Anlässlich einer Versammlung des Deutschen Beamtenbunds in Augsburg im Mai 1961, über die auch die Presse berichtete, erklärte etwa der CSU-Abgeordnete und vormalige Vorsitzende des Bunds Angelo Kramel, er sehe keine Chance für die SS-Veteranen, nach dem 131er-Gesetz versorgt zu werden. Dem stehe schon die im Gesetz vorgeschriebene zehnjährige Dienstzeit entgegen, eine Änderung sei hier nicht zu erwarten. Kramel gab dabei der Hoffnung Ausdruck, dass diese Frage nicht ins Plenum des Parlaments getragen werde. Denn was eine solche Debatte in der heutigen Zeit bedeute, so der Abgeordnete in Anspielung an den gerade laufenden Prozess gegen Eichmann, das könne sich jeder an fünf Fingern abzählen.[242]

Als der Gesetzentwurf zur dritten Novelle des 131er-Gesetzes Mitte Juni 1961 kurz vor dem Abschluss der Legislaturperiode vom Innenausschuss des Bundestags wieder dem Plenum vorgelegt wurde, hatte er zwar zahlreiche Änderungen erfahren, jedoch keine, die Verbesserungen für die früheren Angehörigen der Waffen-SS vorsah. In der letzten Sitzung des Innenausschusses Anfang Juni waren die Abgeordneten Alfred Burgemeister (CDU) und Reinhold Kreitmeyer (FDP)[243], die sich beide besonders für die Belange der HIAG engagierten, mit einem Antrag in diese Richtung gescheitert. Da nach dem Grundsatzurteil des Bundesverwaltungsgerichts der Begriff „Waffen-SS" nur auf die Zeit seit dem 1. Januar 1940 Anwendung finden konnte und berufsmäßige Einstellungen in den Kriegsjahren nicht mehr vorgenommen wurden, gingen die Bestrebungen jetzt dahin, die Freiwilligen der SS-Verfügungstruppe in das Gesetz aufzunehmen. Burgemeister vertrat dabei den Standpunkt, dass diese beim Eintritt ein Vertragsverhältnis nicht mit der Partei, sondern mit dem Deutschen Reich geschlossen hätten. Wenn Hitler dabei taktische Erwägungen verfolgt habe, wie heute vielfach behauptet werde, so könne man dafür nicht die Angehörigen der VT verantwortlich machen. Sie hätten in dem guten Glauben gehandelt, in den Dienst des Staates zu treten. Befürchtungen, damit würden auch die Angehörigen der Totenkopfverbände berücksichtigt, begegnete Burgemeister mit dem Hinweis, diese seien von Anfang an für Sonderaufgaben vorgese-

---

241 DF vom Juni 1961, S. 6 f.
242 Vgl. PNP vom 21.5.1961 („Gratifikation für Beamte erst im Neuen Bundestag"). Schon Anfang 1961 hatte der CSU-Landesgruppenchef im Bundestag Hermann Höcherl auf eine diesbezügliche Frage des oberfränkischen CSU-Abgeordneten und HIAG-Lobbyisten Albrecht Schlee resümiert, das Problem der Einbeziehung der Waffen-SS in das 131er-Gesetz sei durch den Eichmann-Prozess belastet, weshalb sich eine hinhaltende Stellungnahme empfehle; vgl. Zellhuber/Peters, CSU-Landesgruppe, Sitzung vom 16.1.1961.
243 Beide Abgeordnete waren bis Kriegsende Berufssoldaten der Wehrmacht, zuletzt im Rang eines Obersten, gewesen.

hen gewesen und hätten anders als die Mitglieder der VT deshalb auch Wehrdienst leisten müssen.[244]

In der genannten Sitzung des Innenausschusses sprach sich jedoch Ministerialdirektor Bauch im Namen des Bundesinnenministeriums mit Hinweis auf die rechtliche Lage und auf außenpolitische Gesichtspunkte gegen den Antrag Burgemeisters aus. Auch in seiner eigenen Fraktion hatte Burgemeister wenig Rückhalt. Die Frage sei dort eingehend besprochen worden, sagte der stellvertretende Ausschussvorsitzende Walter Kühltau in der Sitzung, mit dem Ergebnis, dass die beantragte Lösung zum gegenwärtigen Zeitpunkt aus außenpolitischen Gründen nicht möglich sei.[245] Deutlicher als dies im knappen Protokoll der Sitzung zum Ausdruck kam, schilderte Burgemeister die Stimmung im Innenausschuss unmittelbar im Anschluss in einem Schreiben an die HIAG-Spitze: „Ich darf feststellen", führte er aus, „daß von allen Fraktionen, besonders aus der SPD heraus, gegen eine Einbeziehung der SS-Verfügungstruppe gesprochen wurde. Ja, ich wurde sogar heftig attackiert, wie ich es überhaupt wagen könne, derartige Ausführungen zu machen, in einem Augenblick, in dem in Israel Eichmann vor Gericht stehe." Was er immer wieder betont habe, fuhr er fort, zeige sich deutlich, alle von der HIAG geführten Gespräche mit Parteivertretern „waren für die Katz". Was nützten jetzt die Beteuerungen von Erler und dem FDP-Abgeordneten Walter Kühn. Er und Kreitmeyer hätten allein dafür gestimmt und getan, was möglich gewesen sei. Eine Änderung durch den Bundestag sei nun nicht mehr zu erwarten, schloss Burgemeister.[246]

In der Sitzung der CDU/CSU-Fraktion vom 27. Juni erinnerte Rasner noch einmal an das zum Ende der letzten Legislaturperiode gegebene Versprechen, die Waffen-SS, soweit sie nur Soldatendienst geleistet habe, in das 131er-Gesetz einzubeziehen. Aufgrund der rechtlichen Entwicklung sah auch er nun keine Möglichkeit für eine generelle Gleichstellung mit der alten Wehrmacht mehr, da „die Waffen SS zu keinem Zeitpunkt vierter Wehrmachtsteil gewesen" sei. Er bat aber wenigstens einer Regelung zuzustimmen, nach der jeder einzelne überprüft werde, ob er nun soldatengleichen Dienst getan habe. Jedoch stieß auch dieser Vorschlag auf Ablehnung. Der Kölner Abgeordnete Valentin Brück sprach sich dafür aus, das Thema Waffen-SS ganz fallenzulassen. Andernfalls, so drohte er, werde er sich im Plenum offen gegen die Vorschläge aussprechen, und es sei doch wahrlich zu bezweifeln, ob eine solche Diskussion im Augenblick sinnvoll sei. Diese Debatte ins Plenum zu bringen, davor warnte sein württembergischer Kollege Paul Bausch nachdrücklich, denn sie sei „doch wahrlich mit Dynamit geladen". Wenn das zur Entladung komme, könne

---

[244] Vgl. DF vom Juli 1961, S. 4 f. „Sachliche Feststellungen über die ehemalige Waffen-SS im Zusammenhang mit Fragen des 131er Gesetzes".
[245] Vgl. BArchK, B 106/15576, Auszug aus Protokoll der Sitzung des Innenausschusses vom 9.6.1961.
[246] BArch-MA, N 756/409a, Burgemeister an ungenannten Adressaten („Sehr geehrter Herr General", wahrscheinlich Kurt Meyer), 9.6.1961.

man „die Katastrophe voraussehen". Auch Fraktionschef Krone – eigentlich ein Befürworter einer Regelung zugunsten der Waffen-SS – stimmte dem zu. Er kündigte jedoch an, noch sondieren zu wollen, ob nicht die Möglichkeit einer interfraktionellen Lösung bestehe. Diese hätte dann im Plenum ohne eigene Diskussion im Rahmen des Gesamtpakets verabschiedet werden können.[247]

Eine solche Lösung kam aber nicht zustande. Kreitmeyer brachte daraufhin namens seiner Fraktion in die zweite Lesung des Gesetzes einen Änderungsantrag ein, künftig in den §§ 1 und 67 den ehemaligen Angehörigen der Verfügungstruppe dieselben Rechte zuzusprechen wie denjenigen der Wehrmacht.[248] Nach einem Bericht des HIAG-Organs *Der Freiwillige* kam es vor der dritten Lesung noch zu einer Unterredung der Spitzenfunktionäre des Verbands Kurt Meyer und Karl Cerff mit den Fraktionschefs der Parteien und Bundestagspräsident Gerstenmaier. Dabei hätten die Parteivertreter den Rechtsanspruch der ehemaligen Waffen-SS-Angehörigen auf eine gleichwertige Versorgung anerkannt und erneut eine Einlösung der diesbezüglichen Zusagen versichert, jedoch um Verständnis gebeten, dass dies zum gegenwärtigen Zeitpunkt angesichts der außenpolitischen Situation nicht ratsam sei.[249] Um die Betroffenen nicht ganz zu verprellen und die FDP zu einer Rücknahme ihres Antrags zu bewegen, sollen seitens des Innen- und des Finanzministeriums Zusicherungen gegeben worden sein, bedürftige ehemalige Angehörige der Verfügungstruppe oder deren Hinterbliebene durch Beihilfen gemäß § 56 des Gesetzes zu unterstützen. Hier ermöglichte eine Gesetzesänderung dem Bundesinnenministerium größere Spielräume, den dafür in Frage kommenden Personenkreis selbst zu bestimmen. Auf diese Weise gelang es, das Thema ganz aus dem Plenum des Bundestags herauszuhalten. Kreitmeyer meldete sich zwar in der dritten Lesung zu Wort, aber nur um zu verkünden, dass sich sein Antrag erledigt habe, und er bitte, diesen der Bundesregierung als Material für eine vierte Novelle zu überweisen. Er begründete seinen Schritt damit, dass das BMI versprochen habe, den in seiner Anfrage „angesprochenen Personenkreis" im Sinne der Antragsteller zu unterstützen. Das Wort „Waffen-SS" nahm er nicht in den Mund, es fiel auch sonst im Laufe der unter Zeitdruck im Schnellverfahren durchgezogenen Lesungen nicht.[250]

Aufgrund eines Missverständnisses berichtete *Die Welt* dann allerdings am folgenden Tag, das Gesetz sehe eine Gleichstellung von Angehörigen der Waffen-SS insoweit vor, als hauptberufliche Angehörige der früheren „Verfügungstruppe (,Leibstandarte' und Totenkopfverbände)", die eine mindestens zehnjährige Dienstzeit aufweisen könnten, versorgungsberechtigt würden. Auf dem Weg des Härte-

---

247 Schiffers, CDU/CSU-Fraktion 1957–1961, S. 864 (Dokument 266, Sitzung vom 27.6.1961).
248 Vgl. VDB, 3. Wp., 165. Sitzung vom 29.6.1961, S. 9710 (Umdruck 948).
249 Vgl. DF vom August 1961, S. 5 f. Kurz zuvor, am 22.6.1961, hatten Meyer und Cerff eine Besprechung mit SPD-Politikern, u. a. mit Erler und Schmitt-Vockenhausen, vgl. AdsD, Nachlass Erler 149.
250 Vgl. VDB, 3. Wp., 165. Sitzung vom 29.6.1961, S. 9582. Das Gesetz wurde in der dritten Lesung einstimmig angenommen.

ausgleichs solle diese Regelung auch – ohne dass ein Versorgungsanspruch bestehe, für Hinterbliebene und Angehörige Anwendung finden, wenn eine solche Zehnjahresfrist noch nicht erfüllt ist.[251] Diese Meldung sorgte in Bonn für einige Aufregung. Umgehend ließen die Vorsitzenden des Bundestagsinnenausschusses Hermann Schmitt-Vockenhausen (SPD) und Kühltau (CDU) eine Presseerklärung herausgeben, in der klargestellt wurde, dass die Gesetzesnovelle keine Gleichstellung von Waffen-SS- und Wehrmachtssoldaten vorsehe, bezüglich der Waffen-SS darüber hinaus überhaupt gar keine Regelungen enthalten seien.[252]

Dies konnte jedoch nicht mehr verhindern, dass sich die DDR-Presse propagandistisch des Themas bemächtigte. „SS-Banditen ‚versorgungsberechtigt'", konnte man am 1. Juli 1961 im SED-Organ *Neues Deutschland* mit Berufung auf den Artikel der *Welt* lesen. Das Bonner Dementi außer Acht lassend legte das Blatt am nächsten Tag noch nach und hob insbesondere auf die Totenkopfverbände ab. Damit, so hieß es, würde nun auch „jene Elite- und Kerntruppe des faschistischen SS-Staates staatlich versorgt, die wegen ihrer grauenhaften Kriegsverbrechen und Verbrechen gegen die Menschlichkeit vom Nürnberger Tribunal der Vier Mächte zur verbrecherischen Organisation erklärt" worden sei. Diese würden nun entweder Pensionen erhalten oder in staatliche Stellen einrücken. Bonn mache sich damit „einer der bisher schwersten und ungeheuerlichsten Verletzungen des Potsdamer Abkommens schuldig".[253]

In vielen bundesdeutschen Blättern, die anlässlich der Verabschiedung des Gesetzes im Bundestag nur kurz berichtet hatten, wurde das Thema der Einbeziehung der Waffen-SS überhaupt erst infolge des lautstarken Dementis aufgegriffen. Meist beschränkte sich die Berichterstattung aber rein auf dessen Wiedergabe. „Keine Gleichstellung", lauteten etwa die Schlagzeilen in der *Süddeutschen Zeitung* und im *Münchner Merkur*, „Keine Pensionen für SS-Leute" in der *Passauer Neuen Presse*.[254] Einige Blätter übten allerdings heftige Kritik an der Art des Gesetzgebungsverfahrens in diesem Punkt. Die *Stuttgarter Zeitung* wies auf die Tatsache hin, dass über die von der FDP ursprünglich beantragte Einbeziehung der Waffen-SS im Plenum nichts zu hören gewesen sei und man erst nachträglich von einem Abgeordneten in

---

251 Vgl. *Die Welt* vom 30.6.1961 („Versorgung von ‚131ern' verbessert").
252 Vgl. BArchK, B 106/15776, Presseerklärung vom 30.6.1961. *Die Welt* dementierte in ihrer Ausgabe vom 6.7.1961 („Keine Pensionen für frühere SS-Leute") und ließ wissen, dass ein Teil ihres Berichtes nicht den Tatsachen entsprochen habe und durch eine missverständliche Auskunft eines Mitglieds des Bundestagsinnenausschusses zustande gekommen sei.
253 *Neues Deutschland* vom 1.7.1961 („Bundestag: SS-Banditen ‚versorgungsberechtigt'"), vom 2.7.1961 („Bonn honoriert SS-Banditen"). Am 2.7.1961 war noch ein zweiter Artikel mit dem Titel „Der SS-Staat lebt" beigefügt; vgl. zu den im BMI offenbar aufmerksam registrierten ostdeutschen Reaktionen auch BArchK, B 106/31951, Heft 2.
254 SZ vom 4.7.1961 („Keine Gleichstellung der Waffen-SS"); *Münchner Merkur* vom 5.7.1961 und PNP vom 7.7.1961.

der Parlamentslobby erfahren habe können, dass nun infolge einer dem Bundesinnenministerium erteilten Ermächtigung die ehemaligen Angehörigen der Verfügungstruppe Beihilfen und Unterstützungen erhalten würden. „Warum hatte man nicht gewagt, im Plenum offen darüber zu sprechen?", fragte das Blatt: „Entweder man ist dafür oder man ist dagegen. Heimlichtuerei ist von Übel."[255] Offenbar habe es dem Parlament an Mut gemangelt, hieß es dazu wenig später in der gleichen Zeitung, den Bürgern sei damit „eine notwendige Auseinandersetzung […] vorenthalten" worden, das Parlament habe hier „in fünf Minuten an Glaubwürdigkeit mehr verdorben als erst wieder in Jahren gutgemacht werden" könne.[256]

Süddeutsche Zeitung und *Spiegel* wussten von einer „demokratischen Verschwörung" zu berichten. Seit Wochen sei im Bundeshaus bekannt gewesen, dass der politische „Rechtsaußen" und Vorsitzende der aus der DP und den Resten des GB/BHE neu gebildeten Gesamtdeutschen Partei im Bundestag Herbert Schneider zu diesem Thema eine „Einundhalb-Stunden-Rede voller markiger Sprüche" vorbereitet habe, in der er eine fortgesetzte „Diffamierung der Waffen-SS" anprangern wollte. „Mit Schaudern" habe man an das verheerende Auslandsecho auf eine solche Rede gedacht. Bundestagspräsident Gerstenmaier habe nun einen Moment genutzt, in dem Schneider während des Sitzungsmarathons einmal eine Pause einlegte, und im Einvernehmen mit den Fraktionen von CDU/CSU, SPD und FDP die Behandlung der 131er-Novelle entgegen der ursprünglichen Tagesordnung vorgezogen. Die Verabschiedung sei dann im Schnellverfahren innerhalb weniger Minuten abgeschlossen worden, ehe Schneider wieder zurück war. Während die *Süddeutsche Zeitung* die Frage der Begünstigung der Waffen-SS durch das Gesetz in ihrem Bericht überhaupt nicht anschnitt, summierte *Der Spiegel* diese Regelung in seinem Bericht über den Gesetzgebungsmarathon, den das Parlament noch in seinen drei letzten Sitzungen vor dem Ende der Legislaturperiode vollzogen hatte, unter den Wohltaten, für die die Parteien mit Blick auf die bevorstehenden Wahlen das „Füllhorn der Steuerzahler" geöffnet hätten.[257]

Öffentliche Kritik an der staatlichen Unterstützung der altgedienten SS-Kämpfer der Verfügungstruppe blieb dabei weitgehend aus. Mit Empörung reagierten die Verbände der NS-Verfolgten, die nicht zu Unrecht ein Ungleichgewicht zwischen der großzügigen Versorgung ehemaliger Nationalsozialisten und der restriktiven und spärlichen Unterstützung von NS-Opfern beklagten. Von einem „Schlag ins Gesicht aller Opfer des Nationalsozialismus", sprach die VVN. „Deren Peiniger von einst" würden „nun belohnt", während die Forderungen der Opfer der SS nach Ver-

---

255 *Stuttgarter Zeitung* vom 30.6.1961, teilweise abgedruckt auch in FAZ vom 3.7.1961 („Zu schnell beschlossen") oder im *Tagesspiegel* vom 5.7.1961 („Die 131er-Novelle und die Waffen-SS").
256 *Stuttgarter Zeitung* vom 5.7.1961 („Ohne Mut und Prinzipien").
257 SZ vom 30.6.1961 („Vaterländische Verschwörung"); *Der Spiegel* Nr. 28 vom 5.7.1961, S. 16.

besserungen im Bundesentschädigungsgesetz ungehört geblieben seien.[258] Derselben Meinung war auch der ZDWV. Seit Jahren errege es „Unwillen", schrieb dessen Organ *Die Mahnung*, wie von Amts wegen immer wieder versucht werde, in der Bewertung der SS-Formationen Klassifizierungen vorzunehmen. Demgegenüber müssten „alle, die sich in den Reihen der SS zusammenfanden, [...] unweigerlich als besonders treue Parteigänger Hitlers angesehen werden". Dass diese „getreuen Paladine" Hitlers gerade jetzt eine „gesetzliche Belohnung für ihr blutiges Handwerk" bekämen, da viele Frauen und Männer des Widerstands um ihre Renten kämpfen müssten, sei „mehr als befremdlich" und gehöre sicher nicht zu den „Ruhmestaten des Bundestags". Der ZDWV vertrete den „Standpunkt, daß diejenigen, welche generell Dienst in der SS geleistet haben, es nicht verdienen, mit demokratischer Nachsicht behandelt zu werden. Sie sollten unbeschadet der Regeln eines in Freiheit agierenden Staatswesens einen Begriff von jener Härte bekommen, mit der sie einst sich zum Vollstrecker unmenschlicher Bestimmungen gegen unsere jüdischen Mitbürger und auch gegen politisch Andersdenkende machten".[259]

Ihr oberstes Ziel, die Gleichstellung der ehemaligen Angehörigen der Waffen-SS mit denen der Wehrmacht im 131er-Gesetz hatte die HIAG freilich trotz abermaliger Zugeständnisse wieder nicht erreicht.[260] Auf Seiten der politischen Rechten wurde dies bitter beklagt. Die SS-Veteranen würden weiter „diskriminiert und entrechtet", schrieb etwa *Der Reichsruf*, das Organ der rechtsextremen DRP.[261] Die HIAG selbst hielt sich zurück; *Der Freiwillige* beschränkte sich darauf, die Bemühungen des Verbands und die Ursachen, die deren Verwirklichung verhindert hatten, sachlich darzustellen.

Auch in der Folge blieb die von den SS-Veteranen ersehnte völlige Gleichstellung aus, trotz noch mancher Initiativen und Bekenntnisse in dieser Richtung. Auf dem Nordmarktreffen der HIAG im Oktober 1963 in Rendsburg nahmen sowohl Bundestagsabgeordnete der CDU/CSU wie auch der FDP und der SPD teil und sagten eine Unterstützung des Verbands in dieser Frage zu. Der Sozialdemokrat Detlef Haase meinte, er bekenne offen, dass auch heute noch in seiner Partei vieles, was mit der SS zusammenhänge, pauschal gemieden und zurückgewiesen werde. Und er glaube, das könne fast nicht anders sein, denn seine Genossen seien es gewesen, die unter der Gewaltherrschaft Hitlers, die man leider unter „SS-Staat" pauschalisiere, am meisten gelitten hätten. „Diesen Makel, zu den Hauptschuldigen an den Verbrechen des NS-Staates gestempelt zu sein", meinte Haase, „hat ihnen die Ge-

---

258 VVN-Informationsdienst vom 5.7.1961.
259 *Die Mahnung* vom 1.7.1961, S. 2 („Auch Demokratie hat Grenzen").
260 Anderslautende Feststellungen in der Literatur, so bereits Wewer, HIAG, S. 456, und diesem folgend Large, Reckoning, S. 102; ähnlich auch Frei, Vergangenheitspolitik, S. 88 f., sind irrig. Von einem „wichtigen symbolischen Erfolg" (K. Wilke, Hilfsgemeinschaft, S. 73) kann nur mit Einschränkungen gesprochen werden.
261 *Der Reichsruf* vom 15.7.1961 („Der Dank des Bonner Vaterlandes").

schichte bedauerlicherweise angelastet. Der SS in ihrer Gesamtheit ist die Verantwortung für die Verbrechen, die ein Teil ihrer Verbände begangen haben, die gar nicht einmal unmittelbar zu ihr gehört haben, die sicherlich mit der Waffen-SS überhaupt nicht identisch sind, aufgebürdet worden".[262]

Das Land Schleswig-Holstein versuchte im Dezember 1963 in einem dem Bundesrat zur Verabschiedung vorliegenden Entwurf eines Schlussgesetzes zur 131er-Regelung einen Passus zugunsten der ehemaligen Waffen-SS-Angehörigen einzufügen, scheiterte damit aber am geschlossenen Widerstand der übrigen Länder.[263] Die FDP ließ im Januar 1964 dem von der Bundesregierung eingebrachten Entwurf einer vierten Novelle zum 131er-Gesetz, der dem Verlangen der HIAG erneut nicht entsprach, einen eigenen umfangreicheren Gesetzesantrag folgen, der unter anderem in § 53 des Gesetzes eine Gleichstellung vorsah. Damit werde, sagte der Abgeordnete Wolfram Dorn bei der Begründung im Plenum des Bundestags, bezüglich der Waffen-SS die „Einlösung eines Versprechens erreicht, das von den Vertretern aller drei Fraktionen des Deutschen Bundestags bereits bei Verabschiedung der zweiten Novelle gegeben worden" sei.[264] Für die CDU/CSU und die SPD wiesen nachfolgend die Abgeordneten Brück und Matzner – erneut ohne das Wort „Waffen-SS" in den Mund zu nehmen – darauf hin, dass sich der Innenausschuss mit der Materie des § 53 beziehungsweise der Ausdehnung des Personenkreises der Berechtigten schon intensiv auseinandergesetzt habe und eine Lösung sehr schwierig sei.

Hinter den Kulissen bemühte sich die HIAG weiterhin, ihrem Anliegen mit intensiver Lobbyarbeit zum Durchbruch zu verhelfen. Eine Kurzfassung der schon einige Jahre zuvor erarbeiteten Denkschrift zu dieser Frage wurde wiederum an verschiedene Abgeordnete und Behörden versandt. Darin versuchte man Bedenken zu zerstreuen, eine Gleichstellung führe zu Pensionszahlungen an „alte Kämpfer" des Nationalsozialismus oder an Handlanger Eichmanns. Diese seien bereits durch die Regelungen im 131er-Gesetz ausgeschlossen, die eine Berechtigung an die Bedingung knüpften, nicht gegen Menschlichkeit und Recht verstoßen zu haben, und Ernennungen und Beförderungen wegen enger Verbindung zum NS-Regime nicht anerkennen würden. Wiederum lag die Betonung darauf, eine rein militärische Truppe gewesen zu sein, die nicht unter dem Oberbefehl Himmlers oder der HSSPF gestanden, sondern stets unter dem Kommando der Heeresführung gekämpft habe. Zu den Einsatzgruppen hätten keinerlei organisatorische Verbindungen bestanden.

---

[262] DF vom Oktober 1963, S. 17; die CDU vertrat auf dem Treffen Hermann Glüsing, die FDP Otto Eisenmann.
[263] Vgl. Bayerisches Hauptstaatsarchiv München (BayHStA), MF 74435, Vermerk über die Sitzung des Unterausschusses des Innenausschusses des Bundesrats am 9.12.1963.
[264] VDB, 4. Wp., 128. Sitzung vom 4.6.1964, S. 6191; zu den nachfolgenden Ausführungen von Brück und Matzner vgl. ebenda, S. 6194 f.; zu den Gesetzentwürfen Drs. 1840 vom 17.1.1964 und Drs. 1863 vom 24.1.1964.

Durch die bislang ausgebliebene Gleichstellung erhielten ihre Soldaten nur 10–15 Prozent der Normalversorgung, hieß es, teilweise sei man schlechter gestellt als ehemalige Gestapobeamte.[265]

Alle im Bundestag vertretenen Parteien zeigten sich nach wie vor offen für Gespräche. So führte der zweite Bundessprecher der HIAG Karl Cerff, der sich intensiv um die Kontaktpflege des Verbands bemühte, etwa Unterredungen mit dem Bundestagspräsidenten Gerstenmaier und dem Abgeordneten Max Güde von der CDU sowie dem Vizepräsidenten des Bundestags Carlo Schmid, dem Vorsitzenden des Bundestagsinnenausschusses Schmitt-Vockenhausen und dem stellvertretenden Fraktionsvorsitzenden Herbert Wehner von der SPD. An der HIAG-Bundesversammlung in Essen im Frühjahr 1965 nahmen Bundestagsabgeordnete von CDU, FDP und SPD sowie ein Vertreter der Bundeswehr teil. Auf offene Ablehnung scheint die HIAG mit ihrem Begehren dabei nicht gestoßen zu sein, bis fast zuletzt gab sie sich deshalb recht zuversichtlich, diesmal endlich zum Erfolg zu kommen.[266]

Als der Gesetzentwurf im Juni 1965 vom Innenausschuss wieder zurück in den Bundestag zur Abstimmung kam, hatte jedoch die von der FDP beantragte Bestimmung zur Gleichstellung der Waffen-SS wieder keine Aufnahme gefunden. Die Liberalen informierten die HIAG-Spitze darüber und in Gesprächen kam man überein, auf einen entsprechenden Antrag in der Schlussabstimmung zu verzichten, um wenigstens die in anderem Rahmen möglich scheinende Nachversicherung zu erreichen.[267] Im Bundestag nahm die FDP dann von einem nochmaligen Änderungsantrag Abstand und stimmte der 4. Novelle zum 131er-Gesetz in der Ausschussfassung zu. Seine Fraktion habe nicht alle Wünsche verwirklichen können, verkündete der Abgeordnete Herwart Miessner im Plenum, arbeite nun aber darauf hin, dass der Rest in einer fünften Novelle in der nächsten Legislaturperiode kommen werde.[268]

Ende 1965 beschäftigte die Frage erneut die SPD-Bundestagsfraktion, die die Bundesregierung aufgefordert hatte, bis zum 1. Januar 1967 eine Schlussnovelle zum 131er-Gesetz auszuarbeiten. Nach wie vor gab es Sozialdemokraten, die den SS-Veteranen wohlgesonnen waren und so entspann sich erneut eine Diskussion über die Forderung der HIAG nach Gleichstellung von Waffen-SS und Wehrmacht, an der sich verschiedene Abgeordnete beteiligten, deren genauer Verlauf und Wortlaut jedoch nicht überliefert ist. Im Ergebnis stellte der SPD-Innenexperte und Vorsitzende des Bundestagsinnenausschusses Schmitt-Vockenhausen dann aber fest, dass zumindest der Anspruch auf eine Gleichstellung auch der Verfügungstruppe nicht an-

---

[265] Vgl. DF vom Februar 1964, S. 6 f. („Kein heißes Eisen – sondern: Ein reines Soldatenrechtsproblem").
[266] Vgl. DF vom Juni 1964, S. 9, vom Mai 1965, S. 5, und vom August 1965, S. 20; zur Tätigkeit Cerffs vgl. K. Wilke, Hilfsgemeinschaft, S. 110 ff.
[267] Vgl. DF vom August 1965, S. 4.
[268] Vgl. VDB, 4. Wp., 165. Sitzung vom 1.7.1965, S. 9939, und Drs. 3681 (Bericht des Innenausschusses vom 25.6.1961).

erkannt werden könne, da es sich bei ihr um eine reine Parteiorganisation gehandelt habe.²⁶⁹

Insgesamt bemühte sich die SPD nun um mehr Distanz zur HIAG, weshalb auch in den nachfolgenden Jahren keine Parteivertreter zu den Nordmarktreffen mehr entsandt wurden. CDU und FDP waren hingegen bei diesen Treffen weiterhin regelmäßig mit Abgeordneten vertreten. In den Liberalen hatte die HIAG nach dem Ausscheiden der DP nun ihren stärksten Fürsprecher im Parlament. Und so kündigte der stellvertretende Landesvorsitzende von Schleswig-Holstein Wolfgang Imle auf dem Treffen in Husum im Oktober 1968, auf dem er und sein Kollege Hermann Glüsing von der CDU mit der „Goldenen Ehrennadel" der HIAG ausgezeichnet wurden, einen neuen Entwurf für eine Änderung des 131er-Gesetzes zugunsten der ehemaligen Waffen-SS-Angehörigen an.²⁷⁰ Tatsächlich brachte seine Fraktion in der Folge einen entsprechenden Gesetzentwurf in den Bundestag ein, dieser tauchte jedoch nach der Überweisung in den Innenausschuss nicht mehr auf.²⁷¹ Weder der Ausschuss noch die Bundesregierung sahen nun und auch in der Folge eine Möglichkeit oder Notwendigkeit für derartige Maßnahmen.

Dies hatte auch damit zu tun, dass man den Betroffenen 1965 ohnehin bereits recht weit entgegengekommen war. Nach der Verabschiedung der dritten Novelle zum 131er-Gesetz 1961 hatte das Bundesinnenministerium verfügt, dass die Unterstützungsbeträge für Personen, die der Nachversicherung unterlagen, erhöht wurden und die Länder ohne Zustimmung aus Bonn Unterstützungen bis zu den Höchstsätzen gewähren konnten.²⁷² Gleichzeitig dementierte das Ministerium aber Berichte, es habe irgendwelche Zusicherungen gemacht, über den bisherigen Kreis der Berechtigten hinaus bedürftigen ehemaligen Angehörigen der Verfügungstruppe durch Beihilfen und Unterstützungen zu helfen. Die HIAG, die das anders verstanden hatte, pochte in der Folge auf eine Einbeziehung auch dieses Personenkreises in die vom 131er-Gesetz geregelte Nachversicherung. Sie versuchte dies mit dem Hinweis zu untermauern, dass selbst die Angehörigen der Gestapo und der Toten-

---

269 Potthoff, SPD-Fraktion, S. 724 f. (Sitzung vom 26.10.1965), zum Antrag auf eine Schlussnovelle im Bundestag vgl. VDB, 5. Wp., Drs. 183.
270 Imle gehörte von 1960 bis 1965 und 1969 außerdem dem Bundestag an. Er war wie sein Parteifreund Otto Eisenmann (im Bundestag von 1957 bis 1967) häufig auf Veranstaltungen der HIAG anzutreffen. Der aus Schleswig-Holstein stammende Bundesvorsitzende der Jungdemokraten Heiner Bremer forderte Imle auf, die Nadel zurückzugeben und bezeichnete es als „Schande", dass sich der Bundestagsabgeordnete von der HIAG habe „dekorieren" lassen. Der FDP-Landesvorsitzende Eisenmann, der von 1967 bis 1969 auch Sozialminister des Landes war, verteidigte Imle daraufhin mit den Worten, die HIAG-Mitglieder hätten, „nichts gemein mit denen, die sich vielleicht noch heute als Mörder vor Gericht verantworten" müssten, FAZ vom 12.10.1968 („Eisenmann tritt für die Hiag ein").
271 Vgl. *Hamburger Abendblatt* vom 7.10.1968 („FDP will Gleichstellung"); VDB, 5. Wp., Drs. 3296 vom 30.9.1968, und 204. Sitzung vom 11.12.1968, S. 11103.
272 Vgl. BArchK, B 106/76046, Vermerk 31.1.1962 über das Gespräch von Vertretern des Ministeriums, der Parteien und der HIAG über Versorgungsfragen vom 25.1.1962.

kopfverbände ohne Zeitbeschränkung in die Nachversicherung aufgenommen seien.[273] Bezüglich der Totenkopfverbände stimmte dies allerdings nicht, wie das Ministerium, das selbst, ob der komplizierten Rechtslage, in dieser Sache unsicher war, schließlich durch Überprüfung von Einzelfällen von Personen, die wegen KZ-Verbrechen verurteilt waren, feststellte.[274]

Im Innenressort vertrat man jedoch die Position, dass das Anliegen der HIAG innerhalb des 131er-Gesetzes aus rechtlichen Gründen nicht zu verwirklichen sei, da andernfalls erhebliche Änderungen vorgenommen werden müssten und die ursprüngliche Intention des Gesetzes verändert würde. Andererseits war man auch der Ansicht, dass dem Anliegen „aus sozialpolitischen Erwägungen dem Grunde nach eine gewisse Berechtigung nicht abgesprochen werden" könne. Deshalb schlug man intern vor, es im Rahmen des NS-Abwicklungsgesetzes einer Lösung zuzuführen und erlangte dafür auch die Zustimmung des nunmehrigen Innenministers Hermann Höcherl.[275]

Dieses Gesetz, an dem seit 1959 im Bundesfinanzministerium gearbeitet wurde, enthielt einigen Zündstoff. Oberflächlich ging es in ihm um die Abwicklung des Vermögens und der Verbindlichkeiten der NSDAP und ihrer Gliederungen. Darunter verbarg sich aber auch die Frage der Rentenzahlung an ehemalige hauptamtliche Beschäftigte und Funktionäre der Partei, da diese im Dritten Reich aus der staatlichen Rentenversicherung herausgenommen und in eine parteieigene Versorgung überführt worden waren. In einer Zeit, in der verstärkt über die mangelhafte Aufarbeitung der NS-Vergangenheit diskutiert wurde und viele NS-Opfer über eine unzureichende Entschädigung klagten, musste eine derartige Regelung mit erheblicher Kritik rechnen. Das Ministerium zögerte offenbar deshalb zunächst die Vorlage hinaus[276], leitete den Entwurf aber dann 1962 den betroffenen Ressorts zur Stellungnahme zu. Vom Innenministerium über die Absicht einer Einbeziehung der Nachversicherung der Verfügungstruppe informiert riet der zuständige Referent jedoch vorläufig von einer Aufnahme einer derartigen Bestimmung ab. Sachlich stimme er zwar mit dem Anliegen überein, schrieb er zurück, politisch warne er jedoch davor, jetzt, da der Entwurf bereits dem Justizressort zur rechtlichen Prüfung zugeleitet sei, nochmals Änderungen vorzunehmen. Denn dies hätte zur Folge, dass der Entwurf erneut allen Ministerien übermittelt werden müsse. Es sei dabei zu befürchten, dass das Auswärtige Amt, das schon mehrfach gegen eine Einbringung eines derartigen Gesetzes Bedenken vorgebracht, diese nunmehr jedoch zurückgestellt habe,

---

273 Vgl. ebenda, Schreiben der HIAG vom 29.3.1962 und Stellungnahme zur Frage der Versorgung der ehemaligen Berufsoffiziere und Berufsunteroffiziere der Waffen-SS vom 30.5.1962.
274 Vgl. ebenda, Vermerk vom 27.4.1964 und Schreiben des Bundesarbeitsministeriums vom 12.6.1964.
275 Ebenda, Vermerk über eine Besprechung vom 26.6.1962 und Vermerk über die Zustimmung des Ministers vom 18.7.1962.
276 Vgl. *Der Spiegel* Nr. 10. vom 1.3.1961, S. 27 f. („Im Wartestand").

doch noch Einwände formulieren werde. Das Gesetz solle deshalb besser in der vorliegenden Form in den Bundestag eingebracht und eine diesbezügliche Änderung dort vorgenommen werden.[277] Genauso geschah es dann, der Regierungsentwurf wurde dem Bundestag zugeleitet und dort am 15. Mai 1963 in die Ausschüsse verwiesen.[278]

Derweil erarbeitete man im Innenressort einen Formulierungsvorschlag für einen neu in das Gesetz einzufügenden § 23a, der die nachträgliche Versicherung bestimmter Dienstzeiten regeln sollte. Der Begriff „SS-Verfügungstruppe" tauchte darin allerdings nicht auf, sondern der Personenkreis wurde verklausuliert mit Verweis auf einige Gesetze und Verordnungen der NS-Zeit umrissen. Diese Änderung wurde am 22. April 1964 in den Innenausschuss eingebracht und dort angenommen. Der Rechtsausschuss stellte tags darauf eine abschließende Beratung zurück und beauftragte die Bundesregierung, eine Darstellung über die Entwicklung der Verfügungstruppe vorzulegen sowie eine verbindliche Stellungnahme zu dieser Gesetzesänderung abzugeben.[279]

In einer vom zuständigen Referenten des Innenministeriums erarbeiteten Kabinettsvorlage dazu hieß es dann: „Aus sozialen Gründen scheint der Vorschlag des Ausschusses für Inneres des Deutschen Bundestags berechtigt, zumal weitere Wünsche auf Einbeziehung der berufsmäßigen Angehörigen der früheren Waffen-SS und der SS-Verfügungstruppe in das G 131 in dem Regierungsentwurf eines Schlußgesetzes [...] nicht berücksichtigt werden konnten". Andernfalls erhielten die Betroffenen entweder keine Rente aus der Rentenversicherung oder es falle die beachtliche Zeit vor 1940 weg, was besonders im Hinblick auf die Hinterbliebenen zu beachten sei. Angefügt wurde, dass sich diese Regelung nicht auf die Dienstzeit bei sonstigen bewaffneten Einheiten der SS erstrecke, insbesondere nicht auf den Dienst bei den SS-Totenkopfverbänden.[280]

Andernorts aber begegnete man der Nachversicherung mit großer Skepsis, so im Sozialausschuss des Bundestags. Dort gab der CDU-Abgeordnete Josef Becker zu bedenken, dass beispielsweise ehemalige Gewerkschaftsangestellte, wie er selbst, die bei der Machtübernahme der Nationalsozialisten 1933 ihre Posten und Rentenansprüche verloren hatten, nicht nachversichert worden seien, während dies nun für NS-Bedienstete, also auch diejenigen, die ihre Stellen damals übernommen hätten, geschehen solle. Auch wenn das Bundesarbeitsministerium umgehend erklärte, dass diesbezüglich Verbesserungen für die NS-Opfer in Vorbereitung seien, verfehlten die Worte Beckers letztlich ihre Wirkung nicht, so dass der Ausschuss im Juni

---

277 BArchK, B 106/76046, Bracker an Kuhbier, 12.9.1962.
278 Vgl. VDB, 4. Wp., Drs. 1068 und 76. Sitzung vom 15.5.1963.
279 Vgl. BArchK, B 106/76046, Vermerk Willferodts vom 24.4.1964.
280 BArchK, B 126/42650, undatierter Vermerk (April 1964) über den Vorschlag des BMI für eine Kabinettsvorlage.

1964 die Nachversicherung insgesamt ablehnte.[281] Bereits am 27. April 1964 hatte außerdem der Fraktionsvorstand der CDU sich einmütig gegen eine Einbeziehung der Verfügungstruppe in das NS-Abwicklungsgesetz wie auch das 131er-Gesetz ausgesprochen. Valentin Brück, der die Sache im Vorstand vertreten hatte, berichtete anschließend dem Referenten im Innenministerium, die Sache sei unglücklich gelaufen. Ein Mitglied des Vorstands habe entschieden dagegen gesprochen und gedroht, die Sache ins Plenum zu bringen. Allerdings sei man bereit, noch eine Stellungnahme der Bundesregierung abzuwarten.[282]

Im BMI sah man nun das Vorhaben als gescheitert an. Die federführend vom Bundesfinanzministerium zu entwerfende Erklärung für den Rechtsausschuss wurde in Abstimmung der beiden Ressorts umgeändert und mit sehr zurückhaltenden Formulierungen versehen. Die Bundesregierung, hieß es, wolle eine entsprechende Ergänzung des Entwurfs „einer parlamentarischen Initiative überlassen", da sie sich „bei der gegenwärtigen politischen Situation" nicht in der Lage sähe, von sich aus die vorgesehene Regelung vorzuschlagen. Angespielt wurde dabei wahrscheinlich auf die parallel stattfindende Debatte über die Strafverfolgung von NS-Verbrechen und eine Verlängerung der Verjährungsfristen für Mord. In der vom Kabinett am 2. Juli 1964 verabschiedeten Fassung wurden aus dieser Erklärung dann die Stellen zur parlamentarischen Initiative und zur politischen Situation gestrichen.[283] Auf der Basis dieser Erklärung lehnte dann der Rechtsausschuss in seiner abschließenden Beratung des NS-Abwicklungsgesetzes im November die Einfügung des § 23a ab.[284]

Die Spitze des Innenausschusses, allen voran dessen Vorsitzender Schmitt-Vockenhausen, war jedoch nicht gewillt, von dem Vorhaben abzulassen. Der SPD-Politiker sorgte deshalb dafür, dass die für Dezember vorgesehene Verabschiedung

---

281 Vgl. BArchK, B 106/76046, Vermerk vom 16.3.1964 über den telefonischen Bericht von Dr. Zweng vom Bundesarbeitsministerium über die Sitzung des Sozialausschusses und Kurzprotokoll der Sitzung des Sozialausschusses vom 11.6.1964. Der gelernte Schuhmacher Becker war bis 1933 Gewerkschaftssekretär beim Zentralverband Christlicher Lederarbeiter und Mitglied der Zentrumspartei gewesen.
282 Vgl. ebenda, Schreiben des Fraktionsvorstands der CDU/CSU vom 30.4.1964 (Barzel); Vermerk Käppners vom 26.5.1964; Franz, CDU/CSU-Fraktion 1961–1966, S. 1086.
283 BArchK, B 126/42650, Schreiben des BMI vom 3.6.1964, des Referats IVA2 an den Minister vom 11.6.1964; Kabinettsprotokolle 1964, 129. Sitzung vom 2.7.1964, S. 354 f. Der zuständige Referent des Bundesjustizministeriums gab zu bedenken, dass Dienstzeiten bei der NSDAP im Allgemeinen nicht als Grundlage für eine Nachversicherung angesehen würden, so dass der Gleichheitsgrundsatz die Einbeziehung der Verfügungstruppe nicht trage. Eher sei zu befürchten, dass deren Nachversicherung Ansprüche anderer NSDAP-Bediensteter nach sich ziehen werde; vgl. BArchK, B 141/17851, Vermerk vom 26.6.1964.
284 BArchK, B 126/42650, Vermerk Willferodts vom 10.11.1964; BArchK, B 136/2352, Protokoll der Ausschusssitzung von 5.11.1964; VDB, 4. Wp., Drs. 2761, schriftlicher Bericht des Ausschusses vom 23.11.1964.

des Gesetzes verschoben und ein interfraktioneller Antrag zur Einfügung des § 23a vorbereitet wurde.[285] Der zuständige Abteilungsleiter im Finanzministerium Ernst Feaux de la Croix, der über diesen Schritt wenig erfreut war, versuchte noch dies zu verhindern. Zu diesem Zweck hatte er ein Schreiben an die Mitglieder der CDU-Fraktion Heinrich Windelen und Josef Rommerskirchen vorbereiten lassen, in dem er diesen mitteilte, er „halte eine derartige Maßnahme im gegenwärtigen Zeitpunkt, in dem Überlegungen über eine Verlängerung der Verjährungsfrist für NS-Verbrechen in der Öffentlichkeit erörtert werden, für sehr gefährlich, da bei der Einfügung des § 23a Gefahr besteht, daß der Antrag eine Debatte im Plenum herausfordert, die dann offenkundig macht, welcher Personenkreis unter den § 23a fallen soll". Diese Gefahr sei umso größer, als sich der Sozialausschuss gegen die Nachversicherung ausgesprochen habe. Er bitte sie deshalb „dringend", ihren Einfluss in der Fraktion dahingehend geltend zu machen, dass den Wünschen Schmitt-Vockenhausens nicht entsprochen werde, zumal jede Verzögerung im Hinblick auf die Zahl der übrigen Rentenberechtigen vermieden werden solle.[286] Ein in etwa gleichlautendes Schreiben sollte auch an die CDU/CSU-Fraktion insgesamt ergehen. Der zuständige Ministeriumsreferent nahm jedoch vor Abgang der Schreiben Rücksprache mit seinem Kollegen im Innenressort, weil, wie er vermerkte, sich Innenminister Höcherl vor Jahren für die Nachversicherung der Verfügungstruppe eingesetzt und man ihm damals zugesichert hatte, keine Einwände zu haben. Von dort erging nun die Bitte, die Schreiben nicht abzusenden, weil sonst beim Vorsitzenden des Innenausschusses der Eindruck entstehen könne, das Innenministerium habe wieder „quergeschossen". Feaux de la Croix erklärte sich daraufhin bereit, auf eine Absendung zu verzichten und wollte Windelen und Rommerskirchen vor der Bundestagssitzung selbst ansprechen, traf diese dann jedoch nicht an.[287]

Schmitt-Vockenhausen kam bei seinem Vorhaben, den Gesetzentwurf von der Tagesordnung des Bundestags absetzen zu lassen, zu Hilfe, dass Bundestagspräsident Gerstenmaier die darin vorgesehenen Wohltaten für ehemalige NSDAP-Bedienstete für politisch bedenklich hielt. Gerstenmaiers Vorbehalte versuchte anschließend das Finanzministerium zu zerstreuen, indem es darauf hinwies, dass es sich bei den Begünstigten in aller Regel um kleine Angestellte der NSDAP handele, die häufig bei Dienstantritt nicht einmal Parteimitglieder gewesen seien, oft von den Arbeitsämtern vermittelt worden seien und niemals politischen Einfluss gehabt hätten. Außerdem würden nur erworbene Rentenansprüche wieder in Kraft gesetzt, die durch das Gesetz vom 4. März 1943, das eine Übernahme in die Eigenversorgung

---

285 Vgl. BArchK, B 126/42650, Vermerke vom 4. und 9.12.1964.
286 Ebenda, Vermerk Wilfferodts vom 4.12.1964.
287 Vgl. ebenda, Vermerk Wilfferodts vom 8.12.1964.

der NSDAP festgeschrieben habe, verloren gegangen seien.[288] Diese Intervention blieb offensichtlich nicht ohne Erfolg. Am 22. Januar 1965 stand das Gesetz erneut auf der Tagesordnung des Bundestags und wurde unverändert ohne Wortmeldung einstimmig verabschiedet.[289]

Schmitt-Vockenhausen war es bis dahin nicht gelungen, die Fraktionen für einen gemeinsamen Antrag zur Einfügung des § 23a zu gewinnen. Das bedeutete aber nicht das Ende seiner Bemühungen. Die Probleme lagen wohl weniger in seiner eigenen Fraktion als bei der skeptischen CDU. Im Mai 1965 gelang es Brück dort allerdings, doch noch das Einverständnis des CDU-Fraktionsvorstands für die Nachversicherung der Verfügungstruppe zu bekommen, indem er darauf hinwies, diese werde sich ausschließlich auf wehrmachtsgleiche Verwendung erstrecken.[290] Da nun aber das NS-Abwicklungsgesetz schon verabschiedet war, verständigte man sich darauf, dieses im Rahmen des „Dritten Gesetzes zur Änderung beamtenrechtlicher und besoldungsrechtlicher Vorschriften", das eigentlich nur das Beamtenrecht betraf, aber noch zur Verabschiedung anstand, noch einmal zu ändern. Dies sollte durch Annahme eines interfraktionellen Änderungsantrags bei der zweiten Lesung des Gesetzes geschehen.[291] Am 29. Juni informierte der geschäftsführende Sprecher der CSU-Landesgruppe Leo Wagner seine Fraktionskollegen über die Lösung und empfahl Zustimmung. Er betonte dabei noch einmal, dass die Verfügungstruppe nicht mit den Totenkopfverbänden verwechselt werden dürfe. Die beiden anderen Fraktionen hätten bereits ihr Placet gegeben. Dies sei eine „einigermaßen befriedigende Lösung", meinte er abschließend, auf diese Weise halte man die Nachversicherung aus dem 131er-Gesetz heraus.[292] Am darauffolgenden Tag wurde der Änderungsantrag in den Bundestag eingebracht und wieder einen Tag später zusammen mit dem gesamten Gesetz ohne Wortbeitrag eines Abgeordneten und ohne Gegenstimmen bei zwei Enthaltungen angenommen.[293] Da der § 23a, wie schon angemerkt, keinen expliziten Hinweis auf die Verfügungstruppe oder die Waffen-SS enthielt, bekam die Öffentlichkeit gar nichts von diesem Rentengeschenk an die altgedienten SS-Freiwilligen beziehungsweise deren Hinterbliebene mit.

---

288 Vgl. ebenda, Vermerk vom 9.12.1964 und Schreiben an Gerstenmaier vom 21.12.1964.
289 Vgl. VDB, 4. Wp., 158. Sitzung vom 22.1.1965, S. 7814; nach Zustimmung durch den Bundesrat trat das Gesetz am 27.3.1965 in Kraft, vgl. Bundesgesetzblatt 1965 I, S. 79 ff.
290 Vgl. Franz, CDU/CSU-Fraktion 1961–1966, S. 1460 (Sitzung vom 10.5.1965); auch im Juni stand das Thema noch zweimal auf der Tagesordnung der Sitzungen des Fraktionsvorstands, vgl. ebenda, S. 1501 (Sitzung vom 14.6.1965) und S. 1524 (Sitzung vom 28.6.1965).
291 Vgl. BArchK, B 126/42650, Auszug aus dem Protokoll der Sitzung des Innenausschusses des Bundestags vom 29.6.1965.
292 Franz, CDU/CSU-Fraktion 1961–1966, S. 1535 f. (Sitzung vom 29.6.1965).
293 Vgl. VDB, 4. Wp., 195. Sitzung vom 30.6.1965, S. 9981 (Anlage 7, Umdruck 715) und 196. Sitzung vom 1.7.1965, S. 9941 ff.; Bundesgesetzblatt 1965 I, S. 1015.

2 Die Behandlung von ehemaligen SS-Angehörigen in der Sozialgesetzgebung —— 129

Auch bei den Leistungen nach dem Bundesversorgungsgesetz konnte die HIAG im Laufe der 1960er Jahre Erfolge erzielen. Zunächst wurde auch die Zeit bei der Verfügungstruppe seit Kriegsbeginn im September 1939 als Militärdienstzeit anerkannt, seit 1968 weiterhin die Zeit der Mobilmachung im August 1939, soweit die Verfügungstruppe auf Weisung militärischer Stellen gehandelt hatte.[294] Derartige Zugeständnisse konnten freilich nicht verhindern, dass HIAG-Vertreter noch in den 1970er Jahren mit Blick auf die Versorgung ihrer Klientel von einem „Katalog der Schande" sprachen und zahlreiche Punkte anführten, bei denen die ehemaligen Angehörigen der Verfügungstruppe und der Waffen-SS gegenüber den Soldaten der Wehrmacht benachteiligt seien.[295]

---

294 Vgl. DF vom Juni 1968, S. 11 ff. (mit Abdruck eines entsprechenden Erlasses des Bundesarbeitsministeriums vom 17.4.1968).
295 Vgl. etwa das Referat des Rechtsreferenten des HIAG-Bundesverbands auf dessen Bundesversammlung in Hamburg 1975 mit dem Titel „Katalog der Schande", DF vom August 1975, S. 8 f. und September 1975, S. 15; *Der Heimkehrer* vom 30.9.1975 („Eine kollektive Diffamierung").

II Öffentliche Treffen und Veranstaltungen von Organisationen ehemaliger SS-Angehöriger

1 Die SS-Veteranenverbände im Aufwind (1953–1960)

Blieb die Schaffung einer Bundesverbindungsstelle der HIAG 1953 in der Presse nahezu unbeachtet, so reagierten Medien und Politik mitunter recht empfindlich bei öffentlichen Kundgebungen der SS-Veteranen. Am 21. Juni 1953 trafen sich etwa 2000 bis 3000 ehemalige Angehörige der SS-Division „Wiking" bei der Burgruine Staufeneck im Landkreis Göppingen. Schon im Vorjahr hatte es dieses Treffen mit etwas geringerer Beteiligung gegeben. Diesmal wurde neben einer Sonnwendfeier ein Gedenkstein für die Gefallenen der Division enthüllt. Die Presse berichtete zunächst verhalten positiv. „Ehemalige Waffen-SS bekennt sich zur demokratischen Staatsform", lautete etwa die Schlagzeile der *Neuen Zeitung*. Felix Steiner hatte in seiner Ansprache ausgeführt, die ehemaligen Waffen-SS-Männer hingen nicht an alten Ideologien, sondern würden für ein vereintes Europa mit einem gleichberechtigten Deutschland eintreten.[1] Die dpa und mit ihr einige Zeitungen hatten jedoch auch berichtet, dass am Rande der Veranstaltung nationalsozialistische Lieder gesungen worden seien. Auf einer SPD-Versammlung wenig später in Stuttgart wurden diese Vorgänge dann scharf kritisiert. Mit Empörung habe man „vom Mißbrauch einer Totenehrung ehemaliger SS-Angehöriger zu nazistischen Kundgebungen Kenntnis genommen", hieß es in einer dort angenommenen Entschließung. Man erwarte von den zuständigen Stellen ein entschiedenes Eingreifen, um Wiederholungen zu verhindern. Diesem Protest schloss sich wenig später die jüdische Kultusvereinigung Württemberg-Hohenzollern in einer Eingabe beim baden-württembergischen Innenministerium an. Eine solche Kundgebung, schrieb sie, stelle eine Provokation der NS-Opfer dar und richte schweren politischen Schaden an.[2]

Die SPD-Fraktion in der Verfassunggebenden Landesversammlung Baden-Württembergs brachte im Juni 1953 eine Große Anfrage ein, in der die vorläufige Landesregierung gefragt wurde, ob ihr die Vorgänge in Staufeneck bekannt seien und welche Maßnahmen sie zu ergreifen gedenke, um Derartiges künftig zu verhindern. Man sei es den Opfern des Nazismus, Deutschland und der Welt „schuldig, dafür zu sorgen, daß sich nichts mehr regt und bewegt, was dem Nazismus in irgendeiner Form huldigt", sagte der Abgeordnete Fritz Helmstädter, dessen Vater in einem KZ umgekommen war, in seiner Begründung. Er übersehe nicht, dass ein Teil dieser

---
[1] *Neue Zeitung* vom 23.6.1953 („Ehemalige Waffen-SS bekennt sich zu demokratischer Staatsform"); vgl. zum Treffen auch *Der Spiegel* Nr. 27 vom 1.7.1953, S. 13, sowie den Bericht im WR vom Juli 1953, S. 6 ff.
[2] Vgl. BArchK, B 106/15575, Presse- und Informationsspiegel des BfV.

Leute bemüht sei, sich loyal zum demokratischen Staat zu bekennen. Die betreffende Veranstaltung zeige jedoch, dass „der aktivere Teil noch in den Ideologien des Nationalsozialismus befangen ist und nicht daran denkt, diesem abzuschwören".[3] Die daraufhin vom Innenministerium angeordnete Untersuchung ergab, dass unter anderem eine schwarze Fahne mit weißem Wikingschiff, das Zeichen der SS-Division, gehisst, ein Eichenkranz mit Schleife und dem SS-Wahrspruch „Unsere Ehre heißt Treue" niedergelegt und das SS-Treuelied „Wenn alle untreu werden" gesungen worden war. Innenminister Fritz Ulrich, ein altgedienter und in der NS-Zeit mehrfach inhaftierter Sozialdemokrat, der die Ergebnisse der Untersuchung der Landesversammlung zu Kenntnis gab, stellte fest, dass dies „allzu deutliche Hinweise auf die Verbundenheit mit der ehemaligen Waffen-SS und mit dem NS-Regime" seien, die nicht geduldet werden könnten. Der durch die Verwendung von NS-Symbolen und -Liedern „im In- und Ausland zwangsläufig hervorgerufene Eindruck des Wiederauflebens nationalsozialistischer Tendenzen mit all seinen schädlichen Folgen" sei so stark, dass „dieser Gefahr in Zukunft vorgebeugt" werden müsse. Die von der HIAG selbst genannten Aufgaben könnten eine derartige Verwendung von SS-Symbolen nicht rechtfertigen. Vielmehr habe sich gezeigt, dass der behauptete unpolitische Charakter derartiger Veranstaltungen nicht ernst genommen werde. „Wir können und werden nicht dulden, daß unter der Tarnung von Suchdienst-, Gedenk- und Trauerveranstaltungen für die Gefallenen des Kriegs verfassungsfeindliche Umtriebe vor sich gehen", meinte der Minister abschließend.[4]

Nachdem in der Folge einige weitere von der HIAG organisierte Treffen ohne Probleme und größere öffentliche Aufmerksamkeit geblieben waren[5], begegneten derartige Veranstaltungen 1954 zunehmend offenem Widerstand. Im Hintergrund standen dabei auch die sich verstärkenden Proteste insbesondere auf Seiten der politischen Linken gegen eine bundesdeutsche Wiederbewaffnung, in die sich auch die ostdeutsche SED-Führung einklinkte. Zu diesem Zweck instrumentalisierte sie unter anderem den zehnten Jahrestag der Befreiung des KZ Buchenwald.[6] Für den 11. April 1954 wurde ein Internationaler Befreiungstag ausgerufen und eine Großveranstaltung mit Teilnehmern aus zahlreichen europäischen Ländern vorbereitet. Im März 1954 gab man für diese Veranstaltung in Anknüpfung an den Schwur der Buchenwald-Häftlinge von 1945 die Losung „Niemals ein SS-Europa" heraus und ver-

---

[3] Verfassunggebende Landesversammlung Baden Württemberg, 49. Sitzung vom 16.9.1953, S. 2225 (Begründung der Anfrage vom 26.6.1953).
[4] Ebenda, S. 2226; vgl. auch *Neue Zeitung* vom 17.9.1953.
[5] Die Lokalpresse berichtete häufig völlig unkritisch und sehr wohlwollend über solche Zusammenkünfte: vgl. etwa *Fränkischer Tag* vom 12.10.1953 („Kreuze mahnen zu neuen Wegen") über das Suchdienst- und Kameradschaftstreffen der bayerischen HIAGs am 10./11.10.1953 in Bamberg oder *Ingolstädter Zeitung* vom 26.1.1954 („Waffen-SS-Überlebende gegen politische Verdächtigungen") über Treffen in Ingolstadt.
[6] Vgl. Overesch, Buchenwald, S. 302 ff.

breitete diese anschließend auf Plakaten, Anstecker und in einer Broschüre.[7] Auslöser dieser Parole waren wohl die vollmundigen Ankündigungen mancher ehemaliger SS-Generale und deren Berufung auf die europäische Tradition ihrer Truppe, aber auch Meldungen, nach denen in die im Rahmen der EVG aufzustellenden Truppen ehemalige Angehörige der Waffen-SS Aufnahme finden sollten.[8]

In der Folge verstärkte sich die Agitation kommunistischer Gruppen im Westen gegen die SS-Veteranen. Diese traf mitunter durchaus auf breitere Unterstützung. Als Erstes bekamen den neuen Gegenwind die Ehemaligen der SS-Polizei-Panzergrenadierdivision zu spüren, die an Pfingsten 1954 in Schwelm ein Treffen planten. Etwa zwei Wochen vor diesem Termin, am 25. Mai, beauftragte die Stadtverordnetenversammlung von Schwelm auf Antrag der KPD einstimmig die Stadtverwaltung, alles zu tun, um das Treffen zu verhindern. Den Veranstaltern sollten keine städtischen Räume zur Verfügung gestellt und sie auch sonst in keiner Weise unterstützt werden. Vorausgegangen waren Proteste von Betriebsräten und Gewerkschaften. Das örtliche Deutsche Rote Kreuz (DRK) und der Schwelmer Verkehrsverein lehnten daraufhin ebenfalls eine Unterstützung ab. Der Division wurden zahlreiche Kriegsverbrechen in Griechenland zur Last gelegt, darunter die Erschießung der Bewohner des Dorfes Distomo. Der Vorsitzende des Bundestagsausschusses zum Schutze der Verfassung, der Dortmunder SPD-Abgeordnete Walter Menzel, hatte deshalb bereits zuvor gegenüber dem Bundesamt für Verfassungsschutz (BfV) seine Besorgnis über die Sammlungsbestrebungen dieses Verbands kundgetan.[9] In der Schwelmer Stadtverordnetenversammlung wurden die Kriegsverbrechen freilich nicht thematisiert, hier ging es mehr um die SS insgesamt und die Befürchtung, „Ewiggestrigen" ein Forum zu bieten. Alle Parteien waren sich einig, dass man die SS-Angehörigen nicht alle über einen Kamm scheren dürfe. Selbst der KPD-Stadtverordnete und ehemalige KZ-Häftling Paul Kübler meinte, dass „nicht alles was SS hieß, Verbrecher waren". Man wisse jedoch nicht, was sich hinter jenen Männern verberge, die sich hier treffen wollten und sich selbst als „SS-Division" herausstellten. Die Vertreter von FDP und GB/BHE im Rat betonten noch stärker die Notwendigkeit einer Differenzierung,

---

[7] Vgl. *Neues Deutschland* vom 11.3.1954 („Antifaschistische Widerstandskämpfer geloben: Niemals ein SS-Europa"); *Die Tat* vom 10.4.1954 („Internationaler Befreiungstag 1954") und vom 17.4.1954 („Grandiose europäische Manifestation in Buchenwald: NIEMALS ein SS-Europa"); Niemals ein SS-Europa. In den ersten von der kommunistisch geprägten Dachorganisation FIR und dem westdeutschen Vorbereitungskomitee verbreiteten Aufrufen war diese Losung noch nicht enthalten gewesen, vgl. *Die Tat* vom 27.2.1954 („Internationaler Befreiungstag 11. April 1954") und vom 13.3.1954 („Der 10. Jahrestag der Befreiung im Zeichen der Einheit aller Widerstandskämpfer und Opfer des Faschismus").
[8] Vgl. *Neues Deutschland* vom 28.6.1953 („SS will Führung in der Europa-Armee übernehmen"), vom 21.1.1954 („Adenauer bereitet den Aufbau SS-Europas vor") und vom 16.3.1954 („SS-Kontingente für eine Europaarmee").
[9] Vgl. *Neue Volkszeitung* vom 27.5.1954 und 2.6.1954; BArchK, B 106/15575, BfV an BMI, 5.7.1954; zu Menzel vgl. Vermerk vom 15.9.1954.

stimmten jedoch letztlich auch dem vom Bürgermeister vorgeschlagenen Beschluss zu.[10] In kleinem Kreis und von der Öffentlichkeit weitgehend unbemerkt trafen sich dann allerdings trotzdem einige Waffen-SS-Veteranen in einem Lokal in Schwelm, darunter der HIAG-Landessprecher Walter Harzer und der frühere Divisionskommandeur Alfred Wünnenberg.[11]

Ebenfalls an Pfingsten trafen sich im westfälischen Unna die ehemaligen Angehörigen der SS-Nachrichtenabteilungen Adlershof, Nürnberg und Unna. Im Vorfeld dieser Veranstaltungen waren in der Stadt Flugzettel verteilt worden, in denen vor den „SS-Banditen" gewarnt und die Bevölkerung zu einem gemeinschaftlichen Vorgehen gegen diese „unverbesserlichen Faschisten" aufgerufen wurde. Der *Hellweger Anzeiger*, die auflagenstärkste, der CDU nahestehende Lokalzeitung bezeichnete das Flugblatt als „Pamphlet" und die gesamte Aktion als eindeutige „KP-Propaganda". Über das Treffen der etwa 200 Waffen-SS-Veteranen selbst berichtete die Zeitung dann sehr positiv, es sei in „voller Harmonie" verlaufen und geprägt gewesen vom „Austausch von Erlebnissen und dem auf das Persönliche bezogenen Kameradschaftsgeist". Die angekündigten Störungen seien ausgeblieben.[12] Das SED-Organ *Neues Deutschland* berichtete hingegen von einer Protestdemonstration gegen die Veranstaltung und wollte darin „wachsende Empörung in der westdeutschen Bevölkerung über die systematisch betriebene Faschisierung und Remilitarisierung Westdeutschlands" erkennen. Es seien Transparente mit Aufschriften wie „SS – raus aus Unna" zu sehen gewesen und Flugblätter verteilt worden. In einer abgelegenen Seitenstraße, hieß es in dem Bericht aus Ost-Berlin weiter, hätten sich Kommandos der Polizei und der belgischen Militärpolizei auf die demonstrierenden Arbeiter gestürzt, Transparente und Flugblätter beschlagnahmt und einige Teilnehmer verhaftet. Das lässt zumindest darauf schließen, dass der Protestzug einen eindeutig kommunistischen Charakter trug und nicht genehmigt war.[13]

Möglicherweise unter dem Eindruck dieser Ereignisse verbot der Oberbürgermeister von Kassel im Juni 1954 das erste Mal eine solche Veranstaltung. Im Hintergrund standen Proteste des DGB und der KPD gegen ein geplantes Treffen der Veteranen der SS-Panzer-Division „Hitlerjugend". Die Gewerkschaften erklärten, ein solches SS-Treffen stelle eine Provokation der Arbeitnehmerschaft dar. Sollte es tat-

---

10 *Schwelmer Tageblatt* vom 26.5.1954 („Stadtverordneten-Versammlung einmütig in allen Fragen").
11 BArchK, B 106/15575, Bericht des BfV vom 13.7.1954.
12 *Hellweger Anzeiger* vom 5.6.1954 („Faschistische Gefahr") und vom 8.6.1954 („7000 Vermißtenschicksale geklärt").
13 Vgl. *Neues Deutschland* vom 9.6.1954 („Unna wehrte sich gegen die SS"). Der Artikel, der mehrere „Faschisten- und Militaristentreffen" an Pfingsten behandelte, machte auch aus den in Nürnberg sich versammelnden Wehrmachtsdivisionen „Groß-Deutschland" und „Brandenburg" SS-Verbände.

sächlich stattfinden, seien „Gegenmaßnahmen unbedingt erforderlich".[14] Da gleichzeitig in Kassel ein Bundeskongress der Gewerkschaft der Eisenbahner stattfinden sollte, untersagte die Stadtverwaltung das Treffen der ehemaligen SS-Männer mit der Begründung, dass aufgrund der zu befürchtenden massiven Proteste die öffentliche Sicherheit und Ordnung gefährdet sei.[15] Wenige Wochen später verbot auch der Landrat von Bad Hersfeld eine dort für September 1954 geplante Versammlung ehemaliger Angehöriger der SS-Gebirgs-Division und begründete dies mit der Gefahr der Verherrlichung von nationalsozialistischen Organisationen. Die Kameradschaftstreffen wollten die Erinnerung an die früheren SS-Einheiten wachhalten, hieß es in dem Verbotsbescheid. Diese SS-Einheiten stellten aber Formationen dar, die ihrem Ursprung und ihrem Wesen nach gegen die heutige verfassungsmäßige Ordnung gerichtet gewesen seien.[16] Nachdem Beschwerden der HIAG und der Deutschen Partei gegen das Verbot nichts brachten, entschieden sich die Ausrichter dafür, das Treffen nach Göttingen zu verlegen. Offenbar erwartete man in Niedersachsen weniger Widerstand als im sozialdemokratisch geprägten Hessen. Tatsächlich erlaubte der Rat der Stadt Göttingen trotz Protesten der SPD, der Gewerkschaften und der Jüdischen Gemeinde die Veranstaltung mit dem Hinweis, für ein Verbot sehe man keine rechtliche Handhabe.[17] Der SPD-Ortsverein hatte argumentiert, wenngleich man die Suchdienste nach gefallenen und vermissten Soldaten unterstütze und die Angehörigen ehemaliger Waffen-SS-Einheiten, die zum Teil im jüngsten Alter in diese Einheiten gezogen worden seien, nicht diffamieren wolle, so verlange man „mit allem Nachdruck [...], jede Veranstaltung, die unter symbolischen Bezeichnungen von Organisationen der nationalsozialistischen Gewaltherrschaft stattfinden soll, zu verhindern".[18]

Widerstand gegen ein öffentliches Auftreten von SS-Veteranen regte sich zu dieser Zeit vor allem dort, wo die politische Linke und die Gewerkschaften gut organisiert und stark waren. Während zwei weitere Treffen im September 1954, ein kleines im pfälzischen Landau und ein größeres mit etwa 1200 Teilnehmern im holsteinischen Rendsburg ohne Probleme und Aufsehen durchgeführt werden konnten, kam es gegen eine im selben Monat im westfälischen Iserlohn geplante Veranstaltung

---

14 AWJ vom 11.6.1954 („DGB-Protest gegen Provokation"); *Die Tat* vom 12.6.1954 („DGB und SPD fordern Verbot des SS-Treffens in Kassel"). Bereits in der Nummer vom 5.6.1954 („Verhindert die Kasseler SS-Provokation") hatte das Organ der VVN von Protesten des Betriebsrats der Stadt Kassel, des DGB-Ortskartells Wellerrode, des Verwaltungsvorstands und Beirats der IG Bau Kassel sowie einiger Firmenbetriebsräte berichtet und zur Unterstützung ihrer Botschaft eine mit zahlreichen Fotos illustrierte Doppelseite über Verbrechen der SS in Lidice und Oradour gebracht.
15 Vgl. *Die Welt* vom 16.6.1954 („SS-Treffen verboten") und WR vom Juli 1954, S. 21; etwa 160 ehemalige Divisionsangehörige trafen sich dann in Hofgeismar unweit von Kassel; vgl. *Die Welt* vom 22.6.1954 („Waffen-SS").
16 Vgl. FAZ vom 27.8.1954.
17 Vgl. FAZ vom 20.9.1954 und 22.9.1954.
18 *Der Spiegel* Nr. 9 vom 23.2.1955, S. 14.

erneut zu Protesten, vor allem seitens der Gewerkschaften und der NS-Verfolgten.[19] Iserlohns Bürgermeister fragte daraufhin beim Ministerpräsidenten nach, ob nicht etwa im Hinblick auf die gerade in London stattfindenden Verhandlungen zur Aufnahme der Bundesrepublik in das nordatlantische Verteidigungsbündnis außenpolitische Vorbehalte gegen solche Treffen bestünden. Der Ministerpräsident wandte sich diesbezüglich wiederum an das Auswärtige Amt, von wo er die Auskunft bekam, dass aufgrund der außenpolitischen Situation nicht unerhebliche Bedenken bestünden, angesichts derer eine Verschiebung des Treffens anzuregen sei.[20] Das Auswärtige Amt bat daraufhin die Dienststelle Blank, die über Kontakte zur HIAG verfügte, mit dieser Verhandlungen aufzunehmen. Am 20. September trafen sich deshalb Carl-Gideon von Claer, der im Hause Blanks als zuständiger Referent für die Soldatenverbände über die notwendigen Verbindungen verfügte, und Heinz Trützschler von Falkenstein vom Außenamt mit dem Organisator des Iserlohner Treffens, dem früheren Generalmajor der Waffen-SS und Kommandeur der SS-Panzer-Division „Frundsberg" Heinz Harmel, dem Landessprecher der HIAG Helmut Thöle und dem Herausgeber der Zeitschrift *Wiking-Ruf* Waldemar Schütz. Es konnte zunächst Einigkeit bezüglich einer Verschiebung des Treffens erzielt werden, jedoch beharrte die HIAG auf einer Erstattung ihrer bisherigen Auslagen von etwa 1000 DM. Trützschler versprach zwar, sich dafür einzusetzen, Land und Stadt lehnten dieses Ansinnen aber ab. Die Vertreter der HIAG erklärten daraufhin, das Treffen bei dieser Sachlage doch durchführen zu wollen. Sie konzedierten jedoch einen kleineren Rahmen, eine Versammlung in geschlossenen Räumen und einen Verzicht auf politische Reden. Ramcke wurde vorsorglich telefonisch gebeten, von einem Erscheinen abzusehen. Es sollte ein Verbot des Tragens von Traditionsabzeichen und sonstigen Symbolen sowie der Aufstellung entsprechender Tischwimpel erlassen werden. Claer erklärte sich bereit, als Privatmann an dem Treffen teilnehmen, um dies zu kontrollieren.[21]

Als sich in Iserlohn dann am 26. September etwa 200 Waffen-SS-Veteranen in einem Lokal am Bahnhof versammelten, kam es zu gewalttätigen Zusammenstößen mit linksgerichteten Demonstranten. Wie die bürgerliche Presse berichtete, waren etwa die gleiche Anzahl von „Kommunisten" mit vier Omnibussen in die Stadt gekommen und in einem Protestmarsch mit Rufen wie „Weg mit der Verbrecher-SS" zum Bahnhof gezogen. Die Polizei habe einschreiten und die Streitenden mit

---

19 Vgl. *Neues Deutschland* vom 14.9.1954 („DGB protestiert gegen SS-Treffen") und vom 18.9.1954 („Wir dulden keine SS-Banden").
20 Vgl. BArchK, B 106/15575, Vermerk Toykas vom 18.9.1954.
21 Vgl. BArch-MA, BW 9/759, Notiz Claers vom 22.9.1954. Claer war im Zweiten Weltkrieg zuletzt Oberstleutnant im Generalstab und 1. Generalstabsoffizier der Panzerdivision „Großdeutschland" gewesen; Anfang der 1950er Jahre kam er zur Dienststelle Blank, 1956 wurde er an die US-Generalstabsakademie Fort Leavenworth entsandt.

Schlagstöcken trennen müssen; Harmel stellte sie kurzfristig unter Polizeischutz.[22] Die Lokalausgabe der SPD nahestehenden *Westfälischen Rundschau* schrieb hingegen, der überwiegende Teil der Protestierer lege „mit Recht großen Wert darauf, daß er nicht kommunistisch, geschweige denn von Moskau ferngelenkt" sei. Es gebe durchaus auch „andere Kreise", die ein Wiedersehen solcher Personen, die sie mit Oradour, Lidice, den KZ und der Ermordung von 117 Iserlohner Bürgern in Verbindung sähen, als Provokation empfänden. Die in Dortmund erscheinende Mantelausgabe des Blattes brachte hingegen nur einen kurzen, auf einer Meldung der Nachrichtenagentur AP basierenden Bericht, der von „Kommunisten" sprach.[23]

Das Treffen in Göttingen war nach entsprechenden Bitten des Auswärtigen Amts an die Landesbörden tatsächlich verschoben worden.[24] Der Oberbürgermeister der Stadt beschwerte sich allerdings, dass die politische Frage der Beurteilung derartiger Veranstaltungen den Kommunen überantwortet wurde. In einem Brief machte er den Leiter der Politischen Abteilung des Auswärtigen Amts Herbert Blankenhorn darauf aufmerksam, dass auf diese Weise das Problem nicht gelöst werde. Die Vorbereitungen für ein neues Treffen in seiner Stadt liefen bereits. Es sei Sache des Bundes und der Länder, hier den Kommunen mit einer generellen Lösung zu helfen. In Hersfeld habe der dortige Landrat die Veranstaltung gemäß Artikel 9 des Grundgesetzes verboten, da es sich um Nachfolgeorganisationen der SS und damit einer verbotenen NS-Organisation handele. Dieser habe dabei aber geflissentlich übersehen, dass nach § 5 des Versammlungsgesetzes die Verfassungsfeindlichkeit erst durch eine zuständige Verwaltungsbehörde festgestellt sein müsse. Göttingen habe deshalb das Treffen grundsätzlich genehmigen müssen. Dies habe erheblichen Widerstand nicht nur bei SPD und Gewerkschaften, sondern auch bei der jüdischen Gemeinde, beim Allgemeinen Studentenausschuss der Universität, dem Kreis ausländischer Studenten und der Bevölkerung hervorgerufen. Eine Nachfrage beim Innenministerium habe jedoch eine Bestätigung der eigenen Rechtsauffassung ergeben. Der Bund müsse deshalb entweder die Feststellung der Verfassungsfeindlichkeit betreiben oder selbst mit der HIAG-Zentrale Verhandlungen über eine Verschiebung aller Veranstaltungen bis zu einem genehmen Zeitpunkt führen.[25]

Nachdem jedoch mit der HIAG eine ähnliche Vereinbarung wie in Iserlohn getroffen worden war und diese zugesichert hatte, sich nur mit begrenzter Personenzahl, nur in geschlossenen Räumen und ausschließlich zur Klärung von Vermisstenschicksalen treffen zu wollen, trat das Auswärtige Amt von seinen Bedenken gegen die Veranstaltung zurück und teilte dies auch den niedersächsischen Landesbehör-

---

22 Vgl. FAZ vom 27.9.1954 („Schlägerei mit ehemaligen SS-Leuten"); WR vom Oktober 1954, S. 5.
23 Zitiert nach *Die Tat* vom 2.10.1954 („Die Faschistenprovokation in Iserlohn"); *Westfälische Rundschau* vom 27.9.1954 („Zwischenfall in Iserlohn").
24 Vgl. FAZ vom 23.9.1954 („SS-Treffen verschoben"); FR vom 23.9.1954 („Bonn über geplante SS-Treffen besorgt").
25 Vgl. BArchK, B 106/15575, Schreiben vom 11.10.1954.

den mit. Lokal gab es allerdings weiter Proteste von verschiedenen Seiten. Der DGB-Kreisausschuss erstattete gegen die örtliche HIAG Anzeige nach dem Gesetz Nr. 16 der Alliierten Hohen Kommission, das militaristische Organisationen und Vereinigungen, die von ihren Mitgliedern eine Kriegsteilnahme verlangten, verbot.[26] Vor allem die VVN forderte beim niedersächsischen Innenministerium vehement ein Verbot des Treffens. „Jede Behörde und jede Regierung, die den SS-Verbänden die Möglichkeit des Auftretens gibt", argumentierten die NS-Verfolgten, „sanktioniert nachträglich die Verbrechen des SS- und Naziterrors, beleidigt die Opfer und Hinterbliebenen aus der Zeit, in der Menschlichkeit und Humanität durch Mord und Verbrechen abgelöst und das deutsche Volk der Schande preisgegeben wurde".[27] Ein Verbot kam für Innenminister Borowski aber nun nicht mehr in Frage, wie dieser Mitte Oktober seinem Bonner Amtskollegen Gerhard Schröder mitteilte. Er bat den Bundesinnenminister aber, die HIAG beobachten zu lassen und übergab eine Liste mit deren Funktionären in Niedersachsen mit dem Hinweis, dass diese fast durchweg bereits vor 1933 der NSDAP und der SS angehört hätten.[28] Schröder mahnte in der Folge die HIAG-Bundesverbindungsstelle in einem Schreiben, alles zu vermeiden, was den Eindruck entstehen lassen könne, sie wolle bei ihren Mitgliedern „die nationalsozialistische Gedankenwelt [...] neu beleben".[29]

Das Treffen am 30./31. Oktober, an dem etwa 600 Veteranen, darunter auch welche aus Frankreich, Finnland und Norwegen teilnahmen, verlief dann abgesehen von einigen kleinen Störversuchen vor dem Versammlungslokal und Maueraufschriften wie „SS-Mörder raus" ohne Zwischenfälle. Wie Claer, der in Göttingen als Beobachter teilgenommen hatte, zufrieden vermerkte, sei es gelungen, alle Vorkommnisse zu vermeiden, die Anlass zu Kritik hätten bieten können. Die Veranstalter hätten sich sehr kooperativ verhalten, der ehemalige Regimentskommandeur Franz Schreiber habe in seiner Ansprache zur Mitarbeit in der Demokratie aufgefordert, ein Bekenntnis zur freiheitlichen westlichen Welt abgelegt und seine Ausführungen mit „Für Einigkeit und Recht und Freiheit" und dem Absingen der dritten

---

[26] Vgl. *Der Spiegel Nr. 9* vom 23.2.1955, S. 13 f.; die Staatsanwaltschaft Göttingen leitete daraufhin ein Ermittlungsverfahren gegen den ehemaligen Standartenführer der Waffen-SS und Kommandeur des SS-Gebirgsjägerregiments 12 „Michael Gaißmair", Franz Schreiber, ein, das jedoch nach der Erlangung der Souveränität der Bundesrepublik und der nachfolgenden Aufhebung der alliierten Gesetze eingestellt wurde. Eine konsequente Anwendung des Gesetzes hätte, wie *Der Spiegel* bemerkte, auch für das Amt Blank und alle Soldatenverbände Konsequenzen gehabt.
[27] *Die Tat* vom 30.10.1954 („In der Stadt der Brüder Grimm ist kein Platz für die Mörder von Oradour").
[28] Vgl. BArchK, B 106/15575, Vermerk vom 21.10.1954 und Schreiben des Auswärtigen Amts an den Göttinger Oberbürgermeister vom 16.10.1954. Laut einem weiteren Vermerk vom 21.10.1954 über ein Gespräch mit Claer hatte dieser bestätigt, dass die HIAG einen kleinen Verlauf des Treffens in Göttingen zugesichert habe. Die HIAG lege auf engen Kontakt zur Dienststelle Wert, habe Claer weiter ausgeführt, und suche bei der Planung von Veranstaltungen dort um Erlaubnis nach.
[29] Schreiben vom 18.12.1954, zitiert bei Schimnick, Hilfsgemeinschaft, S. 66 f.

Strophe des Deutschlandlieds beendet.[30] Ein der VVN nahestehender „Bund ehemaliger Widerstandskämpfer" veranstaltete allerdings unter dem Motto „Nie wieder ein SS-Europa" eine „Freundschaftsbegegnung" mit französischen NS-Gegnern in der Stadt. Dabei bezeichnete der Heilbronner KPD-Stadtrat Walter Vielhauer, der wegen Untergrundtätigkeit fast die gesamte NS-Zeit in Haft verbracht hatte und Mitglied des Buchenwald-Komitees war, das parallele SS-Treffen als eine Schande für Göttingen.[31] Im *Spiegel* wurden beide Veranstaltungen mit jeweils einem Foto gegeneinandergestellt und im Kommentar dazu bei allem Pathos und den gegensätzlichen Meinungen doch etwas Verbindendes bemerkt. „Die gutbürgerliche Restauration mit buntgedeckten Kaffeetischen und einer Saalbühne", schrieb er, „ist heutzutage Rahmen für politische Kundgebungen selbst solcher Leute, die als politische Extremisten gelten".[32]

Die überregionale Tagespresse berichtete von den Ereignissen in Göttingen und Iserlohn meist nur sporadisch und kurz. Eine Kommentierung erfolgte nur in wenigen Ausnahmefällen. Hans Henrich glaubte in einem Artikel für die *Frankfurter Rundschau* in den SS-Treffen eines von mehreren Anzeichen dafür zu erkennen, dass den ständigen Beteuerungen des Bundeskanzlers, es gebe keine rechtsradikale Reaktion, mit Skepsis zu begegnen sei. Henrich konzedierte zwar, dass eine große Zahl von ehemaligen SS-Angehörigen inzwischen gute demokratische Bürger geworden seien. Er sah jedoch vor allem die Gefahr, dass die wenigen Unbelehrbaren bei derartigen Veranstaltungen die noch immer beträchtliche Menge der politisch labilen Personen zum Beispiel durch Appelle an die Kameradschaft „ins alte Fahrwasser zurückziehen" würden.[33]

In der Tageszeitung *Die Welt* berichtete Joachim Besser in einer vierspaltigen Reportage mit Fotos vom Treffen in Göttingen. „Mit den Worten SS", schrieb er, verbinde „die Welt noch heute eine Vorstellung des Entsetzens". Die Namen Himmler und Heydrich würden genügen. Nun habe er gewusst, dass es ungerecht sei, die Waffen-SS einfach mit der „sogenannten schwarzen SS zu identifizieren", da die Mehrzahl der Unteroffiziere und einfachen Soldaten eingezogen gewesen sein. Doch „der entsetzliche Name der SS allein" habe ihnen allen angehangen; „die besondere Härte dieser Truppenteile, ihr fanatischer Kampf bis zur letzten Stunde" habe ihnen „mehr Haß eingetragen als den Truppen der Wehrmacht". Was er in Göttingen erlebt habe, bestätige, dass „ein Treffen wie dieses in einem demokratischen Staat getrost erlaubt werden" dürfe. Das Anliegen der Vermisstensuche habe

---

30 BArch-MA, BW 9/759, Vermerk Claers vom 2.11.1954.
31 Vgl. FAZ vom 2.11.1954 („Das SS-Treffen ohne Zwischenfälle"); AWJ vom 5.11.1954 („Waffen-SS-Treffen in Göttingen"); *Die Tat* vom 6.11.1954 („Faschistentreffen mit Genehmigung von Bonn").
32 *Der Spiegel* Nr. 46 vom 10.11.1954, S. 10.
33 FR vom 25./26.9.1954 („Braune Zeichen an den Wänden"). Ähnliches führte Henrich auch in einem Kommentar für den *Hessischen Rundfunk* aus, vgl. *Die Tat* vom 2.10.1954 („Die Nazis und der Bundeskanzler").

seine volle Berechtigung, die „kollektive Diffamierung" müsse aufhören. Aber damit müsse es auch sein Bewenden haben. Besser nahm bei dem Treffen auch einiges wahr, was ihm weniger gefiel: Schilder mit Namen von Kampforten der Division oder mit Bezeichnungen der Regimenter und Kompanien, darunter „Gebirgsjägerregiment 11 ‚Reinhard Heydrich'", Militärmärsche oder Büchertische mit Werken, in denen das Soldatische und der Krieg gefeiert würden. Was habe das mit Vermissten zu tun, fragte er. Die Redner allerdings hätten „maßvoll" gesprochen und sich zur Demokratie bekannt. Ähnlich wie Henrich sprach Besser von einer großen Gruppe, die bereits umgelernt habe, von einer weiteren, die sich bemühe, aber noch unsicher sei und von einigen Unbelehrbaren. Überraschend viele SS-Veteranen seien inzwischen Mitglieder in den Gewerkschaften und auch bei der SPD. Besser ermahnte, die Demokratie solle „den schuldlosen Männern der Waffen-SS" die Gleichberechtigung nicht verweigern, da ansonsten die Gefahr bestehe, dass sie sich mit anderen Verfemten besonders fest zusammenschlössen. Die ehemaligen Waffen-SS-Führer aber sollten aufhören, den „alten Geist" zu beschwören. Durch ihn sei Deutschland untergegangen. Das könne man „nicht vergessen, auch nicht zehn Jahre nach dem Krieg". Reine „Lippenbekenntnisse" zur Demokratie genügten nicht.[34]

Mit der steigenden Zahl von HIAG-Gruppen und Traditionsverbänden von früheren Waffen-SS-Einheiten wuchs im Laufe der 1950er Jahre auch die Zahl der Suchdienst- und Wiedersehenstreffen der SS-Veteranen.[35] Während die 1955 durchgeführten derartigen Treffen kaum öffentliche Resonanz fanden, kam es im Frühjahr 1956 zum Verbot beziehungsweise zur Absage von zwei Veranstaltungen wegen massiver Vorbehalte und Proteste. Der erste Fall betraf ein für April des Jahres im nordhessischen Arolsen, der Residenz des früheren HSSPF und SS-Obergruppenführers Josias zu Waldeck und Pyrmont[36], geplantes Treffen von Angehörigen des SS-Kavallerie-Korps. Ähnlich wie 1954 in Bad Hersfeld schritt auch hier das hessische

---

34 *Die Welt* vom 1.11.1954 („Die meisten wollen ehrlich mitarbeiten"); Joachim Besser war Chefreporter der *Welt*, Anfang der 1960er Jahre verließ er nach der von Axel Springer durchgesetzten national-konservativen Wende das Blatt, war einige Zeit für das Fernsehmagazin *Panorama* tätig, ehe er 1962 Chefredakteur des *Kölner-Stadt-Anzeigers* wurde. Wegen seiner pronociert linksliberalen Positionen wurde er dort 1970 vom Verlag seines Postens enthoben.
35 Vgl. zur Bedeutung solcher Treffen für die Ehemaligen K. Wilke, Hilfsgemeinschaft, S. 235 ff.
36 Josias zu Waldeck und Pyrmont (1896–1967), NSDAP- und SS-Mitglied seit 1929, war 1939 bis 1945 HSSPF des die größten Teile Hessens und Thüringens umfassenden Wehrkreises IX. Da ihm in dieser Funktion auch das KZ Buchenwald unterstand, verurteilte ihn ein US-Militärgericht in Dachau 1947 zu lebenslanger Haft. Nach Haftermäßigung und Begnadigung kam er bereits im November 1950 wieder frei; vgl. zu seiner Biographie Schmeling, Josias. Nach seiner Rückkehr wurde Arolsen, das er im Dritten Reich zu einem wichtigen SS-Standort mit Garnison und Führerschule ausgebaut hatte und wo Josias als nunmehriges Oberhaupt des Adelshauses noch immer hohes Ansehen genoss, zu einem Anlaufpunkt der Ehemaligen. Bereits im August 1951 fand dort ein Treffen von etwa 35 früheren SS-Führern statt, vgl. Menk, Waldeck, S. 245. Auch in den folgenden Jahren trafen sich dort immer wieder führende Vertreter der ehemaligen Waffen-SS, 1952 wurde dort

Innenministerium ein. Es sprach mit Berufung auf Artikel 9 GG ein Verbot aus und wies in der Begründung darauf hin, dass eines der wichtigsten Ziele der SS die Verwirklichung des Rassenhasses und die Ablehnung jeglicher Völkerverständigung gewesen sei. Obwohl die Veranstaltung nun als „Heimkehrer-Suchdienst-Treffen" angekündigt sei, sehe man die Gefahr, dass sie lediglich dem Zusammenhalt der Mitglieder und der Pflege der alten nationalsozialistischen Traditionen der SS dienen solle. Proteste gegen die Veranstaltung im Vorfeld sind nicht belegt, wurden jedoch vom Ministerium zumindest befürchtet, wenn es hieß, durch die Veranstaltung könnten weite Bevölkerungskreise provoziert und erhebliche Störungen der öffentlichen Ordnung verursacht werden. Eine Auskunft des Bundesvertriebenenministeriums habe außerdem ergeben, dass dort ein suchdienstliches Interesse an dieser Zusammenkunft nicht bestehe.[37] Nach einer Meldung des *Wikingruf* hatte der Minister bei einer nachträglichen Aussprache Einwände einer Bundesbehörde gegen die Veranstalter und Bedenken des DRK für das Verbot verantwortlich gemacht und versichert, dass eine eindeutig als Suchdiensttreffen zu wertende Veranstaltung nicht verboten worden wäre. Die HIAG scheiterte aber mit ihrem Vorstoß, das Verbot vom hessischen Verwaltungsgericht aufheben zu lassen.[38]

In seiner schriftlichen Urteilsbegründung berief sich das Gericht auf die Ergebnisse der vorliegenden wissenschaftlichen Arbeiten. Die SS, hieß es darin, sei als „Einheit" anzusehen, zu der die allgemeine SS ebenso gehört habe wie die bewaffneten SS-Einheiten. Sie sei eine von Hitler erschaffene Parteitruppe gewesen: „Die SS schlechthin war der Inbegriff des NS-Regimes und in übertragenem Maße zur Vollstreckung seiner den Völker und Rassenhaß enthaltenden Ideologie berufen. Die daraus entspringenden Maßnahmen, die Millionen von Menschenopfern außerhalb des eigentlichen Kriegsgeschehens gefordert haben, waren (und sind noch heute) untrennbar mit dem Namen SS verknüpft. Dieser Furcht und Schrecken verbreitende Eindruck herrschte im Inland und noch mehr im Ausland; davon konnte sich während des Kriegs jeder deutsche Soldat in den von Deutschland besetzten Gebieten überzeugen. [...] Bei der heutigen Kenntnis über das Wesen der SS, der Entstehung der Waffen-SS und ihrer von den nationalsozialistischen Machthabern vorgesehenen Zweckbestimmung muß jede verantwortliche Stelle darüber wachen, daß eine SS-Tradition – gleich in welcher Ausprägung – nicht fortgesetzt wird oder wiederauflebt."[39]

---

der Beschluss gefasst, Verbindungsstellen der HIAG zu schaffen, und 1959 dort der Bundesverband der HIAG gegründet.
37 Vgl. FAZ vom 16.4.1956 („Ein SS-Treffen verboten"); FR vom 20.4.1956 („Meinungsumschwung").
38 Vgl. WR vom Juli 1956, S. 16; FAZ vom 1.11.1956; *Welt der Arbeit* vom 16.11.1956 („SS-Treffen war eine zwielichtige Sache").
39 *ÖTV-Presse*, Zentralorgan der Gewerkschaft Öffentliche Dienste. Transport und Verkehr, Polizeidienst, Fachorgan der Hauptfachabteilung III Polizei, 9. Jg., Nr. 15 vom 1.8.1957, S. 235.

Etwas anders war der Ablauf im Fall der für Mai 1956 angesetzten Delegiertentagung des HIAG-Landesverbands Nordrhein-Westfalen in Lüdenscheid. Dort protestierten die Gewerkschaften und die VVN mit Hinweis auf die Verbrechen von SS und Waffen-SS massiv gegen die Veranstaltung. Der daraus resultierende öffentliche Druck veranlasste den Wirt des vorgesehenen Tagungslokals, seine Zusage zu widerrufen, und die Stadt dazu, die Veranstaltung für unerwünscht zu erklären. Eine vom örtlichen DGB veranstaltete Protestkundgebung fand trotzdem statt. Auf ihr sprach der SPD-Bundestagsabgeordnete Erwin Welke und wies auf die Gefahren einer Remilitarisierung und eines Wiederauflebens des Nationalsozialismus hin.[40] Im nahen Gelsenkirchen, wohin man das Treffen kurzfristig verlegt hatte, erging es der HIAG nicht besser. Nach einem Pressebericht besetzte eine Gruppe von Personen unter Führung des DGB-Ortsausschussvorsitzenden und SPD-Landtagsabgeordneten Hubert Scharley kurzerhand das Tagungslokal und verhinderte auf diese Weise ein Treffen.[41] In einem Rundschreiben des HIAG-Landesverbands hieß es, der Kamerad, dem das als Tagungslokal vorgesehene Hotel gehöre, habe sich aufgrund des öffentlichen Drucks in letzter Minute genötigt gesehen, den Saal aufzukündigen. Einwendungen beim Polizeipräsidium und beim Oberbürgermeister seien erfolglos geblieben.[42]

Nach den Vorfällen in Lüdenscheid bemühte sich der HIAG-Landesverband Nordrhein-Westfalen um eine Verbesserung der Beziehungen zu den Gewerkschaften. Die Landesdelegiertentagung der HIAG, erteilte ihrer Verbandsspitze den Auftrag, Gespräche mit dem DGB zum Zweck der „Klärung bestehender Mißverständnisse" zu führen. Am 29. Juni 1956 kamen Vertreter beider Seiten im Bundeshaus in Bonn zusammen und erzielten einen Kompromiss. Der DGB sicherte zu, dort, wo sich die HIAG allein auf ihre satzungsgemäßen, rein sozial definierten Ziele beschränke, keine Einwände gegen die Veranstaltungen zu erheben.[43] Auf dieser Basis war dann die Grundlage für einen reibungslosen Verlauf des nachfolgenden Treffens der SS-Veteranen am 15./16. September 1956 im westfälischen Minden gelegt.[44]

---

40 Vgl. Vermöhlen/Demmer/Judick, Geschichte, S. 16 f.; *Freiheit und Recht* vom Mai 1956, S. 2. Welke, SPD-Mitglied seit 1927 und Reichsbannerangehöriger, hatte in der Zeit des Dritten Reichs lange Jahre in Haft gesessen; in den 1960er Jahren wurde er Oberbürgermeister von Lüdenscheid.
41 Vgl. *Neues Deutschland* vom 31.5.1956 („SS-Treffen verhindert").
42 Vgl. BArch-MA, N 756/405c, als „streng vertraulich" gekennzeichnetes Schreiben des HIAG-Landesverbands Nordrhein-Westfalen vom 27.5.1956 an alle Orts- und Kreisverbände und Vorstandsmitglieder. Die HIAG verzichtete trotzdem nicht auf ihr Landestreffen, versuchte den neu gewählten Tagungsort aber geheim zu halten. Man habe diesen Weg der Benachrichtigung gewählt, hieß es in dem Schreiben, weil die Zeit knapp gewesen sei und die Gefahr des Bekanntwerdens des neuen Tagungsortes bestanden habe, dieser sei nun in Herbede an der Ruhr.
43 Ebenda.
44 In Minden befand sich die aktivste Ortsgruppe der HIAG im Raum Ostwestfalen, die auch überregional Bedeutung hatte, vgl. K. Wilke, Hilfsgemeinschaft, S. 227 f.

Trotzdem war es in dieser Situation etwas überraschend, dass die groß als Verbands- und Suchdiensttreffen aufgezogene Veranstaltung, umrahmt von einem Großen Zapfenstreich, einem Feldgottesdienst und einem Kameradschaftsabend, ohne Proteste und Zwischenfälle vor Ort vonstattengehen konnte, und das eine gute Woche nach dem Beginn der Debatten um die Aufnahme von ehemaligen SS-Angehörigen in die Bundeswehr. Das mit etwa 10 000 Teilnehmern bis dahin größte Treffen ehemaliger SS-Angehöriger erregte in den Medien angesichts der Diskussionen in der Wehrfrage und der dabei auch in den Kreisen der Ehemaligen sichtbar gewordenen Spaltung durchaus einiges Interesse. In den Berichten aus Minden wurde dann meist die Forderung des HIAG-Sprechers Kurt Meyer nach einer Gleichberechtigung der ehemaligen Angehörigen der Waffen-SS mit denen der Wehrmacht herausgestellt.[45] Kommentierungen blieben selten, die *Frankfurter Rundschau* etwa vermisste ein deutliches Bekenntnis zur Bundesrepublik und attestierte Meyer ein recht mangelhaftes Demokratieverständnis, das *Westdeutsche Tageblatt* und die *Stuttgarter Zeitung* kritisierten, dass die SS-Veteranen glaubten, schon wieder Bedingungen stellen zu können.[46]

Erhebliche Kritik an dem Treffen kam aus Gewerkschaftskreisen. Hans Nätscher, der Vorsitzende der Gewerkschaft Nahrung-Genuss-Gaststätten (NGG), schalt im Verbandsorgan *Einigkeit* unter der Überschrift „SS marschiert" die CDU/FDP-Stadtregierung in Minden dafür, dass diese ein derartiges Treffen ehemaliger SS-Angehöriger erlaubt hatte. An eine Wandlung der Ehemaligen hin zur Demokratie glaubte er nicht. Die „gleichen SS-Helden", schrieb er, die damals Gott geschmäht und dessen Diener verfolgt hätten, hielten nun einen Feldgottesdienst ab, weil es ihnen „die Tarnung erleichtert". Er verwies auf die Verbrechen der SS in dem nahe bei Minden gelegenen KZ-Außenlager Porta Westfalica, deren Opfern wohl bei dem Gottesdienst kaum gedacht worden sei.[47] Empört über die Veranstaltung zeigten sich im Nachhinein auch die Verfolgtenorganisationen. „SS-Provokation in Minden" lautete die entsprechende Schlagzeile des VVN-Organs *Die Tat*, kaum anderer Ansicht war die Zeitschrift der anti-kommunistischen Konkurrenzorganisation BVN.[48]

Die HIAG wertete das Treffen von Minden, über das in einer großen Zahl von Zeitungen im In- und auch im Ausland berichtet worden war, als den „erste[n] pro-

---

45 Vgl. etwa FAZ vom 17.9.1956 („Die Mehrheit der Waffen-SS wartet ab"); SZ vom 17.9.1956 („Waffen-SS fordert Gleichberechtigung"); *Die Welt* vom 17.9.1956 („Waffen-SS fordert gleiche Rechte").
46 Vgl. FR vom 18.9.1956 („Zwischen Bratwürsten und Marschmusik" von Barbara Groneweg); *Westdeutsches Tageblatt* vom 17.9.1956 („Waffen-SS stellt bereits wieder Bedingungen"); *Stuttgarter Zeitung* vom 18.9.1956 („Erfreuliches aus München").
47 *Einigkeit* 1956, S. 274 (Nr. 19 vom 1.10.1956).
48 *Die Tat* vom 22.9.1956; *Die Mahnung* vom 1.10.1956 („Unser Kommentar"). Ebenfalls sehr kritisch kommentierte Kurt Hirsch in der AWJ vom 5.10.1956 („Soll sich Israel der SS-Gnade erfreuen").

pagandistische[n] Massenerfolg" in ihrem „Kampf um die Gleichberechtigung".[49] Im darauffolgenden Jahr 1957 wollte sie mit einer ähnlichen Veranstaltung in Bayern daran anknüpfen. Sie stieß dabei allerdings bereits im Vorfeld auf erheblich mehr Kritik und Widerstand. Zunächst weigerte sich der Rat der für das Treffen vorgesehenen Kreisstadt Karlstadt am Main, ein Grundstück für diesen Zweck zur Verfügung zu stellen. Vorausgegangen war ein heftiger Protest des Kreisjugendrings gegen die Veranstaltung. Die HIAG wich daraufhin in die kleine Gemeinde Karlburg am gegenüberliegenden Ufer des Mains aus, wo sie willkommen war.[50] Nachdem auch die VVN und die Gewerkschaften protestierten, beschäftigte sich Anfang Juli 1957 der Bayerische Ministerrat zweimal mit der Veranstaltung. Die Meinungen innerhalb des Kabinetts der heterogenen Viererkoalition aus SPD, FDP, GB/BHE und Bayernpartei gingen dabei stark auseinander. Das Innenministerium liebäugelte aufgrund der zu erwartenden Proteste mit einem Verbot, erst recht als bekannt wurde, dass der DGB eine Demonstration mit 20 000 Teilnehmern gegen das Treffen angekündigt hatte. Landwirtschaftsminister Josef Baumgartner von der Bayernpartei, der Mitglied des Verfolgtenverbands Landesrat für Freiheit und Recht war, sprach sich gegen jedes öffentliche Auftreten der Waffen-SS aus, da es sich bei ihr jedenfalls um eine NS-Organisation handle und eine Gefahr für die Jugend zu befürchten sei. Arbeitsminister Walter Stain vom GB/BHE und der parteilose Kultusstaatssekretär Hans Meinzolt, Rechtsprofessor an der Technischen Hochschule München und Präsident der Landessynode der Evangelisch-Lutherischen Kirche, wollten die Waffen-SS streng von der übrigen SS geschieden wissen und einen Unterschied zur Wehrmacht nicht gelten lassen. Ministerpräsident Wilhelm Hoegner von der SPD meinte resümierend, ein öffentliches Auftreten der Waffen-SS unter freiem Himmel könne keinesfalls hingenommen werden. Er regte an, mit den Veranstaltern wegen einer Verlegung in einen geschlossen Raum in Verhandlung zu treten.[51]

Der DGB hatte derweil ein Schreiben an die Parteien und gesellschaftliche Organisationen verfasst sowie in einem in hoher Auflage als Flugblatt verbreiteten Aufruf mit dem Titel „Für Demokratie und Freiheit gegen den Ungeist der ewig Gestrigen" zur Unterstützung seiner Aktion gegen das Treffen aufgefordert. Das Bild, das in diesem Aufruf von der SS und der HIAG gezeichnet wurde, war fast ausschließlich von den NS-Verbrechen und der Angst vor einem Aufleben des Neonazismus geprägt. „Mord und Totschlag war ihr Geschäft", hieß es: „SS! Mit diesen beiden Buchstaben sind die schlimmsten Erinnerungen verbunden, die es für ein Volk geben kann [...] SS! Das bedeutet auch heute noch tausendfache, ungesühnte Schuld

---

49 DF vom September 1956, S. 3; die Zeitschrift berichtete von mehr als 300 Presseartikeln über das Treffen.
50 Vgl. FAZ vom 29.4.1957 („Karlstadt lehnt ab – Karlburg stimmt zu").
51 Vgl. IfZ-Archiv, ED 120, Bd. 407, Ministerratsprotokolle Nr. 148 vom 2.7.1957, S. 23 ff., und Nr. 150 vom 8.7.1957, S. 8 f.

an deutschen Menschen, an Europa und an der Welt." Nun witterten die alten Führer wieder Morgenluft und bezögen hohe Pensionen, konnte man weiter lesen. Schon einmal sei man Opfer der zu großen Duldsamkeit geworden, schon einmal die Gewerkschaftshäuser gestürmt, NS-Gegner misshandelt worden, ein zweites Mal werde man das zu verhindern wissen. „Die Opfer der Waffen-SS, die Ermordeten und Mißhandelten und die Zukunft der Demokratie in Deutschland verpflichten uns, Massentreffen der Waffen-SS mit allen Mitteln zu verhindern."[52] Auf diese Weise war es gelungen, die Basis zu mobilisieren, so dass eine machtvolle Demonstration gegen dieses und ein weiteres für dasselbe Wochenende bei Coburg angekündigtes Treffen der Ehemaligen der SS-Panzer-Division „Horst Wessel" möglich schien.

Hinter den Kulissen liefen aber Bemühungen, die Demonstration zu verhindern. Auf Vermittlung von Arbeitsminister Stain kam es zu Verhandlungen zwischen dem bayerischen DGB-Vorsitzenden Max Wönner, dem nordbayerischen IG Metall-Bezirksvorsitzenden Erwin Essl, beide zugleich SPD-Politiker und Vertreter der HIAG, die in einen Verzicht der DGB-Spitze auf die Demonstration mündeten, nachdem die HIAG zugesagt hatte, auf einige geplante öffentliche Elemente ihrer Veranstaltung zu verzichten.[53] So wurde die vorgesehene Kranzniederlegung am örtlichen Kriegerdenkmal auf eine Delegation von zwölf Personen beschränkt, der Große Zapfenstreich und der angekündigte Feldgottesdienst wurden ganz gestrichen, Letzteres auch, weil die Kirchen sich nicht beteiligten wollten.[54] Noch im Jahr zuvor hatte Essl im Landtag anlässlich der Begründung eines Antrags der SPD für die „Einleitung von Maßnahmen zur Bekämpfung nationalsozialistischer und nationalbolschewistischer Propaganda" der HIAG „staatsgefährdende" Betätigung und eine „Rechtfertigung nationalsozialistischer Ideen" vorgeworfen.[55]

Im Vorfeld des Treffens von Karlburg, das dann am 27./28. Juli stattfand, kam es trotzdem zu mehreren Protestaktionen. Überregional veranstaltete der Bund politisch, rassisch, religiös Verfolgter (Bund PRV), eine kleine Vereinigung vorwiegend jüdischer NS-Verfolgter, in Berlin eine Kundgebung, auf der rund 1000 Teilnehmer gezählt wurden[56], und der Hessische Jugendring protestierte in einem offe-

---

52 *Die Tat* vom 20.7.1957 („DGB mobilisiert gegen SS-Treffen"); *Neues Deutschland* vom 13.7.1957 („250 000 Flugblätter gegen SS-Treffen"). In der Presse bekannt wurde ein ablehnendes Antwortschreiben des FDP-Bezirksverbands Unterfranken, in dem dieser ein derartiges auf Vorurteilen und unbewiesenen Behauptungen basierendes Vorgehen gegen die HIAG als undemokratisch und unverhältnismäßig kritisierte, vgl. *Hamburger Abendblatt* vom 16.7.1957 („20 000 gegen 8000").
53 Vgl. *Die andere Zeitung* vom 8.7.1957; *Hamburger Abendblatt* vom 18.7.1957 („Protest abgesagt").
54 Vgl. BArchK, B 106/15575, Vermerke vom 22., 25. und 26.7.1957.
55 VBayLT, 4. Wp., 60. Sitzung vom 25.4.1956, S. 1970.
56 Vgl. *Telegraf* vom 23.7.1957 („PrV-Bund warnt Bonn"); *Vorwärts* vom 22.7.1957 („Schluß mit SS-Treffen"); der Bund hatte sich bereits im Mai 1957 mit anderen Verfolgtenorganisationen, der SJD, Gewerkschaftsgruppen und der SED am Protest gegen die Feier zum fünfjährigen Bestehen der HIAG Berlin in Schöneberg beteiligt. Der Wirt des vorgesehenen Tagungslokals kündigte daraufhin auf-

nen Brief an die HIAG⁵⁷. Lokal verteilten Jugendgruppen, deren Spektrum von der Sozialistischen Jugend Deutschlands (SJD) über die Gewerkschaftsjugend bis zur evangelischen und katholischen Landjugend reichte, ein Flugblatt mit der Überschrift „An die Bürger von Karlburg a. M., Karlstadt a. M. und Umgebung", das sich als Aufklärung verstand. Der in der Lokalpresse vorherrschenden Darstellung der Waffen-SS als unbescholtener Teil der Wehrmacht setzten sie eine lange Liste von SS-Verbrechen und den Hinweis entgegen, dass sich bei solchen Veranstaltungen nicht die „kleinen SS-Männer" träfen, sondern diejenigen, die die alten Ziele weitertragen wollten.⁵⁸ Am Vorabend veranstalteten die SJD und die Internationale der Kriegsdienstgegner (IdK) im Rathaussaal von Karlstadt eine Kundgebung mit etwa 400 Teilnehmern, auf der der Würzburger Romanistikprofessor und Wiederbewaffnungsgegner Franz Rauhut sprach. Er berichtete über einen Besuch in Oradour, verlas Auszüge aus dem Stroop-Bericht über die Niederschlagung des Warschauer Ghetto-Aufstands 1943 und forderte ein Verbot der HIAG und derartiger Treffen von Waffen-SS-Angehörigen, die überhaupt nur möglich seien, weil an höchsten Stellen in Bonn wieder ehemalige Nationalsozialisten säßen. Die Kundgebung, zu der mit einem Flugblatt eingeladen worden war, wurde mit einer öffentlichen Vorführung des Filmes „Nacht und Nebel" von Alain Resnais über die Verbrechen in den KZ abgeschlossen.⁵⁹ Die örtlichen Jusos hatten den Film durch ein Plakat mit der Aufschrift „Nacht und Nebel. Ein Film aus den Glanzzeiten der SS" angekündigt.⁶⁰

Im Großen und Ganzen fiel die Aufnahme der SS-Veteranen vor Ort aber recht positiv aus. Die Lokalzeitung brachte einen größeren Artikel zur Waffen-SS, in dem positive Stimmen zur Waffen-SS, wie etwa die oben zitierten Aussagen des frühen SPD-Vorsitzenden Kurt Schumacher, gesammelt waren.⁶¹ Die Proteste gegen das

---

grund befürchteter Ausschreitungen den Termin, und die Veranstaltung musste ausfallen, vgl. *Neues Deutschland* vom 17.5.1957 („Senat mußte SS-Treffen absagen"); *Die Mahnung* vom 1.6.1957, S. 1 („Keine SS-Treffen mehr"). Die HIAG machte eine von der Ostpresse entfachte „Kampagne" und „kommunistischen Pöbel" für die Absage verantwortlich, vgl. DF vom Mai 1957, S. 15 („Terror gegen unsere Berliner Kameraden"). Im September 1959 beschloss die HIAG dann ihre Tätigkeit in Berlin, „mit Rücksicht auf die politische Lage in der Stadt" auf ein Minimum zu reduzieren, vgl. FR vom 7.9.1959 („SS-Hilfsgemeinschaft stellt Tätigkeit in Berlin ein"). Im Hintergrund standen dabei aber auch verbandsinterne Querelen, die dann 1960 zur Auflösung des Landesverbands Berlin führten, vgl. K. Wilke, Hilfsgemeinschaft, S. 104 ff.
57 Vgl. FAZ vom 27.7.1957 („Hessischer Jugendring protestiert gegen SS-Treffen").
58 Aus dem Flugblatt wird zitiert bei K. Wilke, Hilfsgemeinschaft, S. 271 f.; zum Protest der kirchlichen Jugendverbände vgl. außerdem *Allgemeine Sonntagszeitung* vom 28.7.1957 („Richtig am Zeuge flicken").
59 Vgl. FAZ vom 29.7.1957 („Das Treffen der Waffen-SS"); zum Flugblatt K. Wilke, Hilfsgemeinschaft, S. 271, der über die beiden Flugblätter hinaus keinen Protest anführt und dessen Ausmaß unterschätzt.
60 BArch-MA, N 756/407a, der Akt enthält ein Foto des Plakats.
61 Vgl. *Karlstadter Zeitung* vom 13.7.1957.

Treffen fanden hingegen kaum Eingang in die in lokalen Belangen stark auf Harmonie bedachte Berichterstattung der Lokalblätter. Für die nicht einmal 1500 Einwohner zählende Gemeinde Karlburg war das Treffen, zu dem 8000–9000 Personen mit Autos und Bussen anreisten, ein ganz außergewöhnliches Ereignis.[62] Der Bürgermeister verfasste ein freundliches Grußwort für das Programmheft der Veranstaltung, in dem zahlreiche Firmen aus der Umgebung inseriert hatten.[63] Die örtlichen Beherbergungsbetriebe und Gaststätten waren ausgebucht. Die Gastwirte des Nachbarortes Karlstadt hingegen beschwerten sich im Nachhinein bei den Verantwortlichen ihrer Kommune, weil diese mit ihrer Entscheidung, eine Protestkundgebung gegen das Treffen im Rathaussaal zuzulassen, die HIAG-Angehörigen vergrault habe und jene deshalb nicht im erwarteten Maße die Lokale der Stadt frequentiert hätten.[64] Sowohl die Kundgebung als auch das Treffen selbst verliefen ruhig. Da die Behörden offenbar Zusammenstöße zwischen den ehemaligen SS-Leuten und ihren Gegnern befürchteten, war es von einem massiven Aufgebot an Polizei umrahmt, die jedoch lediglich eingriff, als die DRP vor dem Kameradschaftsabend der HIAG politische Flugblätter verteilen wollte.[65]

Die Kommentare zum Treffen in der überregionalen Presse fielen wenig schmeichelhaft aus. Meyer, der in der Hauptansprache erneut „Gerechtigkeit" für die Waffen-SS eingefordert hatte, wurde sein Bekenntnis zu den alten Kommandeuren wie etwa Sepp Dietrich vorgeworfen und manche seiner Aussagen, wie etwa diejenige, seine Truppe habe nur Befehlen gehorcht, als „unerträglich" bezeichnet.[66] So hatte Meyer gesagt, außer „dem bedauerlichen Versagen eines Kompaniechefs in Oradour" gebe es „keine Greueltaten der Waffen-SS". Bezüglich Dietrich, der kurz zuvor vom Landgericht München I zu eineinhalb Jahren Gefängnis wegen Beihilfe zum Totschlag verurteilt worden war, weil er aktiv an der Exekution von mehreren SA-Führern im Rahmen des sogenannten Röhm-Putsches 1934 beteiligt gewesen war, fragte Meyer, was dieser denn verbrochen habe, dass er seit Jahren in der Öffentlichkeit als „bluttriefendes Ungeheuer hingestellt" werde, und er pries den früheren Oberstgruppenführer der Waffen-SS, der im letzten Kriegsjahr die 6. (SS-)

---

62 Vgl. Gold, Bundestreffen, S. 81 f.; zum Ablauf der Veranstaltung und zur Teilnehmerzahl ebenda, S. 79 f.; BArchK, B 106/15575, Bericht der Regierung von Unterfranken vom 29.7.1957; die FAZ vom 29.7.1957 gab die Zahl der Teilnehmer mit 7000 an, das *Main-Echo* vom 29.7.1957 („Riesenheerlager auf den Karlburger Mainwiesen") nannte eine Zahl von 7500, K. Wilke, Hilfsgemeinschaft, S. 171, der sich dabei wohl auf Angaben der HIAG stützt, spricht von 12 000.
63 Vgl. IfZ-Archiv, Dp 907, HIAG Hilfsgemeinschaft auf Gegenseitigkeit. Suchdienst und Kameradentreffen der ehemaligen Soldaten der Waffen-SS, Karlburg 27.–28. Juli 1957 (24-seitiges Programmheft).
64 Vgl. DF vom August 1957, S. 16.
65 Vgl. BArchK, B 106/15575, Bericht der Regierung von Unterfranken vom 29.7.1957.
66 *Stuttgarter Zeitung* vom 30.7.1957 („Auch Himmler?"). Allerdings berichteten viele Zeitungen nur kurz auf der Basis von Agenturmeldungen und unkommentiert von dem Treffen, vgl. etwa FR und SZ vom 29.7.1957.

Panzer-Armee kommandiert hatte, als „echten Kameraden und Waffengefährten" mit großer Charakterfestigkeit.[67]

Der 1892 geborene Sepp Dietrich war bei Kriegsende als SS-Oberstgruppenführer und Generalmajor der Waffen-SS neben Paul Hausser der ranghöchste Offizier der Waffen-SS gewesen. Allerdings war Dietrich sehr viel stärker mit der NS-Bewegung verbunden und hatte seine SS-Karriere früher begonnen.[68] Nachdem er im Ersten Weltkrieg militärische Auszeichnungen erworben, nach Kriegsende in die bayerische Landespolizei eingetreten und als Mitglied des Freikorps Oberland in Oberschlesien gekämpft hatte, kam Dietrich spätestens Mitte der 1920er Jahre in Kontakt mit führenden Nationalsozialisten und trat im Mai 1928 der NSDAP und der SS bei (SS-Nummer 1177), noch im selben Jahr führte er in München den Sturm 1, den späteren SS-Traditionssturm, der 1. SS-Standarte. Er stieg rasch auf, 1930 wurde er Reichstagsabgeordneter der NSDAP, 1931 SS-Gruppenführer und Führer des SS-Oberabschnitts Nord. Verantwortlich für seinen raschen Aufstieg war ein zunehmend enger Kontakt mit Hitler, für dessen persönliche Sicherheit Dietrich 1932 zuständig wurde. Nach der Machtübernahme kommandierte er die zum Schutz Hitlers bestimmte „Stabswache" der Reichskanzlei und die aus dieser Truppe hervorgegangene „Leibstandarte SS Adolf Hitler". Diese führte er auch noch im Zweiten Weltkrieg, als sie in eine Panzer-Division umgewandelt wurde und an mehreren Kriegsverbrechen beteiligt war. Nach Kriegsende verurteilte ihn 1946 ein US-Militärgericht im Malmedy-Prozess wegen der Beteiligung an der Erschießung von Kriegsgefangenen zu lebenslanger Haft. Nach mehreren Gnadenakten erlangte er 1955 wieder die Freiheit. Auch ein Teil der 1957 vom Landgericht München I verhängten Gefängnisstrafe wurde auf dem Gnadenwege zur Bewährung ausgesetzt, so dass Dietrich im Februar 1959 wieder frei kam. Nahezu umgehend erhielt er erste Einladungen zu Veranstaltungen der HIAG, für deren Anhänger Dietrich, ohne selbst eine Funktion im Verband innezuhaben, schnell zu einer Symbolfigur avancierte, die auf zahlreichen der nachfolgenden Treffen mit großer Emphase begrüßt wurde.[69]

Das Bekenntnis zum verurteilten Sepp Dietrich war es freilich nicht allein, was die Gewerkschafts- und Verfolgtenpresse zu einer deutlichen Ablehnung der Veranstaltung von Karlburg veranlasste. „Wozu immer noch SS-Treffen?", fragte Götz D.

---

[67] Die Ansprache Meyers ist abgedruckt in DF vom August 1957, S. 6 ff., Zitate S. 8 f. Zur Verurteilung Dietrichs in dem von der nationalen wie auch internationalen Presse vielbeachteten Prozess in München vgl. das Urteil des Schwurgerichts beim Landgericht München I 3 Ks 4/57 vom 14.5.1957, IfZ-Archiv, Gm 07.06.

[68] Vgl. zu seiner Biographie Messenger, Hitler's Gladiator; Clark, Josef „Sepp" Dietrich.

[69] Vgl. K. Wilke, Hilfsgemeinschaft, S. 170. Das HIAG-Organ widmete Dietrich nach dessen Tod 1966 eine fast hagiographische Nummer mit einem großen Farbporträt, vgl. DF vom Mai 1966, S. 1 ff. Am Begräbnis Dietrichs in Ludwigsburg 1966 nahmen etwa 6000 Personen teil, vgl. FAZ vom 28.4.1966 („Ein Chor aus versunkenen Zeiten" von Bernd Naumann); *Die Zeit* vom 29.4.1966 („Hitlers Legionär").

Nerlich in *Metall*, der vierzehntägig erscheinenden Zeitung der IG Metall. Die Vorbehalte der Gewerkschaften gegen die Veranstaltung seien „nur allzu berechtigt" gewesen, schrieb er. Mehr als um den Suchdienst sei es um „Idealismus", „Ehre" und „Tradition" der Waffen-SS gegangen. Bei der Abendveranstaltung habe eine „,Kampfzeit'-Atmosphäre" geherrscht und in den Wortbeiträgen sei der „unverkennbare Nazijargon" zu hören gewesen. Nerlich wies darauf hin, dass er keineswegs alle Waffen-SS-Angehörigen kollektiv verurteile. Aber zwischen der Waffen-SS und der Allgemeinen SS, den Totenkopfverbänden und dem SD hätten „enge Bindungen und Wechselbeziehungen" bestanden und die Führung der Waffen-SS habe zu den „treu ergebenen Vasallen des Systems" gehört. Die hohen Führer der Waffen-SS seien es, die heute den Ton in der HIAG angäben und sich unter dem „Tarnmantel der Hilfsorganisation eine neue politische Plattform" schaffen wollten. Für Verbände wie die HIAG sei „kein Platz" in der Demokratie. Um Freiheit und Recht zu sichern, müsse daher nicht nur Treffen wie in Karlburg, sondern auch „jeder Gruppenbildung, die der Pflege der ‚SS-Tradition' und damit den politischen Zielen Ewiggestriger dienen soll, mit aller Entschiedenheit entgegengetreten werden".[70]

Gegenüber den Angriffen der Gewerkschaften verteidigte sich die HIAG nicht selten damit, dass ein Großteil ihrer Mitglieder auch Mitglied beim DGB sei, in Karlburg sprach Meyer von einem Anteil von 59 Prozent. Eine im Jahr zuvor in einem nordrhein-westfälischen HIAG-Ortsverband durchgeführte Befragung hatte ebenfalls einen hohen Anteil von Arbeitern und Gewerkschaftsangehörigen unter den Mitgliedern ergeben.[71] Bei ihren Bemühungen, die Basis gegen das Treffen in Karlburg zu mobilisieren, waren die Gewerkschafter mitunter in den eigenen Reihen auf Widerstand gestoßen. Es wurde von Betriebsräten berichtet, die sich demonstrativ bei ihrer Gewerkschaft abgemeldet hatten, weil die Kampagne die „SS-Soldaten-Ehre" angreife. „Entgleisungen" habe „es schließlich überall" gegeben und an der Front sei ihnen „nichts geschenkt" worden, hätten sie den Argumenten von der Verwicklung der Waffen-SS in vielfältige Verbrechen entgegengehalten.[72] Hans Nätscher sah sich im Verbandsorgan der Gewerkschaft NGG, in dem er seit 1956 in einer Rubrik mit dem Titel „Augen rechts" neben anderen rechtsradikalen und neonazistischen Strömungen auch die HIAG angegriffen hatte, zu einer Klarstellung veranlasst, in der er verschiedene Kategorien der Ehemaligen unterschied. Viele Waffen-SS-Angehörige und ehemalige Parteigenossen seien nunmehr Mitglieder und auch Funktionäre der Gewerkschaft, stellte er fest. Man schätze deren Arbeit und achte

---

[70] *Metall* Nr. 16 vom 7.8.1957, S. 4; abgedruckt auch in DF vom August 1957, S. 23 f., wobei die HIAG-Zeitschrift den Artikel als „Gruselmärchen" apostrophierte; zu weiteren kritischen Reaktionen vgl. *Vorwärts* vom 2.8.1957 („Die Garde, die unser Führer liebt"); AWJ vom 2.8.1957 („Die Garde des Dritten Reiches" von H. G. van Dam); *Die Mahnung* vom 1.8.1957 („SS marschiert wieder").
[71] Vgl. DF vom Juli 1956, S. 9.
[72] *Die Tat* vom 17.8.1957 („SS und Demokratie").

sie, da man wisse, dass sie sich nicht mit den „Ewiggestrigen" identifizierten, mit den wirklichen Kriegsverbrechern und denjenigen, die den Staat unterminierten. Auch die vielen Kollegen aus den Reihen der Waffen-SS seien „nicht verantwortlich für die Untaten und Verbrechen, die von Sonderformationen oder Führern aus ihren Reihen begangen wurden". Schließlich habe auch „der einfache Soldat der Waffen-SS nur seine Pflicht getan", schrieb Nätscher. Aber angesichts der Gefährdung der Demokratie durch eine Vielzahl von rechtsradikalen Entwicklungen ergebe sich die Notwendigkeit zu warnen und Stellung zu beziehen, wie die Gewerkschaften auch zu linksradikalen Bestrebungen nicht schwiegen.[73] Ein knappes Jahr später wiederholte Nätscher diese Stellungnahme, nachdem er wegen seiner Veröffentlichungen aus den Reihen der HIAG erneut heftig angegriffen worden war.[74]

Im Verbandsorgan der HIAG meldeten sich mitunter Leser zu Wort, die angaben, einer Gewerkschaft anzugehören und sich beklagten, in dieser mit ihren Ansichten nicht gehört zu werden.[75] Ob sich die beiden Mitgliedschaften wirklich vereinbaren ließen, daran äußerte die Gewerkschaftspublikation *Feinde der Demokratie* 1957 „nach dem Verlauf des Karlburger Treffens und seiner provozierenden Äußerungen gegenüber der Demokratie und der Bundesrepublik" doch erhebliche Zweifel.[76] Angesichts dieser negativen Sicht des Treffens kann es kaum verwundern, dass der Verzicht auf die Demonstration auch innerhalb der Gewerkschaft kritisiert wurde, weiter links warf man dem DGB offen vor, er habe vor der HIAG „kapituliert".[77]

Tatsächlich verliefen die nachfolgenden Kameradschaftstreffen von Waffen-SS-Einheiten in den Jahren 1957 und 1958, etwa in Bad Windsheim, Rendsburg, Langenfeld, Malente, Kirn oder Lemgo, weitgehend ruhig. Die VVN, die gegen das Treffen der Ehemaligen der SS-Flak im rheinischen Langenfeld vorgehen wollte, musste resigniert feststellen, dass sie mit ihrem Ansinnen sowohl bei den Gewerkschaften und örtlichen Betriebsräten als auch bei der SPD und deren Verfolgtenorganisation AvS auf Zurückhaltung und Ablehnung stieß.[78] Im Hintergrund standen wohl die bereits oben geschilderten Kontakte der SPD-Parteiführung mit der HIAG und pas-

---

73 *Einigkeit* 1956, S. 339 (Nr. 23 vom 1.12.1956, „Augen rechts – warum?").
74 Vgl. *Einigkeit* 1957, S. 306 (Nr. 21 vom 1.11.1957, „Augen rechts – warum?").
75 Vgl. etwa DF vom November 1959, S. 10 ff., oder DF vom Oktober 1964, S 14; dort war der Brief eines Mannes aus Saarbrücken abgedruckt, mit dem dieser seinen Austritt aus einer Gewerkschaft erklärte, weil in deren Zeitung fortgesetzt SS-Offiziere verhöhnt würden.
76 Vgl. *Feinde der Demokratie* vom Juni/Juli 1957, S. 34.
77 Vgl. *Die Tat* vom 27.7.1957 („SS zum Rückzug gezwungen") und vom 17.8.1957 („SS und Demokratie"); *Die andere Zeitung* vom 8.8.1957 („SS marschierte – DGB kapitulierte").
78 Vgl. Vermöhlen/Demmer/Judick, Geschichte, S. 23. In DF vom Juni 1958, S. 8 f., wurde berichtet, dass beim Kameradschaftsabend aufgrund einer „böswilligen Aktion" das Licht ausgefallen sei, dies habe man mit Soldatenliedern beantwortet und zwei Kradmelder hätten umgehend mit ihren Maschinen wieder Licht gemacht.

send dazu der Auftritt des SPD-Bundestagsabgeordneten Lohmar auf dem Treffen in Lemgo.

Mehr Erfolg hatte die VVN, als sie gegen ein für Juni 1959 angekündigtes erneutes „Bundessuchdiensttreffen" der HIAG in Arolsen mit dem Hinweis protestierte, dies müsse von den überlebenden NS-Opfern als Provokation empfunden werden, da in der Stadt der Internationale Suchdienst des Roten Kreuzes (International Tracing Service, ITS) angesiedelt sei, der die in ganz Europa gesammelten Unterlagen über die Opfer des NS-Regimes verwalte. Die Bedenken bezüglich der Ortswahl wurden offenbar auch vom hessischen Innenministerium und vom Bürgermeister von Arolsen geteilt. In Verhandlungen mit dem Ministerium sicherte die HIAG dann zu, ihr Treffen in das benachbarte Mengeringhausen zu verlegen und Arolsen selbst nicht zu berühren.[79] Damit war der Widerstand gegen die Ortswahl aber nicht ausgeräumt. Der Bundesvorstand der VVN wies in seiner Sitzung am 4. April 1959 erneut auf die Nähe zum ITS hin und appellierte an den hessischen Landtag und die hessische Staatsregierung, dieses wie auch alle anderen derartigen Treffen nicht zuzulassen, da sie eine „Gefahr für die Demokratie" darstellten.[80] Diesen Protesten schlossen sich mehrere ausländische Schwesterorganisationen der VVN und der Dachverband Fédération Internationale des Résistants (FIR) an.[81] Etwas anders geartet waren die Einwände, die das Auswärtige Amt vorbrachte. Es gab zu bedenken, dass in der Gegend belgische Truppen stationiert waren und man außenpolitische Störungen für den Fall befürchte, dass belgische Waffen-SS-Angehörige zu dem Treffen kommen sollten.[82] Der Vorsitzende des ZDWV Hans-Joachim Unger ließ das Bundesinnenministerium wissen, dass sein Verband zusammen mit der Bundeszentrale und der hessischen Landeszentrale für Heimatdienst, der IdK und der Europa-Union eine Gegenveranstaltung in Arolsen plane, auch um die politische Wirkung des SS-Treffens zu kompensieren.[83] Nachdem das DRK seine Teilnahme an dem Treffen mit der Begründung zurückgezogen hatte, eine Notwendigkeit für solch große „Suchdiensttreffen" sehe man nicht mehr, entschied das hessische Innenministerium, das Treffen zu verbieten, weil nun automatisch das Gedenken an die Waffen-SS in den Vordergrund der Veranstaltung rücke und dieses angesichts der Nähe zum ITS eine Provokation der Widerstandskämpfer und KZ-Überlebenden bedeute. Weiterhin wurde in der Begründung des Verbots auf die Gefahr der Teil-

---

79 Vgl. K. Wilke, Hilfsgemeinschaft, S. 238; FAZ vom 12.3.1959 („Gegen das Arolsen-Treffen"); *Hessische Nachrichten* vom 20.3.1959 („Tauziehen um das HIAG-Bundestreffen"). Einen ersten Protest hatte die VVN bereits im September 1958 geäußert, vgl. *Die Tat* vom 20.9.1958 („Was plant die SS"). Im April 1959 trafen sich die HIAG-Spitzen dann in Arolsen zur Gründung eines Bundesverbands.
80 Der Appell ist abgedruckt im Mai-Heft der *Blätter für deutsche und internationale Politik* 4 (1959), S. 112.
81 Vgl. *Die Tat* vom 18.4.1959 („Proteste gegen SS-Treffen in Arolsen").
82 Vgl. BArchK, B 106/15576, Vermerk vom 27.4.1959.
83 Vgl. ebenda, Vermerk vom 29.4.1959.

nahme von belgischen SS-Angehörigen und die berechtigte Erregung der Bevölkerung wegen der zuletzt gegen Waffen-SS-Angehörige durchgeführten Strafprozesse hingewiesen.[84]

Die Sache wurde auch auf der Konferenz der Innenminister in Bad Schwalbach am 8./9. Mai 1959 besprochen. Der hessische Ressortleiter Heinrich Schneider (SPD) fragte dabei seine Kollegen aus den übrigen Ländern, ob sie seine Sorge teilten, dass sich die HIAG zu einer rechtsextremistischen Organisation entwickele. Mehrheitlich vertraten die Minister die Ansicht, dass radikale Strömungen zu beobachten seien, es jedoch der HIAG-Führung bislang gelungen sei, diese im Zaum zu halten. Der Bonner Innenstaatssekretär Hans Ritter von Lex zeigte aber Verständnis für die hessischen Bedenken gegen eine solche Veranstaltung in Arolsen und Umgebung. Nach der Konferenz kam es infolge der Intervention eines SPD-Vorstandsmitglieds, das den Innenminister telefonisch gebeten hatte, seinen Standpunkt noch einmal zu überdenken, zu einem Gespräch zwischen Schneider und HIAG-Sprecher Kurt Meyer, in dessen Ergebnis die HIAG dann gebeten wurde, ihre Argumente für die Notwendigkeit des Treffens dem Ministerium noch einmal schriftlich darzulegen. Wenig später erklärte der Verband dann aber seinen freiwilligen Verzicht auf die Veranstaltung in Mengeringhausen.[85]

Die Reaktionen der Presse waren geteilt. Die nicht selten ins nationale rechte Lager tendierende *Kasseler Post*, die kleinste der drei Kasseler Tageszeitungen, die auch mit einer Lokalausgabe in Waldeck vertreten war, bezeichnete das Verbot als „unverständlich" und brach eine Lanze für die Waffen-SS. Diese habe „keinen Grund, sich ihrer Tradition zu schämen – im Gegenteil"! Sie sei ebenso ein Teil der deutschen Wehrmacht gewesen wie Marine, Luftwaffe oder Heer und habe „mit den Verbrechen in den KZ's nicht das mindeste zu tun".[86] Ihre fortgesetzte „Diffamierung" sei „bedauerlich". Im SPD-Blatt *Die Freiheit* aus Koblenz vertrat Horst Stübing dieselbe Ansicht und entfaltete ein Bild der Waffen-SS, das von der Realität weit entfernt war. Rechtlich sei die Waffen-SS ein regulärer vierter Wehrmachtsteil gewesen, führte er aus, im Krieg eine Elite unter Heereskommando. Ihr Aufbau sei durch vom Heer abkommandierte Offiziere erfolgt, ihr Ausbau im Krieg durch Einberufungen.[87] Als „einen – gelinde gesagt – merkwürdigen Standpunkt" bezeichnete die *Frankfurter Rundschau* diesen Artikel aus Koblenz, der sich in „einer tränenseligen Bemitleidung" der „armen" SS-Soldaten ergehe und sich ganz den Standpunkt der

---

[84] Vgl. FNP vom 5.5.1959 („Treffen der Waffen-SS vom Innenminister verboten"); BArchK, B 106/15576, Vermerk vom 14.5.1959.
[85] Vgl. FR vom 12.5.1959 („Merkwürdige Kunde") und vom 16.5.1959 („Die ‚Armen'"). Der Name des SPD-Vorstandsmitglieds wurde nicht bekannt, jedoch wurde berichtet, dass dessen Eingreifen sowohl bei Vorstandskollegen als auch bei der hessischen SPD auf Unverständnis gestoßen sei.
[86] *Kasseler Post* vom 5.5.1959 („Unverständlich. Warum kein Waffen-SS-Treffen?").
[87] *Die Freiheit* vom 13.5.1959 („Arolsen und die Waffen-SS. Keine Provokation"), abgedruckt in DF vom Juni 1959, S. 5.

HIAG zu eigen mache.⁸⁸ Auch das Konkurrenzblatt in der Main-Metropole, die *Frankfurter Neue Presse*, begrüßte das Verbot, denn solche Treffen seien „unzeitgemäß", und es diene „dem Interesse des gesamten Volkes, wenn die von diesen Herren gepflegte Tradition möglichst gründlich in Vergessenheit" gerate.⁸⁹ Für derartige Treffen gebe es wahrlich „kein Bedürfnis", schrieb Ernst Trip in der gleichen Zeitung, hier gehe es nicht um diskutable Meinungen und Überzeugungen, sondern darum, „einer unheilbaren geistigen und moralischen Verwirrung auch nicht die geringste Gelegenheit zu bieten, die Krankheit aufs neue zu verbreiten". Mit Hinweis auf die antisemitischen Vorfälle der vergangenen Monate und die jüngst aufgedeckten NS-Verbrechen hieß es weiter, es gebe „ohnehin genug in der Verborgenheit blühende Zinds, Eiseles, Muzikants und ihresgleichen".⁹⁰

Auch bei einigen nachfolgenden Veranstaltungen bekam die HIAG nun erhebliche Probleme. Im Juni 1959 lehnte die Stadt Recklinghausen den Antrag des Verbands, dort ein Stiftungsfest und ein Suchdiensttreffen zu veranstalten, nach Protesten des DGB ab.⁹¹ Im darauffolgenden Juli liefen in Augsburg die dortigen Gewerkschaftsgruppen Sturm gegen eine von der örtlichen HIAG geplante Jubiläumsfeier anlässlich von deren zehnjährigem Bestehen. In Schreiben an den Augsburger Oberbürgermeister und die Stadtratsfraktionen erklärt der DGB-Kreisverband, er hoffe in ehrlicher Sorge um den Ruf der Stadt, dass der Oberbürgermeister zusammen mit dem bayerischen Innenministerium diese Veranstaltung verhindere. Die Stadtverwaltung erklärte dann zwar, sie sehe keine Handhabe für ein Verbot, jedoch widerrief der Pächter der als Tagungslokal vorgesehenen stadteigenen Stadiongaststätte seine Zusage. Die HIAG verkündete daraufhin einen Verzicht auf die Veranstaltung, führte sie jedoch heimlich in kleinerem Rahmen an einem anderen Ort unter Teilnahme des Bundesvorsitzenden Meyer und von Sepp Dietrich dann doch durch.⁹² In der Gewerkschafts- und Verfolgtenpresse wurden die in Augsburg

---

88 FR vom 16.5.1959 („Die ‚Armen'").
89 FNP vom 12.5.1959 („Nur eine Frage").
90 FNP vom 8.5.1959 („Kein Bedürfnis" von Ernst Trip). Der Kommentar wurde unter der Überschrift „Diffamierung der Waffen-SS" auch im DRP-Organ *Der Reichsruf* vom 23.5.1959 abgedruckt. Zu den Skandalen um die Flucht des verurteilten Antisemiten Ludwig Zind und des von den Strafverfolgungsbehörden gesuchten früheren KZ-Arztes Hans Eisele vgl. Eichmüller, Keine Generalamnestie, S. 182 ff. und 213 f. Gottlieb Muzikant (SS-Scharführer) hatte in den Außenlagern Melk und Steyr des KZ Mauthausen mehrere Häftlinge ermordet. Ende April 1959 war er festgenommen worden; im Dezember 1960 verurteilte ihn das Landgericht Fulda zu lebenslanger Haft; vgl. IfZ-Archiv, NSG Datenbank, Fulda 3 Ks 1/60.
91 Vgl. *Duisburger Generalanzeiger* vom 23.6.1959.
92 Nach den Diskussionen um Arolsen wurden die Vorgänge in Augsburg auch in überregionalen Zeitungen berichtet, vgl. etwa *Die Welt* vom 27.7.1959 („DGB protestiert gegen SS-Treffen"), vom 28.7.1959 („Augsburg: Keine Handhabe gegen SS-Treffen"), vom 1.8.1959 („Augsburger Treffen der Waffen-SS abgesagt"), vom 3.8.1959 („SS-Treffen in Augsburg fand doch statt").

gehaltenen Reden erneut kritisch kommentiert und als Ausdruck einer unaufrichtigen Haltung zur Demokratie bewertet.[93]

Als die HIAG ankündigte, ihr in Arolsen ausgefallenes Bundestreffen im September 1959 im niedersächsischen Hameln nachzuholen, protestierten DGB und Verfolgtenverbände erneut vehement. In geschickten Verhandlungen unter Ausnutzung seiner Kontakte zu den Bundestagsfraktionen von CDU und SPD gelang es Meyer jedoch, die sowohl im niedersächsischen Innenministerium als auch bei der Hamelner Stadtspitze vorhandenen Vorbehalte gegen die Veranstaltung auszuräumen.[94] So umschiffte er den Rückzug des DRK-Suchdienstes von Großtreffen der HIAG dadurch, dass er die Veranstaltung als Suchdiensttreffen des I., II. und III. SS-Panzerkorps deklarierte und dafür eine Beteiligungszusage des DRK erlangte, obwohl die drei Panzerkorps faktisch den größten Teil der gesamten Waffen-SS ausmachten. Von der SPD konnte er deren Bundestagsabgeordneten Heinz Pöhler aus Mönchengladbach für eine Teilnahme gewinnen. Unter diesen Bedingungen und unter der Zusicherung der strikten Abgrenzung von der Allgemeinen SS und den Totenkopfverbänden gelang es schließlich, auch den DGB zum Einlenken zu bewegen. Die Gewerkschaftsvertreter hätten ihre Bedenken überwunden, schrieb der *Vorwärts*, nachdem das (SPD-geführte) Innenministerium keine Handhabe für ein Verbot der Veranstaltung habe erblicken können und eine Protestaktion mangels Masse gescheitert sei.[95] Es blieb allein der Protest der VVN und ihres Dachverbands FIR übrig, die jedoch aufgrund ihrer kommunistischen Ausrichtung kaum eine Chance hatten, gehört zu werden und offenbar auf eigene Aktionen im Vorfeld oder während des am 5./6. September stattfindenden Treffens verzichteten.[96]

Nach unterschiedlichen Schätzungen nahmen an der Veranstaltung 15 000–16 000 Menschen teil, die höchste Besucherzahl eines von den Ehemaligen der Waffen-SS organisierten Treffens bis dahin und auch in der Folgezeit. Die Presse berichtete in teils großen Artikeln darüber. Während einige Blätter eine – mitunter überrascht registrierte – Hinwendung der HIAG zur Demokratie erkennen wollten, blieben andere skeptisch und werteten die entsprechenden Aussagen entweder als nur unvollkommenes Bekenntnis oder als listige Anpassung. Der wahre Charakter der Organisation offenbarte sich für Letztere eher in den daneben auch zu hörenden markigen Sprüchen und in der andächtigen Begrüßung von Sepp Dietrich, der ein-

---

[93] Vgl. etwa AWJ vom 7.8.1959; *Metall* vom 12.8.1959 („Panzer-Meyer droht und schimpft"); *Welt der Arbeit* vom 14.8.1959 („Wir verzichten auf die Hilfe der SS"); *Die Tat* vom 8.8.1959 („Illegales SS-Treffen in Augsburg").
[94] Vgl. dazu K. Wilke, Hilfsgemeinschaft, S. 239 ff.
[95] Vgl. *Vorwärts* vom 11.9.1959 („Das Ende, wie sie es erlebten").
[96] Vgl. *Die Tat* vom 22.8.1959 („Proteste gegen SS-Treffen") und 5.9.1959 („Rotes Kreuz distanziert sich von SS-Treffen").

zigen Gelegenheit, bei der die Anwesenden „gläubige Augen" bekommen hätten.[97] Stark negativ waren die Reaktionen hingegen erneut in den Zeitungen der Gewerkschaften und der Verfolgtenverbände. Für sie waren in Hameln der „alte Geist" und die undemokratischen Ziele nur schlecht kaschiert worden. Kaum verhüllt habe Meyer zum Ausdruck gebracht, schrieb *Metall*, das er und die seinen auf einen „neuen Führer" warteten, um den Staat dann nach dessen Vorstellungen umzugestalten. Der HIAG-Bundesvorsitzende wurde dazu mit dem Satz zitiert: „Sollte eines Tages die Zeit reif sein und uns die große Erlösung vom Übel anzeigen, ein Weiser aufstehen – aus welchem Land auch immer –, der die Situation zu meistern wüßte, die mit dem Atomproblem und den Erkenntnissen der Astrophysik über uns kam, dann würden wir ohnehin alle glücklich seine Maxime befolgen. Und wir würden die Pflichten einer neuen Wende erfüllen". Ohne sie mit Namen zu nennen, äußerte das Blatt heftige Kritik an der SPD. „Völlig unverständlich und bedauerlich" nannte die Zeitung es, dass demokratische Parteien offizielle Vertreter zu diesem Treffen entsandt und diese darüber hinaus „zu aller Verherrlichung und Verharmlosung der Waffen-SS geschwiegen" hätten. Ohne Zweifel, hieß es weiter, sei „die große Mehrzahl der Waffen-SS-Angehörigen aus dem Krieg mit dem festen Willen heimgekehrt, der schuldbeladenen Vergangenheit abzuschwören und sich wie jeder andere auch am Aufbau der Demokratie zu beteiligen". Umso mehr jedoch hielt *Metall* es für „angebracht, endlich einmal ganz energisch gegen jene Kräfte vorzugehen, die mit schönen Worten von ‚Frontkameradschaft' und ‚Einsatz für das Reich' eine neue Rattenfängermelodie blasen, denen der demokratische Staat nur gut genug ist, um Forderungen anzumelden und die dabei alles tun, um diesen demokratischen Staat noch einmal zu zerschlagen".[98]

Als trügerisch bezeichnete die vom DGB-Landesbezirk Niedersachsen herausgegebene Zeitschrift *Feinde der Demokratie* den vielerorts geäußerten Eindruck, die HIAG demokratisiere sich. In Wirklichkeit hätten nur diejenigen die Oberhand gewonnen, die sich von moderaten Tönen eine bessere Verwirklichung ihrer Forderungen versprächen. Nach wie vor werde die Vergangenheit der Waffen-SS völlig unkritisch glorifiziert und Verbrechern wie Sepp Dietrich oder Max Simon gehul-

---

97 Zahlreiche Auszüge aus Presseberichten finden sich in DF vom Oktober 1959, S. 15 ff.; das Zitat stammt aus der SZ vom 8.9.1959 („Panzer-Meyer weist seine Männer neu ein" von Josef Schmidt); vgl. weiter etwa FAZ vom 8.9.1959 („General a. D. Meyer spricht zu den Kampfgenossen"); *Stuttgarter Nachrichten* vom 8.9.1959 („Panzer-Meyer will die SS demokratisieren"); *Die Zeit* vom 11.9.1959 („Mit Eisernem Kreuz (stilisiert)").
98 *Metall* vom 23.9.1959, S. 4 („Sie spendeten Beifall für Hitlers Kumpanen"); vgl. mit ähnlicher Wertung auch *Welt der Arbeit* vom 14.8.1959 („Demokraten haben bei HIAG-Treffen nichts zu suchen") und das Organ der Gewerkschaft NGG *Einigkeit* 1959, S. 291 (Nr. 20 vom 15.10.1959, „Waffen-SS – HIAG"). Der NGG-Vorsitzende und Sozialdemokrat Hans Nätscher beklagte sich offenbar auch beim SPD-Parteivorstand, vgl. K. Meyer, Sozialdemokratische NS-Verfolgte, S. 65, Anm. 56, die ein Antwortschreiben Ollenhauers an Nätscher erwähnt.

digt. Unzweifelhaft treibe die HIAG ein „doppeltes Spiel". Ihre Sprecher verträten in „Wirklichkeit eine Gruppe von einigen zehntausend Unbelehrbaren", versuchten aber weiszumachen, sie sprächen für die Gesamtheit. Deshalb dürfe man ihnen nicht durch Eingehen auf ihre Forderungen die Gelegenheit geben, „sich als Demokraten und zugleich als Sprecher der ehemaligen Nationalsozialisten zu legitimieren".[99]

„SS will wieder als Vorbild gelten", lautete die Schlagzeile des VVN-Organs *Die Tat* zu ihrem Bericht über das Treffen. Der ZDWV, der offenbar aus Äußerungen des Bundesinnenministeriums ihm gegenüber geschlossen hatte, dass derartige Veranstaltungen der HIAG nicht mehr zugelassen würden, beschwere sich anschließend in einem Brief an das Ministerium. In der gesamten Korrespondenz auch mit den ausländischen Schwesterorganisationen habe man auf die Zusicherung verwiesen, hieß es darin, nun fürchte man um das Ansehen des Verbands und der Bundesrepublik insgesamt. Das Ministerium antwortete, die im Grundgesetz garantierte Versammlungsfreiheit lasse Verbote nur unter bestimmten Voraussetzungen zu. Die vom Verband genannte Zusicherung könne nicht gegeben worden sein, es sei lediglich auf die Absicht des DRK hingewiesen worden, die Suchdienstvereinbarung mit der HIAG zu lösen.[100] Nachdem die Presse auch berichtet hatte, dass bei dem Treffen ein Grußtelegramm des niedersächsischen Ministerpräsidenten Hinrich Wilhelm Kopf verlesen worden sei, in dem dieser sein Bedauern ausgedrückt habe, nicht teilnehmen zu können, drückte das ZDWV-Organ *Die Mahnung* in einem Schreiben an Kopf sein „Befremden" darüber aus, dass ein führender sozialdemokratischer Politiker so habe handeln können. Kopfs persönlicher Referent dementierte daraufhin, dass der Ministerpräsident persönlich an die HIAG geschrieben habe. Lediglich habe das Protokollreferat der Staatskanzlei die Einladung der HIAG mit der üblichen Formulierung beantwortet, dass eine Teilnahme aus terminlichen Gründen nicht möglich sei, von „Bedauern" sei dabei nicht die Rede gewesen.[101]

Bei dem Treffen in Hameln waren auch Fernsehaufnahmen gemacht worden. Ein Teil davon wurde am 15. Januar 1960 in der Dokumentation des *Senders Freies Berlin* von Matthias Walden und Peter Schultze über die in der Bundesrepublik gepflegten militärischen Traditionen mit dem Titel „Die schönsten Jahre meines Lebens" gezeigt. Unter anderem wurde darin ein Ehemaliger präsentiert, der in einem Interview erklärte, über die Judenverfolgung habe sich niemand von ihnen je Gedanken gemacht. Die militärkritische Sendung, bei der die HIAG und ihr Bekenntnis zur Waffen-SS nur einen Teil des Berichts ausmachte, hatte eine enorme Medien- und Publikumsreaktion zur Folge, das Bundesverteidigungsministerium ließ durch

---

99 *Feinde der Demokratie*, VIII/9–10, September 1959, S. 33 ff., Zitate S. 38.
100 Vgl. BArchK, B 106/15576, Schreiben von ZDWV an Toyka vom 10.9.1959 und Antwort vom 22.12.1959.
101 *Die Mahnung* vom 15.10.1959, S. 6 („Kopf dementierte").

seinen Pressereferenten verlautbaren, dass nur ein „verschwindender Prozentsatz" der ehemaligen und jetzigen Soldaten im Land solch „verstaubten Ansichten" nachhänge.[102] Die Autoren der Sendung legten bezüglich der HIAG in einer Publikation in der Zeitschrift *Der Monat* nach und schilderten, wie man ihnen in Hameln mit Hohn und Drohungen begegnet sei. Auf ihre Fragen hätten die Ehemaligen mit höhnischen Floskeln wie „Wir haben die Kirche und das Judentum geschützt" geantwortet. Als kein Tonband mehr in ihrer Nähe gewesen sei, hätten sie ihnen zugeschrien: „Die haben wir damals vergessen zu vergasen!" oder „Seht euch diesen Itzig an, den Typ kennen wir noch!" Die Situation habe schließlich eine für das Fernsehteam bedrohliches Ausmaß angenommen, so dass man sich zurückziehen habe müssen.[103]

2 Die HIAG in der Defensive (1961–1970)

Anfang der 1960er Jahre blieb es im Allgemeinen relativ ruhig um die weiterhin zahlreich stattfindenden regelmäßigen Treffen der ehemaligen Waffen-SS-Angehörigen. Eine Rolle spielte dabei sicher der vorläufige Verzicht der HIAG auf weitere bundesweit angelegte Großveranstaltungen. Für die kleineren Treffen der Truppenkameradschaften und lokale Versammlungen interessierte sich die überregionale Presse kaum, auch die Proteste dagegen, meist seitens der VVN, blieben entweder sporadisch oder wurden nicht wahrgenommen. Eine Ausnahme bildete lediglich das Suchdienst- und Kameradschaftstreffen der 6. SS-Gebirgs-Division „Nord" an Pfingsten 1960 im fränkischen Bad Windsheim, das im Nachhinein für einige Aufregung sorgte, nachdem die dpa gemeldet hatte, dort seien nationalsozialistische Kampflieder gesungen worden, wogegen mehrere Bürger vergeblich protestiert hätten.[104] Der Zentralrat der Juden zeigte sich alarmiert und protestierte unter anderem in Form einer Dienstaufsichtsbeschwerde beim bayerischen Innenministerium gegen die örtlichen Polizeibehörden.[105] Es stellte sich aber bald heraus, dass die Presseberichte offenbar stark übertrieben hatten. Nach dem Ergebnis der vor Ort an-

---

102 Vgl. etwa *Der Spiegel* vom 27.1.1960 und 30.3.1960; Kittel, Legende, S. 115 f. Ein Exemplar des vom Sender über die Reaktionen zur Sendung herausgegebenen umfangreichen „Graubuchs" befindet sich in BArch-MA, BW 1/21648.
103 Walden, Es war so schön, S. 24.
104 Vgl. etwa FAZ vom 7.6.1960 („SS-Leute sangen Kampflieder"); FR vom 7.6.1960 („Einwohnerprotest gegen SS-Treffen"), SZ vom 7.6.1960 („Streiflicht"); *Neue Ruhr-Zeitung* vom 7.6.1960 („Die alte Garde grölte wieder"); *Stuttgarter Zeitung* vom 7.6.1960 („Proteste der Windsheimer gegen Treffen der Waffen-SS").
105 Vgl. BArchK, B 106/15576, Schreiben van Dams vom 8.6.1960. Vgl. auch FAZ vom 10.6.1960 („Beschwerden gegen Nazilieder"), *Die Welt* vom 10.6.1960 („Zentralrat der Juden protestiert in München").

gestellten Ermittlungen hatten lediglich etwa 25 Personen in einem Nebenraum einer Gastwirtschaft gesungen und sich die Zahl der Protestierer auf ein ehemaliges Mitglied der KPD beschränkt, das dann die Sicherheitsbehörde unterrichtete. Die Polizei gab an, sie habe nach Anzeigeerstattung umgehend die Sache überprüft, jedoch niemanden mehr singend angetroffen, die Anwesenden seien jedoch gebeten worden, das Singen einzustellen. Einzig ließ sich noch das Singen des Liedes „Wenn alle untreu werden" feststellen, das zwar für die SS und auch die HIAG eine besondere Bedeutung besaß, jedoch als altes Studentenlied nicht verboten war.[106] Der Bürgermeister von Bad Windsheim, der selbst an einer Veranstaltung des Treffens teilgenommen hatte, und die lokale Presse zeigten sich entrüstet über die ihrer Ansicht nach völlig ungerechtfertigten Angriffe. Die örtlichen Blätter betonten insbesondere den ruhigen und harmonischen Verlauf des Treffens. Der Bericht der *Windsheimer Zeitung* über das Treffen verdeutlicht, wie sehr die SS-Veteranen vor Ort hofiert wurden. Die Zeitung schrieb, in den vier Jahren, seit sich die SS-Division Nord im Ort treffe, sei eine herzliche Freundschaft mit der Bevölkerung entstanden, die auch darin zum Ausdruck gekommen sei, dass Windsheimer Bürger den Ehrensalut beim Schweigemarsch von etwa 1000 Ehemaligen zum Kriegerdenkmal geschossen hätten.[107] Leichte Missstimmung in die örtliche Harmonie brachte allerdings ein Studienrat, der in einem offen Brief an den Stadtrat von Bad Windsheim dagegen protestierte, dass die Stadt das Treffen „in jeder nur erdenklichen Weise gefördert" und der Bürgermeister die SS-Angehörigen im Namen aller Bürger begrüßt habe. Wer heute unter dem Zeichen der SS zusammenkomme, schrieb er, der könne nicht „unbelastet von Anwürfen" arbeiten, denn mit der SS würde eine Gemeinschaft weiter gepflegt, „deren Geist die Welt in ein Meer von Blut und Tränen tauchte". Und auf jeden Fall sei diese Formation dazu bestimmt gewesen, Hitler weiter im Sattel zu halten.[108]

Solche Stimmen blieben aber im lokalen Raum vereinzelt und änderten zunächst nichts an der vielerorts sehr freundlichen Aufnahme der ehemaligen Waffen-SS-Angehörigen, zumal die Treffen in den kleineren Orten Großereignisse mit erheblicher wirtschaftlicher Bedeutung waren. Aufgewertet wurden sie zusätzlich durch die Teilnahme von Bundes- und Landtagsabgeordneten und von lokalpolitischer Prominenz. So nahmen am Treffen in Bad Windsheim zwei Jahre später, Ende September 1962, erneut der Bürgermeister, aber auch der stellvertretende Landrat,

---

106 Vgl. FAZ vom 11.6.1960 („Schwarze Garde nur im Nebenzimmer") und 21.6.1960 („Keine Nazilieder gesungen"); BArchK, B 106/15576, Bericht des bayerischen Landesamts für Verfassungsschutz vom 14.6.1960; Schreiben von Innenminister Goppel an den Zentralrat der Juden vom 19.7.1960; zur Bedeutung des Treueliedes vgl. K. Wilke, Hilfsgemeinschaft, S. 192 ff.
107 Vgl. *Windsheimer Zeitung* vom 7.6.1960, 8.6.1960 und 14.6.1960 und auch *Uffenheimer Zeitung* vom 9.6.1960. Empörung zeigten auch das Organ der HIAG und die rechtsradikale Presse, vgl. DF vom Juli 1960, S. 9 ff.; *Deutsche Wochenzeitung* vom 18.6.1960 („Lügen über Waffen-SS-Treffen").
108 *Augsburger Allgemeine* vom 18.6.1960 („Grußworte ohne Ermächtigung der Bürgerschaft").

zahlreiche Lokalpolitiker und zwei Bundestagsabgeordnete teil. Die Stadt war für das Ereignis festlich geschmückt worden, an den Ortseingängen begrüßten Stadt- und Landesflaggen sowie Willkommensabordnungen die Gäste, die aufgrund ihrer großen Zahl nicht nur in den Beherbergungsunternehmen, sondern nach einem öffentlichen Aufruf auch in Privathaushalten Unterkunft fanden.[109]

Als freilich der HIAG-Bundesverband 1963 erstmals wieder ein großes Bundestreffen ankündigte, das anknüpfend an die als großer Erfolg gewertete letzte derartige Veranstaltung erneut in Hameln stattfinden sollte, regte sich wieder heftiger Protest. An vorderster Front standen dabei erneut die Verbände der NS-Verfolgten und die Gewerkschaften. Der ZDWV, die AvS, der Zentralrat der Juden und weitere kleinere nicht-kommunistische Gruppen wandten sich nun in einem gemeinsamen Schreiben an die zuständigen Innenminister, den niedersächsischen Landtag und die Stadt Hameln mit der Bitte, alles Notwendige zu tun, um das Treffen zu verhindern. Solche Veranstaltungen riefen im In- und Ausland „den Eindruck hervor [...], als ob in der Bundesrepublik nationalsozialistische Tendenzen wiederbelebt werden" sollten, hieß es in dem Brief. Von den ausländischen Schwesterorganisationen habe es bereits verschiedentlich besorgte Nachfragen gegeben. Bei den Verfolgten werde es „als unerträglich empfunden, daß die ehemalige SS, die an den begangenen Verfolgungsakten in besonderem Maße und unmittelbar beteiligt war, Gelegenheit erhält, Treffen mit großem Propaganda-Aufwand zu veranstalten".[110] Das in Bonn tagende Exekutivkomitee des europäischen Zusammenschlusses der nicht-kommunistischen Verfolgten- und Widerstandsorganisationen Fédération internationale libre des Déportés et Internés de la Résistance (FILDIR) brandmarkte die Treffen ehemaliger SS-Angehöriger in einer Abschlusskundgebung als Zeichen für einen aufkommenden Neofaschismus und Gefahr für die Demokratie.[111]

Auch die VNN hatte sich für ihren Protest mit anderen linken und kommunistischen Gruppen, den Naturfreunden, der IdK, der Frauen-Friedensbewegung und der Deutschen Friedens-Union (DFU), zu einer „Arbeitsgemeinschaft zur Verhinderung des SS-Treffens in Hameln" zusammengeschlossen. Ihr internationaler Dachverband, die in Wien ansässige FIR, gab eigens eine Protestbroschüre heraus, in der ein Verbot des Treffens verlangt wurde.[112] Proteste kamen weiterhin vom Internationalen Dachau-Komitee und von zahlreichen ausländischen Verfolgten- und Widerstandsorganisationen. Seitens der Gewerkschaften meldeten sich insbesondere der

---

109 Vgl. DF vom November 1962, S. 16. Ähnliches berichtete das HIAG-Organ auch über das Treffen der SS-Polizei-Division im unterfränkischen Marktheidenfeld Mitte Oktober 1960, vgl. DF vom Dezember 1960, S. 17.
110 *Freiheit und Recht* vom Juli 1963, S. 12; der dem ZDWV angehörende BVN Berlin forderte die Verfolgten auf, wenn das Treffen nicht verhindert würde, am selben Tag und am selben Ort eine Gegendemonstration abzuhalten, vgl. *Die Mahnung* vom 15.6.1963, S. 1.
111 Vgl. SZ vom 23.7.1963 („Warnung vor SS-Treffen").
112 Vgl. Wehsely, Schach.

DGB-Landesbezirk Niedersachsen, die Jugend der Gewerkschaft Holz und die IG Bau Steine Erden zu Wort. Letztere forderte den DGB auf, eine Gegendemonstration zu veranstalten, falls das Treffen nicht verboten würde.[113]

Die Stadt Hameln hatte bereits Anfang des Jahres 1963 der HIAG grünes Licht für die Veranstaltung signalisiert und auch das niedersächsische Innenministerium hatte zunächst nicht vor einzuschreiten. Das Bundesinnenministerium, das sich seit den ersten Protesten ebenfalls für die Sache interessierte, wandte sich aber Anfang Juni an Hannover und wies darauf hin, dass eine derartige Veranstaltung vier Jahre nach dem letzten Bundestreffen unerwünschte Reaktionen auch im Ausland zeitigen könne und man deshalb dankbar wäre, wenn sich dies irgendwie vermeiden ließe.[114] Nun entschloss man sich in der niedersächsischen Landeshauptstadt doch zu einer näheren Prüfung, und nach einem Gespräch zwischen Vertretern des dortigen Innenministeriums und der HIAG, in der ein Angehöriger des Ministeriums zu verstehen gegeben hatte, man werde das Treffen zwar derzeit nicht verbieten, jedoch sei je nach Entwicklung, etwa bei Gegendemonstrationen, kurzfristig mit einem Verbot zu rechnen, entschloss sich die HIAG zum Rückzug und erklärte einen Verzicht auf die Veranstaltung.[115]

Mehrere nachfolgende Treffen von ehemaligen Waffen-SS-Angehörigen waren ebenfalls von Protesten überschattet, so das Treffen deutscher, belgischer, französischer und niederländischer SS-Veteranen anlässlich einer Gedenkfeier für zwei gefallene flämische Waffen-SS-Männer in Münstereifel im Juli 1964, wo jeweils etwa 500 Angehörige der VVN und linker Gruppen demonstrierten. DGB und SPD hatten gefordert, die Veranstaltung in Münstereifel zu verbieten, was der nordrhein-westfälische Innenminister Willi Weyer (FDP) aber ablehnte.[116]

---

113 Vgl. FR vom 7.6.1963 („Verfolgte protestieren gegen Treffen ehemaliger SS-Verbände") und vom 1.7.1963 („Proteste gegen SS-Treffen"); AWJ vom 5.7.1963 („Proteste gegen geplantes SS-Treffen"); Proteste kamen auch vom Landesjugendring Baden-Württemberg und vom Bundesverband deutsch-israelischer Studiengruppen; zahlreiche Protestschreiben sind enthalten in: BArchK, B 106/15576.
114 Vgl. ebenda, Schreiben vom 5.6.1963, im vorhergehenden Vermerk vom 29.5.1963 wurde die ungünstige psychologische Wirkung des Treffens im Ausland hervorgehoben, die im Zusammenwirken mit den „Zersetzungskampagnen" aus dem Osten noch stärker ausfallen würde. Innenpolitisch sah man dabei die HIAG nicht mehr als großes Problem, sie habe heute nur noch 8000 Mitglieder und zerfalle langsam, hieß es, radikale Strömungen in ihr seien nur noch in Nordrhein-Westfalen erkennbar.
115 Vgl. FAZ vom 6.7.1963; intern gab sich die HIAG-Führung allerdings verärgert, das Verhalten des Ministeriums sei einer Nötigung gleichgekommen, hieß es in DF vom August 1963, S. 4.
116 Vgl. *DGB-Pressedienst* Nr. 192/64 vom 24.6.1964; FAZ vom 30.6.1964 („Gedenkfeier nicht verboten"); AWJ vom 3.7.1964 („Nur eine Gedenkfeier?"); *Express* 4./5.7.1964 („SS-Treffen? VVN protestiert in Münstereifel"); der *Kölner Stadt-Anzeiger* vom 4./5.7.1964 brachte eine Karikatur mit dem Untertitel „Das darf doch nicht wahr sein", auf der eine Straße mit einem Wegweiser nach Münstereifel zu sehen war. An der Strecke befand sich ein Warnschild mit einem Totenkopf und einem Zusatzschild „SS-Treffen".

Das Aufleben der Proteste gegen die Treffen der ehemaligen Waffen-SS-Angehörigen in diesen Jahren dürfte wesentlich im Zusammenhang mit den zahlreichen NS-Prozessen in dieser Zeit zu sehen sein, insbesondere mit dem Frankfurter Auschwitz-Prozess, in dem die Staatsanwaltschaft im April 1963 die Anklage vorgelegt hatte und die Hauptverhandlung im darauffolgenden Dezember eröffnet worden war. Der bis dahin umfangreichste und längste NS-Prozess der Bundesrepublik, in dem im Verlauf von etwa 20 Monaten weit über 300 Zeugen, darunter zahlreiche Überlebende des Lagers, gehört wurden, entfaltete eine hohe Breitenwirkung und ein starkes Medienecho im In- und Ausland. Im August 1965 sprachen die Frankfurter Richter ihr Urteil gegen 19 SS-Angehörige und einen Funktionshäftling, sechs lebenslange und elf zeitige Zuchthausstrafen.[117]

Deutlich sichtbar wurden die Wirkungen des Prozesses etwa beim sogenannten Nordmarktreffen im Oktober 1965 im schleswig-holsteinischen Rendsburg. Lange Jahre hatte das seit 1954 jährlich im Herbst stattfindende und mit Besuchen und Ansprachen zahlreicher Bundes- und Landtagsabgeordneter aller Parteien geehrte Treffen der norddeutschen HIAG-Mitglieder kaum jemanden gestört. 1963 war es im Vorfeld zu einer ersten Protestaktion durch Mitglieder der VVN gekommen[118], 1964 meldete sich nach dem Treffen eine Gruppe Jugendlicher mit einem kritischen Leserbrief in der örtlichen *Schleswig-Holsteinischen Landeszeitung* zu Wort. Bezugnehmend auf die Absagen in anderen Orten fragten sie besorgt, ob ihre Stadt zu einer „Hochburg" ehemaliger Nationalsozialisten werden wolle. Auch wenn sich unter den Teilnehmern der Treffen sicher viele befänden, denen persönlich nichts anzulasten sei, so stehe doch fest, dass Waffen-SS-Leute in den KZ Dienst getan hätten und damit an unauslöschlichen Gräueltaten beteiligt gewesen seien. Veranstaltungen, auf denen der Geist einer derartigen Organisation weiter bejaht werde, dürften nicht unterstützt werden. Dieser Leserbrief hatte weitere kontroverse Zuschriften an die Zeitung zur Folge, in denen mit den bekannten Argumenten die Waffen-SS und die HIAG entweder verteidigt oder kritisiert wurden. In Reaktion auf diese Debatte veranstaltete der Stadtjugendring Anfang Januar 1965 einen Diskussionsabend mit drei der jugendlichen Kritiker und zwei Vertretern des HIAG-Landesverbands, an dem etwa 300 Personen als Zuhörer teilnahmen. Nach Pressberichten litt die Veranstaltung etwas daran, dass beide Seiten ihre Positionen mit dem Hinweis auf unterschiedliche Dokumente und Bücher zu untermauern suchten, deren Stichhaltigkeit von der Zuhörerschaft aber mangels Fachkompetenz nicht habe beurteilt werden können. Während die Jugendlichen von den Ehemaligen vor allem eine Distanzierung von den Verbrechen des Nationalsozialismus und eine Anerkenntnis der

---

[117] Vgl. zum Prozess Wojak, Auschwitz-Prozeß; zur Medien- und Breitenwirkung insbesondere Reichel, Vergangenheitsbewältigung, S. 161 ff.; zur steigenden Zahl von NS-Prozessen in der ersten Hälfte der 1960er Jahre Eichmüller, Strafverfolgung, S. 626.
[118] Vgl. FR vom 22.10.1963 („Abgeordnete versprechen Hilfe") und DF vom November 1963, S. 20.

Schuld der SS forderten, zogen die HIAG-Sprecher die Fähigkeit der jungen Leute in Zweifel, die Dinge, die diese nicht selbst erlebt hatten, ausreichend beurteilen zu können.[119]

1965 wurde in Rendsburg dann bereits im Vorfeld des Treffens eine sehr viel breitere Protestfront sichtbar als noch 1964, die unter anderem zahlreiche Verfolgtenverbände aus dem In- und Ausland und erneut den DGB umfasste. Auch die SPD hielt diesmal Distanz und entsandte anders als in den Vorjahren keinen ihrer Abgeordneten zu dem Treffen. Die öffentlichkeitswirksamen Proteste ließen auch das in- und ausländische Medieninteresse an der Veranstaltung ansteigen. Aufgrund der massiven Einwände erwog die Stadt, die Überlassung der ihr eigenen Nordmarkhalle für die Veranstaltung zurückzunehmen, ließ davon aber nach Intervention einflussreicher Persönlichkeiten wie der des Landesvorsitzenden des VDS Prinz Friedrich Ferdinand von Schleswig-Holstein wieder ab. Selbst die Bundesregierung sah sich zu einer Stellungnahme veranlasst. Ihr Sprecher, Staatssekretär Karl-Günther von Hase, erklärte zwei Tage vor dem Treffen auf der Bundespressekonferenz distanziert, derartige Veranstaltungen seien nach der geltenden Rechtslage möglich und fänden mit gewisser Regelmäßigkeit statt.[120]

Am 24. Oktober 1965 versammelten sich infolgedessen etwa 1000 SS-Veteranen mit ihren Angehörigen in Rendsburg. Zwei Bundestagsabgeordnete der CDU und einer von der FDP erwiesen ihnen Reverenz und sprachen Grußworte; auch zwei Vertreter der Bundeswehr nahmen teil. Allerdings mussten die Veranstalter diesmal auf einen Schweigemarsch zum Kriegerdenkmal verzichten, weil sich der DGB nur unter diesen Umständen bereit erklärt hatte, von einer Demonstration in Rendsburg abzusehen. So blieb es bei einem von einer Schalmeienkapelle begleiteten Protestmarsch von etwa 600 Personen, vor allem VVN-Angehörige aus den Städten Hamburg und Lübeck, aber auch dänische Widerstandskämpfer und örtliche Oberschüler und Studenten, am Vorabend des Treffens und bei einem stummen Protest von Angehörigen der Landesbühne Rendsburg am Tag der Veranstaltung. Diese hatten auf dem Weg zur Halle Schilder aufgestellt, die mit den Namen von Konzentrationslagern versehen worden waren. Der Protest verband sich nun vor allem mit den Verbrechen in den KZ. Bereits am Vortag waren ähnliche Schilder durch die Stadt getragen worden, auf denen die Namen der Lager und die Zahl der dort ums Leben ge-

---

119 Die Leserbriefe in der *Schleswig-Holsteinischen Landeszeitung* und der Bericht der Zeitung über den Diskussionsabend sind abgedruckt in DF vom Januar 1965, S. 16 ff. Das HIAG-Organ geißelte einleitend „die beispiellose Verwegenheit neudeutscher Historiker und Publizisten, Tatsachen der nahen Vergangenheit zu unterdrücken oder zu verfälschen" und damit die Jugend in gefahrvoller Weise zu beeinflussen.
120 Vgl. PNP vom 25.10.1965 („SS-Treffen in Rendsburg").

kommenen Personen, zum Beispiel „Maidanek 1380 000 Tote", geschrieben standen.[121]

Auch international war die Aufmerksamkeit für derartige Veranstaltungen wieder gewachsen. Nach den Debatten um die Verjährung von NS-Verbrechen, dem Urteil im Auschwitz-Prozess und lokalen Wahlerfolgen der Nationaldemokratischen Partei Deutschlands (NPD) richtete das Ausland interessierte Blicke auf den Umgang der Bundesrepublik mit ehemaligen SS-Angehörigen. Und so fanden sich in Rendsburg Reporter und Fernsehteams aus zahlreichen Staaten, darunter den USA, Großbritannien und Frankreich, ein.[122] Die Presseresonanz im Inland war gespalten. Während einige Zeitungen den rückwärtsgewandten Charakter der Veranstaltung sowie die enthusiastische Begrüßung von Sepp Dietrich hervorhoben oder die HIAG wegen ihrer apologetischen Darstellung der Waffen-SS angriffen und auf deren Verwicklung in zahlreiche Verbrechen hinwiesen[123], berichteten andere ganz unkritisch. Wieder andere betonten die Distanzierung des HIAG-Landessprechers Willy Schäfer von den Verbrechen des Nationalsozialismus insbesondere in den KZ. Dort höre „grundsätzlich die Kameradschaft auf", hatte Schäfer gesagt.[124] Diese „erfreuliche Distanzierung" nahm auch die SPD lobend zur Kenntnis, ein „erlösendes Wort" sei dies gewesen, schrieb der Pressedienst der Partei, der die HIAG gleichzeitig mahnte, ihre Treffen in weniger spektakulärem Rahmen zu halten, da sich in „der Stille" manch „krasse Ungerechtigkeiten", die auf sozialem Gebiete bei den Ehemaligen der Waffen-SS noch vorlägen, einfacher beseitigen ließen.[125]

Für die Sozialdemokraten sollte das Treffen noch ein eher unerfreuliches Nachspiel haben. Zwar war keiner ihrer Abgeordneten nach Rendsburg gekommen, jedoch hatte der damalige Hamburger Innensenator Helmut Schmidt, der als Kanzler-

---

121 Vgl. BArchK, B 145/3544, Vermerk vom 25.10.1965, B 106/102239, Schreiben des Innenministeriums Kiel an BMI vom 15.10.1965 und Bericht des Landesamts für Verfassungsschutz vom 25.10.1965 (die Akte enthält auch zahlreiche Protestbriefe gegen das Treffen); *Die Tat* vom 30.10.1965 („Und wieder tagte die SS"; mit Fotos von den Protesten); *Metall* vom 2.11.1965, S. 4.
122 Vgl. etwa *New York Times* vom 25.10.1965 („Nazi SS Veterans Cheer Former General at Meeting") und vom 26.10.1965 („SS-Reunion"). Selbst in kleinen amerikanischen Lokalblättern schaffte es das Treffen auf die Titelseite; vgl. *News Palladium* (Benton Harbor, Michigan) vom 25.10.1965 („Ex-Nazis Cheer in Rendsburg").
123 Vgl. etwa *Die Zeit* vom 29.10.1965 („Sepp Dietrich auf der Empore. Gestern Himmlers ‚Orden', heute ein ‚verlorener Haufen'"); FR, zitiert in *Freiheit und Recht* 12/1965, S. 6; *Neue Rhein-Zeitung* vom 26.10.1965 („Sorge um ‚Pilzköpfe' am Meldekopf Nordland"); *Rheinische Post* vom 25.10.1965 („Wir waren doch simple Soldaten").
124 DF vom November 1965, S. 12.
125 *Sozialdemokratischer Pressedienst* vom 26.10.1965, S. 2, vgl. auch *Christ und Welt* vom 29.10.1965 („HIAGs Einkehr" von Klaus Reinhardt); *Frankenpost* vom 28.10.1965 („SPD: Gerechtigkeit für die Waffen-SS"); *VZ – Kieler Morgenzeitung* vom 26.10.1965 („Stellungnahme der HIAG" von Jens Peter), letzterer Artikel ist abgedruckt in DF vom November 1965, S. 10; bei Jens Peter handelte es sich danach um ein Pseudonym des als Parteilinken geltenden neuen SPD-Landesvorsitzenden Jochen Steffen.

kandidat gehandelt wurde, auf eine entsprechende Einladung ein freundliches Antwortschreiben verfasst, in dem er seine Verhinderung bedauerte und versprach, sich weiterhin für eine gleichmäßige Gerechtigkeit zugunsten aller ehemaligen Soldaten einzusetzen. Dieser Brief wurde auf dem Treffen verlesen und von mehreren Zeitungen als Grußtelegramm herausgestellt.[126] Schmidt sah sich daraufhin zu einer Klarstellung veranlasst. In einem gleichlautenden Leserbrief an *Die Zeit* und die französische Tageszeitung *Le Monde*, den auch der Pressedienst der SPD verbreitete, schrieb Schmidt, er habe keineswegs ein Grußtelegramm an die HIAG geschickt, sondern ein Absageschreiben. Allerdings wandte er sich in dem Brief auch dagegen, alle Soldaten der Waffen-SS „mit einer Kollektivschuld zu beladen", wie er auch deren pauschale Exkulpierung ablehnte. Zweifellos hätten Teile der KZ-Wachmannschaften zur Waffen-SS gehört und seien bei militärischen Verbänden der Truppe „schlimme Verbrechen" vorgekommen, schrieb er. Letzteres gelte aber auch für Truppenteile der Wehrmacht. Deshalb sollten alle Soldaten nach dem gleichen Recht behandelt werden, und man könne nicht die Angehörigen der Waffen-SS insgesamt von Versorgungsleistungen oder der Anrechnung von Dienstzeiten ausschließen. Ebenso müssten jedoch all diejenigen, die Verbrechen begangen hätten, verurteilt werden. In diesem Punkt übte Schmidt Kritik an der HIAG, da sie in Rendsburg dem rechtskräftig verurteilten Sepp Dietrich applaudiert habe.[127]

Für Schmidt war die Sache damit aber noch nicht ausgestanden. Seine Stellungnahme wurde in der Presse als Unterstützung der HIAG gewertet[128] und parteiintern erntete er für seine pauschale Befürwortung der versorgungsrechtlichen Anliegen der HIAG nicht unerhebliche Kritik. Es gehe nicht an, meinten die Kritiker, dass die SPD eine Organisation unterstütze, die sich nur halbherzig von den Verbrechen im Nationalsozialismus distanziere und die sich in die Tradition der SS stelle, durch die viele SPD-Mitglieder genug zu leiden gehabt hätten.[129]

Die *Süddeutsche Zeitung* kritisierte den Medienrummel um die Veranstaltung in Rendsburg und vor allem die Tatsache, dass die HIAG Foto- und Fernsehaufnahmen von der abendlichen Hauptveranstaltung in der Halle weitgehend untersagt hatte. Sei es „nicht genug des Ärgernisses, daß es so etwas überhaupt gibt wie die Hiag", schrieb sie, und dass diese Vereinigung wie jeder andere Verein auch seine Treffen

---

126 Vgl. *Die Zeit* vom 29.10.1965 („Sepp Dietrich auf der Empore"); *Le Monde* vom 26.10.1965 („Un dirigeant socialiste adresse au congrès du ancien SS un télégramme de soutiens" und Kommentar dazu „Un socialiste de choc"); *Telegraf* vom 21.11.1965 („Rendsburger SS-Treffen empörte Amerika"); K. Wilke, Hilfsgemeinschaft, S. 340 ff.
127 Vgl. *Die Zeit* vom 12.11.1965 („Keine Kollektivschuld" von Helmut Schmidt); Pressemitteilung der SPD vom 4.11.1965.
128 Vgl. etwa *Die Welt* vom 5.11.1965 („Schmidt nimmt Waffen-SS in Schutz"); SZ vom 5.11.1965 („Keine Kollektivschuld der Waffen-SS"), international *Guardian* vom 5.11.1965 („Ex-SS-men win support from SPD").
129 Vgl. einige Zuschriften an Schmidt, zitiert bei K. Wilke, Hilfsgemeinschaft, S. 342 f.

veranstalten könne, auf denen dann erklärt werde, die Waffen-SS sei nichts anderes als die Wehrmacht und ihre Angehörigen seien im Kampf für eine bessere Welt gestorben. Müssten auch noch Bundestagsabgeordnete auf den Treffen erscheinen und Grußworte sprechen und unzählige Foto- und Fernsehreporter ihre Objektive auf die SS-Veteranen richten und diesen Publicity verschaffen, als ob es keine lohnenderen Objekte gebe. Ob dieses Umwerbens wundere es dann nicht mehr, wenn die Betroffenen Forderungen stellten und die Berichterstattung zensieren wollten. Die einzig richtige Antwort darauf könne nur sein, solchen Veranstaltungen, die die Pressefreiheit nicht achteten, den Rücken zu kehren. Es bestehe „nämlich kein öffentliches Interesse an der Hiag, und schon gar nicht daran, von ihr konzessionierte Selbstdarstellungen zu verbreiten".[130]

Tatsächlich war es nur einem Team des Zweiten deutschen Fernsehens (ZDF) erlaubt worden, die Veranstaltung in der Halle zu filmen, nachdem sich der Sender vorher in einem schriftlich mit einem Rechtsvertreter der HIAG geschlossenen Vertrag bereit erklärt hatte, die Bilder vor einer Ausstrahlung vorzulegen und nur mit ausdrücklicher Genehmigung zu veröffentlichen.[131] Die Aufnahmen des ZDF wollte der Fernsehjournalist Hanns W. Schwarze unter anderem für eine von ihm geplante längere Dokumentation über die Waffen-SS und die HIAG verwenden. Schwarze war damals Leiter des ZDF-Studios in Berlin, 1966 startete die von ihm konzipierte Sendereihe „drüben" über die Zustände in der DDR, ab 1971 leitete und moderierte er die Reihe „Kennzeichen D", die durch ihre pronounciert linksliberalen Positionen und eine kritische Sicht auf den bundesdeutschen Umgang mit der NS-Vergangenheit auffiel. Für die Dokumentation zur Waffen-SS holte sich Schwarze fachliche Unterstützung durch den Berliner Historiker und jüdischen Auschwitz-Überlebenden Joseph Wulf. Nach einer im Nachlass Schwarzes befindlichen Gliederung beabsichtigte die Dokumentation einen differenzierten Blick auf die Thematik. Sie sollte mit einem Überblick der Meinungen im In- und Ausland zur Waffen-SS beginnen, dann einen historischer Abriss über die Entstehung und den Zweck der Organisation geben, ihre tatsächliche Funktion an und hinter der Front, das heißt vor allem ihre Verquickung mit der Allgemeinen SS und ihre Verbrechen betrachten und die Problematik der Unterscheidung von Eingezogenen und Freiwilligen darstellen. Daran anschließend war eine Analyse der Behandlung der ehemaligen Waffen-SS-

---

130 SZ vom 26.10.1965 („Kein Interesse an der Hiag"); vgl. auch SZ vom 25.10.1965 („Das Hiag-Treffen in Rendsburg").
131 Vgl. BArchK, N 1442/39, Vereinbarung zwischen dem ZDF-Journalisten Hanns W. Schwarze und der HIAG vom 25.10.1965; nach Vorwürfen in der Presse an den Zugeständnissen bestritt das ZDF öffentlich und wahrheitswidrig, der HIAG irgendwelche Rechte zur Vorzensur der aufgenommenen Bilder eingeräumt zu haben, vgl. ebenda, undatierter und unbenannter Presseausschnitt mit dem Titel „Zweites Fernsehen: Hiag hat keine Recht auf Vorzensur", beruhend auf einer Meldung der dpa.

Angehörigen seit 1945 sowie der Selbstdarstellung der Ehemaligen im Vergleich zur Wirklichkeit vorgesehen.[132]

Trotz weit fortgeschrittener Vorbereitungen wurde diese Dokumentation aber dann nicht fertiggestellt und nicht gesendet.[133] Nur Teile davon finden sich ausgearbeitet in Schwarzes Nachlass, so etwa eine detaillierte Ausarbeitung des einleitenden Abschnitts über die aktuellen Meinungen zur Waffen-SS. Als Basis dienten hier Auskünfte der Fernsehkorrespondenten in verschiedenen Staaten Westeuropas, der USA, in Polen und in Ostberlin, eine Befragung von Oberschülern, Studenten und jungen Offizieren in der Bundesrepublik sowie eine beim Institut für Demoskopie in Allensbach in Auftrag gegebene Erhebung zur Frage: „Wenn sie heute jemand fragte, was war das im letzten Kriege, die Waffen-SS, was würden sie darauf antworten?". Als Fazit stellte das Treatment fest, zwischen der SS und der Waffen-SS werde im Ausland kaum ein Unterschied gemacht und die SS gelte eindeutig als Symbol für die Vollstrecker der Verbrechen des Nationalsozialismus. In der Bundesrepublik ergebe sich hingegen ein deutlicher Unterschied zu diesen Meinungen im Ausland, ohne dass dieser Unterschied im Text des Treatments näher spezifiziert worden wäre.[134]

Auch im Folgejahr 1966 erregte das Treffen der HIAG in Rendsburg nationalen und internationalen Protest. Da die Stadt die Nordmarkhalle nun nicht mehr zur Verfügung stellen wollte, wurde die Veranstaltung auf ein Messegelände in die Nachbargemeinde Osterrhönfeld verlegt.[135] Bereits vorher im Jahr war es zu Protesten gegen Treffen in Windsheim, Münstereifel[136] und München gekommen. Besonders die Vorgänge in München erregten ein starkes Presseecho. Dort wollte die HIAG am 21. Mai das 15-jährige Bestehen ihres Landesverbands Bayern ausgerechnet im Bürgerbräukeller feiern, einem Ort, von dem aus Hitler 1923 seinen „Marsch zur Feldherrnhalle" begonnen und den er nach der Machtübernahme bis zum Attentat von Georg Elser 1939 gern für Propagandaveranstaltungen genutzt hatte. Die Lagergemeinschaft Dachau, die IdK und der bayerische DGB protestierten scharf und

---

132 Vgl. BArchK, N 1442/39.
133 Vgl. Kempter, Joseph Wulf, S. 296, der auf der Basis des Nachlasses von Wulf die Arbeitsüberlastung Schwarzes als Grund dafür angibt. Im Nachlass Schwarze selbst finden sich keine Hinweise auf die Gründe.
134 Vgl. BArchK, N 1442/39, Treatment vom Juli 1966; Hinweise auf das Ergebnis der Allensbach-Umfrage enthält der Nachlass nicht; auch im Archiv des Instituts für Demoskopie ließ sich eine derartige Umfrage nicht auffinden (ich danke Britta Sommer für die Auskunft vom 24.4.2012); neben dem Treatment enthalten sind ein 20-seitiges Konzept zur Geschichte der Waffen-SS bis 1939 sowie umfangreiches dokumentarisches Material über SS-Führer, die Entwicklung der versorgungsrechtlichen Situation für ehemalige Waffen-SS-Angehörige, das HIAG-Treffen in Rendsburg und Presseausschnitte zu NS-Prozessen.
135 Vgl. AWJ vom 16.9.1966 („Proteste gegen SS-Treffen").
136 Vgl. zu Münstereifel *Stuttgarter Nachrichten* vom 23.6.1966 („Protest gegen SS-Heldenfeier"), zu Windsheim FAZ vom 19.9.1966 („SS-Treffen nach Protesten verschoben").

forderten ein Verbot des Treffens.[137] Einen solchen Schritt lehnte das bayerische Innenministerium jedoch mit Hinweis auf die gesetzliche Versammlungsfreiheit ab, da die HIAG sich nicht politisch betätige. Jedoch zogen dann sowohl der Bürgerbräukeller als auch der als Ausweichlokal in Erwägung gezogene Franziskanerkeller aufgrund der massiven Proteste und der Angst vor Ausschreitungen ihre ursprünglichen Zusagen, für die Veranstaltung Räume zur Verfügung zu stellen, zurück. Da in der Kürze auch keine anderen Räumlichkeiten in der Stadt zu finden waren, sagte die HIAG die Feier schließlich ab[138], sie wurde kurze Zeit später ohne großes Aufsehen in Regensburg nachgeholt. Dort beschwerte sich der bayerische Landesvorsitzende dann über das „Kesseltreiben" in München und die „Entstellungen und Lügen" über die Waffen-SS in der Presse. Und er forderte Münchens Oberbürgermeister Hans-Jochen Vogel mit der Androhung einer Verfassungsbeschwerde ultimativ auf, seine vor dem Stadtrat geäußerte Absicht zurückzunehmen, künftig alles zu tun, um Zusammenkünfte der HIAG in der Stadt zu verhindern.[139]

Die niedersächsische Landesregierung verbot im Mai 1966 einen neu gegründeten Traditionsverband der SS-Division-Nordland wegen verfassungsfeindlicher Tendenzen und untersagte ein von diesem angekündigtes Treffen in Ebstorf. Daraufhin wandte sich das bayerische Innenministerium an Bonn mit der Bitte um eine grundsätzliche Klärung der Frage, wie mit derartigen Veranstaltungen umzugehen sei, da weitere angekündigt seien.[140] Nach den internationalen Protesten im Vorjahr ließ sich das Bundesministerium des Innern (BMI) von den Ländern vorab von solchen Treffen informieren und unterrichtete seinerseits das Auswärtige Amt. Nun forderte es im August vom BfV einen Bericht über die HIAG an. Die Verfassungsschützer beschwichtigten, Hauptanliegen der Organisation sei „unverändert die versorgungsrechtliche Geleichstellung", beim Verbot der Division Nordland handle es sich um einen Einzelfall, der nicht übertragen werden könne. Diese Einschätzung teilte das BMI dann auch dem bayerischen Innenressort mit.[141] Letzteres stellte die Frage trotzdem im Koordinierungsausschuss des Bundes und der Länder zur Bekämpfung staatsfeindlicher Elemente Ende September noch einmal zur De-

---

137 Vgl. FAZ vom 10.5.1966 („Vergangenheit im Bürgerbräukeller"); *Rheinische Post* vom 11.5.1966 („Im Stammlokal"); WAZ vom 11.5.1966 („Proteste gegen Treffen der Hiag in München" und „Im Bürgerbräukeller"); SZ vom 12.5.1966 („Im Bürgerbräukeller wollte die Waffen-SS feiern" von Ernst Müller-Meiningen jr.), *DGB-Pressedienst* 1966, S. 95, Telegramm der auf dem DGB-Bundeskongress in Berlin versammelten bayerischen Gewerkschaftsvertreter an den Ministerpräsidenten vom 11.5.1966.
138 Vgl. FAZ vom 11.5.1966 („Innenministerium: Für Verbot fehlt die Rechtsgrundlage"), 14.5.1966 („Hiag-Treffen in München abgesagt").
139 Vgl. FAZ vom 27.5.1966 („Verfassungsbeschwerde angekündigt"); AWJ vom 3.6.1966 („SS-Treffen in Regensburg"); über den Ausgang dieses Streits wurde in der Presse nichts berichtet.
140 Vgl. BArchK, B 106/102293, Bayerisches Staatsministerium des Innern an BMI, 5.7.1966.
141 Vgl. ebenda, BMI an BfV, 5.8.1966; ebenda, BfV an BMI, 8.9.1966, und BMI an Bayerisches Staatsministerium des Innern, 15.9.1966.

batte. Man lege Wert darauf, sagte der bayerische Vertreter, „alle Möglichkeiten zu erörtern, gegen Veranstaltungen der HIAG oder vergleichbarer Organisationen, die auch das Ansehen der Bundesrepublik im Ausland erheblich belasten, so wirksam wie möglich vorzugehen". Um eine bessere Handhabe zu bekommen, regte er eine Ergänzung des Versammlungsgesetzes an, hatte damit aber keinen Erfolg, weil das BMI verfassungsrechtliche Bedenken erhob.[142]

Nichtsdestotrotz fand die HIAG 1966 und 1967 Aufnahme in den Rechtsbericht des Ministeriums. Die Vereinigung sei zwar in letzter Zeit politisch nicht hervorgetreten, stellte dazu das Referat „Öffentliche Sicherheit" fest, ihre Ausrichtung sei jedoch „nach wie vor rechtsradikal", ebenso enthalte ihr Presseorgan *Der Freiwillige* „eindeutig rechtsradikales Gedankengut" und sympathisiere mit der NPD.[143] Der Bericht änderte letztlich aber nichts daran, dass sich die HIAG nach wie vor politischen Zuspruchs erfreuen konnte. Zur Bundesversammlung im Mai 1968 in Augsburg fanden sich der CSU-Bundestagsabgeordnete Konstantin Prinz von Bayern und der Präsident des VDS Gerhard Matzky, vormals Generalleutnant der Bundeswehr, ein. Der Spross des bayerischen Königshauses überbrachte den SS-Veteranen die Grüße von CSU-Generalsekretär Max Streibl und zeigte sich überrascht über die Beurteilung der HIAG durch das BMI. Nach Ansicht der CSU sei die HIAG keineswegs rechtsradikal, ließ er die Versammelten wissen.[144]

3 Bedeutungsverlust (1971–1980)

Öffentliches Aufsehen erregten die immer noch zahlreich stattfindenden Treffen der HIAG und der Traditionsverbände der Waffen-SS Ende der 1960er/Anfang der 1970er Jahre kaum noch. Eine Ausnahme stellte die Veranstaltung zur Gründung eines Traditionsverbands der Waffen-SS-Division „Das Reich" im Oktober 1971 in Rosenheim dar. Auf das Konto dieser Division gingen eine Reihe von Kriegsverbrechen, darunter unter anderem das Massaker von Oradour. Französische Opferorganisationen und die VVN protestierten im Vorfeld und örtliche Jugendorganisationen sowie die Landesverbände der SPD und des DGB schlossen sich an. Als kaum zu überbietende „Provokation" bezeichneten die bayerischen Sozialdemokraten vor allem den Aufruf zu der Veranstaltung, in dem davon die Rede gewesen war, man wolle „die bewährte und mit Blut besiegelte Kameradschaft" pflegen. Viel eher, meinten sie, könne man doch davon sprechen, dass die Kameradschaft mit dem Blut unschuldiger Zivilisten „besudelt" worden sei. Der DGB ließ wissen, er wolle es nicht zulassen, dass heute die Kampfgefährten derer, die die Verbrechen von Ora-

---

142 Ebenda, Protokoll der Besprechung vom 29./30.9.1966.
143 Ebenda, Vermerk Dr. Karkowskys.
144 Vgl. DF vom Juni 1968, S. 20, und vom Juli 1968, S. 20 f.

dour und Tulle begangen hätten, sich ungeniert versammelten und eine Organisation zur Verherrlichung von Verbrechen gründeten und damit „die Opfer grausamen Terrors verspott[et]en".[145] Am 16. Oktober demonstrierten dann etwa 500 Angehörige der Gewerkschaftsjugend, der Schülermitverantwortung der höheren Schulen Rosenheims, der Jungdemokraten und der Jungsozialisten sowie eine Gruppe von Mitgliedern der Deutschen Kommunistischen Partei (DKP) und der VVN aus München mit Spruchbändern und Sprechchören vor der Inntalhalle, während drinnen etwa 200–300 Veteranen den Traditionsverband gründeten. Ein großes Polizeiaufgebot, das die Halle umstellt hatte, verhinderte Zusammenstöße zwischen den beiden Gruppen.[146] Die *Aachener Volkszeitung* nahm in ihrem Kommentar zu dieser Veranstaltung vor allem Bezug auf die Aussage des Führers der Truppenkameradschaft Hermann Buch, eines ehemaligen Ordonnanzoffiziers beim RFSS, es sei nicht früher zur Gründung gekommen, weil ihnen „noch immer der Quatsch von Frankreich" nachhänge. „Man höre und staune", schrieb das Blatt, Himmlers Adjutant könne heute Mord ungestraft als „Quatsch" beiseiteschieben. Leider könnten Tote nicht aus ihren Gräbern aufstehen. Die Unzahl der von der SS Geschundenen und Geschändeten, Erschlagenen und Erschossenen hätte eine prächtige Kulisse zum Treffen der 300 „Unverbesserlichen" abgegeben.[147]

Nach wie vor waren jedoch bei den meisten Treffen örtliche Kommunalpolitiker mit freundlichen Grußworten vertreten, nicht wenige wurden von einzelnen Bundestagsabgeordneten wie den beiden CDU-Mandataren Hermann Glüsing oder Hans Wissebach beehrt.[148] Hervor tat sich in diesem Zusammenhang auch die bayerische Staatsregierung, die zum Suchdiensttreffen des HIAG-Landesverbands Bayern 1973 in Würzburg und zum Traditionstreffen der SS-Gebirgs-Division „Nord" 1974 in Windsheim jeweils einen Staatssekretär entsandte. Wilhelm Vorndran überbrachte 1973 Grüße von Ministerpräsident Franz Josef Strauß und der CSU. „Ich hoffe", sagte der Staatssekretär, „daß durch die Anwesenheit eines Mitglieds der bayerischen Staatsregierung der Öffentlichkeit gezeigt und dokumentiert wird, daß endlich einmal Schluß sein muß mit der Diffamierung".[149] Anschließend lobte er vor den etwa 2000 Veranstaltungsteilnehmern die Kameradschaft und die Gemeinschaft bei der

---

145 SZ vom 16.10.1971 („SPD: SS-Treffen eine Provokation"); vgl. außerdem SZ vom 15.10.1971 („Waffen-SS vor Rosenheims Toren"); FAZ vom 16.10.1971 („Proteste gegen SS-Treffen").
146 Vgl. SZ vom 18.1.1971 („Demonstranten kämpfen gegen Waffen-SS"); *Münchner Merkur* vom 18.10.1971 („Trotz aller Proteste SS-Treffen in Rosenheim"); die ZDF-Reihe „Kennzeichen D" brachte am 11.11.1971 einen Bericht dazu; Zeitungsausschnitte und Fotos vom Treffen finden sich auch in BArch-MA, N 756/115.
147 *Aachener Volkszeitung* vom 19.10.1971, zitiert nach *Freiheit und Recht* Nr. 11/1971, S. 2.
148 Glüsing war Landwirt im Kreis Norderdithmarschen und gehörte von 1949 bis 1972 dem Bundestag an. Seit 1963 besuchte er regelmäßig das Nordmarktreffen; zu Wissebach siehe unten Kapitel III. 6.
149 DF vom November 1973, S. 9.

HIAG als vorbildlich. Ähnliches verkündete sein Kabinettskollege Finanzstaatssekretär Karl Hillermeier ein Jahr später in Windsheim. Der dortige Bürgermeister Peter Strauß erklärte bei dieser Gelegenheit, ein glücklicher Umstand habe den Traditionsverband in seine Stadt verschlagen. Eine Belastung der Waffen-SS mochte er nicht erkennen, deren Soldaten hätten im Krieg ihre Pflicht getan wie alle übrigen Landser auch.[150] Auch andernorts blieben die SS-Veteranen zu dieser Zeit meist unbehelligt. Im Mai 1976 konnten sich die ehemaligen Angehörigen der SS-Division „Totenkopf" weitgehend ungestört in Arolsen zu einem Kameradschaftstreffen versammeln und einen Schweigemarsch zum Kriegerdenkmal durchführen.[151]

Ab Mitte der 1970er Jahre waren aber zunächst eher vereinzelt wieder kritischere Töne zu den Treffen der SS-Veteranen zu vernehmen. 1975 in Hamburg war es die HIAG selbst, die durch ihre Terminwahl Protest herausforderte. Sie hatte nämlich für den 9. und 10. Mai, dem 30. Jahrestag des Kriegsendes ihre Bundesversammlung gekoppelt mit einer großen Suchdienstveranstaltung in der Stadt abhalten wollen. Dies führte auf Seiten der NS-Verfolgten und der politischen Linken zu massiven Protesten. Auch die FDP-Landesvorsitzende Helga Schuchardt kritisierte Art und Zeitpunkt der Veranstaltung als „wohl kaum zu überbietende politische Geschmacklosigkeit" und der Wirtschaftssenator der Hansestadt veranlasste die Hamburger Messegesellschaft, ihre Zusage, Räume für das Treffen zur Verfügung zu stellen, zurückzuziehen. Die HIAG sagte daraufhin die Veranstaltung ab und verschob die Bundesversammlung in den Juni, wo sie dann ungestört stattfinden konnte.[152]

Im Jahr darauf erregte die Teilnahme eines Bundeswehroffiziers in Uniform am Treffen von Angehörigen der ehemaligen SS-Kavallerie-Division im bayerischen Sonthofen Aufsehen. Das Bundesverteidigungsministerium kündigte eine Untersuchung des Falles an.[153] Die VVN protestierte heftig. Sie zählte mehrere Fälle aus den vergangenen Jahren auf, in denen Bundeswehrsoldaten an Veranstaltungen der HIAG teilgenommen haben sollten und verlangte vom Bundesverteidigungsministerium eine klare Abgrenzung von den „SS-Nachfolgeorganisationen". Zur Bekräftigung wies sie darauf hin, dass an dem Treffen auch der 81-jährige frühere SS-Brigadeführer Gustav Lombard teilgenommen habe, der als Kommandeur des 1. SS-Kavallerie-Regiments an Kriegsverbrechen beteiligt gewesen sei, die Gegenstand staatsanwaltschaftlicher Ermittlungen seien.[154] Der Korrespondent der *Frankfurter Rundschau* gab anlässlich des Vorfalls einen kurzen Überblick zur Geschichte der

---

150 Vgl. DF vom November 1974, S. 26.
151 Vgl. DF vom Juli 1976, S. 28.
152 Vgl. *Hamburger Abendblatt* vom 24.4.1975 („Abfuhr für die HIAG") und vom 26.4.1975 („Treffen von ehemaligen Mitgliedern der Waffen-SS abgesagt"); DF vom August 1975, S. 20.
153 Vgl. *Bonner Rundschau* vom 28.4.1976 („Spätes Kreuz"); SZ vom 28.4.1976 („Bundeswehr-Hauptmann bei Treffen ehemaliger Waffen-SS").
154 *VVN-Pressedienst* vom 28.4.1976 („Bundesregierung muß sich endlich von SS-Nachfolgeorganisationen distanzieren"). Die VVN wies auch darauf hin, dass der frühere Bundeswehr-General

Waffen-SS: Es werde geschätzt, schrieb er, dass etwa 42 000 Angehörige der Waffen-SS an Kriegsverbrechen teilgenommen hätten.[155] Art und Umfang der Verbrechen der SS-Kavallerieeinheiten, die 1941 in Weißrussland insbesondere im Pripjetgebiet Tausende von Juden ermordet hatten, wurden dabei allerdings nicht thematisiert.[156] Selbst *Der Spiegel* widmete dem Fall verspätet einen Artikel. In diesem wie auch in anderen Presseberichten stand allerdings die nachträgliche Überreichung eines Ritterkreuzes durch Lombard an einen früheren Untersturmführer der Division im Mittelpunkt, die als Beleg dafür angesehen wurde, dass sich unter dem Dach der HIAG „ewig Gestrige" zusammengefunden hätten.[157]

Die Kontakte zwischen Angehörigen der Bundeswehr und der HIAG oder der Traditionsverbände der Waffen-SS waren auch vorher schon mitunter auf Kritik gestoßen. So zog etwa der Besuch von etwa 400 ehemaligen Angehörigen der 6. SS-Gebirgsdivision „Nord", an deren Spitze der frühere Kommandeur der Division und SS-Obergruppenführer Karl Maria Demelhuber, beim Raketenartilleriebataillon 102 der Bundeswehr in Pfullendorf im September 1971 eine bundeswehrinterne Untersuchung nach sich. In einer Presseerklärung stellte das Bundesverteidigungsministerium anschließend klar, dass die ehemaligen Waffen-SS-Angehörigen nicht, wie es in der Presse geheißen hatte, bei der Bundeswehr „zu Gast" gewesen, sondern der privaten Einladung eines Fachoffiziers gefolgt seien.[158] 1977 verstärkte sich die Kritik an derartigen Vorgängen noch, nachdem der von Kurt Hirsch herausgegebene *Pressedienst Demokratische Initiative* (PDI) berichtet hatte, in den vergangenen vier

---

Johann Adolf von Kielmansegg 1975 anlässlich einer Geburtstagsfeier Lombards eine Lobrede gehalten und zu diesem Anlass das Orchester des Bundeswehr-Reservistenverbands gespielt habe.
155 Vgl. FR vom 28.4.1976 („Ritterkreuz-Übergabe von Sonthofen wird ein Nachspiel haben").
156 Vgl. zu den Verbrechen Cüppers, Wegbereiter, S. 142 ff.; zur Biographie Lombards ders., Gustav Lombard. Lombard war nach dem Krieg in der Sowjetunion zu 25 Jahren Zwangsarbeit verurteilt worden und im Oktober 1955 aus der Gefangenschaft zurückgekehrt. Er ließ sich in München nieder und war dort als Angestellter der Versicherung Allianz tätig. Zwei gegen ihn eingeleitete Ermittlungsverfahren wegen NS-Verbrechen wurden eingestellt; vgl. IfZ-Archiv, NSG-Datenbank, München I 117 Js 1/64 und Offenburg 3 Js 677/64.
157 FR vom 28.4.1976 („Makabre Feierstunde"); *Der Spiegel* Nr. 22 vom 24.5.1976, S. 89; Wolfram Siebeck glossierte die Veranstaltung im *Stern* vom 26.5.1976 unter dem Titel „Mit dem Rollstuhl in die Reichszeit" und schrieb von „Überresten der vorgeschichtlichen Waffen-SS", deren „Gedächtnisschwund schon so weit fortgeschritten [sei], daß sie nicht mehr wußten, in welchem Zeitalter sie überhaupt lebten". Die HIAG beschwerte sich daraufhin beim *Stern*-Chefredakteur Henri Nannen, der sich nach DF vom August 1976, S. 9, umgehend für die „geschmacklose" Glosse entschuldigte, die während seines Urlaubs erschienen sei.
158 Vgl. BArch-MA, BW 1/27864, Agenturbericht der AP vom 24.11.1971, *Neues Deutschland* vom 19.11.1971 („SS-Führer zu Gast bei der Bundeswehr") und auch *Schwäbische Zeitung* vom 25.11.1971 („SS-Traditionsverband besucht Bundeswehr"). Der Inspekteur des Heeres, General Ernst Ferber, rügte die durch einen ehemaligen Angehörigen der SS-Division und nunmehrigen Oberleutnant der Bundeswehr ausgesprochene Einladung, vgl. BArch-MA, BW 1/27864, Stellungnahme vom 8.12.1971.

Jahren hätten sich in mehr als 50 Fällen Abordnungen der Bundeswehr mit Waffen-SS-Veteranen getroffen.[159] Der Bundeswehr wurden in diesem Zusammenhang, aber auch aufgrund anderer Vorfälle, zunehmende „Rechtstendenzen", eine Vernachlässigung der staatsbürgerlichen Bildung ihrer Soldaten, ein unkritischer Umgang mit der NS-Vergangenheit und das Fehlen eines in dieser Hinsicht eindeutigen Traditionserlasses vorgeworfen.[160]

Tatsächlich war in dem vom damaligen Verteidigungsminister Kai-Uwe von Hassel 1965 herausgegebenen Erlass diese Frage nicht zweifelsfrei geregelt, da dieser zwar auf der einen Seite als Traditionsstrang nur die Wehrmacht erwähnte, jedoch auch ausführte, die Pflege kameradschaftlicher Beziehungen dürfe „niemanden ausschließen", weder die örtlichen Kameradschafts- und Traditions-Vereine der ehemaligen Wehrmacht noch einzelne Soldaten.[161] Die Kritik an einem solchen Traditionsverständnis traf vor allem auch den seit 1972 amtierenden Verteidigungsminister Georg Leber von der SPD, dem vorgeworfen wurde, er tue zu wenig für die demokratische Fundierung seiner Truppe. Die Meldungen des PDI hatten mehrere besorgte Anfragen von SPD-Abgeordneten im Bundestag zur Folge, und der DGB forderte unter Hinweis auf einen anlässlich der 10. Bundesjugendkonferenz der Gewerkschaften verabschiedeten Antrag das Verteidigungsministerium auf, „zukünftig dafür sorgen zu wollen, daß es keine Beteiligung von Bundeswehrangehörigen

---

159 Vgl. *Vorwärts* vom 13.10.1977 („Besuch bei Freunden"); *Die Tat* vom 28.10.1977 („SS und Bundeswehr"); Anfang 1978 legte Hirsch mit der Dokumentation von über 80 Fällen noch einmal nach, vgl. *Die Tat* vom 13.1.1978 („Über 80mal trafen SS und Bundeswehr zusammen"); Basis der Dokumentationen waren in der Regel entsprechende Berichte im HIAG-Organ *Der Freiwillige*, vgl. etwa DF vom Juni 1976, dort hieß es: „Wir haben immer Zurückhaltung geübt und die Teilnahme von Bundeswehrangehörigen an unseren Treffen und Veranstaltungen unterschlagen, eben weil wir wissen, dass dies ein Politikum ist. Aber auf Dauer geht dies nicht." Der PDI wurde von Hirsch im Namen des „Presseausschusses Demokratische Initiative" herausgegeben, einer Organisation, die nach einigen Umbildungen und Umbenennungen 1974 aus der schon 1968 von der VVN gegründeten „Demokratischen Aktion gegen Neonazismus und Restauration" hervorgegangen war. Der PDI litt unter Geldmangel und wurde von der DDR mitfinanziert; Hirschs Kontakte zur DDR mündeten in den 1970er Jahren in eine Tätigkeit als Informant der Staatssicherheit; vgl. *Berliner Zeitung* vom 5.2.1994 („Deckname ‚Helm'"). Ende der 1970er Jahre stand der Presseausschuss aber der SPD-Linken nahe und hatte bekannte Schriftsteller und Publizisten als Mitglieder.
160 Vgl. etwa *Der Spiegel* vom 31.10.1977, S. 121, und vom 9.1.1978, S. 48 f. Im Oktober 1977 startete der VVN eine Kampagne gegen den Ausbilder an der Bundeswehr-Hochschule in Neubiberg Ernst Nittner, einen ehemaligen SS-Angehörigen, über den sich der Verband bereits 1971 bei der Bundeswehr beschwert hatte, vgl. *VVN-Pressedienst* vom 14.10.1977 („SS-Mann bildet Bundeswehroffiziere aus") und *Die Tat* vom 14.10.1977 („Wo lernen Offiziere das ‚Horst-Wessel-Lied'"). Vorausgegangen war im Februar 1977 die Verbrennung von Kartons, die mit der Aufschrift „Jude" versehen worden waren, durch Bundeswehrstudenten aus Neubiberg auf einem Müllplatz.
161 Der Erlass war 1965 sowohl auf Seiten der HIAG, die eine offizielle Billigung von Kontakten wünschte, wie auch auf Seiten der politischen Linken, der vor allem eine klare Benennung der akzeptablen Traditionsstränge fehlte, auf Kritik gestoßen; vgl. Abenheim, Bundeswehr, S. 153 f.

an Treffen bzw. Veranstaltungen rechtsradikaler Organisationen mehr gibt".[162] In den Antworten auf die Bundestagsanfragen versuchte die Bundesregierung viele der Vorfälle als Ostpropaganda abzutun. Der Staatssekretär im Bundesverteidigungsministerium Andreas von Bülow (SPD) bezeichnete die vom PDI dargelegten Fälle bis auf ganz wenige Ausnahmen als nicht stichhaltig, einige davon seien sogar gänzlich unwahr. Die Tatsache, dass ähnliche Vorwürfe bereits im Vorjahr aus Ost-Berlin gekommen seien, deute auf eine gezielte kommunistische Kampagne gegen die Bundeswehr, behauptete er.[163] In einigen Fällen hatten Bundeswehrsoldaten in Zivil an HIAG-Veranstaltungen teilgenommen, was nicht untersagt war, in anderen handelte es sich um Veranstaltungen der großen Reservisten- und Soldatenverbände, an denen sowohl Vertreter der Bundeswehr als auch der HIAG teilnahmen. Denn die HIAG war als Mitglied in die Arbeitsgemeinschaft der Reservisten-, Soldaten- und Traditionsverbände wie auch im Ring deutscher Soldatenverbände integriert. Von Bülow stellte jedoch auch klar, dass die Bundesregierung weder die Einladung von Vertretern der HIAG zu Veranstaltungen der Bundeswehr noch die Teilnahme von Soldaten der Bundeswehr an SS-Treffen billige.[164] In einer Presseerklärung vom 31. Januar 1978 dementierte das Ministerium jegliche „offiziellen Verbindungen der Bundeswehr zur HIAG", nur in einigen wenigen weiter zurückliegenden Fällen hätten Bundeswehrsoldaten tatsächlich in unzulässiger Weise in Uniform an Veranstaltungen der HIAG teilgenommen, aber nicht in offizieller Funktion.[165]

In der Bundeswehrführung waren ob der massiven Kritik doch Anzeichen eines Umdenkens hin zu einer schärferen Abgrenzung von der HIAG festzustellen. In einem internen Vermerk für den Generalinspekteur hieß es im Mai 1978 etwa: „Kontakte zu Gemeinschaften, denen es um Pflege der Erinnerung an SS-Verbände und deren Tradition geht, sind aber abzulehnen, denn eine solche Erinnerungspflege ist mit dem Auftrag der Bundeswehr nicht vereinbar. Die HIAG ist nach ihrer Satzung zwar eine Hilfsgemeinschaft, sie hat aber bisher [...] eine notwendige Differenzierung bzw. Distanzierung zu ehemaligen Angehörigen gewisser SS-Verbände nicht vorgenommen." Deshalb solle ein Zusammentreffen mit Vertretern der HIAG bei Soldatentreffen „künftig vermieden werden". Aber auch bei Veranstaltungen anderer Traditionsverbände der Waffen-SS sei „zumindest bezüglich einer offiziellen Teilnahme der Bundeswehr Zurückhaltung geboten".[166] Mittelfristig resultierte dieser von der öffentlichen Kritik wesentlich initiierte Umdenkungsprozess dann in ei-

---

162 BArch-MA, BW 1/115059, Schreiben vom 26.1.1978.
163 Antwort auf die mündliche Anfrage des Abgeordneten Thüsing, VDB, 8. Wp., 52. Sitzung vom 28.10.1977, S. 4029 f.
164 Antwort auf die mündliche Anfrage des Abgeordneten Rudolf Schöfberger (VDB, 8. Wp., Drs. 1288, Frage A 76), VDB, 8. Wp., 61. Sitzung vom 8.12.1977, S. 4735.
165 BArch-MA, BW 1/115059.
166 Ebenda, Vermerk des Referats Fü S I 4 vom 3.5.1978.

ner Vorschrift im neuen, 1982 durch den nunmehrigen Minister Hans Apel (SPD) herausgegebenen Traditionserlass, in der dann „dienstliche Kontakte mit Nachfolgeorganisationen der ehemaligen Waffen-SS" ausdrücklich „untersagt" wurden.[167]

Auch bei ihren Kameradschaftstreffen gerieten die Waffen-SS-Veteranen nun immer häufiger in die Defensive. Im September 1976 kam es anlässlich eines Treffens von 250 ehemaligen Angehörigen der 18. SS-Division „Horst Wessel" und der 33. SS-Division „Charlemagne" in Würzburg zu einem Zwischenfall. Nach einer parallel stattfindenden SPD-Wahlkundgebung mit Bundeskanzler Willy Brandt, während der der Würzburger SPD-Oberbürgermeister Klaus Zeitler sein „Bedauern über das Treffen" ausgedrückt und auch Brandt von „ungebetenen Gästen" gesprochen hatte, versammelten sich etwa 60 Angehörige der VVN und verschiedener kommunistischer Gruppierungen zu einer Demonstration.[168] Bereits zuvor waren an der Außenwand des Lokals, in dem das Treffen stattfand, Inschriften wie „SS raus aus Würzburg" oder „Nieder mit dem Faschismus" angebracht worden, außerdem hatte es eine Bombendrohung gegeben. Als die Teilnehmer des Treffens dann das Lokal verließen, wurden sie von den Demonstranten mit Beschimpfungen wie „Mörder", „SS-Schweine" oder „KZ-Henker" empfangen. Einige der Demonstranten verfolgten die SS-Veteranen, bespuckten sie oder schlugen mit Stöcken auf sie ein. Besonders aktiv war dabei eine Gruppe von Sinti und Roma. „Wieviele Zigeunerkinder hast Du umgebracht? 80? 90?", rief einer der Männer einem der Teilnehmer an dem Treffen zu, ehe er ihm mit einem Spazierstock ein paar Hiebe versetzte.[169] Die Geschehnisse in Würzburg erregten allerdings zunächst keine allzu große Resonanz in den überörtlichen Medien[170], diese wuchs erst, als sich im darauffolgenden Jahr die Täter vor Gericht verantworten mussten und der Justiz eine unangemessene Behandlung von NS-Opfern und Rassismus vorgeworfen wurde.[171]

---

[167] Zitiert nach Abenheim, Bundeswehr, S. 208; vgl. auch K. Wilke, Hilfsgemeinschaft, S. 349 ff.
[168] Die VVN hatte schon im Vorfeld erklärt, man dürfe nicht dulden, dass durch derartige Veranstaltungen das deutsche Ansehen im Ausland beschädigt werde, und zu Demonstrationen gegen das Treffen aufgerufen; vgl. *VVN-Pressedienst* vom 10.9.1976 und vom 20.9.1976.
[169] BArchK, B 106/102239, Bericht des Bayerischen Innenministeriums vom 20.9.1976 und Urteil des Schöffengerichts Würzburg 1 Ls 101 Js 17521/76 vom 23.8.1977; vgl. auch FAZ vom 20.9.1976 („Proteste gegen SS-Treffen in Würzburg") und DF vom November 1976, S. 29 f.
[170] Die Botschaft in Paris berichtete allerdings von einem erheblichen Presseecho in Frankreich, vgl. BArchK, B 106/102239, Schreiben des Auswärtigen Amts vom 28.9.1976.
[171] Vgl. etwa SZ vom 8.7.1977 („Psychiater sollen angeklagte Zigeuner untersuchen") und 25.8.1977 („Demonstrierende Zigeuner sollen ins Gefängnis"); FR vom 27.8.1977 („Immer noch erniedrigt und angegriffen"); *Die Tat* vom 15.7.1977 („Angeklagt – nicht Männer der SS, sondern ihre Opfer") und vom 2.9.1977 („Ein Polizist gilt mehr als 30 Zeugen"). Das Schöffengericht Würzburg verurteilte drei Teilnehmer an den Ausschreitungen wegen gemeinschaftlichen Landfriedensbruchs zu Freiheitsstrafen von sechs bis neun Monaten, gegen einen vierten verhängte es ein Verwarnungsgeld von 300 DM.

Mit Unterstützung aus Ostdeutschland[172] intensivierte die VVN nun ihre Kampagnen gegen die Treffen und die HIAG, und sie fand damit in zunehmendem Maße positive Resonanz in der Öffentlichkeit, insbesondere auf Seiten der politischen Linken und in der Jugend. Die in der Folge der Studentenbewegung in den 1970er Jahren entstandene breite linke Protestkultur, die sich etwa auch in der Friedensbewegung niederschlug, wirkte hier begünstigend, da der in Teilen der Jugend gepflegte Antifaschismus eine Annäherung an den „alten" Antifaschismus der lange Zeit isolierten kommunistischen Verfolgten ermöglichte. 1977/78 verstärkten sich deshalb die Proteste.

Zu Beginn des Jahres 1977 sah sich der Stadtrat von Altenkirchen in Rheinland-Pfalz aufgrund zahlreicher massiver Einwendungen gezwungen, seinen vorher einstimmig gefassten Beschluss zurückzunehmen, dem Traditionsverband der SS-Division „Hohenstaufen", der sich seit mehreren Jahren regelmäßig in dem Ort traf, die Errichtung eines Gedenksteins zu gestatten.[173] Die Delegierten des SPD-Unterbezirks Neuwied beschlossen anschließend, den SPD-Parteivorstand aufzufordern, alle Mandatsträger der Partei darauf hinzuweisen, dass es eines Sozialdemokraten „unwürdig" sei, an HIAG-Veranstaltungen oder Traditionstreffen von ehemaligen SS-Angehörigen teilzunehmen, da es bei diesen nur darum gehe, „die ‚Elitetruppe des Führers' zu verherrlichen" und diese Leute „anscheinend nicht bereit [seien], mit der Vergangenheit zu brechen". Gerade Sozialdemokraten müssten „an vorderster Linie gegen die Verharmlosung der SS kämpfen".[174] Auf Initiative der SPD fand dann im Juni eine von zahlreichen Gruppierungen getragene Aufklärungsveranstaltung unter dem Titel „Wie war Auschwitz im 20. Jahrhundert in Mitteleuropa möglich? Wie läßt sich eine Wiederholung von Auschwitz verhindern" in Altenkirchen statt. Auf dieser berichtete der Auschwitz-Überlebende Hermann Langbein von seiner Haftzeit im KZ und den dort begangenen grausamen Verbrechen. In der nachfolgenden Diskussion wurde die Verharmlosung und Leugnung der NS-Verbrechen ebenso kritisiert wie der Auftritt von Inhabern öffentlicher Ämter bei SS-Treffen.[175]

Diese Ereignisse in Altenkirchen strahlten auch ins benachbarte Hessen aus. Im Mai desselben Jahres war es in Nassau erstmals zu Protesten gegen das dort schon seit mehr als zehn Jahren regelmäßig stattfindende Treffen von ehemaligen Angehö-

---

172 Vgl. FAZ vom 9.2.1977 („Ost-Berlin sorgt sich um Neofaschismus").
173 Vgl. *VVN-Pressedienst* vom 7.1.1977 und *Die Tat* vom 14.1.1977 („KEIN Ehrenmal für die SS in Altenkirchen"); protestiert hatten u. a. die SPD-Kreiskonferenz, die Jungsozialisten, die Arbeitsgemeinschaft Frauen der SPD, die VVN, die DKP, die Lagergemeinschaft des ehemaligen KZ Ravensbrück, der Zentralrat der Juden, die GCJZ und der regionale protestantische Superintendent. Die HIAG beklagte einen „Polit-Terror" gegen die Stadträte und „eine unvorstellbare Welle des Hasses", die von Rundfunk, Fernsehen und der linken Presse entfacht worden sei; vgl. DF vom Februar 1977, S. 3.
174 *Die Tat* vom 4.2.1977 („SPD-Delegierte wehren sich gegen SS-Treffen").
175 Vgl. *Die Tat* vom 8.7.1977 („Offizielle leisten SS Vorschub").

rigen der SS-Divisionen „Leibstandarte Adolf Hitler" und „Hitlerjugend" gekommen. Mit einem Flugblatt riefen zwei Sozialdemokraten aus dem Landkreis Altenkirchen die Nassauer Bürger zu einer Demonstration gegen das „Pfingsttreffen der SS in Ihrer Stadt" auf.[176] Der Text des Flugblattes rekurrierte weitgehend auf die Verbrechen der SS, die „überall fürchterlich gewütet" habe, „im KZ, an der Front, im Hinterland". Es habe „nicht zweierlei SS" gegeben. Wenn behauptet werde, die Waffen-SS sei nicht so schlimm gewesen, dann werde dies allein schon dadurch widerlegt, dass die KZ-Wachmannschaften und die KZ-Kommandanten „fast ausnahmslos der Waffen-SS angehört" hätten. Divisionen wie die „Leibstandarte" seien „besonders schlimm" gewesen und hätten von Charkow über Marzabotto bis Stavelot schwere Verbrechen begangen. Die Verfasser des Flugblattes betonten, dass sie damit keineswegs alle ehemaligen Angehörigen der Waffen-SS als Verbrecher titulieren wollten, insbesondere nicht die zwangsweise eingezogenen Wehrpflichtigen. Aber wer heute noch an solchen Treffen wie in Nassau teilnehme, der habe nichts hinzugelernt und wolle die NS-Vergangenheit verharmlosen.

Die Resonanz, die dieser Aufruf vor Ort fand, hielt sich dann stark in Grenzen. Letztlich versammelten sich am 28. Mai etwa 70 Demonstranten in Nassau, die schwarze Schilder trugen, auf denen mit weißer Schrift Parolen wie „Die Opfer des SS-Terrors klagen an", „Der Schoß ist fruchtbar noch aus dem die SS kroch", „Wer die SS verharmlost, macht Auschwitz wieder möglich" oder die Namen der großen KZ und ihre Opferzahlen zu sehen waren. Die Protestierer gingen in einem Schweigemarsch durch die Stadt und stellten sich anschließend vor der Stadthalle auf, wo sich die etwa 2000 SS-Veteranen trafen.[177] Bei der örtlichen Bevölkerung stießen die Demonstranten offenbar auf weitgehendes Unverständnis, nach Presseberichten solidarisierte diese sich vielmehr mit den Veteranen. Erneut war eine Anzahl von ausländischen Journalisten vor Ort, denen aber die Teilnahme an der Versammlung in der Halle untersagt wurde. Kameraleute, die eine Veranstaltung an einem im Nachbarort Marienfels errichteten Gedenkstein für gefallene Waffen-SS-Männer filmen wollten, wurden gewaltsam daran gehindert. Immerhin hatte die Stadtverwaltung nach den Protesten im Vorfeld auf einen offizielle Begrüßung der Teilnehmer des Treffens verzichtet und eine Jugendkapelle, die dafür gebucht worden war, ihre Teilnahme abgesagt.[178] Ein großes Foto der Demonstration, auf dem Teilnehmer mit einem älteren Herren, der eine Faust ballte, diskutierten, machte die Illustrierte *Stern* zum Aufmacher eines mehrseitigen Berichts mit dem Titel „Die Unverbesserlichen", der sich zum einen mit den SS-Treffen in Nassau und kurz zuvor in Menge-

---

176 Das Flugblatt ist im Faksimile abgedruckt in *Die Tat* vom 27.5.1977, S. 8.
177 Vgl. *Die Tat* vom 3.6.1977, S. 1 („Aktion gegen die SS").
178 Vgl. FR vom 1.6.1977 („Kameraleute wurden am Filmen gehindert"). Die musikalische Umrahmung der Veranstaltung übernahm ein Spielmannszug der Bundespost, eine der Hauptansprachen hielt der CDU-Abgeordnete Wissebach.

ringhausen sowie zum anderen mit den Aktivitäten der neonazistischen „Wehrsportgruppe Hoffmann" beschäftigte. Dadurch wurde der Eindruck vermittelt, die von den SS-Treffen ausgehenden Botschaften bildeten den Nährboden für einen wachsenden Neonazismus. Der Autor Rolf Müller, der die Zahl der HIAG-Mitglieder mit 40 000 doch stark übertrieb, kritisierte dabei vor allem auch die Lokalpolitiker, die derartige Treffen durch Begrüßungen und Ansprachen ehrten. Und er führte eine ganze Reihe von Verbrechen der SS an, die von den Morden im KZ Auschwitz, über die Niederschlagung des Warschauer Ghetto-Aufstands bis zur Erschießung von etwa 600 Juden durch Angehörige der Division „Wiking" in Ostgalizien reichte.[179] Im *Westdeutschen Rundfunk* (WDR) kommentierte der Journalist Heiner Lichtenstein die Ereignisse in Nassau. Auch er wies auf die Verbrechen der Waffen-SS etwa in den KZ hin und darauf, dass in den bei dem Treffen ausgestellten Büchern und Heften der Nazismus verherrlicht und dessen Verbrechen beschönigt oder geleugnet worden seien. Im Fazit wollte er nicht ausschließen, dass mit der Demonstration in Nassau „eine Wende" in der Haltung der Öffentlichkeit zu den Treffen eingeleitet worden sei.[180]

Eine solche deutete sich in der Folge auch tatsächlich an. Aufgrund massiver Proteste bereits im Vorfeld von Veranstaltungen sahen sich die ehemaligen Waffen-SS-Angehörigen im weiteren Lauf des Jahres 1977 gezwungen, mehrere angekündigte Treffen abzusagen. In Nürnberg etwa verabschiedete eine Mehrheit aus SPD, FDP und DKP im Stadtrat einen von den Sozialdemokraten eingebrachten Dringlichkeitsantrag, in dem die Stadtverwaltung aufgefordert wurde, alle Möglichkeiten auszuschöpfen, um ein für September angekündigtes Treffen von Vertretern des Regiments „Westland" und einer Nachrichtentruppe zu verhindern. Auch die größte örtliche Tageszeitung, die *Nürnberger Nachrichten*, unterstützte dieses Vorgehen, das dann letztlich zu einer Absage der Veranstaltung führte.[181] Die Sorgen an der Basis über die sich häufenden Aufmärsche und Versammlungen von SS-Veteranen-Verbänden und neonazistischen Gruppierungen veranlassten den SPD-Parteivorsitzenden Willy Brandt im August 1977 zu einem Schreiben an Kanzler Helmut Schmidt, in dem er die Bundesregierung aufforderte, sich „in geeigneter Form" mit

---

[179] *Stern* vom 3.6.1977, S. 14 ff.; vgl. auch Borch-Nitzling, Das Dritte Reich, S. 135. Die Erwähnung des sonst in diesem Zusammenhang bislang kaum öffentlich benannten Verbrechens in Ostgalizien zeigt, dass Müller in der Literatur recherchiert hatte, etwa bei Höhne, Orden, S. 435, oder Reitlinger, Die SS, S. 158.
[180] BArch-MA, N 756/434b. Der Kommentar wurde im dritten Programm des WDR am 31.5.1977 um 18.05 Uhr in der Reihe „Forum West" gesendet; vgl. auch DF vom Juli 1977, S. 9.
[181] Vgl. *Die Tat* vom 29.7.1977, S. 4 („SPD, FDP, DKP: Einmütig gegen SS in Nürnberg"); abgesagt wurden weiterhin die für Mai 1977 in Radolfzell und Göppingen und für September/Oktober in Ulm, Marburg und Höchst/Odenwald geplanten Treffen, vgl. ebenda, sowie *Die Tat* vom 6.5.1977 („Nazitreffen stoßen auf Widerstand"), vom 21.10.1977, S. 4 („Aktionen gegen SS-Treffen"), und vom 4.11.1977, S. 4 („SS-Treffen wurde verhindert").

der Problematik auseinanderzusetzen.[182] Auf dem Bundesparteitag der SPD im November wurde in einer Entschließung an die Bundesregierung appelliert, sie solle „dafür Sorge tragen, dass neonazistische Gruppierungen und deren Aktivitäten sowie die Verbreitung neonazistischen Schrifttums vor der Öffentlichkeit nicht verharmlost, sondern rückhaltlos offengelegt und daraus rechtliche Konsequenzen gezogen" würden.[183] Zur selben Zeit verlangten mehrere DGB-Kreisorganisationen ein Verbot aller neofaschistischen Vereinigungen.[184]

Die VVN und die ihr nahestehenden ausländischen und internationalen Organisationen von NS-Verfolgten und ehemaligen Widerstandskämpfern intensivierten im Sommer/Herbst 1977 ihre Agitation gegen die Veteranenverbände der SS. Schon im Juli hatten sie auf einer Tagung in Brüssel in einer gemeinsamen Erklärung eine „Auflösung der Verbände ehemaliger SS-Leute und das Verbot ihrer Veranstaltungen" gefordert.[185] Im Oktober stellte die VVN in Bonn auf einer gut besuchten Pressekonferenz eine Dokumentation über das Treiben der ehemaligen SS-Angehörigen in der Bundesrepublik vor und erneuerte unter Hinweis auf Art. 139 GG und die von den Alliierten im Kontrollratsgesetz Nr. 2 verfügte Auflösung von NS-Organisationen und dem Verbot der Neubildung ihre Forderung.[186] Für das kommende Frühjahr riefen die VVN und die ihr nahestehenden Gruppierungen zu einer großen Manifestation „für die Auflösung der SS-Verbände und gegen die Rehabilitierung des Nazismus" auf, an der dann am 22. April 1978 in Köln nach Angaben der Veranstalter etwa 30 000 Menschen aus 17 Ländern teilnahmen, darunter zahlreiche NS-Verfolgte und ehemalige KZ-Häftlinge, etwa der Präsident des Internationalen Auschwitz-Komitees Moritz Goldstein. Von den bundesdeutschen Verfolgtenverbänden war neben der VVN auch die Berliner AvS mit einer Delegation vertreten. Die Parteiführung der Sozialdemokraten hielt hingegen Distanz zu der Veranstaltung. Es nahmen jedoch einige Kölner Ratsherren der Partei teil und Kölns Oberbürgermeister empfing eine Abordnung des Vorbereitungskomitees. Daneben waren auf der Demonstration viele jugendliche Teilnehmer zu sehen und auch eine kleine Gruppe von Bundeswehrsoldaten in Uniform.[187]

---

182 Vgl. *Die Tat* vom 26.8.1977, S. 2 („Brandt warnt vor Neonazismus").
183 Schuster, Chronik, Stichtag 15./19.11.1977.
184 Vgl. *Die Tat* vom 25.11.1977, S. 1 („DGB: Neonazi-Umtrieben ein Ende bereiten").
185 Vgl. *Die Tat* vom 29.7.1977, S. 3 („Brüsseler Appell für SS-Treffen-Verbot"). Zu den Unterzeichnern zählten vor allem Verbände, die der kommunistischen Dachorganisation FIR angehörten.
186 Vgl. *Die Tat* vom 14.10.1977, S. 12 („SS-Treffen nicht länger dulden") und vom 21.10.1977, S. 3 („Die SS-Traditionspflege ist verfassungswidrig"). Die Dokumentation erschien unter dem Titel „Waffen-SS in der Bundesrepublik" mit einem Vorwort des Vorsitzenden der IG Druck und Papier Leonhard Mahlein.
187 Vgl. *Die Tat* vom 28.4.1978, S. 2 („So werdet Ihr den Nazis das Handwerk legen können"), in derselben Ausgabe brachte *Die Tat* auch Auszüge aus den Ansprachen (S. 15) und mehrere Fotos von der Demonstration (S. 1 f. und 16); der Aufruf dazu war auch veröffentlicht in *Blätter für deutsche und internationale Politik* vom März 1978.

In einer auf der Abschlusskundgebung verlesenen Erklärung wurden die Veranstaltungen und Verlautbarungen der SS-Veteranen explizit als Nährboden für den aktuellen Neonazismus bezeichnet. „Die Umtriebe der ehemaligen SSler", hieß es darin, „ihre provokatorischen Veranstaltungen und ihre internationalen Verbindungen ermutigen die neonazistischen und rassistischen Gruppierungen, die in der Bundesrepublik Deutschland und in zahlreichen anderen Ländern faschistische Terroranschläge auf Lokale von Organisationen, auf jüdische Denkmäler und Friedhöfe, Gedenkstätten der Widerstandsbewegung und der Deportation sowie auf ehemalige Widerstandskämpfer und Überlebende der Nazihöllen verüben. Sie tragen damit zu einem Klima der Gewalt und der Unsicherheit bei. Die Verbände der ehemaligen SSler schaden in erster Linie der Bundesrepublik Deutschland, ihrer Bevölkerung und ihrer Jugend, die die nazistische Vergangenheit ablehnt. Sie sind ein Hindernis für eine echte Aussöhnung mit den Völkern, die Opfer des Nazismus waren und behindern die friedliche Zusammenarbeit zwischen allen europäischen Staaten."[188] In der lokalen *Kölnischen Rundschau*, die nur 17 000 Teilnehmer zählte, meinte Kommentator Jürgen Jagla, der Aufmarsch der NS-Verfolgten könne einen nicht unberührt lassen, richte sich aber gegen einen „Popanz". Zwar sei die Existenz von Alt- und Neo-Nazis nicht zu leugnen, gleichzeitig müsse jedoch betont werden, dass deren Zahl klein sei und sie in der Bevölkerung kaum Anklang fänden. Aus welcher politischen Richtung die Aktion komme, sei offensichtlich, sie diene wohl hauptsächlich dazu, das nie ganz verschwundene Misstrauen des Auslands gegen die Bundesrepublik wieder etwas zu beleben.[189]

Am selben Tag demonstrierten im rheinland-pfälzischen Altenkirchen etwa 500 Personen – und damit deutlich mehr als im Vorjahr – gegen ein dort stattfindendes Treffen von ehemaligen Angehörigen der SS-Division „Hohenstaufen". Dazu aufgerufen hatten die Gesellschaft für Christlich-Jüdische Zusammenarbeit (GCJZ), die Jungsozialisten, die Deutsche Friedensgesellschaft – Vereinigte Kriegsdienstgegner und viele Einzelpersönlichkeiten, darunter mehrere lokale SPD-Funktionäre.[190]

Anfang Mai 1978 widmete das Magazin „Kennzeichen D" im ZDF der Thematik einen Beitrag. Darin wurde kritisch auf die Diskrepanzen im gesellschaftlichen Umgang mit ehemaligen Nationalsozialisten und mit NS-Opfern hingewiesen. Kaum jemand störe sich an den Treffen der ehemaligen SS-Leute und an Denkmälern für deren Gefallene, argumentierte die Sendung, eine Gedenktafel für eine zerstörte Synagoge hingegen würde als unangenehm empfunden und abgelehnt. Während ehemals verfolgte Kommunisten sich auch heute noch wegen ihrer Gesinnung auf der Anklagebank fänden, könnten sich ihre einstigen Bewacher ungestört versammeln,

---

188 *Die Tat* vom 28.4.1978, S. 2 („Erklärung der Teilnehmerverbände"); vgl. zum Anwachsen rechter Gewalt gegen Ende der 1970er Jahre Botsch, Die extreme Rechte, S. 75 ff.
189 *Kölnische Rundschau* vom 24.4.1978 („Protest und Popanz").
190 Vgl. *Die Tat* vom 28.4.1978, S. 3 („Die ‚Hohenstaufen'-SS mit ihren Untaten konfrontiert").

begrüßten Bürgermeister ohne Bedenken Hitlers persönlichen Piloten Hans Baur[191] als Ehrengast und könnten es frühere NSDAP-Mitglieder bis zum Bundeskanzler bringen. Dies mute an, sagte ein Mann in dem Beitrag, das aktuelle Thema des Terrorismus aufgreifend, wie wenn in 40 Jahren auf einem Kameradschaftstreffen der Roten-Armee-Fraktion die herrliche Kampfverbundenheit während der Entführung von Hanns Martin Schleyer gepriesen würde.[192]

Der Widerstand gegen die wiederkehrenden Treffen der SS-Veteranen war jedoch im Wachsen, auch in Nassau, wo sich an Pfingsten 1978 erneut die Ehemaligen der Divisionen „Leibstandarte" und „Hitlerjugend" trafen. Im Stadtrat hatten sich die SPD und die Freie Wählergemeinschaft nicht mit einem Antrag gegen eine erneute Vergabe der Stadthalle für die Veranstaltung durchsetzen können. Die Jusos, der Deutsche Koordinierungsrat der GCJZ, einige DGB-Ortskartelle, die VVN und der ZDWV hatten im Vorfeld protestiert, der Präsident der Evangelischen Kirche in Hessen-Nassau Helmut Hild vor negativen Auswirkungen derartiger Treffen auf die Jugend gewarnt. Mehrere SPD-Abgeordnete forderten im Mainzer Landtag die Landesregierung zu einer Stellungnahme auf. Der CDU-Fraktionsvorsitzende Rudi Geil rief hingegen zur Gelassenheit auf. Zwar fände er es „in höchstem Maße bedauerlich", dass durch derartige Veranstaltungen der Eindruck eines Fortwirkens von NS-Ideengut in der Bundesrepublik geweckt werde, aber darauf müsse man mit „dem angemessenen Selbstbewußtsein eines demokratisch gefestigten Staates, der mit dem NS-Staat nichts gemein" habe, reagieren. Schließlich fänden beinahe täglich Veranstaltungen radikaler politischer Gruppierungen statt, die nach Recht und Verfassung erlaubt werden müssten, solange die betreffenden Organisationen nicht verboten seien. Auch Ministerpräsident Bernhard Vogel (CDU) kritisierte die Veranstaltung als solche ebenso wie die Teilnahme seines Parteifreundes, des Bundestagsabgeordneten Hans Wissebach daran.[193]

Am 13. Mai versammelten sich dann etwa 300 – nach anderen Angaben 700 – Demonstranten in Nassau und marschierten zur Stadthalle, wo sich, geschützt von einem massiven Polizeiaufgebot, etwa 500 SS-Veteranen versammelt hatten. Der

---

191 Baur, der der NSDAP 1926 und der SS 1932 beigetreten war und bis Kriegsende zum SS-Gruppenführer und Generalleutnant der Waffen-SS aufstieg, befand sich 1945–1955 in sowjetischer Kriegsgefangenschaft. 1956 veröffentlichte er unter dem Titel „Ich flog Mächtige der Erde" eine Autobiographie und war danach bei vielen Treffen der Waffen-SS-Veteranen als Ehrengast oder Redner anwesend. 1958 ließ das baden-württembergische Innenministerium die Treffen der HIAG beobachten, nachdem Reden Baurs bekannt geworden waren, die zumindest als indirekte Verherrlichung Hitlers angesehen werden konnten, vgl. BArch-MA, N 756/405b, Rundschreiben 9/58 des HIAG-Bundesvorstands vom 9.7.1958; zur Biographie Baurs vgl. Sweeting, Hitlers Personal Pilot.
192 Vgl. den zustimmenden Kommentar zu der am 4.5.1978 ausgestrahlten Sendung in *Die Zeit* vom 12.5.1978 („In der alten Schuldspur").
193 *Rhein-Zeitung* vom 9.5.1978 („Jusos fordern Verbot des Treffens der Waffen-SS"); vgl. auch FAZ vom 9.5.1958 („Kirchenpräsident Hild warnt vor SS-Treffen"); *Die Tat* vom 24.3.1978, S. 5 („Proteste gegen SS in Nassau").

SPD-Abgeordnete Klaus Thüsing, die DGB-Jugendsekretärin Karin Roth (SPD) und der Präsident des internationalen Dachverbands der nicht-kommunistischen Verfolgtenorganisationen FILDIR hielten Ansprachen. Thüsing warf dem CDU-Bundestagsabgeordneten Wissebach dabei vor, „seit Jahren für die Rehabilitierung einer Mörderbande" einzutreten. Zum Abschluss legten die Teilnehmer einen Kranz an der Stelle der Stadt nieder, wo bis 1938 die Synagoge gestanden hatte. Erneut versuchten die Demonstranten, die Bevölkerung mit historischen Unterlagen von ihrem Anliegen zu überzeugen. Auf Flugblättern stellten sie anhand von Dokumenten die Ermordung von italienischen Juden am Lago Maggiore durch Angehörige eines Bataillons des 2. Regiments der „Leibstandarte" im Herbst 1943 dar.[194] Mehrere Presseberichte wiesen darauf hin, dass bei den meisten Nassauer Bürgern weniger die SS-Veteranen als vielmehr die Demonstranten unwillkommen gewesen seien. Letzteren werde vorgeworfen, sie würden von Moskau bezahlt und sie hätten, nachdem jahrelang immer alles ruhig und ohne Probleme vonstattengegangen sei, mit ihren Protesten die Stadt in den Ruf gebracht, ein „Nazinest" zu sein und damit den Fremdenverkehr geschädigt. Der am Platz der ehemaligen Synagoge niedergelegte Kranz sei wenig später aufgrund des Protests eines Anwohners entfernt worden und am nächsten Tag auf dem Müll gelandet.[195]

Wie sehr sich die Haltung der SPD bezüglich der Ehemaligen der Waffen-SS gewandelt hatte, ließ sich am Pressedienst der Partei ablesen. Konnte man dort bis in die 1960er Jahre hinein ganz im Sinne Schumachers und Erlers viel Wohlwollen feststellen, so veröffentlichte er nun einen Artikel von Klaus Thüsing mit dem Titel „Deutschland Du sollst die Ermordeten nicht und nicht die Mörder vergessen", ein Leitspruch, der auch auf den Transparenten der Demonstranten zu sehen gewesen war. Der 1940 geborene Thüsing gehörte einer Generation von eher links stehenden, nicht aus dem traditionellen Parteimilieu, sondern aus dem Bildungsbürgertum kommenden SPD-Politikern an. In seinen Ausführungen bemühte er sich gar nicht um die früher üblichen Differenzierungen hinsichtlich der Waffen-SS. Die gesamte SS, schrieb er, sei „das Hauptinstrument zur Errichtung eines deutsch-rassischen

---

194 Vgl. FR vom 16.5.1978 („Unwillkommen waren in Nassau in erster Linie die Demonstranten"). Wegen der Morde am Lago Maggiore hatte es 1968 vor dem Schwurgericht des Landgerichts Osnabrück einen Prozess gegen fünf Angehörige des Regiments gegeben, in dem zunächst drei der Angeklagten wegen gemeinschaftlichen Mordes zu lebenslanger Haft und zwei weitere zu drei Jahren Gefängnis verurteilt worden waren. 1970 hob der BGH dieses Urteil jedoch auf und stellte das Verfahren gegen alle Angeklagten wegen Verjährung ein, vgl. JuNSV Bd. XXX, Nr. 685, Urteile 17 Ks 3/65 vom 5.7.1968 und 5 StR 218/69 vom 17.3.1970.
195 Vgl. FR vom 16.5.1978 („Unwillkommen waren in Nassau in erster Linie die Demonstranten"); *Aachener Nachrichten* vom 17.5.1978 („Die werden ja immer frecher"); *Vorwärts* vom 17.5.1978 („Der Kranz für die Opfer landet im Müll"); *Die Tat* vom 19.5.1978, S. 1 f. („CDU-Wissebach wieder auf Geheimtagung").

Herrschaftssystems" gewesen.[196] Sowohl die Verfügungstruppe als auch die Totenkopf-Standarten hätten wie später die Waffen-SS dem SS-Hauptamt unterstanden. Zwischen den Zweigen habe es „vielfältige persönliche Verbindungen und Karrieren" gegeben und einige der „berüchtigtsten SS-Massenmörder" wie der Lagerarzt Waldemar Howen oder der Buchenwald-Kommandant Karl Otto Koch hätten sowohl der Waffen-SS als auch den Totenkopfverbänden angehört. Außerdem hätten die Einheiten der Waffen-SS „im Rahmen ihrer Kriegseinsätze eine Fülle von Verbrechen begangen". Thüsing nannte hier nicht die sonst häufiger angeführten Beispiele Oradour oder Marzabotto, sondern die in Wehrmachtsdokumenten festgestellten Gräueltaten beim Einmarsch in Polen 1939 und die Ermordung der Juden in Oberitalien durch Angehörige der „Leibstandarte" 1943. Es könne deshalb nicht angehen, meinte Thüsing, wenn Traditionsverbände der SS auf öffentlichkeitswirksamen Treffen die Verbrechen beschönigten, die „angeblichen Ideale" hochhielten und die SS zu einer Avantgarde eines freien und einigen Europa stilisierten. Damit solle „der Nazismus wieder gesellschaftsfähig gemacht werden". Die Ideale der SS hätten in einer demokratischen Gesellschaft „keinen Platz", denn es gebe „gar nichts, was an der SS vorbildlich oder nachahmenswert wäre". Thüsing forderte, aus dem Treiben der Ehemaligen umfassende Konsequenzen in den Bereichen des Umgangs mit der NS-Vergangenheit allgemein, den SS-Traditionsverbänden im Besonderen und darüber hinaus auch dem Neonazismus zu ziehen: erstens eine stärkere Beschäftigung mit der NS-Vergangenheit in den Bildungseinrichtungen und Medien, eine Diskussion über die Mängel der strafrechtlichen Verfolgung von NS-Verbrechen, wie sie sich aktuell bei der Verfolgung der Verantwortlichen für die Judendeportationen aus Frankreich und im Majdanek-Prozess offenbarten, ein Verbot der SS-Traditionsverbände, eine Entlassung von Bundeswehrsoldaten und ein Ausschlussverfahren gegen Mitglieder von demokratischen Parteien, die an den Treffen teilnähmen, ein Ende der Verharmlosung des Neonazismus und Rechtsradikalismus, eine konsequente Verfolgung derartiger Straftaten sowie ein Verbot neonazistischer Literatur.

Im Bundestag fragte Thüsing dann die Bundesregierung, ob sie auf die internationale Forderung nach einem Verbot der SS-Verbände zu reagieren gedenke. Der Staatssekretär im Bundesinnenministerium Andreas von Schöler (FDP) antwortete darauf ausweichend, die Bundesregierung habe zu Verbotsfragen zu keiner Zeit öffentlich Stellung genommen, rechtsradikale Tendenzen würden aber aufmerksam

---

196 *Sozialdemokratischer Pressedienst* vom 17.5.1978, S. 5 f. Thüsing wurde nach dem Abitur und einer Offiziersausbildung zunächst wie sein Vater Lehrer, schloss jedoch dann ein Studium der Sozialwissenschaften an und arbeitete als wissenschaftlicher Mitarbeiter verschiedener Pädagogischer Hochschulen, ein Studienjahr verbrachte er dabei in Israel. Politisch hatte er sich anfangs in der Jungen Union engagiert und war noch 1969 der CDU beigetreten, ehe er dann 1971 zur SPD wechselte. Dort gehörte er zum linken Flügel, was sich etwa in einer Ablehnung des Kontaktsperregesetzes von 1977 und des NATO-Doppelbeschlusses von 1982 ausdrückte.

verfolgt und gegebenenfalls entsprechende Maßnahmen ergriffen.[197] Bereits im April 1978 hatte der Stuttgarter SPD-Abgeordnete Peter Conradi, Mitglied des baden-württembergischen Landesvorstands der Partei, das Innenministerium gefragt, warum die HIAG nicht im Verfassungsschutzbericht erwähnt sei, und die Auskunft bekommen, es lägen keine Erkenntnisse bezüglich einer Herabsetzung der verfassungsmäßigen Ordnung oder einer Propagierung von nationalsozialistischen Werten durch diese Organisation vor.[198]

Auch in der lokalen Presse, die lange Zeit meist neutral oder sogar wohlwollend über die Versammlungen der HIAG berichtet hatte, erschienen deren Mitglieder nun häufiger als Ansammlung von „Ewiggestrigen". Über das Treffen der in Nordrhein-Westfalen größten Kreiskameradschaft des Verbands hieß es in der *Westdeutschen Allgemeinen Zeitung* (WAZ), dort werde der Nationalsozialismus verharmlost. Die Vergangenheit werde ausschließlich verklärt, davon dass man einem verbrecherischen System gedient habe, sei keine Rede. Man schwärme von den flämischen Waffenbrüdern und pflege einen gemäßigten Antisemitismus und Rassismus.[199]

Während in der Folge wieder einige größere Veranstaltungen von Waffen-SS-Traditionsverbänden ohne wesentliche Probleme abgehalten werden konnten, stieß das für Ende April 1979 in Mengeringhausen bei Arolsen angekündigte Treffen der SS-Totenkopf-Division erneut auf massiven Widerstand. Waren die vorangegangenen drei Treffen des Verbands dort seit 1976 weitgehend ohne Probleme abgelaufen[200], so meldeten sich nun schon im Februar 1979 Kritiker bei der Stadtverwaltung, um gegen die Vergabe einer Halle an die SS-Veteranen zu protestieren. Nachdem die Kommune jedoch wenig Neigung zeigte, den Einwänden nachzugeben, entfaltete sich ein Sturm des Protests, der sich zunächst vor allem in der Presse wie auch in Schreiben an die hessischen Landesbehörden bis hin zum Ministerpräsidenten ausdrückte.[201]

Das Ausmaß dieses Protests war sicherlich durch mehrere Faktoren bedingt, die nicht unmittelbar etwas mit dem geplanten Treffen zu tun hatten, sondern allgemein in einem gegen Ende der 1970er Jahre sich verstärkenden medialen und öffentlichen Interesse an der NS-Vergangenheit begründet lagen. Zu nennen sind hier etwa die Filbinger-Affäre von 1978, die Wirkung der im Januar 1979 ausgestrahlten

---

197 Vgl. VDB, 8. Wp., Drs. Nr. 1850 vom 2.6.1978, S. 11 (Nr. 69) und 96. Sitzung vom 9.6.1978, S. 7636 f.
198 Vgl. ebenda, Drs. 1704 vom 14.4.1978 und 85. Sitzung vom 19.4.1978, Anlage 17, S. 6714.
199 Vgl. WAZ vom 13.6.1978 („In den Reihen der HIAG: Alte Kameraden verklären die Vergangenheit").
200 Abgesehen vom kritischen Bericht des *Stern* über die SS-Treffen vom 23.6.1977, in dem neben Nassau auch Mengeringhausen behandelt wurde.
201 Vgl. Menk, Waldeck, S. 245 ff. Die Proteste und die Reaktionen darauf sind ausführlich mit zahlreichen Faksimiles dokumentiert in dem vom PDI herausgegebenen Buch „Die SS – Ein vierter Wehrmachtsteil".

Fernsehserie „Holocaust", die Diskussionen um eine erneute Verlängerung der Verjährung von Mord 1978/79 und eine wieder wachsende Aufmerksamkeit für NS-Prozesse, die häufig in eine scharfe Kritik an der zögerlichen und nachsichtigen Haltung der Justiz mündete und nach den Freisprüchen für drei Angeklagte im Düsseldorfer Majdanek-Prozess am 19. April 1979 zu heftigen Protesten im In- und Ausland führte.[202] Die Freisprüche in Düsseldorf wurden wie das Treffen in Arolsen auch auf einer Großdemonstration von mehr als 10 000 Personen in Straßburg unter den Leitsprüchen „Für ein Europa ohne Faschismus – Auflösung der SS-Verbände – Unterbindung jeder Nazipropaganda – keine Verjährung von Nazimordtaten" thematisiert.[203] Aufgerufen zu dieser Manifestation hatte das internationale Bündnis von Verfolgtenorganisationen, das bereits die Demonstration in Köln im April 1978 veranstaltet und sich im November desselben Jahres anlässlich des 40. Jahrstags der „Reichskristallnacht" in Luxemburg zu einer aus 68 Verbänden gebildeten „Internationalen Initiative der Widerstandskämpfer und Opfer des Faschismus und Nazismus" erweitert hatte. In Luxemburg war die Forderung nach einer „Auflösung der SS-Verbände" erneuert worden, auch auf einigen der zahlreichen Kundgebungen in der Bundesrepublik zur Erinnerung an das Pogrom von 1938 wurde sie erhoben.[204]

Neben den schon genannten Faktoren hatte für die Herausbildung einer breiteren lokalen Widerstandsbewegung gegen das Treffen der Ehemaligen der SS-Totenkopf-Division auch der Bundesparteitag der NPD in ihrer einstigen Hochburg (14,4 Prozent bei der Landtagswahl 1966) nur wenige Monate vorher im November 1978 eine wichtige Mobilisierungsfunktion. Gegen diese Veranstaltung hatten DGB und Jusos zu einer Protestdemonstration aufgerufen, an der dann insgesamt etwa 1500 Menschen teilnahmen.[205] Der Parteitag der Rechtsextremen lenkte auch überregional den Blick auf die hessische Provinzstadt und deren Funktion als Treffpunkt für SS-Veteranen. Unmittelbar vor der Demonstration gegen die NPD richteten zwei Mitglieder der GCJZ des Kreises Siegerland, die 1977/78 den oben angesprochenen Protest gegen das Treffen der Ehemaligen der SS-Division Hohenstaufen in Altenkirchen mitgetragen hatten, ein Schreiben an die Stadt Arolsen, in dem beanstandet wurde, dass sich in der Stadt mit Unterstützung der Kommune regelmäßig Angehörige der Totenkopf-Division träfen, hingegen der früheren jüdischen Gemeinde und der zerstörten Synagoge in keiner Weise gedacht würde. Nachdem Bürgermeister

---

202 Vgl. zur Filbinger-Affäre Musiol, Vergangenheitsbewältigung, S. 38 ff.; Schwab-Trapp, Konflikt, S. 130 ff.; zur Wirkung der Serie „Holocaust" Bösch, Film, S. 2 ff.; Reichel, Erfundene Erinnerung, S. 249 ff.; S. Schulz, Film; zur Verjährungsdebatte Dubiel, Niemand ist frei von der Geschichte, S. 160 ff.; zu den Protesten wegen der Majdanek-Freisprüche etwa FAZ vom 23.4.1979 („Weitere Proteste gegen Majdanek-Freispruch").
203 Vgl. *Die Tat* vom 23.3.1979, S. 3, vom 20.4.1979, S. 13 und vom 27.4.1979, S.1; das Organ der VVN gab die Anzahl der Teilnehmer mit 30 000 an.
204 Vgl. *Die Tat* vom 10.11.1978, S. 1.
205 Vgl. *Waldeckische Landeszeitung* vom 20.11.1978 („Blutige Nase war die einzige ‚Sensation'").

und Stadträte bei einem Gespräch mit Mitgliedern der GCJZ im Februar 1979 keine Bereitschaft zeigten, das SS-Treffen zu verhindern und mehrheitlich für die Ehemaligen Partei nahmen, entschlossen sich die Vertreter der GCJZ, an die Öffentlichkeit zu gehen.[206]

Im darauffolgenden März forderte der PDI in einem als Pressemitteilung verbreiteten offenen Brief an den Bürgermeister von Arolsen ein Verbot des Treffens. Zur Begründung führte er an, dass es sich bei der Waffen-SS, wie durch die historischen Forschungen von Kogon, Buchheim und Höhne belegt sei, anders als behauptet nicht um einen „vierten Wehrmachtsteil", sondern um eine „Eliteeinheit in ihrem ursprünglichen Selbstverständnis und einen Orden und die politische Armee der NSDAP" gehandelt habe. Die Totenkopf-Division steche dabei noch besonders hervor, da sie aus den Wachverbänden der KZ entstanden und schon 1940 an Kriegsverbrechen beteiligt gewesen sei.[207] Auch die Kreisverbände der SPD und des DGB wandten sich an die Stadt mit der Bitte, das Treffen zu verhindern. Die Presse berichtete auch überregional.[208]

Es entstand eine breite Protestbewegung, die neben Sozialdemokraten und Gewerkschaften auch Verfolgtenverbände, die GCJZ, den PDI mit zahlreichen prominenten Publizisten und Schriftstellern, Kirchenvertreter wie den Berliner Pastor Heinrich Albertz sowie verschiedene antifaschistische und kommunistische Gruppierungen umfasste. Eine gemeinsame Linie bei den Protesten scheiterte aber vor allem an der lokalen SPD, die zwar ihre Ablehnung der Veranstaltung kundtat, sich aber nicht an einer Gegendemonstration beteiligen wollte, und die auch den DGB-Kreisverband bewegte, auf ihre Linie einzuschwenken. Stattdessen kündigten die Sozialdemokraten eine Aufklärungskundgebung einige Tage vor dem SS-Treffen an.[209] Offiziell begründeten sie dies damit, dass sie nicht gemeinsam mit Kommunisten marschieren wollten. Daneben dürfte aber auch eine Rolle gespielt haben, dass man es sich angesichts der weit verbreiteten Sympathien für die Ehemaligen vor Ort, von denen sich zudem einige auch in den eigenen Reihen fanden, nicht mit den Wählern verscherzen wollte. Sowohl innerhalb der SPD als auch des DGB war diese Position aber sehr umstritten und so scherten in beiden Fällen die Jugendor-

---

[206] So veröffentlichte *Die Tat* vom 9.3.1979 („Totenkopf in Arolsen unerwünscht") eine längere Aktennotiz der GCJZ-Vertreter über das Gespräch in Arolsen.
[207] PDI-Pressemitteilung vom 15.3.1979, abgedruckt in: Die SS, S. 124 f.; vgl. auch FR vom 21.3.1979 („Verbot gefordert").
[208] Vgl. *Der Spiegel* Nr. 15 vom 9.4.1979, S. 67 f.; FR vom 11.4.1979 („Im Schatten des KZ-Archivs") und vom 21.4.1979 („Schwarze Schatten senken sich über eine hessische Stadt"); FAZ vom 27.4.1979 („Gewerkschaftsvorsitzenden das Haus beschmiert").
[209] Vgl. *Waldeckische Landeszeitung* vom 7.4.1979 („SPD will keine Demonstration"), vom 12.4.1979 („Keine Kundgebung des DGB in Waldeck") und vom 28.4.1979 („Gewerkschaft und SPD: ‚Naziverbände auflösen'"), alle auch abgedruckt in: Die SS, S. 129, 132 und 141. Ebenda, S. 140, findet sich auch das Flugblatt, mit dem zur Veranstaltung aufgerufen wurde, an der dann im voll besetzten Arolser Bürgerhaus etwa 350 Personen teilnahmen.

ganisationen aus und unterstützten die Demonstration, deren Organisation dann vor allen eine von jugendlichen Aktivisten und enttäuschten SPD-Anhängern neu gegründete „Waldecker Bürgerinitiative gegen Neofaschismus" übernahm. Mit mehreren Flugblättern rief diese für den 28. April, dem zweiten Tag des geplanten SS-Treffens, zu einem Schweigemarsch durch die Stadt Arolsen mit anschließender Protestkundgebung und einer Kranzniederlegung am jüdischen Friedhof auf.[210]

An der Demonstration nahmen dann etwa 1500, nach Angaben der Veranstalter sogar 2500 bis 3000 mehrheitlich junge Menschen teil. Sie trugen Transparente und Schilder mit Aufschriften wie „Es gab nicht zweierlei SS" oder „Die Opfer des SS-Terrors klagen an".[211] Im Rahmen der Abschlusskundgebung sprachen der Vorsitzende des Kreisverbands der Gewerkschaft Erziehung und Wissenschaft Rainer Osterhold, Peter Gingold – Mitglied der VVN, der DKP und des Internationalen Auschwitz-Komitees –, Wolfgang Hallwachs von der GCJZ in Kassel und der Bundesvorsitzende der Jusos Gerhard Schröder. Schröder bezeichnete es als eine „Frechheit", der Totenkopf-Kameradschaft derartige Treffen zu ermöglichen, deren Mitglieder, „auch wenn sie nicht als Verbrecher verurteilt worden" seien, eine „historische Schuld" trügen. Im Kampf gegen alte und neue Nazis, meinte er, dürfe die SPD sich nicht abgrenzen.[212] Osterhold forderte eine „Auflösung aller SS-Kameradschaftsverbände" und ein entschiedenes Vorgehen des Staates „gegen den immer stärker werdenden Neofaschismus". Einer marxistischen Geschichtsinterpretation folgend bezeichnete er den Nationalsozialismus als „den verzweifelten Versuch des deutschen Imperialismus, durch einen riesigen Raubkrieg einer alles verzehrenden Krise Herr zu werden". Um dieses Ziel zu erreichen und alle Widerstände seitens des Volkes und der Arbeiter zu brechen, hätten die „Imperialisten" sich des Faschismus bedient, einer Bewegung, die „an Brutalität und Menschenverachtung in Deutschland nichts ihresgleichen" gehabt habe. Die SS bezeichnete Osterhold als „Zentrum und Speerspitze" der faschistischen Bewegung. Wenn sich heute ehemalige SS-Angehörige unter dem Zeichen „Totenkopf" treffen und Erinnerungen an alte Zeiten austauschen könnten, in denen sie als KZ-Wächter oder „Elitekämpfer im

---

210 Die Flugblätter sind abgedruckt in: Die SS, S. 135 f. Zur links-alternativen Prägung der Protestveranstaltung passte deren kulturelle Umrahmung durch zwei „Songgruppen" und die Rezitation von Brecht-Texten. Einige der führenden Köpfe der Bürgerinitiative, Jürgen Frömmrich, Peter Mangold und Werner Welsch, Letzterer 1979 noch SPD-Mitglied, fanden sich dann 1981 bei den Gründern des Ortsverbands Korbach der GRÜNEN, vgl. http://www.gruene-korbach.de/index.php/vorstand (Zugriff 21.11.2017).
211 Vgl. Die SS, S. 142 ff.
212 Vgl. *Waldeckische Landeszeitung* vom 30.4.1979 („Totenkopf-Treffen rückte Arolsen in den Blickpunkt der Welt"); FR vom 30.4.1979 („In der Pose der Verfolgten"); beide auch abgedruckt in Die SS, S. 155 f. und 167. Schröder verfasste das Vorwort zu dieser Dokumentation über die SS und die Proteste in Arolsen. Diese Treffen, schrieb er, ebenda, S. 5, dürften nicht isoliert, sondern müssten vor dem Hintergrund der Geschichte der SS betrachtet werden. Sie dienten auch dazu, „die Verbrechen, die mit dem Namen SS verbunden sind, zu bagatellisieren".

großen Raubkrieg" fungiert hätten, dann werde deutlich, dass der Faschismus in der Bundesrepublik nur äußerlich besiegt sei, seine Wurzeln aber weiterhin im Volk verankert seien. In diesem Zusammenhang bedauerte Osterhold es ausdrücklich, dass der DGB als einzig verbliebenes „Zentrum der Arbeiterbewegung" sich „im Saal versteckt" und nicht der Demonstration angeschlossen habe. Im Kampf gegen die faschistische Gefahr müsse „jedes ehrliche Bündnis recht sein".[213]

Nach der Kundgebung marschierten einige der Demonstranten in den wenige Kilometer entfernten Ortsteil Mengeringhausen. Dort hatten sich inzwischen etwa 500 SS-Veteranen hinter verschlossenen Türen versammelt, abgeschirmt von einem massiven Polizeiaufgebot. Auf den in den Vorjahren abgehaltenen Marsch zum Kriegerdenkmal und das öffentliche Gedenken an ihre Gefallenen mussten sie diesmal verzichten. Wenn sich einmal die Saaltüren öffneten, schallten ihnen seitens einer Gruppe von Demonstranten Sprechchöre mit Rufen wie „Mörder, Mörder", „Nazischweine" oder „Nazis raus" entgegen. Das große Presseaufgebot, berichtet wurde von 15 Fernsehteams und 100 Zeitungskorrespondenten und -fotografen aus ganz Europa und den USA, zeugte von dem stark gewachsenen Interesse an der Thematik. Die Inlandspresse berichtete zwar recht ausführlich von den Ereignissen, blieb in ihrer Reaktion aber zurückhaltend und um Ausgewogenheit bemüht; erneut erschienen die SS-Veteranen hauptsächlich als ein kleines Häufchen Ewiggestriger, die sich nicht von ihren alten Werten lösen konnten oder wollten.[214] Die lokale *Waldeckische Landeszeitung* ergriff zwar nicht offen Partei, sie machte in ihrer Berichterstattung aber doch klar, wo ihre Sympathien lagen: eindeutig nicht bei denjenigen, die nun plötzlich den bisher vor Ort herrschenden Frieden mit ihren Forderungen und Kundgebungen störten. Den Argumenten der ehemaligen Divisionsangehörigen wurde breiter Raum gegeben und der trotz des von den Protestierern

---

213 Die Rede Osterholds ist abgedruckt in Die SS, S. 146 f. Kritisch mit dem Verhalten der SPD und des DGB in dieser Sache setzte sich auch die Monatszeitung *Voran* vom 1.5.1979 („Neo-Nazis stoppen!") auseinander. Sie wurde von der gleichnamigen, hauptsächlich von Jusos getragenen trotzkistischen Gruppierung innerhalb der SPD herausgegeben.
214 Vgl. etwa *Die Welt* vom 30.4.1979 („,Nazis raus' – ,Vor diesen Pimpfen habe ich keine Angst'"); FR vom 30.4.1979 („Treffen in Arolsen: In der Pose der Verfolgten"); SZ vom 30.4.1979 („Gegendemonstration beim Treffen, ehemaliger SS-Angehöriger"); vgl. auch K. Wilke, Hilfsgemeinschaft, S. 324 f. Auch der Rundfunk berichtete über das Treffen: Otto Köhler glossierte im dritten Programm des WDR im Rahmen der Senderreihe „Kritisches Tagebuch", vgl. Die SS, S. 152 ff.; der *Deutschlandfunk* (DLF) sprach von „einem ausgesprochen unerfreulichen Ereignis" und sendete einen Korrespondentenbericht aus Arolsen und ein Interview mit dem stellvertretenden SPD-Fraktionsvorsitzenden im hessischen Landtag Fred Gebhardt, vgl. Archiv des Bundesbeauftragten für die Unterlagen der Staatssicherheit der ehemaligen DDR (BStU), MfS-HA IX/11, PA 3113, schriftliche Aufzeichnung des Staatlichen Komitees für Rundfunk, Redaktion Monitor, über eine Sendung des DLF vom 28.4.1979.

entfachten „Sturms" und der von den Medien veranstalteten „Show" gewohnt reibungslose und erfolgreiche Ablauf des Treffens gelobt.[215]

Der Spiegel hatte schon im Vorfeld des Treffens deutlich gemacht, was er von derartiger Traditionspflege hielt und darauf hingewiesen, dass die Totenkopf-Division aus den KZ-Wachtruppen entstanden und vom SS-Obergruppenführer Theodor Eicke, dem „eigentlichen Erfinder des bürokratischen KZ-Terrors" mit der „Mentalität eines Schlächters", kommandiert worden war. Auch nach der personellen Aufstockung zu Kriegsbeginn hätten in manchen ihrer Einheiten „weiterhin die barbarischen Sitten der alten KZ-Garde" grassiert. Selbst wenn der Division von Militärs Kampfkraft und Durchhaltevermögen bescheinigt worden sei, hätten, wie ein Historiker geschrieben habe, „doch Greueltaten an Zivilisten und Kriegsgefangenen [...] immer wieder den militärischen Ehrenschild" überschattet.[216] Aber in Arolsen, meinte das Nachrichtenmagazin, sei offenbar selbst die Fernsehserie „Holocaust" ohne Wirkung geblieben. Dem Artikel war eine Zeichnung des bekannten Karikaturisten Jupp Wolter angefügt, auf der eine Gruppe alter, mit Orden behangener Herren Witze über Juden und die Gaskammern riss, sich mit „Herr Sturmbannführer" begrüßte und über die empfindlichen Reaktionen auf „Holocaust" lustig machte. In der Unterzeile waren einem der Teilnehmer die Worte in den Mund gelegt: „Was heißt hier Nazis? Wir kurbeln doch nur den Fremdenverkehr an". Vor allem die Gewerkschafts- und die Verfolgtenpresse stellten sich nach dem Treffen ganz auf die Seite der Demonstranten. *Metall* wies darauf hin, dass dort Fotos von Eicke, einem „der brutalsten SS-Killer", verteilt und alte SS-Lieder gesungen worden seien.[217] Der Journalist Gerhard Kromschröder, der sich undercover als Sympathisant unter die SS-Veteranen gemischt hatte und so an der für seine Berufskollegen versperrten Veranstaltung teilnehmen konnte, berichtete im *Stern* vom Fortleben des alten Denkens bei den Veteranen, von deren Unbelehrbarkeit und Nähe zum Rechtsradikalismus, die sich etwa in der Anwesenheit von Vertretern der NPD, der Deutschen Volksunion und einer neonazistischen flämischen Jugendgruppe manifestiert habe.[218]

Spätestens am Ende der 1970er Jahre waren die HIAG und die Traditionsverbände der Waffen-SS in der politischen Öffentlichkeit der Bundesrepublik eindeutig in die „Defensive" geraten. Nach den Vorgängen in Arolsen verzichtete die HIAG auf

---

215 *Waldeckische Landeszeitung* vom 2.5.1979 („Arolser Bürger atmen auf: Der Sturm um das Totenkopf-Treffen endete im sanften Wind") und vom 30.4.1979 („Totenkopf-Treffen rückte Arolsen in den Blickpunkt der Welt").
216 *Der Spiegel* Nr. 15 vom 9.4.1979, S. 67 f. Bei dem in dem Artikel nicht namentlich genannten Historiker handelte es sich um den *Spiegel*-Autor Heinz Höhne, vgl. Höhne, Orden, S. 435.
217 *Metall* vom 16.5.1979 („Arolsen – Spezialkurort für Waffen-SS und NPD. Treffen unterm Totenkopf"); vgl. weiter *Die Tat* vom 4.5.1979 („SS musste diesmal in Arolsen zurückstehen").
218 Vgl. *Stern* vom 3.5.1979, auch abgedruckt in Die SS, S. 168 f., und Kromschröder, Ansichten, S. 119 ff.

die Abhaltung einer Bundesversammlung im selben Ort etwas später im Jahr. Die „Waldecker Bürgerinitiative gegen Neofaschismus" hatte erneut Proteste angekündigt.[219] Auch das für das Frühjahr 1980 im rheinland-pfälzischen Kobern-Gondorf angekündigte Treffen des Traditionsverbands der Division „Totenkopf" musste nach massiven Protesten abgesagt werden.[220] Immer mehr wurden die aktiven Veteranen der Waffen-SS als peinliche Relikte der NS-Vergangenheit angesehen, eine positive Einstellung ihnen gegenüber erschien damit als Beschönigung des Nationalsozialismus und Verharmlosung seiner Verbrechen.[221] Abgesehen von wenigen notorischen Getreuen wie dem Bundestagsabgeordneten Wissebach oder manchen Lokalpolitikern ergriff kaum mehr jemand öffentlich Partei für sie. Hinzu kam, dass sie immer stärker als Teil des wieder auflebenden Rechtsradikalismus und Neonazismus empfunden wurden. Dazu passte, dass die HIAG zur Auffüllung der schwindenden Mitgliedschaft nun jüngere Personen aufnahm, die nicht der Waffen-SS angehört hatten, und zu ihren Veranstaltungen Vertreter rechtsextremer Parteien einlud. 1979 und 1980 wurden der Bundesvorstand und eine lokale Gruppe der HIAG dann erstmals auch im Verfassungsschutzbericht als rechtsextrem eingestuft.[222]

Wie sehr sich inzwischen innerhalb der SPD die Positionen gegenüber der HIAG verschoben hatten, davon war schon die Rede. Angedeutet hatte sich dies bereits Mitte der 1970er Jahre, als 1974 die Jungsozialisten ein Parteiordnungsverfahren gegen den sozialdemokratischen Landtagsabgeordneten Hans-Otto Weber anstrengten. Hintergrund war ein im Organ der HIAG veröffentlichtes lobendes Schreiben über einen von diesem Verband herausgegebenen Bildband zur Waffen-SS, den der Bundessprecher des Verbands Friedrich Karl Weibel dem ebenfalls im nordhessischen Korbach wohnhaften und ihm gut bekannten und in der Kriegsgräberfürsorge sehr aktiven Weber zu Weihnachten geschickt hatte. In dem Brief hatte Weber zum Ausdruck gebracht, er bedaure die in der Folge des Nürnberger Urteils einseitig negative Beurteilung der Waffen-SS. Die Jusos und mit ihnen auch die Jungdemokraten und die Junge Union prangerten dies als Verharmlosung der Verbrechen der Waffen-SS an.[223]

---

219 Vgl. Die SS, S. 173 ff.; SPD und CDU lehnten eine Teilnahme an der Veranstaltung erneut ab.
220 Vgl. *Die Welt* vom 26.2.1980 („Kein Platz für SS-Treffen an der Mosel").
221 Vgl. K. Wilke, Hilfsgemeinschaft, S. 275, der als Beispiel die Proteste gegen die Festveranstaltung der HIAG Neumünster zu deren 25-jährigem Bestehen 1979 anführt.
222 Vgl. K. Wilke, Hilfsgemeinschaft, S. 346; Hintergrund waren Anniversarien aus dem nationalsozialistischen Festkreislauf in einem Wandkalender des HIAG-Bundesverbands und antisemitische Äußerungen des Sprechers der HIAG-Gruppe Ostalb.
223 Vgl. FR vom 18.7.1974 („Vorwürfe gegen Ministerialdirigenten"); FAZ vom 27.7.1974 („Kein Platz in der SPD für Weber") und vom 8.8.1974 („Weber weist Vorwurf der Rechtfertigung von Kriegsverbrechen der Waffen-SS zurück"); eine Abschrift von Webers Brief an Weibel vom 4.1.1974 befindet sich in BArch-MA, N 756/409 a, veröffentlicht wurde er in DF vom März 1974, S. 16. Weibel hatte

Seit 1977 mehrten sich im Bundestag und in den Länderparlamenten kritische Anfragen von SPD-Mandataren zur HIAG.[224] In einigen Ortsverbänden der Sozialdemokraten empfand man es nun als nicht mehr tragbar, dass Mitglieder der Partei gleichzeitig der HIAG angehörten. Mancherorts musste man erst von anderer Seite drauf aufmerksam gemacht werden, dass es solche Doppelmitgliedschaften auch im eigenen Verein gab. Im westfälischen Unna etwa erfuhren die Genossen, nachdem sie sich über die HIAG-Mitgliedschaft zweier Gemeinderäte der FDP beschwert hatten, dass es auch in ihren eigenen Reihen Mitglieder der HIAG gab.[225] Bei den Konstanzer Sozialdemokraten regte sich Unmut über einen SPD-Stadtrat aus dem benachbarten Radolfzell, der sich dort aktiv an der Organisation der Treffen des Traditionsverbands des Regiments „Germania" beteiligte. Den ehemaligen Angehörigen eines seit 1935 in Radolfzell stationierten Bataillons des Regiments wurde etwa vorgeworfen, sich an der Judenverfolgung und der Zerstörung von Synagogen beteiligt zu haben. Man könne schlecht gegen die Treffen in Radolfzell protestieren oder dem Ministerpräsidenten Hans Karl Filbinger seine Handlungen in der NS-Zeit vorwerfen, wenn man die eigene Partei nicht sauber halte, hieß es in Konstanz. Die Genossen aus der Bodenseestadt beantragten deshalb Ende 1977 beim Parteivorstand, einen Beschluss zu fassen, der die Unvereinbarkeit einer Mitgliedschaft in SPD und HIAG feststellen sollte. Ähnliche Anträge formulierten wenig später auch der SPD-Unterbezirk Unna, andere SPD-Ortsvereine und, nachdem die Parteizentrale zunächst nicht reagierte, auf einen Antrag aus Konstanz hin der Landesparteitag der baden-württembergischen SPD im November 1978.[226] Die Parteizentrale in Bonn lehnte einen solchen Beschluss zunächst ab und begründete dies damit, dass die geringe Zahl der bekannten Fälle eine derartige Maßnahme nicht rechtfertige. Nicht

---

Weber den 1973 im Osnabrücker Munin-Verlag erschienenen Bildband „Wenn alle Brüder schweigen" zukommen lassen.

224 Neben den bereits erwähnten Bundestagsanfragen etwa des Abgeordneten Thüsing sind hier zum Beispiel anzuführen die Kleine Anfrage der Abgeordneten Gert Lütgert und Ernst Weltecke betreffend der Existenz ehemaliger SS-Angehöriger unter falschem Namen in Hessen (Verhandlungen des Hessischen Landtags, Drs. 9, 4/236 vom 22.3.1979), die schriftliche Anfrage des Abgeordneten Joachim Schmolcke zur Teilnahme der „HIAG-Waffen-SS" am Volkstrauertag in Bamberg (VBayLT, Drs. 8/8900 vom 29.6.1978) oder die schriftliche Anfrage der Abgeordneten Hilmar Schmitt, Ambros Neuburger und Heinz Kaiser betreffs Eintragung der Truppenkameradschaft „Totenkopf" als „gemeinnützig" beim Amts- und Registergericht Aschaffenburg (VBayLT, Drs. 9/1768 vom 11.6.1979).

225 Vgl. *Der Spiegel* Nr. 7 vom 12.2.1979, S. 41 f., sowie die Presseausschnitte aus der *Westfälischen Rundschau* und WAZ vom 10., 12., 13. und 23.6.1978 in BArch-MA, N 756/405b.

226 Vgl. K. Wilke, Hilfsgemeinschaft, S. 345, zu Konstanz außerdem FR vom 13.11.1978 („Alte SS-Kameraden verursachen SPD Pein"); SZ vom 16.11.1978 („SPD-Stadtrat und Mitglied der HIAG"), *Stuttgarter Zeitung* vom 20.11.1978 („Eppler: SPD muß ihren Kurs halten"). Der *Vorwärts* vom 26.7.1979 („Die Truppe bleibt in Treue fest") berichtete, dass ein entsprechender Antrag des SPD-Unterbezirks Hersfeld-Rotenburg in der Lokalpresse zu einer Leserbriefdebatte Anlass gegeben habe, bei der ein Mitglied der Jungen Union für die HIAG Partei ergriffen habe.

nachlassender Druck von der Basis in dieser Sache und wahrscheinlich auch die Tatsache, dass die HIAG 1979/80 vom Verfassungsschutz als rechtsextrem eingestuft wurde, führten dann aber im November 1981 doch noch zu einem Beschluss der Unvereinbarkeit der Mitgliedschaft in SPD und HIAG durch den Parteivorstand.[227] In dessen Begründung hieß es dann, es zeichne sich die Tendenz ab, dass die HIAG über ihre ursprünglichen Ziele der sozialen und wirtschaftlichen Interessen der ehemaligen Soldaten hinaus dazu beitrage, „nationalsozialistisches Gedankengut zu vertreten bzw. zu verharmlosen", eine Tendenz, die dem Selbstverständnis der SPD und ihrem „stetigen Kampf gegen den Faschismus in jeder Form" widerspreche.[228] Knapp zwei Jahre später fasste auch der Beirat der IG Metall einen derartigen Unvereinbarkeitsbeschluss.[229]

---

[227] Vgl. K. Wilke, Hilfsgemeinschaft, S. 344 ff.
[228] SPD-Pressemitteilung Nr. 676/81 vom 16.11.1981 (http://library.fes.de/cgi-bin/populo/spde.pl; Zugriff 19.11.2012).
[229] Vgl. *Metall* vom 9.9.1983.

III Skandalisierung von individuellen SS-Vergangenheiten

In den in vieler Hinsicht krisenhaften ersten Jahren der Bundesrepublik setzte die Bundesregierung unter Kanzler Adenauer zur gesellschaftlichen Stabilisierung auf eine rasche und weitgehende Integration ehemaliger Anhänger und Diener des NS-Staates in die neue Staats- und Gesellschaftsordnung. Diesem Zweck dienten sowohl die schnelle Beendigung der Entnazifizierung wie auch die Zusicherung der Wiedereinstellung oder zumindest der Alimentierung des allergrößten Teils derjenigen Staatsdiener des Dritten Reichs, die durch die Kriegsniederlage oder die anschließenden Säuberungsmaßnahmen ihr Amt verloren hatten. Diese großzügige Integrationspolitik, die nur einen kleinen Kreis von NS-Spitzenfunktionären und Schwerstbelasteten ausschloss, im Gegenzug aber zahlreiche Ehemalige wieder in Amt und Würden brachte, wurde bereits in der ersten Hälfte der 1950er Jahre mitunter skandalisiert, so etwa im Fall des Auswärtigen Amts 1951/52, ohne dass sich zunächst eine dauerhafte Kritik an diesen Vorgängen herausgebildet hätte. Mit der Entwicklung einer kritischeren Medienöffentlichkeit seit der Mitte des Jahrzehnts führten derartige personelle Kontinuitäten jedoch dann zu immer mehr Skandalen. Spätestens 1958 wurde die Skandalisierung von NS-Vergangenheiten zu einem ganz wesentlichen Element und zum Motor der bundesdeutschen Aufarbeitung des Nationalsozialismus.

Aus der Perspektive der Sozialwissenschaften wird ein politischer Skandal etwa definiert als „ein komplexes soziales Ereignis, bei dem ein sozial signifikantes, kontextuell gebundenes, öffentlich-politisches ‚Ärgernis' in personalisierter und dramatisierter Form (re)präsentiert und medial verbreitet wird".[1] Skandale werden unterschieden von Klatsch, publizistischen Kontroversen oder politischen Krisen.[2] Die Rolle des Skandalisierers kommt dabei in den meisten Fällen bestimmten Journalisten oder den Medien allgemein zu. Nicht alle Skandalisierungen sind erfolgreich und produzieren veritable Skandale mit Folgen für bestimmte Personen oder die Politik. Voraussetzung dafür ist in der Regel, dass die Vorgänge von zahlreichen Medien oder öffentlich agierenden Personen aufgegriffen werden und eine weitgehende Einigkeit über die Bewertung des angeprangerten Missstands herrscht. Häufig bleiben allerdings Skandalisierungen im Versuchsstadium stecken. Und selbst im Erfolgsfall haben Medienskandale nicht selten ein kurzes Verfallsdatum, da sie

---
[1] Käsler u. a., Der politische Skandal, S. 13. In der Soziologie und den Medienwissenschaften existiert eine umfangreiche Literatur zum Thema, vgl. etwa den neueren Überblick bei Friedrich, Literaturskandale, S. 8 ff.; aus geschichtswissenschaftlicher Perspektive Bösch, Öffentliche Geheimnisse; Stiftung Haus der Geschichte der Bundesrepublik Deutschland, Skandale in Deutschland.
[2] Vgl. Kepplinger, Publizistische Konflikte, S. 9 f., Bösch, Öffentliche Geheimnisse, S. 126.

häufig mit der Zeit rasch an Brisanz und Aktualität verlieren oder von anderen für wichtiger erachteten Themen abgelöst werden.

Skandale und Skandalisierungen werden als „Zeichen einer funktionierenden Demokratie" angesehen, als „Instrument der Herrschaftskontrolle"[3], das auf Missstände und Normverletzungen hinweist und es Gesellschaften ermöglicht, ihr Normensystem weiterzuentwickeln. Im Hinblick auf die Forcierung der Aufarbeitung der NS-Vergangenheit wird man einer derart funktionalen Betrachtungsweise zustimmen können, allgemein jedoch gilt es sowohl die Ambivalenz gesellschaftlicher Normen als auch die interessengeleitete Dimension von Skandalen zu berücksichtigen. Denn zum einen können sie von den sich in immer stärkerer Konkurrenz zueinander befindlichen Medien zur Steigerung der Attraktivität oder des Verkaufserfolgs, zum anderen von sozialen Gruppen zur Durchsetzung bestimmter Forderungen eingesetzt werden.[4]

Historische Studien haben die 1950er Jahre als eine recht skandalarme Zeit beschrieben. Zwar habe es durchaus Versuche einer Skandalisierung gegeben, jedoch seien Folgen in der Regel ausgeblieben und benannte Missstände in der breiten medialen Öffentlichkeit häufig heruntergespielt worden.[5] Erklärt wird dies einerseits mit den Zeitumständen, etwa dem Fehlen großer, auf Skandalberichterstattung spezialisierter Blätter, der allgemeinen Geringschätzung der Politiker sowie einer auf persönliche Sorgen und den wirtschaftlichen Wiederaufbau fokussierten Bevölkerung. Darüber hinaus seien die politischen Lager damals so stark verfestigt gewesen, dass Enthüllungen bei der einen Seite nur Vorurteile bestätigt hätten, während sie von der anderen Seite als Propaganda abgetan worden seien. Bürgerliche, um ein seriöses Gesicht bemühte Zeitungen hätten es sich deshalb mitunter sogar leisten können, unliebsame Nachrichten ganz zu ignorieren, um ein harmonisches Bild zu wahren. Enthüllungen aus dem Privatleben von Politikern seien nahezu tabu gewesen. Überhaupt habe Skandalisierung als verwerflich gegolten, weshalb sich Medien bei entsprechenden Versuchen mit Vorwürfen des „Sensationsjournalismus", der „Skandalsucht" oder einer „nihilistischen Grundhaltung" konfrontiert gesehen hätten. In Fällen von Skandalisierung seien die Wogen der Empörung nicht zuletzt auch dadurch aufgefangen worden, dass die Betroffenen meistens auf Klagen verzichtet hätten. In den 1950er Jahren sei der Verlauf drohender Skandale deshalb für die Politik bis zu einem gewissen Grad noch steuerbar gewesen.

Erst gegen Ende dieses Jahrzehnts habe diesbezüglich ein „unverkennbarer mediengeschichtlicher Wandel" eingesetzt, der „die Politik der Öffentlichkeit und die Öffentlichkeit der Politik verändert" und für eine fühlbare Zunahme von Skandalen

---

[3] Reiche, Skandal, S. 14; Mork, Ausstellung, S. 20.
[4] Vgl. Meier/Reinold/Rose, Dopingskandale, S. 210.
[5] Vgl. Bösch, Öffentliche Geheimnisse, S. 132 ff.; Hodenberg, Konsens, S. 183 ff.

und Skandalisierungen auch in der Qualitätspresse gesorgt habe.[6] Christina von Hodenberg bezeichnet in ihrer Geschichte der westdeutschen Medienöffentlichkeit die Jahre zwischen 1958 und 1965 als „Zeit der Affären".[7] Neben dem Eintritt einer neuen, jüngeren Generation von Journalisten in die Führungsebene vieler Medien werden für diesen Umschwung ein verstärkter Konkurrenzdruck auf dem Medienmarkt, unter anderem durch die zunehmende Bedeutung des Fernsehens, sowie die Politisierung großer Illustrierter und Zeitungen wie des *Stern*, der *Quick*, der *Welt* oder der *Bild* verantwortlich gemacht.

1 Der Umgang mit ehemaligen SS-Leuten in der Politik in der ersten Hälfte der 1950er Jahre

Individuelle SS-Mitgliedschaften von Repräsentanten des Staates und der Parteien erregten in den bundesdeutschen Medien Mitte der 1950er Jahre kaum Aufsehen.[8] Dabei fanden sich solche Fälle sogar im Bundeskabinett, hatten doch von der nach den Bundestagswahlen 1953 neu gebildeten Regierungsmannschaft Wohnungsbauminister Victor-Emmanuel Preusker (FDP) seit 1933 und der Minister für besondere Aufgaben und GB/BHE-Vorsitzende Waldemar Kraft seit 1939 der „Schutzstaffel" angehört. International wurde diese Tatsache sehr viel besorgter gesehen, die *New York Times* etwa berichtete im Januar 1954 von erheblichen Irritationen der deutschen Nachbarn.[9]

Der 1913 in Berlin geborene Preusker strebte nach der Reifeprüfung eine Bankkarriere an. Im Frühjahr 1931 trat er in die Darmstädter und Nationalbank ein, die wenig später von der Dresdner Bank übernommen wurde, und er besuchte parallel dazu die Bankenschule der Industrie- und Handelskammer. Im Herbst desselben Jahres nahm er darüber hinaus ein Jurastudium auf, das er jedoch nach seiner Festanstellung und Berufung zum volkswirtschaftlichen Referenten der Dresdner Bank wieder aufgab. Im Mai 1933 trat er, in Falkensee vor den Toren Berlins wohnhaft,

---

6 Bösch, Öffentliche Geheimnisse, S. 139 f.; vgl. auch Reiche, Skandal, S. 10 f.
7 Hodenberg, Konsens, S. 323.
8 Noch 1950 hatte der Referent im Bundesratsministerium Emil Ehrich, nachdem dessen Vergangenheit als Obersturmführer der Waffen-SS und Landesgruppenführer der NSDAP-Auslandsorganisation in Italien von der SPD und den Gewerkschaften mehrfach thematisiert worden war, ausscheiden müssen, allerdings wohl hauptsächlich wegen seines hohen Parteiamts. Schon im Jahr darauf wurde Ehrich dann aber zum Landeswahlleiter des Wahlbündnisses CDU/DP in Niedersachsen berufen, 1953 kandidierte er für die DP (erfolglos) für den Bundestag und wurde ihr Generalsekretär. In der zweiten Hälfte der 1950er Jahre avancierte er schließlich zu einem hohen Beamten in der von seinem früheren Minister Heinrich Hellwege geführten niedersächsischen Staatskanzlei; vgl. Kabinettsprotokolle 1950, Sitzung vom 31.10.1950, S. 785; AWJ vom 1.12.1950 („Also doch: ‚Feind der Demokratie'"); *Der Spiegel* Nr. 46 vom 15.11.1950, S. 5; Döscher, Emil Ehrich.
9 Vgl. *New York Times* vom 17.1.1954 („Ex-Nazis in Office perturbing Bonn").

dem dortigen SS-Sturm bei, mit dessen Mitgliedern er nach eigenen Angaben „bereits vorher in freundschaftlicher Verbindung gestanden" hatte.[10] Nach einem Umzug nach Berlin im Sommer 1933 löste er die Verbindung zur SS vorübergehend wieder und wurde Mitglied der Motor-SA, wo er ebenfalls Bekannte hatte, kehrte aber im Oktober 1933 oder Februar 1934 wieder zur SS zurück.[11] Irgendwelche Funktionen in der SS scheint er nicht ausgeübt zu haben, vielmehr widmete er sich seinem beruflichen Fortkommen. Mitte 1934 wurde Preusker Dozent für Nationalökonomie und nationalsozialistische Wirtschaftspolitik in den Führerschulungskursen der Bank; 1937 trat er der NSDAP bei. Im Sommersemester 1935 begann er parallel ein Studium der Nationalökonomie, wechselte 1938 nach dem Anschluss Österreichs als volkswirtschaftlicher Gutachter nach Wien und promovierte dort 1940. Am Zweiten Weltkrieg nahm er als Luftwaffenoffizier teil. Nach Kriegsende gründete er eine Spielzeugfabrik, trat der FDP bei und wurde deren Landessekretär in Hessen und Redakteur des Parteiblattes *Deutscher Kurier*. 1949 wurde er in Wiesbaden in den Bundestag gewählt und zählte dort zum rechten, nationalliberalen Flügel um den hessischen Landesvorsitzenden August-Martin Euler. Im Kampf um die Wählerstimmen der ehemaligen Nationalsozialisten bezeichnete Euler 1952 im FDP Bundesvorstand Preusker wegen dessen früherer SS-Mitgliedschaft als besonderen Trumpf seiner Partei.[12] In den Wirtschaftsausschuss des Bundestags entsandt entfaltete Preusker bald eine rege Tätigkeit, die ihn für einen Kabinettsposten empfahl.[13]

---

10 Bundesarchiv Berlin (BArchB), RS E5167 (V. Preusker), Fragebogen zur Erlangung der Heiratsgenehmigung vom 15.4.1935; zu diesen und den folgenden Personalangaben vgl. außerdem BStU, MfS-HA IX/11, PA 2774, Personalfragebogen vom 18.10.1935 und Lebenslauf. Darin schrieb Preusker, er sei bereits bei seinem Schulbesuch bis April 1931 von den Lehrern nationalsozialistisch beeinflusst worden.
11 Die Zeitangaben über den Verlauf der Mitgliedschaft in den Dokumenten widersprechen sich etwas. Die Angabe der Dresdner Bank in einem Persilschein für Preusker nach 1945, ihr damaliger Vorstand Emil Meyer, SS-Mitglied seit November 1933 und Angehöriger des Freundeskreises des RFSS, habe Preusker zu einer SS-Mitgliedschaft verholfen, damit dieser habe studieren können, da eine Aufnahme in den NS-Studentenbund damals nicht möglich gewesen sei, vgl. Bähr, Dresdner Bank, S. 480, scheint angesichts der Tatsache, dass Preusker bereits 1933 der SS beitrat und sein Studium im Sommersemester 1935 wieder aufnahm, zweifelhaft.
12 Vgl. Wengst, FDP-Bundesvorstand 1949–1954, S. 549, Sitzung vom 25./26.10.1952; als einen weiteren Trumpf in dieser Hinsicht sah Euler den von 1937 bis 1945 als Oberbürgermeister von Wiesbaden amtierenden Erich Mix an. Der 1898 in Westpreußen geborene promovierte Jurist hatte der NSDAP seit 1932 angehört. 1933 war er der SS beigetreten, aus der er jedoch aufgrund seiner Funktionen als politischer Leiter 1934 wieder ausscheiden musste. 1939 war er dann aber wieder aufgenommen und 1944 zum SS-Standartenführer ernannt worden. In der Entnazifizierung zunächst als belastet, in der Berufung dann als minderbelastet eingestuft, kehrte Mix 1952 als FDP-Stadtverordneter in die Kommunalpolitik zurück. 1954 wurde er erneut Oberbürgermeister und übte dieses Amt bis 1960 aus. Von 1958 bis 1966 saß er für die FDP im Landtag und war dort zeitweise Fraktionsvorsitzender seiner Partei und Landtagsvizepräsident, vgl. Kratz, Erich Mix.

Der Vertriebenenpolitiker Waldemar Kraft stammte aus dem Kreis Jarotschin in der ehemaligen preußischen Provinz Posen. Er war gelernter Landwirt und hatte seit 1922 als Hauptgeschäftsführer des „Hauptvereins der Deutschen Bauernvereine" und von dessen Nachfolgeorganisation, der „Westpolnischen landwirtschaftlichen Gesellschaft" in Posen, ab 1925 außerdem als Direktor des „Deutschen Landwirtschaftlichen Zentralverbands in Polen" fungiert. Nach der deutschen Besetzung der westlichen Teile Polens wurde er 1939 kommissarischer Präsident der Landwirtschaftskammer Posen, trat der SS bei und erhielt den Ehrenrang eines Hauptsturmführers. Nachdem die Aufgaben der Landwirtschaftskammer mit Errichtung des Reichsnährstands von diesem übernommen worden waren, amtierte Kraft 1940 bis 1945 als Geschäftsführer der „Ostdeutschen Landbewirtschaftungsgesellschaft" in Berlin, aus der später die „Reichsgesellschaft für Landbewirtschaftung" („Reichsland") wurde. Dieser oblag die Verwaltung des faktisch enteigneten polnischen und jüdischen landwirtschaftlichen Besitzes in den ab 1939 eingegliederten Ostgebieten.[14]

Nach Kriegsende befand sich Waldemar Kraft zwei Jahre in britischer Internierung, war dann längere Zeit ohne feste Beschäftigung, ehe er 1949 als Sprecher der Landsmannschaft Weichsel-Warthe des Bundes der Vertriebenen (BdV) und Mitbegründer sowie Landesvorsitzender des BHE in Schleswig-Holstein in die Politik ging. 1950 bis 1953 war er Mitglied des Landtags und Finanzminister des nördlichsten Bundeslandes. Im September 1953 wurde er in den Bundestag gewählt und anschließend ins Bundeskabinett berufen.[15]

Krafts Vergangenheit war dabei keineswegs unbekannt. Im Vorfeld der Bundestagswahl hatte *Der Spiegel* gemunkelt, es gebe „Kreise", die Krafts Ambitionen auf eine Regierungsbeteiligung des GB/BHE durch Lostreten einer Affäre wegen seines SS-Ranges ähnlich wie im Fall Werner Naumann torpedieren wollten.[16] Das sollte

---

13 Preusker gehörte dann zu jenen FDP-Parlamentariern, die 1956 den Koalitionsaustritt der FDP nicht mitmachten. Er wurde Vorsitzender der neugegründeten FVP, blieb Minister bis 1957 und Bundestagsabgeordneter der Listenverbindung FVP/DP bis 1961.
14 Vgl. Salzmann, Kraft, S. 655 f.; Loose, Kredite, S. 222 f. (Loose nennt aber Hugo Berger als Geschäftsführer für 1942); Musial, Recht, S. 35 f.; Schwartz, Funktionäre, S. 6 f. Der NSDAP trat Kraft erst zum 1.5.1943 bei; in einer Beurteilung des Führers des SS-Abschnitts XXXXII vom 31.3.1943 hieß es über Kraft, er habe wegen seiner Führungstätigkeit bei der „Reichsland" „nur wenig Dienst" im Stab des SS-Abschnitts machen können, sich dabei aber „stets als guter Kamerad, eifriger SS-Mann und als Nationalsozialist gezeigt", BArchB, SSO Waldemar Kraft.
15 Kraft lehnte 1954 die bereits erfolgte Wiederwahl als GB/BHE-Vorsitzender aufgrund politischer Streitigkeiten in der Partei ab und trat später zur CDU über; Minister blieb er bis 1956, Abgeordneter bis 1961.
16 *Der Spiegel* Nr. 36 vom 2.9.1953, S. 24. Das Nachrichtenmagazin spielte dabei vielleicht auf Versuche der schleswig-holsteinischen SPD vom Anfang des Jahres an, Kraft engere Kontakte zum Naumann-Kreis zu unterstellen, vgl. etwa *Allgemeine Zeitung* vom 9.2.1953 („Was will Kraft beim SS-Brigadeführer") und vom 13.2.1953 („Kontakte Krafts zum Naumann-Kreis seit 1951"); im *Spiegel*

sich aber als Spekulation erweisen. Gegen eine Berufung Krafts zum Minister jedenfalls regte sich ebenso wenig Widerstand wie im Fall seines Kabinettskollegen Preusker. Noch 1952, als Preusker nach dem Tod von Wohnungsbauminister Eberhard Wildermuth schon einmal kurz als dessen Nachfolger im Gespräch war, hatte der parlamentarische Geschäftsführer der CDU/CSU-Bundestagsfraktion Heinrich Krone Bedenken wegen dessen SS-Mitgliedschaft geäußert.[17] Im Vorfeld der Wahlen von 1953 bezeichnete Adenauer Preusker, der ihn zusammen mit seinem hessischen Parteichef Euler besucht hatte, bereits als „einwandfreie[n] Herren [...], vor dem man Respekt hat".[18] In den inländischen Pressekommentaren zur Regierungsbildung blieb das Thema der SS-Vergangenheit zweier Kabinettsmitglieder ebenfalls weitgehend unbeachtet.

Mehr Aufsehen erregte es, als der Chefreporter des britischen *Daily Express* Sefton Delmer 1954 in einer mehrteiligen Serie zur Bundesrepublik seine Besorgnis über die vielen ehemaligen Nationalsozialisten in der Bonner Regierung kundtat und dabei insbesondere auf Kraft, Preusker und den Vertriebenenminister Theodor Oberländer hinwies[19], aber auch auf den Referenten im Ministerium für wirtschaftliche Zusammenarbeit und engen Mitarbeiter von Vizekanzler Blücher Gustav Adolf Sonnenhol, einen ehemaligen NS-Diplomaten und SS-Obersturmführer.[20] Jedoch wurden Delmers nicht selten im Detail fehlerhaften oder mit vagen Andeutungen ausgeschmückte Berichte und Warnungen von der bundesdeutschen Presse als weit übertrieben eingestuft, häufig unterstellte man dem britischen Journalisten auch

---

wurde bereits in Nr. 51 vom 20.12.1950, S. 5, in einem Porträt Krafts die NS-Vergangenheit erwähnt, diese jedoch weder 1950 noch 1953 problematisiert. Innerhalb des Bundes der Vertriebenen wies Linus Kather kritisch auf die Vergangenheit Krafts hin, ohne jedoch Gehör zu finden, vgl. Schwartz, Funktionäre, S. 6 f.

17 Vgl. Brauers, FDP, S. 569.

18 Buchstab, Adenauer, S. 613 und 619. Im Hintergrund der Gespräche standen Bemühungen, in Hessen durch Absprachen zwischen FDP, DP und CDU die Wahl von Direktkandidaten der SPD zu verhindern, denen jedoch aus der hessischen Union erhebliche Bedenken entgegenschlugen, da es sich etwa bei der Landes-DP um einen „Nazihaufen" handle, wie es der hessische CDU-Vorsitzende Wilhelm Fay formulierte. Der Kanzler meinte dazu, bei der SPD seien noch mehr Nazis. Die Nazis wählten nun zum ersten Mal, man solle sie doch in Ruhe lassen, das habe keinen Zweck, vgl. ebenda, S. 615.

19 Vgl. FAZ vom 30.3.1954 („Oberländer, Kraft, Preusker"), wobei die FAZ die Vorwürfe Delmers in dessen Artikel im *Daily Express* vom 29.3.1954 („I name three men who prove the danger") in ihrem Bericht nicht konkretisierte und auch die SS-Mitgliedschaften unerwähnt ließ; PNP vom 1.4.1954 („Delmer klagt über Nazigrößen"); zu Delmer Bayer, How dead is Hitler, S. 198 ff.; Brochhagen, Nach Nürnberg, S. 246 ff., auch zu den besorgten Reaktionen in Paris.

20 Vgl. FAZ vom 26.3.1954 („Sefton Delmer: deutsche Schaukelpolitik"); *Die Tat* vom 3.4.1954 („Auf der richtigen Fährte. Sefton Delmer enthüllt Ziel der EVG-Politik"); zu Sonnenhol Schrafstetter, Nazi Diplomat.

deutschland-feindliche Motive.²¹ Andere britische Zeitungen hingegen schlossen sich dem *Daily Express* an und im Unterhaus verlangte ein Labour-Abgeordneter von seiner Regierung, einer Teilnahme der Bundesrepublik an der EVG nur unter der Voraussetzung eine Zustimmung zu erteilen, dass die Minister Kraft, Preusker und Schröder aus ihren Ämtern entfernt würden.²²

Begierig wurden Delmers Veröffentlichungen hingegen von der ostdeutschen Presse zitiert, versuchte die DDR doch schon seit Anfang 1954 die NS- und SS-Vergangenheit nicht weniger westdeutscher Politiker und Beamten propagandistisch zu nutzen. „In der Adenauer-Regierung selbst hat der Geist der SS körperliche Gestalt angenommen", sagte der Vorsitzende des Ausschusses für deutsche Einheit im Januar 1954 auf einer Pressekonferenz unter anderem mit Hinweis auf Kraft und Preusker.²³ Freilich wurden derartige Angriffe aus Ost-Berlin in der Bundesrepublik zu dieser Zeit, wenn sie überhaupt rezipiert wurden, von vornherein als reine Propaganda abgelehnt. Immerhin sah sich das Bundespresseamt im Sommer veranlasst, Meldungen entgegenzutreten, Kraft sei Mitarbeiter des Reichssicherheitshauptamts gewesen.²⁴

Wie wenig etwa Preusker damals von derartigen Veröffentlichungen tangiert wurde, zeigen neben der Tatsache, dass der Wohnungsbauminister ohne jegliche Anfechtungen sein Ressort weiterführen konnte, auch zwei Presseartikel: *Die Zeit* ließ in einem wohlwollenden Porträt Preuskers 1954 allein anklingen, dieser habe nach seinem Beitritt zur FDP besonders die Angehörigen der jüngeren Generation angesprochen, „die, wie er, als Mitglieder nationalsozialistischer Gliederungen einschließlich der SS und als Offiziere der Wehrmacht den Schock von 1945 noch nicht ganz überwunden hatten".²⁵ Gut zwei Jahre später schrieb *Die Welt* über den nunmehr frisch ernannten Vorsitzenden der FVP, Preusker sei Rottenführer einer SS-Reserveeinheit seiner Hochschule geworden. Das sei „ein Tribut an die Zeit" gewesen, aber der Mann sei „kein Nationalsozialist" geworden.²⁶ Weniger günstig beurteilte

---

21 Vgl. etwa PNP vom 25.3.1954 („Sind wir schon wieder so weit" von August Ramminger); *Die Zeit* vom 1.4.1954 („Wie tot ist Sefton Delmer" von Paul Bourdin); *Der Spiegel* Nr. 37 vom 8.9.1954 („Schwarze Propaganda"). Delmer wurde dabei unterstellt, seine antideutsche Propaganda, die er als Mitarbeiter eines britischen Senders im Krieg verbreitete hatte, fortzusetzen.
22 Vgl. *Hamburger Abendblatt* vom 13.4.1954 („Vier Bundesminister angegriffen"); *Münchner Merkur* vom 4.8.1954; Kittel, Legende, S. 84. Bundesinnenminister Gerhard Schröder stand als ehemaliges Mitglied von NSDAP und SA in der Kritik. Die britische Regierung sah die Sache allerdings sehr viel weniger dramatisch und verließ sich auf die Auskünfte der deutschen Stellen, die mitteilten, die Minister seien ohne Belastung entnazifiziert worden.
23 *Neues Deutschland* vom 30.1.1954 („Bonn – Zentrum des Militarismus und des alldeutschen Chauvinismus"); explizit auf Delmer nahm dasselbe Blatt in einem Artikel vom 11.8.1954 mit dem Titel „Bonner Faschismus bedroht Europa" Bezug.
24 Vgl. FAZ vom 21.8.1954 („Kraft nicht im Reichssicherheitshauptamt").
25 *Die Zeit* vom 20.5.1954 („Der Wohnungsbauminister").
26 *Die Welt* vom 28.7.1956 („FVP-Chef, Jahrgang 1913" von Georg Schröder).

freilich die Gewerkschaftspublikation *Feinde der Demokratie* den Minister. Zur selben Gelegenheit schrieb sie die Tatsache, dass es keine Diskussionen um den politischen Kurs der Partei gegeben habe, der „robusten Führernatur" Preuskers zu, in dessen Rede seine SS-Vergangenheit durchgekommen sei.[27] Nun häuften sich öffentliche Hinweise auf Preuskers SS-Mitgliedschaft, ohne dass dies freilich zu einer Skandalisierung derselben geführt hätte. Die *Westdeutsche Allgemeine Zeitung* wies im Zusammenhang mit der Diskussion über die Aufnahme von ehemaligen SS-Angehörigen in die Bundeswehr darauf hin, dass sich zwischen Waffen-SS und Allgemeiner SS nicht wirklich trennen lasse und für beide Gruppen weder eine allgemeine Unbedenklichkeitsbescheinigung noch eine kollektive Verurteilung in Frage käme. Als Begründung für Letzteres führte sie an, dass andernfalls Adenauer wohl kaum Minister wie Preusker dulden würde.[28] Sehr viel weniger Verständnis zeigte der Vorsitzende des Bundes PRV aus Berlin Adolf Burg, der auf einer Protestveranstaltung gegen ein HIAG-Treffen 1957 anklagend auf die NS-Vergangenheit mehrerer Minister im Bundeskabinett hinwies und dabei nicht nur Preuskers SS-Mitgliedschaft, sondern auch dessen Tätigkeit als Referent für Rasse- und Schulungsfragen hervorhob.[29]

2 Die CSU im Visier – Der Fall des KZ-Wächters Peter Prücklmayer 1958

Nach dem Ende der Entnazifizierung konnten ehemalige Nationalsozialisten und Funktionäre des NS-Staates, denen kriminelle Vergehen nicht angelastet wurden und die sich nicht in Spitzenstellungen befunden hatten, zunächst damit rechnen, nicht mehr weiter wegen ihrer Vergangenheit behelligt zu werden. Dies galt im Wesentlichen auch für die früheren Angehörigen der SS. Infolgedessen gelangten im Laufe der 1950er Jahre nicht wenige von ihnen in Ämter und Parlamente, in den Bundestag etwa neben Viktor Preusker auch noch Martin Elsner[30], Hans Egon Engell[31] (beide GB/BHE) oder Fritz Kempfler (CSU)[32].

---

27 *Feinde der Demokratie* V/8–9 (Juni-Juli 1956), S. 25 f.
28 Vgl. WAZ vom 18.10.1956 („Die Waffen-SS").
29 Vgl. *Vorwärts* vom 22.7.1957 („Schluß mit SS-Treffen") sowie auch den bereits im Jahr zuvor erschienenen Artikel Burgs in *Die Stimme der PRV* vom Oktober 1956, S. 1 („Den Mördern keine Waffen"), in dem er ebenfalls auf die SS-Mitgliedschaft Krafts und Preuskers hingewiesen hatte.
30 Der Landwirt Elsner amtierte 1933–1942 als Landrat in Rosenberg/Schlesien und anschließend bis 1945 im besetzten, ehemals polnischen Rybnik. Bereits vor der Machtergreifung war er der SS beigetreten (SS-Nr. 6014) und bekleidete dort zuletzt den Rang eines Sturmbannführers. Nach der Entlassung aus der Kriegsgefangenschaft siedelte er nach Niedersachsen über, wurde für den BdV Siedlungsbeauftragter in Braunschweig und für den GB/BHE 1953–1957 in den Bundestag gewählt. Er gehörte auch dem Kreistag von Braunschweig an und war dort von 1952 bis 1954 Landrat. In

Ende der 1950er Jahre veränderten dann die sich verstärkenden Debatten über die NS-Zeit und die Intensivierung der strafrechtlichen Verfolgung von NS-Verbrechen auch den Umgang mit individuellen SS-Vergangenheiten. „SS im Landtag" überschrieb *Der Spiegel* Ende August 1958 einen Artikel, in dem die Tatsache skandalisiert wurde, dass die bayerische CSU für die Landtagswahl im Herbst des Jahres in einem Wahlkreis einen früheren Wachmann des KZ Mauthausen als Kandidaten aufgestellt hatte, der angesichts der örtlichen Mehrheitsverhältnisse alle Chancen hatte, gewählt zu werden.[33] Wenig überraschen an der Sache konnte, dass es schon eines ehemaligen Mitglieds der KZ-SS bedurfte, um die Öffentlichkeit bezüglich der SS-Vergangenheit so manches Parlamentariers aufzuschrecken. Dass es gerade das Hamburger Nachrichtenmagazin war, das den Skandal lostrat, der nachfolgend ein breites Medienecho fand und auch auf andere Personalentscheidungen der Christlich-Sozialen übergriff, mag hingegen auf den ersten Blick erstaunen, hatte sich das

---

diesem Zusammenhang holte ihn Ende 1953 seine Vergangenheit ein, ihm wurde vorgeworfen, im Juni 1933 die gewaltsame Vertreibung seines Vorgängers als Landrat von Rosenberg durch eine Horde von NSDAP- und SA-Anhängern und dessen Amtsenthebung betrieben zu haben; vgl. *Der Spiegel* Nr. 48 vom 25.11.1953, S. 7 f.; *Niederdeutsche Stimme* vom 15.8.1954 („Auch ein Landrat"). Die SS-Mitgliedschaft war dabei in der Presse aber kein Thema. Zwar sah sich Elsner in der Folge gezwungen, sein Amt als Landrat von Braunschweig aufzugeben, ein strafrechtliches Vergehen war ihm letztlich aber nicht zu beweisen, weshalb der Bundestag 1955 die Aufhebung seiner Immunität ablehnte und die Staatsanwaltschaft Braunschweig ein diesbezügliches Vorermittlungsverfahren einstellte; einer der Hauptbeteiligten an den Vorfällen in Rosenberg war 1947 vom Landgericht Paderborn wegen Landfriedensbruchs zu 10 Monaten Gefängnis verurteilt worden, vgl. IfZ-Archiv, NSG-Datenbank, Braunschweig 1 AR 83/53 und Paderborn 2 KLs 14/47.

31 Der Landwirt Engell trat der NSDAP 1931 und der SS 1933 bei. 1932 war er im Landtag von Mecklenburg-Schwerin stellvertretender Vorsitzender der NSDAP-Fraktion, im Juni 1933 wurde er dort Landwirtschaftsminister, im August 1933 nach der Vereinigung mit Mecklenburg-Strelitz Ministerpräsident, ein Amt, das er jedoch im Jahr darauf nach einem Zerwürfnis mit Gauleiter Richard Hildebrandt wieder aufgeben musste. In der SS war er noch 1934 zum Oberführer ehrenhalber ernannt worden. Nach Einleitung eines Parteiausschlussverfahrens wurde er jedoch als Führer im SS-Abschnitt beurlaubt und 1939 wegen Interesselosigkeit aus der Schutzstaffel ausgeschlossen, 1941 allerdings wieder aufgenommen und anschließend Hauptsturmführer und Batteriechef eines Regiments der SS-Polizei-Division. Nach dem Krieg wurde er enteignet und ging nach Niedersachsen, wo er in der Flüchtlingssiedlung in Hildesheim tätig war. 1952 wurde er für den GB/BHE in den dortigen Kreistag gewählt, 1953–1957 war er Mitglied des Bundestags; vgl. Buddrus/Fritzlar, Professoren, S. 459 f.

32 Der Jurist Kempfler hatte der NSDAP seit 1931 angehört und war im Dritten Reich bei mehreren Stadtverwaltungen tätig, zuletzt von 1938–1945 als Oberbürgermeister von Bayreuth. Aufgrund der in diesem Zusammenhang entstandenen Freundschaft mit Winifred Wagner wurde ihm nach seinem SS-Beitritt ehrenhalber der Rang eines SS-Standartenführers verliehen. Nach Kriegsende war Kempfler bis 1948 interniert. Als „minderbelastet" entnazifiziert arbeitete er anschließend als Rechtsanwalt in Niederbayern. Schon 1949 trat er in die CSU ein, 1955 übernahm er deren Vorsitz im Landkreis Eggenfelden und wurde 1957 in den Bundestag gewählt, dem er dann ununterbrochen bis 1978 angehörte.

33 Vgl. *Der Spiegel* Nr. 35 vom 27.8.1958, S. 19 f.

Blatt doch in der Zeit davor nicht gerade als Speerspitze einer kritischen Aufarbeitung der NS-Vergangenheit präsentiert und etwa über laufende NS-Prozesse so gut wie gar nicht berichtet. Nicht unwesentlich für die bis dahin bei dieser Thematik gepflegte Zurückhaltung dürfte gewesen sein, dass Verleger Rudolf Augstein selbst wenig Probleme damit hatte, belastetes Personal anzustellen und etwa seit 1952 zwei ehemalige SD-Offiziere mit Insiderwissen über das NS-Regime und die Geheimdienste als Ressortchefs beschäftigte.[34] Schon zur Jahreswende 1957/58 hatte sich in der Berichterstattung aber eine Veränderung angedeutet, als *Der Spiegel* die antisemitischen Äußerungen des badischen Studienrats Ludwig Zind und die nachlässigen Reaktionen der Kultusbehörden darauf publik machte.[35] Im Falle Prücklmayer dürfte zusätzlich eine Rolle gespielt haben, dass man hier die CSU und deren von Augstein schwer angefeindeten Verteidigungsminister Franz Josef Strauß treffen konnte. In der Tat stellte allerdings, wie auch *Der Spiegel* betonte, die Aussicht, ein ehemaliger KZ-Wächter könnte in ein bundesdeutsches Parlament einziehen, eine neue Qualität im Prozess der Reintegration ehemaliger Nationalsozialisten und deren Einrücken in Ämter und Würden des jungen Staates dar.

Der 1909 im niederbayrischen Siegenburg geborene Peter Prücklmayer war nach eigenen Angaben aufgrund seines Berufes als Pferdehändler und seines Interesses für den Reitsport 1933 in die SA eingetreten und 1935 zur Reiter-SS gewechselt, sein letzter Dienstgrad war SS-Scharführer. Im November 1939 wurde er zur SS-Totenkopf-Reiterstandarte einberufen, aufgrund einer kurz vorher bei einem Autounfall erlittenen Verletzung jedoch für „nicht fronttauglich" erklärt und als Wachmann zum KZ Mauthausen kommandiert. Dort blieb er bis Ende Juni 1940. Anschließend wurde er als Kraftfahrer zum RSHA notdienstverpflichtet. Unterlagen darüber, wo genau Prücklmayer dabei zum Einsatz kam, fehlen.[36] Nicht selten wurden solche Kraftfahrer den Einsatzkommandos oder anderen Einheiten, die sich an der Ermordung von Juden in Osteuropa beteiligten, zugewiesen. Ein diesbezüglicher Verdacht kam aber erst Mitte der 1960er Jahre im Zuge der staatsanwaltlichen Ermittlungen zum RSHA auf. Ende der 1950er Jahre stand allein Prücklmayers Tätigkeit als KZ-Wachmann zur Diskussion. Diesbezüglich war ihm schon 1954/55 von einem ehemaligen Lagerhäftling vorgeworfen worden, er habe in Mauthausen auch Häftlinge misshandelt. Die nach einer Verleumdungsklage Prücklmayers eingeleiteten staatsanwaltschaftlichen Ermittlungen in dieser Sache erbrachten jedoch keine schlüssigen Beweise für diese Vorwürfe, zumal Prücklmayer von einem anderen Häftling

---

34 Vgl. Hachmeister, Nachrichtenmagazin, S. 95 ff.
35 Vgl. zum Fall Zind Lörcher, Antisemitismus, S. 42 ff.; der Fall wurde durch den jungen Stuttgarter Redakteur Peter Stähle publik gemacht,
36 Prücklmayer selbst gab an, er sei Fahrer des SS-Gruppenführers Hermann Fegelein gewesen. Fegelein wiederum zeichnete als Kommandeur der SS-Kavalleriebrigade für zahlreiche Verbrechen, insbesondere die massenhafte Ermordung von Juden in der zweiten Jahreshälfte 1941 im Pripjet-Gebiet, verantwortlich; vgl. Cüppers, Wegbereiter, S. 142 ff.

entlastet wurde. Auch in den 1958 wiederaufgenommenen Ermittlungen ließ sich die Anschuldigung, erschwert durch die Tatsache, dass der einzige Belastungszeuge inzwischen verstorben war, nicht aufklären.[37]

Von der zuständigen Spruchkammer war Prücklmayer nach Kriegsende als „Mitläufer" eingestuft worden. Er brachte es dann als Pferde- und Viehhändler sowie als Hopfenbauer bald zu örtlichem Ansehen und engagierte sich in verschiedenen Vereinen und Gremien der in seiner Heimat, der Hallertau, traditionell wohlhabenden und wichtigen Hopfenpflanzer. Mitte der 1950er Jahre trat er der CSU bei und zog für diese 1956 in den Kreistag von Kelheim ein; dem Gemeinderat von Siegenburg gehörte er seit 1952 an. Nachdem 1958 der regionale Abgeordnete Josef Piechl, ebenfalls ein Hopfenbauer, aus Altersgründen nicht mehr für den Landtag kandidieren wollte, setzten die Hopfenbauern des Nachbarlandkreises Mainburg, mit dem Kelheim einen Wahlkreis bildete, mit ganz knapper Mehrheit Prücklmayer und damit einen Berufskollegen gegen den eigentlich vorgesehenen CSU-Kreisvorsitzenden als Kandidaten durch. Die Aufstellungsversammlung sei teilweise „tumultartig" verlaufen, hieß es in der Lokalpresse, jedoch habe der anwesende Bundestagsabgeordnete Friedrich Zimmermann den Vorschlag angenommen.[38] Mehrere örtliche CSU-Honoratioren waren mit der Aufstellung Prücklmayers keineswegs glücklich und kündigten an, weiterhin öffentlich gegen ihn Stellung nehmen zu wollen, so ein Gründungsmitglied der Partei, das in der NS-Zeit mehrmals in Schutzhaft genommen worden war.[39]

Wie *Der Spiegel* überhaupt auf die Vorgänge in der bayerischen Provinz aufmerksam wurde, ließ sich nicht klären. Eineinhalb Monate nach der Aufstellung Prücklmayers jedenfalls widmete er ihr einen mit Hintergrundrecherchen und Zitaten aus dem Mund des Angegriffenen angereicherten Bericht. Dessen Tenor ging dahin, dass es, selbst wenn man von der Schuldlosigkeit des Kandidaten ausgehe – die das Nachrichtenmagazin aber bezweifelte –, grundsätzlich eine „politische Geschmacklosigkeit sondergleichen" darstelle, einen „KZ-Bewacher zum Volksvertreter zu machen", möge er noch so anständig gewesen sein.[40]

---

37 Vgl. Staatsanwaltschaft Regensburg, Ermittlungsakte I 8 Js 357/55, Einstellungsbeschlüsse vom 14.4.1955 und 25.2.1959. Auch die 1965 wiederaufgenommenen Ermittlungen gegen Prücklmayer wegen seiner Tätigkeit als Fahrer des RSHA erbrachten gegen ihn keine Beweise für eine Beteiligung an Verbrechen.
38 Vgl. *Holledauer Nachrichten* vom 9.7.1958 („CSU stellt Landtags- und Bezirkstagskandidaten auf"). Prücklmayers Aufstellung war durch die Tatsache erleichtert worden, dass sich die Kelheimer CSU vor der letzten Landratswahl zerstritten hatte.
39 Vgl. *Schwäbische Landeszeitung* vom 27.8.1958 („Die umstrittene Kandidatur Prücklmayers"); PNP vom 27.8.1958 („Vorwürfe gegen CSU-Kandidaten").
40 *Der Spiegel* Nr. 35 vom 27.8.1958, S. 19 f. Die Zweifel an der Schuldlosigkeit nährte das Nachrichtenmagazin mit einem Zitat des britischen Historikers Gerald Reitlingers, nach dem Mauthausen das „mörderischste aller Konzentrationslager" gewesen sei, und mit einer Aussage des Vorsitzenden der „Lagergemeinschaft Mauthausen" Otto Wahl. Dieser hatte geäußert, 1939/40 sei niemand gegen

Der Bericht des *Spiegels* schlug hohe Wellen, zahlreiche Tageszeitungen berichteten nachfolgend über den Fall und schlossen sich in ihrer Beurteilung fast ausnahmslos dem Nachrichtenmagazin an. Allein eine Tätigkeit als KZ-Bewacher, kommentierte die *Süddeutsche Zeitung*, sei ein „Makel", der bei einem Parlamentarier nicht akzeptiert werden könne.[41] Andere Blätter sprachen wie *Der Spiegel* von „Geschmacklosigkeit" oder mangelndem „Takt- und Fingerspitzengefühl".[42] Die Empfindlichkeit, mit der manche Presseorgane auf den Fall reagierten, war sicherlich auch eine Folge der insgesamt wachsenden Kritik am Umgang mit der NS-Vergangenheit in der Bundesrepublik, der schleppenden Strafverfolgung, der Wiederbeschäftigung von NS-Richtern und der staatlichen Alimentierung hoher NS-Beamter, die besonders bei den politischen Linken das Gefühl einer „Renazifizierung" der Gesellschaft hatte entstehen lassen. Zudem waren die Grauen der Konzentrationslager im Juni/Juli 1958 im Strafprozess gegen den Arrestverwalter von Buchenwald Martin Sommer und dem Skandal um die Flucht des Buchenwald-Arztes Hans Eisele nach Ägypten der Öffentlichkeit erneut deutlich vor Augen geführt worden.[43]

Die Kritik traf nicht nur den Kandidaten und die Lokalpolitik, sondern auch die CSU-Parteispitze in München, die sich zunächst mit Hinweis auf die Selbständigkeit der lokalen Gremien und die strafrechtliche Unbescholtenheit Prücklmayers weigerte einzuschreiten. Selbst der Chefredakteur der ansonsten den Christsozialen durchaus nahestehenden *Passauer Neuen Presse* Hans Kapfinger befand, der Fall widerspreche „jedem normalen politischen Sauberkeitsempfinden" und ließ die CSU-Landesleitung wissen, dass man in Niederbayern „keinen ehemaligen KZ-Bewacher als Landtagskandidaten haben wolle".[44] Auch innerhalb der CSU meldeten sich bald kritische Stimmen zu Wort. Die Bezirksvorsitzenden von Oberbayern und München, Landwirtschaftsminister Alois Hundhammer und der ehemalige Justizminister Josef Müller, die beide in der NS-Zeit wegen ihrer Gegnerschaft zum Regime verfolgt worden waren, sprachen sich gegen eine Herausstellung von Funktionsträgern des Nationalsozialismus in der CSU aus.[45] CSU-Generalsekretär Zimmermann hingegen verteidigte Prücklmayer. Zwar dementierte er entschieden, er habe wie von einigen Zeitungen gemeldet gesagt, man müsse „vergessen, was früher gewesen ist".

---

seinen Willen zum Dienst als KZ-Wächter gezwungen worden, und gerade der Winter, in dem Prücklmayer dort Dienst getan habe, sei der schlimmste der ganzen Jahre, mit den meisten Toten gewesen.

41 SZ vom 29.8.1958 („KZ-Bewacher als Landtagskandidat").
42 FR vom 29.8.1958 („Kein Grund?"); FNP vom 28.8.1958 („Ohne Demokraten keine Demokratie").
43 Vgl. *Stuttgarter Zeitung* vom 29.8.1958 („Geht's nimmer höher?"); *Vorwärts* vom 29.8.1958 („CSU präsentiert KZ-Wächter"); zur Kritik am Umgang mit der NS-Vergangenheit und den NS-Prozessen 1958 Eichmüller, Keine Generalamnestie, S. 180 ff.; ders., Die strafrechtliche Verfolgung, S. 71 f.
44 PNP vom 5.9.1958 („Merkwürdig").
45 Vgl. FAZ vom 29.8.1958 („Hundhammer hat Bedenken") und vom 30.8.1958 („Unbehagen wegen Prücklmayer").

Gleichzeitig bezeichnete er die Angriffe gegen Prücklmayer aber als „politischen Rufmord", da nur jemand verurteilt werden dürfe, dem „persönliche Schuld" nachzuweisen sei. Unter die rein formellen Belastungen hingegen müsse man „nach 13 Jahren einen Strich ziehen".[46] Die Parteispitze in München rang sich allerdings dann doch bald dazu durch, für den Wahlkreis Kelheim eine Neuwahl durchführen zu lassen. Als Begründung führte sie an, nicht alle Delegierten hätten in der vorausgegangenen Wahl von der Vergangenheit des Kandidaten gewusst. Bundestagsvizepräsident Richard Jaeger verteidigte in einer Kolumne in der Münchner *Abendzeitung* das zurückhaltende Vorgehen der CSU-Landesleitung mit dem Argument, es sei nicht möglich, den Kreisverbänden einen der Landesleitung genehmen Kandidaten zu oktroyieren. Gleichzeitig sprach auch er von einem „groben Mißgriff" der örtlichen Parteistellen, da es eine demokratische Partei nicht verantworten könne, „der Öffentlichkeit einen Mann als Parlamentarier zu präsentieren, der nun einmal in seltener Weise in die dunkelsten Vorkommnisse der deutschen Geschichte verstrickt" sei.[47]

In dieser Phase geriet die CSU durch die Personalien zweier weiterer Landtagskandidaten unter zusätzlichen Druck. In Traunstein war der Gemeindeamtmann von Ruhpolding Leonhard Schmucker, ein früherer Informant des SD und ehrenamtlicher Leiter der SD-Außenstelle in Prachatitz von 1942–1944, nominiert worden und in München der Versicherungsdirektor Max Frauendorfer, der als NSDAP- und SS-Mitglied seit 1928, NSDAP-Reichshauptstellenleiter, SS-Obersturmbannführer und Leiter des Hauptamts Arbeit im Generalgouvernement von 1939 bis 1942 zweifellos im Hinblick auf seine Vergangenheit schwerer belastet war.[48] Angesicht der Häufung solcher Fälle forderte nun etwa die *Frankfurter Allgemeine Zeitung* für Parlamentarier „eine jenseits von formellen Belastungen und Berechtigungen liegende Grenze, die man nicht ungestraft überschreitet".[49] Ernst Friedlaender bezeichnete es im *Hamburger Abendblatt* als „totales Mißverständnis", wenn sich die Betroffenen und mit ihnen die Gesellschaft insgesamt auf den Standpunkt zurückzögen, sie hätten ja „nichts verbrochen" und seien in diesem Sinne „unbescholten". Das könne in der Wirtschaft akzeptiert werden, aber nicht in der demokratischen Politik, hier gälten „andere Maßstäbe der ‚Unbescholtenheit'", Maßstäbe, die sich nicht mit Paragraphen fassen ließen, sondern „des Taktes, des Stils, des Fingerspitzengefühls" bedürften. „Wer dem nationalsozialistischen Staat an hoher Stelle oder auch in seinen übelsten Tiefen, wie in den Konzentrationslagern oder beim SD, wil-

---

46 *Holledauer Nachrichten* vom 1.9.1958 („MdB Zimmermann: Ich verurteile politischen Rufmord").
47 *Abendzeitung* (München) vom 11.9.1958 („KZ im Landtag"); Jaeger schrieb zu dieser Zeit regelmäßig für das Blatt in der Kolumne „Stimme der CSU".
48 Vgl. etwa FR vom 9.9.1958 („Neuer ‚Fall Prücklmayer' in Bayern") und 11.9.1958 („Jetzt dritter ‚Fall Prücklmayer'"); FAZ vom 9.9.1958 („Wieder ein CSU-Kandidat umstritten") und 11.9.1958 („Der dritte umstrittene Kandidat"); zu Frauendorfer ausführlich Schlemmer, Grenzen, S. 677 ff.
49 FAZ vom 11.9.1958 („Schlecht beraten").

lig gedient hat", schrieb Friedlaender, der sei „nun einmal nicht ‚unbescholten' genug, um in der Demokratie zu hohen öffentlichen Ämtern und Ehren zu gelangen". Das habe nichts damit zu tun, ob persönliche Verbrechen nachweisbar seien. Es genüge „das Mitverstricktsein in das Böse, in die Schuld".[50]

Die CSU-Parteiführung zeigte sich durchaus beeindruckt. In internen Gesprächen bewog sie alle drei inkriminierten Männer, ihre Landtagskandidatur zurückzuziehen. Am längsten hatte sich Prücklmayer geziert. Sein Kreisverband sprach ihm nach seinem Rückzug einmütig das Vertrauen aus, verurteilte die Angriffe in der Presse gegen ihn scharf und stellte fest, dass man von der persönlichen Lauterkeit und Ehrenhaftigkeit seines Verhaltens während des Dritten Reichs voll und ganz überzeugt sei. Wenn er nun doch nicht nominiert werde, so nur um gegen die CSU nicht den geringsten Angriffspunkt zu bieten.[51]

Lokal schadeten die Vorfälle der Karriere der Betreffenden kaum. Sie waren dort beruflich und privat bestens integriert. Prücklmayer musste zwar als ehemaliger KZ-Wächter höhere Ambitionen fallen lassen, blieb aber Kreistagsabgeordneter und Vereins- und Verbandsfunktionär.[52] Schmucker wurde 1966 Bürgermeister seiner Heimatgemeinde Ruhpolding und vier Jahre später Landrat von Traunstein. Dieses Amt übte er bis 1990 aus und erhielt für sein kommunalpolitisches Engagement das Bundesverdienstkreuz.[53]

3 „Urlaub auf Sylt" – Ein ehemaliger Höherer SS- und Polizeiführer als Bürgermeister und Landtagsabgeordneter

Die drei geschilderten Fälle aus Bayern waren keineswegs die einzigen, in denen die NS- und SS-Vergangenheit von Politikern Ende der 1950er Jahre zum Skandal wurde. In Schleswig-Holstein zeigte sich nahezu zeitgleich, dass es keineswegs selbstverständlich war, schwer belasteten Kandidaten den Einzug in ein Länderparlament zu verwehren und dass eine Partei wie der GB/BHE diesbezüglich über sehr viel weniger demokratisch motivierte Skrupel verfügte als die CSU. Trotz massiver Proteste stellten die Vertriebenen im Norden der Republik den ehemaligen SS-Gruppenführer und Höheren SS- und Polizeiführer (HSSPF) des Warthegaus Heinz Reinefarth für die Landtagswahl auf, in der er dann als Drittplatzierter der GB/BHE-Liste

---

50 *Hamburger Abendblatt* vom 13.9.1958 („Zu viele Prücklmayers").
51 Vgl. *Holledauer Nachrichten* vom 16.9.1958 („Prücklmayer kandidiert nicht").
52 Prücklmayer war u. a. Hopfenfachwart seines Kreises, Vorsitzender des örtlichen Sportvereins und im Vorstand des Bayerischen Viehhandelsverbands, vgl. *Abensberger Zeitung* vom 17.9.1958 („Fachwartswahl der Hopfenpflanzer") und vom 17.10.1958 („Bei den Turnern herrscht nun wieder reger Betrieb"); PNP vom 23.5.1960 („Unertl: Größere Chancen durch Gemeinsamen Markt").
53 *Der Spiegel* Nr. 27 vom 30.6.1969, S. 45, thematisierte 1969 noch einmal Schmuckers NS-Vergangenheit, ohne dass dies zu Weiterungen Anlass gegeben hätte.

ein Parlamentsmandat erhielt. Sein Fall erregte eine umfangreiche Resonanz in den Medien, die sich mit Unterbrechungen bis ins Jahr 1967 erstreckte.

Der 1903 in Gnesen als Sohn eines Richters geborene Reinefarth wurde bereits früh in rechtsextremen Kreisen aktiv.[54] Noch als Gymnasiast schloss er sich 1920 in Cottbus, wohin seine Familie verzogen war, einem Freikorps an. Nach dem Abitur studierte er seit 1922 Rechtswissenschaft in Jena, absolvierte die staatliche Justizausbildung und begann ab 1931 eine in der Folge recht einträgliche Tätigkeit als Rechtsanwalt, später auch als Notar. Im Sommer 1932 trat er der NSDAP und der SA bei, von der er Ende des Jahres zur SS überwechselte. Als Rechtsberater des SS-Abschnitts XII und Verteidiger von SS-Angehörigen stieg er rangmäßig rasch auf. Zu Kriegsbeginn war er Sturmbannführer und wurde im Sommer 1939 zur Wehrmacht eingezogen, wo er 1940 als Zugführer einer Kompanie des Infanterie-Regiments 337 im Krieg gegen Frankreich das Ritterkreuz des Eisernen Kreuzes verliehen bekam, da er angeblich nur zusammen mit seinem Fahrer zwei französische Infanteriebataillone gefangen genommen hatte. Er war damit der erste SS-Angehörige, der diese hohe, zu Kriegsbeginn neu geschaffene militärische Auszeichnung des Reiches in Empfang nehmen durfte. Im Januar 1942 wurde Reinefarth aufgrund schwerer Erfrierungen im Rang eines Leutnants als dienstuntauglich aus der Wehrmacht entlassen. Erst jetzt trat er hauptamtlich in den Dienst der SS. Der Chef des SS-Hauptamts Ordnungspolizei Kurt Daluege, der Reinefarth bereits Anfang der 1930er Jahre in seiner damaligen Funktion als Führer des SS-Oberabschnitts Ost kennen gelernt hatte, holte ihn in seine Behörde. Im Frühjahr 1942 wurde Reinefarth zum SS-Brigadeführer befördert und zum Generalmajor der Polizei ernannt. Als Daluege nach dem Tod Heydrichs dessen Amt als stellvertretender Reichsprotektor von Böhmen und Mähren übernahm, berief er Reinefarth im Sommer 1942 als Generalinspekteur der Verwaltung zu seiner Unterstützung nach Prag. Mitte 1943 kehrte Reinefarth wieder ins Hauptamt zurück, nachdem sein Mentor Daluege den sich in Prag immer mehr zuspitzenden Machtkampf mit dem Staatssekretär des Reichsprotektors und HSSPF Karl Hermann Frank verloren hatte und seines Amts entbunden worden war.

Reinefarths Karriere erlitt dadurch aber keinen nachhaltigen Knick, verfügte der doch inzwischen über recht gute Kontakte zum RFSS Himmler. Er leitete nun die Amtsgruppe Verwaltung und Recht II des Hauptamts, die für die Polizeiverordnungen und Rechtsfragen der neuen Ostgebiete zuständig war, und dann ab

---

54 Die Biographie Reinefarths, die öffentlichen Reaktionen auf die Skandalisierung seiner NS-Vergangenheit und die letztlich erfolglosen strafrechtlichen Ahndungsbemühungen sind bei Marti, Fall Reinefarth, bereits ausführlich dargestellt. Aufgrund seiner Bedeutung muss der Fall jedoch auch im Rahmen dieser Arbeit näher erörtert werden, die Darstellung wird sich jedoch auf Grundzüge beschränken und den Schwerpunkt auf die bei Marti nicht explizit thematisierte Rolle der SS-Angehörigkeit und SS-Funktionen Reinefarths in den öffentlichen Diskussionen um seine Person legen. Zu seinen biographischen Daten vgl. neben Martis Buch auch BStU, MfS-HA IX/11, PA 3031 und RHE 4/71 Bd. 9; IfZ-Archiv, Sp 50 (Auszüge aus den SS-Personalakten).

September 1943 das neugeschaffene Rechtsamt der Ordnungspolizei. Nachdem dieses Amt im darauffolgenden Dezember wieder aufgelöst wurde, berief Himmler Reinefarth zum HSSPF in Posen und damit zum höchsten Repräsentanten der SS im Warthegau, eine Funktion, die Reinefarth nach einer kurzen Einarbeitungszeit bei verschiedenen amtierenden HSSPF Ende Januar (nach eigenen Angaben im März) 1944 antrat. Im August des Jahres kommandierte ihn Himmler dann zu einer militärischen Spezialaufgabe. Zum SS-Gruppenführer und Generalleutnant der Polizei befördert, führte Reinefarth eine Kampfgruppe aus SS- und Polizeikräften, die zur Niederschlagung des Aufstands der polnischen Heimatarmee in Warschau eingesetzt war und mit äußerster Brutalität vorging. Allein in den ersten zwei August-Wochen wurden an die 50 000 Bewohner des von der polnischen Heimatarmee gehaltenen Stadtteils Wola ermordet. Es war dieser mit dem Eichenlaub zum Ritterkreuz dekorierte Einsatz in Warschau, der neben den hohen SS-Rängen im Zentrum der Auseinandersetzungen um die Person Reinefarth in den 1950er und 1960er Jahren stand. Hingegen sollte seine Funktion als HSSPF in diesen Debatten stark unterbelichtet bleiben, auch weil letztlich keine belastenden Dokumente dazu vorlagen.[55]

Im November 1944 erhielt Reinefarth zusätzlich den Rang eines Generalleutnants der Waffen-SS und kommandierte das in Aufstellung befindliche XVIII. SS-Armeekorps, das dann in Südbaden in Verteidigungsstellungen einrückte. Im Februar 1945 ernannte ihn Hitler im Abwehrkampf gegen die vorrückenden Sowjettruppen zum Festungskommandanten von Küstrin an der Oder, das jedoch nach schweren Kämpfen Ende März fiel. Gegen Reinefarth, der sich mit seiner Truppe rechtzeitig abgesetzt hatte, lief daraufhin wegen Feigheit vor dem Feind ein Kriegsgerichtsverfahren, er wurde inhaftiert, das Verfahren jedoch bald eingestellt.

Reinefarth begab sich schließlich im Westen in amerikanische Gefangenschaft und wurde interniert. Einen Auslieferungsantrag Polens lehnten die US-Militärbehörden ab, auch weil Reinefarth inzwischen von den Amerikanern als Informant angeworben worden war.[56] Mitte 1948 wurde Reinefarth, der ein Haus in Westerland auf Sylt besaß, den Briten überstellt und von diesen im Juni entlassen. Ohne große Probleme wurde er entnazifiziert. Das Spruchgericht Hamburg-Bergedorf sprach ihn

---

55 In Reinefarths Verantwortungsbereich fand 1944 die Vergasung von mehr als 7000 Juden aus dem Restghetto in Lodz in dem zu diesem Zweck wieder in Betrieb genommenen Vernichtungslager Chelmno statt. Ob Reinefarth daran in irgendeiner Form beteiligt war, ließ sich nicht klären, ein diesbezügliches staatsanwaltschaftliches Ermittlungsverfahren wurde 1966 eingestellt, vgl. IfZ-Archiv, NSG-Datenbank Flensburg 2 Js 1000/64; außerdem Buchheim, Die Höheren SS- und Polizeiführer, S. 376 ff., Birn, Die Höheren SS- und Polizeiführer, S. 182. Belegt ist Reinefarths Engagement bei der Ansiedlung von Volksdeutschen im Warthegau, vgl. Marti, Fall Reinefarth, S. 50 ff. Reinefarth selbst bezeichnete das Amt des HSSPF apologetisch als „völlig bedeutungslos". Seine Aufgaben hätten sich im Wesentlichen darin erschöpft, als Gerichtsherr des SS- und Polizeigerichts zu fungieren und die nur noch aus einigen hundert Personen bestehende Allgemeine SS zu führen, vgl. IfZ-Archiv, ZS-1138, Vernehmung vom 16.9.1948.
56 Breitman u. a., U.S. Intelligence, S. 450.

auf der Basis seiner eigenen und der von ihm vorgelegten entlastenden Zeugenaussagen frei, da es sein Handeln in Warschau durch Befehle gedeckt sah und keine Anhaltspunkte für eine ihn belastende „Kenntnis von der Verwendung der SS zu Kriegsverbrechen oder Verbrechen gegen die Menschlichkeit" erkennen mochte.[57] In einem nachfolgenden Entnazifizierungsverfahren in Flensburg wurde er als entlastet eingestuft. Einen erneuten polnischen Antrag auf Auslieferung lehnten die britischen Militärbehörden nach einer Anhörung im Juni 1950 endgültig ab.

Ab 1951 war Reinefarth wieder als Rechtsanwalt tätig, jedoch strebte er nun auch in die Politik. 1950 war er der Anfang des Jahres in Schleswig-Holstein neu gegründeten Vertriebenenpartei BHE beigetreten, die bei den Landtagswahlen im selben Jahr im besonders stark mit Flüchtlingen und Heimatvertriebenen belegten nördlichsten Bundesland fast ein Viertel der Wählerstimmen erhielt und nachfolgend als Koalitionspartner von CDU, FDP und DP in die Landesregierung eintrat. Bei den Kommunalwahlen im darauffolgenden Jahr zog Reinefarth dann für den BHE in den Stadtrat von Westerland und in den Kreistag von Südtondern ein. Auf Sylt hatte sich die Bevölkerung durch den Zuzug von Heimatvertriebenen fast verdoppelt, was dem BHE eine entsprechend starke Stellung in der Kommunalpolitik eintrug. Ende 1951 bewarb sich Reinefarth dann als Jurist mit Verwaltungserfahrung für den Posten des Bürgermeisters und wurde mit den Stimmen von BHE sowie eines aus CDU und anderen konservativen Gruppen gebildeten Blocks gewählt. Zwar hatte die Zeitung der auch auf Sylt vertretenen dänischen Minderheit auf Reinefarths NS-Vergangenheit und insbesondere seine herausgehobene Stellung als SS-General hingewiesen, diese wurde jedoch nach der erfolgreichen Entnazifizierung von der lokalen Bevölkerung, von Politik und Presse mehrheitlich nicht als Problem angesehen. Der hohe SS-Rang setzte Reinefarth dabei noch am stärksten unter einen Rechtfertigungsdruck. Er redete sich damit heraus, niemals hauptamtlich bei der SS tätig gewesen zu sein und seinen hohen Rang nur als Polizist im Rahmen der Dienstgradangleichung erhalten zu haben.[58]

Nachfolgend verschaffte sich der neue Bürgermeister als geschickter Kommunalpolitiker und Manager des in den 1950er Jahren rasant wachsenden Fremdenverkehrs auf der Urlaubsinsel rasch Anerkennung.[59] 1956 wurden erstmals überregional öffentliche Angriffe gegen ihn bekannt. Die Zeitschrift *Einigkeit*, das Organ der Gewerkschaft NGG, rief zum Boykott Westerlands auf, solange dort ein SS-Gruppenführer und „Massenmörder" Bürgermeister sei.[60] Größere Resonanz erregte dieser

---

[57] IfZ-Archiv, Sp 50, Urteil des Spruchgerichts Bergedorf 15 Sp Ls 71/49 N vom 21.6.1949. In seiner Vernehmung hatte Reinefarth angegeben, nicht gewusst zu haben, dass in den KZ ungesetzliche Maßnahmen durchgeführt würden und dass sich die SS an der Judenverfolgung beteiligte.
[58] Vgl. Marti, Fall Reinefarth, S. 111 ff.; ders., Karrieren, S. 179 f. („Westerland erhält früheren SS-General als Bürgermeister" hatte die Zeitung *Flensborg Avis* getitelt).
[59] Vgl. etwa *Hamburger Abendblatt* vom 10.9.1955 („Sylt erlebt Reiserekord").
[60] *Einigkeit* 1956, S. 83 (Nr. 7 vom 1.4.1956), zitiert auch in DF vom Mai 1956, S. 9.

Aufruf indes nicht. Lokal sorgte er aber doch für Aufregung, Kritik erntete freilich nicht Reinefarth, der jede Beteiligung an Verbrechen dementierte, sondern die Gewerkschaftszeitung, die selbst von ihren eigenen und auch den Mitgliedern anderer Gewerkschaften vor Ort wegen ihrer Anschuldigungen gerügt wurde.[61] 1957 wurde Reinefarth nunmehr mit den Stimmen aller im Magistrat vertretenen Parteien für weitere zwölf Jahre im Amt des Bürgermeisters bestätigt.

Als ehemaliger hoher SS-Führer und nunmehriger Amtsträger in der Bundesrepublik bot sich Reinefarth jedoch fast zwangsläufig als ein besonders prägnantes und im Kalten Krieg propagandistisch gut zu verwertendes Beispiel an, um auf die „Renazifizierung" in Westdeutschland aufmerksam zu machen. Der vom Ehepaar Andrew und Annelie Thorndike für die Ost-Berliner DEFA 1957 gedrehte Film mit dem Titel „Urlaub auf Sylt", der sich besonders Reinefarths Rolle beim Warschauer Aufstand annahm und ihn als „Henker Tausender Polen" oder „Mörder, der Karriere machte", titulierte, blieb auch in der Bundesrepublik nicht ohne Wirkung. *Der Spiegel* berichtete im Dezember 1957 in einem längeren Artikel über dessen Zustandekommen und machte dabei auch die Vergangenheit Reinefarths und seine SS-Ränge publik.[62] Reinefarth pochte zwar demgegenüber auf seine im Rahmen der Entnazifizierung festgestellte Unschuld, wurde jedoch nur wenig später durch eine im Januar 1958 im *Spiegel* veröffentlichte Leserzuschrift des Freiburger Rechtshistorikers Hans Thieme weiter belastet. Thieme, dessen Bruder Karl 1933 aufgrund seiner Gegnerschaft zum Nationalsozialismus als Geschichtsprofessor entlassen worden und 1935 in die Schweiz emigriert war, teilte in dem Brief mit, er habe als Artillerieoffizier Reinefarth 1944 in Warschau persönlich kennengelernt und dieser habe ihm beim Anblick einer langen Marschkolonne zwangsevakuierter Warschauer Bürger erklärt: „Soviel Munition haben wir nicht, um die alle umzulegen."[63] Die oppositionelle SPD im Kieler Landtag regte daraufhin an, den Bürgermeister von Westerland ob der gegen ihn erhobenen Vorwürfe zu beurlauben. Innenminister Helmut Lemke (CDU) lehnte dies jedoch mit Hinweis auf Reinefarths Entnazifizierung und die von diesem gegen Thieme angestrengte, noch nicht entschiedene Verleumdungsklage ab.[64]

Im Juli 1958 übersandte das Ehepaar Thorndike dem Landtag und der Hamburger Generalstaatsanwaltschaft Dokumentenkopien, die die Tätigkeit Reinefarths in

---

61 Vgl. *Einigkeit* 1958, S. 314 (Nr. 21 vom 1.11.1958).
62 Vgl. *Der Spiegel* Nr. 50 vom 11.12.1957, S. 54 ff.; vgl. zum Film auch Thorndike u. a., Urlaub; Huhn/Thorndike, Massenmörder. Reinefarth hatte sich vom Filmteam, das als „Süddeutsche Kulturfilm" auftrat und vorgab, an den touristischen Schönheiten der Insel interessiert zu sein, bereitwillig filmen lassen.
63 Vgl. *Der Spiegel* Nr. 2 vom 8.1.1958, S. 6, und Nr. 5 vom 29.1.1958, S. 50.
64 Vgl. *Lübecker Nachrichten* vom 26.3.1958 („Aufstand in Warschau vor dem Kieler Landtag"); Lemke hatte seit 1933 der NSDAP angehört und war bis 1945 Bürgermeister von Eckernförde und Schleswig gewesen; ausführlich zu den Vorgängen außerdem Marti, Fall Reinefarth, S. 126 ff.

Warschau belegten. Als die Staatsanwaltschaft Flensburg aufgrund dessen ein Ermittlungsverfahren einleitete, bezeichnete Reinefarth die Dokumente als teilweise gefälscht, beantragte aber trotzdem bis zur Klärung des Verfahrens seine Beurlaubung, um, wie er sich ausdrückte, die entstandene, „dem Nordseebad Westerland abträgliche Unruhe" zu beseitigen. Seine Partei gab daraufhin eine Ehrenerklärung für Reinefarth ab. Sie hatte ihn inzwischen auf einem vorderen Listenplatz für die Landtagswahl im kommenden September aufgestellt.[65]

Diese Unterstützung Reinefarths kann insofern kaum verwundern, als die gesamte Spitzenmannschaft des schleswig-holsteinischen GB/BHE erhebliche NS-Belastungen aufwies. Der seit 1954 amtierende Landesvorsitzende Hans-Adolf Asbach war wie Reinefarth Jurist und der NSDAP 1932 beigetreten. In den Kriegsjahren 1940 bis 1943 war er als Kreishauptmann in Janów Lubelski und Brzeżany in Polen maßgeblich an der Verfolgung und Ermordung der dort ansässigen Juden beteiligt gewesen.[66] Ebenfalls in der Zivilverwaltung der besetzten Gebieten, nämlich als Gebietskommissar im ukrainischen Saporoschje von 1942 bis 1944 war der in der Liste vor Reinefarth platzierte Alfred Gille im Krieg tätig gewesen, auch er war Jurist und hatte der SA seit 1933 sowie der NSDAP seit 1937 angehört.[67] Insgesamt galt der GB/BHE in Schleswig-Holstein als besonders stark mit ehemaligen Nationalsozialisten durchsetzt. Anfang 1958 meldete die Presse, zwölf der 22 Kreisvorsitzenden der Partei im Land hätten der SS angehört.[68] Der im Februar 1958 aufgrund schwerer Differenzen mit dem Vorstand aus der Partei ausgeschlossene Vorsitzende der Landtagsfraktion Heinz Kiekebusch beklagte sich anschließend bitter, der GB/BHE sei von „SS-Führern unterwandert".[69] Sowohl Asbach wie auch Gille und Reinefarth

---

65 *Sylter Tagblatt* vom 1.8.1958 („Reinefarth bittet um Beurlaubung"); vgl. weiter *Die Welt* vom 1.8.1958 („Reinefarth bestreitet"), vom 6.8.1958 („Reinefarth beurlaubt") und vom 26.8.1958 („Fangstoß für den BHE. Ehrenerklärung für Reinefarth"); nach der Spaltung des GB/BHE in Schleswig-Holstein kurz vor der Wahl rückte Reinefarth von Listenplatz Nr. 5 auf Nr. 3 vor.
66 Vgl. Bewersdorf, Asbach; Seine Tätigkeit in Polen war zwar bereits 1950, als Asbach erstmals Minister geworden war, in Zeitungsartikeln erwähnt worden, vgl. etwa FR vom 2.9.1950 („Renazifizierung großen Stils in Schleswig-Holstein"), jedoch hatte dies damals keine Folgen. Erst 1961 liefen langwierige Ermittlungen der Justiz gegen ihn an, die dann trotz ganz erheblicher Belastungen 1976 mit einer Außerverfolgungsetzung mangels ausreichender Beweise abgeschlossen wurden.
67 Vgl. Schwartz, Funktionäre, S. 277 ff., 376 ff. Gille saß für den BHE bzw. den GB/BHE von 1950 bis 1954 und erneut von 1958 bis 1962 im Landtag und von 1953–1957 im Bundestag, er war daneben Bundessprecher der Landsmannschaft der Ostpreußen und Vorstandsmitglied im BdV.
68 Vgl. *Die Tat* vom 16.8.1958; Tauber, Eagle, S. 1357. Auch der *Deutschland-Union-Dienst* der CDU und der DGB zeigten sich Ende 1957 besorgt über den zunehmenden Einfluss von ehemaligen SS- und NSDAP-Angehörigen im GB/BHE, vgl. *Feinde der Demokratie* VII/3–4, Januar/Februar 1958, S. 48 ff.
69 FNP vom 24.4.1958 („BHE von SS-Führern unterwandert"); die Partei sei seit 1956 von dieser kleinen Gruppe beherrscht, die sich nicht zu den Zielen, mit denen der BHE 1950 gegründet worden sei, und auch nicht zur Demokratie bekenne, meinte Kiekebusch, der wenig später zur CDU übertrat.

wurden bei der Wahl 1958 in den Landtag gewählt, insgesamt verlor der GB/BHE aber massiv an Stimmen und fiel aus der nunmehr allein von CDU und FDP gebildeten Regierungskoalition. Dies wurde allein schon durch die neuen Mehrheitsverhältnisse im Landtag ermöglicht. Hinzu kam noch, dass sich der GB/BHE kurz vor der Wahl gespalten hatte und ein gemäßigter Flügel samt den beiden von der Vertriebenenpartei gestellten Landesministern zur CDU übergetreten war. Der alte und neue Ministerpräsident Kai-Uwe von Hassel (CDU) hatte diese Verkleinerung der Regierungskoalition parteiintern schon vor der Wahl vorbereitet, da auch ihm die NS-Belastung zahlreicher Landtagskandidaten des GB/BHE nicht behagte. Anfang 1959 bestätigte er dies dann gegenüber der Öffentlichkeit.[70]

Drei Tage nach der Wahl stellte die Staatsanwaltschaft Flensburg die gegen Reinefarth eingeleiteten Ermittlungsverfahren mangels „begründeten Verdachts" für eine Beteiligung an Verbrechen ein, „seltsam eilfertig", wie manche Pressekommentatoren befanden, die insbesondere die ausgebliebene Vernehmung von Zeugen aus Polen kritisierten.[71] Nachdem es in einigen Blättern, wohl aufgrund einer entsprechenden Pressemitteilung der Justizbehörden, geheißen hatte, die Einstellung sei mangels „hinreichenden Tatverdachts" erfolgt, stellte die Reinefarth zugeneigte, lokale *Sylter Rundschau* umgehend auf Basis eines Schreibens der Staatsanwaltschaft an den Betroffenen die Formulierung richtig.[72] Als dann der offizielle Einstellungsbeschluss vorlag, bezeichnete die Zeitung Reinefarth als „völlig rehabilitiert".[73] Für viele überregionale Zeitungen allerdings änderte die Verfahrenseinstellung wenig an der grundsätzlichen Kritik an dem Vorgang, einen Mann mit einer derartigen Vergangenheit in ein bundesdeutsches Länderparlament zu bringen. Die

---

70 Vgl. Marti, Karrieren, S. 184; FAZ vom 5.1.1959 („Auch Hassel gegen Reinefarth"). Grundsätzliche Bedenken gegen eine Zusammenarbeit mit ehemaligen NS-Funktionären hatte Hassel freilich nicht. Dies illustriert auch sein gutes Einvernehmen mit dem 1958 altersbedingt pensionierten Amtschef seiner Staatskanzlei Ernst Kracht, einem altgedienten schleswig-holsteinischen Beamten, der schon 1919 Landrat und von 1936 bis 1945 Bürgermeister von Flensburg gewesen war. Kracht war 1937 in die SS eingetreten und hatte aufgrund seiner herausgehobenen Stellung den Rang eines Sturmbannführers verliehen bekommen; vgl. zu seiner Person Godau-Schüttke, Heyde/Sawade-Affäre, S. 92; Ruck, Auf dem Sonderweg, S. 140.
71 Vgl. FAZ vom 9.10.1958 („Der Fall Reinefarth"), auch *Hamburger Echo* vom 11.10.1958 („Der Fall Reinefarth"); *Stuttgarter Zeitung* vom 10.10.1958 („Die Warschauer Verbrechen ungeklärt"); SZ vom 11./12.10.1958 („Fall Reinefarth"). Der GB/BHE-Vorsitzende Asbach kritisierte in einem am 18.10.1958 in der FAZ abgedruckten Leserbrief den Kommentar dieser Zeitung. Die Staatsanwaltschaft habe sehr wohl ausführlich ermittelt, meinte er, ein begründeter Verdacht gegen Reinefarth habe sich jedoch nicht ergeben, im Gegenteil sei ihm ein „Bemühen um korrektes Verhalten" bescheinigt worden.
72 Vgl. *Sylter Rundschau* vom 3.10.1958 („Bürgermeister Reinefarth ab heute wieder im Amt") und vom 4.10.1958 („Kein begründeter Verdacht"); von einem nicht „hinreichenden Tatverdacht" hatten etwa das *Sylter Tageblatt* vom 2.10.1958 („Kein hinreichender Tatverdacht") oder die *Stuttgarter Zeitung* vom 2.10.1958 („Kein hinreichender Tatverdacht gegen Reinefarth") berichtet.
73 *Sylter Rundschau* vom 9.10.1958 („Bürgermeister Reinefarth völlig rehabilitiert").

Debatten über Reinefarth verstärkten sich deshalb nach der Landtagswahl noch einmal.

Reinefarth wurde dabei in der Presse meist als „SS-General" tituliert, was einerseits seinen hohen Rang hervorhob, andererseits jedoch auf die Waffen-SS rekurrierte, die in diesem Fall eigentlich nur eine Nebenrolle spielte. Deutlich weniger häufig wurde der Rang des „SS-Obergruppenführers" angegeben und nur in ganz wenigen Fällen die Funktion des HSSPF, mit der wahrscheinlich weder Journalisten noch Leser damals viel anzufangen wussten. Die Unterschiede zwischen Allgemeiner SS und Waffen-SS wurden dabei nicht thematisiert, die Rangbezeichnungen scheinen relativ beliebig verwendet worden zu sein. Sie wechselten nicht selten auch bei verschiedenen, innerhalb einer kurzen Zeitspanne erschienenen Berichten von ein und derselben Zeitung. Dass Reinefarth seit 1932 in der SS gewesen war und dort ein hohes Amt und eine hohe Funktion innegehabt hatte, wurde in der Regel nur recht allgemein und meist als Randaspekt seiner NS-Belastung angesprochen.

Einige Artikel machten hier allerdings eine Ausnahme: „Was uns aber auf den Magen geht", schrieb etwa die *Bonner Rundschau*, „ist die Tatsache, daß der deutschen Öffentlichkeit ein Mann als Volksvertreter zugemutet wird, der es einst während des Naziregimes zu hohen SS-Ehren gebracht hat und bis heute noch den Beweis eines Gesinnungswandels schuldig geblieben ist".[74] Eine „methodische Förderung höchster Himmler-Schergen bei der Wahl für ein demokratisches Parlament" konstatierte Ernst Müller-Meiningen jr. in der *Süddeutschen Zeitung* und bezeichnete diesen Vorgang als „Skandal" und „Provokation", die „leider ins Zeitbild" passten.[75] In dieselbe Richtung gehend, aber weniger auf die SS abhebend befand es die *Frankfurter Allgemeine Zeitung* für „skandalös, dass ein Mann, der auch nur entfernt in solche Vorgänge verwickelt war, in unserem Lande ein öffentliches Amt bekleidet und sogar einen Sitz in einer Volksvertretung erlangt".[76] Auch Hans Nätscher, der Vorsitzende der Gewerkschaft NGG meinte, es sei ein „Skandal, daß ein Mann wie Reinefarth ein öffentliches Amt bekleidet und einen Sitz in der Volksvertretung erhält".[77] Ähnlich äußerte sich Helmut Lindemann im SPD-Parteiblatt *Vorwärts*, der Symptome einer „langsam, aber sicher fortschreitenden Aushöhlung der demokratischen Substanz unserer Republik" zu erkennen glaubte. Offensichtlich, schrieb er, sei Reinefarth und seinen Unterstützern gar nie „der Gedanke gekommen, daß ein SS-Obergruppenführer nicht in die Landschaft einer parlamentarischen Demokratie" passe. Denn allein die Tatsache, dass jemand „SS-General gewesen ist und

---

[74] *Bonner Rundschau* vom 2.10.1958 („Reinefarth ad acta?"). „Gewiß ein unrühmliches Novum" im bundesdeutschen Nachkriegsparlamentarismus sei es, fuhr das Blatt fort, „daß ein des Mordes Verdächtiger sich in einen Landtag wählen ließ, während gegen ihn ein strafrechtliches Ermittlungsverfahren schwebte".
[75] SZ vom 11./12.10.1958 („Fall Reinefarth").
[76] FAZ vom 9.10.1958 („Der Fall Reinefarth").
[77] *Einigkeit* 1958, S. 314 (Nr. 21 vom 1.11.1958).

sich als solcher sehr weitgehend mit Hitlers Gewaltherrschaft identifiziert hat", genüge, damit jemand „für öffentliche Ämter in der Bundesrepublik disqualifiziert" sei, „wie immer seine Vergangenheit im einzelnen beschaffen" sein möge.[78]

Ende November 1958 wurde die Kontroverse noch zusätzlich angefeuert durch eine Art Maulkorb, den Ministerpräsident Hassel gegenüber dem Landesbeauftragten für staatsbürgerliche Bildung Ernst Hessenauer wegen einer Äußerung zu dem Fall verhängte. Hessenauer hatte nach einem Vortrag beim Landesjugendring in Kiel zum Thema „Die politische Verantwortung der Jugendverbände" auf eine entsprechende Frage mit Verweis auf das Beispiel Reinefarth geantwortet, er halte es für ein Problem und eine Belastung der Jugend gegenüber, wenn jemand, der sich im Dritten Reich in exponierter Stellung befunden habe, heute im Parlament die junge Demokratie repräsentieren solle. Gerade diesen konkreten Personenbezug rügte Hassel, da nicht der Eindruck entstehen dürfe, ein Landesbeamter trete für die Wiederaufnahme der 1951 gesetzlich beendeten Entnazifizierung ein. Der GB/BHE hatte die Äußerung Hessenauers zuvor scharf als eine bisher einzigartige Herabsetzung eines ordnungsgemäß gewählten Abgeordneten verurteilt und von Hassel ein energisches Einschreiten verlangt.[79]

Dieser regionale Vorgang löste bundesweite Proteste in den Medien aus, die in ihrem Pochen auf die für einen demokratischen Staat gerade in solchen Fragen unerlässliche Meinungsfreiheit ein deutliches Zeichen für eine gegenüber der Politik erstarkte Medienöffentlichkeit setzten. Der Ministerpräsident sah sich in der Presse und in Zuschriften heftigen Angriffen ausgesetzt, er verletze demokratische Grundrechte und befördere reaktionäre Kräfte. Hessenauer hingegen wurde für seine Courage gelobt, darüber hinaus erreichten ihn viele unterstützende Stellungnahmen und Schreiben.[80] Hassel reagierte mit einer längeren Stellungnahme im Rundfunk, in der er die Brisanz des Falls herunterzuspielen suchte und klarstellte, dass er Hessenauer keineswegs Redeverbot erteilt habe und mit diesem in der grundsätzlichen Einschätzung übereinstimme, dass hohe NS-Funktionäre in einem demokratischen Parlament nichts verloren hätten. Er habe den Landesbeauftragten lediglich darauf hingewiesen, dass in einer Demokratie gesetzliche Regelungen und demokratische Wahlentscheidungen respektiert werden müssten.[81]

---

78 *Vorwärts* vom 10.10.1958 („Es ist erreicht: Reinefarth voraus!"); ähnlich auch *Metall* vom 12.11.1958 („Der Schwur des SS-Generals Reinefarth"), wo Reinefarth als „fanatischer Nationalsozialist" bezeichnet wurde, der „sicherlich nicht umsonst von Hitler zum HSSPF und SS-Gruppenführer befördert" worden sei.
79 Vgl. FAZ vom 26.11.1958 („Hessenauer gegen Reinefarth") und vom 1.12.1958 („Der Fall Hessenauer erregt Schleswig-Holstein"); Marti, Karrieren, S. 184 ff.
80 Vgl. FNP vom 2.12.1958 („Hassel ermutigt Reaktionäre" von Hans Becker); *Stuttgarter Zeitung* vom 3.12.1958 („Verbotene Vergangenheit" von Helmut Lindemann); FAZ vom 9.12.1958 („Hassel und Hessenauer"); *Lübecker Nachrichten* vom 4.12.1958 („Dunkelmänner").
81 Vgl. FAZ vom 11.12.1958 („Hassel im Rundfunk über Hessenauer").

Hierin irre Hassel aber, stellte daraufhin Ernst Friedlaender im *Hamburger Abendblatt* fest. Hessenauer habe sich gar nicht zu den rechtlichen Aspekten des Falls geäußert, sondern zu den „geistigen und moralischen", zur Frage, was sich zieme, und er habe dabei vollkommen richtig gehandelt. Denn es zieme sich einfach nicht, „daß ein solcher Mann eine neue politische Karriere in der Demokratie beginnt". Rein rechtlich sei dies sicher zulässig, und dennoch „eine grundschlechte Sache, die das Ansehen unseres Staates nach innen wie nach außen schädigt". Denn „das Ganze der Demokratie, ihr Sinn, Geist und Stil" stünden dem entgegen, argumentierte Friedlaender mit ganz ähnlichen Worten wie schon zuvor in dem oben dargestellten Fall der drei bayerischen Landtagskandidaten mit NS-Vergangenheit. Wer dem „verbrecherischen Staate des Nationalsozialismus aus freiem Willen an hoher Stelle verantwortlich gedient" habe, könne nunmehr nicht das Volk in einem demokratischen Parlament vertreten.[82]

Diese Ansicht teilte auch die große Mehrheit der Kieler Studenten. Aufgeschreckt durch den GB/BHE-Vorsitzenden Gille, der vor einigen Schulklassen Reinefarth als „verehrungswürdigen Soldaten" und „Vorbild für die deutsche Jugend" bezeichnet hatte, wandte sich das Studentenparlament der Universität mit großer Mehrheit gegen alle Versuche, hohen Funktionären des NS-Regimes wieder Einfluss zu verschaffen, und beschloss, kein Mitglied des GB/BHE-Vorstands und der GB/BHE-Fraktion, das sich nicht von Reinefarth distanziert habe, zu Veranstaltungen der Studentenschaft einzuladen, an keinen Veranstaltungen des GB/BHE offiziell teilzunehmen und den anderen Jugendorganisationen im Land dasselbe zu empfehlen. Man wolle, führte ein Studentensprecher aus, „der Öffentlichkeit zeigen, daß die Verbrechen der Nationalsozialisten nicht vergessen oder verniedlicht werden" dürften, wie Gille dies versucht habe. Erstmals in der öffentlichen Debatte wurde dabei erwähnt, dass der GB/BHE-Fraktionsvorsitzende selbst den Rang eines SS-Oberführers getragen hatte, ohne dass sich daran aber konkrete Forderungen bezüglich seiner Person knüpften. Der Studentensprecher zählte einige der im Dritten Reich begangenen schweren Verbrechen auf, bezeichnete von den daran Beteiligten die SS und den SD als die „schlimmsten Organisationen" und zitierte aus der Posener Rede Himmlers vom Oktober 1943, in der der RFSS vor höchsten SS-Führern offen von der „Ausrottung" der Juden gesprochen hatte. Bezüglich Reinefarth wurde bemerkt, er sei in kurzer Zeit vom Unteroffizier zum Generalleutnant und höchsten SS- und Polizeiführer in Posen avanciert und habe als solches die Verbrechen Hitlers zumindest mitzuverantworten. Wer sich als SS-General dem „Führer" verschrieben habe, sagte ein Teilnehmer, der könne niemanden glauben machen, er sei jetzt geläutert, es sei denn, er ziehe sich aus der Öffentlichkeit zurück.[83]

---

82 *Hamburger Abendblatt* vom 13.12.1958 („Hessenauer und Hassel").
83 FAZ vom 15.12.1958 („Die Kieler Studenten stehen zu Hessenauer") und *Die Zeit* vom 18.12.1958 („Universitäts-Hörsaal als Tribunal"). Die vom Studentenparlament verabschiedete Resolution wur-

Während im Kreistag von Südtondern der SPD-Vertreter Nikolaus Ehlers, ehemals Reichsbannerangehöriger und Sachsenhausen-Häftling, jede weitere Zusammenarbeit mit Reinefarth ablehnte und aus Protest sein Mandat niederlegte[84], rangen im Kieler Landtag die Mitglieder und die Fraktionen um einen adäquaten Umgang mit dem früheren SS-Gruppenführer. Als Reinefarth das erste Mal auf der Rednerliste angekündigt war, um zum Thema Beamtenbesoldung zu sprechen, sorgte die SPD vor seinem Auftritt für eine Sitzungsunterbrechung und Vertagung dieses Tagesordnungspunktes. Als einen Tag später der Bericht des Wahlprüfungsausschusses und die Bestätigung der Wahlergebnisse anstanden, debattierten die Parteien zunächst fast den ganzen Tag lang in den Fraktionen und im Ältestenrat über eine Stellungnahme zum Fall Reinefarth. Abgesehen vom GB/BHE waren sich alle einig, dass hohe Würdenträger des Dritten Reichs nicht in ein demokratisches Parlament passten.[85] Auf eine gemeinsame Erklärung konnte man sich jedoch nicht einigen, so dass jede Partei gesondert Stellung nahm. Während die SPD Reinefarth scharf angriff und von einer „Herausforderung" für die Demokratie sprach, beließen es CDU und FDP bei recht zurückhaltenden allgemeinen Formulierungen, wobei allerdings der CDU-Fraktionsvorsitzende Alfred Mentzel verlauten ließ, dass seine Partei „einen früheren SS-General niemals als Kandidaten für eine Landtagswahl zugelassen hätte".[86] Reinefarth ließ den Abgeordneten und dem Landtagspräsidium daraufhin ein Rechtfertigungsschreiben zukommen, in dem er sich noch einmal als in juristischer Hinsicht völlig entlastet darstellte. Bezüglich seiner Mitgliedschaft in der SS behauptete er erneut, dieser Organisation niemals hauptamtlich angehört zu haben. In allen Funktionen habe er sich stets als Beamten gesehen und alle SS-Ränge quasi zwangsläufig ohne sein eigenes Zutun erhalten. Mit Hinweis auf seinen befehlswidrigen Ausbruch aus der Festung Küstrin stilisierte sich Reinefarth abschließend noch als Widerstandskämpfer „unter Einsatz von Freiheit und Leben".[87]

---

de auch dem Bundeskanzler übersandt, vgl. BArchK, B 136/3036. Himmlers Posener Rede vom 4.10.1943 war ein Beweismittel im Nürnberger Hauptkriegsverbrecherprozess und wurde als solches veröffentlicht, vgl. Prozeß, Bd. 29, S. 110 ff. (Dokument 1919-PS).
84 Vgl. *Sylter Rundschau* vom 15.12.1958 („Kontroverse Reinefarth – Ehlers im Kreistag").
85 Vgl. *Sylter Tageblatt* vom 17.12.1958 („Fraktionen berieten fast den ganzen Tag über Fall Reinefarth"); *Kieler Nachrichten* vom 17.12.1958 („,Fall Reinefarth' blockierte den Landtag"); Schleswig-Holsteinischer Landtag, 4. Wp., 4. Sitzung vom 15.12.1959, S. 82; die Landtagsprotokolle spiegeln allerdings nur die öffentlichen Erklärungen der Parteienvertreter, nicht die Vorgänge dahinter.
86 Ebenda, 5. Sitzung vom 16.12.1959, S. 94 f. (Zitat S. 94); gegen einen verdienten früheren NS-Funktionär wie Mentzel selbst, NSDAP-Mitglied seit 1930 und Bürgermeister von Kiel 1933–1945, gab es freilich auch in der schleswig-holsteinischen CDU keine Vorbehalte.
87 Vgl. FAZ vom 18.12.1958 („Reinefarth erklärt sich zum Widerstandskämpfer"); in einem am 24.12.1958 in der FAZ abgedruckten Leserbrief („Niemals hauptamtlich in der SS") widersprach der Zeithistoriker Gerhard Schulz Reinefarth vehement und wies darauf hin, dass dieser in seinen Funktionen keinen zivilen Beamtenrang, sondern allein SS-Rang und Polizeirang besessen habe.

Während die Regierungsparteien nach ihrer grundsätzlichen Distanzierung Reinefarth im Landtag dulden wollten, stieß er bei der SPD auch weiterhin auf offene Ablehnung. Als er im Januar 1959 zu einem Antrag der SPD sprechen wollte, hinderten ihn Sozialdemokraten mehrmals am Betreten des Rednerpults, beantragten anschließend erfolgreich eine Vertagung und eine Absetzung dieses Punktes von der Tagesordnung. Bei der Abstimmung über die Zusammensetzung des Landeswahlausschusses Anfang Februar verließen die allermeisten sozialdemokratischen Abgeordneten und auch einige der christlich-demokratischen aus Protest den Sitzungssaal, weil der GB/BHE Reinefarth für dieses Gremium nominiert hatte.[88] Auf die Dauer bildete sich dann aber doch eine Art Duldung des Westerländer Bürgermeisters im Kieler Parlament heraus. Der weitreichenden Forderung des Vorsitzenden der Gewerkschaft NGG Nätscher, „Parteien, die noch auf Sauberkeit und Demokratie zu achten gedenken, sollten es ablehnen, im Landtag tätig zu sein, solange Reinefarth noch sein Mandat ausübt"[89], wollten selbst die Sozialdemokraten nicht folgen. Und so waren auch sie anwesend, als Reinefarth erstmals am 6. Juli 1959 im Plenum des Landtags sprach. In seiner eigenen Partei saß Reinefarth nach wie vor fest im Sattel. Auf deren Landesparteitag in Preetz im Mai 1959 wurde er mit dem besten Ergebnis aller Kandidaten als Beisitzer in den Vorstand gewählt.[90]

Danach wurde es einige Zeit ruhig um den Landtagsabgeordneten und Bürgermeister von Westerland. Anfang 1961 tauchte sein Name am Rande der Debatten um die Heyde-Sawade-Affäre auf, in der schleswig-holsteinischen Behörden die Deckung und Unterstützung von NS-Verbrechern vorgeworfen wurde.[91] Brisant wurde es für Reinefarth dann aber im Sommer 1961, als die Staatsanwaltschaft Flensburg aufgrund neuer Beweismittel die Ermittlungen gegen ihn wieder aufnahm. Der Lüneburger Historiker Hanns von Krannhals war bei seinen Recherchen zum Warschauer Aufstand in den USA auf das komplette Kriegstagebuch der 9. Armee gestoßen und hatte darin erhebliche Belastungen Reinefarths festgestellt. Es ließ sich damit unter anderem beweisen, dass der SS-Gruppenführer anders als von ihm selbst angegeben schon in den ersten Tagen des Aufstands den Oberbefehl in Warschau übernommen hatte und dass ihm in dieser Zeit auch die berüchtigte SS-Brigade „Dirlewanger", der zahlreiche Gräueltaten zur Last gelegt wurden, unterstanden hatte. Ende August 1961 beantragte die Staatsanwaltschaft die Aufhebung von Reinefarths Immunität, der der Landtag einen Monat später zustimmte. Kurz zuvor hat-

---

88 Vgl. FAZ vom 19.1.1959 („Die Regierungsparteien wollen Reinefarth dulden") und vom 5.2.1959 („Demonstration gegen Reinefarth"). In den Landtagsprotokollen, Schleswig-Holsteinischer Landtag, 4. Wp., Stenographische Berichte, 1.-22. Sitzung, finden sich dazu keine Hinweise.
89 *Einigkeit* 1959, S. 6 (Nr. 1/2 vom 15.1.1959).
90 Vgl. FAZ 4.5.1959 („Für Schleswig-Holstein keine Konsequenzen"). In dem Artikel wurde Reinefarth lediglich als „Generalleutnant" tituliert.
91 Vgl. FAZ vom 17.1.1961 („Hassel weist alle Verdächtigungen zurück") und vom 20.1.1961 („Hassels Aufgabe"); zur Heyde-Sawade-Affäre Godau-Schüttke, Heyde/Sawade-Affäre.

te man im *Spiegel* Auszüge aus den neuen belastenden Dokumenten lesen können.[92]

Mit Verständnis konnte Reinefarth nun in den Medien kaum mehr rechnen. Die antisemitischen Vorfälle zur Jahreswende 1959/60, die Debatte um die NS-Belastung von Bundesvertriebenenminister Theodor Oberländer und dessen Rücktritt 1960 sowie der unter großer internationaler Aufmerksamkeit im April 1961 in Jerusalem begonnene Eichmann-Prozess hatten die Öffentlichkeit weiter für das Thema NS-Vergangenheit sensibilisiert. Auch wenn die Hamburger Ausgabe der *Bild* in einer Schlagzeile schon behauptete, „SS-Reinefarth kommt endlich vor Gericht"[93], so hatten die Ermittlungen doch gerade erst wieder begonnen und sie sollten sich in die Länge ziehen. Das Interesse der Presse an dem Fall ließ deshalb zunächst von kleineren Meldungen über Reinefarths erneute Beurlaubung als Bürgermeister und seine Aufstellung für die Kreistagswahl wieder nach.[94] *Der Spiegel* nahm jedoch das Erscheinen von Krannhals' Studie zum Warschauer Aufstand im Juni 1962 zum Anlass, um unter Verwendung der Reinefarth belastenden Quellenzitate an den Fall zu erinnern, die *Frankfurter Allgemeine Zeitung* brachte im März 1963 einen ähnlichen Artikel von Hansjakob Stehle[95].

Als Anfang Mai 1963 das Landgericht Flensburg auf Antrag der Staatsanwaltschaft eine Voruntersuchung gegen Reinefarth eröffnete, fand das wieder breiten Widerhall in der Tagespresse, zumal da nun schließlich auch die Sylter Lokalpolitik die Zeit gekommen sah, sich von dem schwer belasteten Bürgermeister zu trennen. Parteipolitisch war dieser inzwischen ohnehin recht isoliert. Für den Landtag hatte er 1962 nicht mehr kandidiert, die Gesamtdeutsche Partei (GDP) scheiterte bei der Wahl an der Fünf-Prozent-Hürde; auch im Kreistag von Südtondern und im Stadtrat von Westerland war die GDP nach den Kommunalwahlen im selben Jahr nicht mehr vertreten.[96] Ein Wechsel zu einer der größeren Parteien, wie ihn andere Vertriebenenpolitiker vollzogen, die ihre Mandate und Ämter behalten wollten, kam für ihn wohl aufgrund seiner offensichtlichen NS-Belastung nicht in Frage.

Anfang Juni 1963 wählte der Stadtrat den nunmehr schon weit über ein Jahr beurlaubten Reinefarth einstimmig ab. Selbst Fernsehteams des *Norddeutschen Rund-*

---

92 Vgl. *Der Spiegel* Nr. 39 vom 20.9.1961, S. 38 ff.; FAZ vom 30.8.1961 („Neues Verfahren gegen Reinefarth") und vom 28.9.1961 („Untersuchung gegen Reinefarth"); *Die Zeit* vom 6.10.1961 („SS-General und Parlamentarier"); Marti, Fall Reinefarth, S. 178 ff., der sich auch mit Krannhals' Vergangenheit (NSDAP seit 1931) und Rolle in dem Verfahren auseinandersetzt. Krannhals veröffentlichte seine Rechercheergebnisse dann 1962, vgl. Krannhals, Warschauer Aufstand, S. 148 f. und 302.
93 *Bild* (Hamburg) vom 29.9.1961.
94 Vgl. etwa FAZ vom 16.10.1961 („Reinefarth beurlaubt") und vom 24.1.1962 („Reinefarth kandidiert wieder"); *Die Zeit* vom 28.1.1962 („Kandidat Heinz Reinefarth").
95 Vgl. *Der Spiegel* Nr. 23 vom 6.6.1962, S. 48 ff.; FAZ vom 18.3.1963 („Die Wahrheit über Reinefarth wird deutlich").
96 Vgl. *Sylter Rundschau* vom 14.3.1962.

funks (NDR) und des ZDF waren nach Presseberichten ob dieses Ereignisses nach Sylt gekommen. Falls sie kontroverse Debatten erwartet hatten, wurden sie enttäuscht. Man habe sich für die Abwahl entschieden, führte der Fraktionsführer der CDU aus, damit wieder Ruhe im Ort einkehre und Westerland „wieder aus den negativen Schlagzeilen der Weltpresse, die durch Reinefarth ausgelöst" worden seien, herauskomme. Auch müsse man der Jugend zeigen, dass man es ernst meine mit der Demokratie und den Mut habe, „sich von den NS-Repräsentanten zu trennen". Gleichzeitig wurde allerdings die fachliche Kompetenz des Bürgermeisters und die gute Zusammenarbeit mit ihm gelobt und betont, dass man diese Entscheidung schweren Herzens treffe und man damit keineswegs den gerichtlichen Untersuchungen vorgreifen wolle.[97] Genau Letzteres geschehe aber, beschwerte sich der Kurdirektor in einem Leserbrief an die örtliche *Sylter Rundschau*, da die Abwahl in der Öffentlichkeit als „vorweggenommener Schuldspruch" gewertet würde.[98] Die Stadträte ließen sich von diesem Einwand aber nicht beirren und bestätigten die Abwahl in der nach dem Kommunalwahlrecht des Landes notwendigen zweiten Entscheidung im Juli. Überregional wurde dieser Entschluss mit Befriedigung aufgenommen. „Endlich" habe Westerland mit seinem „braunen Bürgermeister" gebrochen, schrieb die *Bild*. Die Abwahl sei notwendig gewesen und hätte schon früher erfolgen müssen, kommentierte das *Sonntagsblatt*. „Ein ehemaliger Gruppenführer der SS" sei „als Repräsentant unseres Staates einfach unerträglich", meinte die *Freie Presse* aus Bielefeld.[99] In den 1960er Jahren fanden die Buchstaben „SS" in den Presseberichten zum Fall Reinefarth ausschließlich plakative Verwendung, um die Belastung anzudeuten. Reinefarths SS-Karriere und die SS als Organisation an sich wurden in diesem Zusammenhang kaum mehr einer näheren Betrachtung gewürdigt.

Die justiziellen Ermittlungen gegen Reinefarth zogen sich weiter hin, nach Abschluss der Voruntersuchung beantragte die Staatsanwaltschaft schließlich im November 1966 beim Landgericht, Reinefarth außer Verfolgung zu setzen, da nicht zu beweisen sei, dass der Beschuldigte die in den ersten Tagen der Niederschlagung

---

97 *Sylter Tageblatt* vom 8.6.1963 („Bürgermeister Reinefarth abgewählt"); vgl. auch *Sylter Rundschau* vom 6.6.1963 („Stadtvertretung wünscht Ruhe für Stadt und Bad").
98 *Sylter Rundschau* vom 6.6.1963 („Ein offenes Wort zum ‚Fall Reinefarth'"); dieser Leserbrief löste wiederum zwei weitere Zuschriften an die Zeitung aus, in denen ein „Landsmann" Reinefarths den Kurdirektor für seinen Einwurf lobte (10.6.1963, „Brave!"), während eine Frau „große Verwunderung" darüber äußerte, da die Abwahl schon „seit Jahren fällig" und „alle Welt entsetzt" gewesen sei, dass sie nicht längst erfolgte (12.6.1963 „Zum offenen Wort von Herrn Petersen"). Wann würden die Deutschen endlich mit „der Selbstrechtfertigung und den Unschuldsbeteuerungen" aufhören und sich zu ihrer großen Schuld bekennen, schloss die Schreiberin mit christlichem Pathos, damit sie um Verzeihung bitten und aus dem „grauenhaften Schatten der Vergangenheit" befreit werden könnten.
99 *Bild* vom 8.6.1963 („Brauner Bürgermeister abgewählt"); *Sonntagsblatt* vom 21.7.1963 („Reinefarth – oder das Ende einer Karriere"); *Freie Presse* vom 10.7.1963 („Reinefarth").

des Warschauer Aufstands erfolgten willkürlichen Erschießungen von Zivilisten befohlen oder bewusst geduldet habe. Das Gericht folgte diesem Antrag dann nach nochmaliger Prüfung der Akten im Mai 1967.[100] Während diese Entscheidung in Polen heftige Proteste auslöste, blieb sie im Inland weitgehend unkommentiert. Reinefarth erreichte einige Monate später seine Wiederzulassung als Rechtsanwalt[101], scheiterte aber mit dem Vorhaben, auch als Notar bestellt zu werden, am Widerstand des Justizministers. In der Begründung für seine ablehnende Haltung hob das Ministerium nun vor allem auf die herausgehobene Stellung Reinefarths innerhalb der SS ab. Ein ehemaliger HSSPF, hieß es mit Hinweis auf neuere Forschungsergebnisse von Historikern wie Hans Buchheim, sei aufgrund seiner führenden Funktion in Himmlers SS- und Polizeiapparat, auch wenn ihm strafrechtlich nichts angelastet werden könne, nicht für das öffentliche Amt eines Notars geeignet.[102]

4 Die SS in den bundesdeutschen Sicherheitsbehörden

„Früher SS-Sturmbannführer – heute Polizeidirektor", mit diesem Untertitel versah Dietrich Strothmann einen Anfang Juni 1962 in der *Zeit* erschienenen Artikel, in dem er aus Anlass eines Prozesses gegen frühere Angehörige des Einsatzkommandos 9 in Berlin auf das Phänomen aufmerksam machte, dass nicht wenige führend an Judenerschießungen in Osteuropa beteiligte ehemalige Gestapobeamte nach 1945 von den bundesdeutschen Polizeibehörden wieder in Dienst genommen worden waren.[103] In dem vorliegenden Fall hatte es einer der Angeklagten zum Kriminalhauptkommissar beim Landeskriminalamt (LKA) Niedersachsen gebracht. Strothmann führte noch weitere Beispiele von Männern an, die in dem Prozess zwar nur als Zeugen ausgesagt hatten, gleichwohl jedoch auch dem Einsatzkommando angehört hatten; der eine nunmehr Leiter der Kripo in Ludwigshafen, die beiden anderen Mitglieder der für den Schutz der Staatsorgane zuständigen „Sicherungsgruppe Bonn" im Bundeskriminalamt (BKA).[104]

---

100 Vgl. FAZ vom 10.12.1966 („Proteste in Warschau gegen Reinefarth-Entscheidung") und vom 7.7.1967 („Verfahren gegen Reinefarth eingestellt"); IfZ-Archiv, Gf 01.05, Beschluss des Landgerichts Flensburg vom 24.5.1967; die justiziellen Ermittlungen sind ausführlich dargestellt bei Marti, Fall Reinefarth, S. 194 ff.
101 Vgl. Marti, Karrieren, S. 189 ff. Die Zulassung zum Rechtsanwalt blieb nicht ohne Kritik, vgl. *Sozialdemokratischer Pressedienst* vom 11.1.1968 („Der Ostpolitik Schaden zugefügt. Reinefarth – früher SS-General, heute Rechtsanwalt").
102 Vgl. Marti, Fall Reinefarth, S. 269 ff.; Buchheim, Die Höheren SS- und Polizeiführer; ders., SS und Polizei, S. 114 ff. Beschwerden Reinefarths gegen den Ablehnungsbescheid des Ministeriums wurden von den Notariatssenaten des Oberlandesgerichts Schleswig und des BGH zurückgewiesen.
103 Vgl. *Die Zeit* vom 8.6.1962 („Kriminelle Kriminalisten?").
104 Vgl. zu diesen beiden Baumann u. a., Schatten, S. 98 f.

Nachdem die Justiz in der zweiten Hälfte der 1950er Jahre mit der systematischen Aufklärung der Morde der Einsatzkommandos in Osteuropa begonnen hatte, wurde den Ermittlern bald klar, dass sich ein erheblicher Teil der an den Tötungen beteiligten Kriminal- und Schutzpolizeibeamten immer noch oder erneut im Polizeidienst befand. Die Öffentlichkeit bekam diese Tatsache im Juli 1959 spektakulär vor Augen geführt, als der Präsident des Landeskriminalamts Rheinland-Pfalz Georg Heuser wegen des Vorwurfs der Durchführung und Leitung von Massenexekutionen in Minsk verhaftet wurde. Heuser, der im Zweiten Weltkrieg ab Ende 1941 beim KdS Minsk tätig gewesen und dort im Rang eines SS-Obersturmführers von Mai 1942 bis Juni 1944 die Gestapo und anschließend in der Slowakei das Einsatzkommando 14 geleitet hatte, war unter weitgehender Verschleierung seiner Vergangenheit 1954 als Kriminaloberkommissar in Ludwigshafen gemäß 131er-Gesetz wieder eingestellt worden und danach rasch aufgestiegen. Aus seiner Verhaftung ergaben sich einige dringende Fragen. Es müsse geklärt werden, schrieb die in Koblenz erscheinende sozialdemokratische Tageszeitung *Die Freiheit*, ob Heuser andere Ehemalige in sein Amt geschleust habe, ob er die Fahndungen der Zentralen Stelle in Ludwigsburg behindert habe und ob er seinen raschen Aufstieg ehemaligen Nationalsozialisten in anderen maßgeblichen Behörden des Landes verdanke.[105] Die Zentrale Stelle selbst hatte Ähnliches im Laufe ihrer Ermittlungen bereits mehrfach feststellen müssen und deshalb zur Verfolgung von NS-Straftätern die Bildung von polizeilichen Sonderkommissionen angeregt, deren Beamte sich während des Kriegs möglichst nicht im Osteinsatz befunden und mit den Beschuldigten dienststellenmäßig nicht in Kontakt gestanden haben sollten.[106]

Als im Herbst 1959 in Nordrhein-Westfalen ein neuer Chef des Landeskriminalamts gekürt werden sollte und sich mehrere ehemalige SS-Angehörige für den Posten bewarben, waren die in der Gewerkschaft Öffentliche Dienste, Transport und Verkehr (ÖTV) organisierten Polizisten des Landes alarmiert. Sie wandten sich schon seit Mitte des Jahrzehnts gegen die Wiedereinstellung von ihrer Ansicht nach aus der Zeit des Nationalsozialismus belasteten Polizisten, deren Einrücken in Führungsämter und die dadurch entstehenden Nachteile für die erst nach 1945 in den Polizeidienst eingetretenen Beamten.[107] Hatten erste diesbezügliche Beschwerden einen eher allgemeinen Charakter, so nannte der Düsseldorfer Bundestagsabgeordnete Willy Könen auf dem SPD-Parteitag in München im Juli 1956 öffentlich einige

---
105 Vgl. *Die Freiheit* 27.7.1959 („Beschuldigungen und offene Fragen"); SZ 25./26.7.1959 („Skandal im Mainzer Landeskriminalamt"); zu Heusers Biographie Matthäus, Georg Heuser; Ullrich, Ich fühl' mich nicht als Mörder, S. 256 ff. Heuser wurde im Januar 1962 von der Staatsanwaltschaft Koblenz wegen Mordes angeklagt und im Mai 1963 vom Landgericht Koblenz zu 15 Jahren Zuchthaus wegen Beihilfe zum Mord verurteilt; vgl. IfZ-Archiv, NSG-Datenbank, Koblenz 9 Js 716/59; JuNSV Bd. XIX, Nr. 552.
106 Vgl. Eichmüller, Keine Generalamnestie, S. 374 f.; Matthäus, Alte Kameraden.
107 Vgl. Noethen, Alte Kameraden, S. 491 ff.; Weinhauer, Schutzpolizei, S. 128 ff.

konkrete Namen. Er handelte sich dafür eine Strafanzeige wegen Verleumdung und falscher Anschuldigungen ein, der jedoch keine Folge gegeben wurde, da der Bundestag eine Aufhebung seiner Immunität verweigerte. Der seit Anfang 1956 amtierende sozialdemokratische Innenminister Hubert Biernat ließ eine Überprüfung der beschuldigten Polizeibeamten unter Heranziehung der Entnazifizierungsunterlagen und der Akten aus dem BDC durchführen, die jedoch bis auf zwei in allen Fällen zu einem entlastenden Ergebnis kam, weil bezüglich der SS-Mitgliedschaft den Angaben der Betroffenen, es habe sich um automatische Dienstrangangleichungen gehandelt, in vollem Umfang Glauben geschenkt wurde. Der Innenminister gab das Ergebnis im Oktober 1957 in einer Presseerklärung bekannt. Die *Allgemeine Sonntagszeitung* kommentierte zustimmend, der Minister habe zweifellos Recht, wenn er feststelle, dass diese sogenannte Dienstgradangleichung nicht als politische Belastung gewertet werden könne. Man könne sich eigentlich nur trösten, dass die Entnazifizierung so bald nach dem Krieg durchgeführt worden sei, denn wer werde in weiteren zehn oder mehr Jahren noch wissen, „daß SS nicht unbedingt SS gewesen sein" müsse.[108]

Die überregionale Aufmerksamkeit für diese Vorgänge blieb zu diesem Zeitpunkt noch recht begrenzt. Dies sollte sich 1958/59 unter dem Eindruck einiger NS-Prozesse und des Falles Heuser ändern. Nachdem bekannt geworden war, dass einer der Angeklagten im Ulmer Einsatzgruppenprozess bis zu seiner Verhaftung Kripobeamter in Nordrhein-Westfalen gewesen war, fragte die *Stuttgarter Zeitung* besorgt, wie viele „seiner Gesinnungsgenossen" wohl nach dem Krieg wieder auf „ähnliche Posten" gekommen seien und was „heute die Führungsschicht des ehemaligen Reichssicherheitshauptamtes" treibe. Seien diese Leute etwa „als unentbehrliche Fachkräfte wieder eingestellt worden"? Für diesen Fall äußerte die Zeitung erhebliche Zweifel daran, dass diese Personen sich heute vorbehaltlos für den demokratischen Staat einsetzen würden, vor allem wenn es darum gehe, diesen gegen extremistische Angriffe zu verteidigen oder NS-Verbrechen zu verfolgen. Wie verhielten sie sich heute zur „Treue", die doch „bei der SS obenan" gestanden habe, fragte das Blatt und verlangte von Innenministern im Bund und den Ländern, sich mit dieser Frage zu beschäftigen.[109]

Die ÖTV in Nordrhein-Westfalen hatte schon das Ergebnis der Untersuchungen ihres Innenministeriums nur widerwillig akzeptiert, im September 1959 wandte sie sich erneut in ihrem Fachorgan mit einem Artikel, der den Titel „SS-Sturmbannführer als Leiter der Kriminalpolizei in Dortmund" trug, unter Nennung diverser Namen an die Öffentlichkeit. Nun berichteten auch die großen Zeitungen in Süddeutschland darüber und ebenso wie die Gewerkschaft stellten sie heraus, dass es sich bei

---

[108] *Allgemeine Sonntagszeitung* vom 17.11.1957 („SS-Kriminalisten").
[109] *Stuttgarter Zeitung* vom 24.7.1958 („Die ‚Treue' der SS").

den Betroffenen um ehemalige „SS-Führer" handelte.[110] Die Verantwortlichen der Bezirksfachabteilung Polizei der Gewerkschaften erhielten daraufhin anonyme Briefe, in denen sie gewarnt wurden, die SS sei noch nicht tot.[111]

Die ÖTV gab das Material, das ihren Anschuldigungen zugrunde lag, an den Polizeiausschuss des Landtags weiter. Die *Kölnische Rundschau* zeigte sich beeindruckt und schrieb, aus den Dokumenten ergäbe sich ein „erschütterndes Bild über das politische Vorleben verschiedener Kriminalisten des Landes".[112] Der seit Juli des Vorjahres amtierende neue Innenminister Josef Hermann Dufhues (CDU) wies anschließend in der Landespressekonferenz auf die Untersuchungen von 1957 hin, die kaum Belastendes ergeben hätten, weil es sich bei den SS-Rängen um Angleichungsdienstgrade gehandelt habe. Gleichwohl versprach er, die Sachverhalte noch einmal überprüfen zu lassen.[113] Die ÖTV veröffentlichte daraufhin weiteres belastendes Material. Sie ließ verlauten, es gehe ihr nicht um eine neue Entnazifizierungswelle oder eine grundsätzliche Ablehnung der 131er-Beamten, jedoch halte sie ehemalige SS-Führer für die Besetzung von Schlüsselstellungen der inneren Sicherheit nicht für geeignet.[114] Die Gewerkschaft vermutete eine Sammlung von ehemaligen SS-Angehörigen in der nordrhein-westfälischen Kripo, die sich gegenseitig bei Beförderungen oder Besetzung von Führungsstellen halfen. In der *Frankfurter Rundschau* unterstützte Walter Fritze in einem mehrspaltigen Bericht unter Verwendung des vorgelegten Materials das Anliegen der ÖTV. Die Entschuldigungsargumente der betroffenen Kripobeamten wies er als nicht stichhaltig zurück. Dienstgradangleichung habe es nur nach vorherigem freiwilligen Beitritt zur SS gegeben, schrieb er, und von einem zwangsweisen Beitritt könne zumindest bei den Beamten, die schon 1933 oder davor Mitglied von NSDAP oder SS geworden waren, nicht gesprochen werden.[115] Die SPD griff nach diesen neuen Enthüllungen den Innenminister an, weil dieser bislang nichts dagegen unternommen habe, dass SS-Führer in leitenden Positionen der Kripo des Landes tätig seien. Als Beispiele führte man die Chefs der Kriminalpolizei in Aachen, Bonn, Dortmund, Düsseldorf, Essen, Gelsenkirchen, Köln, Krefeld, Mönchen-Gladbach und Mülheim/Ruhr an. Außerdem sei der leiten-

---

110 Vgl. SZ vom 22.9.1959 („SS-Führer als leitende Kriminalbeamte"); FNP vom 22.9.1959 („Kripo scharf belichtet"); Stuttgarter Zeitung vom 23.9.1959 („Hinweis der ÖTV auf ehemalige SS-Führer in der Kriminalpolizei wird geprüft").
111 Vgl. DGB Nachrichtendienst vom 23.9.1959 („SS droht ÖTV-Funktionären").
112 Zitiert nach BArchK, B 136/5031, Presse- und Informationsspiegel des Bundesamts für Verfassungsschutz vom 1.10.1959.
113 Vgl. FAZ vom 26.9.1959 („Nur SS-Angleichungsdienstgrade").
114 Vgl. FR vom 7.10.1959 („ÖTV legt Beweis vor") und *Welt der Arbeit* vom 9.10.1959 („SS-Führer bleiben an der Spitze der Kripo"); Schenk, Wurzeln, S. 227 f.; P. Wagner, Hitlers Kriminalisten, S. 150 f.
115 Vgl. FR vom 7.10.1959 („Wie einst – ‚in ewig treuer Verbundenheit'"). Fritze war zu diesem Zeitpunkt als freier Journalist in Düsseldorf tätig. Er stand den Gewerkschaften nahe und wurde 1960 DGB-Pressesprecher.

de Kriminaldirektor im nordrhein-westfälischen Innenministerium ebenfalls SS-Sturmbannführer gewesen und habe im Reichssicherheitshauptamt gearbeitet.

Ende Oktober 1959 nahm sich auch *Der Spiegel* des Themas an, allerdings in einer etwas anderen Art als dies einige Jahre später in ähnlichen Fällen, von denen weiter unten noch die Rede sein wird, geschehen sollte. Das Nachrichtenmagazin wies darauf hin, dass die Attacken der relativ kleinen Fachabteilung Polizei der ÖTV vor allem in deren Konkurrenzverhältnis zur größeren Gewerkschaft der Polizei (GdP) begründet lägen, was sich nicht zuletzt daran ablesen lasse, dass sich in den Listen der von der ÖTV als ehemalige SS-Angehörige benannten Polizeibeamten zwar Beamte befänden, die der GdP angehörten, nicht jedoch solche, die Mitglied der ÖTV seien, obgleich es auch unter diesen welche gebe, die SS-Führerränge getragen hätten. Einer davon sei der nunmehrige Kriminalhauptkommissar bei der Wasserschutzpolizei Hellmuth Retzek, der sich nun „als der eifrigste demokratische Tugendrichter" seiner Kollegen von der GdP geriere.[116]

Es ist kaum zweifelhaft, dass bei den Angriffen der ÖTV auch Konkurrenzdenken im Spiel war, aus heutiger Sicht überraschend ist jedoch, wie unkritisch der Artikel des *Spiegel* mit dem Fakt umging, dass zahlreiche führende Beamte der nordrhein-westfälischen Kriminalpolizei der SS, dem SD oder der Gestapo angehört hatten. Deren Entschuldigungsvorbringen, zwangsweise zur SS übergetreten zu sein, Angleichungsdienstgrade erhalten zu haben und lediglich als Kripobeamte dem RSHA und damit dem SD zugeschlagen worden zu sein, wurde nicht nur unhinterfragt übernommen, sondern auch noch durch den irreführenden Hinweis unterstützt, sogar die Anklagebehörde in Nürnberg habe 1946 die „Zwangslage der Polizeibeamten" bezüglich ihrer Übernahme in die SS und den SD akzeptiert. Dabei wurde aus einem Beschluss der Anklagebehörde vom 26. August 1946 zitiert, in dem es geheißen habe: „Rein nominell gab es (neben dem SD als Nachrichtendienst der SS) noch eine Formation SD, die aber lediglich die SS-Angehörigen aus sämtlichen Ämtern des RSHA (Reichssicherheitshauptamt) listenmäßig erfasste. Diese SS-Angehörigen waren auch nur nominelle Rangangehörige der SS ohne Funktion. Zu diesen ‚unfreiwilligen Mitgliedern' gehören auch die dienstgradangeglichenen Polizisten."[117] Liest man das originale Prozessprotokoll, so handelte es sich dabei aber lediglich um eine Behauptung im Plädoyer des Verteidigers des SD Hans Gawlik, die dem Ziel diente, den SD von der Mitverantwortung für die Verbrechen zu entlasten.[118]

---

116 Vgl. *Der Spiegel* Nr. 44 vom 28.10.1959, S. 30 ff., Zitat S. 32.
117 Ebenda, S. 31.
118 Vgl. Prozeß, Bd. 21, S. 691. Die Anklagebehörde, die selbst eine wenig konkrete Vorstellung vom SD und dem RSHA hatte, ließ sich von dem Vorbringen nur teilweise beeindrucken, indem sie sich bereit erklärte, Personen nicht in die Anklage miteinzubeziehen, die nur ehrenhalber für den SD gearbeitet, aber der SS nicht angehört hatten, vgl. ebenda, Bd. 22, S. 278 f. Das Gericht akzeptierte selbst diese Beschränkung nicht und verurteilte alle Mitglieder des SD, soweit diese bis zum 1.9.1939

Im Falle Retzeks erschienen dienstliche Unregelmäßigkeiten, die in der NS-Zeit zu seiner mehrmaligen Versetzung geführt hatten, dem *Spiegel* inkriminierender als seine eigentliche Polizeitätigkeit. Die ÖTV wurde als „sozialistisch dirigiert" abgewertet, sie prügele aus offensichtlichen Motiven immer wieder mit dem alten, längst widerlegten Argument der SS-Dienstränge auf die ihr nicht angehörenden Polizisten ein.[119]

Auch Innenminister Dufhues trat Ende des Jahres mit einer Presseerklärung an die Öffentlichkeit, wonach der in Gewerkschaftsveröffentlichungen erweckte Eindruck, die nordrhein-westfälische Kripo sei von ehemaligen Nationalsozialisten unterwandert, nicht stimme. Dieser Einschätzung hätten nach mehreren Sitzungen des Innen- und des Hauptausschusses des Landtags, in denen die Vorwürfe noch einmal geprüft worden seien, alle Fraktionen zugestimmt. Das neue Material enthalte keine Informationen, die nicht bereits bei den Überprüfungen des Jahres 1956 bekannt gewesen sein. Bezüglich der Dienstrangangleichungen stellte der Minister fest, dass diese zwar formalrechtlich nur auf Antrag des Betroffenen erfolgt seien, der Nürnberger Militärgerichtshof dazu jedoch eindeutig festgestellt habe, dass bezüglich dieser Anträge seitens der NS-Machthaber ein indirekter Zwang ausgeübt worden sei.[120] Tatsächlich wird im Nürnberger Urteil von 1946 festgestellt, 1939 sei das „SS- und Polizeiwesen gleichgeschaltet" worden, „indem alle Beamten der Sicherheits- und Ordnungspolizei in die SS mit den ihrem Polizeirang gleichstehenden SS-Dienstgraden aufgenommen" worden seien.[121]

Dass es den in diesen Formulierungen zum Ausdruck kommenden reinen Automatismus, anders als von Betroffenen behauptet, nicht gegeben hatte, war den Behörden demnach klar. Jedoch billigten sie den Polizeibeamten zu, nur unter Zwang und nicht freiwillig in die SS eingetreten zu sein. In dem 1960 im Institut für Zeitgeschichte angefertigten Gutachten zu den Dienstgradangleichungen spricht der Historiker Hans Buchheim dem Argument des Zwangs nur bei Ordnungspolizisten eine gewisse Wahrscheinlichkeit nicht ab. Er stellte jedoch auch fest, dass die Polizeiangehörigen keineswegs ohne ihr eigenes Zutun, sondern nur auf persönlichen Antrag in die SS aufgenommen worden seien. Dienstrangangleichungen seien zwar ange-

---

ihre Stellungen nicht bereits wieder aufgegeben hatten, vgl. Urteil, S. 155; Wildt, Generation, S. 750 ff.
119 Der Spiegel Nr. 44 vom 28.10.1959, S. 32; Retzek, der schon in den 1920er Jahren in den Polizeidienst trat, hatte Ende 1942 den KdS in Toulouse aufgebaut und geführt, anschließend war er Leiter der KdS-Außenstelle in Nizza; 1944 gehörte er Sondereinsatzkommandos an, die zur Bekämpfung von Widerständlern eingesetzt waren. Nach Kriegsende befand er sich in Frankreich in Haft, wurde zunächst 1950 vom Militärgericht Metz freigesprochen, dann aber vom Militärgericht Bordeaux 1953 zu vier Jahren Haft verurteilt, die aufgrund seiner bisherigen Haftzeit als verbüßt galten; vgl. Brunner, Frankreich-Komplex, S. 184 f.; Estèbe, Juifs, S. 171 f.
120 Vgl. *Freiheit und Recht*, Januar 1960, S. 2.
121 Urteil, S. 158.

strebt worden, aber nicht automatisch, sondern nur bei entsprechenden Vorleistungen und Bewährung ausgesprochen worden.[122]

Die Beteuerungen des nordrhein-westfälischen Innenministeriums über die Sauberkeit der Kripo, die wohl aufgeschreckt durch die Vorgänge am Rhein auch in anderen Bundesländern in ähnlicher Form zu hören waren[123], erwiesen sich recht bald als vorschnell und als Schutzbehauptungen. Einige der von der ÖTV namentlich benannten Kripobeamten hatten erneut Anzeige wegen Verleumdung und falscher Anschuldigung erstattet, darunter auch der seit 1953 als Leiter der Kripo in Bonn amtierende Hans Maly. Maly, dem vorgeworfen worden war, als SS-Sturmbannführer im Reichskriminalpolizeiamt tätig gewesen zu sein, verteidigte sich gegenüber der Öffentlichkeit damit, er und viele seiner Kollegen seien im Zuge der Verschmelzung der Polizei mit der SS in diese übernommen worden. Dieser Sachverhalt sei schon beim Entnazifizierungsverfahren festgestellt und er deshalb als entlastet eingestuft worden. Die Bonner ÖTV-Verwaltung konterte mit einem offenen Brief, in dem darauf hingewiesen wurde, dass Maly keineswegs zwangsweise in die SS überführt worden sei, sondern schon im März 1937 dem Stab des SD-Hauptamts in Berlin angehört habe. Die nun veröffentlichten Informationen, die wohl aus den SS-Personalakten stammten, besagten weiter, dass Maly im Mai 1937 der NSDAP beigetreten war. Das Eintrittsdatum in die SS war mit März 1938 angegeben. Im November 1938 erhielt er als Angehöriger der Gestapo Berlin den Rang eines SS-Obersturmführers. Nach Kriegsbeginn wechselte er zur Kripo-Leitstelle Wien, kam dann 1942 zum BdS der Niederlande und schließlich 1943 als SS-Sturmbannführer ins Amt V (Reichskriminalpolizeiamt) des RSHA. Die ÖTV ließ weiterhin verlauten, Maly habe das Julleuchterabzeichen erhalten, das nur besonders bevorzugte SS-Männer verliehen bekommen hätten.[124] In der Folge sah sich das Düsseldorfer Innenministerium doch veranlasst, gegen Maly ein Disziplinarverfahren einzuleiten, in dem zunächst die Einbehaltung eines Teils seiner Dienstbezüge und dann seine Dienstenthebung verfügt wurde.[125]

Bereits seit 1958 liefen an verschiedenen Orten staatsanwaltschaftliche Ermittlungen gegen Maly und andere Angehörige des Reichskriminalpolizeiamts wegen deren führender Beteiligung an der Deportation einer großen Zahl reichsdeutscher

---

122 Vgl. Buchheim, Aufnahme, S. 177 ff.; Hein, Elite, S. 265. Nach Banach, Heydrichs Elite, S. 133, waren bis Ende 1943 mehr als neun Zehntel des Führungskorps der Sicherheitspolizei Mitglied der Schutzstaffel geworden.
123 So erklärte der hessische Innenminister Heinrich Schneider Anfang 1960, in der staatlichen und kommunalen Polizei seines Bundeslandes seien keine ehemaligen höheren SS-Offiziere beschäftigt. Dies habe eine von seinem Ministerium eingeleitete Überprüfung ergeben, vgl. FAZ vom 7.1.1960 („Keine hessischen Polizeibeamten mit ‚SS-Vergangenheit'").
124 Vgl. *Neue Rhein-Zeitung* vom 17.10.1959 („Maly erklärt sich zu seiner Vergangenheit"); *Bonner Generalanzeiger* vom 20.10.1959 („Kriminaloberrat Maly stellt Strafantrag").
125 Vgl. *Die Welt* vom 16.7.1960 („Kriminalpolizeichef dienstenthoben").

Sinti und Roma ins KZ Auschwitz 1943. Auch Malys früherer Kollege beim Reichskriminalpolizeiamt Johannes Otto, nunmehr Kripochef in Recklinghausen, geriet in das Visier der Ermittler, wurde im Sommer 1960 ebenfalls vom Dienst suspendiert und nahm sich, als sich die Beweise gegen ihn immer weiter verdichteten, Anfang 1961 das Leben.[126] Die Ermittlungen gegen Maly dauerten an, 1963 wurde gegen ihn eine gerichtliche Voruntersuchung angeordnet und im Jahr darauf klagte ihn die Staatsanwaltschaft Köln wegen Freiheitsberaubung mit Todesfolge an. Ein Prozess gegen ihn konnte dann aber wegen Verhandlungsunfähigkeit nicht durchgeführt werden. Maly verstarb 1971.[127]

Nach Pressemeldungen wurden bis zum Frühjahr 1961 in Nordrhein-Westfalen 24 Polizeibeamte wegen Beteiligung an NS-Verbrechen vom Dienst suspendiert. Unter diesen befand sich auch der Leiter der Kripo in Siegburg Wilhelm Döring. Döring war 1933 schon als Jugendlicher der SA beigetreten. Nach Abitur, Arbeits- und Wehrdienst ging er 1938 zur Kripo. Er trat in die NSDAP ein und wechselte von der SA zur SS. 1941/42 kommandierte er in Weißrussland als SS-Obersturmführer einen Teiltrupp des Einsatzkommandos 8, der für die Ermordung mehrerer Hundert Juden verantwortlich zeichnete. Döring wurde im Mai 1961 verhaftet und im November 1962 vom Landgericht Bonn in erster Instanz zu sechs Jahren Zuchthaus wegen Beihilfe zum Mord verurteilt.[128] Die ÖTV hatte damit mit ihren Warnungen letztlich recht behalten und verbuchte es auch als Erfolg, dass ihren Forderungen gemäß keine ehemaligen Angehörigen von SS, SD und Gestapo mehr eingestellt oder befördert werden sollten.[129] Im Hintergrund stand freilich die Ermittlungsarbeit der Zentralen Stelle, der es in zahlreichen Fällen gelungen war, die Mitwirkung von aktiven Polizisten an Verbrechen der NS-Zeit aufzudecken.

Auch Hessen, das Anfang 1960 noch getönt hatte, keine ehemaligen höheren SS-Offiziere im Polizeidienst zu beschäftigten, erlebte diesbezüglich bald eine tiefe Ernüchterung. Im November 1960 wurde der Leiter der Kripo in Limburg Lothar Hoffmann verhaftet. Er war im Krieg als SS-Hauptsturmführer Abteilungsleiter beim KdS in Lublin gewesen.[130] Weitere Beamte folgten, darunter mehrere ehemalige

---

126 Vgl. WAZ vom 7.1.1961 („Suspendierter Kripochef erhängte sich in der Wohnung"); IfZ-Archiv, NSG-Datenbank, Bochum 16 Js 130/59.
127 Vgl. IfZ-Archiv, NSG-Datenbank, Köln 24 Js 429/61.
128 Vgl. *Bild* vom 26.5.1961 („Siegburger Kripochef verhaftet"); IfZ-Archiv, NSG-Datenbank, Bonn 8 Js 465/60; JuNSV Bd. XIX, Nr. 564; das Urteil gegen Döring vom November 1962 wurde durch den BGH aufgehoben und Döring anschließend vom Landgericht Bonn letztinstanzlich im Februar 1964 zu vier Jahren Zuchthaus verurteilt.
129 Vgl. *Welt der Arbeit* vom 10.3.1961 („Säuberung bei der Polizei"). Noethen, Alte Kameraden, S. 495, stellte fest, dass mindestens zehn der 1945 bis 1953 in Nordrhein-Westfalen wieder eingestellten Polizei- und Kriminalbeamten in den Jahren nach 1958 wegen NS-Verbrechen verurteilt wurden.
130 Vgl. *Die Zeit* vom 27.7.1962 („Mord war nicht gefragt"). Hoffmann wurde nach langwierigen Ermittlungen 1969 angeklagt und Anfang März 1973 vom Landgericht Wiesbaden zu drei Jahren

Kollegen Hoffmanns in Lublin. Die Ludwigsburger Ermittler mussten feststellen, dass der wiedereingestellte und Mitte der 1950er Jahre pensionierte stellvertretende Leiter des LKA in Wiesbaden Johannes Müller, der 1941–1943 KdS von Lublin gewesen war, es verstanden hatte, zahlreiche seiner früheren Mitarbeiter im hessischen LKA unterzubringen.[131]

Den NS-Verfolgten war die Leichtfertigkeit, mit der viele dieser Polizisten eingestellt worden waren, kaum begreiflich. „Der Führung der bundesdeutschen Polizei müßte allerdings hinreichend geläufig sein", schrieb Heiner Ernst im Organ des BVN, „daß die SS, der SD und die Gestapo schlechthin verbrecherische Organisationen waren. Die unmenschlichen Taten dieser Organisationen wurden nicht von imaginären Gestalten, sondern von den Mitgliedern begangen, wobei es durchaus möglich ist, daß der eine an den verübten Gewalttaten mehr beteiligt war als der andere. Das schließt aber nicht aus, daß damals jeder ‚sein bestes' tat, zu Orden und zu ‚Ehren' zu kommen. Deshalb sollte allein die Mitgliedschaft bei einer der Gliederungen, wie Gestapo, SS oder SD, anrüchig genug sein, nicht mehr für den Polizeidienst eines demokratischen Staatswesens tragbar zu sein."[132]

Nicht nur auf Landesebene gerieten die Kriminalpolizeibehörden unter Druck, auch im Bund wuchs insbesondere nach der Spiegel-Affäre 1962 die Kritik an der Beschäftigung ehemaliger SS-Angehöriger in den zentralen Sicherheitsorganen. Betroffen waren davon sowohl das BKA als auch der Verfassungsschutz und der Bundesnachrichtendienst (BND). In allen drei Behörden waren im Laufe der 1950er Jahre eine größere Menge ehemaliger SS-Angehöriger, insbesondere frühere Beamte der nationalsozialistischen Kriminalpolizei eingestellt worden. Nach Klagen der Behörden über einen Mangel an Fachkräften wurde diese bereits zu Beginn dieses Jahrzehnts begonnene Praxis 1954 durch das Bundesinnenministerium dahingehend sanktioniert und erweitert, dass BKA und BfV zur Behebung dieses Mangels Beamte der früheren Gestapo und des RSHA einstellen konnten, die sich bei ihrer

---

und sechs Monaten Freiheitsstrafe wegen Beihilfe zum Mord verurteilt; vgl. IfZ-Archiv, NSG-Datenbank, Wiesbaden 8 Js 1145/60.

131 Vgl. Weinke, Gesellschaft, S. 50; Müller selbst hatte keine leicht zu durchschauende Biographie; vgl. Klee, Personenlexikon, S. 421. 1933 war er als SPD-Mitglied nach dem Berufsbeamtengesetz vom Inspektionsleiter bei der Kripo in Breslau zum einfachen Sittenpolizisten degradiert worden. Seit 1935 gelang ihm jedoch nach der Versetzung zur Gestapo der Wiederaufstieg, 1936 trat er der NSDAP, 1939 der SS bei und wurde 1941 KdS in Lublin. Als solcher war er einer der Hauptverantwortlichen für die Ermordung der dortigen jüdischen Bevölkerung. 1943 wurde jedoch ein Verfahren wegen Polen- und Judenfreundlichkeit gegen ihn eingeleitet, in dessen Folge er aus der SS ausgeschlossen und aus dem Polizeidienst entlassen wurde. Nach der Entlassung aus alliierter Kriegsgefangenschaft engagierte er sich erneut bei der SPD und wurde zu Beginn der 1950er Jahre wieder in den Polizeidienst übernommen. Er verstarb 1961, kurz nachdem die Staatsanwaltschaft Wiesbaden die Ermittlungen wegen NS-Verbrechen von Angehörigen des KdS Lublin begonnen hatte.

132 Die Mahnung vom 1.11.1962, S. 3 („Immer wieder: Polizeibeamte werden verhaftet. Überprüfung aller NS-Beamten notwendig!").

früheren Tätigkeit „nachweislich keine Verstöße gegen die Menschlichkeit haben zu Schulden kommen lassen".[133]

Bezüglich des BKA hatte es Bundeskanzler Adenauer zwar offenbar noch Ende 1949 als völlig ausgeschlossen bezeichnet, dass bei dieser Behörde Personen eingestellt würden, die irgendwann einmal der SS angehört hatten. Der Kanzler wurde diesbezüglich jedoch von den mit dem Aufbau des Amts beauftragten Planern mit dem Argument, die Kriminalbeamten hätten im Zuge der Verschmelzung von SS und Polizei in vielen Fällen nur einen Angleichungsdienstgrad der SS bekommen, bald umgestimmt. Jedenfalls hatten nach einer internen Liste des BKA 1958 70 Prozent (33 von 47) seiner leitenden Beamten des kriminalpolizeilichen Vollzugsdienstes einen SS-Rang innegehabt.[134] Das galt auch für den von 1952 bis 1959 amtierenden Verwaltungs- und Personalchef des Amts Eduard Michael, der als Kriminalkommissar und SS-Hauptsturmführer unter anderem 1942 die KdS-Außenstelle in Tschenstochau geführt hatte und in dieser Funktion an der Deportation von Juden nach Auschwitz und ins Vernichtungslager Treblinka beteiligt gewesen war.[135]

Die Ermittlungen der Zentralen Stelle in Ludwigsburg schlugen erstmals Ende 1959 auf das BKA zurück, als in Wiesbaden der Kriminalhauptkommissar Heinz Erlen unter dem dringenden Verdacht verhaftet wurde, 1942/43 in Wilna als Abteilungsleiter der dortigen KdS-Außenstelle an der Erschießung von Juden beteiligt gewesen zu sein. Erlen, der erst im Herbst 1955 als sogenannter nichtamnestierter verurteilter Kriegsverbrecher aus sowjetischer Gefangenschaft zurückgekehrt und ein Jahr später beim BKA eingestellt worden war, wurde zwar bald wieder aus der Untersuchungshaft entlassen, jedoch nunmehr vom Dienst suspendiert.[136] Auch gegen andere Beamte des BKA ergaben sich aus den Ermittlungen der Strafverfolger Belastungen. An die Öffentlichkeit gelangten diese Vorgänge vorerst nicht. Das BMI wies das BKA jedoch 1960 an, alle ihre Beamten, die sich im Krieg im sogenannten Osteinsatz befunden hatten, noch einmal genau auf mögliche Verbrechensbeteiligungen zu überprüfen. 1961 wurde der diesbezügliche Auftrag noch einmal dahingehend erweitert, dass zu solchen Beamten Auskünfte bei der Zentralen Stelle einzu-

---

133 BArchK, B 106/6302, Schreiben vom 4.3.1954 (zitiert nach Foschepoth, Überwachtes Deutschland, S. 143 f.). Zur Einstellungspraxis vgl. außerdem Baumann u. a., Schatten, S. 87 ff. und 223 ff.; P. Wagner, Hitlers Kriminalisten, S. 162 ff.
134 Vgl. Baumann u. a., Schatten, S. 92 f.
135 Vgl. ebenda, S. 95 und 144; Schenk, Wurzeln, S. 243 ff. Ein strafrechtliches Ermittlungsverfahren gegen Michael wegen seiner Tätigkeit in Tschenstochau wurde 1979 mangels ausreichender Beweise für noch verfolgbare Straftaten eingestellt, vgl. IfZ-Archiv, NSG-Datenbank, Wiesbaden 3 Js 757/70.
136 Vgl. Baumann u. a., Schatten, S. 97 f.; Schenk, Wurzeln, S. 248 f.; das Landgericht Wiesbaden leitete Anfang 1962 eine gerichtliche Voruntersuchung gegen Erlen wegen seiner Tätigkeit in Wilna ein, stellte das Verfahren aber dann 1966 ein, da Erlen bereits in der Sowjetunion bestraft worden war und Beweise für einen Tatbestand des Mordes fehlen würden, vgl. IfZ-Archiv, NSG-Datenbank, Frankfurt/Main 4 Js 1106/59.

holen seien. Mehrere weitere Suspendierungen waren die Folge, unter den Betroffenen befanden sich im Frühjahr 1962 auch die beiden Beamten der Sicherungsgruppe Bonn, die in dem eingangs erwähnten Berliner Prozess wegen ihrer Zugehörigkeit zum Einsatzkommando 9 als Zeugen gehört worden waren.[137]

Skandalträchtig in den Medien wurde die Personalpolitik des BKA erst infolge der Spiegel-Affäre. Die polizeiliche Durchsuchung der Redaktion des Nachrichtenmagazins im Oktober 1962 hatte nämlich der damalige Leiter des Ermittlungsreferats der Sicherungsgruppe Bonn Theo Saevecke geleitet. Zur SS kam Saevecke erst spät, bereits Mitte der 1920er Jahre war er jedoch in der völkisch-nationalen Schilljugend aktiv gewesen und 1929 der NSDAP beigetreten.[138] 1934 trat er in die Kripo Lübeck ein und wurde 1937 dort Kriminalkommissar, 1938 wechselte er zur Kripo Berlin. Ende 1939 erfolgte seine Abordnung nach Polen zum Einsatzkommando VI und anschließend zur Gestapo in Posen, wo er die Mordkommission leitete. Während dieser Zeit bewarb sich Saevecke offenbar um eine Aufnahme in die SS, ein genaues Aufnahmedatum ist nicht bekannt.[139] Im Spätsommer 1940 kehrte Saevecke nach Berlin zurück und war in dem als Amt V ins RSHA eingegliederten Reichskriminalpolizeiamt tätig. Mitte 1942 erfolgte seine Ernennung zum SS-Hauptsturmführer und die Abordnung nach Libyen als Verbindungsführer bei der dortigen italienischen Polizei. Ende desselben Jahres kam er wiederum als Leiter der Abteilung V zum Einsatzkommando der Sicherheitspolizei und des SD bei der Panzerarmee Afrika. Dieses wurde von dem damaligen SS-Obersturmbannführer Walther Rauff geführt, der zuvor die Entwicklung eines „mobilen Gaswagens" für die Massenmorde in Osteuropa geleitet hatte. Das Kommando war in der Folge vor allem mit der Aushebung von jüdischen Zwangsarbeitern in Tunis betraut. Nach der deutschen Niederlage in Afrika gelangte Saevecke im Mai 1943 zunächst mit dem Kommando nach Korsika, ehe er im darauffolgenden Juli zur Dienststelle des Befehlshabers der Sicherheitspolizei in Verona kam. Von dort aus übernahm er zum Kriminalrat befördert von September 1943 bis zum Kriegsende den Posten des Kommandeurs der Sicherheitspolizei in Mailand. In dieser Funktion soll er, so wurde ihm später vorgeworfen, die Exekution von inhaftierten italienischen Widerständlern befohlen und die Deportation der in seinem Zuständigkeitsgebiet lebenden Juden nach Auschwitz organisiert haben.

Nach Kriegsende befand sich Saevecke zunächst in Kriegsgefangenschaft und anschließend in einem amerikanischen Internierungslager. Wahrscheinlich schon in dieser Zeit begann er für den US-Geheimdienst CIA zu arbeiten. 1950 bewarb er sich, inzwischen in Berlin lebend, als Fachmann für eine Wiederverwendung im Kri-

---

137 Vgl. Baumann u. a., Schatten, S. 98 ff.
138 Vgl. zu seiner Biographie ebenda, S. 219 ff.; Schenk, Wurzeln, S. 267 ff.
139 BArchB, SSO Theo Saevecke; BStU, MfS-HA IX/11, PA 2707 (SS-Nr. 396 401), in einem Lebenslauf vom 29.6.1940 gab Saevecke an, sein Aufnahmeersuchen laufe in Posen; eine weitere Beförderung in der SS nach seiner Ernennung zum Hauptsturmführer erfolgte nach diesen Unterlagen nicht.

minaldienst zum Zuge des Aufbaus des BKA. Hatte es bei den zuständigen Beamten im Bundesinnenministerium anfangs aufgrund des frühen Engagements für den Nationalsozialismus Bedenken gegen eine Einstellung Saeveckes gegeben, so verflogen diese aus nicht aus den Akten ersichtlichen Gründen offenbar im Lauf des Jahres 1951. Im Januar 1952 wurde Saevecke eingestellt und übernahm den Aufbau des Ermittlungsbereichs der in der Bundeshauptstadt angesiedelten Sicherungsgruppe, die für die Sicherheit der höchsten Staatsorgane zuständig sein sollte. Mit seiner Vergangenheit glaubte er offenbar nicht hinter dem Berg halten zu müssen. Nachdem 1953 ein Interview mit ihm in einer italienischen Zeitung erschienen war, wandten sich einige Parlamentarier aus Rom besorgt an die Bundesregierung und wiesen darauf hin, dass Saevecke ganz erhebliche Verbrechen vorgeworfen würden. Die daraufhin vom Bundesinnenministerium auch in Italien selbst durchgeführten Ermittlungen hatten für ihn zwar eine fast einjährige Dienstsuspendierung zur Folge, endeten jedoch 1955 mit seiner Entlastung, da die Zeugenaussagen in der Sache widersprüchlich und die gegen ihn vorliegenden Vorwürfe nicht zu beweisen seien, wie es in einer internen Stellungnahme hieß.

In den Debatten um das staatliche Vorgehen gegen den *Spiegel* tauchte Anfang 1963 auch der Name Saeveckes als der des für den Polizeieinsatz verantwortlichen Beamten auf. Der Redakteur der Illustrierten *Quick* Ottmar Katz erinnerte sich daraufhin, diesen Namen anlässlich einer Nordafrikareise, bei der er auch zum Schicksal der tunesischen Juden recherchiert hatte, als den eines der damals maßgeblichen dortigen deutschen Gestapobeamten gehört zu haben. Im Februar 1963 wandte sich Katz diesbezüglich mit einem Fragenkatalog an das Bundesinnenministerium[140], das daraufhin antwortete, Saevecke sei inzwischen auf eigenen Wunsch aus der Sicherungsgruppe in die BKA-Zentrale versetzt worden. Zusammen mit Einzelheiten über Saeveckes Tätigkeit in Tunesien ging diese Stellungnahme aus Bonn am 18. Februar 1963 über die Nachrichtenagenturen und erschien tags darauf in zahlreichen Tageszeitungen, von denen einige es nicht versäumten, die SS-Zugehörigkeit des nunmehrigen Regierungskriminalrats herauszustellen.[141]

Mit der abwiegelnden Stellungnahme aus Bonn war die Sache nicht erledigt. Der Sprecher des SPD-Parteivorstands Franz Barsig sprach von einem schweren personalpolitischen Missgriff und verlangte, Saevecke bis zur restlosen Aufklärung der

---

140 Vgl. *Der Spiegel* Nr. 9 vom 27.2.1963, S. 28; vgl. auch P. Wagner, Resozialisierung, S. 197 f.
141 Vgl. etwa *Tagesspiegel* vom 20.2.1963 („Versetzter Kriminalrat war SS-Hauptsturmführer") oder *Weser-Kurier* vom 19.2.1963, wo sich unter der Schlagzeile „Beamter verläßt Sicherungsgruppe" die Untertitel „Kriminalrat Saevecke leitete ‚Spiegel'-Aktion" und „Früherer SS-Führer" fanden; die FAZ vom 19.2.1963 („Aus der Bonner Sicherungsgruppe versetzt") wies lediglich im Text auf Saeveckes ehemaligen Rang eines SS-Hauptsturmführers hin. Die Auskunft des Bundesinnenministeriums, nach der sich bei einer ersten Überprüfung keine Anhaltspunkte für ein Fehlverhalten Saeveckes in Tunesien ergeben hätten, wurde auch im Bulletin der Bundesregierung Nr. 35 vom 21.2.1963, S. 310, veröffentlicht.

Sache vom Dienst zu suspendieren.[142] Da es aus dem Innenministerium geheißen hatte, man habe erst aufgrund der Anfrage von Saeveckes Tätigkeit in Tunesien erfahren, wurden in der Presse Vermutungen angestellt, ob dem Beamten nun ein Disziplinarverfahren bevorstehe, die sich noch verstärkten, als bald darauf aus Ost-Berlin und aus Italien neue Vorwürfe auftauchten.[143] In ersten Kommentaren wurde der Fall Saevecke in den Zusammenhang weiterer ähnlich gelagerter skandalträchtiger Personalien gestellt, etwa der des im Juli 1962 wegen seiner Tätigkeit bei der Reichsanwaltschaft in den Ruhestand versetzten Generalbundesanwalts Wolfgang Fränkel. Er sei der „jüngste in einer langen Reihe von Beispielen", die zeigten, schrieb die *Frankfurter Allgemeine Zeitung*, welchen Schaden der Staat allein dadurch erleiden könne, dass „die für ihn Verantwortlichen es bei personalpolitischen Entscheidungen an der nötigen Sorgfalt fehlen" ließen. Selbst wenn sich Saeveckes Handlungen als nicht so gravierend herausstellen sollten, hieß es weiter, werde das Bundesinnenministerium damit nicht entlastet. An der „Untauglichkeit" eines SS-Hauptsturmführers und Mitglieds von NSDAP und SA seit 1928/29 ändere dies nichts.[144] Peter Miska vertrat in der *Frankfurter Rundschau* dieselbe Ansicht. Auch falls Saevecke keine strafbare Handlung begangen haben sollte, meinte er, es bleibe die Tatsache, dass „ein ehemaliger SS-Hauptsturmführer jahrelang in Bonn ein Referat geleitet" habe, in dem „ausgerechnet politische Vergehen bearbeitet und verfolgt" worden seien.[145] Ein „ehemaliger SS-Führer an leitender Stelle der Sicherungsgruppe Bonn, jener Kriminalpolizei, die für die Sicherheit der demokratischen Persönlichkeiten zuständig" sei und auch ausländische Staatsgäste bewache, das war für den Kommentator der *Neuen Ruhr-Zeitung* „ein echter Skandal", der noch dadurch eine besondere Note erhalte, dass die Bundesregierung von Chile die Auslieferung des sich dort aufhaltenden ehemaligen Vorgesetzten Saeveckes Walther Rauff beantragt habe. Was nottue sei die Einsicht, dass „man die Demokratie nicht durch SS- und Gestapoleute schützen" lassen könne.[146]

---

142 Vgl. *Tagesspiegel* vom 20.2.1963 („Versetzter Kriminalrat war SS-Hauptsturmführer").
143 Vgl. etwa FAZ vom 21.2.1963 („Disziplinarverfahren gegen Saevecke?"), vom 23.2.1963 („Ost-Berliner Zeugnisse gegen Saevecke"), vom 26.2.1963 („Saevecke in Italien") und vom 27.2.1963 („Bonn prüft italienische Vorwürfe gegen Saevecke").
144 FAZ vom 2.3.1963 („Schaden durch Unachtsamkeit"); ähnlich auch, aber allgemeiner und ohne Namensnennung FAZ vom 2.3.1963 („War alles umsonst?" von Benno Reifenberg) und der Leserbrief dazu in der FAZ vom 12.3.1963 („Verfall der Moral").
145 FR vom 21.2.1963 („Solange Globke noch da ist"). Miska meinte weiter, der Fall Saevecke verblasse allerdings etwas, wenn man sich klar werde, dass im Kanzleramt mit Hans Globke noch immer ein Mann sitze, der die Nürnberger Rassegesetze mitverfasst habe.
146 *Neue Ruhr-Zeitung* vom 20.2.1963 („Noch eine Affäre"); ähnliche Kommentare gab es auch im RIAS Berlin am 25.2.1963 von Peter Herz (BStU, MfS-HA IX/11, PA 2707, Revanchismus und Faschismus, Nr. 6, Blatt 10 f.) und in der *Abendzeitung* (München) vom 9.3.1963 („Das ist eine Zumutung" von Voluntas). Was die Öffentlichkeit im Falle Rauffs nicht wusste, war, dass dieser in Chile für den

Die vom Bundesinnenministerium vorgetragenen Begründungen für die Beschäftigung Saeveckes befand Miska in einem wenige Tage nach dem eben zitierten erschienenen, zweiten Kommentar in der *Frankfurter Rundschau* für wenig stichhaltig. Wenn man den „ehemaligen SS-Hauptsturmführer" als „qualifizierten Fachmann" für so eine Stelle bezeichne, dann hätte man, formulierte Miska drastisch, Joseph Goebbels, wenn dieser noch Leben würde, zum Bundespressechef machen müssen. Und wenn davon die Rede sei, Saevecke habe gar nicht wirklich der SS angehört, sondern nur einen Angleichungsdienstgrad getragen, so würden damit „die Dinge um 180 Grad" verdreht. Denn zum einen seien Sicherheitspolizisten nach einem Runderlass Himmlers von 1938 nur auf Antrag in die SS aufgenommen worden, zum anderen sei Saevecke in den verfügbaren Dokumenten immer nur als SS-Hauptsturmführer bezeichnet worden.[147]

Ungeachtet solcher Tatsachen brachte Bundesinnenminister Höcherl Anfang März 1963 in einer Fragestunde im Bundestag, in welcher der SPD-Abgeordnete Fritz Sänger konkrete Auskunft über Saeveckes Vergangenheit begehrte, erneut die zu diesem Zeitpunkt bereits widerlegte Schutzbehauptung der Rangangleichung ins Spiel. Die rangangeglichenen Kriminalbeamten seien „nicht Mitglieder der allgemeinen SS und der SD-Nachrichtendienstorganisation" gewesen, sagte Höcherl, und deshalb auch in Nürnberg nicht als Mitglieder einer verbrecherischen Organisation verurteilt worden.[148] Der Minister musste allerdings zugeben, dass es stimmte, dass Saevecke schon 1928 der SA und bald darauf auch der NSDAP beigetreten war. Er versicherte, dass die Vorwürfe gegen den Kriminalbeamten untersucht würden.

Zunächst geschah dies wohl über die drei Auslandsvertretungen des Bundes in Rom, Tunis und Wien. Mitte März entsandte das Ministerium dann selbst einen seiner Beamten zu Erhebungen nach Mailand. Das auf diese Weise zusammengetragene Material führte dann Ende April zur vorläufigen Beurlaubung Saeveckes und zur Einleitung eines Disziplinarverfahrens gegen ihn.[149] Im darauffolgenden Juni legte zwar *Der Spiegel* noch einmal mit einem Artikel nach, in dem die NS-Laufbahn Saeveckes und die ihm vorgeworfenen Handlungen ausgebreitet wurden[150], dennoch wurde es in der Folge ruhig um den Fall. Das gegen Saevecke eingeleitete Verfahren wurde mehr als ein Jahr später, im Herbst 1964 eingestellt. Es hätten sich keine

---

BND arbeitete, vgl. zu Rauff Cüppers, Immer davongekommen; Schneppen, Walther Rauff; Hechelhammer, Walther Rauff.
147 FR vom 27.2.1963 („Feine Herren").
148 VDB, 4. Wp., 62. Sitzung vom 6.3.1963, S. 2810; FAZ vom 7.3.1963 („Ermittlungen gegen Saevecke in Wien, Rom und Tunis").
149 Vgl. FAZ vom 18.3.1963 („Fall Saevecke in Mailand untersucht"), vom 22.3.1963 („Schwere Beschuldigungen gegen Saevecke"), vom 26.3.1963 („Saevecke-Material wird gesichtet"), vom 19.4.1963 („Saevecke-Bericht fertiggestellt"), vom 22.4.1963 („Die Ermittlungen gegen Saevecke"), vom 25.4.1963 („Saevecke beurlaubt") und vom 29.5.63 („Disziplinarverfahren gegen Saevecke").
150 Vgl. *Der Spiegel* Nr. 24 vom 12.6.1963, S. 22 ff.

Beweise ergeben, hieß es, dass Saevecke für die ihm vorgeworfenen Taten verantwortlich sei. Mehrere Zeitungen schrieben daraufhin, der Kriminalrat sei „rehabilitiert". Trotzdem kam eine Weiterbeschäftigung beim BKA offenbar nicht mehr in Frage, Saevecke wurde im März 1965 zum Bundesluftschutzverband und im Jahr darauf bis zu seiner Pensionierung zum Bundesamt für den zivilen Bevölkerungsschutz abgeordnet.[151]

Im März 1963 hatte der SPD-Abgeordnete Ritzel den Bundesinnenminister im Bundestag gefragt, ob es noch mehr Saeveckes gebe, die sich mit Wissen des Ministeriums um die Sicherheit der Republik bemühten. Höcherl hatte damals geantwortet, ihm sei nicht bekannt, ob Angehörige des SD im Bundesdienst stünden, aber er sei bereit, Erhebungen darüber anstellen zu lassen. Im darauffolgenden August war aus dem Ministerium zwar zu hören, diese Ermittlungen stünden vor dem Abschluss, Näheres zu den Ergebnissen wurde jedoch nicht bekannt.[152] Tatsächlich wurden infolge dieser Maßnahmen einige Beamte versetzt und das Ministerium verpflichtete das BKA – um weiterem Ungemach vorzubeugen –, jährlich neue Erkundigungen über Beamte, die ehemals der Gestapo angehört hatten, bei der Zentralen Stelle einzuholen.[153] Wirkliche Konsequenzen hatten Beamte aber nach wie vor nur zu fürchten, wenn sie in den dringenden Verdacht gerieten, selbst in verantwortlicher Form an Verbrechen beteiligt gewesen zu sein. Allgemeinere Vorwürfe und oder die Zugehörigkeit zu bestimmten Einheiten oder Dienststellen, denen Verbrechen vorgeworfen wurden, blieben meist folgenlos. Der vom damaligen Berliner Kultursenator Adolf Arndt im Zusammenhang mit dem Fall Saevecke geäußerte Hinweis, das Reichssicherheitshauptamt sei genauso wie der Volksgerichtshof eine „Mörderzentrale" gewesen, weshalb dessen ehemalige Angehörige keinesfalls für verantwortliche Positionen in der Bundesrepublik in Frage kommen dürften[154], blieb diesbezüglich ohne Wirkung.

---

151 Vgl. Baumann u. a., Schatten, S. 235; FAZ vom 21.11.1964 („Saevecke rehabilitiert"); *Die Zeit* vom 27.11.1964 („Ein Kriminalrat wurde rehabilitiert"); im letztgenannten Artikel stellte Peter Stähle Saevecke als Opfer einer kommunistischen Kampagne dar. Auch die beiden 1963/64 bei der Staatsanwaltschaft Dortmund gegen Saevecke eingeleiteten strafrechtlichen Ermittlungsverfahren wurden eingestellt; vgl. IfZ-Archiv, NSG-Datenbank, Dortmund (Z), 45 Js 16/64 und 45 Js 12/63. 1999 verurteilte dann ein italienisches Militärgericht in Turin Saevecke wegen der Geiselerschießungen in Abwesenheit zu lebenslanger Haft, die er jedoch, durch das Grundgesetz vor einer Auslieferung geschützt, nicht verbüßen musste; Saevecke starb 2000.
152 Vgl. VDB, 4. Wp., 65. Sitzung vom 14.3.1963, S. 3016; FAZ vom 27.8.1963 („Erhebung des Innenministeriums").
153 Vgl. Baumann u. a., Schatten, S. 102 ff.
154 *Sozialdemokratischer Pressedienst* vom 11.4.1963, S. 4. Arndt hatte in diesem Artikel auch Konsequenzen für diejenigen Personen verlangt, die für die Einstellung Saeveckes die Verantwortung trügen. Arndts Artikel wurde auch in mehreren Zeitungen zitiert, vgl. etwa *Neckar-Echo* (Heilbronn) vom 14.4.1963 („Mitwisser") oder SZ vom 16.4.1963 („Arndt: Wer berief Saevecke ins Bundeskriminalamt").

So waren weitere peinliche Aufdeckungen und negative Schlagzeilen kaum zu vermeiden. Der nächste aufsehenerregende Fall betraf erneut die Sicherungsgruppe. Ende Januar 1964 wurde deren nunmehriger stellvertretender Leiter Ewald Peters unter dem dringenden Tatverdacht verhaftet, als SS-Obersturmführer und Leiter eines Teilkommandos des Einsatzkommandos 6 im ukrainischen Nowotscherkassk 1942/43 Judenerschießungen durchgeführt zu haben. Peters, der Bundeskanzler Ludwig Erhard auf mehreren Auslandsreisen als Verantwortlicher für dessen Sicherheit begleitet hatte, war gerade mit diesem von einem Besuch in Rom zurückgekehrt. Als der Sonderzug des Kanzlers auf dem Bonner Bahnhof einfuhr, berichtete die Presse, seien schon Beamte der Kriminalpolizei unter den Zuschauern gestanden. Diese hätten noch gewartet, bis Peters sich vom persönlichen Referenten Erhards verabschiedet gehabt habe, und ihn dann umgehend festgenommen.[155] Bereits einen Tag nach der Verhaftung beschäftigte sich das Bundeskabinett mit dem Fall. Das Protokoll der Sitzung vermerkt dazu allerdings nur, dass Innenminister Höcherl über die Verhaftung berichtete.[156] Aus dem Ministerium hieß es, man habe Peters mehrmals durch die Zentrale Stelle überprüfen lassen und keine Belastungen festgestellt. In seinem Fall war die Initiative jedoch von den Staatsanwaltschaften Dortmund und Wuppertal ausgegangen, wo seit Beginn der 1960er Jahre umfangreiche Ermittlungen gegen Angehörige des Einsatzkommandos 6 liefen.[157]

Der Fall Peters brachte den Bundesinnenminister erneut in Bedrängnis, da dieser in den Debatten um Theo Saevecke den Eindruck erweckt hatte, er wolle dafür sorgen, dass derart belastetes Personal aus der Sicherungsgruppe entfernt würde. Manche Zeitungen erwarteten deshalb zumindest ein parlamentarisches Nachspiel, andere forderten etwas verklausuliert sogar Höcherls Rücktritt.[158] Eine längere Debatte entspann sich in diesem Zusammenhang aber nicht, da sich Peters wenige Tage nach der Einlieferung in die Haft das Leben nahm und sein Fall rasch wieder aus den Schlagzeilen verschwand.

Das BMI, das nun weitere derartige Blamagen unbedingt zu verhindern trachtete, reagierte intern rasch. Für den 4. Februar 1964 bestellte man den seit 1959 amtierenden BKA-Verwaltungschef Gerhard Oesterhelt zu einer Erörterung über das BKA-

---

155 Vgl. FAZ vom 1.2.1964 („Wegen Massenerschießung verhaftet") und vom 3.2.1964 („Ein parlamentarisches Nachspiel zum Fall Peters?").
156 Vgl. Kabinettsprotokolle 1964, S. 116, Sitzung vom 2.7.1964.
157 Vgl. IfZ-Archiv, NSG-Datenbank, Dortmund (Z) 45 Js 6/64 und Wuppertal 12 Js 220/61. Das Landgericht Wuppertal hatte im August 1963 erstinstanzlich vier Angehörige des Kommandos, darunter dessen Führer Robert Mohr, zu mehrjährigen Zuchthausstrafen verurteilt, vgl. JuNSV Bd. XXII, Nr. 606.
158 Vgl. FAZ vom 3.2.1964 („Ein parlamentarisches Nachspiel zum Fall Peters?"); *Neues Deutschland* vom 4.2.1964 („Höcherl untragbar"), wo ein Kommentar des West-Berliner Boulevardblattes *Der Abend* zitiert wird. Die *Aachener Volkszeitung* vom 4.2.1964 („Die unsichere Sicherungsgruppe") fragte, warum es nicht auch bei den für den Staatsschutz zuständigen Polizeikräften einen PGA wie bei der Bundeswehr gegeben habe, und mahnte, einen solchen umgehend einzurichten.

Personal ein. In diesem Gespräch mit den zuständigen Ministerialbeamten wurden 56 Beamte des BKA aufgrund ihres Einsatzes in den besetzten Gebieten außerhalb der Reichsgrenzen von 1937 in den Blick genommen. Gegen sechs, so stellte man fest, lägen erhebliche Verdachtsmomente für eine Verbrechensbeteiligung vor, gegen 21 weitere sei zumindest ein Anfangsverdacht gegeben und auch bei den übrigen 29 ließe sich nicht ausschließen, dass noch etwas Belastendes auftauchen könne. Einig wurde man sich darüber, dass die sechs noch beim BKA tätigen Beamten, die früher bei der Gestapo beschäftigt waren, ebenso wie alle Beamten, die bis 1933 der SS beigetreten seien, rasch zu anderen Behörden versetzt werden sollten. Das Amt begann nun eigene Untersuchungen über die NS-Vergangenheit ihres Personals und schon im April 1964 teilte es dem Ministerium mit, dass die im Februar vereinbarten Versetzungen inzwischen erfolgt seien und diese auch alle BKA-Beamten mit einem Beitrittsjahr zur Allgemeinen SS vor 1937 erfasst hätten.[159]

Mit diesen Maßnahmen glaubte sich das BKA wohl von den „überzeugten" SS-Männern, die der SS vor der Verschmelzung mit der Polizei beigetreten waren und damit am stärksten belastet waren, entledigen zu können. Die grundsätzliche Problematik der Beteiligung an NS-Verbrechen ließ sich jedoch mit solch formalen und nicht an der Realität des Polizeieinsatzes im Krieg orientierten Kriterien kaum in den Griff bekommen. Denn zum einen wurden Beamte, die zur Gestapo abgeordnet worden waren, nicht tangiert, zum anderen waren viele der Betroffenen wie der genannte Ewald Peters der SS erst in den Kriegsjahren beigetreten. Der BKA-Führung war dieses Manko bis zu einem gewissen Grad auch bewusst, weshalb die amtsinternen Personalüberprüfungen fortgesetzt wurden und mitunter weitere Suspendierungen und Versetzungen erfolgten. Die meisten eingeleiteten Disziplinarverfahren blieben gleichwohl ohne weitreichende Folgen und das personelle Revirement hielt sich insgesamt doch in Grenzen. Ende der 1960er Jahre hatte immer noch ein Viertel des Leitungspersonals des BKA ehemals der SS angehört. Gegenüber einem Jahrzehnt davor bedeutete dies aber immerhin eine ganz deutliche Verringerung, die in ihrem Ausmaß sicherlich auch eine Folge regulärer Pensionierungen war. Zumindest blieben aber seit der zweiten Hälfte der 1960er Jahre weitere öffentliche Skandale und Debatten rund um das BKA-Personal aus, so dass anzunehmen ist, dass bis dahin zumindest die am schwersten belasteten Beamten ausgeschieden waren.

Das BKA war nur eines der Sicherheitsorgane des Bundes, deren Belastung mit SS-Angehörigen in den 1960er Jahren Anlass zu öffentlichen Debatten gab. Kaum war Mitte 1963 die größte Aufregung über den Fall Saevecke verebbt, rückte der BND in den Fokus der Diskussion. Am 8. Juli des Jahres begann vor dem Bundesgerichtshof in Karlsruhe der Landesverratsprozess gegen die beiden BND-Mitarbeiter Heinz Felfe und Johannes Clemens sowie den Bauunternehmer Erwin Tiebel, alle

---

159 Vgl. Baumann u. a., Schatten, S. 108 ff., zum Folgenden ebenda, S. 122 ff., zu den Zahlen, S. 136.

drei ehemals RSHA-Angehörige, die sich aus der gemeinsamen Zeit bei der Dresdner SS gekannt hatten. Felfe war 1936 der NSDAP und SS beigetreten, über die Kripo 1943 zum RSHA gekommen und dort als SS-Obersturmführer Referatsleiter im Auslandsgeheimdienst des SD geworden. Nach wenigen Jahren Kriegsgefangenschaft kam er 1951 auf Vermittlung Clemens' zur Organisation Gehlen (OG), dem Vorläufer des BND, wo er dann zum Leiter der Spionageabwehr aufstieg. Johannes Clemens war ein „alter Kämpfer" und schon 1931 der SS und der NSDAP beigetreten, 1933 kam er zum SD, dessen Hauptaußenstelle in Dresden er seit 1937 leitete. 1942 wurde er zum SS-Hauptsturmführer befördert und ins RSHA versetzt, Ende 1943 dann zur Sicherheitspolizei in Italien. Nach seiner Rückkehr aus amerikanischer Kriegsgefangenschaft in Italien verpflichtete er sich anlässlich eines Besuchs bei seiner Ehefrau in Dresden 1950 beim sowjetischen Geheimdienst KGB und gewann Felfe und Tiebel ebenfalls für die Sowjets. Zur OG wiederum gelangte Clemens 1951 über den ihm aus Dresden gut bekannten früheren SS-Oberführer, Leiter der Geheimen Feldpolizei und stellvertretenden Gestapochef im RSHA Wilhelm Krichbaum, der bereits wenige Jahre nach Kriegsende ein Netzwerk von Ehemaligen geknüpft und über Kontakte zum amerikanischen Geheimdienst dann in die OG gekommen war.[160]

Felfe und Clemens waren zwar schon im Herbst 1961 enttarnt worden, als Doppelagenten auch für den sowjetischen Geheimdienst tätig gewesen zu sein, und schon damals war die SS- und SD-Mitgliedschaft der beiden bekannt geworden.[161] Zu einem öffentlichen Thema wurden die Affäre und die SS-Vergangenheit von BND-Mitarbeitern jedoch erst nach Abschluss der Ermittlungen mit dem Beginn der Gerichtsverhandlung. Viele Zeitungen berichten auf den Titelseiten oder an anderer prominenter Stelle über den Prozess, der Sensationscharakter hatte.[162]

Immer wieder wurde auch die SS- und SD-Mitgliedschaft der Angeklagten thematisiert und die Frage gestellt, wie sie angesichts ihrer NS-Vergangenheit hätten in den BND aufgenommen werden können. „Moskaus Star-Spione – Drei SS-Männer", titelte etwa die *Bild* Anfang Juli 1963.[163] „Wie ist es möglich, daß in einem offiziellen

---

160 Vgl. zu Felfes Biographie Pohl, Diener; zu Clemens Kraushaar, Karriere, und Schreiber, Elite; zu Krichbaum Winter, Täter, S. 93 ff. Krichbaum, der 1957 verstarb, wurde später ebenfalls verdächtigt, für die Sowjets tätig gewesen zu sein, wofür es einige Indizien, aber keine Beweise gab.
161 Vgl. etwa Der Spiegel Nr. 52 vom 20.12.1961, S. 25 f.; *Abendzeitung* (München) vom 15.12.1961 („Agentenpleite" von Frank Arnau); nicht auf die SS-Mitgliedschaft hingewiesen wurde dagegen in der FAZ, z. B. vom 14.12.1961 („Wieder ein Spionagefall in der deutschen Abwehr").
162 Vgl. etwa SZ vom 9.7.1963 („Sowjetspion Felfe vor Gericht"); FAZ vom 9.7.1963 („Ein gefährlicher Spion"); *Die Welt* vom 9.7.1963 („Größter Spionageprozeß begann"); *Der Tagesspiegel* vom 9.7.1963 („Prozeß Felfe in Karlsruhe eröffnet – der größte Spionagefall in der Bundesrepublik"); zum BND, dem Fall Felfe und den Folgen vgl. auch Nowack, Sicherheitsrisiko, S. 57 ff., und Waske, Liaison, S. 61 ff., die aber auf die öffentlichen Debatten nur am Rande eingehen.
163 *Bild* vom 5.7.1963; vgl. auch *Die Zeit* vom 12.7.1963 („Drei Diener zweier Herren"); *Abendzeitung* (München) vom 16.7.1963 („Wie kamen ehemalige SS-Funktionäre in die Zentrale des Bundesnachrichtendienstes" von Hubert Kahl).

Nachrichtendienst der Bundesrepublik eingefleischte alte Nationalsozialisten und SD-Leute Fuß fassen, und wie Felfe, sogar in eine Führungsposition in der Zentrale aufrücken konnten", schrieb Wolfgang Wehner in der *Süddeutschen Zeitung*. Und wie sei es möglich, dass dies zehn Jahre lang habe unentdeckt bleiben können. Wehner forderte eine Säuberung und neues Personal; „aus dem NS-Führerkorps" aber dürfe dieser Nachwuchsbedarf der Behörde „jedenfalls nicht befriedigt werden".[164] In der *Stuttgarter Zeitung* konstatierte Oskar Fehrenbach eine „lange Liste der unglaublichen Fahrlässigkeiten" in der Personalpolitik, die dazu geführt habe, dass ohne Kontrolle „ein SS-Mann [...] dem anderen die Tür" habe aufhalten können.[165]

In der *Welt* fragte Hans-Werner Graf von Finckenstein, wie es etwa habe passieren können, dass der Staat einen Mann, der wie Clemens schon vor der Machtübernahme 1933 der SS beigetreten und bekanntermaßen an der Erschießung von 335 Geiseln in den Adreatinischen Höhlen bei Rom beteiligt gewesen war, habe einstellen können.[166] Da alle drei Angeklagten sich als „alte Kameraden aus dem Reichssicherheitshauptamt der SS vorgestellt" hätten, schrieb *Der Spiegel*, und Clemens behauptet habe, er sei „vom BND ausdrücklich beauftragt gewesen, berufslose frühere SD-Leute aufzusammeln, und da Sowjet-Eins Felfe auf diesem Weg wirklich angeheuert worden" sei, habe zunächst der Eindruck bestanden, „als sei Bonns Abwehr ein von roten Spionen eng durchsetztes Refugium der SS".[167]

Dabei wurden ehemalige SS-Führer nicht nur aufgrund ihrer nationalsozialistischen Vorprägung als untragbar für solche Positionen angesehen, sondern auch weil sie wegen ihrer Vergangenheit und möglichen Verbrechensbeteiligungen, wie der Fall Felfe hinlänglich zu zeigen schien, als erpressbar und damit anfällig für östliche Anwerbeversuche galten. Den daraus sich ergebenden Forderungen nach einer eingehenden Durchleuchtung des Geheimdienstpersonals[168] versuchte der für den BND zuständige Kanzleramtschef Hans Globke mit einem Hinweis auf die geringe Dimension des Problems die Brisanz zu nehmen. Gegenüber der Presse verwies er darauf, dass nach der Enttarnung Felfes 1961 die Mitarbeiter des BND eingehend auf ihre NS-Vergangenheit überprüft worden seien. Zu diesem Zweck habe

---

164 SZ vom 12.7.1963 („Felfe und die Folgen"); ähnlich auch Chefredakteur Karl Silex im Berliner *Tagesspiegel* vom 12.7.1963 („Fragen an den Staat").
165 *Stuttgarter Zeitung* vom 15.7.1963 („Von Heinrich Himmler zu Reinhard Gehlen").
166 Vgl. *Die Welt* vom 18.7.1963 („Die schwarz-braunen Zellen bei Gehlen"); ähnlich auch *Die Zeit* vom 19.7.1963 („Personalpolitik im Geheimdienst" und glossierend „Der Mann, der Gehlen hieß"); *Abendzeitung* (München) vom 20.7.1963 („Alte NS-Kameraden" von Jochen Meyers); *Vorwärts* vom 12.7.1963 („Durchleuchtung wurde versäumt"); Clemens hatte sich wegen der Erschießungen in den Adreatinischen Höhlen 1948 zusammen mit anderen Beteiligten vor einem Militärgericht in Rom zu verantworten. Er wurde jedoch anders als sein damaliger Vorgesetzter, der BdS Herbert Kappler, freigesprochen, da er nur auf Befehl gehandelt habe.
167 *Der Spiegel* Nr. 30 vom 24.7.1963, S. 20.
168 Vgl. *Hamburger Abendblatt* vom 11.7.1963 („Organisation Gehlen wird überprüft").

man Auskünfte beim BDC eingeholt und laufend Kontakt zur Zentralen Stelle gehalten, versicherte Globke. Die Zahl der heute im BND tätigen ehemaligen SS-Angehörigen, die sich früher im Polizeidienst, bei der Gestapo und dem SD befunden hätten, betrage weniger als ein Prozent aller BND-Beschäftigten. Einen zweiten Fall Felfe halte er deswegen für ausgeschlossen.[169] Diese Äußerungen Globkes würden fast überall „auf Hohn und Zweifel" stoßen, schrieb kurz darauf Graf von Finckenstein in der *Welt*, denn zu viele wüssten, dass ein erheblicher Teil der Ehemaligen inzwischen „wieder in allen Ehren Beamter geworden" sei, und man diese nur mit großen Schwierigkeiten wieder los werde.[170]

Auch wenn die Beschäftigung von ehemaligen SS- und SD-Angehörigen beim BND in vielen Kommentaren nach der Verurteilung von Felfe, Clemens und Tiebel Ende Juli 1963 noch einmal scharf kritisiert wurde[171], legte sich die Debatte nach Abschluss des Prozesses bald wieder. Gehlen war es in einigen Fällen gelungen, schon länger gepflegte Pressekontakte zu nutzen, um kritische Berichterstattung zu verhindern oder eine für ihn günstige Sicht der Dinge in der Presse zu lancieren.[172] So etwa in einem Artikel von Marion Dönhoff Ende Juli 1963 in der an sich bezüglich der NS-Vergangenheit des BND sehr kritischen *Zeit*: Die Verwunderung darüber, dass die enttarnten Spione SS-Leute waren, sei „nicht so leicht abzutun", schrieb sie, jedoch müsse man dabei berücksichtigen, dass es sich bei ihnen „nicht um KZ Kommandanten handelte, sondern um ehemalige Polizeibeamte, vor allem des Kriminaldienstes, von denen manche nur ‚in Rangangleichung' einen SS Dienstgrad erhalten" hätten und die alle bei der Einstellung „genau durchleuchtet worden" seien.[173] Darüber hinaus wies Dönhoff auf die Leistungen des BND und dessen unter rechtsstaatlichen Bedingungen schwierigere Arbeit im Vergleich zu östlichen Geheimdiensten hin. Zwei Wochen später freilich war in der Wochenzeitung wieder ein äußerst kritischer Kommentar von Harry Pross abgedruckt, der sich wie ein resignatives Schlusswort zu dem Skandal las: „Niemand außer denen, die es schon

---

169 Vgl. *Welt am Sonntag* vom 14.7.1963 und PNP vom 15.7.63 („Gehlens Mitarbeiter wurden eingehend überprüft").
170 *Die Welt* vom 18.7.1963 („Die schwarz-braunen Zellen bei Gehlen").
171 Vgl. etwa SZ vom 24.7.1963 („Nach dem Felfe-Urteil" von Ernst Müller-Meiningen jr.); *Abendzeitung* (München) vom 27./28.7.1963 („Aus Himmlers Schule" von Voluntas).
172 Vgl. Nowak, Sicherheitsrisiko, S. 67 f. und 72 ff.
173 *Die Zeit* vom 26.7.1963 („Gehlens Geheimdienst"); ähnlich auch *REVUE* vom 20.10.1963 („Ich sprach mit Gehlen" von Voluntas/Jochen Willke). In einem Kommentar zum Felfe-Urteil in der *REVUE* vom 28.7.1963 („Liebe REVUE-Leser") hatte Willke den BND noch vehement als „von bösartigen alten Nazis verseucht" und „in bestimmten Bezirken" vom „Geist des Dritten Reiches" durchdrungen bezeichnet. Der Dienst sei „offenbar eine Art Traditionskompanie von Himmlers Reichssicherheitshauptamt", schrieb er, wo „es von ehemaligen Standartenführern, früheren Gestapospezialisten und langgedienten SD-Spitzeln nur so zu wimmeln" scheine. Schon in diesem kritischen Kommentar hatte er allerdings Gehlen, den er seit mehreren Jahren persönlich kannte, geschont.

immer gesagt hatten", dass es SS- und SD-Leute im BND gäbe, habe sich nach den Enthüllungen im Prozess wirklich darüber aufgeregt, stellte Pross fest.[174]

Ganz ohne Folgen blieb die Affäre für den BND freilich nicht. In der Presse war nach Prozessende auch verlangt worden, es müsse festgestellt werden, wie viele ehemalige SS- und SD-Mitarbeiter tatsächlich im BND beschäftigt seien, deswegen solle sich das Parlament mit der Sache befassen.[175] Zwar sah man sowohl in der SPD- als auch der CDU/CSU-Bundestagfraktion die im Felfe-Prozess zu Tage getretenen personellen Kontinuitäten mit Sorge und forderte deshalb Aufklärung. Eine öffentliche Erörterung der Frage im Parlament konnte Gehlen freilich mit dem Hinweis auf den Geheimschutz vereiteln. Den SPD-Abgeordneten Ritzel, der im September 1963 eine entsprechende Anfrage im Bundestag einbringen wollte, wies er darüber hinaus darauf hin, dass auch die Sozialdemokraten 1958 der Einstellung der nun inkriminierten Personen in den BND zugestimmt hatten.[176]

Tatsächlich hatte die Behörde bereits 1961 im Zuge der Aufarbeitung des Spionagefalles begonnen, ihr Personal zu durchleuchten, da den Verantwortlichen deutlich vor Augen geführt worden war, dass eine Gestapo- oder SD-Mitgliedschaft nicht nahezu automatisch eine stramm antikommunistische Einstellung bedeutete. Allerdings stand dabei zunächst weniger die NS-Vergangenheit an sich im Fokus als die Möglichkeit von Ostkontakten.[177] 1963 wurde in Reaktion auf die zunehmende öffentliche und politische Kritik sowie infolge der im Oktober des Jahres vom Kabinett beschlossenen direkten Unterstellung des Geheimdienstes unter das Kanzleramt die Überprüfung des Personals noch einmal ausgeweitet und intensiviert. Nach außen drang davon allerdings nichts, auch nicht über den Bundestag, wo Fragen, die den Geheimdienst betreffen, nur von einem kleinen Kreis von Abgeordneten hinter streng verschlossenen Türen beraten wurden. Der Behörde ging es bei den Überprüfungen vor allem auch darum, stark belastete oder gar durch Verbrechen inkriminierte Mitarbeiter aus dem Dienst oder zumindest von sensiblen Stellen zu entfernen, da diese wegen ihrer Erpressbarkeit ein mögliches Sicherheitsrisiko darstellten.[178]

Nach den jüngst vorgelegten Ergebnissen der Unabhängigen Historikerkommission zur Erforschung der Geschichte des Bundesnachrichtendienstes überprüfte in den Jahren 1963 bis 1965 eine eigens geschaffene Organisationseinheit 157 Personen, von denen gut vier Fünftel der NSDAP und zwei Drittel der SS angehört hatten. Wegen NS-Belastung in die Überprüfung einbezogen wurden alle Bediensteten, die

---

174 *Die Zeit* vom 9.8.1963 („Was den Deutschen zumutbar ist").
175 Vgl. *Die Welt* vom 27.7.1963 („Wieviele ehemalige SD-Männer sind wirklich bei Gehlen tätig?" von Georg Schröder).
176 Vgl. Nowack, Sicherheitsrisiko, S. 78; Waske, Liaison, S. 78 f.; der CDU-CSU-Fraktionsvorsitzende von Brentano hatte seine Sorge im Juli 1963 gegenüber Kanzler Adenauer geäußert.
177 Vgl. Nowack, Sicherheitsrisiko, S. 61 ff.
178 Vgl. ebenda, S. 94 ff.

in der NS-Zeit zum Befehlsbereich des RFSS gehört hatten oder in der NSDAP oder einer ihrer Gliederungen hauptamtlich tätig gewesen waren, von der Waffen-SS allerdings nur die Offiziere. In 62 Fällen sprach die Überprüfungskommission eine Entlassungsempfehlung aus. Bis 1968 verließen dann 68 der Überprüften den BND, teils freiwillig, teils nach einer ausgesprochenen Entlassung.[179] Der Prozentsatz der ehemaligen SS-Angehörigen am Gesamtpersonalbestand, den die Historikerkommission für diese Zeit ermittelte, liegt deutlich über dem einen Prozent, das Kanzleramtschef Globke 1963 kolportierte. Allein der Anteil der ehemaligen Angehörigen des NS-Sicherheitsapparates lag damals schon bei rund vier Prozent, dazu kam noch mindestens ein weiteres Prozent an früheren Waffen-SS-Angehörigen.[180]

In seinem Artikel zum Felfe-Prozess hatte *Der Spiegel* auch festgestellt, dass man zwar inzwischen einige der Personen mit nationalsozialistischer Vergangenheit aus dem BND und dem BKA kenne, hingegen keine aus dem Kölner Bundesamt für Verfassungsschutz, „obschon auch etliche von ihnen an ihrer Vergangenheit zu tragen" hätten.[181] Das Nachrichtenmagazin führte als Beispiele sechs Personen in leitenden Stellungen beim BfV mit ihren früheren Rängen und Funktionen an, so etwa einen SS-Sturmbannführer, SD-Mann und Lehrer an der Reichskriminalpolizeischule, einen Gestapokommissar und SS-Hauptsturmführer sowie einen Direktor bei der Geheimen Feldpolizei. Die Namen der Betreffenden wurden in dem Artikel aber ebenso wenig genannt wie die Quelle dieser Informationen. Öffentliche Reaktionen auf diese verklausulierten Hinweise des Hamburger Nachrichtenmagazins, das aufgrund des harschen staatlichen Vorgehens gegen seinen Herausgeber und einige seiner Redakteure im vergangenen Herbst nicht gut auf die Verfassungsschützer zu sprechen war, blieben zunächst aus.

Sehr viel mehr Aufsehen erregte es, als einen Monat später die Illustrierte *Stern* – wiederum mit Hinweis auf die vergangenen Skandale um das BKA und den BND – einen Verfassungsschützer, der Mitglied der SS seit 1933, Hauptsturmführer und Mitarbeiter des RSHA gewesen sei, als „Mann ohne Namen" präsentierte.[182] Den

---

179 Vgl. ebenda, S. 111 ff. und 227 ff. Leicht abweichende Zahlen publizierte auf der Basis einer einzelnen Quelle bereits die FAZ vom 18.3.2010 („NS-Verbrecher im BND" von Peter Carstens). Rass, Sozialprofil, S. 277, stellte auf Basis einer umfangreichen Stichprobe fest, dass die interne Überprüfung des BND 83 % der 1964 beschäftigten Gestapobeamten, 77 % der ehemaligen SD-Angehörigen und 27 % der Angehörigen bzw. 59 % der Offiziere der Waffen-SS erfasste.
180 Vgl. Rass, Sozialprofil, S. 177 ff. und 223 ff. Der Anteil der SS-Mitglieder insgesamt lässt sich aus Rass' Arbeit nicht entnehmen, da er dazu keine Zahlen angibt, die Zahl der Mitglieder der Allgemeinen SS nicht nachweist und genaue Angaben zur Überschneidung von Mitgliedschaften etwa zwischen Sicherheitsapparat und Waffen-SS fehlen.
181 *Der Spiegel* Nr. 30 vom 24.7.1963, S. 20 f. Auch die *REVUE* vom 28.7.1963 („Liebe REVUE-Leser" von Voluntas) hatte darauf hingewiesen, dass neben dem BND wohl auch der Verfassungsschutz belastet sei. Vgl. zur öffentlichen Debatte um die NS-Belastung des Verfassungsschutzes in diesen Jahren auch P. Wagner, Ehemalige SS-Männer, S. 178 ff., und Goschler/Wala, Keine neue Gestapo, S. 217 ff.

Namen dürfe man nicht nennen, hieß es, da das Bundesinnenministerium für einen solchen Fall auf die Möglichkeit einer Anzeige wegen Landes- und Geheimnisverrat hingewiesen habe. Die Illustrierte hatte wie auch schon *Der Spiegel* zuvor dem damaligen Usus folgend den Artikelinhalt mit den zuständigen Behörden rechtlich abgeklärt. Das Ministerium habe versucht, hieß es im *Stern* weiter, die Sache zu verharmlosen und auf eine Dienstgradangleichung sowie eine reine Mitgliedschaft im SD hingewiesen. Dem könne aber, schrieb der Autor des Artikels, allein schon deshalb nicht gefolgt werden, da der Mann seit 1933 der SS angehört habe. Ähnlich wie zuvor *Der Spiegel* wies auch der *Stern* darauf hin, dass es sich bei dem Mann um keinen Einzelfall handle, sondern im BfV „ein ganzes Schock von Beamten mit profilierter SS-, SD- und Gestapo-Vergangenheit vereint" sei.[183] Der Artikel zog darüber hinaus die Grenzen für die Tragbarkeit von ehemaligen NS-Beamten im bundesdeutschen Staatsdienst enger als vielfach bis dahin üblich. Mit Bezug auf den SPD-Rechtspolitiker Adolf Arndt, der das RSHA kurz zuvor als „Mörderzentrale" bezeichnet hatte, wies er darauf hin, dass ein SS-Mann von 1933, der den NS-Staat geschützt habe, als Belastung für die Demokratie angesehen werden müsse, selbst wenn ihm keine konkreten Verbrechen angelastet werden könnten.

Die Tagespresse reagierte nun umgehend: „SS-Führer beim Verfassungsschutz", diese oder ähnliche Schlagzeilen konnte man am Tag nach der Veröffentlichung des *Stern* in zahlreichen Zeitungen lesen.[184] Das vorgewarnte Bundesinnenministerium bemühte sich rasch um Schadensbegrenzung und veröffentlichte wiederum einen Tag darauf eine lange Pressemitteilung. Darin bestritt es, dass es sich bei dem betreffenden Personenkreis um eine „größere Zahl" handele. Nur weniger als zwei Prozent des Personals des BfV, hieß es, hätten früher der SS, dem SD oder der Gestapo angehört. Wiederum betonte das Ministerium, dass die meisten der Betroffenen ehemalige Kriminalpolizisten mit SS-Angleichungsdienstgraden seien und sich aus Mitgliedschaften allein keine individuelle Schuld ableiten lasse. Zur Entlastung wurde außerdem die bereits oben im Zusammenhang mit der Kripo erwähnte und wohl von den Ehemaligen in apologetischer Absicht in die Welt gesetzte Behauptung angeführt, die Anklagebehörde beim Nürnberger Gerichtshof habe im August 1946 erklärt, dass es neben dem eigentlichen SD eine „SD-Formation" gegeben habe, die alle SS-Angehörigen umfasst habe, sonst aber ohne Funktion gewesen sei, weshalb man diese Formation nicht in die Anklage einbeziehen wolle. Schließlich führte das Ministerium zu seiner Entschuldigung noch an, dass man sol-

---

182 Vgl. *Stern* Nr. 35 vom 27.8.1963, S. 121 f.; zum Folgenden Goschler/Wala, Keine neue Gestapo, S. 218 und 225.
183 *Stern* Nr. 35 vom 27.8.1963, S. 122.
184 SZ vom 28.8.1963; vgl. auch FAZ vom 28.8.1963 („SS-Chargen beim Verfassungsschutz"); *Bonner Rundschau* vom 28.8.1963 („Gerücht um SS-Führer beim Verfassungsschutz").

che Bewerber nur „ausnahmsweise insofern eingestellt" habe, als andere Personen mit den notwendigen Fachkenntnissen gefehlt hätten.

Bezüglich dem Oberregierungsrat Erich Wenger und dessen Mitarbeiter Johannes Strübing, deren Namen eine Zeitung genannt hatte, erklärte das Ministerium, gegen diese läge nichts vor, das hätten Nachfragen bei der Zentralen Stelle ergeben. Wenger sei im Krieg für den SD an der Deutschen Botschaft in Paris tätig gewesen und habe sich dort mit Passierschein- und Verkehrsangelegenheiten befasst.[185] Tatsächlich jedoch war Wenger bereits 1932 der NSDAP und der SA, im Februar 1933 dann der SS beigetreten und seit 1935 in verschiedenen Funktionen für die Gestapo und die Kripo tätig gewesen. 1943/44 hatte er beim BdS Paris ein nach ihm benanntes Sonderkommando geführt, das für zahlreiche Repressalmaßnahmen gegen Widerständler verantwortlich war. Wohl deshalb hatte er sich nach Kriegsende einige Zeit unter falschem Namen verborgen gehalten. Strübing war Kriminalpolizist in Berlin gewesen, ehe er 1937 zur dortigen Gestapoleitstelle gewechselt und der SS beigetreten war.[186]

Die Presse errechnete aus den Prozentangaben des Ministeriums eine Zahl von 16 bis 17 belasteten Beamten, deren Anteil am gesamten Personalbestand des BfV aber auf zehn Prozent ansteige, wenn man nur die höheren Beamten betrachte.[187] In zahlreichen Pressekommentaren wurden die Auskünfte des Innenministeriums als unzureichend gerügt und die Tätigkeit von Leuten, die in irgendeiner Verbindung zur SS gestanden hatten, in Schutzorganen des demokratischen Staates als nicht hinnehmbar bezeichnet. Hier habe man „Böcke zu Gärtnern gemacht", kommentierte Ernst Müller-Meiningen jr. in der *Süddeutschen Zeitung*.[188] Man sei ein „zu hohes Risiko" eingegangen, schrieb die *Frankfurter Allgemeine Zeitung*. Niemand Vernünftiger habe etwas dagegen, kommentierte das Blatt, dass „Leute, die in den anrüchigen Dienststellen des Dritten Reiches arbeiteten, ohne sich persönlich etwas Strafbares zuschulden kommen zu lassen, als Geeignete für eine Verwendung im öffentlichen Dienst gelten" könnten. Aber es bestehe „nicht im geringsten ein einleuchtender Grund, warum sie gerade in so delikater Stellung, wie sie die demokratischen Staatsschutz-Organe sind, verwendet werden müßten". Ehe man

---

185 FAZ vom 29.8.1963 („Nur wenige frühere SS-Leute beim Verfassungsschutz. Eine Erklärung des Bundesinnenministeriums"); Bulletin des Presse- und Informationsamts der Bundesregierung vom 29.8.1963.
186 Vgl. Goschler/Wala, Keine neue Gestapo, S. 78; zu Wenger außerdem Brunner, Frankreich-Komplex, S. 187; IfZ-Archiv, NSG-Datenbank, Köln 24 Js 439/68 (Z); das gegen Wenger wegen seiner Tätigkeit als Kommandoführer eingeleitete Ermittlungsverfahren wurde 1973 teils mangels Beweises, teils wegen Verjährung eingestellt, da die Staatsanwaltschaft maximal Totschlag für erwiesen ansah.
187 Vgl. SZ vom 29.8.1963 („SS-Leute werden nicht entlassen"); PNP vom 29.8.1963 („Kontroverse um SS-Leute beim Verfassungsschutz").
188 SZ vom 29.8.1963 („Böcke als Gärtner").

„sich einen Staat vom Falschen schützen" lasse, könne man ihn „lieber ein paar Jahre mangelhaft schützen lassen".[189] Die *Rheinische Post* meinte, der Schutz unserer Freiheit dürfe prinzipiell „nicht in den Händen ehemaliger SS-, SD- und Gestapoleute liegen"[190], und die *Neue Ruhr-Zeitung* hielt es für eine „unerträgliche Vorstellung", dass Männer, die die verfassungsmäßige Ordnung schützen sollten, mit dem „heute unsichtbaren, aber unvergesslichen Makel der SS-Rune gekennzeichnet" seien. Auch wenn bei dem einen oder anderen „schicksalhafte Verstrickung" im Spiel gewesen sein möge, habe „der SS-Staat [...] sie als Schergen auf seiner Galeere postiert" gehabt. Hier helfe es auch nichts, wenn der Innenminister, von einer nur geringen Zahl spreche, denn „ein einziger [...] wäre schon zuviel".[191]

Die vom Ministerium zur Entlastung der Betroffenen vorgebrachten Argumente wurden zurückgewiesen. Nach solchen Äußerungen werde man den Verdacht nicht los, es habe „gar keine richtigen Nazis gegeben, sondern nur nominelle", und auch keine richtige SS und keinen SD, „sondern nur eine nominelle SS und einen nominellen SD", glossierte die *Frankfurter Rundschau*. Wenn man noch ein Weilchen warte, fuhr sie fort, werde man sicher noch erfahren, dass es die ganze Zeit von 1933 bis 1945 gar nicht gegeben habe.[192] Das Ministerium versuche die Bedeutung des SD zu „verniedlichen", meinte die Münchner *Abendzeitung*. Auch ihr Kommentator Frank Arnau griff angesichts dieser Verleugnung historisch belegter Fakten zur Glosse. „Wahrscheinlich überwogen in den Reihen der SS, des SD und der Gestapo die Demokraten", schrieb er. „Männer, die geschworen hatten, die Weimarer Verfassung endgültig zu zerstören und Hitlers Blutherrschaft bedingungslos zu schützen – sie schützen nun unsere Verfassung!" Da werde man wohl auch Himmler als getarnten Widerstandskämpfer gegen Hitler ansehen müssen, schloss Arnau.[193] Ganz unabhängig vom Einzelfall, hieß es in der *Süddeutschen Zeitung*, sollten „bestimmte Positionen der Exekutive von bestimmten Personengruppen aus Prinzip freigehalten werden". Deshalb hätte „eine Einstellung ehemaliger Gestapo-Beamter im Verfassungsschutzamt [...] unterbleiben müssen. [...] Wo ganz mit der Vergangenheit hatte gebrochen werden sollen", da wirke „der beschwichtigende Hinweis auf nur zwei Prozent ‚Ehemaliger' im Personalbestand des Verfassungsschutzamtes wie Hohn".[194]

---

189 FAZ vom 29.8.1963 („Zu hohes Risiko").
190 *Rheinische Post* vom 29.8.1963, zitiert nach P. Wagner, Ehemalige SS-Männer, S. 182.
191 *Neue Ruhr-Zeitung* vom 31.8.1963 („Nur zwei Prozent" von Kurt Gehrmann).
192 FR vom 29.8.1963 („Nur Nominelle" von PM).
193 *Abendzeitung* (München) vom 31.8.1963 („Feine Herren!" von Frank Arnau); das Ministerium kenne offenbar Band XX der Protokolle des Hauptkriegsverbrecherprozesses und die einschlägigen historischen Werke, wie die von Gerald Reitlinger nicht, wo die Funktion und die Verbrechen des SD dargestellt seien, schrieb Arnau.
194 SZ vom 30.8.1963 („Streiflicht").

Ob es sich um aktive Dienstgrade oder Angleichungsränge handle, spiele gar keine Rolle, meinte das sozialdemokratische *Hamburger Echo*. Alle seien letztlich „des Teufels Sicherheitsbeamte" gewesen. Und dass sich manche bis heute nicht geändert hätten, habe man im Fall Saevecke gesehen. Das Blatt übernahm dabei große Teile eines vorher im Pressedienst der SPD mit der Überschrift „Ein Skandal" erschienenen Artikels. Es sei „kaum zu fassen", hieß es dort, dass frühere Angehörige des RSHA, „der Mörderzentrale des Dritten Reiches", und ehemalige Gestapobeamte über die Sicherheit der Bundesrepublik wachten. Auch falls sich manche von ihnen persönlich nichts hätten zuschulden kommen lassen, so seien sie doch in einer „Befehlszentrale" gesessen, „von der aus die Maßnahmen zur Vernichtung von Hunderttausenden ausgingen". Selbst wenn es stimmen sollte, dass es sich bei einigen dieser Männer um bewährte Fachkräfte mit Spezialkenntnissen handle, wie das Ministerium angebe, so biete dies keine Legitimation für eine Beschäftigung im Staatsschutz. Sie schadeten dem Ansehen der Bundesrepublik und böten der kommunistischen Propaganda willkommene Angriffspunkte.[195] Der Bundestagsabgeordnete Heinrich Ritzel sprach in einem weiteren Artikel im Pressedienst der Partei angesichts der in der letzten Zeit enthüllten Fälle bei BKA, BND und Verfassungsschutz von einer Notwendigkeit, „der Ausschaltung von Angehörigen der früheren SS und des Sicherheitsdienstes von Heinrich Himmler [...] als Akt der Selbsterhaltung der Demokratie". Die Demokratie könne „nur Demokraten als Wächter und Verfassungsschützer gebrauchen". Es dürfe „niemals [...] derjenige, der Vertrauensträger der Diktatur war, auch Vertrauensträger der Demokratie sein".[196]

Während sich also die SPD und viele Pressekommentare der Ansicht anschlossen, dass allein schon die Zugehörigkeit zum nationalsozialistischen Sicherheitsapparat ein Ausschlusskriterium für eine Beschäftigung im bundesdeutschen Staatsschutz sein müsse, beharrte der Bundesinnenminister in einem Interview darauf, allein kriminelle Vergehen als zwingende Entlassungsgründe zu akzeptieren. Er verwahrte sich dagegen, „eine formelle Zugehörigkeit zur SS heute bereits als ein Verbrechen anzusehen".[197] Auch wenn Minister Höcherl das Problem kleinzureden und die Verantwortung auf seine Vorgänger abzuschieben suchte, gerieten er und sein Ministerium heftig unter Kritik. Verlangt wurde eine umgehende Aufklärung, wie es überhaupt zur Einstellung solcher Leute haben kommen können, und eine „Generalbereinigung", die „nicht auf die lange Bank geschoben" werden dürfe.[198]

---

195 *Hamburger Echo* vom 29.8.1963 („Höcherls ‚bewährte Fachkräfte'" von Carl-Hermann Zeitz); *Sozialdemokratischer Pressedienst* vom 28.8.1963, S. 6.
196 *Sozialdemokratischer Pressedienst* vom 6.9.1963, S. 1.
197 *Neue Rhein-Zeitung* vom 31.8./1.9.1963, zitiert nach Goschler/Wala, Keine neue Gestapo, S. 226; vgl. auch *Fränkische Tagespost* vom 31.8.1963 („Höcherl: ‚ich bin ohne Schuld'").
198 *Sozialdemokratischer Pressedienst* vom 28.8.1963, S. 6; vgl. auch FAZ vom 2.9.1963 („SPD fordert Durchleuchtung").

Wenig später präzisierte und erweiterte Peter Stähle in der *Zeit* die Vorwürfe gegen den Verfassungsschutz noch einmal. Auch er nannte nun konkrete Namen (neben Wenger und Strübing noch Werner Aretz und Gustav Halswick), brachte weitere belastende Details aus den Personalien der inkriminierten Beamten und warf den zuständigen Vertretern des Innenministerium vor, sie „bagatellisier[t]en das Ausmaß der Tätigkeit ehemaliger Mitglieder solcher NS Organisationen, die nun einmal in besonders übler Erinnerung" seien, und versuchten, diese „zu exkulpieren". In vielen Fällen treffe nämlich das zur Entlastung vorgebrachte Argument, die betreffenden Personen hätten nur Angleichungsdienstgrade besessen und der SS nur nominell angehört, gar nicht zu. Die „beschwichtigenden Auskünfte" des Innenministeriums zeigten, dass „diese Behörde keinen Sinn dafür" habe, dass „die Beschäftigung ehemaliger SS, SD- und Gestapo Häuptlinge als Bewacher und Schützer einer demokratischen Verfassung geradezu ein Hohn" sei. Besonderes Gewicht bekam der Artikel allerdings durch zwei zusätzliche Vorwürfe Stähles. Zum einen hätten die Betreffenden im Verfassungsschutzamt Seilschaften gebildet, ihren Aufstieg „rücksichtslos durchgeboxt" und sich ihrer Taten von früher „mitunter gerühmt". Außerdem habe der Verfassungsschutz seit Jahren durch Bruch des Post- und Fernmeldegeheimnisses an „eklatanten Grundrechtsverletzungen" mitgewirkt. Er habe Telefongespräche zahlreicher Bundesbürger abgehört und deren Briefe geöffnet, ohne dass gegen diese konkrete Verdachtsmomente für staatsgefährdende Handlungen vorgelegen hätten.[199]

Die Kritiker der Personalpolitik beim Verfassungsschutz werteten dies als Bestätigung ihrer Warnungen vor den ehemaligen Gestapo- und SD-Angehörigen. Die *Süddeutsche Zeitung* sah „alte Könner am Werk", die ihre im Nationalsozialismus praktizierten Methoden fortsetzten.[200] „Unter gar keinen Umständen" hätten solche Personen etwas beim Verfassungsschutz zu suchen, kommentierte *Die Welt*, denn der Schutz des Grundgesetzes dürfe nur in die Hände „makelloser Demokraten" gelegt werden.[201] Infolge dieser Enthüllungen zur Telefonüberwachung, die in nachfolgenden Ausgaben der *Zeit* noch erweitert wurden[202], bekam die Debatte um den Verfassungsschutz zwar noch mehr Skandalpotential, aber auch eine etwas andere Richtung. Die SS-Vergangenheit einiger Verfassungsschutzmitarbeiter geriet nun etwas in den Hintergrund.

Im *Stern* selbst äußerte Sebastian Haffner in seinem Wochenkommentar angesichts der aktuellen Vorkommnisse grundsätzliche Zweifel an der Richtigkeit von „Adenauers Politik in der Nazifrage". Die Resultate, die sich daraus ergeben hätten,

---

199 *Die Zeit* vom 6.9.1963 („Sagt Höcherl die Wahrheit?").
200 SZ vom 9.9.1963 („Streiflicht").
201 *Die Welt* vom 7.9.1963 („Vorwürfe").
202 Vgl. *Die Zeit* vom 13.9.1963 („Keine Rechtsverletzung" und „Nur Abhör-Amtshilfe?" von Theo Sommer), vom 20.9.1963 („Auf Verlangen wurde abgehört") und 27.9.1963 („Verletztes Postgeheimnis").

nur diejenigen zu belangen, denen Verbrechen nachzuweisen waren, die übrigen jedoch, egal ob Partei-, SS- oder Gestapomitglied, in keiner Weise zu benachteiligen, seien „gar zu merkwürdig". Inzwischen sei es zu einer „Lotterie" geworden, ob ein Mann, der in der SS oder im RSHA wirkte, heute im Zuchthaus sitze oder ein Amt leite. Das hänge allein davon ab, schrieb Haffner, ob Einzelheiten seiner Vergangenheit zufällig ruchbar würden. So könne es geschehen, dass jemand Jahre lang Polizeipräsident sei und dann plötzlich als Massenmörder entlarvt oder auch nicht entlarvt werde. Das Erste sei peinlich, das Zweite aber noch schrecklicher und dabei wahrscheinlich häufiger. Denn die Dunkelziffer der NS-Verbrechen sei hoch. Und „die normale Karriere von Himmlers Leuten, solange sie ungestört bleibt, liegt ja gerade auf dem Verwaltungs- und Polizeigebiet oder – noch schlimmer – im Geheimdienst". Auch die Strafverfolgung, fuhr Haffner fort, bringe keine befriedigenden Ergebnisse. Die Taten seien einerseits viel zu ungeheuerlich, um sie mit ein paar Jahren Zuchthaus zu sühnen, anderseits seien sie irgendwie nicht die Tat der Angeklagten, die ja nur als Räder einer Maschine mitgewirkt hätten und man zögere immer wieder, ob man sie für etwas verantwortlich machen könne, das nicht ihrem eigenen Entschluss entsprungen und damals nicht als Verbrechen gewertet worden sei. Wenn ein Volk sich von solchen Verbrechen reinigen wolle, könne dies nur durch eine politische Kollektivtat geschehen, sonst verstricke man sich in neues Unrecht. Gerade einen solchen kollektiven Sühneakt habe Adenauer vermieden mit dem Ergebnis, dass eine große Menge Mitschuldiger weiterhin Macht ausüben dürfe, während einige wenige als Sündenböcke büßten. Man könne die Vergangenheit nicht ungeschehen machen, meinte Haffner, aber man könne dafür sorgen, dass sie nicht die Gegenwart verpeste. Zweierlei hielt er für notwendig: Einen Zusatz zum Artikel 131 GG etwa in der Form: „wer der SS oder dem Reichssicherheitshauptamt angehört oder an der Hitlerschen Judenverfolgung mitgewirkt hat, kann kein öffentliches Amt bekleiden" und eine gleichzeitige strafrechtliche Amnestie für NS-Verbrechen.[203]

Während ein Sprecher des DGB-Bundesvorstands nun eine rigorose Säuberung nicht nur des Verfassungsschutzes, sondern auch des BND und der Kripo von ehemaligen SS- und SD-Angehörigen verlangte[204], witterten einige konservative Blätter in den Vorgängen vor allem einen neuen Angriff der Opposition gegen die Bundesregierung, die sich nach Verteidigungsminister Strauß nun Innenminister Höcherl als Zielscheibe auserkoren habe. Man müsse darauf hinweisen, schrieb in der *Deutschen Zeitung und Wirtschaftszeitung* deren Chefredakteur Hans Hellwig, dass die Parteien bei der Einstellung der belasteten Verfassungsschutzbeamten befragt worden seien und sich auch SPD-Angehörige in führenden Positionen im Verfassungs-

---

203 *Stern* Nr. 37 vom 10.9.1963, S. 10. Haffner verfasste zu dieser Zeit regelmäßig und fast wöchentlich politische Kommentare für die Illustrierte.
204 SZ vom 13.9.1963 („Streit um Verfassungsschutz geht weiter").

schutz befänden. Deshalb dürfe man annehmen, dass die SPD-Spitze genau informiert worden sei, als nach jahrelanger freier Mitarbeit ehemalige SS-Angehörige als Beamte übernommen werden sollten, wahrscheinlich sogar besser informiert als der jetzige Minister Höcherl. Für die Opposition dürften die jetzt aufgedeckten Fakten daher „nichts Neues" gewesen sein, meinte Hellwig. Anschließend setzte er NSDAP und SS gleich und wies darauf hin, dass bei etlichen Millionen ehemaliger Mitglieder der NSDAP es sich nicht vermeiden lasse, diejenigen, die als unbelastet eingestuft worden seien, wieder in den Staatsdienst zu lassen. Wolle man hier etwas ändern, so laufe das auf eine „zweite Entnazifizierungs- und Denunzierungswelle" hinaus, vor der Hellwig warnte.[205] Allerdings war die Einteilung der Kritiker in politische Lager nicht so eindeutig. Denn auch eher konservative und ansonsten regierungsfreundliche Blätter wie die *Frankfurter Allgemeine Zeitung* oder der *Münchner Merkur* sahen die Beschäftigung von ehemaligen SS- und SD-Angehörigen beim Verfassungsschutz mit großer Sorge.[206]

Nach dem Ende der parlamentarischen Sommerpause forderte der Innenausschuss des Bundestags das Innenministerium zu einer Stellungnahme zu den Vorwürfen auf, und beschloss nach Eingang der Antwort Anfang Oktober 1963, eine kleine Kommission zu deren Diskussion und Beurteilung zu bilden. Nachdem Bundesinnenminister Höcherl lediglich zusagen wollte, eine Versetzung der durch ihre NS-Vergangenheit belasteten Personen zu prüfen, betonte der Innenausschussvorsitzende Schmitt-Vockenhausen (SPD), die Kommission erwarte, dass die Betroffenen bis 31. März 1964 aus ihren Ämtern entfernt seien.[207] In der Folge gab sich das Gremium aber doch mit recht wenig zufrieden. Die von einigen Mitgliedern vertretene Position, alle, auch die nur nominell Belasteten sollten wegen der negativen Wirkung auf die Öffentlichkeit das Verfassungsschutzamt verlassen, konnte sich

---

205 *Deutsche Zeitung und Wirtschaftszeitung* vom 12.9.1963 („Die zweite Entnazifizierung"). Noch weiter ging die rechts-katholische *Deutsche Tagespost* aus Würzburg vom 10.9.1963 („Ohren an heißen Drähten"), deren Chefredakteur Ferdinand Römer die Angelegenheit allein durch die antikommunistische Brille betrachtete: Auch ihm gefalle es nicht, schrieb er, „daß an so wichtigen Positionen unseres Staatsgefüges, Leute zu finden sind, die aufgrund ihrer früheren Tätigkeit angreifbar sind", noch weniger halte er davon, „immer gleich die nazistische Vergangenheit gewisser Leute zu zitieren, wenn es schlicht darum geht, die Sicherheit dieses unseres Staates zu schützen". Für wichtiger als derartige Diskussionen bezeichnete er es, die Öffentlichkeit über das Ausmaß der „kommunistischen Gefahr" aufzuklären, darüber „wie heiß der Kampf im Untergrund tobt".
206 Vgl. FAZ vom 29.8.1963 („Zu hohes Risiko") und *Münchner Merkur* vom 7./8.9.1963 („Mitgehört"): „Ehemalige SS- und Gestapo-Leute als Verfassungshüter am Telephon und Briefkasten möchten wir uns künftig mit allem Nachdruck verbeten", schrieb deren Kommentator.
207 Vgl. FAZ vom 9.10.1963 („Höcherl soll frühere SS-Angehörige entfernen"). Am 2. Oktober 1963 hatte die SPD-Bundestagsfraktion beschlossen, dass es der Kommission vor allem darum gehen müsse, dass die ehemaligen SD- und Gestapobeamten aus dem BfV entfernt würden, weniger darum, wie und wann diese in das Amt gekommen seien, vgl. Potthoff, SPD-Fraktion 1961–1966, S. 332 und 336.

nicht durchsetzen. Letztlich teilte die Kommission die belasteten Beamten in drei Gruppen ein.[208] In den für diese Gruppen jeweils geforderten Konsequenzen zeigen sich deutlich die zu dieser Zeit beim Umgang mit persönlichen NS-Belastungen vorherrschenden Kategorisierungen. Die erste Gruppe waren die ehemaligen Waffen-SS-Angehörigen, die als unbelastet und weiterhin tragbar galten. Ebenfalls nicht belangt werden sollten als zweite Gruppe die Polizeibeamten, die einen SS-Angleichungsdienstgrad bekommen hatten. Konsequenzen wurden hingegen für diejenigen Verfassungsschutzbeamten gefordert, die wie etwa Wenger dem RSHA, dem SD oder der Gestapo angehört hatten. Sie sollten entweder pensioniert oder in politisch weniger sensible Stellungen versetzt werden. Bei dieser dritten Gruppe handelte es sich danach um sechs Personen, insgesamt war von 16 ehemaligen SS- und acht Waffen-SS-Angehörigen die Rede. Höcherl konnte sich insoweit durchsetzen, als er Entlassungen aus beamtenrechtlichen Gründen ausschloss, da die Betroffenen ihre Einstellung ja nicht durch falsche Personalangaben erlangt hatten. Aufgrund seines Vorbringens, vorerst jedoch nicht auf diese Beamten verzichten zu können, da sie noch mit wichtigen Fällen betraut seien, wurde für diese Personalentscheidungen eine Frist von sechs Monaten eingeräumt.[209]

Dass letztlich dann doch eine größere Gruppe als die geforderten sechs das BfV verlassen musste, dürfte einerseits einem Interesse des Ministeriums geschuldet sein, die anhaltende öffentliche Kritik in der Abhör-Affäre zu entschärfen. Laut einem internen Vermerk war man inzwischen zur Überzeugung gelangt, dass sich die „Grundeinstellung der Öffentlichkeit zu dem Problem der Beschäftigung von früheren Angehörigen der SS, des SD und der Gestapo geändert" und von konkreten strafrechtlichen Vorwürfen im Einzelfall gelöst habe. Man sah darin eine Auswirkung der zahlreichen Strafprozesse wegen NS-Verbrechen der letzten Zeit, in deren Mittelpunkt meist SS-, SD- und Gestapo-Angehörige gestanden hatten.[210] Zum ande-

---

208 Vgl. Goschler/Wala, Keine neue Gestapo, S. 229 ff.; *Die Zeit* vom 11.10.1963 („Zwischenbilanz in der Abhör-Affäre" von Peter Stähle).
209 Vgl. SPD-Kommissionsmitglied Fritz Erler vertrat bezüglich der Folgen für die Betroffenen eine ähnliche Position wie der Minister. Vielleicht sei eine Verwendung in anderen Behörden möglich, schlug er vor. Die Trennung müsse jedenfalls auf faire Weise geschehen, hierbei solle man auch an das patriotische Gewissen der Betroffenen appellieren, vgl. Foschepoth, Überwachtes Deutschland, S. 152; zu den Zahlen ebenda, S. 144.
210 BArchK, B 102/202393, Vermerk vom 23.9.1963, zitiert nach Goschler/Wala, Keine neue Gestapo, S. 228 f. Über die betreffenden NS-Prozesse wurde auch in der Presse ausführlich berichtet, vgl. etwa für die ersten acht Monate des Jahres 1963 die Berichte über die Prozesse gegen den SS-Obersturmbannführer und Stabsführer beim SS- und Polizeiführer Krakau Martin Fellenz, gegen Angehörige des Vernichtungslagers Kulmhof in Bonn, gegen Angehörige des KdS Minsk, darunter den vormaligen Chef des LKA Rheinland-Pfalz Georg Heuser in Koblenz, und gegen Angehörige des Einsatzkommandos 6 in Wuppertal, z. B. FAZ vom 17.1.1963 („Zuchthaus für Fellenz"); *Die Welt* vom 15.3.1963 („Viermal lebenslänglich Zuchthaus im Kulmhof-Prozeß beantragt"); SZ 22./23.5.1963 („Hohe Zuchthausstrafen im Heuser-Prozeß"); FAZ 8.8.1963 („Zuchthaus für ehemalige SS-Führer").

ren forderte das vom Ministerium selbst zur Untersuchung der Affäre initiierte Gutachten des vormaligen Karlsruher Oberlandesgerichtspräsidenten Max Silberstein gerade in dieser Personalfrage eindeutige Konsequenzen.[211] Nachdem Wenger und Strübing bereits im Dezember 1963 ins Bundesverwaltungsamt versetzt worden waren, sicherte Höcherl nach Ablauf der von der Kommission gestellten Frist Anfang April 1964 in einem Brief an die Bundestagsfraktionen zu, alle 16 mit SS-Dienstgraden belasteten Beamten aus dem BfV herauszunehmen und entweder zu versetzen oder zu pensionieren. Bis zu diesem Zeitpunkt waren allerdings erst sechs davon durch Versetzung ausgeschieden.[212]

In der nachfolgenden Bundestagsdebatte über den Ausschussbericht zur Abhöraffäre, in der das BfV als weitgehend entlastet angesehen wurde, spielte die Frage der SS-Vergangenheit der Mitarbeiter des Amts dann nahezu keine Rolle. Lediglich der FDP-Abgeordnete Oswald Kohut, hessischer Spirituosenfabrikant, Mitglied der Humanistischen Union und vielleicht aufgrund seiner jüdischen Vorfahren in dieser Sache besonders sensibilisiert, erwähnte diesen Aspekt in seinem Redebeitrag. Er glaubte „restaurative Bestrebungen" zu erkennen und warnte davor, die gesamte Angelegenheit zu „bagatellisieren". Höcherl führte in seiner Antwort darauf erneut aus, dass aufgrund einer rein „formellen Belastung" niemandem die Einstellung habe verwehrt werden können. Es bleibe lediglich eine „Frage des politischen Taktes", ob man derartige Personen im BfV am richtigen Platz sehe. Er habe den diesbezüglichen Bedenken bereits durch Versetzungen Rechnung getragen.[213] Amt und Ministerium ließen sich aber in einigen Fällen mit diesen Versetzungen Zeit. Anfang 1966 wandte sich deswegen der Vorsitzende des Bundestagsinnenausschusses Schmitt-Vockenhausen an den neuen Innenminister Paul Lücke (CDU) und wies auf den Umstand hin, dass trotz aller Versprechungen immer noch vier der Betroffenen im BfV tätig seien.[214]

Zuvor war der gesamte Skandal im Oktober und November 1965 aufgrund des beim Bundesgerichtshof in Karlsruhe stattfindenden Prozesses wegen Landes- und Geheimnisverrats gegen Werner Pätsch erneut Thema in den Zeitungsspalten.

---

211 Vgl. Foschepoth, Überwachtes Deutschland, S. 141 ff.; Goschler/Wala, Keine neue Gestapo, S. 253 ff.; Kabinettsprotokolle 1964, S. 171, 113. Sitzung von 4.3.1964.
212 Vgl. FAZ vom 4.4.1964 („Höcherl löst ehemalige SS-Leute ab"); *Hamburger Abendblatt* vom 4.4.1964 („16 sind betroffen").
213 VDB, 4. Wp., 124. Sitzung vom 29.4.1964, S. 6019 und 6025; zu Kohut, der von 1957 bis 1965 dem Bundestag angehörte und zeitweise Landesvorsitzender der FDP in Hessen und stellvertretender Bundesvorsitzender der Partei war, auch das Porträt im *Stern* Nr. 30 vom 28.7.1963, S. 25 ff. Kohut hatte bereits 1962 bei einer Bundestagsdebatte zur Spiegel-Affäre die Frage gestellt, ob nicht an dem Gutachten über die landesverräterische Tätigkeit des Nachrichtenmagazins ein hoher SS-Führer beteiligt gewesen sei; Verteidigungsminister Strauß konnte die Frage zwar auf Anhieb nicht beantworten, verbat sich aber derartige Unterstellungen und gab wenig später ein Dementi heraus, vgl. etwa *Wiesbadener Tagblatt* vom 10.11.1962 („Kohut ging Pankow auf den Leim").
214 Vgl. *Die Zeit* vom 28.1.1966 („Lücke räumt auf").

Pätsch war einer der BfV-Mitarbeiter, die 1963 die Presse über Interna des Amts informiert hatten. Er war anschließend entlassen und von der Bundesanwaltschaft angeklagt worden.[215] Der Prozess gewährte der Öffentlichkeit Einblicke in die Arbeitsatmosphäre in den von den ehemaligen SS-Angehörigen geprägten Abteilungen des Verfassungsschutzes. Pätsch nannte neben dem Bruch des Post-und Telefongeheimnisses durch das BfV als weiteren Grund für seine Flucht an die Öffentlichkeit die Beschäftigung ehemaliger SS- und SD-Angehöriger im Amt, die intern eine Clique gebildet und das Betriebsklima negativ beeinflusst hätten. Bereits bei seinem Eintritt ins BfV, als dieses noch von den Alliierten beaufsichtigt gewesen sei, seien diese Männer dort ohne Wissen der Siegermächte als freie Mitarbeiter beschäftigt und dann nach dem Ende der alliierten Aufsicht in vollem Wissen um ihre Vergangenheit fest eingestellt worden. Zwar seien aus Protest dagegen zwei Mitglieder des Personalrats zurückgetreten, jedoch habe das keine Änderung bewirkt. Das Betriebsklima habe enorm unter den Ehemaligen gelitten, diese hätten in alter SS-Manier rüde und laut das Regiment beansprucht, so dass manche Mitarbeiter sich nun geweigert hätten, gemeinsam mit diesen die Weihnachtsfeiern zu besuchen.[216] Ergebnis und Urteil des Prozesses stießen insbesondere bei den Zeitungen, die schon 1963 Kritik am Verfassungsschutz geäußert hatten, auf wenig Zustimmung. Zwar fiel die Strafe für Pätsch mit vier Monaten Gefängnis auf Bewährung bei teilweisem Freispruch recht gemäßigt aus, jedoch stellte man die Frage, was Pätsch damals hätte anders machen sollen, an wen er sich wegen der herrschenden Missstände hätte wenden sollen, da doch im Amt selbst die ehemaligen SS-Angehörigen an vielen Stellen das Sagen gehabt hätten und deren Vergangenheit ja auch der Amtsführung bekannt gewesen sei.[217] Pätsch sei überhaupt der „falsche Angeklagte" in dem Prozess gewesen, schrieb die Gewerkschaftszeitung *Metall*, denn nicht er habe dem Land Schaden zugefügt, sondern die führenden Beamten des BfV und der Minister.[218]

Ganz anders fiel die Beurteilung bei einigen Zeitungen aus dem rechtskonservativen Lager aus. Hier sah man nicht die Verfehlungen des Verfassungsschutzes als Problem an als vielmehr die aufgrund von deren Skandalisierung und Ausbreitung in der Öffentlichkeit resultierende Schwächung der bundesdeutschen Sicherheitskräfte im Kampf gegen die „kommunistische Subversion", wie *Christ und Welt*

---

215 Vgl. Goschler/Wala, Keine neue Gestapo, S. 247 ff. und 259 ff.
216 Vgl. PNP vom 19.10.1965 („Pätsch erneuert Vorwürfe gegen Verfassungsschutz"); *Neue Ruhr-Zeitung* vom 19.10.1965 („Frühere SS-Leute schützen Verfassung"); *Die Zeit* vom 29.10.1965 („Verfassungsschützer 002 am Telephon").
217 Vgl. *Die Zeit* vom 12.11.1965 („Das Gewissen der Staatsdiener") und *Der Spiegel* Nr. 47 vom 15.11.1965, S. 40; kritisiert wurde dabei auch, dass der teils unter Ausschluss der Öffentlichkeit geführte Prozess sich um eine weitere Aufklärung der Abhörvorwürfe herumgedrückt habe.
218 *Metall* Nr. 22 vom 2.11.1965, S. 2 („Pätsch-Prozeß bestätigt: SS-Führer im Verfassungsschutz").

schrieb.[219] Die *Passauer Neue Presse* öffnete ihre Kommentarspalten dem rechtsnationalen, scharf antikommunistischen Publizisten Kurt Ziesel, der bei der Linken ein „gestörtes Staatsbewußtsein" konstatierte.[220] Diese habe die ganze Affäre zum Wohle der kommunistischen Agenten aufgebauscht. Er wies auf Meinungsumfragen hin, nach denen eine deutliche Mehrheit der Bürger nichts gegen eine derartige Überwachung einzuwenden habe. An der Beschäftigung von ehemaligen SS-Angehörigen im Amt hatte Ziesel nichts auszusetzen[221], denn diese Männer hätten sich im Kampf gegen den Kommunismus bewährt. Es komme einzig darauf an, ob sie an Verbrechen beteiligt gewesen seien oder nicht, und das sei bei ihrer Einstellung von den Alliierten und einem aus Mitgliedern aller Parteien bestehenden Ausschuss genau überprüft worden, ein Argument, das hinsichtlich der Alliierten gar nicht zutraf und bezüglich der doch recht laschen Prüfung des Ausschusses zumindest eine falsche Vorstellung weckte. Nach „zehnjähriger vorbildlicher Arbeit im Dienste unserer Staatssicherheit" würden diese nun an „den Pranger gestellt" und „diffamiert", schrieb Ziesel. Einigen Zeitungen wie dem *Spiegel* warf er dabei eine „pharisäerhafte" Haltung vor, da sie doch gegen ehemalige SS-Führer in den eigenen Redaktionen nichts einzuwenden hätten. Ziesel nannte hier besonders den stellvertretenden Chefredakteur des Nachrichtenmagazins Georg Wolff, der „im gleichen SD bis zum bitteren Ende SS-Hauptsturmführer" gewesen sei und sogar einem der berüchtigten Einsatzkommandos angehört habe. Mit der jahrelangen Beschäftigung von ehemaligem SD- und NS-Personal in führender Stellung hatte Ziesel durchaus einen wunden Punkt in der Geschichte des Nachrichtenmagazin angeschnitten. Die NS-Vergangenheit mancher Journalisten spielte allerdings in den Debatten um die bundesdeutschen Sicherheitsbehörden keine Rolle, zumal die öffentliche Kritik

---

219 *Christ und Welt* vom 5.6.1965 („Das Kölner Bundesamt im Lichte der Öffentlichkeit" von Wolfgang Höpke); ähnlich auch das rechts-katholische Sonntagsblatt *Neue Bildpost* vom 5.12.1965 („Die bösen Staatshüter").
220 PNP vom 24.11.1965 („Gestörtes Staatsbewußtsein"). Ziesels besonderer Eifer galt dem Kampf gegen die „linke" Presse. Zusammen mit dem Verleger der *Passauer Neuen Presse* Hans Kapfinger und dem Vertriebenenfunktionär Walter Becher hatte er 1959 ein „Komitee zum Schutz der Bürger gegen Diffamierung durch die Linkspresse" gegründet. Ende der 1950er Jahre war er mit mehreren Enthüllungsbüchern hervorgetreten, in denen er sich untere anderem auch mit den tatsächlichen oder vermeintlichen „Sünden" bundesrepublikanischer Journalisten und Publizisten im Nationalsozialismus befasste, insbesondere von solchen Personen, die nunmehr politisch eher links standen und sich für eine Intensivierung der Auseinandersetzung mit der NS-Vergangenheit stark machten; vgl. etwa PNP vom 7.2.1958 („Der Griff ins literarische Wespennest").
221 Ziesel selbst war schon 1931 der NSDAP beigetreten und anschließend als Redakteur mehrerer NSDAP-Parteiblätter und als Kriegsberichterstatter in einer Propagandakompanie tätig gewesen, wegen seiner nicht immer konformen Äußerungen dabei allerdings wiederholt angeeckt. In den 1960er Jahren gehörte er zu den Mitbegründern mehrerer rechter Organisationen wie der Gesellschaft für freie Publizistik und der Deutschland-Stiftung; vgl. Hirsch, Rechts von der Union, S. 461 ff.

5 Die Skandalisierung von SS-Vergangenheiten einzelner Personen in den 1960er Jahren

In der ersten Hälfte der 1960er Jahre wuchs die Zahl der Skandale wegen der SS- oder NS-Vergangenheit von Personen in staatlichen oder staatsnahen Ämtern erheblich an. Neben den bereits genannten Fällen, die im Rahmen der Hinterfragung von Staatsschutzorganen an die Öffentlichkeit gebracht wurden, gerieten beispielsweise erneut der CSU-Schatzmeister Max Frauendorfer, der Münchner Oberregierungsrat Wilhelm Harster oder der Würzburger Verwaltungsgerichtspräsident Rudolf Schiedermair ins Kreuzfeuer der Kritik.

Der Jurist Schiedermair hatte in den 1920er Jahren einem völkischen Jugendverband angehört, war 1933 der NSDAP und SA beigetreten und 1935 in den Staatsdienst beim bayerischen Innenministerium aufgenommen worden. Von dort wurde er an das Reichsinnenministerium abgeordnet, wo er sich mit Fragen des Rassenrechts beschäftigte. 1939 trat er zur SS über. Damals leitete er außerdem kommissarisch das Rassepolitische Amt der NSDAP. Nach der Besetzung Norwegens wechselte er, zum SS-Obersturmbannführer befördert, über eine Abordnung zum Auswärtigen Amt als Referent für Inneres, Justiz und Konsulatswesen ins Amt des Reichskommissars Josef Terboven, mit dem er sich jedoch Ende 1943 überwarf. Danach war er Soldat bei der Wehrmacht. Nach der Entlassung aus einer zweijährigen Kriegsgefangenschaft wurde er 1948 verhaftet, nach Norwegen ausgeliefert und dort zu zwei Jahren und einem Monat Zwangsarbeit verurteilt. Im Herbst 1949 kehrte er nach Deutschland zurück, sein Entnazifizierungsverfahren wurde gemäß der Heimkehreramnestie eingestellt. 1951 konnte er bei der Regierung von Unterfranken in den Staatsdienst zurückkehren. 1956 wurde er zum Verwaltungsgerichtsdirektor und 1958 zum Präsidenten des Würzburger Verwaltungsgerichts ernannt. Seit 1957 vertrat er eine Honorarprofessur an der Universität Würzburg.[222]

Anfang 1962 wurde Schiedermairs NS-Vergangenheit im Zuge der Ost-Berliner Kampagne gegen Kanzleramtschef Globke vom Ausschuss für Deutsche Einheit publik gemacht. Seine SS-Mitgliedschaft spielte dabei aber eine untergeordnete Rolle. Ihm wurde vor allem seine rassepolitische Tätigkeit vorgeworfen, darüber hinaus

---

[222] Vgl. zu Schiedermairs Biographie IfZ-Archiv, G [noch unsigniert], Beschluss des Landgerichts Würzburg vom 27.6.1968 (AK 10/68), die Eröffnung eines Hauptverfahrens wegen Anstellungsbetrugs abzulehnen; BStU, MfS-HA IX/11, PA 484; Jasch, Staatssekretär Wilhelm Stuckart, S. 486.

die Mitwirkung an einem Todesurteil in Norwegen.²²³ Die bundesdeutsche Presse beschäftigte seine Person erst, als die Vorwürfe vom Würzburger Arzt Elmar Herterich, der in seinem Kampf gegen die örtliche Justiz die NS-Vergangenheit einiger derer Vertreter aufgriff, bekannt gemacht wurden und das bayerische Innenministerium daraufhin ein dienstrechtliches Untersuchungsverfahren einleitete.²²⁴ Da sich die Ermittlungen hinzogen und noch strafrechtliche Verfahren wegen Anstellungsbetrugs und NS-Verbrechen hinzukamen, beschäftigte der Fall die Presse noch bis Anfang 1964. Der von seinem Amt suspendierte Schiedermair hatte sich inzwischen bereits Ende 1962 krankheitsbedingt in den vorzeitigen Ruhestand versetzen lassen. Die gegen ihn eingeleiteten Strafverfahren wurden eingestellt oder endeten ohne Hauptverhandlung, lediglich eine geringe dienstrechtliche Geldstrafe blieb.

Die Karriere von Wilhelm Harster war derjenigen von Schiedermair in ihren Anfängen gar nicht unähnlich. Auch Harster studierte Rechtswissenschaft, auch er gehörte einem völkischen Verband, dem Bund Oberland, an. Etwas älter als Schiedermair trat er bereits 1929 bei der Kripo Stuttgart in den Staatsdienst. Dort leitete er seit 1931 die Politische Polizei. Nach der Machtübernahme durch Hitler stieg er zum stellvertretenden Leiter der Politischen Polizei Württembergs auf, noch 1933 trat er NSDAP und SS bei. Nach dem Anschluss Österreichs wurde er 1938 der erste Leiter der neu eingerichteten Staatspolizeileitstelle Innsbruck. Nach jeweils kurzen Tätigkeiten beim BdS in Krakau und als Inspekteur der Sicherheitspolizei und des SD in Kassel übernahm er im Juli 1940 für drei Jahre das Amt des BdS der Niederlande. Von August 1943 bis Kriegsende fungierte er schließlich zuletzt im Rang eines SS-Gruppenführers und Generalleutnants der Polizei als BdS von Italien. Nach der deutschen Niederlage befand sich Harster zunächst in Kriegsgefangenschaft, wurde dann an die Niederlande ausgeliefert und dort im März 1949 zu zwölf Jahren Zuchthaus verurteilt. 1955 wurde er aus der niederländischen Haft entlassen. Aufgrund einiger Persilscheine aus Tirol und den Niederlanden stuften ihn die Behörden im Entnazifizierungsverfahren trotz seiner hohen NS-Ämter und -Dienstgrade als minderbelastet ein. 1956 übernahm ihn das bayerische Innenministerium zunächst als Regierungsrat wieder in den Staatsdienst, seit 1958 fungierte er dann als Oberregierungsrat bei der Regierung von Oberbayern.²²⁵

Die Öffentlichkeit wurde auf Harster erst im April 1963 aufmerksam, als sein Name im Zusammenhang mit der Aufspürung des Eichmann-Helfers Erich Rajako-

---

223 Vgl. *Neues Deutschland* vom 2.2.1962 („Globke-Kumpan als Gerichtspräsident"). Globke wurde 1963 vom Obersten Gericht der DDR in Abwesenheit in einem Schauprozess zu lebenslanger Haft verurteilt.
224 Vgl. SZ vom 17.9.1962 („Verfahren gegen Gerichtspräsidenten"); zum Kampf Herterichs Miquel, Ahnden, S. 128 ff.
225 Vgl. zur Biographie Harsters JuNSV, Bd. XXV, S. 399 f.; BStU, MfS-HA IX/11, PA 2279 Bd. I, S. 58 f.; Ritz, Schreibtischtäter, S. 33 f. und 41 f.

vic in der Schweiz durch Simon Wiesenthal genannt wurde.[226] Dabei ermittelte die Staatsanwaltschaft München bereits seit 1960 in einem Verfahren, das die Deportierung der niederländischen Juden in das Vernichtungslager Auschwitz zum Gegenstand hatte und sich zunächst gegen den früheren Judenreferenten des BdS Niederlande Wilhelm Zöpf richtete, auch gegen dessen vormaligen Chef. Harster gab dabei zwar seine führende Rolle bei den Deportationen zu, bestritt jedoch, gewusst zu haben, dass die betroffenen Juden getötet würden. 1963 war nun das Erstaunen und die Empörung in der Presse groß, wie ein Mann mit derartigen Funktionen und Rängen in der NS-Zeit wieder in den Staatsdienst hatte gelangen können. Zwar leitete das bayerische Innenministerium umgehend seine Suspendierung in die Wege, woraufhin sich Harster aus gesundheitlichen Gründen in den vorzeitigen Ruhestand versetzen ließ. Dies konnte die Debatten aber vorerst nicht beruhigen. „Wer beruft solche Leute", fragte Ernst Müller-Meiningen jr. in der *Süddeutschen Zeitung.*[227] Harster sei im Grunde „schon immer ‚dienstunfähig' gewesen, wenn auch nicht aus Gesundheitsgründen", kommentierte Josef Othmar Zöller im *Bayerischen Rundfunk*.[228] Die SPD verlangte von der CSU-Staatsregierung Aufklärung darüber, wie es zur Wiederbeschäftigung Harsters im Staatsdienst habe kommen können, musste sich jedoch dann sagen lassen, dass dieser 1956 der damalige Innenminister August Geiselhöringer und auch der ihrer eigenen Partei angehörende Staatssekretär zugestimmt hätten.[229] Am 6. Mai 1963 nahm sich im Fernsehen das Politmagazin *Panorama* in einem 15-minütigen Beitrag des Falles an. Durch Interviews mit Experten und Zeugen legten die Autoren nahe, dass Harster vom Schicksal der deportierten Juden gewusst haben müsse. Auch sie stellten zuvorderst die Frage, wie „ein Mann mit dieser Vergangenheit im Jahr 1956 [...] in den bayerischen Staatsdienst übernommen" habe werden können. Für „unfassbar" hielten sie, dass niemand sich damals dagegen gewandt hatte.[230]

Harsters hohes SS-Amt wurde zwar in der gesamten Berichterstattung in den Medien immer wieder genannt, jedoch gegenüber seinen anderen NS-Funktionen meist nicht besonders hervorgehoben. Lediglich ein Leserbriefschreiber in der *Süddeutschen Zeitung* drückte aus, was auch manch anderer Kommentator gedacht haben dürfte, nämlich dass schon der SS-Rang Harsters und dessen Führungsposi-

---

226 Vgl. PNP vom 10.4.1963 („Verfahren gegen früheren SS-Führer").
227 SZ vom 17.4.1963 („Wer beruft solche Leute").
228 BayHStA, Abt. V., Nachlass Müller-Meiningen jr., Nr. 140, Kommentar zum Tage vom 17.4.1963.
229 Vgl. SZ vom 20./21.4.1963 („Innenministerium zum Fall Harster – Die politische Spitze im Ministerium kannte 1956 die Angelegenheit genau" und „Politische Kavaliersdelikte").
230 *Panorama* vom 6.5.1963 (http://daserste.ndr.de/panorama/archiv/1963/panorama2129.html; Zugriff 31.10.2017). Mit derselben Frage beschäftigte sich das ebenfalls von der ARD ausgestrahlte Magazin *Report*, das den Fall Harster am 27.5.1963 erneut in einem Beitrag mit dem Titel „NS-Verbrecher im Personal unserer Behörden" aufgriff und ihn in eine Reihe mit ähnlich gelagerten Skandalen stellte; vgl. Lampe, Panorama, S. 48 f.

tion beim SD genug Anlass hätten geben müssen, um ihn nicht wieder einzustellen.[231]

Nachdem sich die erste Aufregung gelegt hatte, verschwand der Fall allerdings recht schnell wieder aus der Berichterstattung. Im September 1963 nahm sich *Der Spiegel* seiner noch einmal in einem größeren Artikel an. Das Nachrichtenmagazin wies darauf hin, dass Harster keineswegs der einzige Mann bei der oberbayerischen Bezirksregierung mit NS-Vergangenheit gewesen sei, sondern auch dessen direkter Vorgesetzter schon damals Polizist und per Rangangleichung SS-Obersturmbannführer gewesen sei und selbst der amtierende Regierungspräsident der NSDAP seit 1933 angehört habe. Den Grund dafür, dass man Harster trotz der seit 1960 gegen ihn laufenden Ermittlungen lange nicht angetastet hatte, erblickte der Artikel in einem „kollegiale[n] Entgegenkommen" unter Beamten. Man habe Verständnis dafür gehabt, dass „ein strebsamer Verwaltungsjurist auch in einem Unrechtsstaat Karriere" habe machen wollen.

Während die Person Harsters in den Medienberichten vom April/Mai des Jahres blass geblieben war, charakterisierte ihn nun *Der Spiegel* als karrieristischen und opportunistischen Schreibtischtäter. „In der Uniform des SS-Offiziers" habe er als Beamter „dem Großdeutschen Reich so ergeben wie einst in Zivil der Weimarer Republik und viele Jahre später der oberbayerischen Regierung" gedient. Seinen „Diensteifer" habe er auch dann nicht gestoppt, „als er durch korrekte Polizistentüchtigkeit im SD eine Karriere machte, die an Schnelligkeit nur noch vom Aufstieg des Himmler-Paladins Heydrich übertroffen" worden sei.[232] Harster schien das Paradebeispiel des SS-Tätertyps, wie er seit dem -Prozess in Jerusalem 1961 popularisiert worden war: des nahezu ohne eigenen Antrieb funktionierenden Rades in der Vernichtungsmaschinerie. Als Harster dann 1967 in München wegen seiner verantwortlichen Funktion bei den Judendeportationen in den Niederlanden vor Gericht stand, schilderte ihn das Nachrichtenmagazin wieder ganz ähnlich. „Ob die Demokratie ihm etwas gebot oder die Diktatur ihm etwas befahl", hieß es nun unter dem Titel „Diese Haltung", immer sei Harster „das Muster eines Beamten" gewesen, „strebsam, nur um die Sache bemüht".[233]

---

231 Vgl. SZ vom 27./28.4.1963, Leserbrief von Franz Freiherr von Redwitz; Redwitz, dessen Familie dem konservativen Widerstand des 20. Juli nahestand, war vor 1945 Kabinettschef des in der NS-Zeit verfolgten bayerischen Kronprinzen Rupprecht und nach dem Krieg dessen Gutsverwalter.
232 *Der Spiegel* Nr. 38 vom 18.9.1963, S. 53 f.
233 *Der Spiegel* Nr. 5 vom 23.1.1967, S. 33. Ähnliche Schilderungen fanden sich auch in anderen Zeitungen, vgl. etwa *Abendzeitung* (München) vom 4./5.2.1967 („Buchhalter des Todes" von Arne Boyer). Harster war im Januar 1966 in Untersuchungshaft genommen und im Juni 1966 angeklagt worden. Am 24.2.1967 verurteilte ihn das Landgericht München II wegen Beihilfe zum Mord in 82 854 Fällen zu 15 Jahren Zuchthaus; die Untersuchungshaft und die in den Niederlanden verbüßte Strafe wurden voll angerechnet, so dass Harster schon 1968 wieder frei kam; vgl. JuNSV Bd. XXV, Nr. 645 (München II 12 Ks 1/66), und Ritz, Schreibtischtäter.

5 Die Skandalisierung von SS-Vergangenheiten einzelner Personen — 257

Max Frauendorfer schließlich, früher SS-Obersturmführer und NSDAP-Reichsamtsleiter, nun Direktor bei der Versicherung Allianz, dessen dann zurückgezogene Landtagskandidatur schon 1958 Wellen geschlagen hatte, wurde 1961 nach einer parteiinternen Rehabilitierung und Ernennung zum Schatzmeister von der CSU für den Bundestag aufgestellt, ohne dass dies von der Öffentlichkeit groß registriert worden wäre. Zu der geringen Beachtung, die seine Bewerbung damals fand, trug sicherlich auch bei, dass er nur einen relativ schlechten Listenplatz erhalten hatte, der dann zunächst auch nicht zum Einzug ins Bonner Parlament ausreichen sollte. Als dies jedoch 1963 aufgrund des Todes und der Erkrankung anderer CSU-Abgeordneter im Nachrückverfahren anstand, erhob sich eine Protestwelle, die Frauendorfer schließlich Anfang Februar zu einem Mandatsverzicht veranlasste.[234] Eine erneute parteiinterne Untersuchung endete zwar wieder mit einer Rehabilitierung, die jedoch in der Öffentlichkeit auf deutliche Kritik stieß. Frauendorfer verzichtete schließlich auch auf sein Schatzmeisteramt und zog sich aus der Politik zurück. Er verlor seine Leitungsposition bei der Allianz. Sein Antrag auf eine Pension aus seiner Tätigkeit im Staatsdienst vor 1945 wurde gerichtlich abgewiesen.[235]

Bei der Publikmachung und Skandalisierung von SS-Vergangenheiten hatten die Medien in den 1960er Jahren vor allem Personen aus den Bereichen Politik und Staat im Visier. Mitunter gerieten jedoch auch Männer aus Wirtschaft und Kultur in die Schlagzeilen, so etwa 1964 der stellvertretende Aufsichtsratsvorsitzende der Ruhrchemie AG Heinrich Bütefisch. Dieser hatte aufgrund eines vom Bundesverband der Industrie und zahlreichen Industrievertretern unterstützten Vorschlags der nordrhein-westfälischen Landesregierung anlässlich seines 70. Geburtstages im Februar des Jahres vom Bundespräsidenten Heinrich Lübke das Bundesverdienstkreuz für seine Leistungen beim Wiederaufbau der deutschen Industrie verliehen bekommen. Nun war Bütefisch allerdings in der NS-Zeit einer der führenden Männer der I.G. Farben gewesen, hatte der NSDAP seit 1938 und der SS seit 1939 angehört, zuletzt im Rang eines Obersturmbannführers. Bereits vorher zählte Bütefisch zu den Industriellen, die sich im „Freundeskreis des Reichsführers SS" Heinrich Himmler zusammengefunden hatten. 1941 übernahm er die Leitung der Treibstoffproduktion des in der Nähe des KZ Auschwitz errichteten I.G. Farben-Werks Monowitz und trug damit ein gehöriges Maß an Mitverantwortung für die erbarmungslose und in vielen Fällen tödlich endende Ausbeutung von KZ-Häftlingen in dieser Fabrik. Vor allem

---

234 Vgl. zum Fall Frauendorfer Schlemmer, Grenzen, S. 710 ff.; zur Presse u. a. *Der Spiegel* Nr. 1 vom 9.1.1963, S. 41; *Neue Ruhr-Zeitung* vom 14.1.1963 („Himmlers Adjutant bald im Bundestag"); *Die Welt* vom 23.1.1963 („Demonstration gegen Frauendorfer in München"); *Die Zeit* vom 25.1.1963 („Brauner Fleck in der CSU?"); *Bonner Rundschau* vom 29.1.1963 („Zumutung"); *Hamburger Abendblatt* vom 1.2.1963 („Unerträglich").
235 Vgl. *Die Zeit* vom 21.6.1963 („Max Frauendorfers Tarnkünste"); *SZ* vom 13.7.1963 („Frauendorfer verzichtet"); *Abendzeitung* (München) vom 30.1.1964 („Keine Pension für SS-Führer"); Schlemmer, Grenzen, S. 717.

deswegen verurteilte ihn ein amerikanisches Militärgericht im I.G. Farben-Prozess von 1948 zu sechs Jahren Haft.[236] Glaubt man der Behördenkorrespondenz, so war dieser Sachverhalt den für die Ordensverleihung zuständigen Beamten der Düsseldorfer Staatskanzlei und des Bundespräsidialamts nicht bekannt, auch weil die Strafen der alliierten Gerichte in den 50er Jahren aus den Strafregistern getilgt worden waren.[237]

Möglicherweise wäre auch die Ordensverleihung an Bütefisch unbemerkt geblieben, wenn nicht seit Dezember 1963 in Frankfurt am Main der Auschwitz-Prozess verhandelt worden wäre, in dessen Verlauf immer wieder auch die Rolle der I.G. Farben bei der Ausbeutung der Auschwitz-Häftlinge thematisiert wurde. Insbesondere die ostdeutsche Nebenklagevertretung legte großen Wert darauf, die Mitverantwortung der Großindustrie an den Verbrechen des NS-Regimes herauszustellen, weshalb der Name Bütefischs in den Spalten der DDR-Presse immer wieder einmal in diesem Zusammenhang auftauchte.[238] Es war deshalb wahrscheinlich kein Zufall, dass das Bundespräsidialamt den ersten Hinweis auf Bütefischs Vergangenheit just an dem Tag, dem 19. März 1964, erhielt, als im Frankfurter Prozess der Ost-Berliner Wirtschaftshistoriker Jürgen Kuczynski für die Nebenklage ein Gutachten über die Verflechtungen der I.G. Farben in das KZ-System der SS vortrug und dabei auch Bütefisch erwähnte.[239] Noch am selben Tag meldete die DDR-Nachrichtenagentur die Ordensverleihung, am Folgetag berichteten das Zentralorgan der SED und andere DDR-Zeitungen.[240] Nachdem auch kritische Anfragen aus dem Ausland vorlagen, stellte das Bundespräsidialamt umgehend Nachforschungen über die Vergangenheit Bütefischs an. Informationen darüber waren relativ leicht aus dem Urteil des Nürnberger I.G.-Farben-Prozesses zu entnehmen. Am 25. März entschloss sich das Amt, Bütefisch angesichts der inzwischen bekannten Fakten um eine Rückgabe des gerade verliehenen Verdienstkreuzes zu ersuchen. Erst nachdem dieser Schritt offiziell bekanntgegeben worden war, erreichte der Vorfall auch die Spalten der großen bundesdeutschen Tageszeitungen, wobei Bütefischs hoher SS-Rang herausgestellt wurde.[241] Die nachfolgenden Kommentare offenbarten wenig Verständnis für die Ordensverleihung an einen Mann mit einer solchen Vergangen-

---

236 Vgl. zum Lager Monowitz B. Wagner, IG Auschwitz; zum I.G.-Farben-Prozess und Bütefisch Hörner, Auschwitz, S. 149 ff.; Lindner, Urteil.
237 Vgl. BArchK, B 141/17080, Staatskanzlei Nordrhein-Westfalen an Bundespräsidialamt, 23.3.1964 und 1.4.1964; Bundespräsidialamt an BMI, 31.3.1964.
238 Vgl. etwa *Berliner Zeitung* vom 13.1.1964 („Schuld ohne Sühne") oder *Neues Deutschland* vom 9.2.1964 („Das Mordkomplott von SS und IG-Farben in Auschwitz").
239 Vgl. BArchK, B 141/17080, Bundespräsidialamt an BMI, 31.3.1964; Schmaltz, Gutachten, S. 128 ff.; das Gutachten selbst ist abgedruckt in: Der Auschwitz-Prozeß, S. 40660 ff., zu Bütefisch S. 40676 ff.
240 Vgl. *Neues Deutschland* vom 20.3.1964 („Bundesverdienstkreuz für Erznazi Bütefisch"); *Berliner Zeitung* vom 20.3.1964 („Bütefisch dekoriert").
241 Vgl. SZ vom 26.3.1964 („Lübke widerruft Ordensverleihung").

heit, von einer „Blamage erster Klasse" war die Rede, einem „blamablen Schauspiel" oder einer „peinlichen Panne".[242] Die *Allgemeine Wochenzeitung der Juden* bezweifelte, dass tatsächlich keine der an der Ordensverleihung beteiligten Personen eine Ahnung von Bütefischs Vergangenheit gehabt habe. Vielmehr vermutete das Blatt, dass hier irgendjemand versucht haben könne, einen Präzedenzfall dahingehend zu schaffen, dass auch ein Mann mit solcher Vergangenheit heute wieder als nationaler Ehrenmann und demokratisches Vorbild gelten solle.[243] Nachdem Bütefisch das Verdienstkreuz tatsächlich zurückgegeben hatte, nahm sich auch *Der Spiegel* des Falls an und schilderte die Hintergründe und ausführlich die nationalsozialistische Seite der Biographie des Industriemanagers.[244]

Im darauffolgenden Jahr legte das Nachrichtenmagazin noch einen langen Artikel zur Rolle Bütefischs und anderer Industrieller im „Freundeskreis" Himmlers nach. Dort hätten sie mit SS-Größen wie Otto Ohlendorf und Oswald Pohl zusammengesessen, hieß es, und Partei und SS mit üppigen Spenden versorgt. Der Bericht machte darauf aufmerksam, dass Bütefisch keineswegs der einzige aus dem Kreis war, der es in der Bundesrepublik wieder zu etwas gebracht hatte und wies in diesem Zusammenhang auf den Unternehmer Friedrich Flick, den langjährigen Präsidenten des Nationalen Olympischen Komitees Karl Ritter von Halt und den seit 1959 amtierenden Bundesbankpräsidenten Karl Blessing hin, die alle drei auch mit dem Bundesverdienstkreuz geehrt worden waren.[245] Im selben Jahr 1965 wurde diese Thematik von der „Münchner Lach- und Schießgesellschaft" aufgegriffen und in dem Sketch „Der Freundeskreis" auf die Bühne gebracht.[246]

„Nicht wenige der ursprünglich Verfemten" hätten „noch einmal Karriere gemacht oder in ihre 1945 jäh unterbrochene Laufbahn an gehobener Stelle wieder zurückgefunden", stellte die *Süddeutsche Zeitung* 1964 in einem Kommentar mit Blick auf Bütefisch, den Bremer Getreidegroßhändler und mehrfachen Millionär Kurt Becher, ehemals SS-Standartenführer, oder dem BKA-Mann Theo Saevecke fest.[247] Und

---

242 *Abendzeitung* (München) vom 28.3.1964 („Orden als Zuwaage"); SZ vom 28.3.1964 („Streiflicht"); AWJ vom 2.4.1964 („Peinliche Panne oder mehr?").
243 Vgl. ebenda.
244 Vgl. *Der Spiegel* Nr. 15 vom 8.4.1964, S. 22 ff.
245 Vgl. *Der Spiegel* Nr. 42 vom 13.10.1965, S. 74 ff.; das Nachrichtenmagazin berief sich dabei u. a. auf Bernt Engelmanns Buch „Deutschland-Report"; auf Flicks Mitgliedschaft in dem Kreis hatten bereits früher Peter Michels in einem Artikel der DGB-Zeitung *Die Quelle*, Jahrgang 1960, S. 92 f., und G. Schneider im *Vorwärts* vom 28.2.1962 („Jeder nach seinem Vermögen") hingewiesen. Weder Flick noch Halt und Blessing waren allerdings reguläre Mitglieder der SS gewesen.
246 Vgl. Hildebrandt, Was bleibt mir übrig, S. 165 f.
247 SZ vom 28.4.1964 („Streiflicht"). Kurt Becher war seit 1930 im Getreidehandel tätig und 1934 der Reiter-SS beigetreten; im Zweiten Weltkrieg gehörte er zunächst der 1. SS-Reiterstandarte, dann der SS-Kavalleriebrigade unter Hermann Fegelein an; nach der deutschen Besetzung Ungarns 1944 kümmerte er sich dort um die Sicherung von Vermögenswerten für die SS und war maßgeblich in die Verhandlungen zwischen jüdischen Hilfsorganisationen und der SS-Führung eingeschaltet,

staune man nicht, fragte der Artikel weiter, wenn man in den jüngsten NS-Prozessen aus den Berufsangaben der Angeklagten erfahre, dass sich diese „fast durchweg in beachtlichen Positionen" befänden. Ihr Erfolg, meinte der Autor, lasse auf ein funktionierendes Geflecht von Beziehungen der Ehemaligen untereinander schließen. Konkreter Anlass des Artikels war die Flucht des gerade aufgrund seiner Mitwirkung an der Ermordung von Juden im Raum Pinsk als Angehöriger des SS-Kavallerie-Regiments 2 wegen Beihilfe zum Mord zu vier Jahren Zuchthaus verurteilten ehemaligen SS-Obersturmführers und nunmehrigen Fabrikanten Hans-Walter Zech-Nenntwich aus einem niedersächsischen Gefängnis.[248]

Die boomende westdeutsche Wirtschaft fungierte als Auffangbecken für zahlreiche ehemalige Angehörige des nationalsozialistischen Verfolgungs- und Terrorapparats, die aufgrund ihrer Vergangenheit nicht mehr in den Staatsdienst zurückkehren konnten oder wollten. Dies galt nicht zuletzt auch für nicht wenige mehr oder minder prominente frühere SS-Führer wie Werner Best oder Reinhard Höhn, beide promovierte Juristen, deren Fälle in den 1960er Jahren in der Presse thematisiert wurden, ohne dass dies zu breiteren Reaktionen oder zu unmittelbaren Folgen für die Betroffenen geführt hätte.[249] Best, bis 1940 als Stellvertreter Heydrichs organisatorischer Kopf der Gestapo und anschließend hoher Militärverwaltungsbeamter in

---

Juden gegen Geld oder Waren ausreisen zu lassen. Nach 1945 war Becher Zeuge in den Nürnberger Prozessen. In den Fokus der Öffentlichkeit rückte er wieder 1961, als er eine Zeugenaussage für den Eichmann-Prozess machte, vgl. *Der Spiegel* Nr. 33 vom 9.8.1961, S. 36 ff. („SS-Becher"). Gegen Becher wurden mehrere staatsanwaltschaftliche Ermittlungsverfahren eingeleitet, von denen jedoch keines zu einer Anklage führte; vgl. etwa IfZ-Archiv, NSG-Datenbank, Frankfurt 4 Js 1017/59.

248 Der Fall Zech-Nenntwich erregte ein recht umfangreiches Presseecho. Dieses resultierte hauptsächlich aus mehreren Justizpannen anlässlich seiner Flucht ins Ausland 1964, seiner überraschenden, von der Illustrierten *Stern* begleiteten Rückkehr noch im selben Jahr sowie in seiner insgesamt recht illustren und etwas zwielichtigen Persönlichkeit. Er war 1943, nachdem ihm ein Gerichtsverfahren drohte, aus der SS desertiert, nach Schweden geflohen, hatte dann für die britische Deutschlandpropaganda und Besatzungsmacht gearbeitet, ehe er sich als Unternehmer betätigte und durch einige Betrügereien auffiel. Allein *Der Spiegel* widmete dem Fall 1964/65 sieben Artikel, vgl. Nr. 4 vom 22.1.1964, S. 30 f., Nr. 19 vom 6.5.1964, S. 33 f., Nr. 20 vom 13.5.1964, S. 134, Nr. 21 vom 20.5.1964, S. 50 f., Nr. 23 vom 3.6.1964, S. 16, Nr. 47 vom 18.11.1964, S. 38 ff., und Nr. 5 vom 27.1.1965, S. 30.

249 Zu beiden Personen liegen fundierte historische Arbeiten vor, die auch die Nachkriegskarrieren in den Blick nehmen, vgl. Herbert, Best, S. 469 ff.; Wildt, Der Fall Reinhard Höhn; zu kritischen Presseberichten vgl. etwa zu Best: *Der Spiegel* Nr. 27 vom 4.7.1962, S. 38 ff.; *Die Zeit* vom 21.9.1969 („„Karriere-Künstler" von Karl-Heinz Janßen); zu Höhn: *Der Spiegel* vom 17.2.1965, S. 105 f.; SZ vom 13.1.1972 („Der ‚Vorwärts' verdammt Professor Höhn"); die ostdeutsche Presse hatte seit Ende der 1950er Jahre immer wieder auf Höhn aufmerksam gemacht, vgl. etwa ND vom 10.8.1958 („30000 DM Gehalt für Nazi"). Etwas zurückgezogener und deshalb von der Öffentlichkeit kaum bemerkt, agierte der ehemalige Amtschef im RSHA und Professor für Auslandswissenschaften in Berlin Franz Alfred Six; vgl. Hachmeister, Gegnerforscher, S. 294 ff. Six, der nach seiner Verurteilung im Nürnberger Einsatzgruppenprozess zu 20 Jahren Haft 1952 wieder freikam, hatte gute Kontakte zu Best wie zu Höhn. Zunächst übernahm er die Leitung des Leske-Verlags in Darmstadt, war dann Werbechef bei

Paris sowie zuletzt als SS-Gruppenführer Reichsbevollmächtigter im besetzten Dänemark, arbeitete nach seiner Entlassung aus der dänischen Kriegsverbrecherhaft 1951 zunächst in der Rechtsanwaltskanzlei des FDP-Bundestagsabgeordneten Ernst Achenbach als Koordinator der von dort gesteuerten Generalamnestie-Kampagne. Seit 1954 war er dann als Justitiar bei der Firma Stinnes in Mühlheim beschäftigt, bemühte sich daneben aber weiterhin in steter Lobbyarbeit um eine juristische Entschuldung ehemaliger Kameraden. Höhn, als Professor und Direktor des Instituts für Staatsforschung der Universität Berlin einer der führenden Staatswissenschaftler des Nationalsozialismus und zeitweise Abteilungsleiter im SD-Hauptamt, zuletzt SS-Oberführer, avancierte nach einer Phase der Illegalität als Gründer und Leiter der Akademie für Führungskräfte in Bad Harzburg seit Mitte der 1950er Jahre zu einem angesehenen und gefragten Unternehmensberater.

Mancher Wirtschaftskarriere bereitete allerdings die seit Gründung der Zentralen Stelle in Ludwigsburg 1958 intensivierte strafrechtliche Verfolgung von NS-Verbrechen nun ein abruptes Ende durch eine Verhaftung und einen nachfolgenden Gerichtsprozess wegen Mordes oder Beihilfe dazu. Im Juni 1962 etwa wurde der Direktor der Berliner Niederlassung der Braunschweigisch-Hannoverschen Hypothekenbank Alfred Filbert, vormals SS-Obersturmbannführer und Führer des Einsatzkommandos 9, in Berlin zu lebenslangem Zuchthaus verurteilt. Auf sechs Jahre Freiheitsstrafe erkannte im Oktober 1971 das Landgericht Hannover gegen den Abteilungsdirektor bei den Röchlingwerken Erhard Grauel, ehedem SS-Obersturmbannführer, der als Führer eines Teilkommandos des Einsatzkommandos 2 an Judenerschießungen im Baltikum beteiligt war.[250]

In einigen wenigen Fällen wurden außerdem Proteste von Belegschaftsvertretern gegen eine Anstellung von ehemaligen SS-Führern bekannt. So scheiterte etwa im Herbst 1960 die Vergabe eines Führungspostens bei Porsche an den früheren Regimentskommandeur der „Leibstandarte SS Adolf Hitler" Joachim Peiper am Protest von Gewerkschaftsvertretern im Betriebsrat. Peiper war Anfang 1957 kurz nach seiner Entlassung aus amerikanischer Kriegsverbrecherhaft bei Porsche eingestellt worden. Firmeninhaber Ferry Porsche war selbst Mitglied der SS gewesen und hatte nach dem Krieg einige frühere SS-Angehörige in seiner Firma beschäftigt wie etwa den ehemaligen SD-Hauptsturmführer und Volkswirtschaftsprofessor Albert Prinzig oder den Rennfahrer Fritz Huschke von Hanstein. Die Arbeitnehmervertreter hatten den Anstellungen nur unter der Voraussetzung zugestimmt, dass diese sich nicht auf Leitungspositionen erstreckten. Da Peiper auch nach einer erheblichen Gehalts-

---

Porsche-Diesel und schließlich Unternehmensberater, als welcher er dann auch an der von Höhn gegründeten Harzburger Führungsakademie dozierte.
250 Vgl. Urteile Berlin 3 P (K) Ks 1/62 vom 23.6.1962 und Hannover 2 Ks 3/68 vom 14.10.1971, JuNSV Bd. XVIII, Nr. 540 und Bd. XXXVI, Nr. 760; zu Filberts Biographie vgl. auch Kay, Making of an SS-Killer.

aufbesserung auf einer solchen beharrte, wurde er Ende 1960 wegen Störung des Betriebsfriedens gekündigt. Außerdem hieß es, dass er als prominenter Kriegsverbrecher den Ruf der Firma im Ausland, insbesondere in den USA, in Gefahr bringe. Schon Anfang 1961 konnte Peiper freilich eine neue Stelle als Verkaufs- und Managementtrainer bei einem großen Volkswagen-Händler in Reutlingen antreten.[251]

Im Februar 1965 kam es bei der Maschinenfabrik Clark in Mühlheim an der Ruhr zu einem Warnstreik gegen eine Weiterbeschäftigung des kurz zuvor wegen des Verdachts der Beihilfe zum Mord verhafteten ehemaligen Führers des Einsatzkommandos 9 und nunmehrigen stellvertretenden Geschäftsführers Oswald Schäfer. Zuvor war bekannt geworden, dass leitende Angestellte des Betriebs eine Sammlung für Schäfer veranstalten wollten; außerdem kursierten Gerüchte, die Firma beabsichtige, dessen Verteidigung zu bezahlen. Dies wiederum wurde von der Belegschaft mit einer angekündigten Kürzung von Sozialleistungen in Verbindung gebracht. Schäfer, der vor seiner Tätigkeit beim Einsatzkommando unter anderem Gestapochef von München gewesen war, hatte bei seiner Einstellung in Mülheim wohl von einem Netzwerk ehemaliger Gestapobeamter profitiert und war von seinem früheren Vorgesetzten Werner Best vermittelt worden. Bis zur Pleite und Zerschlagung des Konzerns 1963 hatte die Fabrik unter dem Namen Ruhr Intrans Hubstapler zum Stinnes-Konzern gehört und war anschließend an das amerikanische Unternehmen Clark verkauft werden. Die IG Metall ließ auf einer dem Streik folgenden Pressekonferenz verlauten, sie habe schon seit Jahren vergeblich gegen die Personalpolitik bei Stinnes protestiert, weil dort zahlreiche ehemalige Nazis und SS-Leute angestellt worden seien. Im Falle Schäfer hatte der Protest nun Erfolg, dieser wurde fristlos entlassen.[252]

Derartige Publizität erreichten die Reaktionen im beruflichen Umfeld auf die nunmehr häufigen Verhaftungen von ehemaligen SS-Angehörigen nur in seltenen Fällen, so dass darüber nur wenig bekannt ist. Neuere Untersuchungen haben gezeigt, dass Entlassungen eher bei größeren Firmen mit internationalem Geschäft erfolgten, die negative Schlagzeilen und daraus folgende wirtschaftliche Einbußen fürchteten. In anderen Firmen hingegen wurden den Betroffenen mitunter die Stellen bis nach einer Gerichtsentscheidung freigehalten. Und in nicht wenigen

---

251 Vgl. Westemeier, Himmlers Krieger, S. 531 ff.; zu den Pressereaktionen *Der Spiegel* Nr. 24 vom 7.6.1961, S. 78; *Welt der Arbeit* vom 19.5.1961 („Porsche bremst den Leibstandartenführer"). Peiper klagte gegen seine Entlassung, der Streit wurde in einem Vergleich mit einer großzügigen Ablöse beigelegt.
252 Vgl. *Freiheit und Recht*, Nr. 4/1965 („Früherer SS-Führer entlassen"); ND vom 25.2.1965 („Streik gegen SS-Mörder"); *Berliner Zeitung* vom 27.2.1965 („Unterschlupf bei Stinnes"); zu Mühlheim als Sammelpunkt ehemaliger Gestapobeamter Paul, Selbstmord, S. 540 f.; zur Biographie Schäfers Mettig, Münchner Gestapochef. Oswald Schäfer wurde im Oktober 1965 von der Staatsanwaltschaft Berlin wegen Mordes angeklagt, jedoch nachfolgend vom dortigen Landgericht in zwei Prozessen mangels Beweises freigesprochen; vgl., JuNSV Bd. XXIII, Nr. 630 und Bd. XXVII, Nr. 666.

Gnadengesuchen für verurteilte NS-Verbrecher insbesondere aus den 1950er Jahren finden sich Bestätigungen von Unternehmen, sie seien jederzeit bereit, den Betreffenden nach der Entlassung wieder einzustellen.[253]

Auch im Kollegenkreis und im privaten Umfeld trafen solche Personen häufig auf Verständnis und Unterstützung.[254] Gegenstand einer Skandalisierung waren derartige Vorgänge nur in wenigen Fällen. 1969 berichtete der *Stern* unter dem Titel „Der gute Mensch von Höpfingen" über den Fall des ehemaligen SS-Unterscharführers und Lagerführers des Außenlagers Helmbrechts des KZ Flossenbürg Alois Dörr, der es nach dem Krieg durch harte Arbeit in seinem badischen Heimatdorf vom Kleinbauern zum stolzen Besitzer eines mittleren Hofes gebracht hatte. 1967 hatte ihn die Staatsanwaltschaft Hof wegen gemeinschaftlichen Mordes in 217 Fällen begangen während des Evakuierungsmarsches des Außenlagers im April 1945 angeklagt. Daraufhin hatten unter anderem der Ortsbürgermeister, die örtliche Freiwillige Feuerwehr, das Pfarramt und der Kreisbauernverband Unterstützungsschreiben sowie eine von rund 900 Gemeindebürgern unterzeichnete Protestresolution an Staatsanwaltschaft und Gericht gesandt. In dieser forderten sie eine Freilassung des in Untersuchungshaft genommenen Dörr und eine Ende der Kriegsverbrecherprozesse.[255] Im Juli 1969 verurteilte das Landgericht Hof Dörr zu lebenslänglichem Zuchthaus wegen Mordes in fünf Fällen. Nach der Urteilsverkündung hätten die unter den Zuschauern befindlichen Verwandten und Freunde Dörrs lautstark ihre Empörung artikuliert, berichtete die Lokalpresse.[256]

Nicht nur in der Wirtschaft, auch im Kulturbetrieb der Bundesrepublik gab es ehemalige SS-Angehörige, freilich kaum solche, die bei den Massenverbrechen an entscheidender Stelle mitgewirkt hatten, weshalb nur wenige Fälle publik wurden. Einer davon war der des Publizisten und Literaturkritikers Hans Egon Holthusen. Der evangelische Pfarrerssohn und promovierte Germanist war Träger mehrerer Literaturpreise, 1956 bis 1961 leitete er die Abteilung für Dichtung der Akademie der Künste West-Berlin, seit 1959 lehrte er an verschiedenen amerikanischen Universitäten als Gastprofessor. Sein Fall zeigt, dass eine SS-Mitgliedschaft von Personen in prominenten Positionen zwar in bestimmten Kreisen ein Skandalon an sich darstellte, sich für eine Skandalisierung aber nur dann eignete, wenn sie mit der Verwick-

---

253 Vgl. zum Beispiel zwei Fälle aus München, Staatsarchiv München, Staatsanwaltschaften 28754/6 und 34881/8, Gnadengesuch vom 14.12.1959 für den 1955 zu zehn Jahren Zuchthaus wegen Mordes (unter Anwendung mildernder Umstände) verurteilten früheren SS-Oberscharführer der Standarte „Kurt Eggers" Karl-Gustav Lerche, Gnadengesuch vom 31.7.1959 für den 1956 zu sechs Jahre Zuchthaus verurteilten ehemaligen SS-Oberscharführer des KZ Dachau Willy Bach.
254 Vgl. Ullrich, Ich fühl' mich nicht als Mörder, S. 234 f.
255 Vgl. *Stern* vom 1.4.1969 und den ähnlichen Bericht in ND vom 12.4.1969 („Sympathie für Dörr, nicht für seine Opfer").
256 Vgl. *Frankenpost* (Hof) vom 2.8.1969 („Lebenslänglich Zuchthaus für Alois Dörr"); JuNSV Bd. XXXII, Nr. 713 (Hof Ks 7/68).

lung in Verbrechen oder der Zugehörigkeit zu einer belasteten Teilorganisation wie der KZ-SS, der Gestapo oder dem SD verbunden waren.

Holthusen war im November 1933 als 20-jähriger Student in München der SS beigetreten. Über seine nähere Tätigkeit dort ist nichts bekannt. Nach eigenen Angaben hatte er ihr faktisch nur bis Juni 1937 angehört. Offiziell sei er zwar nie ausgetreten, weil das als unmöglich gegolten habe, er habe sich aber seit dieser Zeit, da ihm „der Ungeist dieser Organisation unerträglich" geworden sei, durch konsequentes Fernbleiben und Verschleierung des Aufenthalts dem Dienst in der SS entzogen.[257] Ab Herbst 1937 war Holthusen als Hauslehrer in der Umgebung von München tätig. Zu Kriegsbeginn wurde er zur Wehrmacht eingezogen und war dort als Funker bei verschiedenen Nachrichtenabteilungen und zuletzt bei der Dolmetscherkompanie des Wehrkreises VII eingesetzt. Letztere bildete im April 1945 unter ihrem Hauptmann Rupprecht Gerngroß eine Keimzelle des Aufstands der Freiheitsaktion Bayern gegen das NS-Regime. Besondere Aktivitäten Holthusens in diesem Zusammenhang sind zwar nicht belegt, die Zugehörigkeit allein reichte aber, um die von Holthusen behauptete wachsende Gegnerschaft zum Nationalsozialismus zu untermauern.[258] Die für ihn zuständige Münchner Spruchkammer, der ausschließlich entlastende Zeugenaussagen vorlagen, stufte Holthusen im März 1948 als zwar wegen seiner SS-Mitgliedschaft vom Befreiungsgesetz betroffen, aber entlastet ein. Die Kammer sah es „als erwiesen" an, dass er „in seinem gesamten Wirken [...] stets einen bewußten Widerstand gegen die Ideologie des Nationalsozialismus geleistet" habe.[259]

In den 1950er Jahren avancierte Holthusen schnell zu einem der einflussreichsten Literaturkritiker und Essayisten, der in seinen von einem christlichen Konservativismus geprägten Schriften und Reden mitunter wenig Gespür im Umgang mit der NS-Vergangenheit zeigte und Vertreter des literarischen Exils wie Thomas Mann recht pauschal kritisierte. Dies wiederum nahm der 1933 zunächst nach Frankreich und dann in die USA ins Exil gegangene, sehr streitbare jüdische Publizist Hermann Kesten zum Anlass, seinerseits Holthusen heftig anzugreifen. Kesten, für den das Exil in der Zeit des Nationalsozialismus das „andere" und bessere Deutschland verkörperte, prangerte in diesem Zusammenhang bei einem Vortrag auf Einladung des P.E.N.-Clubs zum Thema „Die Aufgaben der Literatur von heute" in den Münchner Kammerspielen im April 1953 auch Holthusens SS-Mitgliedschaft an. In die Medien gelangte das damals allerdings nicht; bezeichnend für das damalige Klima des öffentlichen Beschweigens von NS-Vergangenheiten war hingegen, dass Holthusens

---

[257] Staatsarchiv München, Spruchkammern, K 757 Holthusen Hans-Egon, Politischer Lebenslauf.
[258] Der Rechtsanwalt Ottheinrich Leiling, einer der führenden Köpfe der Bewegung, bescheinigte Holthusen allerdings, dieser habe Ende April 1945 in München Mitglieder seiner Organisation dabei unterstützt, sich zu verbergen und an der Niederschrift von Dokumenten mitgewirkt, vgl. ebenda; zum Aufstand allgemein Diem, Freiheitsaktion.
[259] Staatsarchiv München, Spruchkammern, K 757 Holthusen Hans-Egon, Spruch vom 24.3.1948.

Lektor im Piper-Verlag, Albrecht Knaus, Kesten im Anschluss bittere Vorwürfe machte, wie er so etwas in aller Öffentlichkeit sagen könne. Den Einwand Kestens, dass die Mitgliedschaft doch den Tatsachen entspreche, versuchte Knaus durch den Hinweis auf Holthusens Jugend und dessen Entnazifizierung zu entkräften. Veröffentlicht wurde die Ansprache Kestens dann erst 1959 in dessen Essayband „Der Geist der Unruhe".[260]

1959 nahm dann die in Berlin aufgewachsene und 1938 in die USA emigrierte jüdische Dichterin Mascha Kaleko Holthusens frühere SS-Mitgliedschaft und dessen nunmehr leitende Funktion in der Berliner Akademie der Schönen Künste zum Anlass, den ihr von der Akademie zugedachten Fontane-Preis auszuschlagen. Erneut war es bezeichnend, dass Holthusens SS-Vergangenheit einigen Akademiemitgliedern zwar bekannt war, mehrere durchaus Anstoß daran nahmen und Kaleko darüber informierten, die Sache jedoch öffentlich nicht thematisieren wollten. Auch die Akademiespitze versuchte den SS-Beitritt als Jugendtorheit herunterzuspielen, verwies auf den entlastenden Spruchkammerbescheid, appellierte an die Versöhnungsbereitschaft der Schriftstellerin und war vor allem bemüht, zu verhindern, dass von den Vorgängen etwas an die Öffentlichkeit drang, was ihr letztlich auch gelingen sollte. Obwohl Kaleko diese „Vertuschungspolitik" scharf verurteilte, verzichtete sie darauf, die Sache öffentlich anzuprangern.[261] In den Kreisen jüdischer Schriftsteller und Intellektueller blieb Holthusen aber auch in der Folge Persona non grata. So lehnte Paul Celan Ende 1961 eine bereits beschlossene Aufnahme in die Akademie mit dem Hinweis auf Holthusens SS-Mitgliedschaft ab.[262] Auch davon drang nichts an die Öffentlichkeit.

Etwas mehr Aufregung verursachte die im selben Jahr 1961 erfolgte Berufung Holthusens zum Programmdirektor des Goethe-Hauses in New York durch das Auswärtige Amt, die insbesondere bei einigen Juden im amerikanischen Exil auf erhebliches Missfallen stieß. Allerdings blieb die Resonanz der Vorgänge in den Medien schwach. Die im Münchner Desch-Verlag herausgegebene Zeitschrift *Die Kultur*, in der bereits 1960 wiederum Hermann Kesten in zwei Artikeln auf die SS-Mitgliedschaft Holthusen hingewiesen hatte[263], veröffentlichte in ihrer Ausgabe vom

---

260 Vgl. Monacensia, München, Nachlass Hermann Kesten, Briefe (HK B) 1717, Kesten an Kurt R. Grossmann, 19.3.1961; Kesten, Aufgaben, S. 177; zu Kestens Wirken nach 1945 Braese, Vom „anderen" Deutschland; Debrunner, Zu Hause im 20. Jahrhundert.
261 Vgl. van der Heusen, Mascha Kaleko; Kaleko, Sämtliche Werke, Bd. IV, S. 630 ff.
262 Vgl. „.... und die Vergangenheit", S. 606, Anm. 106.
263 Vgl. *Die Kultur* von April 1960, S. 8 („Die verschämte und unverschämte Reaktion") und von Dezember 1960, S. 16 („Andere Völker, andere Sitten"), beide abgedruckt in Kesten, Filialen, S. 239 ff. und 263 ff. Im ersten Artikel schrieb Kesten in Bezug auf Holthusens erfolgreichen Essayband „Der unbehauste Mensch", wenn dieser darin die aus dem Exil zurückgekehrten Dichter beschuldige, sie seien nur verlockt von den Einnahmen aus dem deutschen Literaturmarkt und von Theateraufführungen zurückgekehrt, so erscheine ihm das „die reaktionäre Literaturpolitik eines von seinen Jugenderlebnissen bei der SS zwischen 1933 und 1937 verlockten Kritikers". Im zweiten

Februar 1961 ein Foto Holthusens, unter dem zu lesen war, dass sich der neue Kulturbotschafter Deutschlands in den USA auch noch 1944 in SS-Uniform gezeigt habe. Holthusen bezeichnete diese Behauptung in einem nachfolgenden Leserbrief als nicht den Tatsachen entsprechend, er sei 1937 wieder aus der SS ausgeschieden und als entlastet entnazifiziert worden.[264]

In den USA engagierte sich in dieser Sache besonders der Journalist und Mitarbeiter der Jewish Agency Kurt R. Grossmann, ein Emigrant, der auch über gute Kontakte zu Schriftstellern und NS-Verfolgten in der Bundesrepublik verfügte und im März/April 1961 je einen Artikel zu dem Fall in der *Frankfurter Neuen Presse* und der BVN-Zeitung *Die Mahnung* publizierte. In Letzterem schrieb er, die Personalie sei „gewiß ein unglücklicher Griff" und kaum geeignet, antideutsche Gefühle in den USA zu überwinden.[265]

Von den großen bundesdeutschen Tages- und Wochenzeitungen wurde die Debatte jedoch nicht aufgegriffen. Im SPD-Parteiorgan *Vorwärts*, für das Grossmann regelmäßig aus den USA berichtete, beklagte er im Herbst 1961 das Ausbleiben von Reaktionen.[266] Neben seinen eigenen Artikeln und den Angriffen von Hermann Kesten ist an öffentlichen Reaktionen in Deutschland nur ein Rundfunkbeitrag des seit 1941 in den USA im Exil lebenden Schriftstellers Johannes Urzidil in *Radio Bremen* dokumentiert.[267] Der Publizist Robert Neumann, den der Desch-Verlag um einen Artikel zum Thema gebeten hatte, ließ Grossmann Anfang März 1962 resigniert ausrichten, er gebe ihm bei der Bewertung der Personalie vollkommen recht, in Deutschland hätten sich die diesbezüglichen moralischen Positionen jedoch grundlegend verändert. „Halbkompromittierte wie Holthusen" gebe es „an jeder Straßenecke, in jedem Amt, in jeder Redaktion" und diese seien wieder „sehr selbstbewußt

---

Artikel kritisierte Kesten den bundesdeutschen Literaturbetrieb, weil zahlreiche Preise an Autoren vergeben würden, die Mitglieder von NSDAP und SS oder Unterstützer des Nationalsozialismus gewesen seien. Parallel dazu lief in der Zeitschrift eine Debatte zwischen Kesten und Holthusen über die Aufgaben der Literaturkritik, vgl. *Die Kultur* von März, Mai und Juni 1960.

264 Vgl. *Die Kultur* von Februar 1961, S. 2 („Von 1941 bis 1961 oder im Zeichen Goethes"), und vom April 1961, S. 15 („Briefe an die Redaktion"). Tatsächlich konnte die Zeitschrift stichhaltige Belege für diese Behauptung nicht vorlegen.

265 *Die Mahnung* vom 1.4.1961, S. 3 („Antideutsche Gefühle in USA"); vgl. auch FNP vom 18.3.1961; zu Grossmann allgemein Mertens, Kämpfer, zum Fall Holthusen ebenda, S. 263 ff.

266 *Vorwärts* vom 1.11.1961 („Persönlichkeit"); zwei Wochen zuvor hatte in der Zeitung erneut Hermann Kesten anlässlich einer Besprechung von Franz Schonauers Buch „Deutsche Literatur im Dritten Reich" auf die SS-Mitgliedschaft Holthusens aufmerksam gemacht, vgl. *Vorwärts* vom 18.10.1961 („Selten umwand Lorbeer"). Bezugnehmend auf den *Vorwärts* berichtete dann auch in Ost-Berlin ND vom 19.11.1961 („Die SS im Goethehaus").

267 Der Beitrag wurde am 2.11.1961 ausgestrahlt, vgl. Leo Baeck Institute, New York (LBI), AR 25032, Box 7, Folder 159, Urzidil an Grossmann, 3.11.1961, und Grossmann an Manfred George, 4.11.1961. Urzidil lehnte es außerdem anlässlich eines Vortrages im Goethe-Haus ab, sich von Holthusen einführen zu lassen.

geworden".²⁶⁸ Und er empfahl Grossmann, die US-Öffentlichkeit zu mobilisieren, da dies eine ganz andere Wirkung entfalten würde. Grossmann hatte dies allerdings bereits vergeblich versucht und etwa den American Jewish Congress eingeschaltet und an den früheren Hochkommissar und nunmehrigen Vorsitzenden des Board of Trustees des Goethe-Hauses John McCloy appelliert.²⁶⁹ Die Direktion des Goethe-Hauses forderte zwar von Holthusen eine Erklärung, akzeptierte jedoch seinen Hinweis auf die Entlastung in der Entnazifizierung und seine Versicherung, sich bereits in der NS-Zeit vom Regime abgewandt zu haben.²⁷⁰

Für Grossmann war eine derartige Erklärung aber kein Nachweis für eine wirkliche Abkehr vom Nationalsozialismus. In den Kreisen der New Yorker Juden und Emigranten herrschten allerdings bezüglich der Bewertung einer SS-Mitgliedschaft und der Personalie Holthusen durchaus unterschiedliche Ansichten. Für manche versinnbildlichte die SS nach wie vor alle Schrecken des Dritten Reichs. Grossmann wies etwa auf eine ihm bekannte Jüdin hin, die selbst ein KZ überlebt und Ehemann und Sohn im Holocaust verloren hatte, und ihm nun erzählt habe, sie könne jetzt nicht mehr ins Goethe-Haus gehen, weil ihr die Vorstellung, dort einen ehemaligen SS-Mann zu treffen, unerträglich sei.²⁷¹ Positiv für Holthusen wirkte sich jedoch aus, dass sich der Herausgeber der bekannten, in New York erscheinenden deutsch-jüdischen Zeitschrift *Aufbau* Manfred George für ihn einsetzte.²⁷² Die Debatte blieb deshalb auf einschlägige Zirkel beschränkt und fand auch in den USA kaum Niederschlag in der Presse.²⁷³

Auch Grossmanns Versuch, zusammen mit Kesten und dem Sekretär des Schutzverbands der Schriftsteller Deutscher Sprache in Zürich Hans Kühner-Wolfskehl in Schriftstellerkreisen Unterschriften für eine gemeinsam verfasste Erklärung zu sammeln, in der die Beschäftigung des ehemaligen SS-Mitglieds Holthusen beim New Yorker Goethe-Haus als „nicht tragbar" bezeichnet wurde, kam nur schleppend voran und fand kaum Widerhall. Der Schriftstellerverband P.E.N., dem sowohl Kes-

---

268 LBI, AR 25032, Box 7, Folder 159, Dollinger an Grossmann, 1.3.1962.
269 Vgl. ebenda, Grossmann an Phil Baum, 6.3.1961, und an McCloy, 23.10.1961.
270 Vgl. Monacensia, HK B 365, Grossmann an Kesten, 26.5.1961; *National Jewish Post and Opinion* vom 28.4.1961 („Ex-Nazi, now German Aide in New York, Renounced Hitler").
271 Vgl. LBI, AR 25032, Box 7, Folder 159, Grossmann an Rudolf Hagelstange, 9.1.1962.
272 Vgl. ebenda, Manfred George an Grossmann, 18.4.1961; George schrieb: „Der Fall Holthusen ist nach gruendlicher Recherche als befriedigend geklaert worden. Ich bin der Meinung, dass die Anschuldigungen absolut irrefuehrend waren. Die Sachlage bietet keinen Anhaltspunkt fuer ein Eingreifen."
273 Lediglich die kleine, in Indianapolis erscheinende *National Jewish Post and Opinion* thematisierte den Fall, vgl. deren Ausgabe vom 21.4.1961 („Former Nazi S.S. Man now German Aide in New York").

ten als Kühner-Wolfskehl angehörten, ließ sich ebenfalls nicht für die Sache mobilisieren.[274]

Grossmann hatte sich darüber hinaus beim Bonner Auswärtigen Amt über die Personalie beklagt. Dort bestand indes keine Bereitschaft, Holthusen zu einem Rücktritt zu drängen oder ihn gar vorzeitig abzuberufen. Allerdings erwog man Ende 1961, seinen im Herbst 1962 auslaufenden Vertrag ob des Widerstands gegen ihn in jüdischen Kreisen nicht zu verlängern. Da jedoch ein fachlich geeigneter Nachfolger nicht gefunden werden konnte und sich die Proteste im Rahmen hielten, wurde Holthusens Vertrag doch noch einmal verlängert, weshalb dieser noch bis 1964 auf seinem Posten in New York verblieb.[275]

Zwar kam keine wirkliche öffentliche Debatte über Holthusens Vergangenheit in Gang, jedoch blieb sie als Thema zumindest unterschwellig präsent. 1964 besprach Holthusen Paul Celans Gedichtband „Niemandsrose" in der *Frankfurter Allgemeinen Zeitung*. Er verglich dabei auch die neuen Werke des Dichters mit dessen Nachkriegsarbeiten, in denen er bei der Verwendung von Bildern wie den „Mühlen des Todes" eine „Vorliebe für die surrealistische, in X-Beliebigkeiten schwelgende Genitivmetapher" erkennen wollte.[276] Der Berliner Literaturwissenschaftler Peter Szondi kritisierte daraufhin Holthusen in einem Leserbrief heftig. Bezugnehmend auf einen Bericht der Zeitung über den gerade in Frankfurt laufenden Prozess gegen den Eichmann-Helfer Hermann Krumey wies er darauf hin, dass Eichmann den Begriff „Mühlen" selbst für die fabrikmäßige Ermordung der Juden in Auschwitz verwendet habe. Holthusen warf er vor, „die Erinnerung, an das was gewesen ist, durch den Vorwurf der Beliebigkeit [...] vereiteln" zu wollen.[277] Die *Frankfurter Allgemeine Zeitung* druckte den Brief Szondis dann Ende Juni 1964 zusammen mit einer

---

274 LBI, AR 25032, Box 7, Folder 159, Kühner-Wolfskehl an Grossmann, 18.7.1961. Kühner-Wolfskehl, der selbst Mitglied des P.E.N. war, berichtete, dass der deutsche P.E.N. zwar Holthusen wegen seiner SS-Mitgliedschaft die Aufnahme verweigert habe, sonst jedoch nichts unternehmen wolle; zum P.E.N. und seinem Umgang mit der NS-Vergangenheit vgl. Hanuschek, Geschichte.
275 Vgl. LBI, AR 25032, Box 7, Folder 159, Schreiben des Leiters der Kulturabteilung des Auswärtigen Amts Dieter Sattler an Grossmann vom 16.12.1961; für ihn, schrieb Sattler, der er Holthusen schon vor dem Krieg gekannt habe, sei dieser kein überzeugter Nationalsozialist, sondern ein Gegner des Regimes gewesen. Dass er mit 19 Jahren 1933 in die SS eingetreten sei und den Mut gehabt habe, 1937 wieder auszutreten, sei für ihn Beweis einer antitotalitären Einstellung. Er gebe Grossmann allerdings darin Recht, dass man die Sache nur schwer für Außenstehende richtigstellen könne und deshalb manche Leute das Goethe-Haus meiden würden. Man sei deshalb geneigt, für 1962 jemand anderes ins Auge zu fassen. Vgl. außerdem IfZ-Archiv, ED 145/73, Sattler an Botschafter Wilhelm Grewe, 7.12.1961 und 22.1.1962. Auch ein nochmaliger Vorstoß Grossmanns zusammen mit dem Vorsitzenden des Vereins der New Yorker Deutschlehrer Harold Lenz im Juni 1963 blieb ohne Erfolg, vgl. LBI, AR 25032, Box 7, Folder 159, Grossmann und Lenz an Bundesaußenminister Schröder, 20.6.1963, und die Antwort Sattlers vom 22.7.1963.
276 FAZ vom 2.5.1964 („Das verzweifelte Gedicht").
277 Szondi an Rolf Michaelis, 30.5.1964, abgedruckt in Szondi, Briefe, S. 162.

Replik Holthusens ab, unterschlug dabei aber den Passus, in dem Szondi explizit auf Holthusens SS-Mitgliedschaft hingewiesen hatte.[278]

Vielleicht um derartigen, eher versteckt aber doch immer wieder aufkeimenden Vorwürfen zu begegnen, beteiligte sich Holthusen an einer von der Zeitschrift *Merkur* initiierten Artikelfolge unter dem Thema „War ich ein Nazi?". 1966 veröffentlichte die Zeitschrift zweigeteilt sein Bekenntnis „Freiwillig zur SS", das einen stark rechtfertigenden Charakter trug. Schon rein äußerlich wurde dies dadurch unterstrichen, dass Holthusen in dem Text von sich in der dritten Person als seinem „Mandanten" sprach. Illustriert mit Auszügen aus seinem Tagebuch, schilderte er sich als sinnsuchenden Jugendlichen mit anfänglichen Sympathien für den Kommunismus, der sich unter dem Druck des nationalkonservativen Elternhauses und der Erkenntnis, das neue System nur mehr von innen heraus verändern zu können, trotz einer fortdauernden Abneigung gegen den Nationalsozialismus und einer Ablehnung von dessen Antisemitismus im Herbst 1933 zum einem Beitritt zur SS entschloss. Die „schwarzuniformierte Organisation mit den Totenkopfemblemen" habe er deshalb gewählt, weil sie als „Auslese" gegolten habe, als „chic" und „elegant". Aus heutiger Sicht bezeichnete er es als „beschämend", dass ihn allein „Eitelkeit" zu dieser „wahrscheinlich größten[n] Dummheit seines Lebens" bewogen habe. Holthusen gab an, sich selbst diesbezüglich vor allem „Fahrlässigkeit" anzulasten. Jedoch sei mit dem SS-Beitritt keine Bekehrung zu den Ideen des Nationalsozialismus einhergegangen, sondern ein erster Schritt hin zu einer „entschiedenen Entpolitisierung seines Denkens" erfolgt.[279]

Die SS schilderte Holthusen dabei nur kurz als eine Ansammlung eher unbedarfter Männer. Die dienstlichen Verpflichtungen dort hätten ihn gelangweilt, die Veranstaltungen nicht berührt. Über Politik sei nie ein Wort gefallen. 1937 habe er sich unter dem Vorwand beruflicher Verpflichtungen zurückgezogen. Er hielt es sich zugute, sich eine „Wärme" und „Freundlichkeit" für die Menschen bewahrt zu haben, auch im Krieg, in dem er Soldat bei einem Nachrichtenregiment gewesen sei und nie an Verbrechen teilgenommen oder von solchen gehört habe. Angesichts des Terrorregimes habe man vom Einzelnen kaum mehr erwarten können, als sich solche Tugenden als Widersetzlichkeiten in der Nichtöffentlichkeit zu bewahren. Holthusen wandte sich gegen alle kollektiven Schuldzuweisungen und Handlungsmaximen. Mit seinem Artikel wolle er vor allem für das Recht des Einzelnen plädieren, „unter allen Umständen, mit allen Ungereimtheiten, menschlichen und intellektuellen Schwächen ein Einzelner gewesen zu sein"[280], schloss er.

In einer als Brief abgefassten Replik, die einige Nummern später im *Merkur* veröffentlicht wurde, kritisierte der Schriftsteller Jean Améry Holthusens Aufsatz: „Sie

---

[278] Vgl. FAZ vom 25.6.1964 („Mühle in Auschwitz"); Kleindienst, Beim Tode!, S. 74 ff.
[279] Holthusen, Freiwillig zur SS, Zitate S. 938.
[280] Ebenda, S. 1049.

gingen zur SS, freiwillig. Ich kam anderswo hin, ganz unfreiwillig", schrieb er. Améry, der als Jude und Widerstandskämpfer mehrere Jahre in Gefängnissen und Konzentrationslagern zugebracht hatte, sah zum einen die Motive Holthusens für dessen Beitritt und Haltung zur SS nur unzureichend aufgeklärt. Dass dieser erkannt habe, „die SS-Uniform sei für die Welt eine Chiffre für das Verbrecherische geworden", reiche wohl nicht aus. Zum anderen warf er Holthusen vor, seinem leidenschaftlichen Plädoyer für die Autonomie des Einzelnen als Soldat im Krieg selbst nicht gefolgt zu sein, nicht aus dem Apparat ausgebrochen zu sein, der die Welt in den Tod geführt habe.[281] Die Auseinandersetzung der beiden war von vielen Missverständnissen geprägt. Eine Verständigung zwischen dem NS-Opfer und nunmehrigen Linksintellektuellen Améry und dem intellektuell eher rechts stehenden ehemaligen Hitler-Soldaten Holthusen erwies sich letztlich als kaum möglich. Zu unterschiedlich waren ihre Erfahrungen und auch ihre Bewertungen von Vergangenheit und Gegenwart.[282] Die Debatte der beiden Schriftsteller im *Merkur* fand in anderen Medien zunächst keinen Niederschlag. Erst als die Beiträge als Teil einer Textsammlung unter dem Titel „War ich ein Nazi?" in Buchform erneut veröffentlicht wurden, musste sich Holthusen weitere Schelte für seinen unkritischen Umgang mit der eigenen Vergangenheit gefallen lassen, die jedoch recht allgemeiner Natur war und die SS-Mitgliedschaft nicht speziell thematisierte.[283]

Holthusens weiterer Karriere schadete dies alles kaum, auch wenn seine eher konservativen Positionen in den 1970er Jahren nicht mehr so gefragt waren. 1968 bis 1974 war er Präsident der Bayerischen Akademie der Schönen Künste, in dieser Funktion verantwortete er auch die Verleihung des Bayerischen Literaturpreises an seinen einstigen Kontrahenten Améry 1972, der den Preis – anders als Mascha Kaleko 1959 – nicht ausschlug und auch die Vergangenheit des Akademiepräsidenten nicht erneut anschnitt.[284] Holthusen nahm weiterhin Gastprofessuren in den USA

---

281 Merkur 21 (1967), S. 393 ff. (Zitate 393 f.); vgl. zur Debatte Holthusen-Améry auch Berg, Jean Améry, S. 39 ff.
282 Dies zeigt sich insbesondere in der anschließend an den Brief Amérys in derselben Nummer des *Merkur*s (S. 395 ff.) abgedruckten Antwort Holthusens und einem Brief Amérys an den Herausgeber des *Merkur*s, Hans Paeschke, vom 16.3.1967; vgl. Améry, Werke, Bd. 8, S. 679 f. Der Briefwechsel Amérys mit Paeschke, der seiner Replik vorausging, ist ebenda, S. 202 ff. und 672 f., abgedruckt. Es war dies nicht der erste Disput zwischen Améry und Holthusen. Bereits in einer Rundfunkdiskussion Anfang 1966 waren ihre konträren Meinungen über den Standpunkt des Intellektuellen in der Gesellschaft aufeinandergeprallt, vgl. Améry an Ernst Mayer, 25.1.1966, ebenda, S. 159. Darin bezeichnet Améry Holthusen als „einen zwei Meter langen Ex-Nazi und (wenn ich recht unterrichtet bin) sogar zeitweiligen SS-Mann".
283 Vgl. *Die Zeit* vom 5.7.1968 („Waren Sie ein Nazi?" von Horst Krüger) und *Frankfurter Hefte* 22 (1967), H. 2, S. 137 f., wo Peter Hamm u. a. auch darauf hinwies, dass Holthusen noch in den 1940er Jahren propagandistische Texte verfasst habe.
284 Vgl. Berg, Jean Améry, S. 28 f.

wahr, erhielt Preise und Auszeichnungen, zuletzt das Große Bundesverdienstkreuz 1987.

6 SS-Vergangenheiten in den 1970er Jahren

Nach den erregten Diskussionen der Jahre 1962 bis 1965/66 wurde es Ende der 1960er/Anfang der 1970er Jahre auf dem Feld der Enthüllung und Skandalisierung von SS-Vergangenheiten wieder recht ruhig. Eine für eine Skandalisierung taugende SS-Vergangenheit von Politikern wurde nicht häufig ruchbar, auch weil die Zahl der derart belasteten Politiker nach dem Ausscheiden der rechten Parteien aus den Parlamenten – nach allem was man bislang weiß – eher gering war.[285] Ein grundsätzliches Problem stellte eine frühere SS-Mitgliedschaft bei einer Bundestagskandidatur Ende der 1960er aber offenbar nicht dar. Denn 1969 zogen mit Otto von Fircks und Hans Wissebach zwei Abgeordnete für die CDU in den Deutschen Bundestag ein, deren frühere Zugehörigkeit zur SS keineswegs ein Geheimnis war.

Der 1912 geborene Baron Otto von Fircks entstammte einer weit verzweigten Adelsfamilie in Kurland, dem westlichen Teil Lettlands. Seit 1933 lebte er in Riga und studierte dort Landwirtschaft. Er gehörte zu den wichtigsten Vertretern der von Erhard Kroeger geführten deutsch-baltischen nationalsozialistischen „Bewegung" in Lettland[286] und war 1936 bis 1939 Vorsitzender der Deutschen Studentenschaft. Nach Kriegsbeginn und der im Hitler-Stalin-Pakt vereinbarten sowjetischen Besetzung der baltischen Staaten siedelte er zusammen mit zahlreichen anderen Baltendeutschen in das von deutschen Truppen besetzte Warthegau um. Er wurde Mitarbeiter des Ansiedlungsstabes der Volksdeutschen Mittelstelle in Litzmannstadt. Als solcher wirkte er im Raum Gnesen an der Enteignung und Evakuierung von Polen und Juden sowie an der Ansiedlung von Volksdeutschen auf den enteigneten Liegenschaften mit.[287] Noch 1939 beantragte er seine Aufnahme in die SS, die dann im Frühjahr 1940 erfolgte. Auf Fürsprache Kroegers, dem nunmehr als SS-Standartenführer die Lenkung der Um- und Ansiedlung der Deutschen aus Estland und Lettland oblag, wurde Fircks als Mann, der „sich in der Bewegung der Baltendeutschen bewährt" habe, zum SS-Obersturmführer ernannt.[288] Als Anfang 1941 die Arbeit der Ansiedlungsstäbe im Wartheland auslief, sollte Fircks ursprünglich zur

---

285 Nachträgliche Enthüllungen wie im Falle des langjährigen CSU-Bundestagsabgeordneten und Schatzmeisters der Partei Karl-Heinz Spilker mahnen zwar zur Vorsicht, dürften aber eher die Ausnahme bleiben.
286 Vgl. Schröder, Die deutsch-baltische nationalsozialistische „Bewegung", S. 146, Anm. 50; zur Biographie Fircks allgemein auch Heinemann, Ethnic Resettlement, S. 214.
287 Vgl. Heidemann, Rasse, S. 222 f.; Klausch, Braune Wurzeln, S. 10 f.
288 BStU, MfS-HA IX/11, PA 2218, Vorschlagsliste zur Aufnahme Baltendeutscher mit Führerdienstgraden in die SS vom 22.1.1940; zur Aufnahme in die SS und zur Ernennung zum SS-Führer

Waffen-SS eingezogen werden, aus unbekannten Gründen ging er jedoch zur Kriegsmarine, wo er an verschiedenen Einsatzorten bis Kriegsende den Rang eines Oberleutnants zur See erreichte.[289] Nach kurzer Kriegsgefangenschaft war Fircks in Niedersachsen als Arbeiter und landwirtschaftlicher Verwalter tätig, ehe er in den 1950er Jahren einen eigenen Hof erwerben konnte. Er engagierte sich im Bund der Vertriebenen, dessen Landesgeschäftsführer er von 1954 bis 1969 war, und in der Vertriebenenpartei GB/BHE. 1961 wechselte er zur CDU, wurde 1963 in den Landtag gewählt und saß dort dem Vertriebenenausschuss vor. 1969 zog er dann über die Landesliste in den Bundestag ein, dem er bis 1976 angehörte.

Schon 1966 wurde Fircks' SS-Mitgliedschaft erstmals skandalisiert. „Skandal um Niedersachsen-MdL" lautete etwa eine Schlagzeile des *Osnabrücker Tagblatts*.[290] „Auf Kosten der niedersächsischen Steuerzahler", hieß es in dem Artikel, sei der frühere „SS-Titelträger" ausgerechnet zu einem von der Landeszentrale für politische Bildung organisierten Informationsbesuch nach Israel gereist. Fircks hatte seine SS-Zugehörigkeit bis dahin nicht offengelegt gehabt, weshalb sie etwa auch nicht im Landtagshandbuch auftauchte. Erst nach seiner Rückkehr aus dem Nahen Osten war sie bekannt geworden und hatte umgehend Vorwürfe provoziert, auch gegen das Bundesland, das einen solchen Volksvertreter nach Israel schicke. Zutage gekommen war Fircks' Vergangenheit wohl aufgrund einer Affäre um einen Oberregierungsrat im niedersächsischen Vertriebenenministerium, dem der BdV-Landesgeschäftsführer und andere Vertriebenenfunktionäre zu intensive Ostkontakte und eine zu versöhnliche Haltung gegenüber den osteuropäischen Staaten vorgeworfen hatten, wie *Der Spiegel* und *Die Zeit* berichteten.[291] In der Gedenkstätte Yad Vashem habe Fircks, schrieb das Hamburger Nachrichtenmagazin, die Dokumente über die Aussiedlung der jüdischen Polen aus ihrer Heimat angesehen, einer Maßnahme, an

---

vgl. ebenda, SS-Oberabschnitt Warthe an SS-Abschnitt Gnesen, 29.5.1940; ebenda, SS-Personalamt an SS-Oberabschnitt Warthe, 26.8.1940.

289 Auf diese Weise entging er vielleicht einer Zuteilung zu den im Sommer 1941 aufgestellten Einsatzgruppen, bei denen mehrere der Kurland-Deutschen aus seiner Umgebung, die für die Volksdeutsche Mittelstelle tätig waren, landeten, etwa sein jüngerer Bruder Karl-Siegfried, der als SS-Untersturmführer zum Sonderkommando 1a und später zum Sonderkommando R kam, oder Andreas von Koskull und Erhard Kroeger, die beide dem Einsatzkommando 6 zugeteilt wurden, Kroeger als dessen Führer; vgl. Lenz, Deutschbalten, S. 296 f., 303 und 310 f.; Schröder, Die deutsch-baltische nationalsozialistische Bewegung, S. 140. Kroeger und Koskull wurden 1969 in Tübingen wegen Beihilfe zum Mord an Juden zu drei Jahren und vier Monaten bzw. einem Jahr und neun Monaten Gefängnis verurteilt. Ein staatsanwaltschaftliches Ermittlungsverfahren gegen Karl-Siegfried von Fircks wurde mangels ausreichender Beweise eingestellt; wie sein Bruder Otto betätigte dieser sich nach dem Krieg politisch, allerdings im rechtsextremen Lager und mit sehr viel weniger Erfolg, 1961 und 1965 kandidierte er auf der nordrhein-westfälischen Landesliste der Deutschen Gemeinschaft bzw. der Aktionsgemeinschaft Unabhängiger Deutscher für den Bundestag.

290 *Osnabrücker Tagblatt* vom 21.6.1966.

291 Vgl. *Der Spiegel* Nr. 26 vom 20.6.1966, S. 34 f.; *Die Zeit* vom 24.6.1966 („Der Mann muß weg").

der er selbst aktiv mitgewirkt habe. Haug von Kuehnheim wusste in der *Zeit* auch zu vermelden, dass Fircks die Polen mit „Wanzen" verglichen habe, die man austreiben müsse.

Fircks redete sich damit heraus, er habe nur mit der Ansiedlung der Baltendeutschen, nicht jedoch mit der Aussiedlung der Polen zu tun gehabt, der SS-Rang sei ihm ohne eigenes Zutun lediglich ehrenhalber für seine dabei geleistete Arbeit verliehen worden. Dies sei seiner Partei bei Aufstellung der Landtagskandidaten bekannt gewesen. Auch das Fernsehmagazin *Panorama* des NDR beschäftigte sich mit dem Fall. Während Fircks in dem Interview alle Vorwürfe als absurd bezeichnete, von „Rufmord" und „Versöhnung über den Gräbern" sprach, zeigte sich Landtagspräsident Richard Lehners (SPD) bestürzt, allerdings weniger über die Vergangenheit Fircks an sich als über dessen ungenierte Teilnahme an der Reise, die das Bundesland in Verruf gebracht hatte.[292] Eine breitere Debatte über Fircks' Vergangenheit fand in dieser Situation jedoch nicht statt, die Öffentlichkeit gab sich mit dessen Entschuldigung zufrieden. Da Fircks darüber hinaus bei seiner Reiseteilnahme nicht gegen geltende Vorschriften verstoßen hatte, blieben auch in dieser Hinsicht Folgen aus.

Freilich verstummten lokal die Vorwürfe gegen Fircks auch nicht völlig. Dafür sorgte in seinem Heimatkreis Burgdorf der politisch engagierte Volksschullehrer Arthur Sahm, bis 1968 Landesvorsitzender der linken DFU. In mehreren vor der Bundestagswahl 1969 und nach der wenig später erfolgten Wahl Fircks' zum CDU-Kreisvorsitzenden verteilten Flugblättern erneuerte Sahm auf der Basis von Dokumenten, die er von der polnischen Hauptkommission zur Erforschung nationalsozialistischer Verbrechen erhalten hatte, die Anschuldigung, Fircks habe sich an „nazistischen Untaten während der Besetzung Polens" beteiligt. Sahm wies außerdem allgemein darauf hin, dass es im Rahmen solcher Aussiedlungen auch zu Gewalttätigkeiten und Erschießungen gekommen sei.[293] In die breite Öffentlichkeit gelangten diese Dinge erst, als Fircks 1970 gegen den Lehrer eine Klage wegen Verleumdung anstrengte. Der nachfolgende Prozess 1971 vor dem Amtsgericht Burgdorf wurde zu einem kleinen Medienereignis, zu dem sich Berichterstatter aus der gesamten Republik im Gerichtssaal der kleinen niedersächsischen Kreisstadt versammelten. Mit ein Grund für dieses Medieninteresse dürfte gewesen sein, dass Sahm vom Strafverteidiger Heinrich Hannover vertreten wurde, der sich mit Sachbüchern und als Anwalt von Angehörigen der Außerparlamentarischen Opposition und der Studentenbewegung einen Namen gemacht hatte. Mithilfe der polnischen Dokumente und eines

---

292 *Panorama* vom 20.6.1966, http://daserste.ndr.de/panorama/archiv/1966/panorama2243.html (Zugriff 13.12.2017); vgl. auch *Hannoversche Allgemeine Zeitung* vom 24.6.1966 („Einigermaßen erstaunt").
293 Beschluss des Bundesverfassungsgerichts 1 BvR 460/72 vom 7.12.1976, BVerfGE 43, 130, in dem das Flugblatt auszugsweise zitiert wird; siehe auch http://www.servat.unibe.ch/dfr/bv043130.html (Zugriff 13.11.2017); Hannover, Republik, S. 317.

Zeugen, der als Dolmetscher im Ansiedlungsstab Gnesen tätig gewesen war, gelang es Sahm und Hannover, die Behauptung Fircks', er habe sich lediglich mit der Ansiedlung befasst, zu widerlegen. Der Kläger, so stellten einige Zeitungen fest, sei in dem Prozess zum eigentlichen Angeklagten geworden. Das Amtsgericht Burgdorf sprach den Lehrer frei und stellte in seinem Urteil fest, dass die in dem Flugblatt behaupteten Tatsachen objektiv der Wahrheit entsprächen und sich Fircks an nazistischen Untaten in Polen beteiligt habe.[294]

Die überregionalen Zeitungen waren sich in der negativen Beurteilung von Fircks' Verhalten weitgehend einig. Seine SS-Mitgliedschaft und Tätigkeit in einem SS-Stab wurden zwar in der Regel nicht besonders herausgestellt oder einer näheren Analyse unterzogen, die Erwähnung genügte aber nun schon, um der Charakterisierung des Barons eine bestimmte Richtung zu geben. Am deutlichsten wurde der *Stern*, der dem „SS-Mann von einst" attestierte, auch jetzt „als harter Kämpfer" aufzutreten, und ihn vor allem wegen seines Widerstands gegen die sozial-liberale Ostpolitik als „Ewiggestrige[n]", „verknöchert wirkende[n] Junker" sowie als „Stehaufmännchen zwischen Nazi-Regime und Demokratie" bezeichnete.[295] Damit wurden einerseits Parallelen zwischen Fircks' Verhalten in der NS-Zeit und seiner Einstellung heute suggeriert, andererseits wurden mittels einer Skandalisierung der NS-Vergangenheit aktuelle politische Kämpfe ausgefochten. Jemand der selbst an Vertreibungen beteiligt gewesen sei, könne schwerlich heute glaubwürdig die Sache der Vertriebenen vertreten, hieß es. Recht plastisch schilderten einige Artikel anhand der Zeugenaussagen in dem Prozess die damaligen Vorgänge. Die polnischen Dörfer seien nachts von SS-Männern mit Maschinengewehren umstellt, die Bewohner noch schlaftrunken aus ihren Häusern gejagt, zusammengetrieben, auf Lastwagen verladen und deportiert worden. In den allermeisten Blättern jedoch beschränkte sich die Berichterstattung weitgehend auf das Prozessgeschehen. Hintergrundreportagen über die Vorgänge in Polen 1940 blieben aus. Deren genaue Zusammenhänge und das Zusammenwirken der SS-Ansiedlungsstäbe mit der Sicherheits- und Ordnungspolizei bei ihrer Tätigkeit blieben daher im Dunkeln. Auch über den genauen Inhalt der polnischen Dokumente, die Sahm dem Gericht vorgelegt hatte, erfuhr man kaum etwas. Die inzwischen von der Forschung aufgefundenen, von Fircks selbst unterzeichneten Dokumente, die seine Beteiligung nicht nur an der Aussiedlung der Polen, sondern auch an der Vertreibung der Juden aus dem Warthegau belegen, waren damals offenbar noch nicht bekannt.[296]

---

294 Vgl. *Der Spiegel* Nr. 21 vom 17.5.1971, S. 83 f., und Nr. 22 vom 24.5.1971, S. 190; *Braunschweiger Zeitung* vom 21.5.1971 („Vertriebenen-Vertreter war an Vertreibung in Polen beteiligt"); SZ vom 26.5.1971 („Der Kläger wird zum Beschuldigten"); *Stuttgarter Zeitung* vom 28.5.1971 („Fleck auf dem Schild der Niedersachsen-CDU"); Hannover, Republik, S. 318 ff., schildert die Gerichtsverhandlung ausführlich.
295 *Stern* vom 30.5.1971 („Der Baron und die Wanzen").
296 Vgl. etwa Heinemann, Ethnic Resettlement, S. 213 f. und 220; dies., Rasse, S. 222 f.

Den massiven Vorwurf des Amtsgerichts, an „Untaten" beteiligt gewesen zu sein, wollte Fircks nicht auf sich sitzen lassen, hätte dies doch das Ende seiner politischen Karriere bedeuten können, auch wenn ihm mangels Hinweisen auf eigenhändige Gewalttaten keine strafrechtlichen Folgen drohten. Er ging in Berufung, beantragte ein parteiinternes Untersuchungsverfahren und ließ seinen Kreisvorsitz bis auf weiteres ruhen. Zunächst sah es durchaus nach Unannehmlichkeiten für den Baron aus. Der SPD-Abgeordnete Karl-Heinz Hansen forderte die CDU-Bundestagsfraktion auf, Konsequenzen aus dem Gerichtsurteil zu ziehen, da es nicht hinnehmbar sei, dass ein solcher Mann in einem demokratischen Staat die herausgehobene Stellung eines Volksvertreters einnehme. Hansens Fraktionskollege Hans Batz stellte aus Protest gegen die Fortdauer der Mitarbeit Fircks im Petitionsausschuss seine eigene Tätigkeit dort vorläufig ein.[297] Der BdV verzichtete angesichts der öffentlichen Kritik darauf, den Baron für eine weitere Amtszeit in den Programmbeirat des NDR zu entsenden. Und aus Kreisen der Landes-CDU war zu hören, Fircks werde bei der Kandidatenaufstellung zur kommenden Bundestagswahl kaum noch einmal nominiert werden.[298]

Jedoch konnte Fircks in der Berufungsverhandlung vor dem Landgericht Hildesheim im Februar 1972 einen für viele Beobachter überraschenden Teilerfolg erzielen. Auch dieses Gericht bezweifelte bei unveränderter Beweislage die von Sahm dargelegten und durch weitere Schriftstücke, die er bei einem mehrtägigen Aufenthalt in Polen gesammelt hatte, untermauerten Fakten nicht. Es verurteilte ihn jedoch entgegen dem Antrag der Staatsanwaltschaft trotzdem zu einer Geldstrafe vom 2000 DM wegen übler Nachrede, weil man zwischen den Zeilen des Flugblatts den unbewiesenen Vorwurf herauslesen könne, Fircks sei an Gewalttätigkeiten und Erschießungen beteiligt gewesen. Auch über diesen Prozess berichtete die überregionale Presse – teils in längeren Reportagen –, wobei sich weder in der Sache noch bei der Beurteilung der Person des Klägers wirklich Neues ergab.[299] Angesichts der Ergebnisse dieses Prozesses sprach die *Stuttgarter Zeitung* von einen „Pyrrhus-Sieg" für Fircks, da es ihm nicht gelungen sei, sich persönlich zu rehabilitieren.[300] Tatsächlich forderten nachfolgend rund 40 evangelische Pastoren aus dem Raum Hannover den Baron auf, sein Bundestagsmandat niederzulegen. Sie richteten diesbezüglich einen

---

297 Vgl. FR vom 22.6.1971 („,Fall Fircks' kommt vor den Ältestenrat").
298 Vgl. FAZ vom 15.7.1971 und vom 17.7.1971 („Niedersachsens CDU sucht Kandidaten").
299 Vgl. SZ vom 18.2.1972 („Zusammenarbeit wie Richter und Henker ...") und vom 2.3.1972 („CDU-Abgeordneter Fircks siegt im Streit um Flugblatt-Beschuldigungen"); FR vom 1.3.72 („Bei belastenden Fragen schwieg der Baron"); *Der Spiegel* Nr. 12 vom 13.3.1972, S. 51 f. Hannover, Republik, S. 330, zitiert aus Kommentaren des *Norddeutschen Rundfunks* vom 29.2.1972 und der *Braunschweiger Zeitung*, in denen jeweils Verwunderung über die Verurteilung ausgedrückt wird. Das Urteil des Landgerichts wurde später in der Revision vom Oberlandesgericht Celle bestätigt.
300 *Stuttgarter Zeitung* vom 27.4.1972 („Von Fircks hat einen Pyrrhus-Sieg errungen").

Appell an die Evangelische Landeskirche.[301] Außerdem entschied sich nun der CDU-Kreisverband Burgdorf dafür, doch lieber einen anderen Vorsitzenden zu wählen.

Wie *Der Spiegel* berichtete, habe sich Fircks auch mit dem Gedanken getragen, auf eine erneute Kandidatur bei den im Herbst 1972 anstehenden Bundestagswahlen zu verzichten, sich dann aber aufgrund der Unterstützung von Parteifreunden und seitens des BdV doch dazu entschlossen, sich wieder dem Wähler zu stellen. Von der CDU in Hannover werde das Hildesheimer Urteil wie ein Freispruch gewertet. Tatsächlich nominierten die Delegierten Fircks auf einem nicht aussichtslosen Listenplatz.[302] Zwar kritisierten daraufhin 33 evangelische Theologen in einem Brief an die Landeskirchen die Kandidatur als „unerträglich".[303] Diese Protest focht aber offenbar weder die CDU-Parteispitze noch die Wähler an, die Fircks im November 1972 trotz Verlusten seiner Partei für weitere vier Jahre ins Bonner Parlament brachten. Auch ein von der DFU vor der Wahl verteiltes Flugblatt, das die Belastungen Fircks von seiner SS-Mitgliedschaft bis zu seiner Mitwirkung bei der Vertreibung polnischer Bauern beim SS-Arbeitsstab noch einmal aufzählte und dazu aufrief, die CDU nicht zu wählen, konnte daran nichts ändern.[304]

Danach wurde es einige Zeit still um die SS-Belastung des Barons. Auch im Bundestag brauchte er sich deswegen keinen Anfechtungen auszusetzen. Seine Partei entsandte ihn erneut in den Petitionsausschuss und übertrug ihm die Leitung ihrer Arbeitsgruppe „Heimatvertriebene und Flüchtlinge". 1976 kam es noch einmal zu einem kurzen Aufflackern, als das Bundesverfassungsgericht auf eine Verfassungsbeschwerde Hannovers und Sahms die Verurteilung des Burgdorfer Lehrers durch das Landgericht Hildesheim wegen Verletzung des Art. 5 des GG zur Meinungsfreiheit aufhob.[305] Allerdings berichteten nur noch wenige Zeitungen über

---

301 Vgl. FR vom 6.4.1972 („Abgeordneter soll zurücktreten").
302 Vgl. *Der Spiegel* Nr. 43 vom 16.10.1972, S. 54 ff.; FAZ vom 9.10.1972 („Franke und Bismarck als Spitzenkandidaten nominiert"). Auf die in dem Artikel der FAZ enthaltene Bemerkung, Fircks sei als Angehöriger eines SS-Arbeitsstabes für Judendeportationen mit verantwortlich gewesen, antwortete der Betroffene in einem langen Leserbrief, FAZ vom 18.10.1972 („Was das Hildesheimer Urteil dazu sagt"), in dem er noch einmal betonte, nur für die Ansiedlung der Baltendeutschen zuständig gewesen zu sein und die Stellen aus dem Hildesheimer Urteil zitierte, die ihm bescheinigten, dass sich keine Hinweise für eine Beteiligung an Gewaltverbrechen ergeben hätten. Am 18.11.1972 brachte die FAZ dann sogar eine Richtigstellung („Nicht an Judendeportationen beteiligt").
303 FAZ vom 7.11.1972.
304 Vgl. BStU, MfS-HA IX/11, PA 2218, S. 23 f. Das Flugblatt trug den Titel „Das ist Otto Freiherr von Fircks. Die Polen verglich er mit Wanzen". Vertreter der DFU ersuchten im Oktober 1972 DDR-Stellen dringend, ihnen weiteres Belastungsmaterial gegen Fircks zur Verfügung zu stellen. Dies geschah jedoch zumindest nicht vor dem Wahltermin; vgl. ebenda, Schreiben an Winkler vom 15.12.1972.
305 Vgl. *Neue Juristische Wochenschrift*, 1977, S. 799 (1 BvR 460/72 vom 7.12.1976); Hannover, Republik, S. 333 f.; zu einer Neuverhandlung der Sache kam es allerdings nicht, da die Staatsanwaltschaft Hildesheim die Prozessakten eine Zeit lang nicht auffinden konnte, so dass Verjährung eintrat.

dieses für die Auslegung der grundgesetzlich garantierten Meinungsfreiheit wegweisende Urteil.[306] Der Fall Fircks hatte offenbar ganz erheblich an Brisanz eingebüßt. Der Baron hatte im Oktober 1976 nicht mehr für den Bundestag kandidiert und sich ins Privatleben zurückgezogen.[307]

Noch etwas länger als Fircks saß dessen Fraktionskollege Hans Wissebach im Bundestag, in den er zusammen mit dem Baron erstmals 1969 eingezogen war. Der 1919 in Marburg/Lahn geborene und aus einer Arbeiterfamilie stammende Wissebach war 1933 der Hitlerjugend beigetreten und hatte sich nach dem Abitur 1938 freiwillig zur SS-Verfügungstruppe gemeldet, nach seinen eigenen Angaben, weil die SS damals insgesamt als ein sehr illustrer und vornehmer Verein erschienen sei und vornehme Namen, wie den Prinzgemahlen der Niederlande in ihren Reihen gehabt habe.[308] Er kam nach Berlin zu der von Sepp Dietrich geführten „Leibstandarte SS Adolf Hitler". 1941 besuchte er die SS-Junkerschule in Bad Tölz. Im März 1942 geriet er als SS-Untersturmführer beim SS-Kradschützen-Bataillon 3 der Totenkopf-Division in der Kesselschlacht bei Demjansk nach einer schweren Verwundung, die ihm das Augenlicht nahm, in sowjetische Gefangenschaft. Er wurde als Kriegsverbrecher zu 25 Jahren Zwangsarbeit verurteilt und im Januar 1954 in die Heimat entlassen. Seine Rückkehr brachte ihn mit einer der damals häufigen herzerweichenden Heimkehrergeschichten erstmals in die Presse. Wie die Zeitungen berichteten, wartete auf Wissebach schon sehnlich eine junge Frau, die dem kriegsblinden Mann seit mehreren Jahren Briefe in die Gefangenenlager geschrieben und die Ehe versprochen habe.[309]

Mit tatkräftiger Unterstützung seiner Frau begann Wissebach trotz seiner Behinderung ein Studium der Rechte, das er 1961 mit dem Ersten und 1965 mit dem Zweiten Staatsexamen abschloss. Anschließend war er in Marburg als Rechtsanwalt tätig. Politisch bewegte sich Wissebach von Anfang an am rechten Rand. Während seiner Studienzeit engagierte er sich beim 1956 gegründeten Bund Nationaler Studenten (BNS), der 1961 wegen seiner Nähe zum Nationalsozialismus verboten wurde.[310] Parteipolitisch war zunächst die DP seine Heimat, 1961 trat er zur CDU

---

306 Die FAZ vom 31.12.1976 („Bendas ‚Selbstablehnung' zurückgewiesen") erwähnte in ihrem Artikel dazu die Hintergründe nur ganz am Rande und beschäftigte sich hauptsächlich mit den erfolglosen Bemühungen des Senatsvorsitzenden Ernst Benda, sich wegen seiner Zusammenarbeit mit dem früheren CDU-Fraktionskollegen im Bundestag 1969–1971 für befangen erklären zu lassen.
307 1987 kam es noch einmal zu Protesten gegen ihn, als in Lüneburg ein „Ostpreußisches Landesmuseum" eröffnet wurde, dessen Trägerverein Fircks vorsaß. SPD, Grüne und Gewerkschaften wiesen auf seine SS-Vergangenheit hin, warfen dem Museumsprojekt „Revanchismus" vor und boykottierten die Eröffnungsveranstaltung, auf der ein Grußwort des Barons verlesen wurde; vgl. SZ vom 30.6.1987 („Proteste gegen Grußwort eines ehemaligen SS-Obersturmführers").
308 Vgl. DF vom Oktober 1966, S. 20; Koch, Hans Wissebach, S. 209 ff.
309 Vgl. *Hamburger Abendblatt* vom 14.1.1954 („Blinder Heimkehrer heiratet in Bielefeld"); PNP vom 4.1.1954 („Noch 1600 Gefangene im Lager Stalingrad").
310 Vgl. zum BNS Dudek/Jaschke, Entstehung, S. 389 ff.; Jenke, Die nationale Rechte, S. 138 ff.

über. 1968 wurde er Stadtrat in Marburg, 1969 zog er über die hessische Landesliste in den Bundestag ein, wo er seine Partei zunächst bis 1976 und dann noch einmal als Nachrücker von 1977–1980 vertrat. Daneben galt sein Engagement vor allem den ehemaligen Angehörigen der Waffen-SS, lange Jahre gehörte er der HIAG an, für deren Verbandsorgan *Der Freiwillige* er einige Zeit als Schriftleiter tätig war. Auf zahlreichen Veranstaltungen der HIAG und von Waffen-SS-Traditionsverbänden trat er als Redner auf.

Schon seine Nominierung als Bundestagskandidat 1969 war in seiner Partei keineswegs unumstritten. Angehörige des Rings Christlich-Demokratischer Studenten und jüngere Delegierte äußerten wegen seiner früheren Zugehörigkeit zur Waffen-SS und zu einem als neonazistisch verbotenen Studentenverband Bedenken. Wissebach nahm ihnen gegenüber das Recht auf politischen Irrtum in Anspruch und konnte die Mehrheit der Delegierten von seiner demokratischen Einstellung überzeugen, wenngleich Befürchtungen blieben, Enthüllungen über die Vergangenheit des Kandidaten könnten der Partei Schaden zufügen.[311] In der *Welt* wies ein Student in einem Leserbrief auf das Engagement Wissebachs beim BNS und der HIAG hin. Als jüngeres CDU-Mitglied, schrieb er, sei er „erschüttert über das indifferente Verhalten von führenden Mitgliedern dieser Partei" gerade in einer Zeit, in der der Rechtsradikalismus erstarke und man über ein Verbot der NPD nachdenke.[312]

Zunächst einmal fand der „Rechtsaußen der konservativen hessischen CDU", wie ihn *Der Spiegel* nannte[313], jedoch trotz manch markiger Reden auf Kameradschaftstreffen in den Medien nur wenig Beachtung. Dies sollte sich erst mit seinem Wiedereinzug als Nachrücker in den Bundestag im Juni 1977 ändern und hatte viel mit der bereits oben geschilderten, sich insbesondere bei der politischen Linken gegen Ende der 1970er Jahre wieder verstärkenden Sensibilität gegenüber den organisierten Treffen der ehemaligen Waffen-SS-Angehörigen wie rechtsradikalen Strömungen überhaupt zu tun. Der SPD-Unterbezirk Marburg, die VVN und die DKP forderten die CDU nun auf, Wissebach angesichts seiner Vergangenheit und seines fortgesetzten Engagements in rechtsextremen Kreisen nicht nachrücken zu lassen, was die Christdemokraten jedoch entschieden ablehnten.[314] Die VVN wies darauf hin, dass Wissebach erst kürzlich eine Laudatio auf einen NPD-Bundestagskandidaten gehalten und in einem Rundfunkinterview jede Distanzierung von der Waffen-SS abgelehnt habe.[315]

---

311 Vgl. FAZ vom 31.3.1969 („Kritik an Dreggers Kandidatur").
312 *Die Welt* vom 25.4.1969.
313 *Der Spiegel* Nr. 52 vom 22.12.1969, S. 29.
314 Vgl. *Die Tat* vom 8.7.1977.
315 Vgl. ebenda; *VVN-Pressedienst* vom 23.6.1977 und *VVN-Infodienst* Jg. 4, 1977, H. 16, unter dem Titel „Der Mann der SS im Bundestag: zur Tätigkeit des CDU-Bundestagsabgeordneten Hans Wissebach". Die Laudatio hatte Wissebach anlässlich der Verleihung der Ulrich-von-Hutten-Medaille an

Die Angriffe gegen Wissebach verstärkten sich noch, als dieser im Mai 1978 erneut als Hauptredner beim Traditionstreffen der SS-Panzer-Division „Leibstandarte Adolf Hitler" in Nassau auftrat. Selbst sein Parteifreund, der rheinland-pfälzische Ministerpräsident Bernhard Vogel, kritisierte dies nun als „in höchstem Maße bedauerlich". Im Bundestag äußerte der FDP-Abgeordnete Jürgen Möllemann bei der Debatte zum Verteidigungshaushalt an den CDU-Wehrexperten Manfred Wörner gerichtet, er sei „einmal gespannt, welche Reden zum Traditionsverständnis" der Bundeswehr demnächst in diesem Parlament von der CDU noch kommen würden, wenn der Hauptredner beim gerade zu Ende gegangenen Pfingsttreffen der „Leibstandarte" als Abgeordneter nachrücke.[316] Und der SPD-Bundestagsabgeordnete Thüsing, der sich in besonderen Maße gegen derartige Veranstaltungen engagierte, forderte die CDU auf, Wissebach angesichts dessen unverminderten und demonstrativen Eintretens für rechtsradikale Gruppierungen auszuschließen.[317] Vor allem der seit den Studentenprotesten erstarkten antifaschistischen Linken, die die HIAG eindeutig in der Tradition der SS und im Lager des Neonazismus sah, schien Wissebach nun als ein „Ewiggestriger", der dem Rechtsextremismus den Boden bereitete. Dass er der Waffen-SS angehört hatte, kam noch dazu, war aber daneben eher zweitrangig.

Nicht jeder in der SPD tat sich bei der Beurteilung des Marburger Rechtsanwalts aber so leicht. Wissebach sei „ein komplizierter Rechter", schrieb Horst Heinemann im *Vorwärts*, in dem der CDU-Abgeordnete in der Reihe „die Garde der Reaktion" porträtiert wurde.[318] Der Mann sei „konservativ bis auf die Knochen [...], aber beileibe kein Nazi mehr", er warne sogar vor der Gefahr des Neonazismus. Indem er seine Vergangenheit offen bekenne, sei er ehrlicher als manch andere Politiker. Irritierend fand Heinemann dabei freilich doch, dass Wissebach nichts dabei fand, immer wieder mit bekennenden Rechtsextremisten aufzutreten und zusammenzuarbeiten. In der breiten Öffentlichkeit konnte ein Eintreten für die HIAG an der Wende der 1970er zu den 1980er Jahren nur noch mit wenig Verständnis rechnen. Wenig überraschend kehrte Wissebach deshalb nach den Wahlen 1980 nicht in den Bundestag zurück.

---

den Völkerrechtlicher Fritz Münch durch die rechtsextreme „Gesellschaft für freie Publizistik" gehalten.
316 VDB, 8. Wp., 23. Sitzung vom 26.6.1977, S. 2822. Der FDP-Abgeordnete erntete dafür empörte Zurufe seitens der CDU, das sei eine „Unverschämtheit gegenüber einem blinden Kollegen", der schon „viel länger in diesem Parlament" gewesen sei als Möllemann selbst.
317 Vgl. FR vom 16.5.1978 („Unwillkommen waren in Nassau in erster Linie die Demonstranten").
318 *Vorwärts* vom 29.3.1979 („Gedächtnislücken hat er nicht").

Zusammenfassung und Schluss

Wie sehr sich die Sichtweisen auf SS, Waffen-SS sowie die Toleranzgrenzen in Bezug auf SS-Vergangenheiten in den öffentlichen Debatten von den 1950er bis zu den 1980er Jahren geändert hatten, dafür können drei Ereignisse der Jahre 1981/82 stehen: erstens der Beschluss der SPD, die gleichzeitige Mitgliedschaft in der Partei und der HIAG für unvereinbar zu erklären, zweitens der Erlass von Verteidigungsminister Apel, der dienstliche Kontakte von Bundeswehrangehörigen mit Nachfolgeorganisationen der Waffen-SS untersagte, und drittens die Entlassung des stellvertretenden Chefredakteurs des Bayerischen Fernsehens Franz Schönhuber. Der populäre Fernsehmoderator publizierte 1981 unter dem Titel „Ich war dabei" ein autobiographisches Werk, in dem er unter anderem seine Erlebnisse als Waffen-SS-Freiwilliger ausbreitete. Das Buch hatte einen stark exkulpatorischen und rechtfertigenden Charakter, verkaufte sich aber oder vielleicht gerade deswegen gut.[1] Gleichzeitig löste es in den Medien einen Aufschrei aus, der schließlich zur fristlosen Kündigung Schönhubers durch den Sender führte. Vorgeworfen wurde Schönhuber dabei nicht so sehr seine SS-Mitgliedschaft an sich als vielmehr Verherrlichung der Waffen-SS und Verharmlosung des Nationalsozialismus.[2] Waren die Veteranen der Waffen-SS und ihre Verbände in den 1950er Jahren noch von vielen Politikern umworben und hofiert worden, so war nun ein wie auch immer geartetes positives Bekenntnis zur Waffen-SS für weite Teile der bundesdeutschen Öffentlichkeit und Gesellschaft nicht mehr tolerabel.

Wie dieser Wandlungsprozess verlief, wie sich der gesellschaftliche Umgang mit den ehemaligen SS-Angehörigen und die dabei wirksamen Bilder und Vorstellungen von der SS seit Gründung der Bundesrepublik bis zu Beginn der 1980er Jahre veränderte, untersuchte die vorliegende Arbeit anhand der öffentlichen Debatten, die über ehemalige SS-Angehörige sowie die Interessenorganisationen und Veteranenverbände ehemaliger Waffen-SS-Angehöriger geführt wurden.

In ihrer Arbeit zum „Schulddiskurs" in den Nachkriegsjahren hat Heidrun Kämper drei „Diskursgemeinschaften" ausgemacht, diejenigen der Opfer, der Täter und der „Nichttäter".[3] Ob diese Unterscheidung insbesondere auf Seiten der „Nichttäter" fein genug ist, darüber lässt sich streiten. Der von Kämper herausgearbeitete spe-

---

1 Vgl. Schönhuber, Ich war dabei. Das Buch erlebte innerhalb kurzer Zeit mehrere Auflagen und befand sich 1982 auf der Sachbuch-Bestenliste des *Spiegels*, vgl. etwa *Der Spiegel* Nr. 21 vom 24.5.1982. Zum Charakter des Buches und seinem Umgang mit historischen Fakten vgl. Düsterberg, Ich war dabei.
2 Vgl. etwa *Die Zeit* vom 6.11.1981 („Steppenwolf aus Traunstein" von Haug von Kuehnheim); SZ vom 14./15.11.1981 („Franz Schönhuber verteidigt die Waffen-SS mit einem Rundumschlag"); *Der Spiegel* Nr. 47 vom 16.11.1981, S. 130 ff.
3 Kämper, Schulddiskurs, S. 9 und 467 ff.; zur Opfer-Täter-Dichotomie und den damit verbundenen Erinnerungen und Diskursen vgl. auch Assmann, Schatten, S. 72 ff.

zielle Opferdiskurs hinsichtlich der SS fand jedenfalls bei den für die vorliegende Studie durchgeführten Presseauswertungen eine Bestätigung. Dieser Diskurs wurde insbesondere von den überlebenden ehemaligen KZ-Häftlingen geprägt. Für diese war die SS zum Sinnbild für Gewalt, Willkür und Mord geworden, der SS-Mann zum NS-Täter schlechthin.[4] Diese Sichtweise der SS spiegelte sich in der unmittelbaren Nachkriegszeit sowohl in Erinnerungsberichten und Publikationen ehemaliger KZ-Häftlinge wie Eugen Kogon als auch in der Presseberichterstattung, hatten doch nicht wenige Journalisten der neu gegründeten Zeitungen vor 1945 selbst Gefängnis- oder Lagerhaft erlitten. Sogar in den Berichten bürgerlicher Zeitungen fanden sich damals nicht selten Begriffe wie „SS-Bestie", „SS-Henker", „SS-Verbrecher".[5]

Seit den ausgehenden 1940er Jahren war dieser Opferdiskurs über die SS in Westdeutschland auf dem Rückzug. Mit der Zurückweisung von kollektiven Verurteilungen, der staatlicherseits forcierten Einschmelzung der Opfer der NS-Verfolgung in eine große Gemeinschaft aller Kriegsopfer und der fortschreitenden Rehabilitierung von Teilen der SS, insbesondere der Waffen-SS, fand er fast nur mehr in den Publikationen der politisch zersplitterten und teils marginalisierten Verfolgtenverbände oder in Zeitungen des linken Spektrums statt. Erhalten blieb dieser Diskurs auch in der DDR. Im heraufziehenden Kalten Krieg wurde er dort für politische Zwecke eingesetzt. So sparte das SED-Organ *Neues Deutschland* in den 1950er Jahren bei Berichten über NS-Täter nicht mit eindeutigen Begriffen und setzte diese im politischen Kampf gegen die Bundesrepublik, ja mitunter auch gegen andere Westmächte ein, wenn es etwa den britischen Kolonialtruppen in Kenia vorwarf, diese agierten dort „wie die SS-Henker von Auschwitz".[6] Umgekehrt konnte man in westdeutschen Zeitungen Vergleiche des ostzonalen Staatssicherheitsdienstes („SSD") mit SS und Gestapo finden.[7]

Der Täterdiskurs war zum einen von der Unleugbarkeit zahlreicher Verbrechen sowie der Verurteilung der SS als verbrecherische Organisation im Nürnberger Hauptkriegsverbrecherprozess bestimmt, zum anderen von der Taktik seitens der zivilen Verwaltung und der Wehrmacht in diesem Prozess, die SS neben der unmittelbaren Staatsspitze als alleinverantwortlich für die schweren Verbrechen der NS-Zeit hinzustellen. Parallel zur Verbreitung des Mythos' von der „sauberen" Wehrmacht wurden die SS und ihre Mitglieder von der deutschen Gesellschaft separiert. Viele

---

4 Vgl. ebenda, S. 212 ff.
5 Vgl. etwa PNP vom 19.2.1946 („Was Niemöller gesagt hat"); MZ vom 9.5.1947 („SS-Bestie gehenkt"); Eitz/Stötzel, Wörterbuch, Bd. 1, S. 570.
6 *Neues Deutschland* vom 3.11.1953 („Wie die SS-Henker von Auschwitz"). Die Recherche in der Online-Ausgabe der Zeitung ergab im Zeitraum 1950 bis 1956 für „SS-Bestie" 27, für „SS-Henker" 38 und für „SS-Mörder" 77 Treffer. Seit 1953 ist eine starke Zunahme der Verwendung dieser Begriffe festzustellen, die auch auf den propagandistischen Einsatz im Kampf gegen die westdeutsche Wiederaufrüstung zurückzuführen ist.
7 Vgl. Eitz/Stötzel, Wörterbuch, S. 572 f.; *Die Zeit* vom 2.3.1950 („SSA statt SS und SA").

SS-Angehörige bemühten sich daher, sich persönlich oder ganze Formationen aus der SS nachträglich herauszulösen. Dies versuchte die Waffen-SS kollektiv mit der Behauptung, sie habe nicht wirklich zur SS gehört. Individuell brachte man Zwangsrekrutierung oder Zwangsversetzung vor, oder, wenn dies nicht möglich war, Befehle, denen man sich nicht habe entziehen können, ohne das eigene Leben in Gefahr zu bringen.

Ein großer Teil der einschlägigen Debatten in der frühen Bundesrepublik kreiste dann um die ehemaligen Angehörigen der Waffen-SS. Deren führende Vertreter arbeiteten seit dem Nürnberger Hauptkriegsverbrecherprozess daran, ihre Truppe von der übrigen SS und deren offensichtlichen Verbrechen in den Konzentrationslagern und beim Massenmord an den Juden in Osteuropa abzukoppeln, die aus dem Nürnberger Urteil herrührende – wie sie es nannten – „Diffamierung" abzustreifen, sich als „Soldaten wie andere" und als „vierten Wehrmachtsteil" neben Heer, Marine und Luftwaffe zu etablieren. Zur Durchsetzung ihrer Forderungen sammelten sie sich in Gemeinschaften, die sich nach einiger Zeit zur HIAG zusammenfanden. In den von einer Schlussstrichmentalität geprägten frühen 1950er Jahren fanden sie dafür ein günstiges gesellschaftliches und politisches Klima vor, besonders seit eine Wiederbewaffnung der Bundesrepublik anstand. Es entstand ein breiter politischer Konsens, der von den rechten Parteien über die CDU/CSU bis zur SPD Kurt Schumachers reichte, den ehemaligen Waffen-SS-Soldaten weit entgegenzukommen. Ihre Zahl war mit rund 500 000 – teilweise wurde sie damals auch sehr viel höher veranschlagt – nicht gering, stellte also ein erhebliches Wählerpotential dar. Außerdem wollte man der Tatsache Rechnung tragen, dass viele Soldaten der Waffen-SS infolge der starken Ausweitung dieser Truppe im Lauf des Zweiten Weltkriegs nicht freiwillig, sondern durch Druck und Zwang rekrutiert worden waren. Gerade sie sollten wieder integriert und für die junge Demokratie gewonnen werden, da man befürchtete, sie könnten sich andernfalls in die eine oder andere Richtung radikalisieren.

Als jedoch 1955/56 die Aufstellung einer bundesdeutschen Armee begann, entbrannten heftige Debatten über die Aufnahme von SS-Angehörigen, insbesondere von ehemaligen SS-Offizieren, in die Streitkräfte. Die Diskussion wurde im Herbst 1956 einige Monate lang sehr intensiv in nahezu allen Presseorganen und unter Beteiligung zahlreicher Publizisten und gesellschaftlicher Organisationen geführt. Die Kritiker sahen in der SS insgesamt die Verkörperung des nationalsozialistischen Unrechtsstaats und befürchteten ein Einsickern von „SS-Geist" und NS-Ideologie in die neuen Streitkräfte. Sie wiesen auf die Beteiligung von SS und Waffen-SS an schweren Verbrechen hin, außerdem auf die zu erwartende negative Wirkung bei den Bündnispartnern. Regierungsvertreter und eher konservative Kreise warnten hingegen vor einer kollektiven Verurteilung insbesondere der Waffen-SS und schlossen sich damit weitgehend den Argumenten der HIAG an. Sie hielten die für alle Bewerber vorgesehene Überprüfung durch den Personalgutachterausschuss für ausreichend. Mit der Einrichtung einer eigenen Prüfungskommission für ehemalige Waffen-SS-Offiziere wurde dann ein Kompromiss gefunden, der die Diskussionen entschärfte. Er kam den Kritikern ein Stück weit entgegen, ohne SS-Offiziere grundsätzlich auszuschließen.

Die Debatte hatte allerdings auch deutlich gemacht, dass den Ehemaligen der Waffen-SS seit dem Nürnberger Urteil zumindest eine Teilrehabilitierung gelungen war. Selbst die Gegner einer Aufnahme von Offizieren der Waffen-SS in die Bundeswehr wurden nicht müde zu betonen, dass damit kein Kollektivurteil gegen alle Waffen-SS-Angehörigen verbunden sei. Dies war nicht zuletzt ein Erfolg der intensiven Lobbyarbeit der Waffen-SS-Veteranen, die von Lippenbekenntnissen der HIAG-Vertreter zur Demokratie und der Distanzierung von NS-Verbrechen begleitet war. Insofern absorbierte und entschärfte die HIAG tatsächlich potentiell rechtsextremes Protestpotential.[8]

Das von politischen Versprechungen der früheren 1950er Jahre genährte Hauptziel der HIAG, die völlige rechtliche Gleichstellung der Waffen-SS mit der Wehrmacht im 131er-Gesetz, ließ sich trotz Unterstützung seitens der kleineren Regierungsparteien DP und FDP und mancher Ankündigung von Politikern der CDU/CSU und SPD jedoch nicht durchsetzen. Mit ähnlichen Argumenten wie bei der Bundeswehr meldeten sich auch in dieser Frage immer wieder Kritiker zu Wort. Manche Abgeordnete ließen erkennen, dass sie einen solchen Weg keinesfalls mitgehen wollten, und die Bundesregierung wie auch die Parteispitzen waren zur Vermeidung von medialem Aufsehen im Innern und – wahrscheinlich noch wichtiger – von negativen Reaktionen der ehemaligen Kriegsgegner und nunmehrigen Verbündeten im westlichen Ausland peinlich bemüht, kontroverse Parlamentsdebatten in dieser Sache zu vermeiden. In materieller Hinsicht wurde die Versorgung der SS-Veteranen und der Hinterbliebenen von SS-Soldaten ohnehin im Laufe der Jahre in mehreren Schritten weitgehend der von früheren Wehrmachtssoldaten angeglichen – leise und versteckt auf dem Weg der Änderung von Verwaltungsvorschriften, der Einführung von Härteklauseln oder getarnt in Gesetzen, ohne jegliche Erwähnung des Namens „Waffen-SS".

Am sichtbarsten für die Öffentlichkeit waren die SS-Veteranen auf ihren seit Anfang der 1950er Jahre in zunehmender Zahl veranstalteten Kameradschafts- und „Suchdiensttreffen". Erstmals im Herbst 1954 und in den Folgejahren immer wieder kam es zu medienwirksamen Protesten gegen derartige Treffen. Getragen wurden diese Proteste zunächst meist von den Verfolgtenverbänden (insbesondere der VVN) und den Gewerkschaften, die darauf hinwiesen, dass hier das Andenken und die Tradition einer verbrecherischen Organisation gepflegt würden. Sie verlangten ein Einschreiten des Staates. In Einzelfällen kam es tatsächlich zu Verboten, insgesamt etablierten sich diese Veranstaltungen im Laufe der 1950er Jahre aber. Hohe Besucherzahlen von bis zu 10 000 – in Einzelfällen sogar noch mehr – sicherten ihnen die Aufmerksamkeit der Medien wie der Politik. Auf nicht wenigen dieser Tref-

---

8 Vgl. K. Wilke, Renten, S. 71.

fen traten Repräsentanten aller im Bundestag und den Länderparlamenten vertretenen Parteien bis hin zur SPD auf und sicherten der HIAG Unterstützung bei ihren Anliegen zu. Besonders die Treffen der Truppenkameradschaften, die jährlich am selben Ort, meist in kleineren Städten, stattfanden, entfalteten im Laufe der Jahre lokal einige Wirkung. Sie bekamen wirtschaftliche Bedeutung, und es bildeten sich regelrechte Traditionen heraus. Die Orte wurden für diese Großereignisse festlich geschmückt, die Teilnehmer von offizieller Seite freundlich begrüßt und oft bei Privatleuten untergebracht. Zum Teil gab es Feldgottesdienste, Zapfenstreiche und Musikveranstaltungen im Rahmenprogramm, oder die Veteranen gingen in Gedenkmärschen durch die Straßen der Städte. Gerade in dem auf lokaler Ebene häufig völlig unkritischen Umgang mit derartigen Veranstaltungen manifestierte sich der Erfolg des von den Waffen-SS-Veteranen verbreiteten Narrativs, sie seien „Soldaten wie andere auch" gewesen.

In den 1960er Jahren riefen die Treffen vermehrt Kritik hervor, vor allem seit Beginn des Auschwitz-Prozesses Ende 1963 überregional. Die Beteiligung der SS und der Waffen-SS an Verbrechen, insbesondere in den Konzentrationslagern, wurden nun ebenso hervorgehoben wie der im Ausland zu befürchtende Eindruck eines in der Bundesrepublik auflebenden Neonazismus. So musste die HIAG 1963 eine als „Bundessuchdiensttreffen" in Arolsen angekündigte Großveranstaltung nach massiven Protesten vor allem seitens der Gewerkschaften sowie in- und ausländischer Verfolgtenverbände wieder absagen. Städte wie Rendsburg oder Nassau lehnten es 1965 ab, weiter als Veranstaltungsorte solcher Treffen zu fungieren. Auch die Präsenz der Politik bei derartigen Veranstaltungen ging zurück. Ende der 1960er Jahre ließ die öffentliche Aufmerksamkeit für die Treffen der SS-Veteranen deutlich nach und lebte erst gegen Ende des folgenden Jahrzehnts wieder auf.

Gerade in den Protesten und Diskussionen über die Treffen der SS-Veteranen zeigen sich zeitliche Konjunkturen. Sie korrespondieren weitgehend mit denjenigen Perioden, die ganz allgemein als Höhepunkte der Auseinandersetzung mit der NS-Vergangenheit in der Bundesrepublik festzustellen sind: Ende der 1950er Jahre, Mitte der 1960er Jahre rund um den Auschwitzprozess sowie die Wende von den 1970er zu den 1980er Jahren. Allerdings wurde im Falle der SS bereits Mitte der 1950er Jahre der nach dem Ende der Entnazifizierung eingeschlagene Weg einer lautlosen und weitgehenden Reintegration von ehemaligen Nationalsozialisten im Zusammenhang mit dem sensiblen Thema Bundeswehr kontrovers diskutiert. Diese Debatte blieb aber zunächst singulär und auf den besonderen Einzelfall beschränkt.

Die Kontroverse um die Aufnahme von SS-Offizieren in die Bundeswehr zeigt auch, dass bereits 1956 Fundamente einer kritischen Medienöffentlichkeit vorhanden waren und viele Journalisten wie Zeitungen in dieser Frage keineswegs den Konflikt mit der Bundesregierung scheuten. Auffällig und ein Unterschied zu ähnlichen Debatten in späteren Jahren war jedoch die völlige Absenz des *Spiegel* und der Illustrierten. Dies sollte sich ändern. Ende der 1950er Jahre standen gerade sie zusammen mit dem rasch an Bedeutung gewinnenden Fernsehen für einen Wandel der westdeutschen Medienöffentlichkeit weg von einer vorherrschend konsensorientierten hin zu einer kritischen Berichterstattung. Einen ganz wesentlichen Bestandteil dieser neuen Kritikfreudigkeit in der „Zeit der Affären"[9] bildete die Skandalisierung. Diese wurde nun auch im Falle der SS durch Aufdecken personeller Vergangenheiten zum hauptsächlichen Mittel der Auseinandersetzung in den Medien.

Nach dem Ende der Entnazifizierung erregte eine SS-Mitgliedschaft auch von führenden Persönlichkeiten zunächst kaum mehr große Aufmerksamkeit. So konnte Victor-Emanuel Preusker, Bankier und SS-Mitglied seit 1933, 1949 ohne Probleme und Diskussionen für die FDP in Hessen in den Bundestag einziehen und – obwohl einige Vertreter der CDU damit ein Problem hatten – 1953 zum Wohnungsbauminister avancieren. Das seien Jugendsünden gewesen, ein „Tribut an die Zeit", hieß es bei ihm und in ähnlich gelagerten Fällen. Die Betreffenden seien keine Nationalsozialisten gewesen, in der NS-Zeit „anständig" geblieben und als Mitläufer oder gar als entlastet entnazifiziert worden. Es bestand ein weitreichender Konsens, dass die Entnazifizierung endgültig beendet sei und lediglich der strafrechtliche Nachweis einer Verbrechensbeteiligung zur Beurteilung des Verhaltens in der NS-Zeit maßgeblich sein dürfe.

Seit Ende der 1950er Jahre wurde jedoch eine persönliche NS-Vergangenheit zunehmend zu einem potentiellen Skandalon.[10] Die Presse griff nun immer wieder Fälle von SS-Mitgliedschaften auf und stellte sie an den Pranger. Den Anfang machte *Der Spiegel* 1958 mit dem Fall des CSU-Landtagskandidaten Peter Prücklmayer, dem bald weitere Debatten über ähnliche Personalien folgten. Bei der Aufstellung Prücklmayers war allerdings insofern eine Tabuschwelle überschritten worden, als es sich bei ihm um einen ehemaligen KZ-Wachmann handelte und die KZ-SS bis dahin als Sinnbild für die nationalsozialistischen Verbrechen konsequent ausgegrenzt worden war. Im selben Jahr hatte das Nachrichtenmagazin darauf aufmerksam gemacht, dass mit Heinz Reinefarth ein früherer SS-Obergruppenführer und HSSPF schon einige Zeit als Bürgermeister amtierte und nun in den schleswig-holsteinischen Landtag eingezogen war. Die Fälle Prücklmayer und Reinefarth wie auch einige andere fanden ein breites und kritisches Medienecho. Häufig blieben solche Skandalisierungen für die Betroffenen nicht folgenlos, auch wenn es manchmal mehrere Jahre dauerte, bis Konsequenzen sichtbar wurden.

Viele dieser Fälle enthüllten, ebenso wie die Angeklagten der seit Beginn der 1960er Jahre an Zahl zunehmenden NS-Prozesse, fast ungebrochene Karrieren in Wirtschaft und Verwaltung sowie die gute gesellschaftliche Integration ehemaliger SS-Angehöriger bis in die Reihen der KZ-SS in ihrem unmittelbaren sozialen Umfeld, die im Gegensatz zur der in öffentlichen Debatten feststellbaren Ablehnung und

---

9 Hodenberg, Konsens, S. 323.
10 Vgl. Wolfrum, Demokratie, S. 181; Herbert, Best, S. 537.

Ausgrenzung stand. Dies verweist einerseits auf Ergebnisse der jüngeren Forschung, dass es sich bei der Masse der SS-Angehörigen nicht, wie seit den späten 1940er Jahren in der Nachfolge Eugen Kogons häufig postuliert, um Gescheiterte und Zukurzgekommene handelte. Sie kamen vielmehr aus der Mitte der deutschen Gesellschaft.[11] Auf der anderen Seite wird hier die begrenzte Reichweite der sich vorwiegend in den überregionalen Medien und auf der Ebene der gesellschaftlichen Eliten abspielenden Debatten deutlich. Im tagtäglichen Umgang mit den Ehemaligen im lokalen Umfeld behielt das alte Muster des Schweigens über die persönliche Vergangenheit lange seine Relevanz. Wertschätzung erwarb man sich hier vorwiegend durch eine entsprechende Herkunft oder durch Leistungsbereitschaft und ökonomischen Erfolg.

Die Tatsache, dass die meisten ehemaligen SS-Angehörigen, unter ihnen zahlreiche an schwersten Verbrechen beteiligte SS-Täter, inzwischen ein unauffälliges bürgerliches Leben führten, wurde vor allem in den 1960er Jahren immer wieder Gegenstand der Medienberichterstattung. Die mutmaßlichen Täter wurden an ihren Wohnorten von Journalisten und Fernsehteams aufgespürt, in ihrer bürgerlichen Umgebung gezeigt, Arbeitskollegen und Nachbarn befragt. Es dominierte die Fassungslosigkeit über die „Verwandlung" vom NS-Verbrecher zum braven Bürger. Nach den Ursachen und Mechanismen der Integration wurde hingegen kaum gefragt.[12]

Obwohl vor allem im Gefolge des Eichmann-Prozesses in den Medien neue Täterbilder an Gewicht gewannen, blieb die Dämonisierung der SS, versinnbildlicht vor allem im sadistischen KZ-Wächter, auch in der Berichterstattung über die NS-Prozesse in den 1960er und 1970er Jahren dominant.[13] Regelmäßig waren es unter den NS-Prozessen diejenigen um die Verbrechen in Konzentrationslagern (Auschwitz-Prozess, Majdanek-Prozess), die in den Medien die größte Aufmerksamkeit fanden und die wegen der häufig in ihnen ausgebreiteten grausamen Details auch Sensationscharakter bekamen.

Die Allgemeine SS wurde in den Medien neben der eindeutig negativ besetzten KZ-SS und der kontrovers diskutierten Waffen-SS selten thematisiert. Ihr Bild blieb blass und diffus. Zumindest in den 1950er Jahren wurde sie als Trägerin des „Rassenhasses" und ihre Angehörigen als überzeugte, fanatische Nationalsozialisten angesehen. Gemeint waren damit aber meist die höherrangigen ehemaligen Angehörigen der Gestapo und des SD beziehungsweise des RSHA. Doch bestand gerade bei diesen Spezialisten eine erhebliche Diskrepanz zwischen dem in der Öffentlichkeit

---

11 Vgl. Hein, Elite.
12 Vgl. Horn, Erinnerungsbilder, S. 154 ff. Ansätze für eine solche Art der Medienberichterstattung sind schon in der zweiten Hälfte der 1950er Jahre zu greifen, vgl. etwa *Stern* vom 8.2.1958, S. 14–18 („Denn sie mußten wissen, was sie tun ... und heute leben sie, als ob nichts gewesen wäre").
13 Zur Entwicklung der Täterbilder vgl. grundlegend Paul, Psychopathen; zu SS-Tätern außerdem Zedler, Spazierenführen.

präsenten Bild und ihrer beruflichen Reintegration in den bundesdeutschen Sicherheitsapparat.

Offenbar wurden diese Kontinuitäten besonders zu Beginn der 1960er Jahre. Sie führten zur Skandalisierung sowohl von persönlichen SS-Vergangenheiten wie vor allem auch der Personalpolitik der Sicherheitsbehörden. Unmittelbar nacheinander, teilweise auch parallel, rückten die Kriminalpolizei, der BND und der Verfassungsschutz ins Zentrum der Kritik. Die Behörden und die Betroffenen argumentierten mit teilweise bereits historisch widerlegten Argumenten dagegen und führten Angleichungsdienstgrade, Zwangsversetzungen, rein „formelle" Belastungen oder unentbehrliches Expertenwissen ins Feld. In den Debatten kristallisierte sich jedoch ein relativ breiter, bis weit in die politische Mitte reichender Konsens heraus, dass zur Gewährleistung der Sicherheit der Bundesrepublik nicht ehemalige Gestapobeamte und SS-Führer eingesetzt werden dürften. Die Kritik an solchen parallelen Kontinuitäten war daher stärker ausgeprägt, je mehr die betroffene Behörde mit der Verteidigung der bundesdeutschen Demokratie identifiziert wurde, wie etwa der Verfassungsschutz. Dabei wurden zwischen der früheren SS-Zugehörigkeit von Beamten und aktuellen Missständen Verbindungslinien gezogen. Letztlich führten diese Diskussionen zu einem Umdenken in der Personalpolitik und zu einer Entfernung zumindest der am schwersten belasteten Männer aus den betroffenen Ämtern. Die vorher lange geltende Grenze des Nachweises von persönlichen Verbrechen wurde in diesen Fällen wie schon vorher bei KZ-Wachmännern in öffentlichen Ämtern vielfach nicht mehr akzeptiert. In weniger sensiblen Bereichen hielt sie besser, weshalb dort mancher Skandalisierungsversuch ohne Erfolg blieb, zumal wenn die betroffene Person in der SS keine herausgehobene Stellung gehabt hatte.

Im gesellschaftskritischen Diskurs in der Folge der Studentenrevolte von 1968, die ja auch vom Aufbegehren gegen personelle Kontinuitäten zur NS-Zeit gekennzeichnet war, wurde zwar der Nationalsozialismus und damit automatisch auch die SS sehr viel stärker als bis dahin auf die Gesamtgesellschaft rückbezogen. Vor allem im linken Diskurs verschwand aber die SS wie die Person des NS-Täters überhaupt häufig hinter dem postulierten autoritären oder faschistischen Charakter der westdeutschen Gesellschaft. Allgemein waren in den 1970er Jahren nur noch wenige Fälle von Skandalisierung einer SS-Vergangenheit oder einer Thematisierung der SS in den Medien festzustellen. Überhaupt ließ das öffentliche Interesse an einer Auseinandersetzung mit der NS-Vergangenheit zunächst nach.

Gegen Ende des Jahrzehnts flammten die Debatten jedoch wieder auf. Verantwortlich dafür waren aufsehenerregende NS-Prozesse wie der Majdanek- oder der Lischka-Prozess, eine zunehmende Hinwendung zu den NS-Opfern und eine verstärkte Emotionalisierung des Themas, zu der die 1979 im bundesdeutschen Fernsehen ausgestrahlte publikumswirksame amerikanische Serie „Holocaust" ganz wesentlich beitrug. Einerseits erhielt nun der Opferdiskurs wieder mehr Aufmerksamkeit. Andererseits war auch in den Diskursen zur SS in mancher Hinsicht ein deutlicher Wandel festzustellen. Stärker als bisher wurde jetzt nach den gesellschaftlichen Wurzeln und Integrationsmechanismen gefragt.[14] Die Veteranen der Waffen-SS veranstalteten immer noch ihre Treffen – mit erheblich geringerer Beteiligung als noch zwei Jahrzehnte davor –, aber kaum mehr eines konnte ohne massive Proteste und Demonstrationen von Gegnern und ohne Polizeischutz stattfinden. Die Ehemaligen wurden außerdem zunehmend als Ewiggestrige angesehen und nahezu automatisch in die rechtsextreme Ecke geschoben.

Insgesamt gesehen blieben die Bausteine des Diskurses über die SS in der Bundesrepublik von den 1950er zu den 1970er Jahren erstaunlich konstant. Viele der schon in der Debatte um eine Aufnahme von SS-Offizieren in die Bundeswehr verwendeten Argumente pro und contra waren auch in einschlägigen Diskussionen mehr als zwei Jahrzehnte später noch zu hören. Was sich änderte, waren die Toleranzgrenzen, die Bewertung von Argumenten und die Art der Medienberichterstattung. Als sehr zählebig erwies sich das die Gesamtgesellschaft entlastende Bild („Alibi") der SS als „Hort des Bösen" im Nationalsozialismus und des SS-Mannes als Gewalttäter und Sadist. Es blieb über die 1960er und 1970er Jahre wirkmächtig. Insbesondere in der Berichterstattung zu KZ-Prozessen wurde es immer wieder erneuert. Andere Bilder und Vorstellungen erwiesen sich vor allem für die auf das große Publikum zielenden Medien als zu wenig attraktiv. So blieb in vielen populären Darstellungen im In- und Ausland die Dämonisierung der SS vorherrschend. Dies galt nicht zuletzt für den internationalen Film, in dem eine stereotype Darstellung der SS die Regel war und sich ausgehend von Italien und den USA neue Elemente einer Fetischisierung der schwarzen SS-Uniform und einer Identifizierung der SS mit sexuellen Abnormitäten etablierte.[15]

Mit der einsetzenden „Kosmopolitisierung" der Holocaust-Erinnerung[16] und der stärkeren Beachtung der NS-Opfer seit den ausgehenden 1970er Jahren gewann auch deren von den eigenen Verfolgungserfahrungen geprägter, eher eindimensionaler Diskurs zur SS wieder an Gewicht.

Diese Entwicklungen führten letztlich dazu, dass sich die Vorstellungen und das Bild von der SS ein ganzes Stück weit von der in der Realität recht heterogenen Organisation „SS" entkoppelte, „SS" zu einer Chiffre, zu einem Symbol für die schlimmsten Untaten der Menschheitsgeschichte wurde und der SS-Mann spätestens seit den 1980er Jahren nahezu prototypisch für den NS-Verbrecher steht.

Welche Wirkung die beiden Buchstaben „SS" vier Jahrzehnte nach dem Ende der nationalsozialistischen Diktatur in der bundesdeutschen und internationalen Öffentlichkeit entfalten konnten, bekam die Bundesregierung im Mai 1985 zu spüren, als eine Gedenkveranstaltung mit Bundeskanzler Helmut Kohl und dem US-

---

14 Vgl. Horn, Erinnerungsbilder, S. 170 ff.
15 Vgl. P. Diehl, SS-Uniform; Eichmüller, Auf das Typische kommt es an; Friedländer, Kitsch; Sontag, Fascinating Fascism; Stiglegger, Sadiconazista.
16 Levy/Sznaider, Erinnerung, S. 153 ff.; zu den USA vgl. auch Novick, Holocaust, S. 267 ff.

Präsidenten Ronald Reagan zum 40. Jahrestag des Kriegsendes auf dem Soldatenfriedhof in Bitburg zum internationalen Skandal geriet, weil auf dem Friedhof auch 49 Waffen-SS-Angehörige begraben lagen.[17] Damals und für die Zukunft galt, was Karl-Heinz Janßen über die Bitburg-Kontroverse in der *Zeit* feststellte: „SS steht für alle Zeiten als Synonym für Nazi-Verbrechen."[18]

---

17 Vgl. Bergmann, Bitburg-Affäre; Eder, Holocaust Angst, S. 62 ff.; Wirsching, Abschied, S. 477 ff. Gut zwei Jahrzehnte später sollte diese Wirkung einer zu spüren bekommen, der sich 1985 als vehementer Kritiker der Gedenkveranstaltung in Bitburg hervorgetan hatte, nämlich Günter Grass, nachdem er seine eigene Waffen-SS-Mitgliedschaft offenbart hatte; vgl. dazu Busse, Diskurslinguistik, S. 79 ff.
18 *Die Zeit* vom 3.5.1985 („Waffen-SS. Flecken auf dem Schild").

Dank

Die vorliegende Studie entstand zum größten Teil im Rahmen des von der Deutschen Forschungsgemeinschaft geförderten Projekts „Die SS in der deutschen Gesellschaft" am Institut für Zeitgeschichte in München. Dessen Direktoren Horst Möller und Andreas Wirsching danke ich für das entgegengebrachte Vertrauen und die Unterstützung. Besonderer Dank geht an meinen früheren Kollegen Dieter Pohl, der die Grundlagen des Gesamtprojekts erarbeitete und mir bei der Konzeption meines Teilprojekts zur Seite stand. Den Herausgebern der „Schriftenreihe der Vierteljahrshefte für Zeitgeschichte" danke ich für die Aufnahme meiner Studie in diese Reihe, Johannes Hürter für die kritische Schlussredaktion des Manuskripts und Angelika Reizle für ihre akribischen Korrektur- und Vereinheitlichungsarbeiten.

Dank für Hinweise und Hilfen verschiedenster Art schulde ich Michael Buddrus, Bastian Hein, Sven-Felix Kellerhoff, Peter Lieb, Edith Raim, Jan Erik Schulte, Michael Schwartz und Michael Wildt. Wertvolle Zuarbeiten leisteten meine Hilfskraft David Schönberger sowie einige Praktikantinnen und Praktikanten. Ohne die tatkräftige Unterstützung zahlreicher, teils anonym wirkender Mitarbeiterinnen und Mitarbeiter von Archiven, Bibliotheken und Dokumentationen wären wissenschaftliche Arbeiten wie die vorliegende kaum zu leisten. Stellvertretend für sie alle sei deshalb den früheren Kolleginnen und Kollegen bei den Serviceabteilungen des IfZ gedankt.

Abschließend möchte ich mich bei Katharina und Maria bedanken – für so vieles.

München, im April 2018

Abkürzungen

a. D.	außer Dienst
ADK	Arbeitsgemeinschaft Demokratischer Kreise
AdsD	Archiv der sozialen Demokratie
Anm.	Anmerkung
AP	Associated Press
ARD	Arbeitsgemeinschaft der öffentlich-rechtlichen Rundfunkanstalten der Bundesrepublik Deutschland
AvS	Arbeitsgemeinschaft verfolgter Sozialdemokraten
AWJ	Allgemeine Wochenzeitung der Juden in Deutschland
BArchB	Bundesarchiv Berlin
BArchK	Bundesarchiv Koblenz
BArch-MA	Bundesarchiv-Militärarchiv Freiburg i. Br.
BayHStA	Bayerisches Hauptstaatsarchiv
Bd./Bde.	Band/Bände
BDC	Berlin Document Center
BdS	Befehlshaber der Sicherheitspolizei
BDKJ	Bund der Deutschen Katholischen Jugend
BDS	Schutz-Bund ehemaliger Deutscher Soldaten
BdV	Bund der Vertriebenen
BEG	Bundesentschädigungsgesetz
BfV	Bundesamt für Verfassungsschutz
BGH	Bundesgerichtshof
BHE	Bund der Heimatvertriebenen und Entrechteten
BKA	Bundeskriminalamt
BMI	Bundesministerium des Innern
BND	Bundesnachrichtendienst
BNS	Bund Nationaler Studenten
BStU	Archiv des Bundesbeauftragten für die Unterlagen der Staatssicherheit der ehemaligen DDR
Bund PRV	Bund politisch, rassisch, religiös Verfolgter
BVerfG	Bundesverfassungsgericht
BVG	Bundesversorgungsgesetz
BVN	Bund der Verfolgten des Naziregimes
CDU	Christlich-Demokratische Union Deutschlands
CIA	Central Intelligence Agency
CRP	Club Republikanischer Publizisten
CSU	Christlich-Soziale Union Deutschlands
DDR	Deutsche Demokratische Republik
DEFA	Deutsche Film AG
DF	Der Freiwillige
DFU	Deutsche Friedens-Union
DGB	Deutscher Gewerkschaftsbund
DKP	Deutsche Kommunistische Partei

DLF	Deutschlandfunk
DM	Deutsche Mark
DP	Deutsche Partei
dpa	Deutsche Presse-Agentur
DRK	Deutsches Rotes Kreuz
DRP	Deutsche Rechtspartei
Drs.	Drucksache
EVG	Europäische Verteidigungsgemeinschaft
f./ff.	folgende
FAZ	Frankfurter Allgemeine Zeitung
FDGB	Freier Deutscher Gewerkschaftsbund
FDP	Freie Demokratische Partei Deutschlands
FILDIR	Fédération internationale libre des Déportés et Internés de la Résistance
FIR	Fédération Internationale des Résistants
FNP	Frankfurter Neue Presse
FR	Frankfurter Rundschau
FVP	Freie Volkspartei
GB	Gesamtdeutscher Block
GCJZ	Gesellschaft für Christlich-Jüdische Zusammenarbeit
GdP	Gewerkschaft der Polizei
GDP	Gesamtdeutsche Partei
Gestapo	Geheime Staatspolizei
GG	Grundgesetz
H.	Heft
HIAG	Hilfsgemeinschaft auf Gegenseitigkeit der ehemaligen Angehörigen der Waffen-SS
Hrsg.	Herausgeber
HK B	Hermann Kesten Briefe
HSSPF	Höherer SS- und Polizeiführer
IdK	Internationale der Kriegsdienstgegner
IfZ	Institut für Zeitgeschichte
IG	Industriegewerkschaft
ITS	International Tracing Service
jr.	junior
JuNSV	Justiz und NS-Verbrechen, Sammlung deutscher Strafurteile wegen nationalsozialistischer Tötungsverbrechen
KdS	Kommandeur der Sicherheitspolizei
KGB	Komitet gosudarstvennoj bezopasnosti (Komitee für Staatssicherheit)
KPD	Kommunistische Partei Deutschlands
Kripo	Kriminalpolizei
KZ	Konzentrationslager

LBI	Leo Baeck Institute
LKA	Landeskriminalamt
MfS	Ministerium für Staatssicherheit
MZ	Mittelbayerische Zeitung
NATO	North Atlantic Treaty Organization
ND	Neues Deutschland
NDR	Norddeutscher Rundfunk
NGG	Gewerkschaft Nahrung Genuss Gaststätten
NPD	Nationaldemokratische Partei Deutschlands
NPL	Neue Politische Literatur
Nr.	Nummer
NRZ	Neue Ruhrzeitung
NS	Nationalsozialismus
NSDAP	Nationalsozialistische Deutsche Arbeiterpartei
NSG	Nationalsozialistische Gewaltverbrechen
OG	Organisation Gehlen
ÖTV	Gewerkschaft Öffentliche Dienste, Transport und Verkehr
PDI	Pressedienst Demokratische Initiative
PGA	Personalgutachterausschuss
PNP	Passauer Neue Presse
RFSS	Reichsführer SS
RIAS	Rundfunk im amerikanischen Sektor (Berlin)
RSHA	Reichssicherheitshauptamt
S.	Seite
SA	Sturmabteilung
SBZ	Sowjetische Besatzungszone
SD	Sicherheitsdienst des Reichsführers SS
SDS	Sozialistischer Deutscher Studentenbund
SED	Sozialistische Einheitspartei Deutschlands
SHAEF	Supreme Headquarters, Allied Expeditionary Force
SJD	Sozialistische Jugend Deutschlands
Sp.	Spalte
SPD	Sozialdemokratische Partei Deutschlands
SRP	Sozialistische Reichspartei
SS	Schutzstaffel
SSD	Staatssicherheitsdienst
SZ	Süddeutsche Zeitung
u. a.	unter anderem / und andere
uk	unabkömmlich
US/USA	United States/United States of America
VBayLT	Verhandlungen des bayerischen Landtags
VDB	Verhandlungen des Deutschen Bundestags
VdH	Verband der Heimkehrer

VDS	Verband Deutscher Soldaten
Verbaost	Verband der verdrängten Beamten, Behördenangestellten und Arbeiter
VfZ	Vierteljahrshefte für Zeitgeschichte
VT	Verfügungstruppe
VVN	Vereinigung der Verfolgten des Naziregimes
WAZ	Westdeutsche Allgemeine Zeitung
WDR	Westdeutscher Rundfunk
Wp.	Wahlperiode
WR	Wiking-Ruf
ZDF	Zweites Deutsches Fernsehen
ZDWV	Zentralverband Demokratischer Widerstandskämpfer und Verfolgtenorganisationen

Quellen und Literatur

1. Unveröffentlichte Quellen

Archiv des Bundesbeauftragten für die Unterlagen der Staatssicherheit der ehemaligen DDR (BStU)
MfS-HA IX/11

Archiv des Deutschen Bundestags, Berlin
5. Ausschuss zum Schutze der Verfassung

Archiv des Instituts für Zeitgeschichte, München (IfZ-Archiv)
D: Druckschriftensammlung
ED 91: Nachlass Leo Geyr von Schweppenburg
ED 120: Nachlass Wilhelm Hoegner
ED 134: Nachlass Jochen Willke
ED 145: Nachlass Dieter Sattler
G: Gerichtsakten
NO: Nürnberger Dokumente, NO-Serie
NSG-Datenbank: Datenbank der strafrechtlichen Ermittlungsverfahren der deutschen Justiz wegen NS-Verbrechen seit 1945, bearbeitet von Andreas Eichmüller und Edith Raim
Sp: Spruchkammerakten
ZA: Zeitungsausschnittssammlung (Personen und Sachthemen)
ZS: Zeugenschrifttum

Archiv der Konrad-Adenauer-Stiftung
Presseausschnitte

Bundesarchiv Berlin (BArchB)
RS: Sammlung personenbezogener Akten des Rasse- und Siedlungs-Hauptamts der SS (ehemaliges BDC)
SSO: Sammlung der Personalakten von SS-Führern (ehemaliges BDC)

Bundesarchiv Koblenz (BArchK)
B 106: Bundesministerium des Innern
B 122: Bundespräsidialamt
B 126: Bundesministerium der Finanzen
B 136: Bundeskanzleramt
B 141: Bundesministerium der Justiz
B 145: Presse- und Informationsamt der Bundesregierung
N 1442: Nachlass Hanns Werner Schwarze

Bundesarchiv, Abt. Militärarchiv Freiburg i. Br. (BArch-MA)
BW 1: Bundesministerium der Verteidigung
BW 2: Generalinspekteur und Führungsstab der Streitkräfte
BW 9: Dienststellen zur Vorbereitung des westdeutschen Verteidigungsbeitrages
BW 27: Personalgutachterausschuss der Bundeswehr
N 756: Nachlass Wolfgang Vopersal

Deutscher Bundestag, Berlin
Dokumentation

Bayerisches Hauptstaatsarchiv, München (BayHStA)
MF: Finanzministerium
Abt. V: Nachlass Ernst Müller-Meiningen jr.

Leo Baeck Institut, New York (LBI)
AR 25032 Kurt Grossmann Collection (als Digitalisate verfügbar unter www.archive.org; Zugriff 5.4.2017)

Monacensia München, Literaturarchiv
HK B: Nachlass Hermann Kesten, Briefe

Presse- und Informationsamt der Bundesregierung, Berlin
Pressedokumentation Bundesrepublik Deutschland

Staatsarchiv München
Spruchkammern
Staatsanwaltschaften

Staatsarchiv Nürnberg
Nürnberger Dokumente

Stadtarchiv München
Polizeidirektion

Staatsanwaltschaft Regensburg
Registratur

2. Periodika

(nur systematisch für bestimmte Perioden oder den gesamten Untersuchungszeitraum ausgewertete Zeitungen und Zeitschriften sind angeführt)
Abendzeitung (München)
Allgemeine Wochenzeitung der Juden in Deutschland (ab 1965 Allgemeine unabhängige jüdische Wochenzeitung, ab 1973 Allgemeine jüdische Wochenzeitung)
Die andere Zeitung
Deutsche Woche
Deutschland-Union-Dienst, Pressedienst der CDU und CSU
DGB-Pressedienst
Einigkeit. Zentralorgan der Gewerkschaft Nahrung Genuss Gaststätten
Feinde der Demokratie
Frankfurter Allgemeine Zeitung
Frankfurter Neue Presse
Frankfurter Rundschau
Freiheit und Recht. Mitteilungsblatt für Verfolgte und Geschädigte des Nationalsozialismus
Der Freiwillige. Für Einigkeit und Recht und Freiheit. Kameradschaftsblatt der HIAG
Die Gegenwart
Hamburger Abendblatt
Die Kultur. Eine unabhängige Zeitung mit internationalen Beiträgen
Die Mahnung. Organ des Bundes der Verfolgten des Naziregimes Berlin (ab Juni 1959: Die Mahnung im Kampf für Freiheit und Recht. Zentralorgan demokratischer Widerstandskämpfer und Verfolgtenorganisationen der Bundesrepublik Deutschland)

Metall. Zeitung der IG Metall für die Bundesrepublik Deutschland
Münchner Merkur
Neues Deutschland
Passauer Neue Presse
Die Quelle. Funktionärszeitschrift des Deutschen Gewerkschaftsbundes
Der Reichsruf
Revue
Sozialdemokratischer Pressedienst
Der Spiegel
Stern
Die Stimme der PRV
Stuttgarter Zeitung
Süddeutsche Zeitung
Sylter Rundschau
Sylter Tageblatt
Die Tat. Wochenzeitung der VVN für Einheit, Frieden und Demokratie
Union in Deutschland, Informationsdienst der Christlich-Demokratischen und Christlich-Sozialen Union
Vorwärts
VVN-Infodienst
VVN-Pressedienst
Die Welt
Welt der Arbeit
Westdeutsches Tageblatt
Wiking-Ruf
Die Zeit

3. Gedruckte Quellen und Literatur

Abenheim, Donald: Bundeswehr und Tradition. Die Suche nach dem gültigen Erbe des deutschen Soldaten, München 1989.
Albrecht, Willy (Hrsg.): Kurt Schumacher. Reden – Schriften – Korrespondenzen 1945–1952, Berlin/Bonn 1985.
Améry, Jean: Werke, Band 8. Ausgewählte Briefe 1945–1978, hrsg. von Gerhard Scheit, Stuttgart 2007.
Anders, Georg: Gesetz zur Regelung der Rechtsverhältnisse der unter Artikel 131 des Grundgesetzes fallenden Personen, Stuttgart ³1954.
André, Robert: Im Stillen. W. E. Süskind, der Nürnberger Prozess und die Sprache des „Unmenschen", in: Stefan Braese (Hrsg.): Rechenschaften. Juristischer und literarischer Diskurs in der Auseinandersetzung mit den NS-Massenverbrechen, Göttingen 2004, S. 21–46.
Arendt, Hannah: Eichmann in Jerusalem. Ein Bericht von der „Banalität des Bösen", München 2006 [zuerst 1964].
Arnold, Birgit: „Deutscher Student, es ist nicht nötig, daß Du lebst, wohl aber, daß Du Deine Pflicht gegenüber Deinem Volk erfüllst". Gustav Adolf Scheel, Reichsstudentenführer und Gauleiter von Salzburg, in: Michael Kißener/Joachim Scholtyseck (Hrsg.): Die Führer in der Provinz: NS-Biographien aus Baden und Württemberg, Konstanz 1997, S. 567–594.
Assmann, Aleida: Der lange Schatten der Vergangenheit. Erinnerungskultur und Geschichtspolitik, München 2006.

Dies.: Das neue Unbehagen an der Erinnerungskultur. Eine Intervention, München 2013.
Der Auschwitz-Prozeß. Tonband-Mitschnitte, Protokolle und Dokumente, hrsg. vom Fritz Bauer Institut und dem Staatlichen Museum Auschwitz-Birkenau, DVD-ROM, Berlin ²2005.

Bähr, Johannes: Die Dresdner Bank in der Wirtschaft des Dritten Reiches, München 2006.
Banach, Jens: Heydrichs Elite. Das Führerkorps der Sicherheitspolizei und des SD 1936–1945, Paderborn u. a. 1998.
Baumann, Imanuel u. a.: Schatten der Vergangenheit. Das BKA und seine Gründungsgeneration in der frühen Bundesrepublik, Köln 2011.
Bayer, Karen: „How dead is Hitler?" Der britische Starreporter Sefton Delmer und die Deutschen, Mainz 2008.
Berg, Nicolas: Der Holocaust und die westdeutschen Historiker. Erforschung und Erinnerung, Göttingen 2003.
Ders: Jean Améry und Hans Egon Holthusen. Eine Merkur-Debatte in den 1960er Jahren, in: Mittelweg 36 21 (2012), S. 28–48.
Bergmann, Werner: Die Bitburg-Affäre in der deutschen Presse. Rechtskonservative und linksliberale Interpretationen, in: Ders./Rainer Erb/Albert Lichtblau (Hrsg.): Schwieriges Erbe. Der Umgang mit Nationalsozialismus und Antisemitismus in Österreich, der DDR und der BRD, Frankfurt a. M./New York 1995, S. 402–428.
Bericht über die 23. Versammlung deutscher Historiker in Ulm, 13. bis 16. September 1956, Stuttgart o. J.
Bewersdorf, Arne: Hans-Adolf Asbach. Eine Nachkriegskarriere: Vom Kreishauptmann zum Landessozialminister, in: Demokratische Geschichte 19 (2008), S. 71–112.
Birn, Ruth Bettina: Die Höheren SS- und Polizeiführer. Himmlers Vertreter im Reich und in den besetzten Gebieten, Düsseldorf 1986.
Boberach, Heinz: Das Nürnberger Urteil gegen verbrecherische Organisationen und die Spruchgerichtsbarkeit in der Britischen Zone, in: Zeitschrift für Neuere Rechtsgeschichte 12 (1990), S. 40–50.
Bösch, Frank: Öffentliche Geheimnisse. Die verzögerte Renaissance des Medienskandals zwischen Staatsgründung und Ära Brandt, in: Bernd Weisbrod (Hrsg.): Die Politik der Öffentlichkeit – Die Öffentlichkeit der Politik. Politische Medialisierung in der Geschichte der Bundesrepublik, Göttingen 2003, S. 125–150.
Ders.: Mediengeschichte. Vom asiatischen Buchdruck zum Fernsehen, Frankfurt a. M. 2011.
Ders.: Film, NS-Vergangenheit und Geschichtswissenschaft. Von „Holocaust" zu „Der Untergang", in: VfZ 55 (2007), S. 1–32.
Borch-Nitzling, Alexander von der: Das Dritte Reich im Stern. Vergangenheitsverarbeitung 1949–1995, Göttingen 2000.
Botsch, Gideon: Die extreme Rechte in der Bundesrepublik Deutschland 1949 bis heute, Darmstadt 2012.
Braese, Stephan: Vom „anderen Deutschland" zur „jungen Generation" – Hermann Kesten nach 1945, in: Walter Fähnders/Hendrik Weber (Hrsg.): Dichter – Literat – Emigrant. Über Hermann Kesten. Mit einer Kesten Bibliographie, Bielefeld 2005, S. 173–192.
Brauers, Christof: Die FDP in Hamburg 1945 bis 1953. Start als bürgerliche Linkspartei, München 2007.
Breitman, Richard/Goda, Norman J. W.: Hitler's Shadow. Nazi War Criminals, U.S. Intelligence, and the Cold War (http://www.archives.gov/iwg/reports/hitlers-shadow.pdf; Zugriff 9.12.2017).
Breitman Richard u. a.: U.S. Intelligence and the Nazis, New York 2005.
Brochhagen, Ulrich: Nach Nürnberg. Vergangenheitsbewältigung und Westintegration in der Ära Adenauer, Hamburg 1994.

Brunner, Bernhard: Der Frankreich-Komplex. Die nationalsozialistischen Verbrechen in Frankreich und die Justiz der Bundesrepublik Deutschland, Göttingen 2004.
Buchheim, Hans: Die SS in der Verfassung des Dritten Reiches, in: VfZ 3 (1955), S. 127–157.
Ders.: Zur Geschichte des ‚Dritten Reiches', II. Führer und Organisationen, in: Neue Politische Literatur (NPL) 2 (1957), Sp. 181–196.
Ders.: Die Höheren SS- und Polizeiführer, in: VfZ 11 (1963), S. 362–391.
Ders.: SS und Polizei im NS-Staat, Duisdorf 1964.
Ders.: Befehl und Gehorsam, in: Ders. u. a. (Hrsg.): Anatomie des SS-Staates, Band 1, Olten 1965, S. 255–380.
Ders.: Die SS – das Herrschaftsinstrument, in: Ders. u. a. (Hrsg.): Anatomie des SS-Staates, Band 1, Olten 1965, S. 11–253.
Ders.: Die Aufnahme von Polizeiangehörigen in die SS und die Angleichung ihrer SS-Dienstgrade an ihre Beamtenränge (Dienstgradangleichung) in der Zeit des Dritten Reiches, Sept. 1960, in: Gutachten des Instituts für Zeitgeschichte, Band 2, Stuttgart 1966, S. 172–181.
Buchna, Kristian: Nationale Sammlung an Rhein und Ruhr. Friedrich Middelhauve und die nordrhein-westfälische FDP 1945–1953, München 2010.
Buchstab Günther (Bearb.): Adenauer: „Es mußte alles neu gemacht werden". Die Protokolle des CDU-Bundesvorstandes 1950–1953, Stuttgart 1986.
Ders. (Bearb.): Adenauer: „Wir haben wirklich etwas geschaffen." Die Protokolle des CDU-Bundesvorstandes 1953–1957, Düsseldorf 1990.
Buddrus, Michael/Fritzlar, Sigrid: Die Professoren der Universität Rostock im Dritten Reich. Ein biographisches Lexikon, München 2007.
Busse, Dietrich: Diskurslinguistik als Epistemologie. Das verstehensrelevante Wissen als Gegenstand linguistischer Forschung, in: Ingo Warnke/Jürgen Spitzmüller (Hrsg.): Methoden der Diskurslinguistik. Sprachwissenschaftliche Zugänge zur transtextuellen Ebene, Berlin 2008, S. 57–88.

Clark, Christopher: Josef „Sepp" Dietrich – Landsknecht im Dienste Hitlers; in: Ronald Smelser/ Enrico Syring (Hrsg.): Die SS: Elite unter dem Totenkopf: 30 Lebensläufe, Paderborn u. a. 2000, S. 119–133.
Conze, Eckart: Die Suche nach Sicherheit. Eine Geschichte der Bundesrepublik Deutschland von 1949 bis in die Gegenwart, München 2009.
Cüppers, Martin: Gustav Lombard. Ein engagierter Judenmörder aus der Waffen-SS, in: Klaus-Michael Mallmann/Gerhard Paul (Hrsg.): Karrieren der Gewalt. Nationalsozialistische Täterbiographien, Darmstadt 2004, S. 145–155.
Ders.: Immer davongekommen. Wie sich Walther Rauff erfolgreich seinen Richtern entzog, in: Klaus-Michael Mallmann/Andrej Angrick: Die Gestapo nach 1945. Karrieren, Konflikte, Konstruktionen, Darmstadt 2009, S. 71–89.
Ders.: Wegbereiter der Shoah. Die Waffen-SS, der Kommandostab Reichsführer-SS und die Judenvernichtung 1939–1945, Darmstadt 2005.

Dams, Carsten/Michael Stolle: Die Gestapo. Herrschaft und Terror im Dritten Reich, München ²2009.
Debrunner, Albert M.: „Zu Hause im 20. Jahrhundert". Hermann Kesten. Biographie, Wädenswil 2017.
Diehl, James M.: The Thanks of the Fatherland: German Veterans after the Second World War, Chapel Hill 1993.

Diehl, Paula: Die SS-Uniform als emblematisches Zeichen. Strategien der Visualisierung, in: Herfried Münkler/Jens Hacke (Hrsg.): Verbildlichung als Mittel politischer Kommunikation, Frankfurt a. M. 2009, S. 127–150.

Diem, Veronika: Die Freiheitsaktion Bayern. Ein Aufstand in der Endphase des NS-Regimes, Kallmünz 2013.

Döscher, Hansjürgen: Emil Ehrich (1908–1982). Eine deutsche Karriere zwischen Nationalsozialisten und „konservativen Demokraten", in: Niedersächsisches Jahrbuch für Landesgeschichte 85 (2013), S. 361–370.

Dubiel, Helmut: Niemand ist frei von der Geschichte. Die nationalsozialistische Herrschaft in den Debatten des Deutschen Bundestages, München 1999.

Dudek, Peter/Jaschke, Hans-Gerd: Entstehung und Entwicklung des Rechtsextremismus in der Bundesrepublik. Zur Tradition einer besonderen Kultur, Band 1, Opladen 1984.

Düsterberg, Rolf: „Ich war dabei". Franz Schönhuber und die Waffen-SS, in: Krieg und Literatur 1 (1989), No. 2, S. 9–46.

Eder, Jacob S.: Holocaust Angst. The Federal Republic of Germany and American Holocaust Memory since the 1970s, Oxford 2016.

Ehlert, Hans: Innenpolitische Auseinandersetzungen um die Pariser Verträge und die Wehrverfassung 1954–1956, in: Anfänge westdeutscher Sicherheitspolitik 1945–1956, hrsg. vom Militärgeschichtlichen Forschungsamt, Bd. 3: Die NATO-Option, München 1993, S. 235–560.

Eichmüller, Andreas: Die Strafverfolgung von NS-Verbrechen durch westdeutsche Justizbehörden seit 1945 – Eine Zahlenbilanz, in: VfZ 56 (2008), S. 621–640.

Ders.: Die strafrechtliche Verfolgung von NS-Verbrechen und die Öffentlichkeit in der frühen Bundesrepublik 1949–1958, in: Jörg Osterloh/Clemens Vollnhals (Hrsg.): NS-Prozesse und deutsche Öffentlichkeit. Besatzungszeit, frühe Bundesrepublik und DDR, Göttingen 2011, S. 53–74.

Ders.: Keine Generalamnestie. Die strafrechtliche Verfolgung von NS-Verbrechen in der frühen Bundesrepublik, München 2012.

Ders.: „Auf das Typische kommt es an". Bilder und Narrative der SS in Film und Fernsehen in den 1970er Jahren, in: Jan Erik Schulte/Michael Wildt (Hrsg.): Die SS nach 1945, Göttingen 2018 [im Erscheinen], S. 29–49.

Eitz, Thorsten/Stötzel, Georg: Wörterbuch der „Vergangenheitsbewältigung". Die NS-Vergangenheit im öffentlichen Sprachgebrauch, Bd. 1, Hildesheim 2007.

Eschenburg, Theodor (Hrsg.): Die Rede Heinrich Himmlers vor den Gauleitern am 3. August 1944, in: VfZ 1 (1953), S. 357–394.

Estèbe, Jean: Les Juifs à Toulouse et en midi toulousain au temps de Vichy, Toulouse 1996.

Fischer, Torben/Lorenz, Matthias N. (Hrsg.): Lexikon der „Vergangenheitsbewältigung" in Deutschland. Debatten- und Diskursgeschichte des Nationalsozialismus nach 1945, Bielefeld 2007.

Foschepoth, Josef: Überwachtes Deutschland. Post- und Telefonüberwachung in der alten Bundesrepublik, Göttingen 2012.

Franz, Corinna (Bearb.): Die CDU/CSU-Fraktion im Deutschen Bundestag. Sitzungsprotokolle 1961–1966, Vier Teilbände, Düsseldorf 2004.

Frei, Norbert: Vergangenheitspolitik. Die Anfänge der Bundesrepublik und die NS-Vergangenheit, München 1996.

Ders.: Deutsche Lernprozesse. NS-Vergangenheit und Generationenfolge seit 1945, in: Ders.: 1945 und wir. Das Dritte Reich im Bewußtsein der Deutschen, München 2005, S. 23–40.

Ders.: Nach der Tat. Die Ahndung deutscher Kriegs- und NS-Verbrechen in Europa – eine Bilanz, in: Ders. (Hrsg.): Transnationale Vergangenheitspolitik. Der Umgang mit deutschen Kriegsverbrechen in Europa nach dem Zweiten Weltkrieg, Göttingen 2006, S. 7–36.

Friedländer, Saul: Kitsch und Tod. Der Widerschein des Nazismus, Frankfurt a. M. 1999.

Friedrich, Hans-Edwin, Literaturskandale. Ein Problemausfriss, in: Ders. (Hrsg.): Literaturskandale, Frankfurt a. M. 2009, S. 7–27.

Führer, Karl-Christian/Hickethier, Knut/Schildt, Axel: Öffentlichkeit – Medien – Geschichte. Konzepte der modernen Öffentlichkeit und Zugänge zu ihrer Erforschung, in: Archiv für Sozialgeschichte 41 (2002), S. 1–38.

Garner, Curt: Public Service Personnel in West Germany in the 1950s. Controversial Policy Decisions and their Effects on Social Composition, Gender Structure, and the Role of Former Nazis, in: Journal of Social History 29 (1995/96), S. 25–80.

Geppert, Dominik: Alternativen zum Adenauerstaat. Der Grünwalder Kreis und der Gründungskonsens der Bundesrepublik, in: Michael Hochgeschwender (Hrsg.): Epoche im Widerspruch. Ideelle und kulturelle Umbrüche der Adenauerzeit, Bonn 2011, S. 141–152.

Gesetz zur Regelung der Rechtsverhältnisse der unter Artikel 131 des Grundgesetzes fallenden Personen, in der Fassung vom 11. Mai 1951, vom 1. September, vom 11. September 1957, vom 21. August 1961, zusammengestellt und erläutert von Wilhelm Kümmel, Hannover-Döhren 1961.

Gilbert, Gustave M.: Nürnberger Tagebuch, Frankfurt a. M. 1962.

Godau-Schüttke, Klaus-Detlev: Die Heyde/Sawade-Affäre. Wie Juristen und Mediziner den NS-Euthanasieprofessor Heyde nach 1945 deckten und straflos blieben, Baden-Baden 1998.

Gold, Adolf: Bundestreffen der HIAG im Juni 1957 in Karlburg, in: Jahrbuch 2003 Gambach, Hesslar, Karlburg, Karlstadt, Laudenbach, Mühlbach, Rohrbach, Stadelhofen, Stetten, Wiesenfeld, S. 76–83.

Goschler, Constantin/Wala, Michael: „Keine neue Gestapo". Das Bundesamt für Verfassungsschutz und die NS-Vergangenheit, Reinbek bei Hamburg 2015.

Hachmeister, Lutz: Der Gegnerforscher. Die Karriere des SS-Führers Franz Alfred Six, München 1998.

Ders.: Ein deutsches Nachrichtenmagazin. Der frühe „Spiegel" und sein NS-Personal, in: Ders./ Friedemann Siering (Hrsg.): Die Herren Journalisten. Eine Elite der deutschen Presse nach 1945, München 2002, S. 87–120.

Ders.: Heideggers Testament. Der Philosoph, der *Spiegel* und die SS, Berlin 2014.

Hammerschmidt, Helmut/Mansfeld, Michael: Der Kurs ist falsch, München u. a. 1956.

Hannover, Heinrich: Die Republik vor Gericht. Erinnerungen eines unbequemen Rechtsanwalts 1954–1974, Berlin 1995.

Hanuschek, Sven: Geschichte des bundesdeutschen PEN-Zentrums von 1950–1991, Tübingen 2004.

Hausser, Paul: Waffen-SS im Einsatz, Göttingen 1953.

Ders.: Soldaten wie andere auch. Der Weg der Waffen-SS, Osnabrück 1967.

Hechelhammer, Bodo: Walther Rauff und der Bundesnachrichtendienst, Berlin 2011.

Heesch, Johannes: Der Grünwalder Kreis, in: Gesine Schwan u. a. (Hrsg.): Demokratische politische Identität. Deutschland, Polen und Frankreich im Vergleich, Wiesbaden 2006, S. 35–69.

Heidemeyer, Helge (Bearb.): Die CDU/CSU-Fraktion im Deutschen Bundestag. Sitzungsprotokolle 1953–1957, 2 Halbbände, Düsseldorf 2003.

Hein, Bastian: Elite für Volk und Führer? Die Allgemeine SS und ihre Mitglieder 1925–1945, München 2012.

Ders.: „Ein nationalsozialistischer, soldatischer Orden nordisch bestimmter Männer" – Die Schutzstaffel (SS), in: Stephanie Becker/Christoph Studt (Hrsg.): „Und sie werden nicht mehr frei sein ihr ganzes Leben". Funktion und Stellenwert der NSDAP, ihrer Gliederungen und angeschlossenen Verbände im „Dritten Reich", Berlin 2012, S. 69–86.

Ders.: Die SS. Geschichte und Verbrechen, München 2015.

Heinemann, Isabel: „Rasse, Siedlung, deutsches Blut". Das Rasse- und Siedlungshauptamt der SS und die rassenpolitische Neuordnung Europas, Göttingen 2003.

Dies.: „Ethnic resettlement" and Interagency Cooperation in the Occupied Eastern Territories, in: Gerald D. Feldman/Wolfgang Seibel (Ed.): Networks of Nazi Persecution. Bureaucracy, Business and the Organization of the Holocaust, New York/London, 2005, S. 213–235.

Herbert, Ulrich: Best. Biographische Studien über Radikalismus, Weltanschauung und Vernunft 1903–1989, Bonn 1996.

Herrmann, Meike: Historische Quelle, Sachbericht und autobiographische Literatur. Berichte von Überlebenden der Konzentrationslager als populäre Geschichtsschreibung? (1946–1964), in: Wolfgang Hardtwig/Erhard Schütz (Hrsg.): Geschichte für Leser. Populäre Geschichtsschreibung in Deutschland im 20. Jahrhundert, S. 123–146.

Heusen, Sarah van der: Mascha Kaleko und der Fontane-Preis. Ein Fallbeispiel, in: Berliner Hefte zur Geschichte des literarischen Lebens 8 (2008), S. 222–231.

Hildebrandt, Dieter: Was bleibt mir übrig. Anmerkungen zu (meinen) 30 Jahren Kabarett, München 1986.

Hirsch, Kurt: SS gestern, heute und ..., Frankfurt a. M. 1957 (2. Auflage Darmstadt 1960).

Ders.: Rechts von der Union. Personen, Organisationen, Parteien seit 1945. Ein Lexikon, München 1989.

Hodenberg, Christina von: Konsens und Krise. Eine Geschichte der westdeutschen Medienöffentlichkeit 1945–1973, Göttingen 2006.

Höhne, Heinz: Der Orden unter dem Totenkopf. Die Geschichte der SS, München o. J. [1976] (1. Auflage Gütersloh 1967).

Hördler, Stefan: KZ-System und Waffen-SS. Genese Interdependenzen und Verbrechen, in: Jan Erik Schulte/Peter Lieb/Bernd Wegner (Hrsg.): Die Waffen-SS. Neuere Forschungen, Paderborn 2014, S. 80–98.

Hörner, Stefan: „Die in Auschwitz sterben mussten, haben andere auf dem Gewissen...". Projektion, Rezeption und Realität der I.G. Farbenindustrie AG. im Nürnberger Prozeß, Diss. Berlin 2010 (URL: http://www.diss.fu-berlin.de/diss/servlets/MCRFileNodeServlet/FUDISS_derivate_000000008112/Microsoft_Word_-_IG_Farben_DRUCK_verbessert.pdf; Zugriff 12.1.2017).

Holthusen, Hans Egon: Freiwillig zur SS, in: Merkur 20 (1966), S. 921–939 und 1037–1049.

Horn, Sabine: Erinnerungsbilder. Auschwitz-Prozess und Majdanek-Prozess im westdeutschen Fernsehen, Essen 2009.

Hoser, Paul: Schutzstaffel (SS), 1925–1945, in: Historisches Lexikon Bayerns, publiziert 12.11.2007 (URL: http:// www.historisches-lexikon-bayerns.de/Lexikon/Schutzstaffel_(SS),_1925–1945; Zugriff 7.12.2017).

Huhn, Klaus/Thorndike, Annelie: Der Massenmörder blieb ohne Strafe, Berlin 2008.

Jasch, Hans-Christian: Staatssekretär Wilhelm Stuckart und die Judenpolitik. Der Mythos von der sauberen Verwaltung, München 2012.

Jenke, Manfred: Die nationale Rechte. Parteien Politiker Publizisten, Berlin 1967.

Ders.: Verschwörung von rechts? – Ein Bericht über den Rechtsradikalismus in Deutschland nach 1945, Berlin 1961.

Justiz und NS-Verbrechen. Sammlung deutscher Strafurteile wegen nationalsozialistischer Tötungsverbrechen, bearb. von Adelheid L. Rüter-Ehlermann und C. F. Rüter, 48 Bde., Amsterdam 1968–2011.

Die Kabinettsprotokolle der Bundesregierung 1949 ff., München 1982 ff.
Kämper, Heidrun: Der Schulddiskurs in der frühen Nachkriegszeit. Ein Beitrag zur Geschichte des sprachlichen Umbruchs nach 1945, Berlin 2005.
Käsler, Dirk u. a.: Der politische Skandal. Zur symbolischen und dramaturgischen Qualität von Politik, Opladen 1991.
Kaleko, Mascha: Sämtliche Werke und Briefe, hrsg. und kommentiert von Jutta Rosenkranz, Bd. IV: Kommentar, München 2012.
Kay, Alex J.: The Making of an SS Killer. Das Leben des Obersturmbannführers Alfred Filbert 1905–1990, Paderborn u. a. 2017.
Kempter, Klaus: Joseph Wulf. Ein Historikerschicksal in Deutschland, Göttingen 2013.
Kepplinger, Hans Mathias: Publizistische Konflikte und Skandale, Wiesbaden 2009.
Kesten, Hermann: Die Aufgaben der Literatur, in: Ders.: Der Geist der Unruhe. Literarische Streifzüge, Köln/Berlin 1959, S. 163–190.
Ders.: Filialen des Parnass. 31 Essays, München 1961.
Kittel, Manfred: Die Legende von der „Zweiten Schuld". Vergangenheitsbewältigung in der Ära Adenauer, Frankfurt a. M./Berlin 1993.
Klausch, Hans-Peter: Braune Wurzeln. Alte Nazis in den niedersächsischen Landtagsfraktionen von CDU, FDP und DP. Zur NS-Vergangenheit von niedersächsischen Landtagsabgeordneten in der Nachkriegszeit, Hannover o. J. [2008].
Klee, Ernst: Das Personenlexikon zum Dritten Reich, Frankfurt a. M. ²2007.
Kleindienst, Robert: Beim Tode! Lebendig!: Paul Celan im Kontext von Roland Barthes' Autorkonzept, Würzburg 2007.
Klemp, Stefan: „Rücksichtslos ausgemerzt" – Die Ordnungspolizei und das Massaker von Lidice, Münster 2012.
Knigge, Volkhard: „Die organisierte Hölle". Eugen Kogons ambivalente Zeugenschaft, in: Jürgen Danyel (Hrsg.): 50 Klassiker der Zeitgeschichte, Göttingen 2007, S. 24–28.
Knoch, Habbo: Die Tat als Bild. Fotografien des Holocaust in der deutschen Erinnerungskultur, Hamburg 2001.
Koch, Hermann: Hans Wissebach – ein deutsches Soldatenschicksal, in: Deutsches Soldatenjahrbuch 1986, München 1986, S. 209–211.
Koehl, Robert [Lewis]: The Character of the Nazi SS, in: Journal of Modern History 34 (1962), S. 275–283.
Ders.: Towards an SS Tyopology: Social Engineers, in: The American Journal of Economics and Sociology 18 (1959), S. 113–126.
König, Helmut: Die Zukunft der Vergangenheit. Der Nationalsozialismus im politischen Bewußtsein der Bundesrepublik, Frankfurt a. M. 2003.
Köpf, Peter. Schreiben nach jeder Richtung. Goebbels-Propagandisten in der westdeutschen Nachkriegspresse, Berlin 1995.
Kogon, Eugen: Der SS-Staat. Das System der deutschen Konzentrationslager, München 1979 (zuerst 1946).
Krannhals, Hanns von: Der Warschauer Aufstand 1944, Frankfurt a. M. 1962.
Kratz, Philipp: Erich Mix. Der zweifache Wiesbadener Oberbürgermeister (1937–1945 und 1954–1960), in: Nassauische Annalen 119 (2008), S. 475–489.
Krätzschmer, Ernst-Günther: Die Ritterkreuzträger der Waffen-SS, Göttingen 1955.

Kraushaar, Wolfgang: Karriere eines Boxers. Johannes Clemens: Vom Dresdner Gestapo-Schläger zum Doppelagenten des KGB im BND, in: Hannes Heer (Hrsg.): Im Herzen der Finsternis. Victor Klemperer als Chronist der NS-Zeit, Berlin 1997, S. 152–169.

Kritidis, Gregor: Linkssozialistische Opposition in der Ära Adenauer. Ein Beitrag zur Frühgeschichte der Bundesrepublik Deutschland, Hannover 2008.

Krösche, Heike: Zwischen Vergangenheitsdiskurs und Wiederaufbau. Die Reaktion der deutschen Öffentlichkeit auf den Nürnberger Prozess gegen die Hauptkriegsverbrecher 1945/46, den Ulmer Einsatzgruppenprozess und den Sommer-Prozess 1958, Diss. Oldenburg 2009 (URL: http://oops.uni-oldenburg.de/1913/1/krozwi09.pdf; Zugriff 19.6.2015).

Kroll, Thomas: Linksnationale Intellektuelle in der frühen Bundesrepublik Deutschland zwischen Antikommunismus und Stalinismus. Der Kreis um die „Deutsche Woche", in: Axel Schildt/Alexander Gallus (Hrsg.): Rückblickend in die Zukunft. Politische Öffentlichkeit und intellektuelle Positionen in Deutschland um 1950 und um 1930, Göttingen 2011, S. 432–455.

Kromschröder, Gerhard: Ansichten von innen: Als Nazi, Rocker, Ladendieb und strammer Katholik unterwegs. Deutsche Reportagen, Frankfurt a. M. 1982.

Krone, Heinrich, Tagebücher, Erster Band: 1945–1961, bearbeitet von Hans-Otto Kleinmann, Düsseldorf 1995.

Krüger, Dieter: Das Amt Blank. Die schwierige Gründung des Bundesministeriums für Verteidigung, Freiburg i. Br. 1993.

Lampe, Gerhard: Panorama, Report und Monitor. Geschichte der politischen Fernsehmagazine 1957–1990, Konstanz 2000.

Large, David Clay: Reckoning without the Past. The HIAG of the Waffen-SS and the Politics of Rehabilitation in the Bonn Republic 1950–1961, in: The Journal of Modern History 59 (1987), S. 79–113.

Leleu, Jean-Luc: Le Waffen-SS. Soldats politiques en guerre, Paris 2007.

Lenz, Wilhelm: Deutschbalten in den Einsatzgruppen der Sicherheitspolizei und des SD, in: Michael Garleff (Hrsg.): Deutschbalten, Weimarer Republik und Drittes Reich, Köln u. a. 2008, Bd. 2, S. 285–328.

Levy, Daniel/Sznaider, Nathan: Erinnerung im globalen Zeitalter: Der Holocaust, Frankfurt a. M. 2007.

Lindner, Stephan: Das Urteil im I.G.-Farben-Prozess, in: Kim C. Priemel/Alexa Stiller (Hrsg.): NMT. Die Nürnberger Militärtribunale zwischen Geschichte, Gerechtigkeit und Rechtsschöpfung, Hamburg 2013, S. 405–433.

Lörcher, Andreas: Antisemitismus in der öffentlichen Debatte der späten fünfziger Jahre. Mikrohistorische Studie und Diskursanalyse des Falls Zind. Diss., Freiburg i. Br. 2008 (http://www.freidok.uni-freiburg.de/volltexte/5799/; Zugriff 8.12.2017).

Longerich, Peter: Heinrich Himmler. Biographie, München 2008.

Loose, Ingo: Kredite für NS-Verbrechen. Die deutschen Kreditinstitute in Polen und die Ausraubung der polnischen und jüdischen Bevölkerung 1939–1945, München 2007.

Mallmann, Klaus-Michael: Dr. Jekyll & Mr. Hyde. Der Täterdiskurs in Wissenschaft und Gesellschaft, in: Ders./Andrej Angrick (Hrsg.): Die Gestapo nach 1945. Karrieren, Konflikte, Konstruktionen. Wolfgang Scheffler zum Gedenken, Darmstadt 2009, S. 7–54.

Ders./Andrej Angrick (Hrsg.): Die Gestapo nach 1945. Karrieren, Konflikte, Konstruktionen. Wolfgang Scheffler zum Gedenken, Darmstadt 2009.

Manig, Bert-Oliver: Die Politik der Ehre. Die Rehabilitierung der Berufssoldaten in der frühen Bundesrepublik, Göttingen 2004.

Marti, Philipp: Die zwei Karrieren des Heinz Reinefarth. Vom „Henker von Warschau" zum Bürgermeister von Westerland, in: Demokratische Geschichte 22 (2011), S. 167–192.
Ders.: Der Fall Reinefarth. Eine biografische Studie zum öffentlichen und juristischen Umgang mit der NS-Vergangenheit, Neumünster-Hamburg 2014.
Matthäus, Jürgen: Georg Heuser – Routinier des sicherheitspolizeilichen Osteinsatzes, in: Klaus-Jürgen Mallmann/Gerhard Paul (Hrsg.): Karrieren der Gewalt. Nationalsozialistische Täterbiographien, Darmstadt 2004, S. 115–125.
Ders.: Alte Kameraden und neue Polizeimethoden. Die Sonderkommissionen zur Aufklärung von NS-Gewaltverbrechen, in: Klaus-Michael Mallmann/Andrej Angrick: Die Gestapo nach 1945. Karrieren, Konflikte, Konstruktionen, Darmstadt 2009, S. 183–199.
Meier, Henk Erik/Reinold, Marcel/Rose, Anica: Dopingskandale in der alten Bundesrepublik. Öffentlicher Diskurs und sportpolitische Reaktionen, in: Deutschland Archiv 45 (2012), S. 209–239.
Menk, Gerhard: Waldeck im Dritten Reich, Voraussetzungen und Wirken des Nationalsozialismus im hessischen Norden, Korbach 2010.
Mentel, Christian/Niels Weise: Die zentralen deutschen Behörden und der Nationalsozialismus. Stand und Perspektiven der Forschung, München/Potsdam 2016.
Merkl, Franz Josef: General Simon. Lebensgeschichten eines SS-Führers; Erkundungen zu Gewalt und Karriere, Kriminalität und Justiz, Legenden und öffentlichen Auseinandersetzungen, Augsburg 2010.
Mertens, Lothar: Unermüdlicher Kämpfer für Frieden und Menschenrechte. Leben und Wirken von Kurt R. Grossmann, Berlin 1997.
Messenger, Charles: Hitler's Gladiator. The Life and Times of Oberstgruppenführer and Panzergeneral-Oberst der Waffen-SS Sepp Dietrich, London u. a. 1988.
Mettig, Marcel: Der Münchner Gestapochef Oswald Schäfer, in: Marita Krauss (Hrsg.): Rechte Karrieren in München von der Weimarer Zeit bis in die Nachkriegsjahre, München 2010, S. 245–261.
Meyen, Michael: Hauptsache Unterhaltung. Mediennutzung und Medienbewertung in Deutschland in den 50er Jahren, Münster 2001.
Meyer, Georg: Soldaten wie andere auch? Zur Einstellung ehemaliger Angehöriger der Waffen-SS in die Bundeswehr, in: Harald Dickerhoff (Hrsg.): Festgabe Heinz Hürten zum 60. Geburtstag, Frankfurt a. M. 1988, S. 545–594.
Ders.: Zur inneren Entwicklung der Bundeswehr bis 1960/61, in: Anfänge westdeutscher Sicherheitspolitik 1945–1956, hrsg. vom Militärgeschichtlichen Forschungsamt, Bd. 3: Die NATO-Option, München 1993, S. 851–1162.
Meyer, Kristina: Sozialdemokratische NS-Verfolgte und die Vergangenheitspolitik, in: Katharina Stengel/Werner Konitzer (Hrsg.): Opfer als Akteure. Interventionen ehemaliger NS-Verfolgter in der Nachkriegszeit (Jahrbuch zur Geschichte und Wirkung des Holocaust 2008), Frankfurt a. M./New York 2008, S. 48–66.
Dies.: Die SPD und die NS-Vergangenheit 1945–1990, Göttingen 2015.
Miquel, Marc von: Ahnden oder amnestieren? Westdeutsche Justiz und Vergangenheitspolitik in den sechziger Jahren, Göttingen 2004.
Möhler, Rainer: Entnazifizierung in Rheinland-Pfalz und im Saarland unter französischer Besatzung von 1945 bis 1952, Mainz 1992.
Molt, Matthias: Von der Wehrmacht zur Bundeswehr. Personelle Kontinuität und Diskontinuität beim Aufbau der deutschen Streitkräfte 1955–1966, Diss. Heidelberg 2007 (http://www.ub.uni-heidelberg.de/archiv/8935; Zugriff 20.11.2017).
Mork, Andrea: Zur Ausstellung, in: Stiftung Haus der Geschichte der Bundesrepublik Deutschland (Hrsg.): Skandale in Deutschland nach 1945, Bielefeld-Leipzig 2007, S. 16–21.

Musial, Bogdan: Recht und Wirtschaft im besetzten Polen 1939-1945, in: Johannes Bähr/Ralf Banken (Hrsg.): Das Europa des „Dritten Reichs": Recht, Wirtschaft, Besatzung, Frankfurt a. M. 2005, S. 31-58.
Musiol, Jörg: Vergangenheitsbewältigung in der Bundesrepublik. Kontinuität und Wandel in den späten 1970er Jahren, Marburg 2006.

Neitzel, Sönke: Abgehört. Deutsche Generäle in britischer Kriegsgefangenschaft 1942-1945, Berlin 2005.
Ders./Welzer, Harald: Soldaten. Protokolle vom Kämpfen, Töten und Sterben, Frankfurt a. M. 2011.
Neusüß-Hunkel, Ermenhild: Die SS, Hannover 1956.
Niemals ein SS-Europa!: Für ein einheitliches Deutschland des Friedens und der Demokratie, hrsg. vom Komitee der Antifaschistischen Widerstandskämpfer der DDR, Berlin 1954.
Noelle, Elisabeth/Neumann, Erich Peter (Hrsg.): Jahrbuch der öffentlichen Meinung 1947-1955, Allensbach 1956.
Noethen, Stefan: Alte Kameraden und neue Kollegen. Polizei in Nordrhein-Westfalen 1945-1953, Essen 2003.
Novick, Peter: Nach dem Holocaust. Der Umgang mit dem Massenmord, Stuttgart 2001.
Nowack, Sabrina: Sicherheitsrisiko NS-Belastung. Personalüberprüfungen im Bundesnachrichtendienst in den 1960er Jahren, Berlin 2016.

Orth, Karin: Die Konzentrationslager-SS. Sozialstrukturelle Analysen und biographische Studien, Göttingen 2000.
Overesch, Manfred: Buchenwald und die DDR oder Die Suche nach Selbstlegitimation, Göttingen 1995.
Overmans, Rüdiger: Deutsche militärische Verluste im Zweiten Weltkrieg, München ³2004.

Paetel, Karl O.: Die SS. Ein Beitrag zur Soziologie des Nationalsozialismus, in: VfZ 2 (1954), S. 1-33.
Ders.: Der Schwarze Orden. Zur Literatur über die SS, in: NPL 3 (1958), Sp. 263-278.
Paul, Gerhard: Von Psychopathen, Technokraten und „ganz gewöhnlichen Deutschen". Die Täter der Shoah im Spiegel der Forschung, in: Ders. (Hrsg.): Die Täter der Shoah. Fanatische Nationalsozialisten oder ganz normale Deutsche, Göttingen 2002, S. 13-92.
Ders.: Zwischen Selbstmord, Illegalität und Karriere. Ehemalige Gestapobedienstete im Nachkriegsdeutschland, in: Ders./Klaus-Michael Mallmann (Hrsg.): Die Gestapo – Mythos und Realität. Mit einem Vorwort von Peter Steinbach, Darmstadt 2003, S. 529-547.
Ders./Mallmann, Klaus-Michael (Hrsg.): Die Gestapo – Mythos und Realität. Mit einem Vorwort von Peter Steinbach, Darmstadt 2003.
Pöttker, Horst: Zwischen Politik und publizistischer Professionalität. Zum journalistischen Umgang mit der NS-Vergangenheit seit 1945, in: Jürgen Wilke (Hrsg.): Massenmedien und Zeitgeschichte. Berichtsband der Jahrestagung der Deutschen Gesellschaft für Publizistik- und Kommunikationswissenschaft (DGPuK) vom 20. bis 22. Mai 1998 in Mainz zum Thema Massenmedien und Zeitgeschichte, Konstanz 1999, S. 648-663.
Pohl, Dieter: Nationalsozialistische Judenverfolgung in Ostgalizien 1941-1944. Organisation und Durchführung eines staatlichen Massenverbrechens, München 1996.
Ders.: Verfolgung und Massenmord in der NS-Zeit 1933-1945, Darmstadt ²2008.
Ders.: Diener vieler Herren. Die Geheimdienstkarrieren des Heinz Felfe, in: Theresia Bauer u. a. (Hrsg.): Gesichter der Zeitgeschichte. Deutsche Lebensläufe im 20. Jahrhundert, München 2009, S. 165-177.
Potthoff, Heinrich (Bearb.): Die SPD-Fraktion im Deutschen Bundestag. Sitzungsprotokolle 1961-1966, 2 Halbbände, Düsseldorf 1993.

Die deutsche Presse 1956, Zeitungen und Zeitschriften, hrsg. vom Institut für Publizistik der Freien Universität Berlin, Berlin 1956.
Die deutsche Presse 1961, Zeitungen und Zeitschriften, hrsg. vom Institut für Publizistik der Freien Universität Berlin, Berlin 1961.
Priemel, Kim C./Stiller, Alexa (Hrsg.): NMT. Die Nürnberger Militärtribunale zwischen Geschichte, Gerechtigkeit und Rechtsschöpfung, Hamburg 2013.
Der Prozeß gegen die Hauptkriegsverbrecher vor dem Internationalen Gerichtshof Nürnberg 14. November 1945 – 1. Oktober 1946. Amtlicher Wortlaut in deutscher Sprache, 42 Bde., Nürnberg 1947–1949.

Rass, Christoph: Das Sozialprofil des Bundesnachrichtendienstes. Von den Anfängen bis 1968, Berlin 2016.
Reiche, Jürgen: Skandal und Medieninszenierung, in: Stiftung Haus der Geschichte der Bundesrepublik Deutschland (Hrsg.): Skandale in Deutschland nach 1945. Begleitbuch zur Ausstellung im Haus der Geschichte der Bundesrepublik Deutschland, Bonn, Bielefeld/Leipzig 2007, S. 10–15.
Reichel, Peter: Vergangenheitsbewältigung in Deutschland. Die politisch-justitielle Auseinandersetzung mit der NS-Diktatur nach 1945, München 2001.
Ders.: Erfundene Erinnerung. Weltkrieg und Judenmord in Film und Theater, Frankfurt a. M. 2007.
Ders./Schmid, Harald/Steinbach, Peter: Die „zweite Geschichte" der Hitler-Diktatur. Zur Einführung, in: Ders./Harald Schmid/Peter Steinbach (Hrsg.): Der Nationalsozialismus – Die zweite Geschichte. Überwindung – Deutung – Erinnerung, München 2009, S. 7–21.
Reitlinger, Gerald: Die Endlösung. Hitlers Versuch der Ausrottung der Juden Europas 1939–1945, Berlin 1956.
Ders.: The SS. Alibi of a Nation, 1922–1945, Melbourne u. a. 1956.
Ders.: Die SS. Tragödie einer deutschen Epoche. Mit 243 Kurzbiographien, Wien u. a. 1957.
Requate, Jörg: Öffentlichkeit und Medien als Gegenstände historischer Analyse, in: Geschichte und Gesellschaft 25 (1999), S. 5–32.
Richter, Hans Werner, Briefe, hrsg. von Sabine Cofalla, München/Wien 1997.
Riggert, Ernst: Zur Lage in den deutschen Soldatenbünden, in: Gewerkschaftliche Monatshefte 4 (1953), S. 39–44.
Ders.: Neonazismus in Deutschland, in: Gewerkschaftliche Monatshefte 4 (1953), S. 129–136.
Rittau, Martin: Soldatengesetz. Kommentar, München 1957.
Ritz, Christian: Schreibtischtäter vor Gericht. Das Verfahren vor dem Münchner Landgericht wegen der Deportation der niederländischen Juden (1959–1967), Paderborn u. a. 2012.
Römer, Felix: Kameraden. Die Wehrmacht von innen, München 2012.
Ruck, Michael: Auf dem „Sonderweg"? Personelle Rekonstruktion und Modernisierung der Verwaltungen in Schleswig-Holstein bis zum „Ende der Nachkriegszeit", in: Demokratische Geschichte 19 (2008), S. 131–143.
Rüfner, Wolfgang: Ausgleich von Kriegs- und Diktaturfolgen, in: Günther Schulz (Hrsg.): Geschichte der Sozialpolitik in Deutschland seit 1945, Band 3: 1949–1957, Bundesrepublik Deutschland. Bewältigung der Kriegsfolgen, Rückkehr zur sozialpolitischen Normalität, Baden-Baden 2005, S. 690–757.

Salzmann, Rainer: Kraft, Waldemar, in: Neue Deutsche Biographie, hrsg. von der Historischen Kommission bei der Bayerischen Akademie der Wissenschaften, Zwölfter Band: Kleinhans – Kreling, Berlin 1980, S. 655–656.
Schenk, Dieter: Die braunen Wurzeln des BKA, Frankfurt a. M. 2003.

Schieckel, Horst/Aichberger, Friedrich: Bundesversorgungsgesetz mit Nebengesetzen und Tabellen, Kommentar, mit Ergänzungsband: Verwaltungs- und Durchführungsvorschriften, München 1951.

Schiffers, Reinhard (Bearb.): Die CDU/CSU-Fraktion im Deutschen Bundestag. Sitzungsprotokolle 1957–1961, 2 Halbbände, Düsseldorf 2004.

Schimnick, Uwe: Die „Hilfsgemeinschaft auf Gegenseitigkeit" (HIAG) im Spiegel nordrhein-westfälischer Verfassungsschutzakten, in: Jens Niederhut/Uwe Zuber (Hrsg.): Geheimschutz transparent? Verschlusssachen in staatlichen Archiven, Essen 2010, S. 59–74.

Schlemmer, Thomas: Grenzen der Integration. Die CSU und der Umgang mit der nationalsozialistischen Vergangenheit – Der Fall Dr. Max Frauendorfer, in: VfZ 48 (2000), S. 675–742.

Schleswig-Holsteinischer Landtag, Stenographische Berichte, hrsg. vom Sekretariat des Schleswig-Holsteinischen Landtags, 4. Wahlperiode, Kiel 1959 ff.

Schmaltz, Florian: Das historische Gutachten Jürgen Kuczynskis zur Rolle der I.G. Farben und des KZ Monowitz im ersten Frankfurter Auschwitz-Prozess, in: Irmtrud Wojak (Hrsg.): „Gerichtstag halten über uns selbst …". Geschichte und Wirkung des ersten Frankfurter Auschwitz-Prozesses, Frankfurt a. M./New York 2001, S. 117–140.

Schmeling, Anke: Josias Erbprinz zu Waldeck und Pyrmont. Der politische Weg eines hohen SS-Führers, Kassel 1993.

Schmolke, Michael: Die kirchlich-konfessionelle Presse, in: Jürgen Wilke (Hrsg.): Mediengeschichte, Köln 1999, S. 350–374.

Schnabel, Reimund: Macht ohne Moral. Eine Dokumentation über die SS, Frankfurt a. M. ^{2}1958 (1. Auflage 1957).

Schneppen, Heinz: Walther Rauff. Der Organisator der Gaswagenmorde. Eine Biographie, Berlin 2011.

Schönhuber, Franz: Ich war dabei, München u. a. ^{3}1981.

Schrafstetter, Susanna: A Nazi Diplomat Turned Apologist for Apartheid: Gustav Sonnenhol, Vergangenheitsbewältigung and West German Foreign Policy towards South Africa, in: German History 28 (2010), S. 44–66.

Schreiber, Carsten: Elite im Verborgenen. Ideologie und regionale Herrschaftspraxis des Sicherheitsdienstes der SS und seines Netzwerks am Beispiel Sachsens, München 2008.

Schröder, Matthias: Die deutsch-baltische nationalsozialistische „Bewegung" unter Erhard Kroeger, in: Michael Garleff (Hrsg.): Deutschbalten, Weimarer Republik und Drittes Reich, Köln u. a. 2008, Bd. 2, S. 121–150.

Schulte, Jan Erik: Zur Geschichte der SS. Erzähltraditionen und Forschungsstand, in: Ders. (Hrsg.): Die SS, Himmler und die Wewelsburg, Paderborn u. a. 2009, S. XI-XXXV.

Ders.: „Namen sind Nachrichten": Journalismus und NS-Täterforschung in der frühen Bundesrepublik Deutschland, in: Frank Bösch/Constantin Goschler (Hrsg.): Public History. Öffentliche Darstellungen des Nationalsozialismus jenseits der Geschichtswissenschaft, Frankfurt a. M. 2009, S. 24–51.

Ders.: The SS as the „Alibi of a Nation"? Narrative Continuities from the Nuremberg Trials to the 1960s, in: Kim C. Priemel/Alexa Stiller (Hrsg.): Reassessing the Nuremberg Military Tribunals. Transitional Justice, Trial Narratives, and Historiography, New York/Oxford 2012, S. 134–160.

Schulz, Rüdiger: Nutzung von Zeitungen und Zeitschriften, in: Jürgen Wilke (Hrsg.): Mediengeschichte, Köln 1999, S. 401–425.

Schulz, Sandra: Film und Fernsehen als Medien der gesellschaftlichen Vergegenwärtigung des Holocaust. Die deutsche Erstausstrahlung der US-amerikanischen Fernsehserie „Holocaust" im Jahre 1979, in: Historical Social Research 32 (2007), 1, S. 189–248.

Schuster, Dieter: Chronik der Sozialdemokratie, Online-Supplement 1977–1979, Bonn 2003 ff. (http://library.fes.de/fulltext/bibliothek/chronik/band4/e235h80.html; Zugriff 12.11.2012).

Schwab-Trapp, Michael: Konflikt, Kultur und Interpretation. Eine Diskursanalyse des öffentlichen Umgangs mit dem Nationalsozialismus, Opladen 1996.
Schwartz, Michael, in Zusammenarbeit mit Michael Buddrus, Martin Holler und Alexander Post: Funktionäre mit Vergangenheit. Das Gründungspräsidium des Bundesverbandes der Vertriebenen und das „Dritte Reich", München 2013.
Schwarz, Hans-Peter: Adenauer, Bd. 2, Der Staatsmann 1952–1967, München 1994.
Seidl, Tobias: „zwanzig Deutsche und zweiundzwanzig verschiedene Meinungen". Deutungsmuster deutscher Generäle in britischer Gefangenschaft, in: Harald Welzer/Sönke Neitzel/Christian Gudehus (Hrsg.): „Der Führer war wieder viel zu human, viel zu gefühlvoll". Der Zweite Weltkrieg aus der Sicht deutscher und italienischer Soldaten, Frankfurt a. M. 2011, S. 234–265.
Seraphim, Hans-Günther: SS-Verfügungstruppe und Wehrmacht, in: Wehrwissenschaftliche Rundschau 5 (1955), S. 569–585.
Soell, Hartmut: Fritz Erler – Eine politische Biographie, 2 Bde., Berlin u. a. 1976.
Sontag, Susan: Fascinating Fascism, in: New York Review of Books vom 6.2.1975 (http://www.nybooks.com/articles/archives/1975/feb/06/fascinating-fascism; Zugriff 30.11.2017).
Die SS – Ein 4. Wehrmachtsteil? Mit Dokumentation: Arolsen – Erfolgreiche Aktionen gegen SS-Hochburg, hrsg. vom Pressedienst Demokratische Initiative u. a., München 1979.
SS im Einsatz. Eine Dokumentation über die Verbrechen der SS, Berlin [Ost] [6]1960.
Staadt, Jochen/Voigt, Tobias/Wolle, Stefan: Feind-Bild Springer. Ein Verlag und seine Gegner, Göttingen 2009.
Stamm, Christoph (Hrsg.): Die SPD unter Kurt Schumacher und Erich Ollenhauer 1949 bis 1963. Sitzungsprotokolle der Spitzengremien, Bd. 3: 1950 bis 1952, Bonn 2011.
Stamm. Presse- und Medien-Handbuch. Leitfaden durch Presse und Werbung, Essen 1978.
Stiftung Haus der Geschichte der Bundesrepublik Deutschland (Hrsg.): Skandale in Deutschland nach 1945. Begleitbuch zur Ausstellung im Haus der Geschichte der Bundesrepublik Deutschland, Bonn, Bielefeld/Leipzig 2007.
Stiglegger, Marcus: Sadiconazista. Sexualität und Faschismus im Film, St. Augustin 1999.
Strauß, Franz Josef: Die Erinnerungen, Berlin 1989.
Sweeting, C. G.: Hitler's Personal Pilot. The Life and Times of Hans Baur, Washington D.C. 2000.
Sydnor, Charles: Soldiers of Destruction. The SS Death's Head Division, 1933–1945, Princeton 1977.
Szondi, Peter: Briefe, hrsg. von Christoph König und Thomas Sparr, Frankfurt a. M. 1993.

Tauber, Kurt P.: Beyond Eagle and Swastika. German Nationalism since 1945, 2 Bde., Middletown/Connecticut 1967.
Thorndike, Annelie/Thorndike, Andrew/Raddatz, Karl: Urlaub auf Sylt, Berlin [Ost] 1958.

Ullrich, Christina: „Ich fühl' mich nicht als Mörder". Die Integration von NS-Tätern in die Nachkriegsgesellschaft, Darmstadt 2011.
Urban, Markus: Kollektivschuld durch die Hintertür. Die Wahrnehmung der NMT in der westdeutschen Öffentlichkeit, 1946–1951, in: Kim C. Priemel/Alexa Stiller (Hrsg.): NMT. Die Nürnberger Militärtribunale zwischen Geschichte, Gerechtigkeit und Rechtsschöpfung, Hamburg 2013, S. 684–718.
Das Urteil von Nürnberg 1946. Mit einer Vorbemerkung von Herbert Kraus, München 1961.

Vatter, Christoph: Gedächtnismedium Film: Holocaust und Kollaboration in deutschen und französischen Spielfilmen seit 1945, Würzburg 2009.
„... und die Vergangenheit sitzt immer mit am Tisch". Dokumente zur Geschichte der Akademie der Künste (West) 1945/54–1993, hrsg. von der Stiftung Archiv der Akademie der Künste. Ausge-

wählt und kommentiert von Christine Fischer-Defoy. Mit einem Vorwort von Walter Jens, Berlin 1997.
Verhandlungen des Bayerischen Landtags, Stenographische Berichte und Beilagen, München 1949 ff.
Verhandlungen des Deutschen Bundesrats, Stenographische Protokolle, Bonn 1949 ff.
Verhandlungen des Deutschen Bundestags, Stenographische Protokolle, Bonn 1949 ff.
Verhandlungen des Hessischen Landtags, Stenographische Protokolle und Drucksachen, Wiesbaden 1949 ff.
Verhandlungen der Verfassunggebenden Landesversammlung von Baden-Württemberg, Stuttgart 1954.
Vermöhlen, Horst/Demmer, Manfred/Judick, Günter: Zur Geschichte der VVN in Nordrhein-Westfalen. 50 Jahre VVN NRW, o. O. 1996 (http://www.nrw.vvn-bda.de/bilder/geschichte_vvn_nrw_50_jahre.pdf; Zugriff 17.10.2012).
Vollnhals, Clemens (Hrsg.): Entnazifizierung. Politische Säuberung und Rehabilitierung in den vier Besatzungszonen 1945–1949, München 1991.

Waffen-SS in der Bundesrepublik. Eine Dokumentation der VVN/Bund der Antifaschisten, Frankfurt a. M. 1978.
Wagner, Bernd C.: IG Auschwitz. Zwangsarbeit und Vernichtung von Häftlingen des Lagers Monowitz 1941–1945, München u. a. 2000.
Wagner, Patrick: Ehemalige SS-Männer am „Schilderhäuschen der Demokratie"?. Die Affäre um das Bundesamt für Verfassungsschutz 1963/64, in: Gerhard Fürmetz/Herbert Reinke/Klaus Weinhauer (Hrsg.): Nachkriegspolizei. Sicherheit und Ordnung in Ost- und Westdeutschland 1945–1969, Hamburg 2001, S. 169–198.
Ders.: Hitlers Kriminalisten. Die deutsche Kriminalpolizei und der Nationalsozialismus zwischen 1920 und 1960, München 2002.
Ders.: Die Resozialisierung der NS-Kriminalisten, in: Ulrich Herbert (Hrsg.): Wandlungsprozesse in Westdeutschland. Belastung, Integration, Liberalisierung 1945 bis 1980, Göttingen 2002, S. 179–213.
Walden, Matthias: Es war so schön… Die Geschichte einer Fernsehsendung, in: Der Monat 12 (1959/60), Heft 138, S. 23–31.
Waske, Stefanie: Mehr Liaison als Kontrolle. Die Kontrolle des BND durch Parlament und Regierung 1955–1978, Wiesbaden 2009.
Weber, Petra (Bearb.): Die SPD-Fraktion im Deutschen Bundestag. Sitzungsprotokolle 1949–1957, 2 Halbbände, Düsseldorf 1993.
Weckel, Ulrike: Geheimnisse eines Kinoerfolgs. Die Verfilmung von Des Teufels General 1955, in: Gerhard Paul (Hrsg.): Das Jahrhundert der Bilder, Band II: 1949 bis heute, Göttingen 2008, S. 130–137.
Wegner, Bernd: Hitlers politische Soldaten. Die Waffen-SS 1933–1945, Paderborn u. a. [8]2008.
Wehsely, Sally (Hrsg.): Schach der faschistischen Internationale, der SS und ihren Umtrieben, Wien 1963.
Weinhauer, Klaus: Schutzpolizei in der Bundesrepublik. Zwischen Bürgerkrieg und innerer Sicherheit: Die turbulenten sechziger Jahre, Paderborn u. a. 2003.
Weinke, Annette: Eine Gesellschaft ermittelt gegen sich selbst. Die Geschichte der Zentralen Stelle Ludwigsburg 1958–2008, Darmstadt 2008.
Weisbrod, Bernd: Öffentlichkeit als politischer Prozeß. Dimensionen der politischen Medialisierung in der Geschichte der Bundesrepublik, in: Ders. (Hrsg.): Die Politik der Öffentlichkeit – Die Öffentlichkeit der Politik. Politische Medialisierung in der Geschichte der Bundesrepublik, Göttingen 2003, S. 11–28.

Wember, Heiner: Umerziehung im Lager. Internierung und Bestrafung von Nationalsozialisten in der britischen Besatzungszone Deutschlands, Essen 1991.
Wengst, Udo: Beamtentum zwischen Reform und Tradition. Beamtengesetzgebung in der Gründungsphase der Bundesrepublik Deutschland 1948–1953, Düsseldorf 1988.
Ders. (Bearb.): FDP-Bundesvorstand. Die Liberalen unter dem Vorsitz von Theodor Heuss und Franz Blücher. Sitzungsprotokolle 1949–1954, 2 Halbbände, Düsseldorf 1990.
Werder, Otto von/Ortmann, Peter Paul/Otto, Walter: Bundesgesetz zu Artikel 131 GG nebst Durchführungsverordnungen, Verwaltungsvorschriften, Nebengesetzen, Einzelentscheidungen der Bundesministerien, Urteilen der Zivil- und Verwaltungsgerichte, sowie Erläuterungen, Oldenburg 1953.
Westemeier, Jens: Himmlers Krieger: Joachim Peiper und die Waffen-SS in Krieg und Nachkriegszeit, Paderborn u. a. 2014.
Wewer, Heinz: Die HIAG der Waffen-SS, in: Frankfurter Hefte 17 (1962), S. 448–458.
Wildt, Michael: Generation der Unbedingten. Das Führungskorps des Reichssicherheitshauptamtes, Hamburg 2002.
Ders.: Der Fall Reinhard Höhn. Vom Reichssicherheitshauptamt zur Harzburger Akademie, in: Alexander Gallus/Axel Schildt (Hrsg.): Rückblickend in die Zukunft. Politische Öffentlichkeit und intellektuelle Positionen in Deutschland um 1950 und um 1930, Göttingen 2011, S. 254–271.
Wilke, Jürgen: Leitmedien und Zielgruppenorgane, in: Ders. (Hrsg.): Mediengeschichte, Köln 1999, S. 302–329.
Ders. (Hrsg.): Mediengeschichte der Bundesrepublik Deutschland, Köln 1999.
Wilke, Karsten: Organisierte Veteranen der Waffen-SS zwischen Systemopposition und Integration. Die „Hilfsgemeinschaft auf Gegenseitigkeit der Angehörigen der ehemaligen Waffen-SS" (HIAG) in der frühen Bundesrepublik, in: Zeitschrift für Geschichtswissenschaft 53 (2005), S. 149–166.
Ders.: Renten für SS-Veteranen. Die „Hilfsgemeinschaft auf Gegenseitigkeit" in der frühen Bundesrepublik, in: Mittelweg 36 24 (2005), H. 5, S. 59–71.
Ders.: Die „Hilfsgemeinschaft auf Gegenseitigkeit" (HIAG) 1950–1990. Veteranen der Waffen-SS in der Bundesrepublik, Paderborn u. a. 2011.
Winter, Robert: Täter im Geheimen. Wilhelm Krichbaum zwischen NS-Feldpolizei und Organisation Gehlen, Leipzig 2010.
Wirsching, Andreas: Abschied vom Provisorium. Geschichte der Bundesrepublik Deutschland 1982–1990, München 2006.
Wöll, Andreas: Vergangenheitsbewältigung in der Gesellschaftsgeschichte in der Bundesrepublik. Zur Konfliktlogik eines Streitthemas, in: Gary S. Schaal/Andreas Wöll (Hrsg.): Vergangenheitsbewältigung. Modelle der politischen und sozialen Integration in der bundesdeutschen Nachkriegsgeschichte, Baden-Baden 1997, S. 29–42.
Wojak, Irmtrud (Hrsg.): Auschwitz-Prozeß 4 Ks 2/63, Frankfurt a. M./Köln 2004.
Wolfrum, Edgar: Die geglückte Demokratie. Geschichte der Bundesrepublik Deutschland von ihren Anfängen bis zur Gegenwart, Stuttgart 2006.
Wucher, Albert: Eichmanns gab es viele. Ein Dokumentarbericht über die Endlösung der Judenfrage, München/Zürich 1961.

Zedler, Jörg: „Spazierenführen bedeutet den Tod". Die Wahrnehmung von Holocaust-Tätern in der Bundesrepublik Deutschland am Beispiel der Mauthausen-Prozesse, in: Cord Arendes/Edgar Wolfrum/Jörg Zedler (Hrsg.): Terror nach Innen. Verbrechen am Ende des Zweiten Weltkriegs, Göttingen 2006, S. 183–217.

Zellhuber, Andreas/Peters, Tim B. (Bearb.): Die CSU-Landesgruppe im Deutschen Bundestag, Sitzungsprotokolle 1949–1972, Düsseldorf 2011.

Personenregister

Abel, Wolfgang 86
Achenbach, Ernst 261
Adenauer, Konrad 34 f., 37, 39 f., 48, 55, 74 f., 193, 198–200, 229, 240, 247
Albertz, Heinrich 185
Améry, Jean 269 f.
Anders, Georg 92 f., 109
Apel, Hans 174, 281
Aretz, Werner 246
Arnau, Frank 244
Arndt, Adolf 68 f., 234, 242
Asbach, Hans-Adolf 211 f.
Augstein, Rudolf 202

Bach, Willy 263
Bachmann, Günter 44
Bärsch, Siegfried 97 f.
Batz, Hans 275
Baumgartner, Josef 144
Baumhoff, Josef 82
Baur, Hans 180
Bausch, Paul 116
Becher, Kurt 259 f.
Becher, Walter 252
Beck-Broichsitter, Helmut 25
Becker, Josef 125 f.
Beermann, Friedrich 74 f., 80
Benda, Ernst 277
Bernhard, Henry 42
Besch, Ulrich 86
Besser, Alexander 64
Besser, Joachim 139 f.
Best, Werner 260, 262
Biernat, Hubert 222
Blank, Theodor 37, 39–41, 45, 55, 68, 72, 76, 136, 138
Blankenhorn, Herbert 137
Blessing, Karl 259
Blobel, Paul 21, 82
Blücher, Franz 36, 99, 198
Boeselager, Philipp Freiherr von 42
Bonin, Bogislaw von 39 f.
Borowski, Richard 33, 138
Brandt, Willy 174, 177
Braune, Werner 21
Bremer, Heiner 123
Brentano, Heinrich von 28–30, 76, 99, 240

Brill, Robert 18
Brück, Valentin 116, 121, 126, 128
Brückmann, Werner 44
Buch, Hermann 169
Buchheim, Hans 6 f., 42, 71, 82, 93, 185, 220, 225
Bülow, Andreas von 173
Burg, Adolf 200
Burgemeister, Alfred 115 f.
Bütefisch, Heinrich 257–259

Celan, Paul 265, 268
Cerff, Karl 117, 122
Claer, Carl-Gideon 41, 136, 138
Clemens, Johannes 236–239
Conradi, Peter 183

Daluege, Kurt 207
Dam, Hendrik George van 48
Deckert, Gerhard 88
Delmer, Sefton 198 f.
Demelhuber, Karl Maria 171
Dietrich, Sepp 16, 60, 147 f., 153–155, 163 f., 277
Dilßner, Hans 69
Dirks, Walter 1, 56 f.
Dönhoff, Marion 30, 239
Dönitz, Karl 1
Döring, Wilhelm 227
Dorn, Wolfram 121
Dörr, Alois 263
Dufhues, Josef Hermann 223, 225

Ebner, Gregor 22
Ebrecht, George 54
Eggebrecht, Axel 64
Ehlers, Nikolaus 216
Ehrich, Emil 195
Eichmann, Adolf 5, 7, 13, 95, 113–116, 121, 218, 254, 256, 260, 268, 287
Eicke, Theodor 60, 188
Eisele, Hans 104, 153, 204
Eisenmann, Otto 113, 121, 123
Elser, Georg 166
Elsner, Martin 200
Engell, Hans Egon 200 f.
Erhard, Ludwig 76, 235

Erlen, Heinz 229
Erler, Fritz 66–68, 70, 103 f., 106, 108, 116 f., 181, 249
Ernst, Heiner 228
Essl, Erwin 145
Euler, August-Martin 196, 198

Fay, Wilhelm 198
Feaux de la Croix, Ernst 127
Fegelein, Hermann 202, 259
Fehrenbach, Oskar 238
Felfe, Heinz 236–241
Fellenz, Martin 249
Ferber, Ernst 171
Filbert, Alfred 261
Filbinger, Hans Karl 183 f., 190
Finckenstein, Hans-Werner Graf von 238 f.
Fircks, Karl-Siegfried von 272
Fircks, Otto von 271–277
Flick, Friedrich 259
Frank, Karl Hermann 207
Franke-Gricksch, Alfred 25
Fränkel, Wolfgang 232
Fraschka, Günter 94
Frauendorfer, Max 205, 253, 257
Frauenfeld, Alfred 25
Friedlaender, Ernst 205 f., 215
Friedrich Ferdinand Prinz von Schleswig-Holstein 162
Frießner, Johannes 24, 32
Fritsche, Hans 81, 88
Frömmrich, Jürgen 186

Gawlik, Hans 224
Gebhardt, Fred 187
Gehlen, Reinhard 237, 239 f.
Geil, Rudi 180
Geiselhöringer, August 255
George, Manfred 267
Gerngroß, Rupprecht 264
Gerstenmaier, Eugen 65, 117, 119, 122, 127
Geyr von Schweppenburg, Leo 35
Gille, Alfred 211, 215
Gille, Herbert 24 f., 33 f., 36 f., 43, 53, 96
Gingold, Peter 186
Globke, Hans 84, 93, 232, 238 f., 241, 253 f.
Glüsing, Hermann 121, 123, 169
Goebbels, Joseph 10, 233
Goldstein, Moritz 178

Grass, Günter 290
Grauel, Erhard 261
Grewe, Wilhelm 76, 268
Grossmann, Kurt R. 266–268
Grüber, Heinrich 59
Güde, Max 122
Gumbel, Karl 72, 74, 99

Haase, Detlef 120
Haffner, Sebastian 246 f.
Hallwachs, Wolfgang 186
Halswick, Gustav 246
Halt, Karl Ritter von 259
Hamm, Peter 270
Hammarskjöld, Dag 55
Hammerschmidt, Helmut 60 f., 64, 79, 82
Hannover, Heinrich 273 f., 276
Hansen, Gottfried 24, 36
Hansen, Karl-Heinz 275
Hansen, Werner 36, 83
Harmel, Heinz 136 f.
Harster, Wilhelm 253–256
Hartmann 36
Harzer, Walter 134
Hase, Karl-Günther von 162
Hassel, Kai-Uwe von 172, 212, 214 f.
Haug, Martin 59
Hausser, Paul 18, 24, 30 f., 35, 37, 71, 93, 107, 148
Heck, Bruno 33
Heinemann, Horst 279
Hellwege, Heinrich 195
Hellwig, Hans 247 f.
Helmstädter, Fritz 131
Henrich, Hans 139 f.
Hensel, Walter 73 f., 79, 88
Hersch, Liebmann 26 f.
Herterich, Elmar 254
Hessenauer, Ernst 214 f.
Heuser, Georg 221 f., 249
Heuss, Theodor 70
Heydrich, Reinhard 16, 139 f., 207, 256, 260
Heye, Hellmuth 41, 53, 94
Hild, Helmut 180
Hildebrandt, Richard 201
Hillermeier, Karl 170
Himmler, Heinrich 1 f., 10, 15 f., 55 f., 59, 63, 73, 82, 114, 121, 139, 169, 207 f., 213, 215 f., 220, 233, 239, 244 f., 247, 256 f., 259

Hirsch, Kurt 7, 79, 82 f., 143, 171 f.
Hitler, Adolf 1, 10, 15, 25, 30, 48–50, 56, 59, 62, 92, 94, 106, 110, 115, 120, 141, 148, 158, 166, 176, 180, 208, 214 f., 244, 247, 254, 261, 270 f., 277, 279
Höcherl, Hermann 115, 124, 127, 233–235, 245, 247–250
Hoegner, Wilhelm 144
Hoffmann, Karl-Heinz 177
Hoffmann, Lothar 227 f.
Höhn, Reinhard 260 f.
Höhne, Heinz 7 f., 19, 185, 188
Holthusen, Hans Egon 263–270
Howen, Waldemar 182
Hundhammer, Alois 204
Huschke von Hanstein, Fritz 261

Ilk, Herta 97
Imle, Wolfgang 123

Jacobi, Werner 79
Jaeger, Richard 205
Jagla, Jürgen 179
Janik, Erwin 112
Janßen, Karl-Heinz 290

Kaiser, Heinz 190
Kaleko, Mascha 265, 270
Kaltenbrunner, Ernst 21
Kapfinger, Hans 11, 204, 252
Kappler, Herbert 238
Kather, Linus 198
Katz, Ottmar 231
Käutner, Helmut 3
Kautsky, Benedikt 2
Kellner, Wolf Erich 70
Kempfler, Fritz 200 f.
Kendziora, Alfred 88
Kesten, Hermann 264–268
Kiekebusch, Heinz 211
Kielmansegg, Johann Adolf Graf von 171
Kirst, Hellmut 3
Kleffel, Walther 7
Kleindinst, Josef 96 f., 100 f.
Kleist, Ewald Heinrich von 81, 85
Knaus, Albrecht 265
Koch, Karl Otto 182
Koch, Thilo 64
Koehl, Robert 6

Kogon, Eugen 1–3, 6, 8, 73, 82, 105, 185, 282, 287
Kohl, Helmut 289
Köhler, Otto 187
Kohut, Oswald 250
Koller, Karl 31 f.
Könen, Willy 221
Konstantin Prinz von Bayern 168
Kopf, Hinrich Wilhelm 156
Kortmann, Hans 97
Koskull, Andreas von 272
Kracht, Ernst 212
Kraft, Waldemar 195, 197–200
Kramel, Angelo 115
Krannhals, Hanns von 217 f.
Kreitmeyer, Reinhold 115–117
Krichbaum, Wilhelm 237
Kroeger, Erhard 271 f.
Kromschröder, Gerhard 188
Krone, Heinrich 97, 101, 107 f., 117, 198
Krumey, Hermann 268
Kübler, Paul 133
Kuby, Erich 49, 62–64
Kuczynski, Jürgen 258
Kuehnheim, Haug von 273
Kuhbier, Kurt-Heinz 108, 114
Kühltau, Walter 116, 118
Kühn, Walter 116
Kühner-Wolfskehl, Hans 267 f.
Kukil, Max 82, 106
Kumm, Otto 24, 26 f.
Kuntzen, Adolf-Friedrich 42

Lamp, Hermann 25
Langbein, Hermann 175
Lautz, Ernst 109 f.
Leber, Georg 172
Lehners, Richard 273
Leiling, Ottheinrich 264
Lemke, Helmut 210
Lenz, Harold 268
Lerche, Karl-Gustav 263
Lex, Hans Ritter von 152
Lichtenstein, Heiner 177
Lindemann, Helmut 213
Loch, Hans 55
Lohmar, Ulrich 103–106, 151
Lombard, Gustav 170 f.
Lonnerstädter, Siegfried 51

Lübke, Heinrich 257
Lücke, Paul 250
Lütgert, Gert 190

Maeker, Rudolf 88
Mahlein, Leonhard 178
Mahlmann, Paul 70 f., 82
Maly, Hans 226 f.
Mangold, Peter 186
Mann, Thomas 264
Mansfeld, Michael 60 f., 79, 82
Manteuffel, Hasso von 94, 97, 101
Matthes, Heinz 99
Matzky, Gerhard 168
Matzner, Oskar 100, 121
May, Paul 3
McCloy, John 267
Meinzolt, Hans 144
Meißner, Karl 32
Mellies, Wilhelm 41
Mende, Erich 41, 90, 93
Mentzel, Adolf 216
Menzel, Walter 133
Meyer, Emil 196
Meyer, Kurt 35, 53, 103–109, 113 f., 117, 143, 147–149, 152–155
Michael, Eduard 229
Michels, Peter 259
Middelhauve, Friedrich 29
Miessner, Herwart 122
Miska, Peter 30, 232 f.
Mix, Erich 196
Mohr, Robert 235
Möllemann, Jürgen 279
Müller, Heinrich 16
Müller, Johannes 228
Müller, Josef 50, 204
Müller, Rolf 177
Müller-Franken, Egon 51 f., 68 f.
Müller-Marein, Josef 34
Müller-Meiningen jr., Ernst 65, 213, 243, 255
Münch, Fritz 279
Muzikant, Gottlieb 153

Nannen, Henri 171
Nätscher, Hans 143, 149 f., 155, 213, 217
Naumann, Erich 21, 82
Naumann, Werner 25, 197
Nehring, Joachim 53 f.

Neisinger, Oskar 58 f., 82
Nellmann, Erich 42, 82
Nerlich, Götz D. 149
Neuburger, Ambros 190
Neumann, Robert 266
Neusüß-Hunkel, Ermenhild 6, 63, 82, 111
Nittner, Ernst 172
Nolte, Ernst 64

Oberländer, Theodor 198, 218
Obrist, Lothar 68
Oesterhelt, Gerhard 235
Ohlendorf, Otto 21, 82, 259
Ollenhauer, Erich 28, 68, 70, 106
Osterhold, Rainer 186 f.
Otto, Johannes 227

Paeschke, Hans 270
Paetel, Karl O. 6, 82
Pätsch, Werner 250 f.
Peiper, Joachim 261 f.
Peters, Ewald 235 f.
Piechl, Josef 203
Pohl, Oswald 21, 259
Pohle, Kurt 90
Pöhler, Heinz 154
Porsche, Ferry 261
Preusker, Victor-Emanuel 76 f., 195–200, 286
Prinzig, Albert 261
Pross, Harry 64, 239 f.
Prücklmayer, Peter 200, 202–206, 286
Puttkamer, Jesco von 62

Rajakovic, Erich 255
Ramcke, Hermann-Bernhard 34, 136
Rasner, Will 97, 101–103, 107 f., 113, 116
Rauff, Walther 230, 232 f.
Rauhut, Franz 146
Reagan, Ronald 290
Redwitz, Franz Freiherr von 256
Rehling, Luise 67
Reinefarth, Heinz 9, 206–220, 286
Reitlinger, Gerald 3 f., 6 f., 111, 203, 244
Renner, Viktor 42
Resnais, Alain 146
Retzek, Hellmuth 224 f.
Richard, Hans Joachim 37
Richter, Hans Werner 61, 63–65
Rieder, Max 88

Riggert, Ernst 34
Ristock, Harry 69
Ritzel, Heinrich 101, 234, 240, 245
Rombach, Wilhelm 42 f., 59, 72, 79–82
Römer, Ferdinand 248
Rommerskirchen, Josef 127
Roth, Karin 181
Rothemund, Siegfried 35, 37
Runge, Werner 31
Ruoff, Joachim 31, 37
Rupprecht von Bayern, Kronprinz 256
Rust, Josef 76, 80

Saevecke, Theo 230–236, 245, 259
Sahm, Arthur 273–276
Sattler, Dieter 268
Schäfer, Oswald 262
Schäfer, Werner 54
Schäfer, Willy 163
Schäffer, Fritz 101
Schall, Paul 54
Scharley, Hubert 142
Scheel, Gustav Adolf 25
Schiedermair, Rudolf 253 f.
Schlee, Albrecht 115
Schlegelberger, Franz 109 f.
Schleyer, Hanns Martin 180
Schmid, Carlo 122
Schmidt, Helmut 36, 103, 163 f., 177
Schmitt, Hilmar 190
Schmitt-Vockenhausen, Hermann 117 f., 122, 126–128, 248, 250
Schmolcke, Joachim 190
Schmucker, Leonhard 205 f.
Schnabel, Reimund 7, 83 f.
Schneider, G. 259
Schneider, Heinrich 152, 226
Schneider, Herbert 41, 97 f., 102, 113, 119
Schöler, Andreas von 182
Schonauer, Franz 266
Schönhuber, Franz 281
Schottländer, Rudolf 69
Schramm von Thadden, Edelgard 82, 85 f.
Schreiber, Franz 138
Schröder, Gerhard (CDU) 107–109, 114, 138, 199
Schröder, Gerhard (SPD) 186
Schubert, Wilhelm 109
Schuchardt, Helga 170

Schulte, Marcel 50, 69
Schultze, Peter 156
Schulz, Gerhard 216
Schulz, Klaus Peter 64
Schumacher, Kurt 26–28, 98, 103 f., 146, 181, 283
Schütz, Waldemar 105, 136
Schwarze, Hanns W. 165 f.
Schwerin, Gerhard Graf von 39
Seehof, Arthur 55 f.
Seidel, Bruno 46
Sendel, Fritz 94 f.
Seraphim, Hans-Günther 6
Siebeck, Wolfram 171
Sikorski, Werner 49
Silberstein, Max 250
Silex, Karl 238
Simon, Max 71, 155
Six, Franz Alfred 82, 260
Sommer, Martin 109, 204
Sonnenhol, Gustav Adolf 198
Speidel, Hans 70
Spilker, Karl-Heinz 271
Springer, Axel 140
Stähle, Peter 202, 234, 246
Stahlecker, Walter 83
Stain, Walter 144 f.
Steffen, Jochen 163
Stehle, Hansjakob 218
Steiner, Felix 24, 33 f., 37, 45, 53, 55, 92, 96 f., 131
Stephan, Klaus 62 f., 98
Sternebeck, Werner 88
Storch, Anton 90
Straßer, Otto 25
Strauß, Franz Josef 76–78, 80, 87, 169, 202, 247, 250
Strauß, Peter 170
Streibl, Max 168
Strothmann, Dietrich 220
Strübing, Johannes 243, 246, 250
Stübing, Horst 152
Suhr, Otto 70
Süskind, Emanuel 1
Szondi, Peter 268 f.

Terboven, Josef 253
Thieme, Hans 210
Thieme, Karl 210

Thöle, Helmut 41, 136
Thorndike, Andrew 210
Thorndike, Annelie 210
Thüsing, Klaus 181 f., 190, 279
Tiebel, Erwin 236 f., 239
Toeplitz, Heinrich 84
Trip, Ernst 153
Trützschler von Falkenstein, Heinz 136

Unger, Hans-Joachim 151
Urzidil, Johannes 266

Venohr, Wolfgang 8
Vielhauer, Walter 139
Vogel, Bernhard 180, 279
Vogel, Hans-Jochen 167
Vogel, Rudolf 101
Volkholz, Ludwig 90
Vorndran, Wilhelm 169

Wagner, Leo 128
Wagner, Winifred 201
Wahl, Otto 203
Waldeck und Pyrmont, Josias zu 140
Walden, Matthias 156
Warnke, Franz 69
Warnke, Herbert 69
Weber, Carl-August 56
Weber, Hans-Otto 189 f.
Wehner, Herbert 26, 122
Wehner, Wolfgang 238
Weibel, Friedrich Karl 189

Weiß-Ruedi, Willi 32
Welke, Erwin 142
Welsch, Werner 186
Weltecke, Ernst 190
Wenger, Erich 243, 246, 249 f.
Weyer, Willi 160
Wiegenstein, Roland H. 64
Wiesenthal, Simon 255
Wildermuth, Eberhard 198
Willke, Jochen 50, 239
Windelen, Heinrich 127
Wirmer, Ernst 39 f.
Wirmer, Josef 40
Wissebach, Hans 169, 176, 180 f., 189, 271, 277–279
Wolff, Georg 252
Wolff, Karl 45
Wolter, Jupp 188
Wönner, Max 145
Wörner, Manfred 279
Wulf, Joseph 8, 165 f.
Wünnenberg, Alfred 134

Zech-Nenntwich, Hans-Walter 260
Zeitler, Klaus 174
Ziesel, Kurt 252
Zimmermann, Friedrich 203 f.
Zind, Ludwig 153, 202
Zöller, Josef Othmar 255
Zöpf, Wilhelm 255
Zuckmayer, Carl 3

www.ingramcontent.com/pod-product-compliance
Lightning Source LLC
Chambersburg PA
CBHW082035230426
43670CB00016B/2660